Architektur in Schwarzweiß

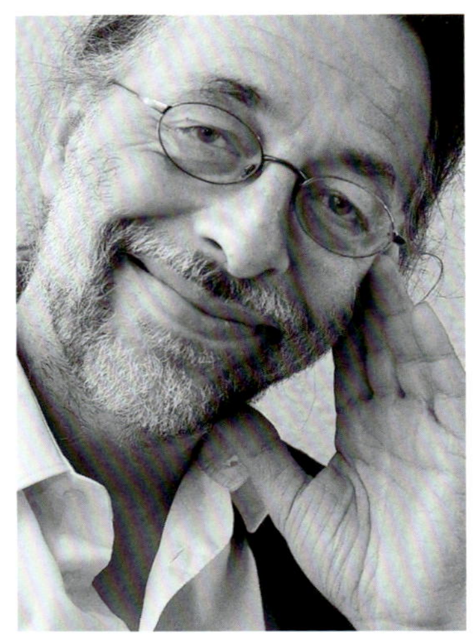

Foto: Maximilian Lutz

Dr. Thomas Brotzler wurde 1961 in Nordrhein-Westfalen geboren und lebt heute mit seiner Familie in Baden-Württemberg.

In jungen Jahren konnte er sich nicht so recht zwischen Medizin und Kunst entscheiden, sodass er sich schließlich beides aneignete. Zum einen führten ihn Medizinstudium, Facharzt- und Therapieweiterbildung zwischenzeitlich zur Niederlassung und Tätigkeit als Psychotherapeut; zum anderen prägten namhafte Lehrer wie Reinhold Haas, Rolf Walther oder Torsten Andreas Hoffmann über die Jahre seine künstlerische Entwicklung.

Ursprünglich von der Malerei herkommend, wandte er sich zwischenzeitlich der Schwarzweißfotografie als Ausdrucksinstrument zu. Seine Themenschwerpunkte sind Architektur und Landschaft, Nacht und Street.

Die Ergründung psychologischer Motive, des weiteren die Unterstützung persönlicher Veränderung und Entwicklung sind ihm in beiden Berufen Herzenssache. In der Fotografie nutzt er dazu die Möglichkeiten des Unterrichts wie auch der Publikationen in verschiedenen Online- und Printmedien. Zugleich schaut er mittlerweile auf eine erfolgreiche Ausstellungstätigkeit und eine Vielzahl internationaler Auszeichnungen zurück.

Thomas Brotzler

Architektur in Schwarzweiß

Industrieruinen, Sakralbauten und Stadtlandschaften fotografieren

Mit Gastbeiträgen von Andre Kurenbach, Wolfgang Mothes und Jean Marc Deltombe

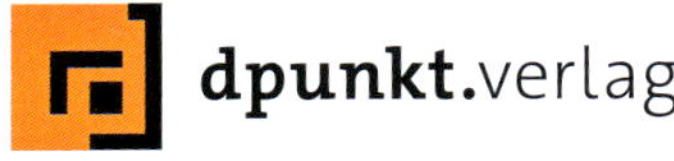

Dr. Thomas Brotzler
www.brotzler-fineart.de

Lektorat: Rudolf Krahm
Copy-Editing: Sandra Gottmann, Münster-Nienberge
Herstellung: Frank Heidt
Satz: Dr. Thomas Brotzler
Umschlaggestaltung: Helmut Kraus, www.exclam.de, unter Verwendung eines Fotos des Autors
Druck und Bindung: Stürtz GmbH, Würzburg

Bibliografische Information der Deutschen Nationalbibliothek
Die Deutsche Nationalbibliothek verzeichnet diese Publikation in der Deutschen Nationalbibliografie; detaillierte bibliografische Daten sind im Internet über http://dnb.d-nb.de abrufbar.

ISBN:
Print 978-3-86490-391-5
PDF 978-3-96088-045-5
ePub 978-3-96088-046-2
mobi 978-3-96088-047-9

1. Auflage 2016

5 4 3 2 1 0

» Erst durch die Absicht des Fotografen wird das Motiv zum Bild und als solches in der Deutung des Betrachters erfahrbar. «

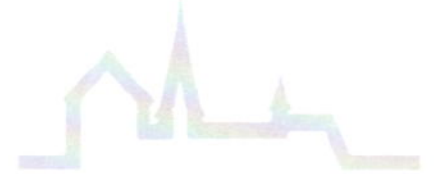

Inhalt

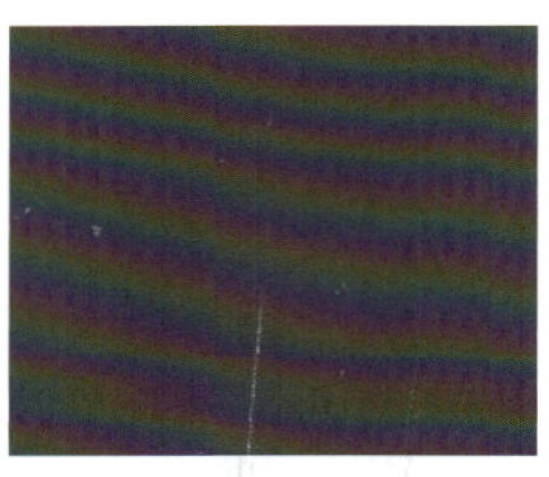

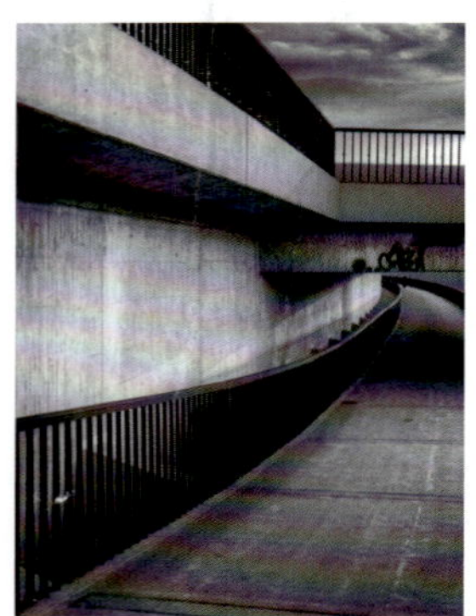

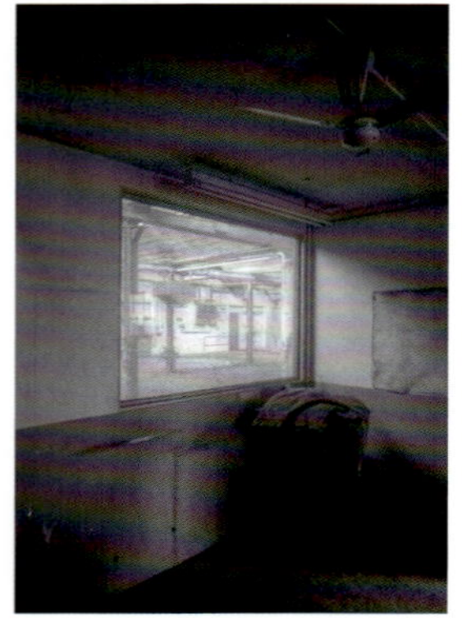

1 Einführung 11
1.1 Die Idee zu diesem Buch 12
Zum Buchtitel 14
Zur Gliederung 15
1.2 Architektur als Ausdruck von Heimat und menschlichem Wirken 16
Eine begriffliche Annäherung 16
Der Fotograf in der Architektur 19
1.3 Schwarzweißfotografie damals und heute 22
Von Schwarzweiß zur Farbe und zurück 23
Gründe für Schwarzweiß 25

Exkurs 1
»Der Geschmack der Erinnerung«
Die verlassene Maulbronner Gießerei 29
Die Vorgeschichte 30
Das Projekt 32
Einige Nachgedanken 33

2 Vorbereitung 57
2.1 Nützliche Ausrüstung 58
Kameragehäuse 58
Objektive 59
Stative 61
Weiteres fotografisches Zubehör 62
Allgemeines Zubehör 62
2.2 Arbeiten im Vorfeld 64
Suche nach geeigneten Objekten 65
Rechtliche Aspekte 67
Recherche zum Objekt 69
Führung durch das Objekt 69

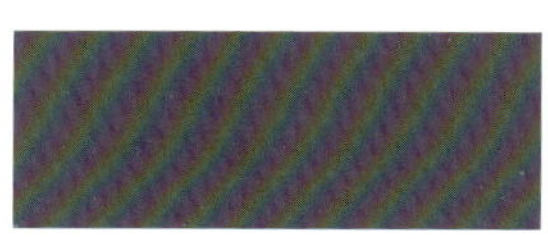

Exkurs 2

»Was vom Werke übrig blieb«
Der Niedergang der Mühlacker Ziegelwerke 71
Die Vorgeschichte 72
Das Projekt 73
Einige Nachgedanken 75

3 Motivsuche 97
3.1 Einstimmung vor Ort 98
Zeit zum Ankommen 99
Verschiedene Beschreibungen eines Phänomens 100
Praktische Übungen 101
3.2 Grundsätzliche Auswahl 104
Symbole als »Gefäße der Botschaft« 107
Beispiele für die Symbolverwendung 109

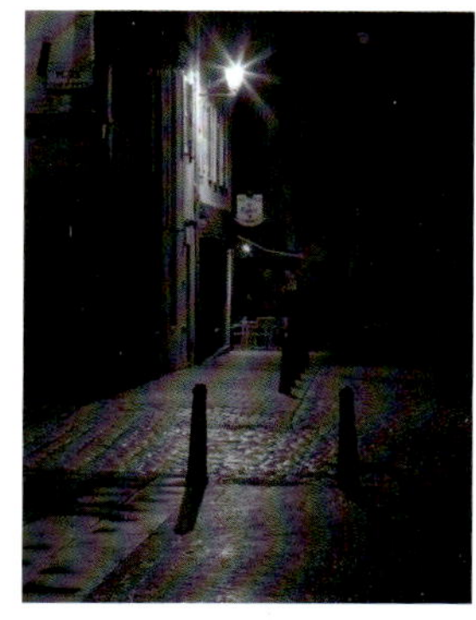

Exkurs 3

»Über das Fotografieren von Industriedenkmälern«
Der Fotograf Andre Kurenbach 119
Das allgegenwärtige Authentizitätsproblem 120

4 Komposition 137
4.1 Einflüsse des Bildformats 138
Querpanorama 138
Querformat 139
Quadrat 140
Hochformat 140
Hochpanorama 141
Ovalformat 141
4.2 Grundelemente der Gestaltung 142
Am Anfang steht der Punkt 143
Durchgezogene und gedachte Linien 144
Gerade und gebogene Linien 144
Kreise 146
Dreiecke 148
Rechtecke 152
Sonstige Vierecke und Vielecke 154
Zwei Handreichungen für »Üben Sie sich in Abstraktion« 154

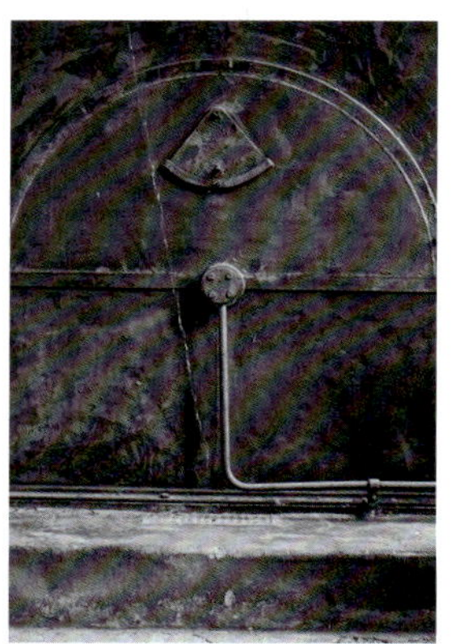

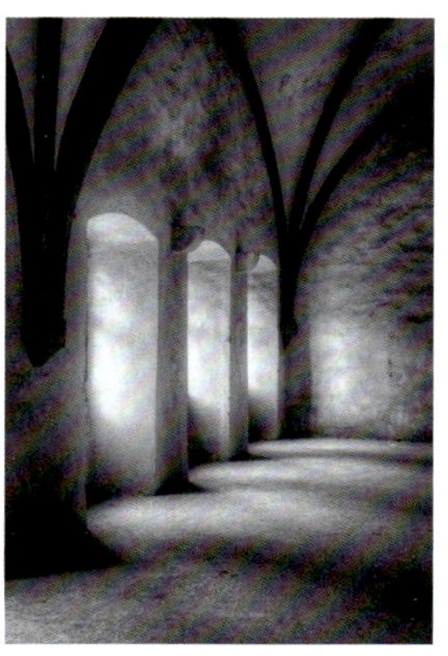

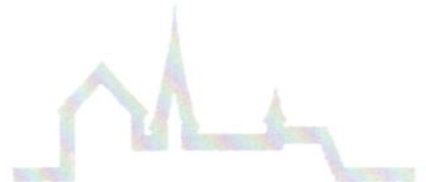

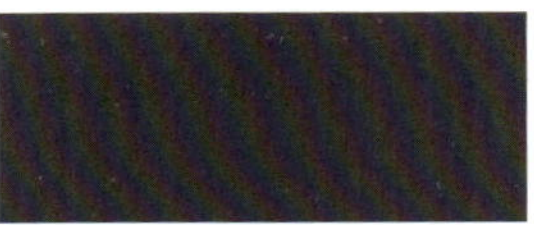

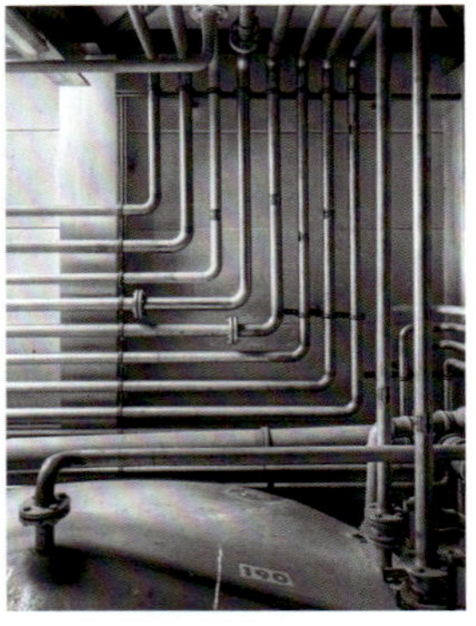

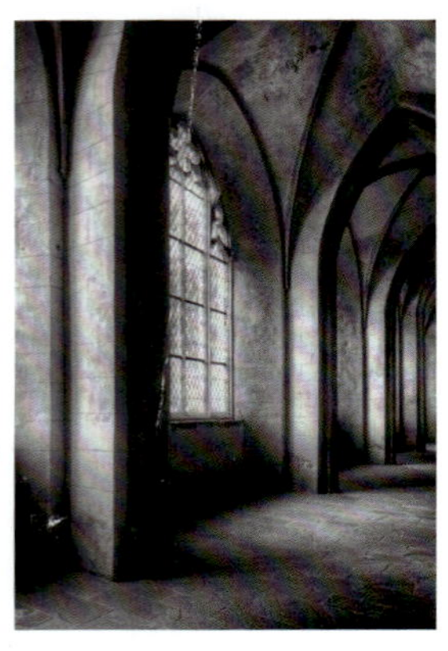

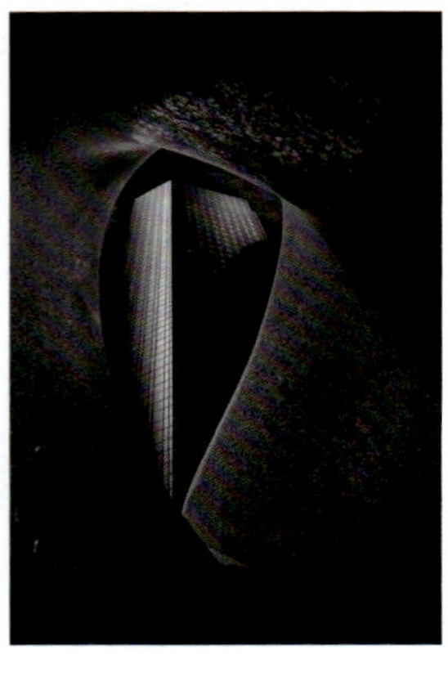

4.3 Gliederung des Raums 156
Goldener Schnitt und Drittelregel 157
Leserichtung 160
Pragmatisches Vorgehen 162
Ein Spiegelungsvergleich 162
4.4 Spannungsbögen im Bild 164
Kontraste der Helligkeit und Farbe 166
Kontraste der Form und Proportion 171
Kontraste der Masse und Quantität 172
Kontraste der Struktur und Qualität 173
Kontraste der Bewegung und Richtung 173

Exkurs 4
»Was sucht der Schwarzweißfotograf in der Farbenfabrik?«
Die Bruchsaler Farben 175
Zwischen Tradition und Innovation 176
Das Projekt 178
Einige Nachgedanken 179

5 Aufnahme 197
5.1 Blende, Zeit und Empfindlichkeit 198
Bedeutung der Blendenöffnung 198
Bedeutung der Belichtungszeit 200
Bedeutung der Sensorempfindlichkeit 201
Das Konzept der Lichtwerte 201
5.2 Weitere Hinweise zur Durchführung 202
Hyperfokale Distanz 202
Abschätzung des Szenenkontrasts 207
Sicherstellung einer verwacklungsfreien Aufnahme 209
Vermeidung stürzender Linien 210
5.3 Mit dem Licht arbeiten 212
Richtung des Lichts 212
Anmutung des Lichts 214
Bildbeispiele 215

Exkurs 5
»Stürzende Linien, fliehende Bauten«
Der Fotograf Wolfgang Mothes 217
Essay 218

6 Ausarbeitung 243

6.1 Auswahl und Vorbewertung 244
Die ersten Schritte 245
6.2 RAW-Konvertierung 246
Verwendung von Camera Raw 246
6.3 Arbeit mit Belichtungsreihen 248
6.4 Korrektur stürzender Linien 256
Manuelle Korrektur 256
Filterkorrektur 257
6.5 Schwarzweißkonvertierung 258
Nik Software 258
Überblick über »Silver Efex Pro« 259
Die Funktionen im Einzelnen 260
6.6 Weitere Anpassungen der Tonwerte und Feinstruktur 262
Ausschöpfung des Tonwertumfangs 262
Das Instrument »Tiefen/Lichter« 263

Exkurs 6
»Verklärung und Überhöhung«
Sakralbauten in der Fotografie 269
Prolog 270
Essay 270
Die verschiedenen Bauepochen 271
Zur Bildstrecke 275

7 Sonstiges 305

7.1 Speicherung und Archivierung 306
Backup- und Sicherungsstrategie 306
Physikalische Verzeichnisstruktur und Ordnerbenennung 307
Archivierung und Verschlagwortung 308
7.2 Aufbereitung für Bildschirm und Internet 310
7.3 Vorbereitung und Durchführung des Drucks 312
7.4 Montage und Rahmung 314

Exkurs 7
»L'Esprit de Venise«
Der Fotograf Jean Marc Deltombe 317
Essay 318

Index 340

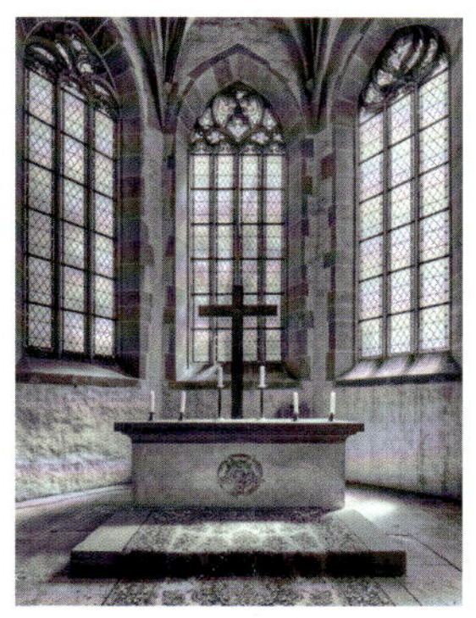

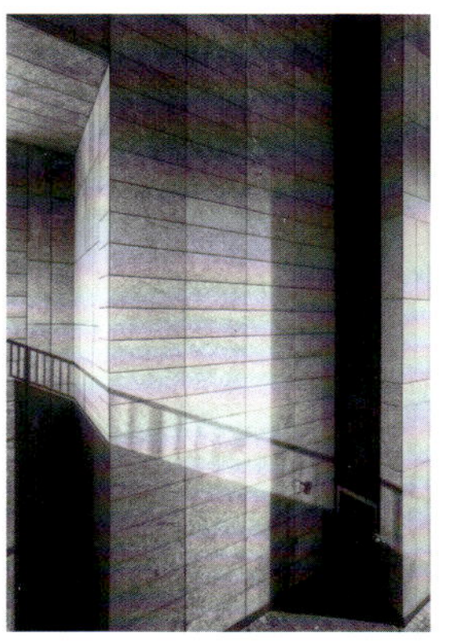

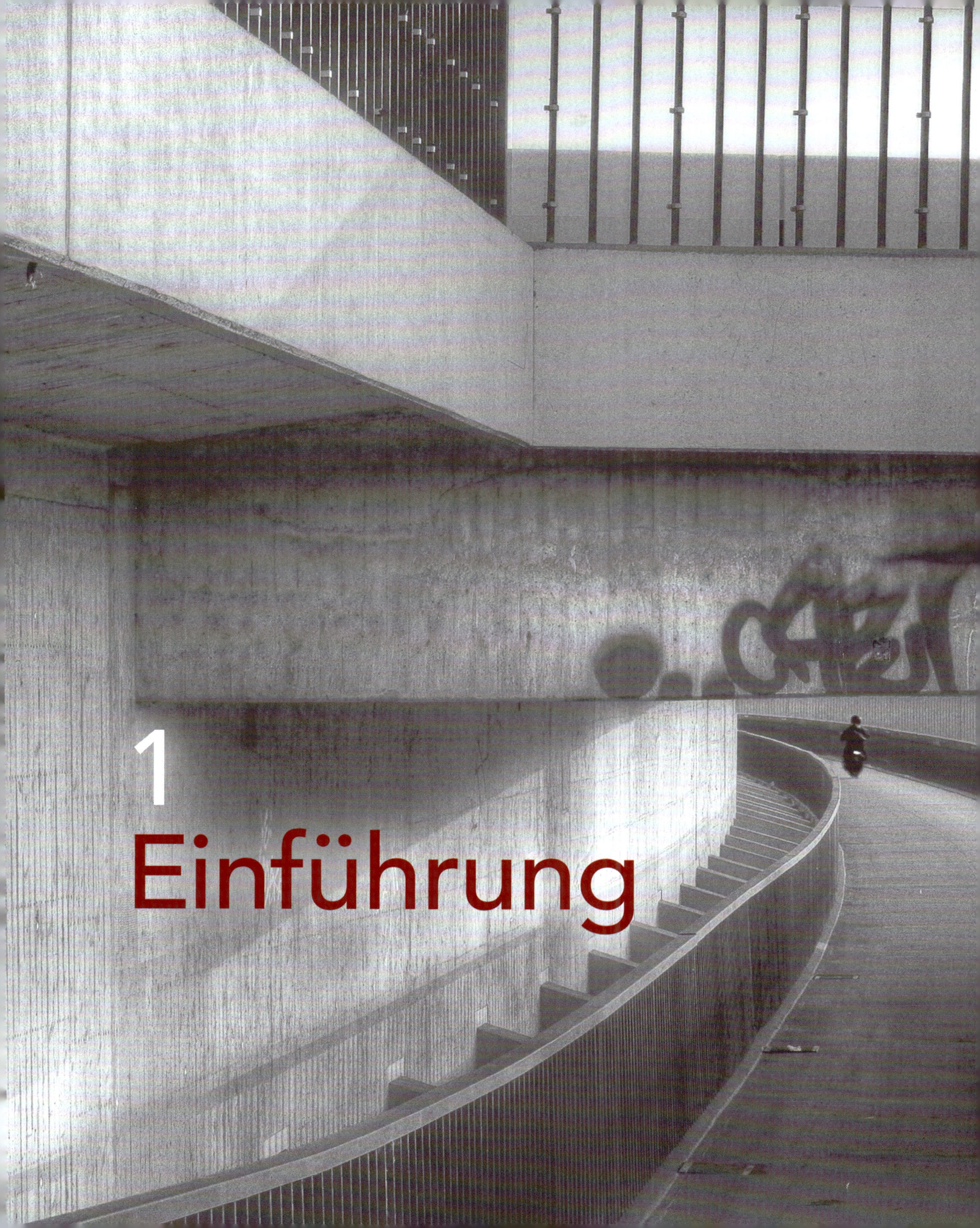

1 Einführung

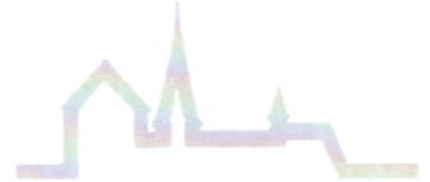

1.1 Die Idee zu diesem Buch

Sie halten ein Buch in den Händen, liebe Leserin und lieber Leser, in welchem maßgebliche Wegstationen meiner eigenen, künstlerischen Annäherung an das Gebiet der Architekturfotografie Eingang gefunden haben.

Workshop s (englisch): 1. Werkstatt f., Werkraum m. 2. Kurs m., Seminar n.

Ein Werkstattbuch soll es im besten Falle sein, auch im doppelten Sinn des englischen Begriffs »Workshop«, der ja mittlerweile in unserer Alltagssprache angekommen ist: Zum einen sind Sie eingeladen, mir bei meinen Überlegungen, Umsetzungen und Ausarbeitungen über die Schulter zu schauen und so einen virtuellen Blick in mein Fotoatelier zu werfen; zum anderen werde ich natürlich immer wieder auch auf die Erfahrungen und Diskussionen aus Einzelunterricht und Seminaren zurückgreifen.

Eines möchte ich aber bereits an dieser Stelle vorwegnehmen: Den einen und einzig richtigen Weg durch den Dschungel kann es auch und gerade im Bereich der gestalteten Fotografie nicht geben. Mit unseren eigenen Ansprüchen steigen die Möglichkeiten ebenso wie die Herausforderungen und Fallstricke. Der Weg wird also, wenn man so will, komplizierter.

Gewiss ist es legitim, sich in einem bestimmten Stadium der eigenen fotografischen Entwicklung etablierte Stile anderer Fotografen anzuschauen und anzueignen. Bliebe es jedoch bei einem solchen Kopieren, entstünde letztlich keine eigene, unverwechselbare Handschrift, welche die Betrachter unserer Bilder wiederzuerkennen vermögen. Die Motiv- und Bildsprache wirkt in solchen Fällen oft verwechslungsträchtig, bisweilen gar wie austauschbar. Ein solches Phänomen meine ich etwa in weiten Bereichen der zeitgenössischen Langzeitbelichtung zu erkennen: Wattewasser und Streifenwolken allenthalben, mächtige Strukturen ins Bild ragend, alles so zeitlos ätherisch; durchaus beeindruckend auf den ersten (und auch noch zweiten) Blick, aber oft war es das auch schon, um sich dann in unzähligen Bildern zu wiederholen.

Zum kreativen Gebrauch des Buches

Dies ist eigentlich ein ganz anderes Thema. Ich möchte es nur am Rande erwähnen, um Sie zum kreativen Gebrauch dieses Buchs zu ermuntern: Verwenden Sie die darin befindlichen Anregungen und Beispiele als kleine Bausteine der eigenen Konzept- und Stilbildung (sofern passend) und behalten Sie dabei bitte immer im Auge, dass Sie das Recht (und gewissermaßen auch die Pflicht)

zu einer eigenständigen kreativen Entwicklung haben. Sofern Sie darin fortgeschritten sind und eines Tages ähnliche Motive wie ich begehen, werden sich Ihre Bilder merklich von den meinen unterscheiden. Und ich darf Ihnen versichern: Das ist gut so, gerade darin zeigt sich der Reichtum der fotografischen Ausdrucksmöglichkeiten.

Schwerpunkt auf Gestaltung und Ausdruck

Um Gestaltung und Ausdruck in der Architekturfotografie soll es also schwerpunktmäßig in diesem Buch gehen. Wir wollen der Frage nachgehen, auf welche Weise wir unsere Konzepte und Botschaften, Überlegungen und Empfindungen als Tiefenstrukturen in unsere Bilder einweben und zum Betrachter transportieren können. Dieser möge dann, so die zulässige Hoffnung, mit seinen eigenen Gedanken, Gefühlen und Interpretationen in unseren Bildern verweilen und diesen so Wirksamkeit verleihen.

An dieser Stelle möchte ich schon ein wenig vorgreifen und die Begriffe der Symbolisierung und inneren Repräsentanz einführen. Gemeint ist damit, dass die dargestellten Personen, Gegenstände und Szenarien über die erste, abbildende Ebene hinaus durch ihre Auswahl, Anordnung und Erscheinung im Bild noch eine zweite, bedeutungsvolle Ebene erhalten. Aus der schlichten (und etwas ironisch zitierten) Feststellung des Betrachters im Sinne von »Ach, da ist ja ein Baum! Schönes Bild!«, kann so zum Beispiel eine weitergehende Hinterfragung im Sinne von »Wofür steht der Baum an dieser Stelle? Warum wird mir das gezeigt?« werden.

Abb. 1: (Voranstehende Doppelseite) Kurt-Schumacher-Brücke zwischen Mannheim und Ludwigshafen, aus dem Portfolio »Stadtlandschaften 2010«

Dieses Prinzip möchte ich am Beispiel des Kapitelanfangsbildes auf der vorherigen Doppelseite gerne noch etwas erläutern: Mächtige Diagonalen im Sinne des Weges von links unten und der Betonstrebe von links oben ragen in das Bild hinein. Sie verankern die Szene und gestalten diese zugleich dynamisch. Eine Querstrebe im rechten oberen Bilddrittel wirkt im Gegenzug statisch, sie begrenzt die Darstellung und führt den Blick weiter auf einen Mopedfahrer, der dem Weg folgend alsbald aus dem Blick zu geraten droht. Wie jene (klein gezeichnete) Hauptperson fühle auch ich mich auf meinem eigenen (künstlerischen) Weg, insofern dient diese hier als Stellvertreter meiner eigenen Gedanken und Empfindungen: Auch mir verheißt der Weg im übertragenen Sinn ein Fortkommen, doch kann ich von heutiger Warte aus noch nicht absehen, wohin dieser letztlich führt.

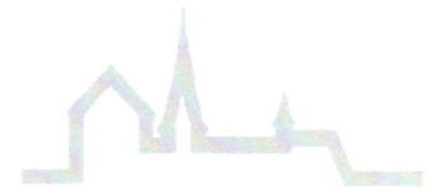

Zum Buchtitel

Kurz möchte ich noch auf die Betitelung dieses Buches zu sprechen kommen. Wir, also die Maßgeblichen des Verlags, der unermüdliche Lektor Rudolf Krahm und ich selbst, hatten dazu zwischenzeitlich manches erwogen und vieles auch wieder verworfen.

Der letztlich in unseren Diskussionen gefundene Buchtitel »Architektur in Schwarzweiß« dürfte wenige Fragen aufwerfen: Das Thema ist klar benannt, es geht um die Architektur. Weitere Hinweise ergeben sich durch den Untertitel – die Motive werden als »Industrieruinen, Sakralbauten und Stadtlandschaften« näher beschrieben, desgleichen wird der bildnerische Zugang zu diesen im Sinne des »Fotografierens« benannt. Eine klare Ansage, wenn man so will, und somit zweifelsohne zur Heranführung des Lesers geeignet.

Gedanken zum ersten Arbeitstitel »Raum und Struktur«

In den ersten Entwürfen trug das Projekt noch den Arbeitstitel »Raum und Struktur«, was doch einigermaßen geheimnisvoll, fast entrückt klingt und allemal Fragen aufwirft. Als ein hinweisender Gegenpol stand damals der Untertitel »Architektur in Schwarzweiß fotografieren«.

Ich wollte damit die Idee aufgreifen, dass nicht nur die hier gezeigten Bilder, sondern auch das Buch als Ganzes über das schlichte Abbild der Architektur hinausreichen sollen. Es sollte maßgeblich um unsere Konzepte, Gedanken und Empfindungen zur Architektur gehen, die dann im Idealfall in die gestaltete bzw. künstlerische Fotografie mit einfließen.

Das grundsätzliche Wesen der Architektur

Wenn ich mir überlege, was die Architektur im Grundsatz ausmacht, fallen mir eben zuvorderst die Begriffe »Raum« und »Struktur« ein. Mit Ersterem ist das Umbaute gemeint, all das also, was umschlossen und gegenüber der Umgebung abgegrenzt ist. Aus der bisherigen Leere wird somit durch Bebauung und Umfriedung etwas Neues, bisher noch nicht Dagewesenes geschaffen. Letzteres zielt auf das sichtbare Bauen ab, das Wie und Womit des Umschließenden also, wozu Aspekte des Planens und der Durchführung auf der einen Seite und deren letztlich vorzeigbare Ergebnisse etwa in Form von Böden, Decken, Wänden mitsamt Aussparungen auf der anderen Seite gehören.

Wir sehen, dass sich im Umfeld des Architekturbegriffs mancher Spannungsbogen beschreiben lässt: der zwischen der geistigen (Planung) und materiellen (Durchführung) Dimension oder derjenige zwischen einer positiven (das Gebaute) und negativen (das Umbaute) Form.

So viel an dieser Stelle zu den Begrifflichkeiten, auf denen das Buch im Inhalt baut. Im Zuge solcher Überlegungen ist zwar noch keine Architektur fotografiert, aber es deutet sich schon ein Konzept der Architektur an. Indem wir uns als Fotografen auch mit solchen Aspekten beschäftigen, schaffen wir eine gute Grundlage für spätere Inspiration und absichtsvoll geschaffene Aufnahmen vor Ort.

Zur Gliederung

Sie finden das Buch in sieben Hauptkapitel aufgeteilt, die in ihrer Abfolge quasi einem Weg durch das fotografische Thema entsprechen.

Es beginnt mit der »Einführung«, die Sie gerade lesen. Hier folgen noch weitere Unterkapitel zum Wesen der Architektur und zum Stellenwert der Schwarzweißfotografie. Sodann folgt die »Vorbereitung«, in welcher Fragen der Ausrüstung und Vorfeldrecherche behandelt werden. Wir sind nun schon vor Ort und befassen uns mit der »Motivsuche«, mithin also Fragen der grundsätzlichen Auswahl der Objekte und der guten Einstimmung unserer selbst. Wenn wir so weit sind, können wir uns mit Fragen der »Komposition« sowie der eigentlichen »Aufnahme« auseinandersetzen, um so die nachfolgenden, durchaus inhaltsschweren Hauptkapitel zu zitieren. Wenn der eigentliche Durchgang vor Ort abgeschlossen ist, so ist doch noch längst nicht alle Arbeit erledigt. Unsere Bilder bedürfen der »Ausarbeitung«, was ein durchaus komplexes und anspruchsvolles Gebiet ist. Das letzte Kapitel »Sonstiges« beschäftigt sich schließlich mit Fragen der Archivierung, aber auch mit solchen des Drucks und der Rahmung, überhaupt der Präsentation.

Dies waren zunächst besagte sieben Hauptkapitel, die sozusagen das Fundament des Buches ausmachen. Man mag diese zunächst der Reihe nach lesen oder auch gezielt einzelne Kapitel herausgreifen.

Der Wechsel zwischen Hauptkapiteln und Exkursen im Sinne sich überlagernder Rhythmen und Tonalitäten

Als ich mir Gedanken zum Aufbau des Buches machte, beschlich mich die Sorge, dass solch ein ununterbrochener Durchgang durch den typischen Workflow der Architekturfotografie womöglich etwas zäh und ermüdend werden könnte. So entschloss ich mich, zur Auflockerung jeweils ein Zwischenkapitel (im Buch heißen diese »Exkurse«) folgen zu lassen. Wäre das Buch ein Musikstück, so stießen wir hier auf sich überlagernde Rhythmen und Tonalitäten. Chaotisch muss dies jedoch nicht werden, da Sie (im Gegensatz zur passiv gehörten Musik) Ein- und Ausstieg, Richtung und Tempo des Lesens ja aktiv selbst bestimmen.

Solch Klang der Exkurse unterscheidet sich merklich von jenem der Hauptkapitel. Geht es dort um Grundlagen und Systematik, so stehen in den Einschüben immer bestimmte Unterthemen der Architekturfotografie (wie etwa Industrieruinen, Sakralbauten oder Stadtlandschaften) oder konkrete Projekte im Vordergrund. Es beginnt jeweils mit einer allgemeinen Heranführung und Beschreibung, um dann in ausführlichen Bildbesprechungen das in den verschiedenen Hauptkapiteln Angeführte aufzugreifen und anzuwenden.

Des Weiteren möchte ich die Exkurse nutzen, um einigen befreundeten Architekturfotografen Raum zur Darstellung des eigenen Ansatzes und der so entstandenen Arbeiten zu geben. Ein Blick über den Tellerrand bzw. in die Breite des Genres, so meine ich, hat noch selten geschadet ...

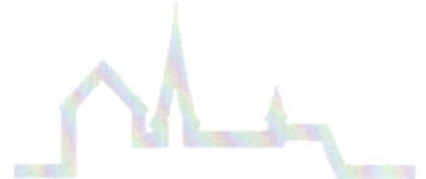

1.2 Architektur als Ausdruck von Heimat und menschlichem Wirken

Wie begann das eigentlich mit der Architektur in grauer Vorzeit?

Nun, genau wissen können wir es nicht, denn uns fehlt ja der persönliche Augenschein ebenso wie der authentische Bericht aus erster Hand! Was und wie es auch einmal gewesen sein mag, in seiner ursprünglichen Form ist all das schon längst vergangen. Allenfalls Spuren und Relikte sind übrig geblieben, aus denen die Experten und wir Normalsterbliche versuchen, Schlussfolgerungen über die damaligen Verhältnisse zu ziehen.

Das Zusammenspiel von Vorstellung und Abbild, von innerem und äußerem Bild

Hier besteht aus meiner Sicht übrigens eine interessante Analogie zur zeitgenössischen Fotografie historischer und entnutzter Industrieanlagen, die in den folgenden Exkursen noch ausführlich und bildträchtig vorgestellt wird. Auch hier kommt es entscheidend auf unsere Vorstellungskraft an: Wir erschaffen ein (inneres) Bild des einst dort Gewesenen, um dieses im (äußeren) Bild des heute noch Vorhandenen einzubetten und so für den Betrachter verfügbar zu machen.

Der Vergleich soll aufzeigen, wie wenig auch in solch fotografischen Bereichen der einzig richtige, objektive Blick zählt. An dessen Stelle tritt der subjektive Blick auf die Dinge, seinerseits zwar von der Möglichkeit der Unvollständigkeit oder gar des Irrtums geprägt, doch als persönliche Blickwarte erstens zulässig, zweitens nötig und drittens bereichernd.

Eine begriffliche Annäherung

Bei dieser Gelegenheit kommt mir der deutsche Philosoph *Arthur Schopenhauer* (1788–1860) in den Sinn, der sich in seinem 1819 erschienenem Hauptwerk »Die Welt als Wille und Vorstellung« intensiv mit solchen Fragen des menschlichen Bezugs zur umgebenden Welt beschäftigte.

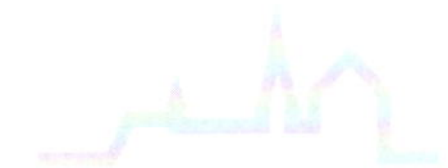

Die bereits im genannten Buchtitel anklingenden Schlüsselbegriffe sind dabei als auf Ähnliches (den Weltbezug) gerichtete, in ihrem Kern aber gegenläufige Strebungen gekennzeichnet: Im »Willen« erkannte der auch von der östlichen Philosophie inspirierte Schopenhauer ein »kosmisches Prinzip der Existenz«, des Weiteren einen »blinden ziellosen Drang zu leben«, wie es beileibe nicht nur beseelten Wesen im Sinne des Überlebenswillens, sondern gar jedweder Materie zu eigen sei. Dem stellte er das Prinzip der »Vorstellung« dahingehend gegenüber, dass die uns Menschen auf ganz bestimmte, also eigentümlich erscheinende Welt »nur für uns, nicht an sich« sei.

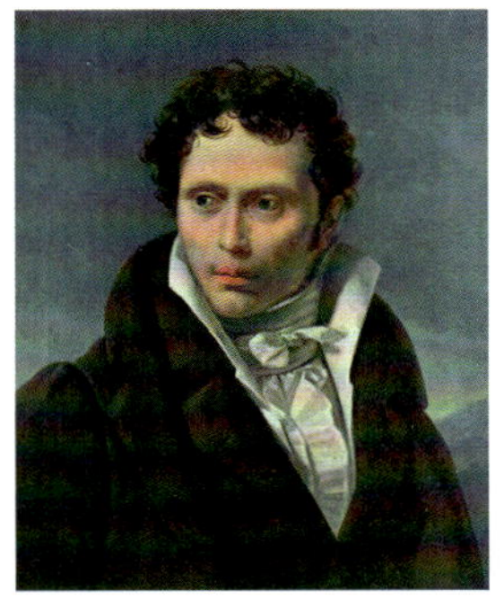

Abb. 2: Arthur Schopenhauer, porträtiert 1815 von Ludwig Sigismund Ruhl, gemeinfrei

Nach Schopenhauer wäre unsere Weltsicht demnach vorrangig ein Produkt unserer Wünsche und Vorerfahrungen, denen sich unsere sinnlichen Wahrnehmungsqualitäten leichthin unterwärfen. Zu Ende gedacht hinderte uns die individuelle Vorstellung daran, die Welt in ihrem vom persönlichen Zutun losgelösten, also kollektiven »Willen« zu erkennen und uns darüber mit anderen leichthin zu verständigen.

An dieser Stelle wird Schopenhauers Diktum etwas moralsäuerlich, da er in diesem Zuge den Egoismus und die Verständigungsunfähigkeit der Menschen bitterlich beklagte. Doch lassen wir ihn in Frieden ruhen und behalten wir dieses bedeutende Konzept der subjektiven Weltsicht für unsere fotografischen Belange im Hinterkopf.

Weitere Definitionen zur Architektur

Für die vertiefte Betrachtung des Wesens der Architektur und deren Bedeutung für uns Menschen möchte ich gerne noch weitere Quellen anführen.

Nach Wikipedia (https://de.wikipedia.org/wiki/Architektur) bezeichnet Architektur »im weitesten Sinne die handwerkliche Beschäftigung und ästhetische Auseinandersetzung des Menschen mit gebautem Raum. Das planvolle Entwerfen, Gestalten und Konstruieren von Bauwerken ist der zentrale Inhalt der Architektur«. Auch hier wird also auf das »maßgebliche Moment menschlicher Einwirkung« hingewiesen. Noch pointierter und unseren Blick auf die wechselseitige Abhängigkeit lenkend drückt Topowiki (http://www.topowiki.de/wiki/Raum) dies aus mit »Menschliche Existenz ist grundlegend ›raumgreifend‹. Ohne Raum ist der Mensch nicht«.

Sofern wir diese These guthießen, könnten wir daraus die durchaus verblüffende Erkenntnis ableiten, dass nicht nur die Architektur des Menschen bedürfte, sondern auch der Mensch der Architektur. Das eine bedinge das andere und könne ohne sein Gegenstück gar nicht bestehen.

Kulturstiftung und Selbstobjektalität

Wir sehen, dass sich die verschiedenen wissenschaftlichen Disziplinen mit solchen Phänomenen schon ausführlich beschäftigt haben. Vonseiten der Anthropologie oder Soziologie wird das Verhältnis zwischen Mensch und Architektur als wichtiger Teil des sozialwissenschaftlichen Diskurses (etwa auf städteplanerischer Ebene) beschrieben. Des Weiteren erscheint die Architektur als ein kulturstiftendes Element, und dieser Begriff mag sich dem unmittelbaren

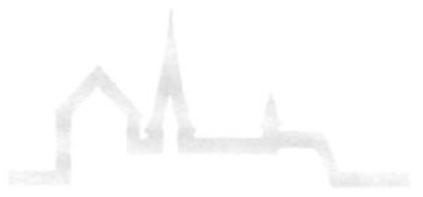

Verständnis durchaus erschließen: Mit der Erschaffung der Architektur beweise sich der Mensch als Kulturwesen; immerhin, denn angesichts allgegenwärtiger Ausbeutung, Not und Kriege auf dieser Welt mag man daran bisweilen zweifeln. Die Psychologie hingegen weist in diesen Zusammenhängen eher auf die selbstobjektale Bedeutung der Architektur hin. Dieser Begriff ist schon deutlich sperriger, weswegen ich ihn (von meiner psychotherapeutischen Warte aus) ein wenig erklären möchte.

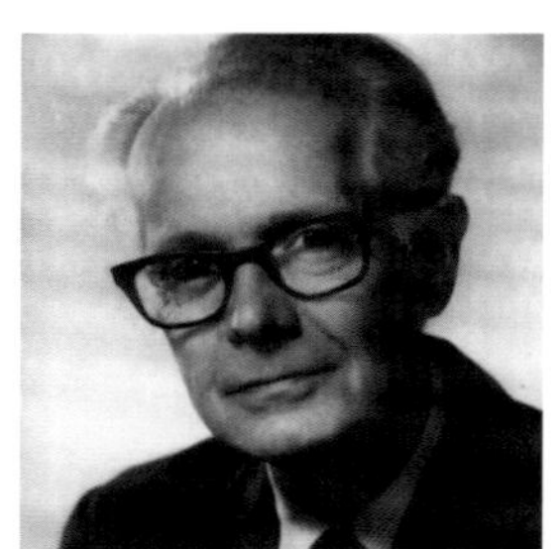

Abb. 3: Heinz Kohut, Fotograf und Entstehungsjahr unbekannt

Heinz Kohut (1913–1981), ein US-amerikanischer Psychoanalytiker österreichisch-jüdischer Herkunft, konzipierte in den 1970ern die Selbstpsychologie. Diese befasste sich maßgeblich mit der Entwicklung des menschlichen Selbstwertgefühls und erwies sich so als fruchtbare und wegweisende Ergänzung der psychoanalytischen Theoriebildung. Mithilfe der Arbeiten von Kohut konnten wesentliche Aspekte des pathologischen Narzissmus sowie der narzisstischen Persönlichkeitsstruktur besser verstanden und so überhaupt erst der Behandlung zugänglich gemacht werden.

Ein entscheidender Ansatz im Denken von Kohut ist das Konstrukt des im vorletzten Absatz schon erwähnten »Selbstobjekts«. Der Begriff wirkt zunächst paradox, denn nach alltagspsychologischem Verständnis kann etwas schwerlich zugleich »Selbst« bzw. »Subjekt« (also Betrachter, Erkennender oder Handelnder) und »Objekt« (also Betrachtetes, Erkanntes oder Behandeltes) sein. Dies drückte auch der deutsche Psychiater und Philosoph Karl Jaspers (1883–1969) in seiner These der für das alltägliche Erleben unabdingbaren und intellektuell nicht überwindbaren »Subjekt-Objekt-Spaltung« aus.

Kohuts Konzept des Selbstobjekts

Gleichwohl vermochte Kohut mit seiner Theorie- und Begriffsbildung jene intellektuelle Hürde zu meistern. Er beschrieb das Selbstobjekt in erster Linie als Person unserer näheren Umgebung, deren Beachtung oder Zuspruch für die Entwicklung und Aufrechterhaltung unseres Selbstwertgefühls unabdingbar sei. Doch könnte nach Kohut auch ein Gegenstand, ein Symbol oder eine Idee als Selbstobjekt dienen. Voraussetzung hierfür sei, dass dieses mit solchen Qualitäten versehen sei, die uns in unserem Selbstwertgefühl bestätigten.

Praktisch sind es natürlich in erster Linie die Eltern, deren Liebe und Begeisterung sich im kleinen Kind widerspiegeln und diesem eine Idee eigener Bedeutung vermitteln. Kohut sprach hierbei vom frühkindlichen Größen-Selbst, wobei hier freilich Überschneidungen zu Konzepten des primären Narzissmus von *Sigmund Freud* und der Spiegelung von *Jacques Lacan* bestehen. Das Größen-Selbst stellte die Matrix des späteren Selbstwertgefühls dar und erhielte seine ausgereifte, also erwachsene Form durch eine gemeinschaftsbezogene Einbindung und Abschwächung.

Freilich behalte dabei nach Kohut das Selbstobjekt für den Erwachsenen zeitlebens eine gewisse Bedeutung, denn keiner von uns könne gänzlich ohne den Zuspruch anderer Personen oder die Selbstvergewisserung durch unserseits mit

entsprechenden Qualitäten ausgestatteten Gegenständen, Symbolen oder Ideen auskommen.

Die Architektur als Bühne unseres Selbst

Als eine Teilmenge davon tritt nun die Architektur auf den Plan: Die Wohnung bietet uns Schutz, der Ort Gemeinschaft, das Gewerbegebiet Beschäftigung, die Kirche Besinnung, die Sportstätte Ertüchtigung, die Kulturstätte Erbauung usw. All dies trägt in sich die Funktion einer den Selbstwert unterstützenden Vergewisserung. Man kann gleichsam sagen, dass die Architektur uns »als Bühne eines sich im Raum erweiternden und spiegelnd wiedererkennenden Selbst« dient.

Die genannten Beispiele ließen unterschiedliche Nähe und Distanz zum eigenen Selbst erkennen. Auf die Erforschung der Zusammenhänge von Privatheit und Öffentlichkeit im architektonischen Umfeld und auf Fragen von Gemeinschaft und Abgrenzung im Zusammenleben zielten die Arbeiten des US-amerikanischen Anthropologen und Ethnologen *Edward T. Hall Jr.* (1914–2009) ab.

Persönliche Raumblase und nötiger Mindestabstand

Er untersuchte die »Personal (Space) Bubble« (persönliche Raumblase) und beschrieb dabei vier verschiedene Raumzonen (»intim, persönlich, sozial, öffentlich«), die sich vom Individuum ausgehend zunehmend im (architektonischen) Raum ausdehnten. Die Weite jener Zonen variiere dabei nach Hall nicht nur in Hinblick auf verschiedene Situationen und Beteiligte, sondern maßgeblich auch in Abhängigkeit von kulturellen Codes. Schwierigkeiten der zwischenmenschlichen und kulturüberschreitenden Kommunikation, so seine These, beruhten entsprechend oft auf Unkenntnis jener »stillen Sprache der anderen« und auf resultierender Unterschreitung des nötigen Mindestabstandes des Gegenübers.

Der Fotograf in der Architektur

Sofern wir aus den vorstehenden Abschnitten ableiten wollten, dass zwischen dem Menschen und der Architektur eine ganz besondere und auch wechselseitige Beziehung bestünde, dass uns das Be- und Umbaute unter anderem also …

- sichtbarer Ausdruck menschlicher Kulturleistung,
- schlichtweg auch Wohn- und Wirkstätte, (zudem)
- Spiegel unseres Selbst (und)
- Bühne des dazugehörigen Selbstwertgefüges

… wäre, dann gälte all dies ja ebenso für uns Fotografen, denn wir selbst sind ja reflektierende und empfindende Menschen in architektonischer Umgebung.

Fotografie als Möglichkeit zur Selbsterfahrung

Hier wird es spannend, wie ich meine. Die mit Gestaltungsanspruch versehene Fotografie beinhaltet insofern immer auch ein Selbsterfahrungsangebot: Wir kommen gar nicht umhin, uns beim Fotografieren mit der sichtbaren Umgebung (den dortigen Strukturen und ihrer Anmutung) ebenso wie mit uns selbst (unse-

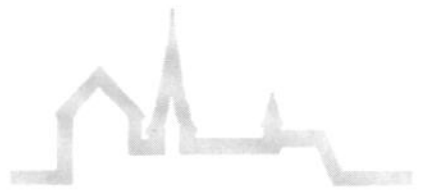

ren Vorstellungen und Überlegungen, Empfindungen und Strebungen) auseinanderzusetzen, uns in solcher Weise also selbst zu erfahren.

So mag der Blick durch die Kamera zunächst das äußerlich Sichtbare zeigen, er ermöglicht zugleich aber auch einen Blick auf uns selbst. Wir erkennen uns quasi im Gesehenen wieder, wie in Abb. 4 symbolisiert.

Lässt sich beschreiben, wo und wie sich diese innerseelische Auseinandersetzung mit dem Gesehenen abspielt? Das psychoanalytische Strukturmodell nach *Sigmund Freud* gibt Antworten auf diese Frage. Es umfasst eine räumlich-modellhafte Vorstellung der innerseelischen Kräfte auf zwei Ebenen bzw. Achsen, deren Details in der nachstehenden Tabelle 1 aufgeführt sind.

Tab. 1: Psychoanalytisches Strukturmodell

Psychoanalytisches Strukturmodell		
Erste topische Ebene	Bewusst	Im gewöhnlichen Wachzustand verfügbare Gedanken, Gefühle, Erinnerungen und Strebungen
	Vorbewusst	Unter bestimmten Umständen wie etwa im Tagtraum, in der Meditation oder unter erhöhtem innerem Konfliktdruck verfügbare Inhalte
	Unbewusst	Verborgene Inhalte, die sich im maskierten Traum der Nacht oder in der freien Assoziation der analytischen Behandlung mitteilen
Zweite topische Ebene	Über-Ich	Überwiegend im Bewussten und Vorbewussten angesiedelte, die Kenntnis sozialer Normen und das Gewissen umfassende Instanz
	Ich	Überwiegend im Bewussten angesiedelte, zwischen inneren und äußeren Ansprüchen ausgleichende und mit unseren wiedererkennbaren Charakterzügen ausgestattete Instanz
	Es	Überwiegend im Vor- und Unbewussten angesiedelte und den Bereich der Triebe und Affekte beinhaltende Instanz

Wichtig für unsere Belange ist insbesondere die erste topische Ebene des Strukturmodells mit ihrer Unterteilung in »Bewusst«, »Vorbewusst« und »Unbewusst«. Die praktische Bedeutung ergibt sich in der Vorstellung einer »Schwelle zum Bewusstsein«: Demnach sind im bewussten Bereich unsere Gedanken, Gefühle, Erinnerungen und Strebungen leichter zugänglich, doch relativ stark gefiltert; im vorbewussten Bereich hingegen wesentlich reichhaltiger, doch entsprechend schwerer greifbar.

Der Blick auf die äußeren und inneren Bilder

Abgeleitet auf unser fotografisches Tun und hinsichtlich des »Blickes auf die äußeren und inneren Bilder« verhält es sich nun so, dass uns im bewusstseinsnahen Wachzustand eben nur die stärksten Eindrücke wie etwa »das besonders Sensationelle, Anrührende oder Abschreckende« erreichen. Die feineren, eben im Vorbewussten angesiedelten Stimmungen und Regungen drohen hierbei au-

ßen vor zu bleiben – in unserer bewussten Wahrnehmung und damit auch in der aktiven Bildgestaltung. Im Umkehrschluss bietet eine erhöhte »Achtsamkeit gegenüber uns selbst und der Umgebung« insofern die Chance auf tiefgründigere Wahrnehmungen und entsprechende Bildschöpfungen.

Weitere Überlegungen und auch einige praktische Übungen dazu finden sich in Unterkapitel 3.2, »Einstimmung vor Ort«.

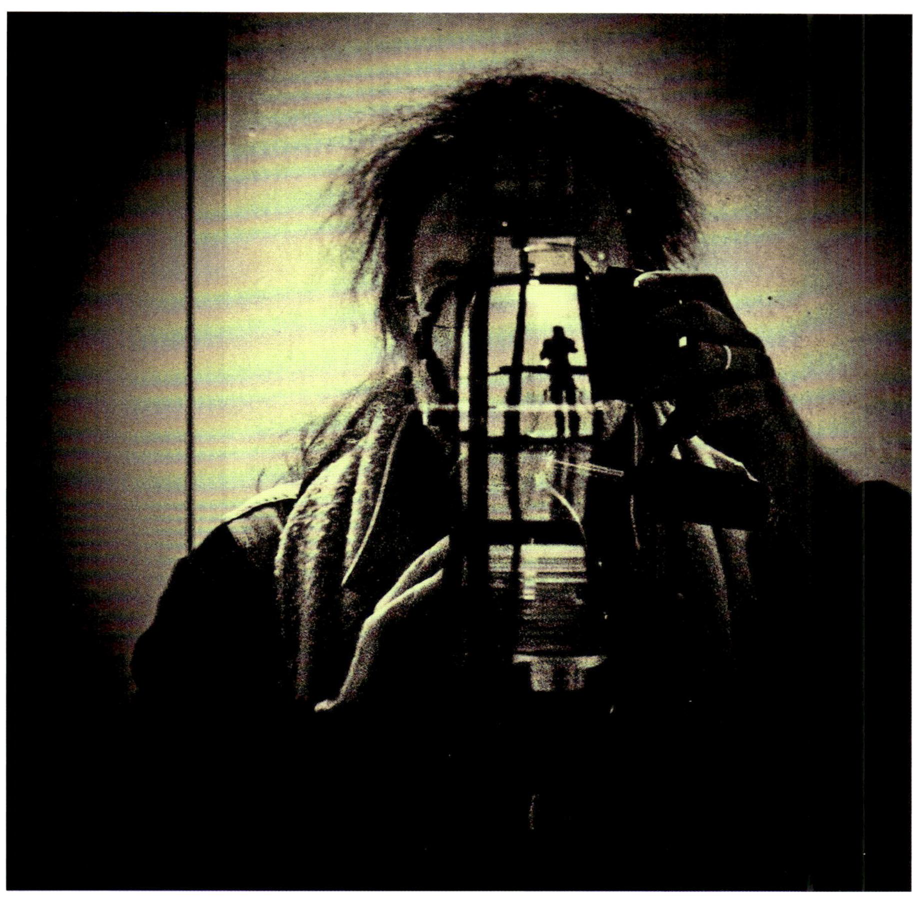

Abb. 4: Selbstporträt 2009. Der Blick durch die Kamera zeigt zunächst das äußerlich Sichtbare, ermöglicht zugleich aber auch einen Blick auf uns selbst, wie im nebenstehenden Bild durch die Spiegelung symbolisiert.

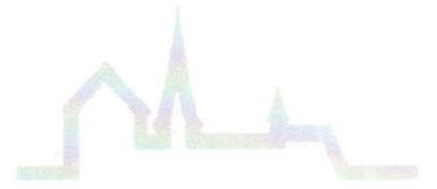

1.3 Schwarzweißfotografie damals und heute

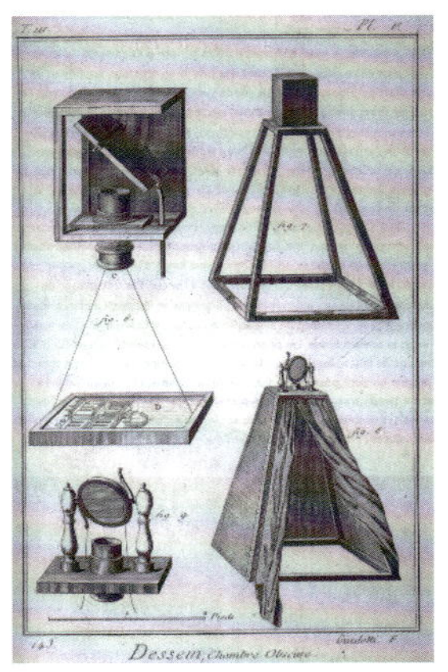

Abb. 5: Camera obscura, aus der französischen »Encyclopédie, ou dictionnaire raisonné des sciences, des arts et des métiers« von 1751, gemeinfrei

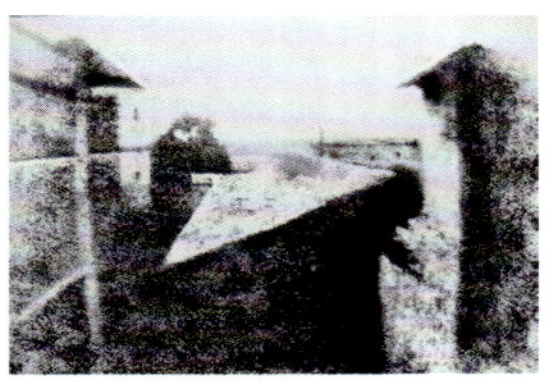

Abb. 6: »Blick aus dem Arbeitszimmer von Le Gras« von Joseph Nicéphore Niépce. Älteste erhaltene Fotografie von 1826, gemeinfrei

Der Begriff der »Fotografie« (ursprünglich »Photographie«) setzt sich aus dem altgriechischen »phōs« (im Genitiv »photós«), also »Licht«, und »graphein«, also »schreiben, malen« zusammen, und bedeutet insofern »Malen mit Licht«. Die Geschichte solchen »Lichtschreibens« begann im Grunde genommen schon im Griechenland der Antike. *Aristoteles* (384–322 v. Chr.) erkannte, dass das durch ein kleines Loch in einen abgedunkelten Raum einfallende Licht auf der gegenüberliegenden Wand ein auf dem Kopf stehendes Abbild der Außenwelt produziert. Ein vertieftes Verständnis dieses Prinzips verdanken wir *Leonardo da Vinci* (1452–1519), und ab dem 17. Jahrhundert war die »Camera obscura« in Form transportabler Kästen verfügbar, wie in Abb. 5 aufgezeigt.

Eine einschneidende Entwicklung in Richtung der Bewahrung des so gewonnenen Bildes stellte die Entdeckung und Verfügbarmachung lichtempfindlicher Materialien dar. Der deutsche Physiker Johann Heinrich Schulze (1687 –1744), der deutsche Chemiker Carl Wilhelm Scheele (1742–1786) und schließlich der französische Jurist Joseph Nicéphore Niépce (1765–1833) leisteten hierzu wichtige Vorarbeiten. Von Letzterem stammt auch die älteste, heute noch erhaltene und in Abb. 6 gezeigte Fotografie. Diese entstand nach achtstündiger Belichtungszeit (!) auf einer asphaltbeschichteten Zinnplatte und wurde anschließend mit Lavendelöl entwickelt.

Der französische Maler und Erfinder *Louis Jacques Mandé Daguerre* (1787–1851, siehe Abb. 7) nutzte lichtstärkere Objektive und versilberte Kupferplatten, wodurch er eine für die damaligen Möglichkeiten sehr gute Abbildungsqualität und deutlich verkürzte Belichtungszeiten erreichte. Das in den 40er-Jahren des 19. Jahrhunderts entwickelte Verfahren fand in kurzer Zeit weite Verbreitung und ist als »Daguerreotypie« in die Geschichte eingegangen.

Etwa zur gleichen Zeit widmete sich auch der englische Aristokrat *William Henry Fox Talbot* (1800–1877) intensiv der Entwicklung der Fotografie und experimentierte unter anderem mit lichtempfindlichen Papieren. Er schuf das Prinzip der Bildvervielfältigung und damit der Erstellung von Positivbildern durch

Abzüge vom Negativbild (»Negativ-Positiv-Verfahren«). Wenngleich die Abbildungsergebnisse zunächst deutlich hinter denjenigen der Daguerreotypie zurückblieben, schuf das Verfahren die Grundlage aller nachfolgenden fototechnischen Entwicklungen. Erst der Siegeszug der Digitalfotografie setzte diesem »Goldstandard der Fotografiepraxis« ein Ende.

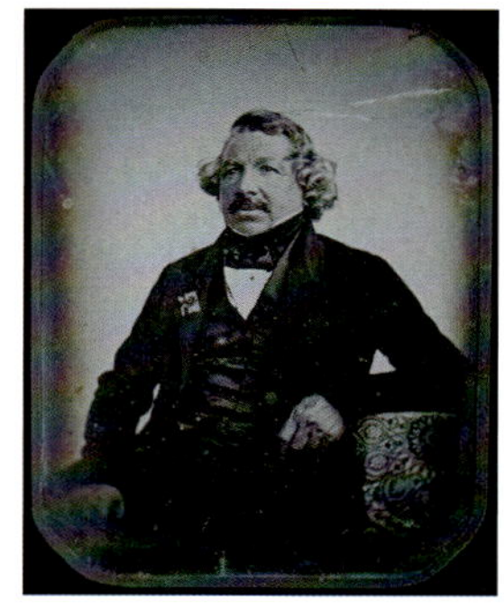

Abb. 7: »Porträt des Louis Daguerre« von Jean-Baptiste Sabatier-Blot, 1844, gemeinfrei

Einen erheblichen Fortschritt in der Fotografie stellte schließlich die industrialisierte Produktion von Kameras und Verbrauchsmaterialien dar. Dafür stand zu Beginn insbesondere der US-amerikanische Unternehmer *George Eastman* (1854–1932), welcher 1888 die zunächst mit papier-, später zelluloidbasiertem Rollfilm bestückte Kodak Nr. 1 (siehe Abb. 8) auf den Markt brachte. Ein geschicktes Marketing im Sinne von »You Press the Button, We Do the Rest« (auf Deutsch: »Sie drücken den Knopf, wir machen den Rest«) öffnete den Massenmarkt und sicherte zugleich den Erfolg.

Weitere Meilensteine der Fototechnik ergaben sich schließlich durch die Verkleinerung der Kameras, wie sie sich ab 1914 mit der »Ur-Leica« (siehe Abb. 9) und der Verwendung des 35-mm-Format abzeichnete, und die zunehmende Automatisierung der Kameras wie etwa bei der »Ihagee Exakta B« als erste Kamera mit eingebauter Blitzsynchronisation 1935 oder der »Super Kodak Six-20« mit erstmalig verwendeter Belichtungsautomatik 1938. In den 1960ern gab es erste Modelle mit einer Belichtungsmessung durch das Objektiv, in den 1970ern mit Autofokus-Systemen.

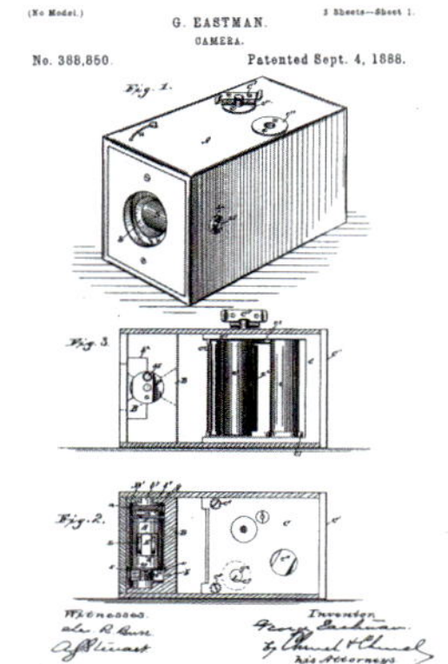

Abb. 8: US Patent No. 388.850 für die von George Eastman entwickelte Rollfilmkamera, 1888, gemeinfrei

Von Schwarzweiß zur Farbe und zurück

Die Fotografie der ersten Jahrzehnte beschränkte sich aufgrund der noch eingeschränkten technischen Möglichkeiten auf die schwarzweiße, also monochrome Abbildung. Auf den fotoempfindlichen Materialien der damaligen Zeit ließ sich das Licht eben nur in seiner Ganzheit und noch nicht in seinen Farbqualitäten einfangen. Ein gewisses »Bedürfnis nach Farben« seitens des Publikums und auch der Fotografen selbst ließ sich im Ansatz durch Voll- und Teiltonungen der Bilder oder durch nachträgliche Handkolorierungen wettmachen – alles freilich sehr aufwendig und kaum für die größere Verbreitung geeignet.

Schon im 19. Jahrhundert gab es erste Experimente mit der Farbdarstellung, doch standen diese anfangs noch vor erheblichen technischen Schwierigkeiten. Erst die Entwicklung eines (in der Regel dreifachen) Schichtaufbaus im Filmmaterial ab den 1930ern brachte den Durchbruch. Nach diesem noch heute gültigen Prinzip werden dabei unterschiedliche Spektren bzw. Sensibilisierungen unterschieden wie »unsensibilisiert« (ca. 350–450 nm, auf die Empfindlichkeit gegenüber Violett und Blau beschränkt), »orthochromatisch« (ca. 350–600 nm, zusätzlich zum Vorgenannten gegenüber Grün und Gelb empfindlich) sowie »panchromatisch« (ca. 350–799 nm, zusätzlich zum Vorgenannten gegenüber

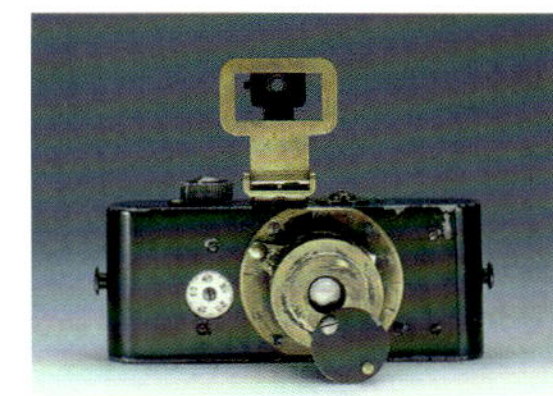

Abb. 9: Ur-Leica 1914, Quelle Leica Microsystems (früher Ernst-Leitz), CC-Lizenz

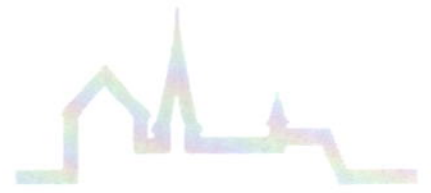

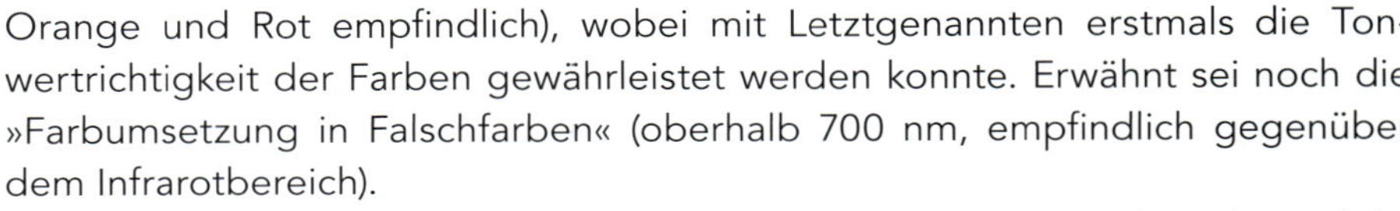

Orange und Rot empfindlich), wobei mit Letztgenannten erstmals die Tonwertrichtigkeit der Farben gewährleistet werden konnte. Erwähnt sei noch die »Farbumsetzung in Falschfarben« (oberhalb 700 nm, empfindlich gegenüber dem Infrarotbereich).

Die Ausbildung eines fotografischen Massenmarktes

So beförderte neben der zunehmenden Miniaturisierung und Erschwinglichkeit der Kameras und der Einkapselung von Roll- und Kleinbildfilm insbesondere die Farbechtheit der entstandenen Bilder im Vergleich mit der Ausgangsszene die Ausbildung eines fotografischen Massenmarktes. Neben der Verwendung in der kommerziellen und journalistischen Fotografie wurde die Kleinkamera mit Farbfilm zum dokumentierenden und erinnerungsbewahrenden Alltagsinstrument der breiten Bevölkerung.

Fortsetzung und sogar noch erhebliche Verstärkung erfuhr dieses Phänomen im Zuge der Digitalisierung der Fotografie ab den 1990ern. Kompakt-, Bridge- und kleine Spiegelreflexkameras mit Sensorgrößen deutlich unterhalb des üblichen Kleinbildformats, nachfolgend die Entwicklung von Smartphones mit Kamerafunktion und Internetanbindung führten zum Massenphänomen der Fotografie heutiger Tage, welches vielmals auch als »digitale Bildinflation« bezeichnet wird.

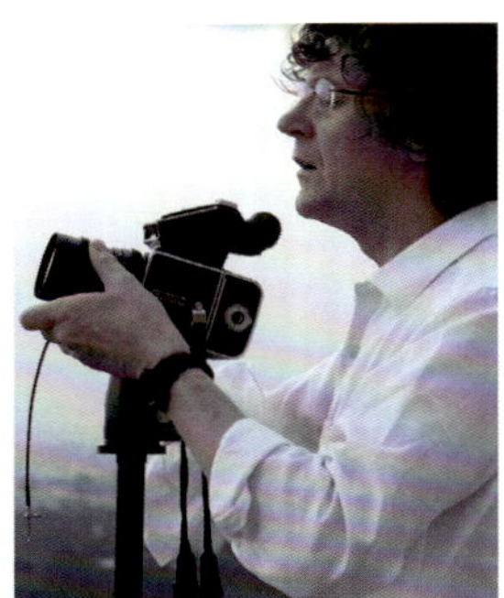

Abb. 10: Michael Kenna mit seiner analogen Hasselblad (vermutlich Modell 500C), Abbildung mit freundlicher Genehmigung durch Sabine Troncin-Denis, der Europaagentin des Fotografen

Die Analog- und mit ihr auch die Schwarzweißfotografie alter Tage drohte in diesem Rahmen völlig ins Hintertreffen zu geraten. Einige wenige Fotografen wie etwa der durch seine intensiven Landschaftsaufnahmen hervorgetretene und vielfach ausgezeichnete *Michael Kenna* oder der insbesondere durch seine anmutigen Bilder englischer Kathedralen bekannt gewordene *Bruce Barnbaum* widersetzen sich bis heute diesem Trend und blieben der alten Technik treu, doch scheinen diese Einzelfälle von der Allgemeinheit eher wie liebgewonnene, gleichwohl etwas antiquierte Ikonen gepflegt zu werden statt dort unmittelbaren Vorbildcharakter zu entfalten.

Zum anderen ist jedoch – wenn man sich die Gewichtung in anspruchsvollen Magazinen ebenso wie in landläufigen Fotogemeinschaften vor Augen führt – auch eine Rückkehr von der Farbe zum Schwarzweiß mit digitalen Mitteln zu beobachten.

Diese Rückbesinnung betrifft nun weniger die kommerzielle und journalistische Fotografie, die mittlerweile ganz in der »Vorstellung nötiger Farbe« (oder gar »optischer Leichtgängigkeit«, Stichwort »Stock Photography«) gefangen zu sein scheint. Der Trend etabliert sich eher in jenen Bereichen der bewusst gestalteten oder künstlerischen Fotografie, und ich meine durchaus, dass wir hier von einer »Renaissance der Schwarzweißfotografie mit digitalen Mitteln« sprechen können.

Wiederkehr der Schwarzweißfotografie mit digitalen Mitteln

Von den bekannten Fotografen heutiger Tage zu nennen sind etwa *Sebastião Salgado* oder *Torsten Andreas Hoffmann*, die der Schwarzweißfotografie soweit treu geblieben sind und diese heute nicht mehr mit analoger, sondern eben mit

digitaler Ausrüstung ausüben. Und es ist zu ergänzen, dass die Schwarzweißfotografie auch und gerade in Kreisen ambitionierter Fotoamateure in einer Weise Einzug gehalten hat, dass man schwerlich von den »letzten, im Schwinden begriffenen Inseln des Monochromen im stetig anflutenden Fotomeer des Bunten« sprechen kann.

Die Zukunft wird meines Erachtens zeigen, ob sich hierin eine dauerhafte Ausdifferenzierung in Richtung farbiger Gebrauchs- und monochromer Ausdrucksfotografie ausbildet.

Gründe für Schwarzweiß

Da die Schwarzweißfotografie ja auch mein bevorzugtes Stil- und Ausdrucksmittel ist, werde ich bei meinen Vernissagen, Künstlergesprächen und Workshops oft genug gefragt: »Warum Schwarzweiß?«

»Warum Schwarzweiß?« »Warum Farbe?«

Nun müssen sich Farbfotografen nur selten in gleicher Weise erklären (»Warum Farbe?«), und die Frage mag bisweilen auch zu häufig oder zu hartnäckig gestellt erscheinen – zulässig und sinnvoll ist sie allemal, denn sie bringt uns Schwarzweißfotografen ja dazu, uns kritisch mit dem eigenen Tun auseinanderzusetzen.

Die »Antwort auf die große Frage nach dem Warum« wird wohl von Fotograf zu Fotograf unterschiedlich ausfallen. Typischerweise werden dabei folgende Aspekte aufgegriffen, die ich zunächst auflisten und dann im weiteren Text noch ausführen möchte. In der Quersumme all dessen findet sich übrigens meine eigene Antwort auf die Frage eingewoben.

- Ausschluss von ablenkenden Faktoren
- Konzentration auf die Beziehung zum Objekt
- Interpretationsmöglichkeit der Ausgangsszene
- Künstlerische Übersetzung und Verdichtung

Von *Robert Häusser* (1924–2013), einem wichtigen Wegbereiter der deutschen Nachkriegsfotografie, stammt ein sehr bekanntes Zitat: »Farbe ist zu geschwätzig. Sie lenkt nur ab von der Beziehung zum Gegenstand.« Das Internet mag sehr zur Bekanntwerdung dieser so prägnanten Aussage beigetragen haben – eine kurze Recherche auf gängigen Suchmaschinen bringt Abertausende Einträge allein für den ersten Satz, und gefühlt auf jeder zweiten Homepage von Schwarzweißfotografen findet sich das Zitat wie eine »Fackel der Begründung«. Auch auf meiner übrigens, und doch denke ich bisweilen, dass Häusser zu sehr auf diese kernig-kompromisslose, fast patzige Aussage reduziert und sein in den Anfängen so überschatteter Lebensweg, seine mystisch-melancholische Bildsprache und seine tiefgründige Auseinandersetzung mit der menschlichen Einwirkung auf die umgebende Natur zu wenig wahrgenommen wird.

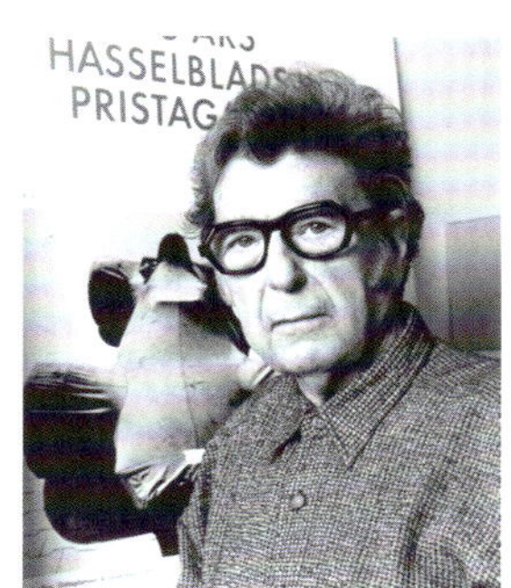

Abb. 11: Robert Häusser, Bild: Manfred Rinderspacher

Wie auch immer, im Zitat wird das Aufdringliche und Störende klar benannt, es sei die Farbe. Und diese würde sich der Ablenkung von etwas Wichtigem verdächtig machen, nämlich der Beziehung zum Gegenstand. Das ist meiner Meinung nach ebenso klar formuliert wie alltagspsychologisch schwer verdaulich: »Wie Gegenstand? Ich hab auch Gegenstände zu Hause. Warum sollten die nicht bunt sein? Dann erkenne ich sie doch eher und kann sie besser auseinanderhalten. Beziehungen habe ich zu den wichtigen Menschen meines Umfelds, aber nicht zu den Gegenständen. Die sollen funktionieren ...«

»Wie Gegenstand?«

Ich möchte hier nochmals kurz auf die Herleitungen in Unterkapitel 1.2 (»Architektur als Ausdruck von Heimat und menschlichem Wirken«) zurückkommen. Wenn wir den »Gegenstand« einmal als »Objekt« (im Sinne der psychoanalytischen Terminologie) verstehen, wird es wohl klarer: Das Objekt kann ebenso für Personen wie für Gegenstände oder symbolhafte Vorstellungen stehen. Wenn wir dann noch Kohuts (dort ebenfalls zitierte) Konzeption des »Selbstobjekts«, also der mit einer besonderen Bedeutung für Ausbildung und Aufrechterhaltung unseres Selbstwertgefühls ausgestatteten Personen, Gegenstände oder Vorstellungen hinzunehmen, bekommt das Ganze Sinn: Dann wäre der zweite Satz des Zitats gemeint als ein: »Sie lenkt nur ab von der uns bedeutsamen Beziehung zum vor Ort gefundenen Selbstobjekt, welches sich in einer Person, einem Gegenstand oder auch einer neu entstehenden Vorstellung manifestieren kann.« Eine solche Formulierung hätte aber wohl kaum eine derartige virale Welle im Internet ausgelöst ...

Die Beziehung zum Dargestellten als Schlüssel zur Tiefenwirkung

Wie wir sehen, geht es auch hier letztlich wieder um die Beziehung – um jene subjektive Warte des Fotografierenden und dessen tiefen Blick auf das Fotografierte, welches ihm von besonderer Bedeutung ist. Sehr schön dargestellt findet sich dies auch in jenem Zitat des kanadischen Fotojournalisten *Ted Grant*: »When you photograph people in color, you photograph their clothes. But when you photograph people in black and white, you photograph their souls!« (auf Deutsch: »Wenn Du Menschen in Farbe fotografierst, dann fotografierst Du Ihre Kleidung. Wenn Du aber Menschen in Schwarzweiß fotografierst, dann fotografierst Du Ihre Seelen!«).

Freiheiten der Interpretation und des Ausdrucks

Eine weitere Reihe von Argumenten bezieht sich auf die enormen Freiheiten der Interpretation und des Ausdrucks, die mit der Schwarzweißkonvertierung einhergingen. Tatsächlich lösen wir uns in der Schwarzweißfotografie sehr weit von der realistischen (und etwa der Farbfotografie innewohnenden) Abbildungspflicht, wenn wir die Farbwerte in Graustufen übersetzen. Jedem Betrachter eines solchen Bildes ist unmittelbar eingängig, dass es sich nicht um eine naturalistische Wiedergabe, sondern um eine Umwandlung des Gesehenen handelt.

Übersetzung, Verdichtung und Interpretation als Grundbausteine des künstlerischen Prozesses

Wenn wir dem Begriff der »Übersetzung« noch solche der »Verdichtung« und der »Interpretation« hinzufügen, sind wir der (allgemeinen) Beschreibung des künstlerischen Gestaltungs- und Ausdrucksprozesses schon recht nahe gekom-

men. Auch die Maler früherer Zeiten bedienten sich einer solchen Umwandlung und Abstraktion, um die eigene Sichtweise und Handschrift zu betonen.

Ein Vergleich mit der musikalischen Aufführungspraxis

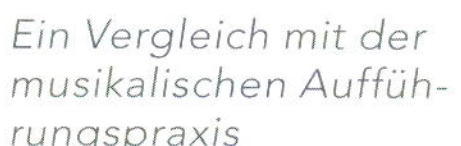

Über die gängige Frage »Farbe oder Schwarzweiß« hinaus reicht jener so poetische Vergleich der Fotografie mit der Musik von Ansel Easton Adams (1902–1984), dem weltbekannten US-amerikanischen Landschaftsfotografen: »The negative is comparable to the composer's score and the print to its performance. Each performance differs in subtle ways.« (auf Deutsch sinngemäß: »Das Negativ ist vergleichbar mit der Partitur, der Abzug hingegen mit der Aufführung eines Musikstücks. Jede dieser Aufführungen weist gewisse Eigenheiten auf.«)

Die Fragen der Übersetzung und Verdichtung stellen sich hier auf subtilere Weise, denn Adams arbeitete ja mit monochromen Negativen, um daraus monochrome Positivbilder zu schaffen. Die Interpretation bezieht sich hier etwa auf die Aufsteilung oder Abflachung des Bildkontrastes, die Aufhellung (das Abwedeln) oder die Abdunklung (das Nachbelichten) des Gesamtbildes oder von Teilen dessen. Im Sinne des oben stehenden Zitats ist bekannt, dass Adams im Laufe seines fotografischen Schaffens einzelne Bilder immer wieder neu interpretiert hat: Sein sehr bekanntes Bild »Moonrise, Hernandez, New Mexico« aus dem Jahr 1941 etwa fand sich im Lauf der Jahre immer dunkler, kontrastreicher und damit dramatischer ausgearbeitet.

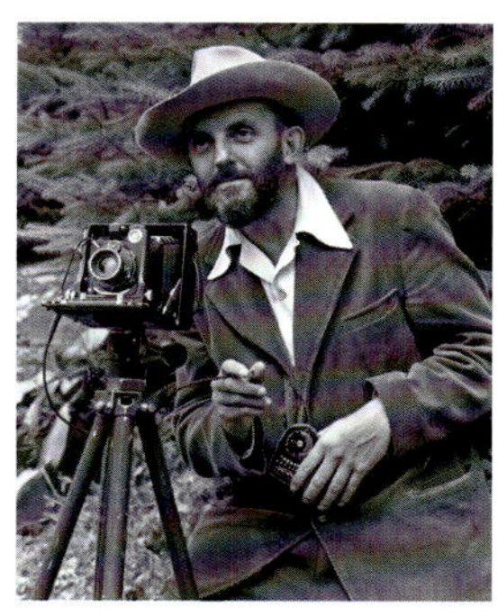

Abb. 12: Ansel Easton Adams auf einer Aufnahme von J. Malcolm Greany aus dem Jahr 1950, Public Domain

Ich möchte dieses Unterkapitel mit der Gegenüberstellung eines Farb- und Schwarzweißbildes beschließen und Sie so zum direkten Vergleich einladen.

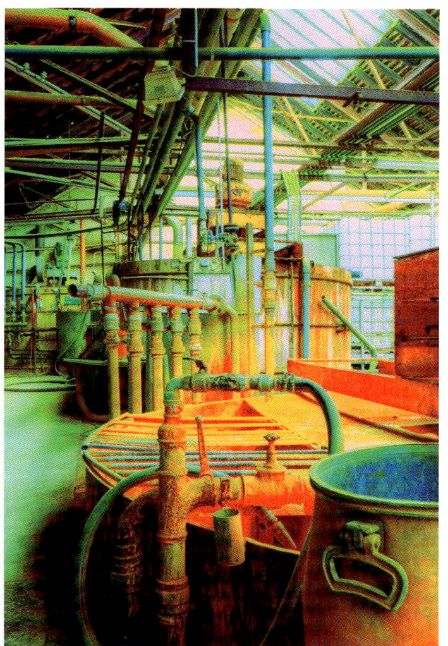

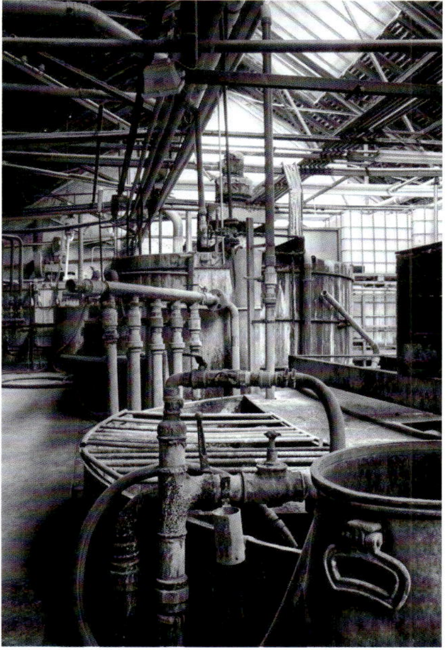

Abb. 13: Bruchsaler Farben | Studien 19a und b, links in einer Farbausarbeitung mit simulierter Crossentwicklung, rechts in einer Schwarzweißkonvertierung. Worin unterscheiden sich die beiden Aufnahmen, welche davon mag wohl die komplexen Strukturen und das innere Gefüge der Anlage besser wiederzugeben?

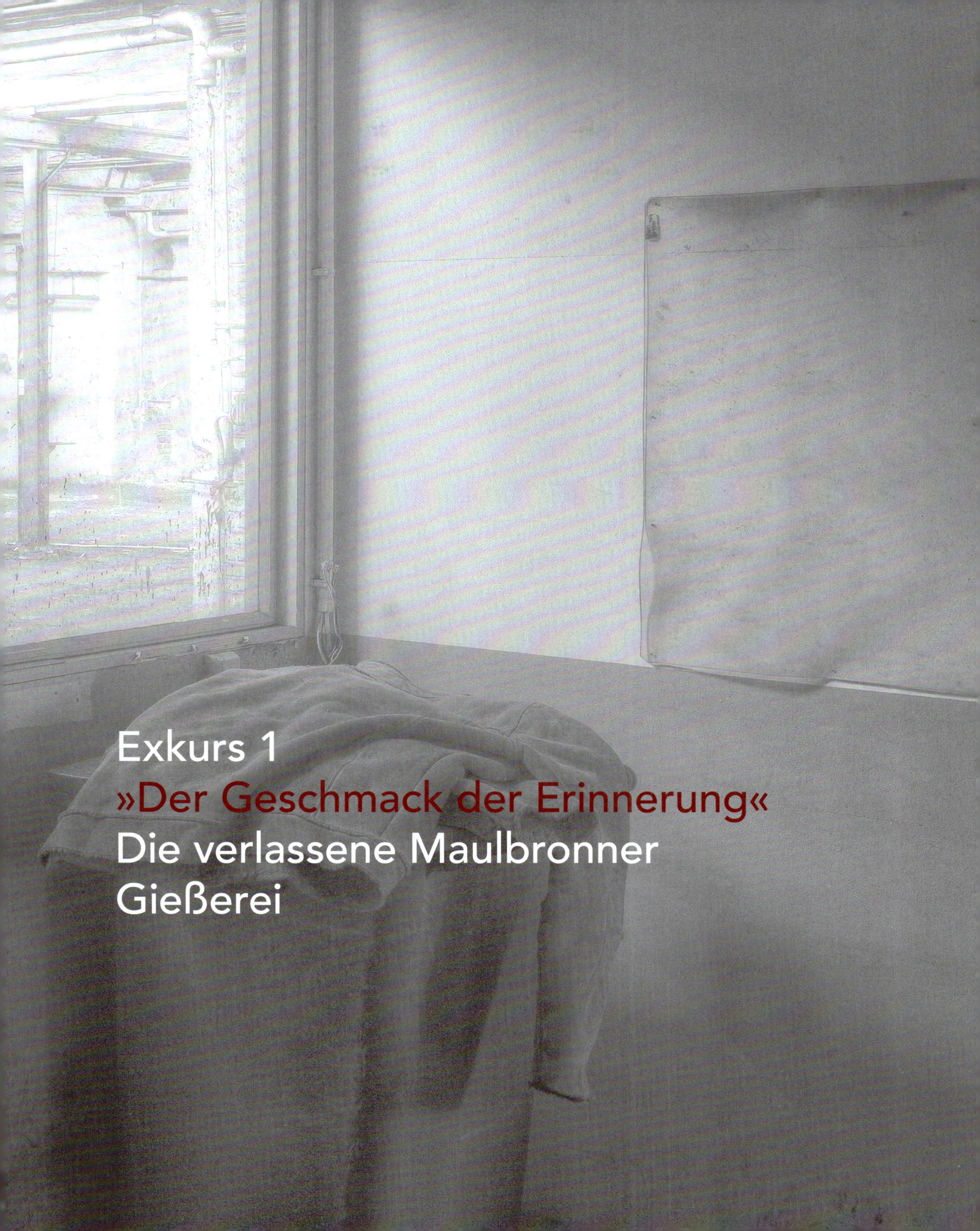

Exkurs 1
»Der Geschmack der Erinnerung«
Die verlassene Maulbronner Gießerei

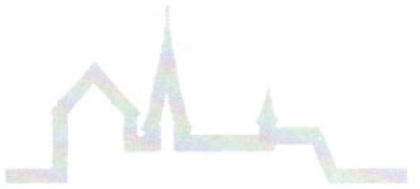

Die Vorgeschichte

Die wechselhaften Geschicke der Maulbronner Gießerei waren eng mit dem Schicksal der Familie Schenk verwoben – tief in der Heimat verwurzelt und ihr Glück zwischenzeitlich doch auch in der Ferne bzw. im Neuen suchend.

Im Rückblick auf das (aus unserer heutigen Sicht) noch nicht sehr mobile 19. Jahrhundert mag man wohl staunen, dass die Familie im südafrikanischen Brauereiwesen ihr Glück machte und zu Wohlstand kam, dass es den Sohn Wilhelm dann aber wieder in die alte Heimat trieb, wo er 1913 die *Leichtgusswerke W. & W. Schenk* als Familienunternehmen gründete.

Im Laufe seines nur 45-jährigen Lebens betätigte sich *Wilhelm Schenk* (1879–1924) als »Steinhauer, Bierbrauer, Auswanderer, Soldat, Industrieller, Gründer der Sanitätskolonne Maulbronn und Jäger«, wie der Maulbronner Stadtarchivar *Martin Ehlers* anlässlich der Eröffnung des Maulbronner »Museums auf dem Schafhof« (übrigens immer einen Besuch wert, bisweilen gibt es dort auch Kaffee und Kuchen, wobei der Eintritt in Form einer selbst bemessenen Spende willkommen ist) im Jahre 2009 ausführte.

Man ahnt, welche Umtriebigkeit und vermutlich auch Zerrissenheit in jenem Menschen geherrscht haben mag. Ein vorausschauender und vorantreibender Mensch war Wilhelm Schenk, um das einmal in neuzeitlichen Begriffen zu formulieren, aber gewiss. Er bündelte die verschiedenen, seit Urgedenken bekannten Gießtechniken in industrieller Form und schuf damit Arbeitsplätze und Wohlstand. Der Betrieb war über lange Zeit der mit Abstand größte am Ort.

Auch dunkle Seiten sind aber zu erwähnen: An der Rüstungsproduktion beider Kriege wurde offensichtlich kräftig mitverdient und Zwangsarbeiter wurden im 2. Weltkrieg dort auch geschunden. Der Betrieb war darüber hinaus, wie mir ein Maulbronner anvertraute, »über Jahrzehnte die größte Dreckschleuder vor Ort, sodass sich eine Fassadenrenovierung des in Hauptwindrichtung gelegenen Klosters über lange Zeit gar nicht lohnte«.

In den 1990ern geriet der Betrieb im Zuge der Krise der weltweiten Automobilindustrie, bestehender Überkapazitäten und horrenden Preisverfalls in ernste Schwierigkeiten. Er mußte 1999 erstmals Insolvenz anmelden und verlor seine Eigenständigkeit mit der Übernahme durch den US-amerikanischen *Hayes-Lemmerz-Konzern*. Dieser geriet später selbst in Turbulenzen und bot so dem Renninger Gießerei-Unternehmer Detlef Kloß 2002 eine Einstiegschance. Der Betrieb fand sich daraufhin im Verband der *Metallwerke Kloß* (MWK) wieder, der damals zu den Top Five der deutschen Gießerei-Branche zählte, was neuerliche Hoffnungen auf Fortbestand schürte. Doch auch hier wurden Investitionen verschoben und umgelenkt. 2007 gingen die Anteile in die Hand der *Georgsmarienhütte Holding GmbH* über.

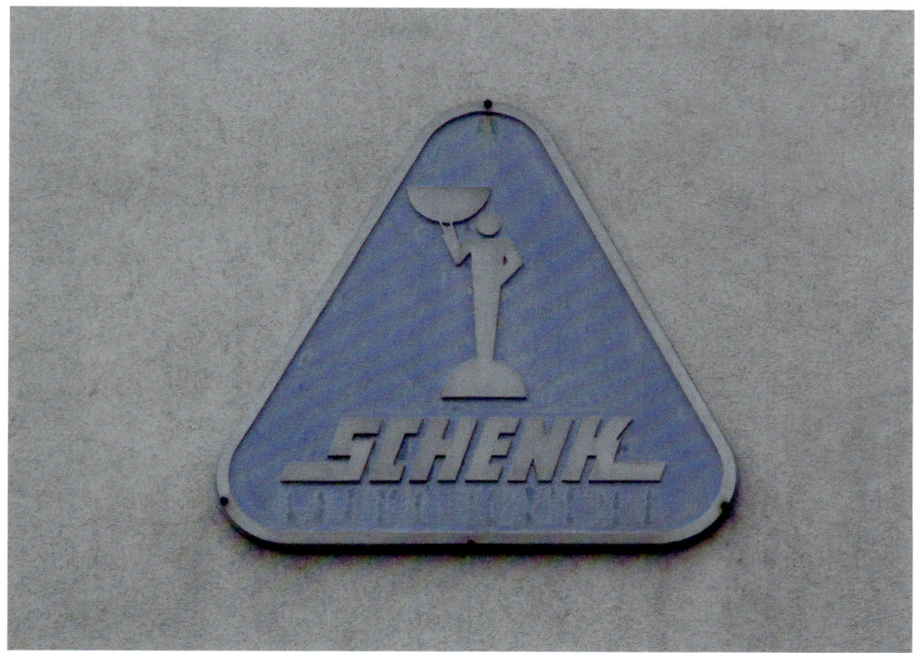

Abb. 14: Das Firmenlogo der Maulbronner Gießerei, private Aufnahme.

Nach diesem dritten und letzten Verkauf war nichts mehr zu retten. Schließlich wurde 2009 die Produktion eingestellt und neuerlich Insolvenz angemeldet. Die Suche nach einem neuen Investor für den alten Zweck blieb ergebnislos.

Die Geschichte mit den Reihumverkäufen, dem Schlucken der Kleinen durch die Großen, der sukzessiven Fortnahme dortiger Expertise, der freiwilligen Lohnzurückhaltung der Mitarbeiter und schließlich der marktbereinigenden Glattstellung mutet an wie ein Lehrstück des entfesselten Monopolkapitalismus. Hier findet sich ein auf der einen Seite immer schneller drehender Kreisel von Enteignung und Fusionierung durch immer mächtiger werdende Konzerne; auf der anderen Seite ein »Nachtwächterstaat«, der sich in erster Linie um den Schutz des ungezügelten Produktiveigentums und der freien Marktkräfte kümmert, in seiner sozialen Variante aber immerhin auch die völlige Verelendung der freigestellten Arbeitskräfte verhindert.

Das Ganze hatte noch ein Nachspiel dahingehend, dass das mitten im Ort gelegene Gelände durch den jahrzehntelangen Betrieb hochgradig kontaminiert war und so eine Umnutzung und Neubebauung (Same Procedure: Baumärkte, Parkplätze, Reihenhäuser, ...) erheblich erschwert war. Hinzu kam, dass sich die Experten der verschiedenen Seiten (Insolvenzverwalter, Umweltbehörde) über Jahre hinweg nicht über den tatsächlichen Verseuchungsgrad einigen konnten, sodass das Areal letztlich in einen Dornröschenschlaf fiel.

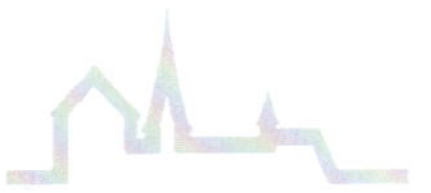

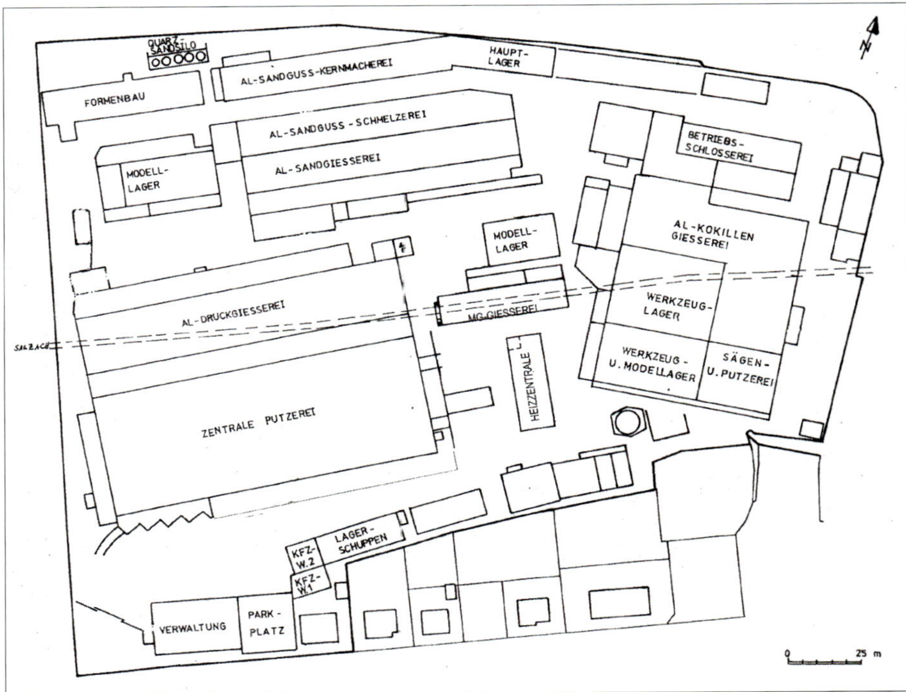

Abb. 15: Übersichtsplan der Maulbronner Gießerei, bei den Fotodurchgängen im Abraum gefunden und mangels Auszeichnung hinsichtlich der Urheberschaft nicht mehr zuordenbar.

Das Projekt

Das 1993 in den Katalog des UNESCO-Welterbes aufgenommene Kloster Maulbronn war mir schon seit Längerem bekannt. Schließlich fiel mir auf, dass sich nur wenige Hundert Meter davon entfernt ein weiteres Areal, etwa gleich groß wie das Klostergelände, hinter hohen Zäunen hermetisch verschlossen und seit 2009 in besagten Dornröschenschlaf verfallen, erstreckt.

»Noch so ein geschichtsbeladener und schicksalsträchtiger Ort«, dachte ich Ende 2011, »doch im Vergleich zum weithin bekannten Kloster streng abgeriegelt und verborgen, seine Geheimnisse und Erinnerungen zugleich bewahrend und nicht preisgebend.«

So begann ich mit meiner Hintergrundrecherche. An dieser Stelle sei nochmals Martin Ehlers, dem Maulbronner Stadtarchivar, gedankt, der mir wichtige Einblicke in die Werksgeschichte gab und auch manchen Kontakt zu ehemaligen Beschäftigten knüpfte.

Die Berichte der früheren Schenk-Mitarbeiter lassen sich im Sinne einer fortbestehenden Schockstarre zusammenzufassen. Für die allermeisten bedeutete das Werk eine zweite Heimat, in der sie mit Stolz ihrer immer anstrengenden und

oftmals auch gefährlichen Tätigkeit nachgingen – das Werk allein verbrauchte wesentlich mehr Energie wie der gesamte Rest der Gemeinde; und den Umgang mit den flüssigen Metallen, den dortigen Temperaturen und Dämpfen kannte ich zwar nicht aus eigener Anschauung, ich konnte es mir aber im Sinne der »Meisterung des Höllenfeuers« ausmalen.

Was in den Berichten der Zeitzeugen immer wieder anklang, war das »Phänomen des kippenden Stolzes«: Mit der Schließung des Betriebs schien auch ein Gutteil des beruflichen Selbstverständnisses, gar des Identitäts- und Beheimatungsgefühls verloren zu gehen. Mehrere Betroffene sprachen sogar davon, dass ihre Lebensleistung durch die Werksaufgabe zerstört und entwertet sei.

Die Gefühle waren in solchen Berichten sehr knapp unter der Oberfläche. Die nachfolgende Ausstellung der Arbeiten in der Städtischen Galerie Maulbronn im Jahre 2014 wurde dann auch fast mehr von Auswärtigen besucht. Wiewohl die Ausstellung durchaus der nochmaligen Inaugenscheinnahme und letztlichen Verabschiedung dienen sollte, trauten sich nur wenige der ehemaligen Beschäftigten dorthin. Es sei alles noch viel zu schmerzlich, der Anblick der Bilder, gerade solcher des Verfalls und Stillstands, rühre auch fünf Jahre nach der Schließung des Werks immer noch kaum verarbeitete Erinnerungen auf, erklärte mir einer dazu auf meine Frage hin.

Ich möchte an dieser Stelle kurz noch auf die Fotodurchgänge im Jahre 2012 eingehen. Es waren derer insgesamt vier, und da ich gerne in meditativer Zeitlupe arbeite, erstreckten sich diese jeweils über mehrere Stunden. Nach dem ersten dieser Durchgänge notierte ich mir: »Zentimeterdicker Staub am Boden, eine sich an der Haut festklebende Schicht aus Schlacken und Ruß ... in der Luft immer noch ein metallisch verbrannter Geruch, der sich bald als bitterer Geschmack auf der Zunge niederschlägt ... verlassene Hallen, Werkstätten und Büros, durch welche noch die Erinnerung an die früher dort geleistete Arbeit weht ... einzelne Fundstücke, die mir leise Geschichten erzählen wollen ... meine Gedanken und Gefühle sind bei denen, die hier Lohn und Brot fanden, aber auch bei denen, die hier ihre Gesundheit oder gar ihr Leben riskierten ...«

Einige Nachgedanken

Eine innere Beziehung, vergleichbar der zu den Mühlacker Ziegelwerken, konnte ich hier nicht aufbauen – vielleicht war die Phase der eigentlichen Fotodurchgänge zu kurz (ein Monat), vielleicht fehlte in den weithin leeren Hallen so etwas wie das »Beobachtungsmoment des Niedergangs« (es tat sich dort ja nichts). Und doch waren meine Empfindungen und Sinneswahrnehmungen stark (wie es im Prolog anklang) und versuchte ich, all dies in die Bilder hineinzuweben. Spricht der »Bann der Ehemaligen« (also jenes Fremdeln bei der Ausstellung) gar dafür, dass dies gelungen war?

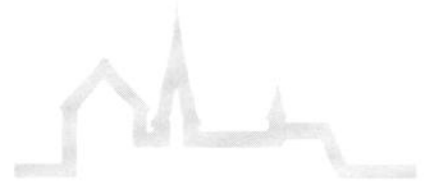

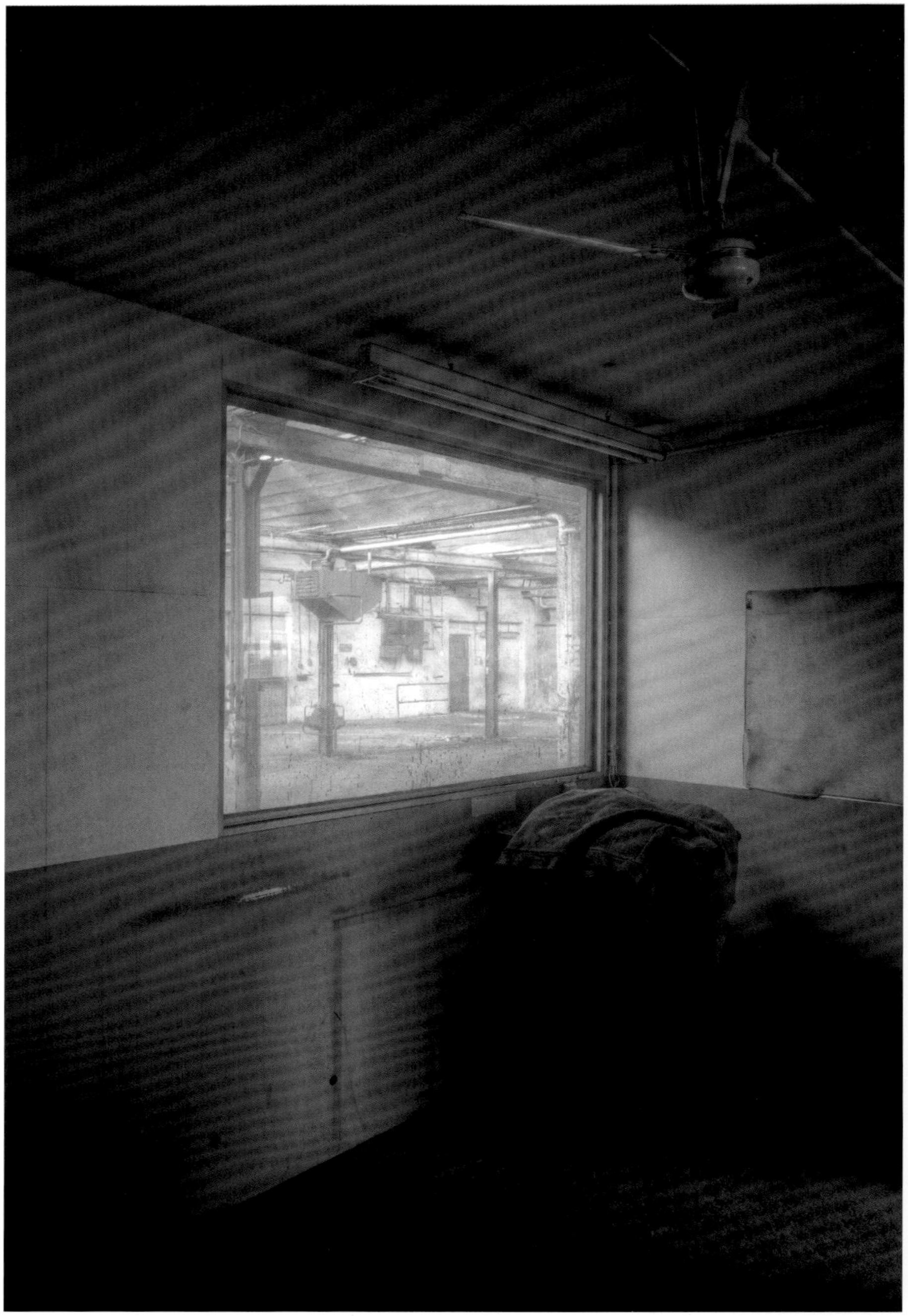

Abb. 16: Der Geschmack der Erinnerung | Studie 12. Nicht das erste Bild in dieser Strecke, sondern das zwölfte, und doch habe ich diese Aufnahme bei meinen Ausstellungen und Wettbewerbseinreichungen stets als Indexbild verwendet. Dieser Blick aus dem Werkstattbüro in die ehemalige Schlosserei symbolisiert für mich eine Flucht der Räume und der Zeit zugleich.

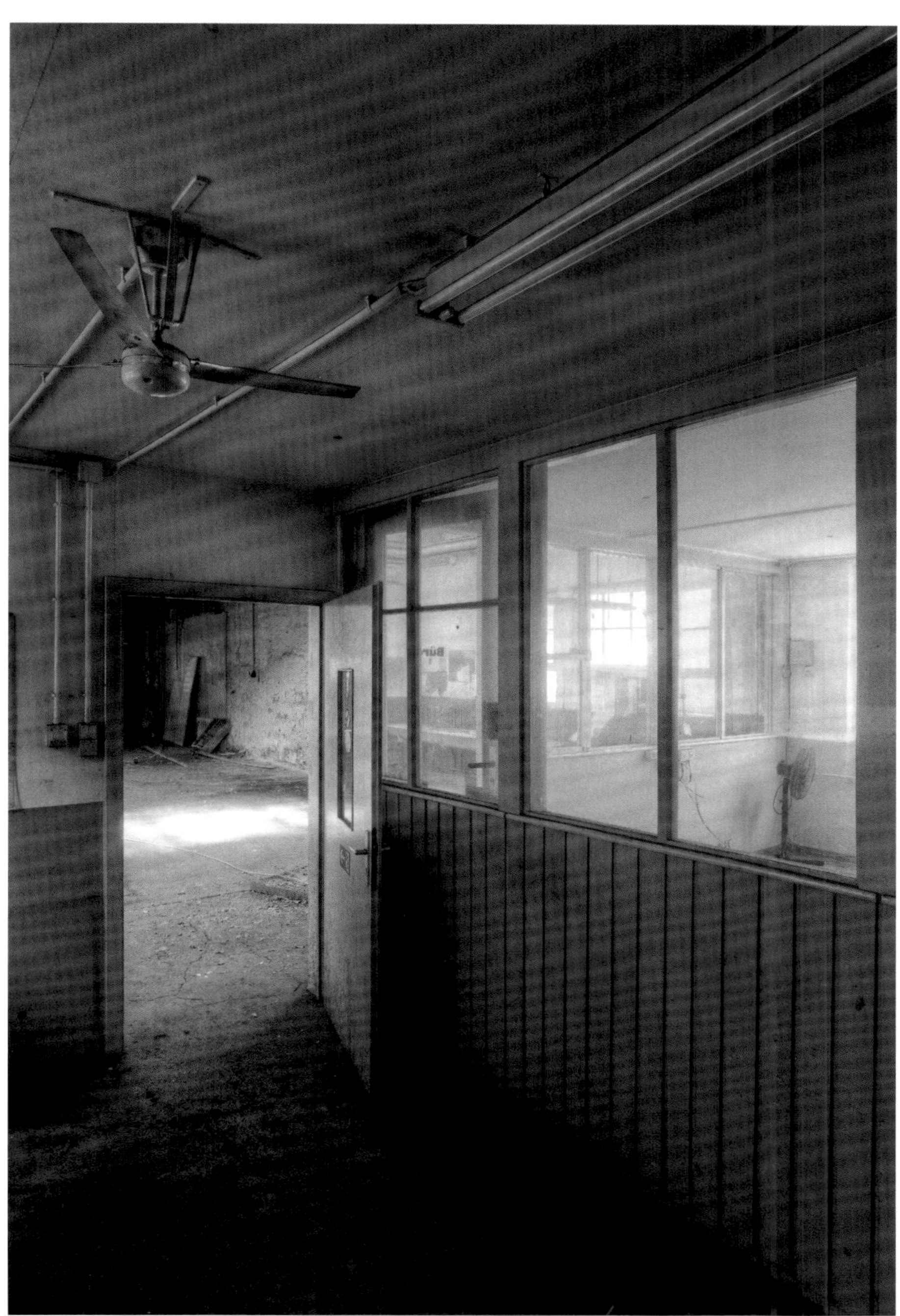

Abb. 17: Der Geschmack der Erinnerung | Studie 14. Die Melancholie der Szene, jener Blick auf das Gewesene und Hinterbliebene, prägt auch diese Aufnahme. Raumfluchten deuten sich hier schon an, die in den folgenden Bildern noch Fortsetzung finden.

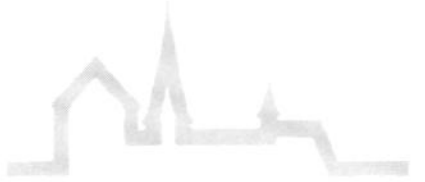

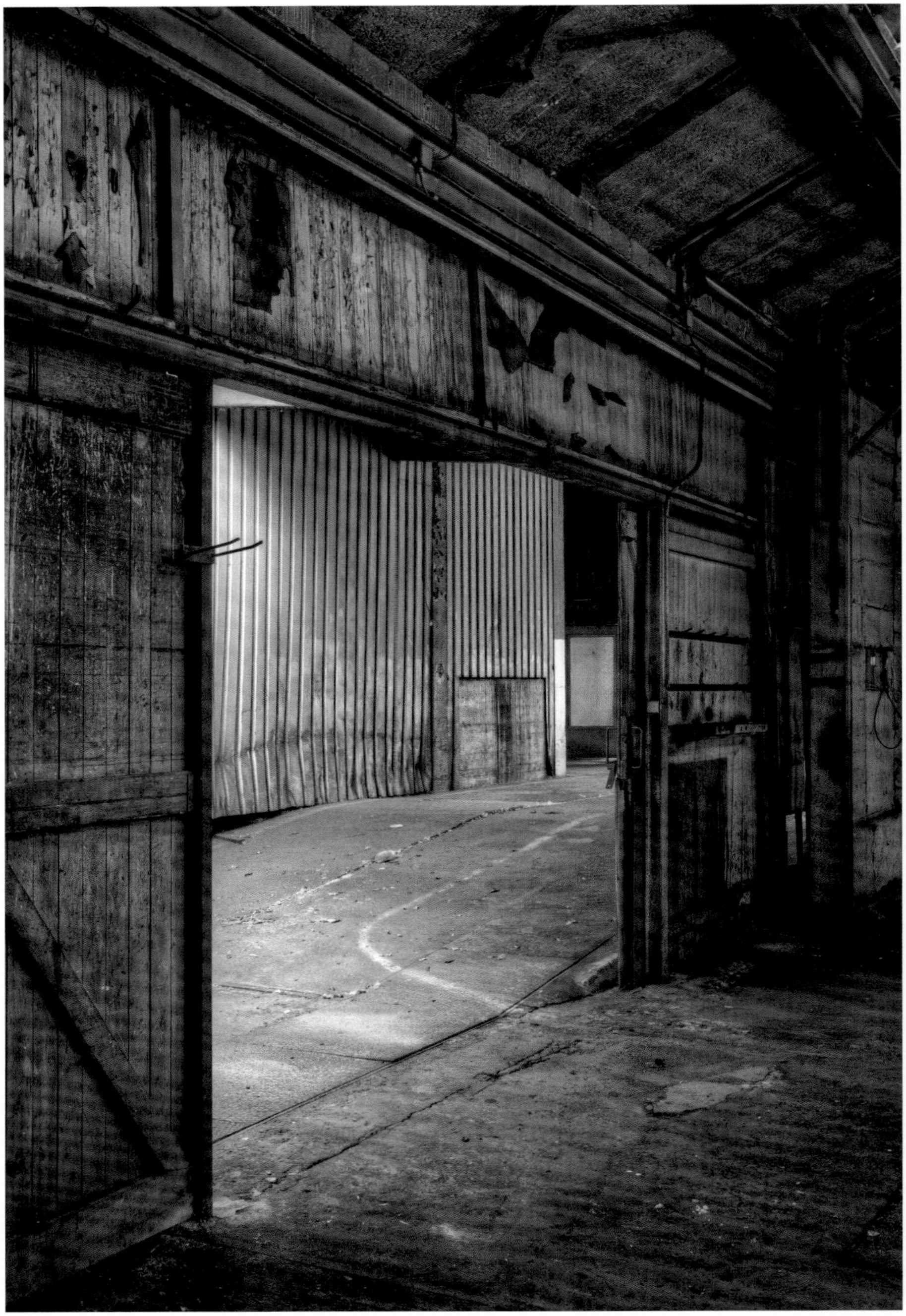

Abb. 18: Der Geschmack der Erinnerung | Studie 06. Eine weitere Variation zum Thema der Raum- und Türfluchten. Fahrspuren finden sich im Staub noch angedeutet, wie wenn hier noch gearbeitet würde.

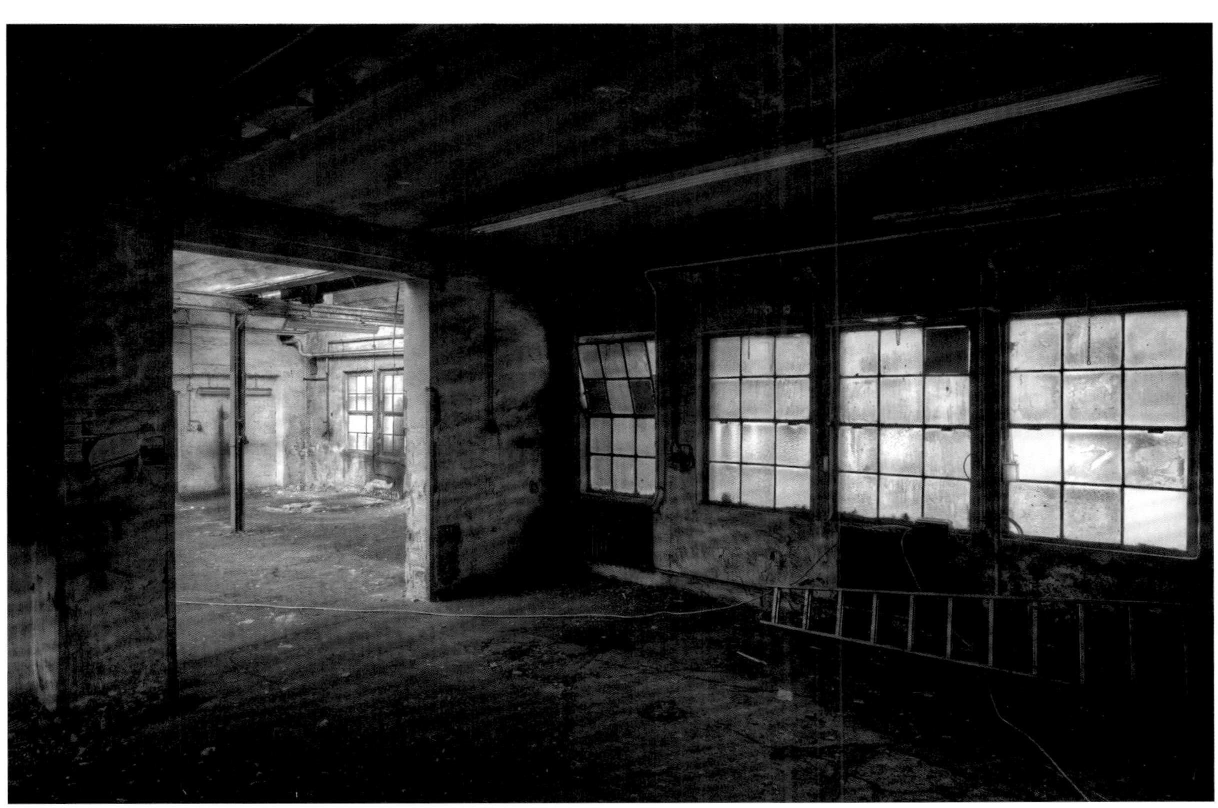

Abb. 19: Der Geschmack der Erinnerung | Studie 08. Auch der Blick in Ecken, hier noch angereichert mit einem Türdurchbruch und dem Blick in den nachfolgenden Raum, birgt Reize. Bei solchem Spiel mit zwei (knapp) außerhalb des Bildes befindlichen Fluchtpunkten muss freilich auf eine gute seitliche Begrenzung geachtet werden, damit sich der Blick nicht außerhalb des Bildes verliert.

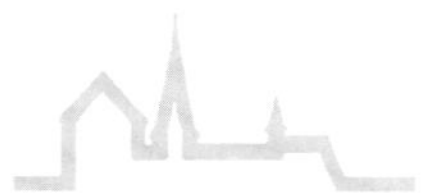

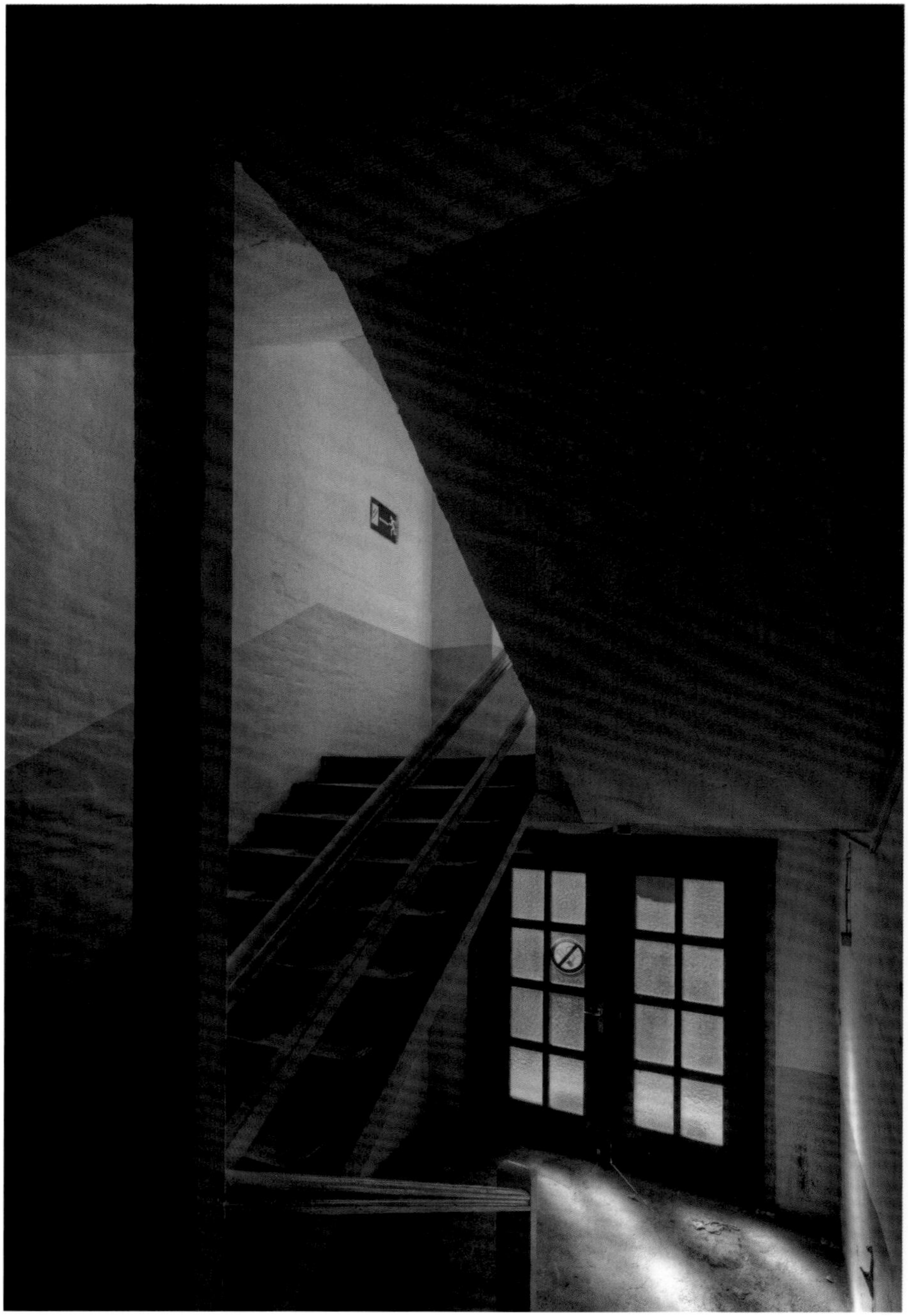

Abb. 20: Der Geschmack der Erinnerung | Studie 17. Treppenhäuser und auch Innenräume wie im folgenden Bild bergen ihre ganz eigenen Reize, da Türen und Fenster hier wie eine Grenze bzw. Schwelle zwischen Innen- und Außenwelt fungieren.

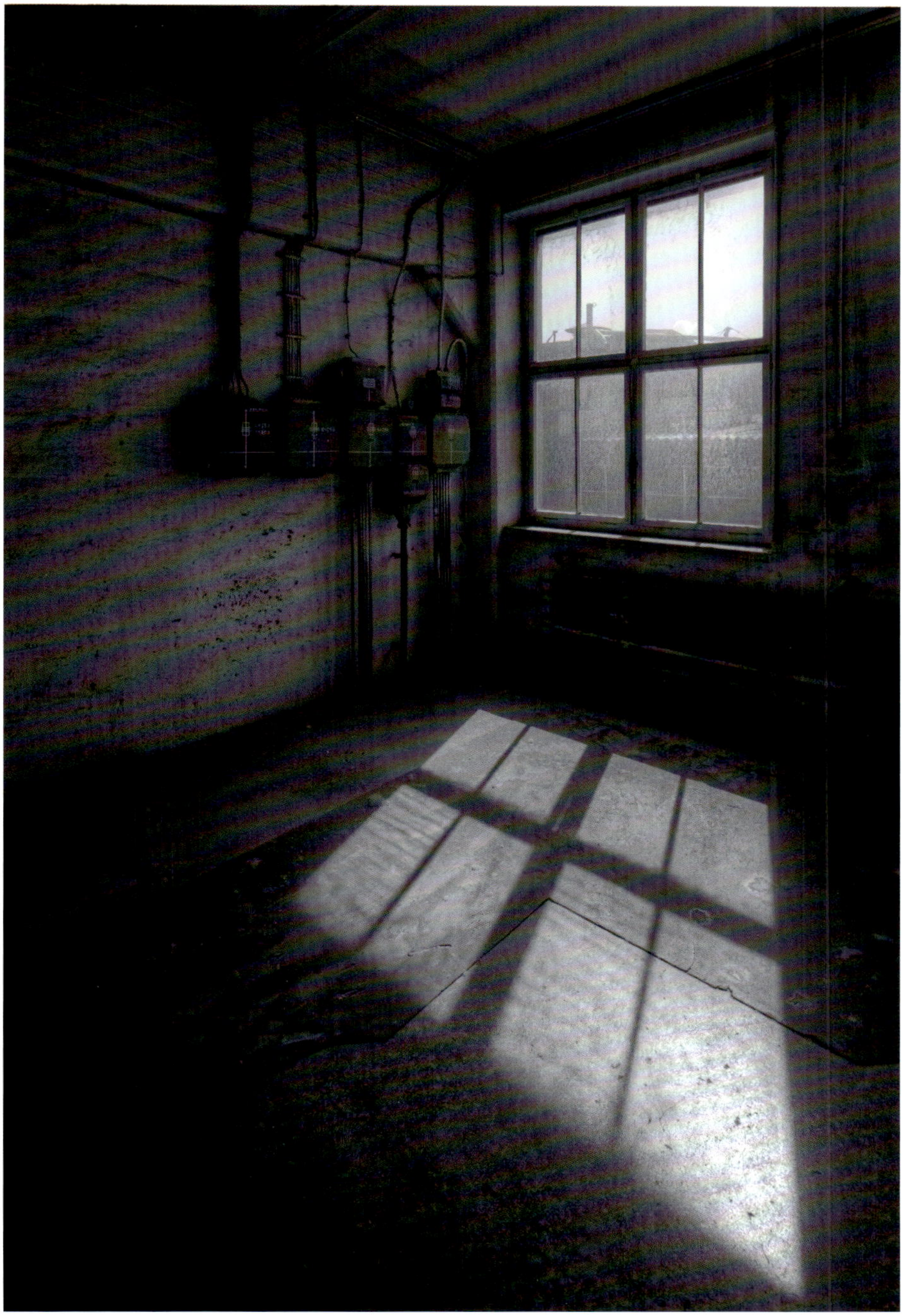

Abb. 21: Der Geschmack der Erinnerung | Studie 23. Lange Schatten oder Lichtwürfe zeigen sich nahe besagter Grenzen bzw. Schwellen und verleihen der Helligkeit fast eine stoffliche Qualität. Solch kontrastreichen Innenraum-plus-Gegenlicht-Situationen sind, sofern man die natürliche Lichtstimmung nicht durch Blitzlicht stören will, zumeist nur mit Belichtungsreihen zu meistern.

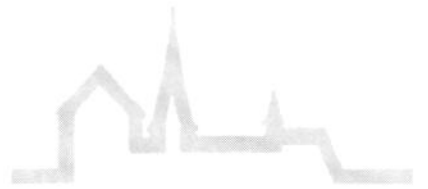

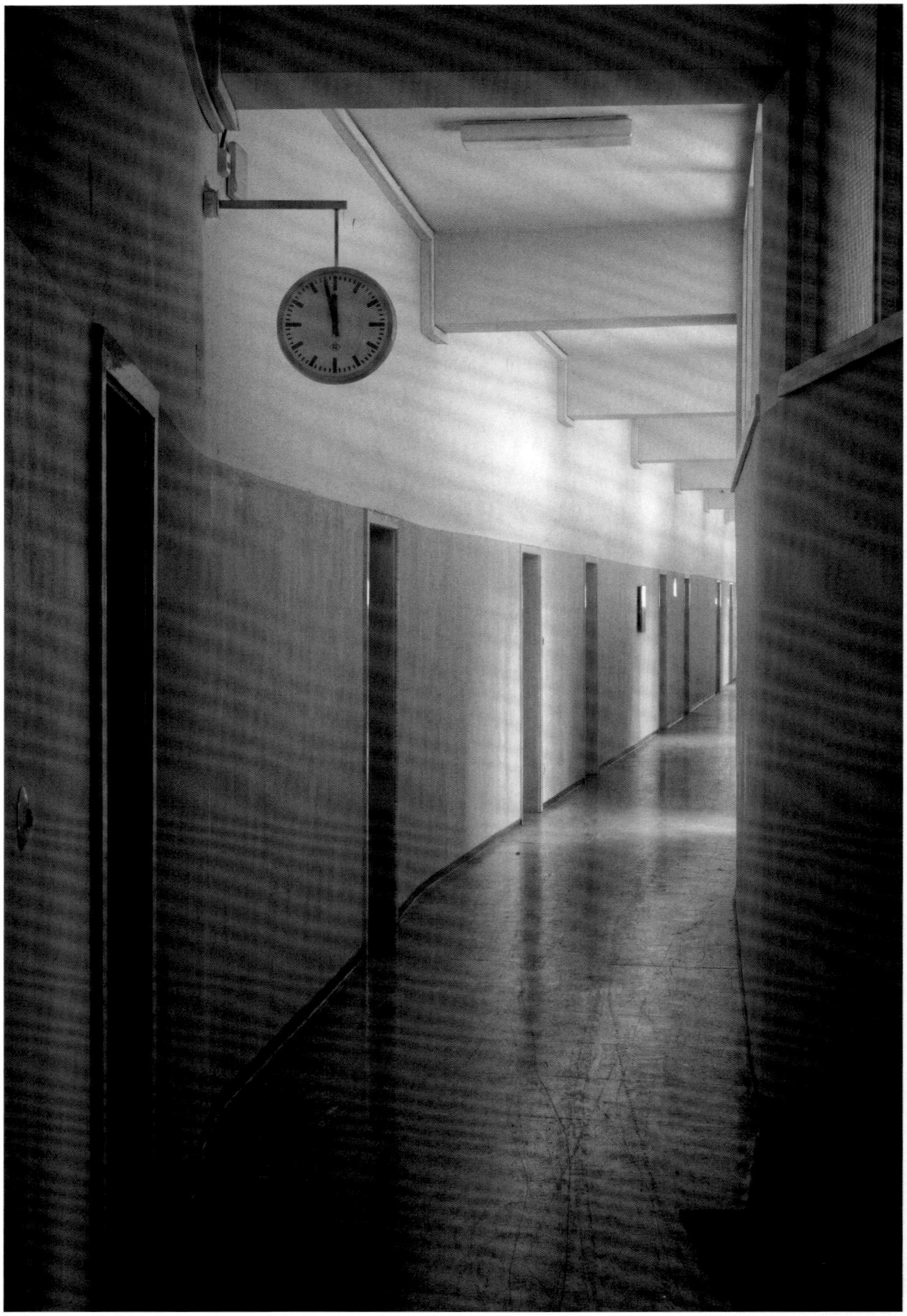

Abb. 22: Der Geschmack der Erinnerung | Studie 26. Bisweilen eröffnen sich an solchen Orten Szenen, die fast schon zu plakative Botschaften bereithalten. Doch konnte ich dieses »Es ist schon über fünf vor zwölf hinaus, und der weitere Weg verliert sich irgendwo« schlichtweg nicht links liegen lassen, denn es drückte die Stimmung an jenem Ort so perfekt aus.

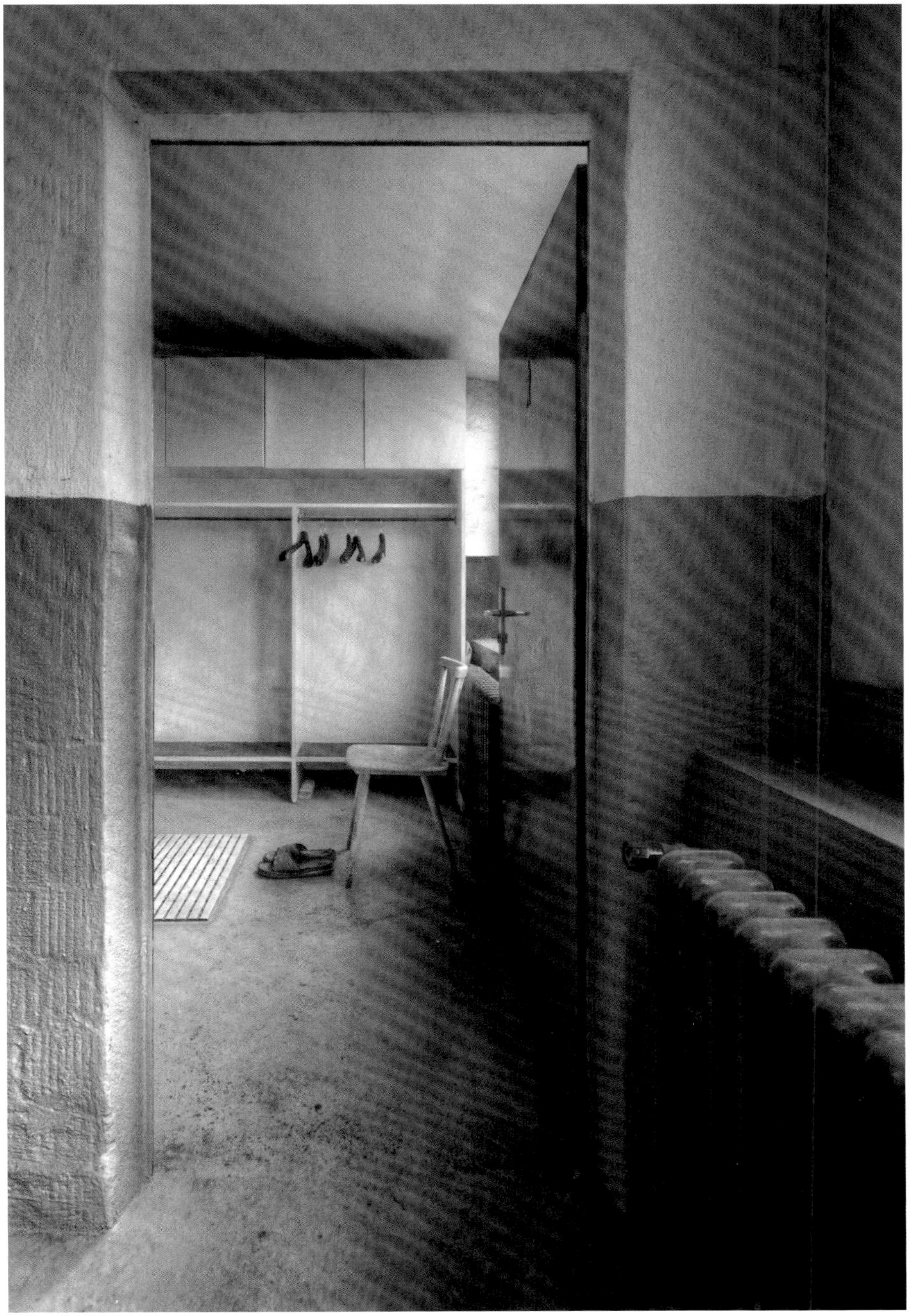

Abb. 23: Der Geschmack der Erinnerung | Studie 34. Noch eine Metapher der stillstehenden Zeit, und doch in anderer Weise: Wer kippte dort aus den Latschen? Was hing dort vor Kurzem noch auf den Bügeln?

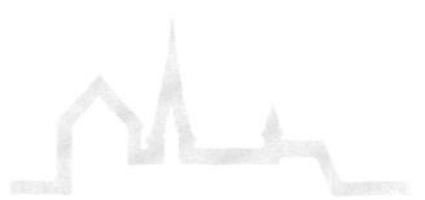

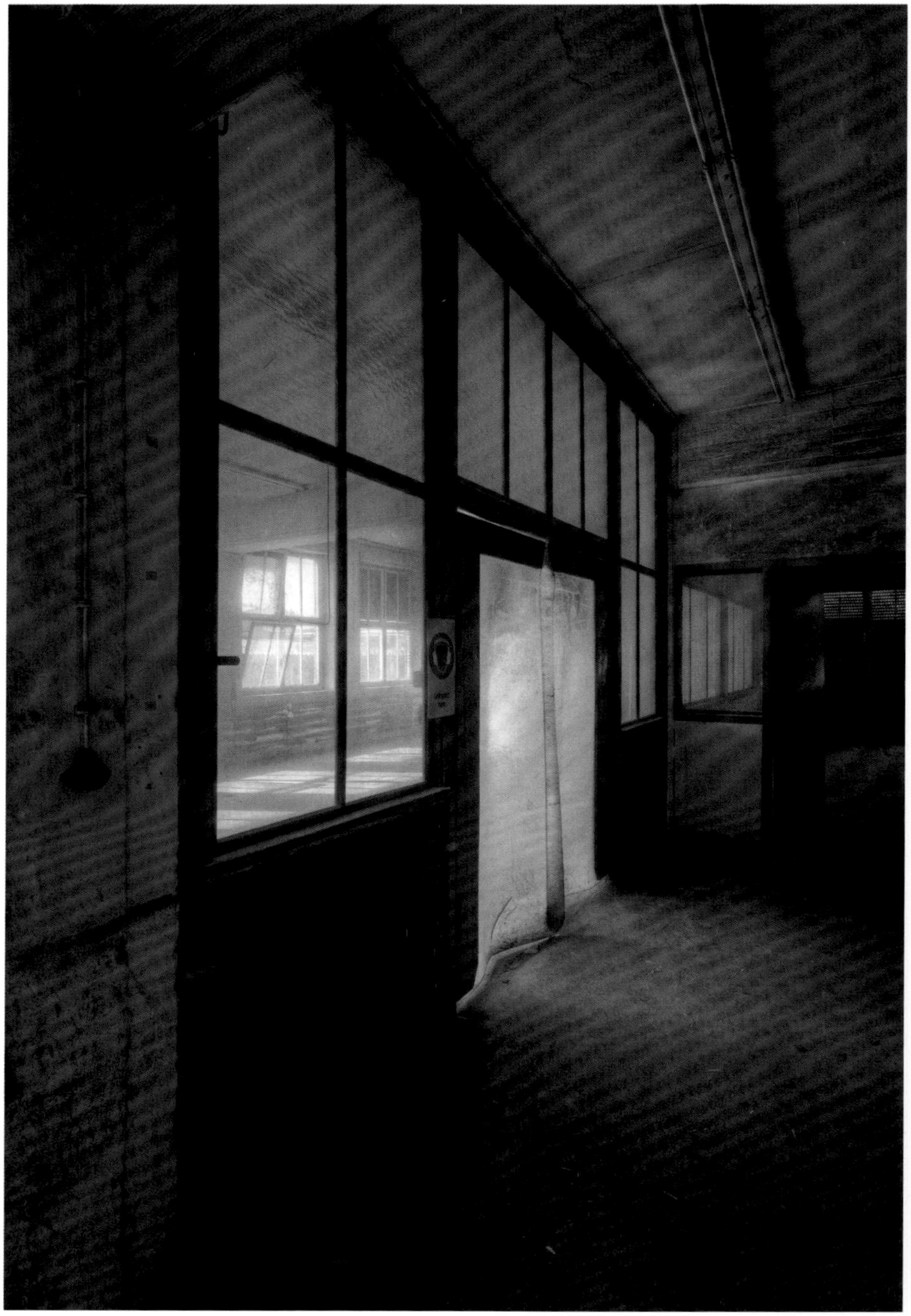

Abb. 24: Der Geschmack der Erinnerung | Studie 21. Erneut das Thema der Durchlässe und Raumfluchten mitsamt der Wechselspiele von Schatten und Licht, welche in jenen leeren Räumen ein rechtes Eigenleben zu führen scheinen.

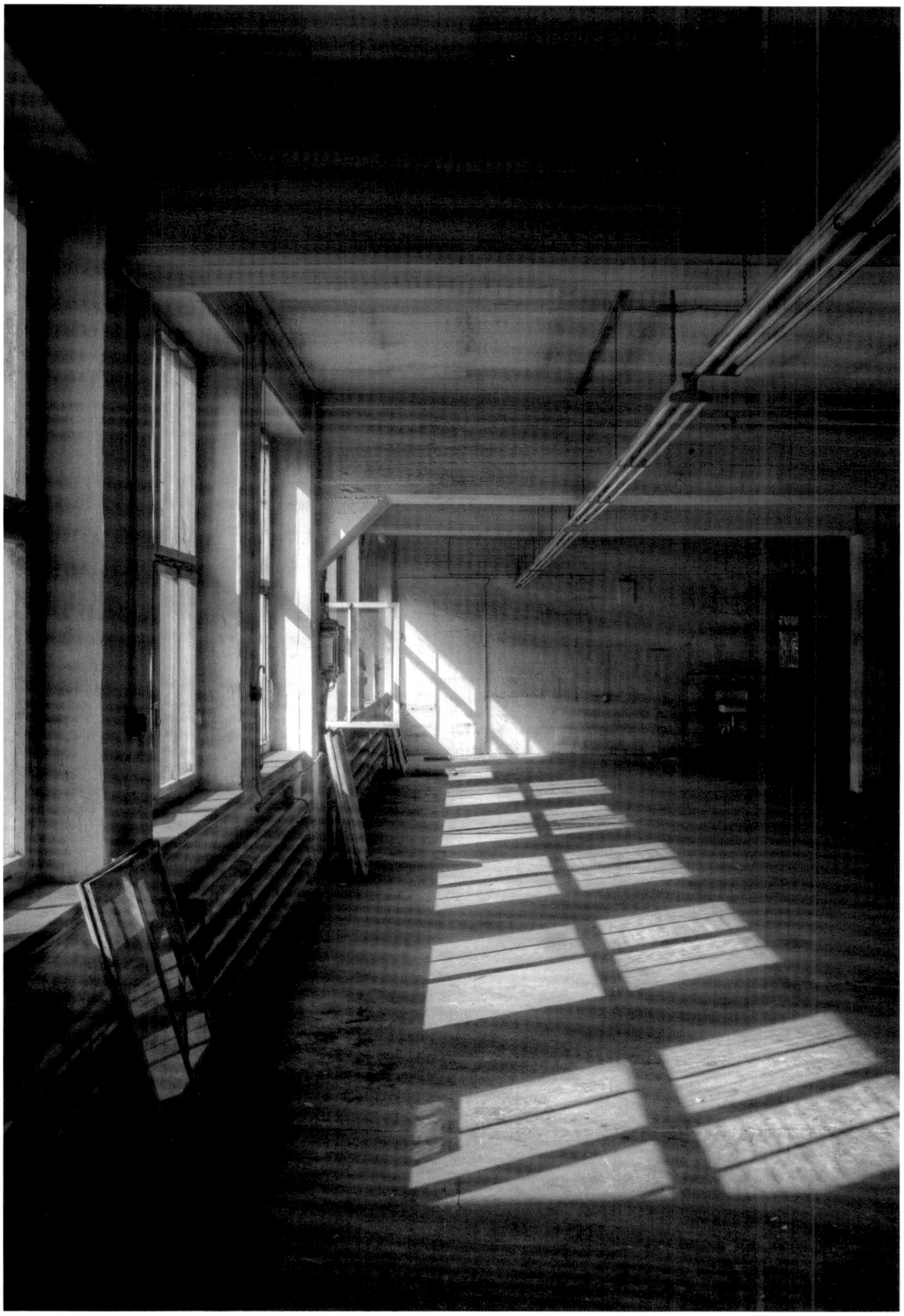

Abb. 25: Der Geschmack der Erinnerung | Studie 19. Eine Vielzahl von Diagonalen führt in den Hintergrund und simuliert so zum einen eine enorme Tiefe des Raums. Zum anderen endet besagter Raum an jenem hell beleuchteten Areal der Hinterwand jäh.

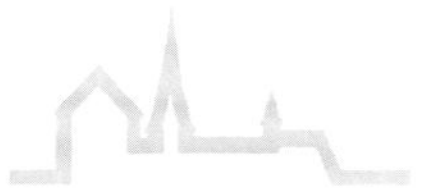

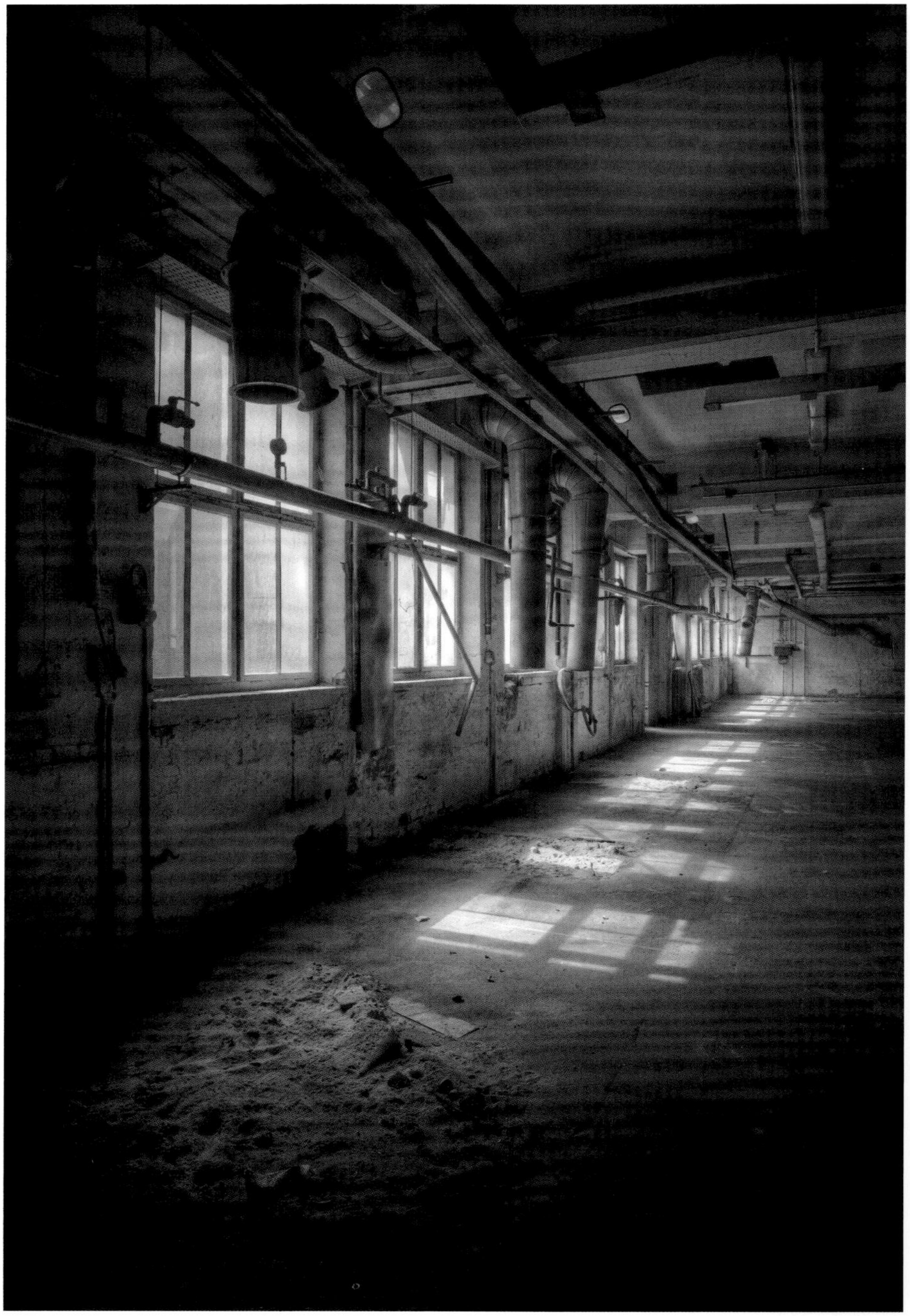

Abb. 26: Der Geschmack der Erinnerung | Studie 30. Hier die Abzüge, dort die Schmelzöfen. Die noch vorhandenen Rudimente vermitteln eine Idee dessen, was früher hier geschah. Die Geschichte des Bildes erzählt sich somit, wenn man so will, durch die Ergänzung im Kopf des Betrachters.

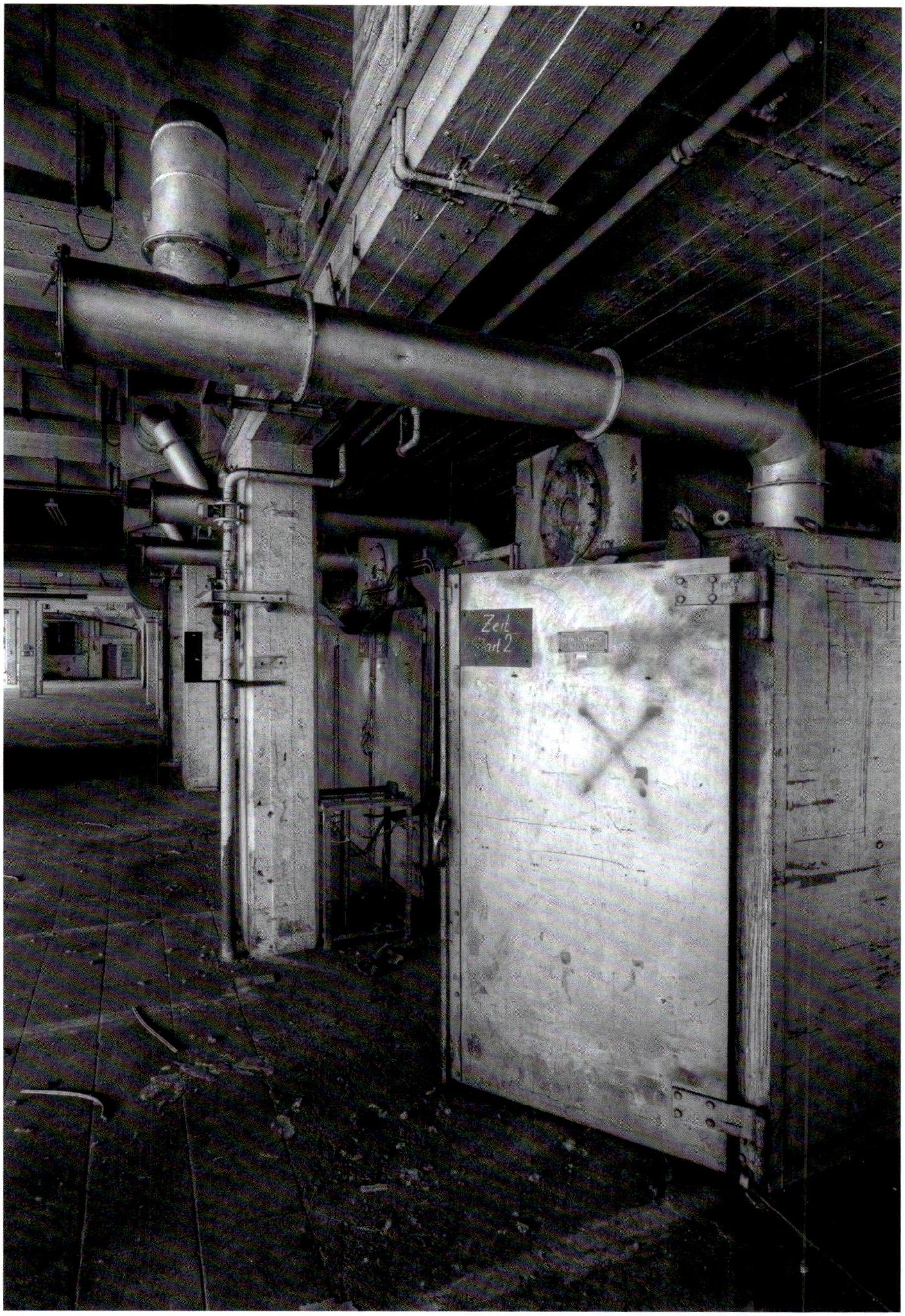

Abb. 27: Der Geschmack der Erinnerung | Studie 29. Das Gegenbild zur voranstehenden Studie 30. Nur noch wenige der früher zahllosen Schmelzöfen waren in diesem Stadium dornröschenartiger Verlassenheit noch übrig geblieben, die allermeisten waren schon entfernt und an anderer Stelle verwertet worden.

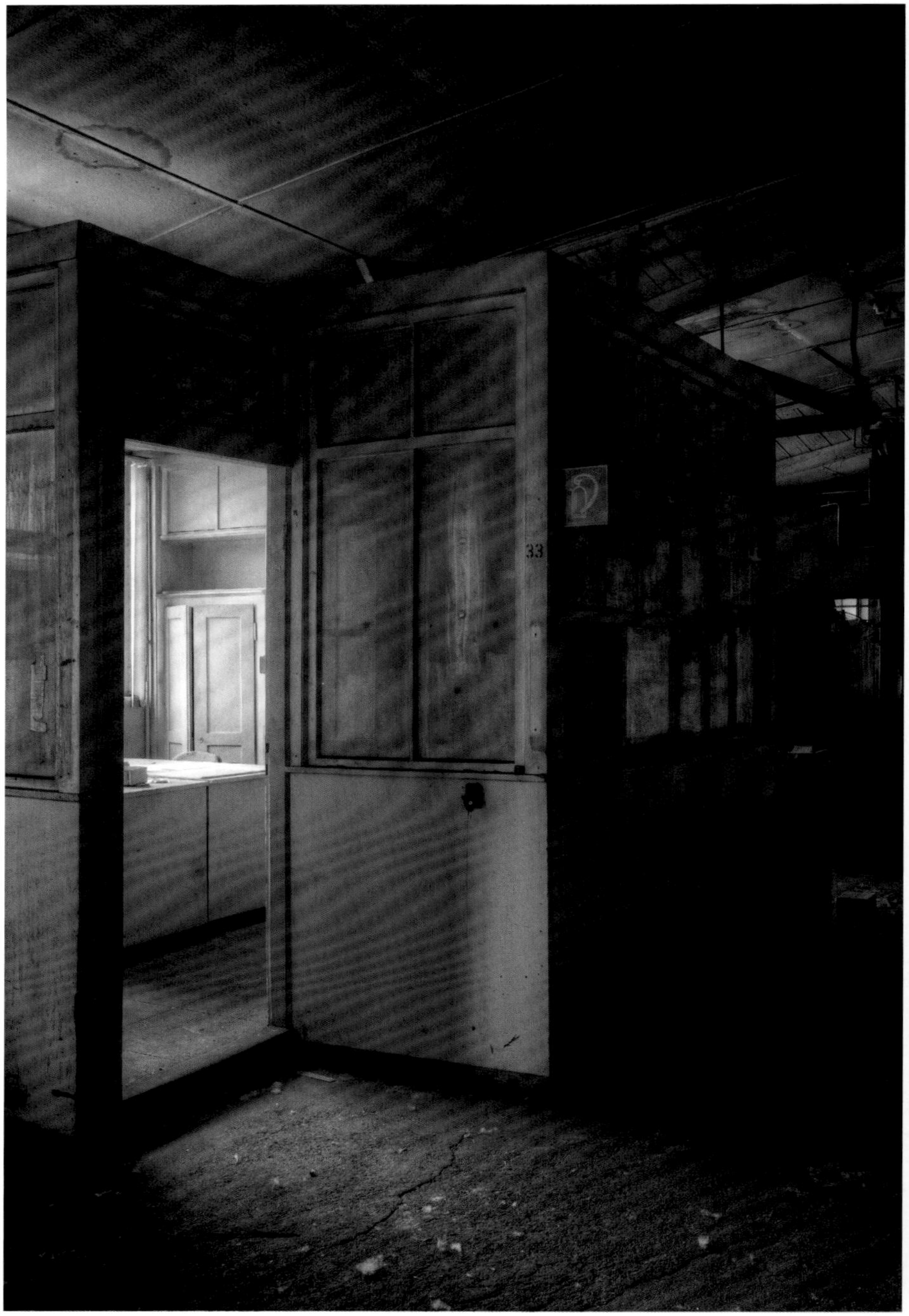

Abb. 28: Der Geschmack der Erinnerung | Studie 33. Jene Werkstattbüros, die noch an vielen Stellen anzutreffen waren, hatten es mir besonders angetan. Nur selten waren es enge und düstere Kabuffs, in der Regel wirkten sie recht hell und freundlich. Hier schauen wir vom (umgebenden) Dunklen ins (zentrale) Helle, was eine bewährte Strategie der Blickführung darstellt. Der so gelenkte Blick endet am Anschnitt eines Schreibtisches und Schrankes, auch ein Fenster deutet sich an. Leben scheint dort zu herrschen und ist doch nicht mehr.

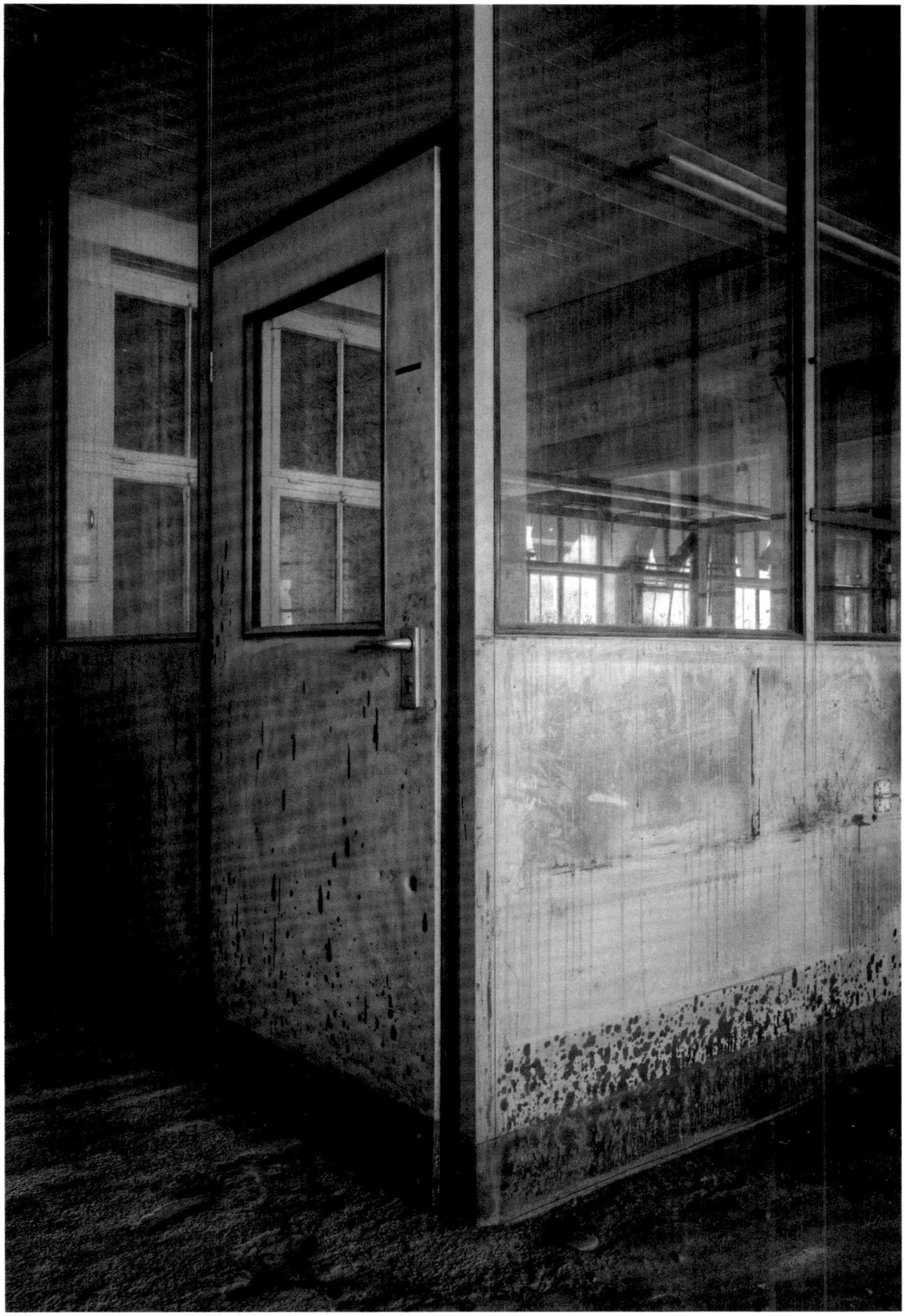

Abb. 29: Der Geschmack der Erinnerung | Studie 31. Ein weiteres Werkstattbüro, wobei es mir hier weniger um atmosphärische Belange wie im vorstehenden Bild, sondern vielmehr um kompositorische Fragen ging. Die vertikale Hauptachse liegt im Goldenen Schnitt von links her, die horizontale in der Mitte. Eine Kreuzstruktur gibt sich so zu erkennen, die durchaus in symbolischer Weise interpretiert werden kann. Ferner von Bedeutung ist das Wechselspiel zwischen dem vordergründig Verschlossenen der Tür- und Fensterfront und den sich hintergründig als Blickkaskade öffnenden Räumen.

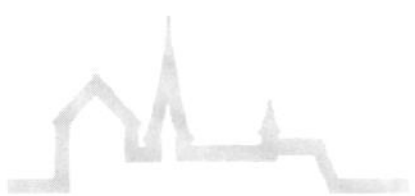

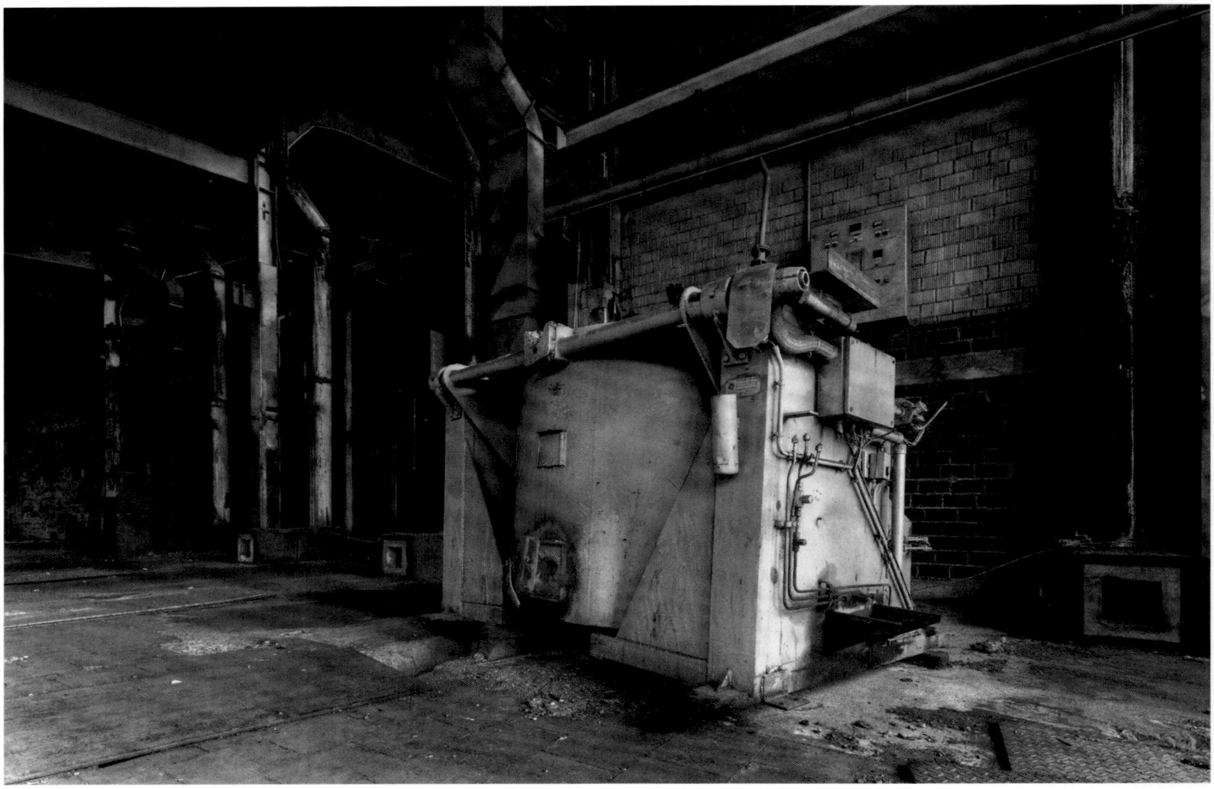

Abb. 30: Der Geschmack der Erinnerung | Studie 43. Der letzte Ofen im Sandgussbereich, wie ein Fanal in wüster Umgebung die Stellung haltend und doch nur noch ein Relikt des Früheren.

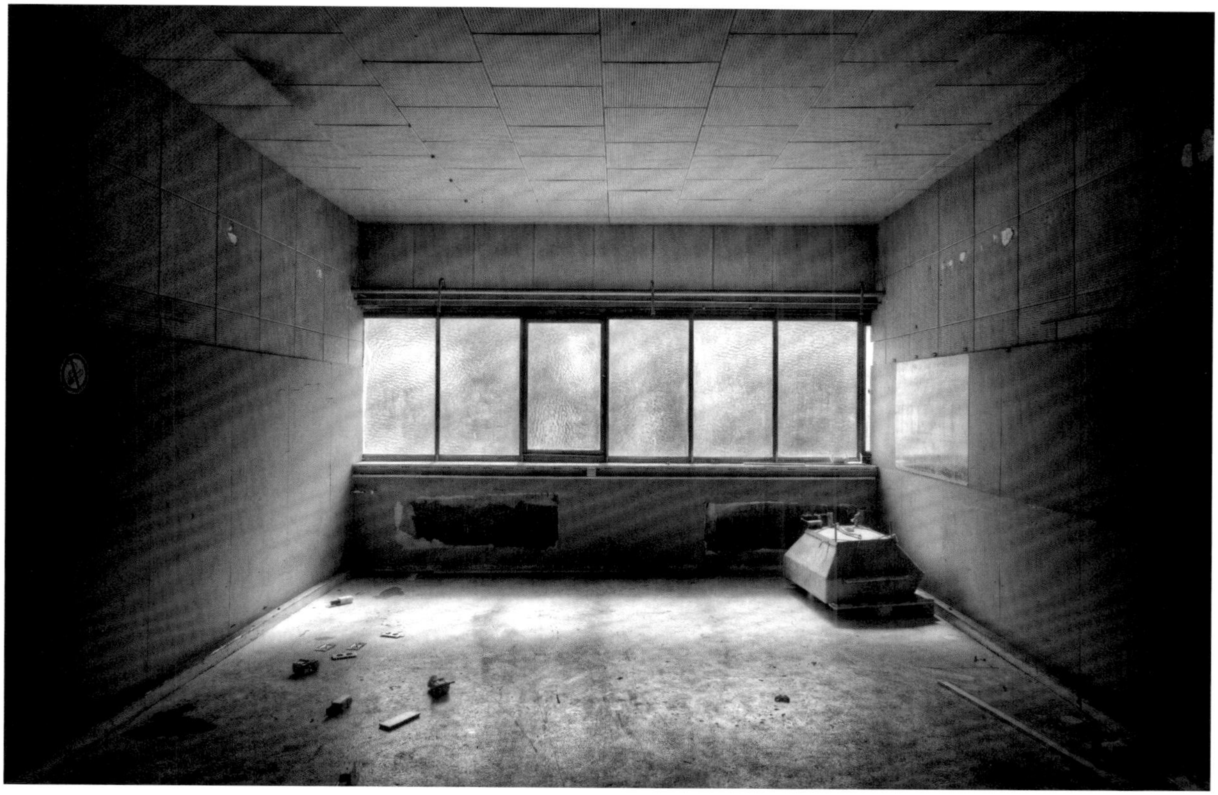

Abb. 31: Der Geschmack der Erinnerung | Studie 56. Ich konnte nicht recht ergründen, wozu diese sargartige Struktur mit Tentakeln einstmals diente. In der Ödnis des leer geräumten und entnutzten Büros schien sie mir aber wie ein treffliches Symbol vergangenen Lebens.

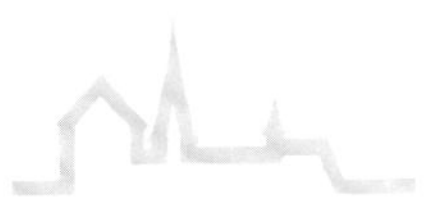

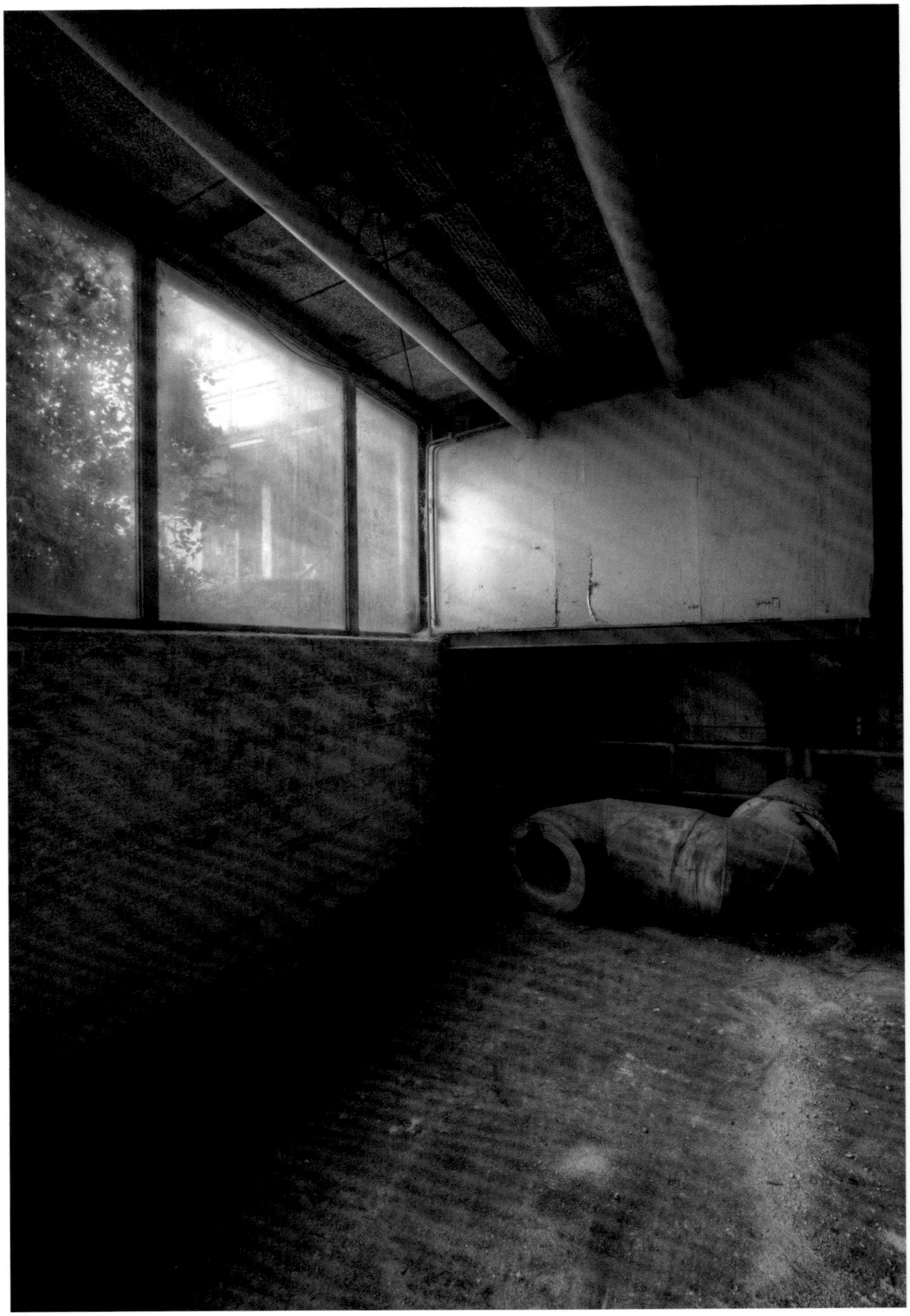

Abb. 32: Der Geschmack der Erinnerung | Studie 49. Der Torso eines Ofenrohrs im Seitentrakt des Druckgussbereichs. Die Blickführung beginnt am Boden, um sich über besagten Torso fortzusetzen und im Fensterblick zu enden. Blicke nach draußen lassen sich dramaturgisch oft als Symbole von Melancholie und Sehnsucht verwenden.

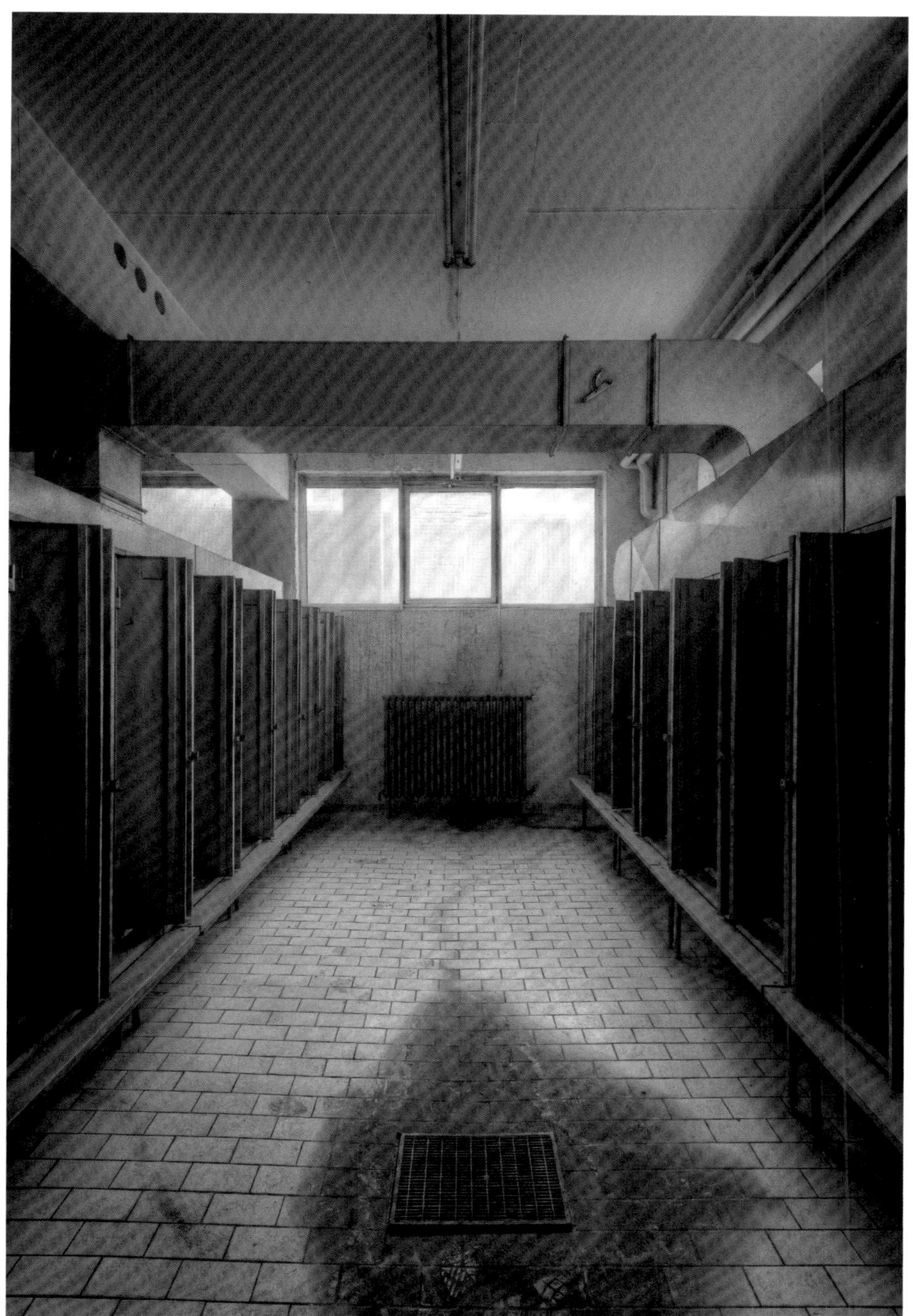

Abb. 33: Der Geschmack der Erinnerung | Studie 37. Im Gegensatz zur dynamischen Komposition und halbkreisartigen Blickführung des voranstehenden Bildes wählte ich hier einen statischen Bildaufbau mit Zentralperspektive, um die stillstehende Zeit zu symbolisieren. Wir sehen einen verlassenen Umkleideraum mit weit geöffneten Spinden, einem nutzlos gewordenen Heizkörper und einen die Spuren der Zeit aufzeigenden Abfluss.

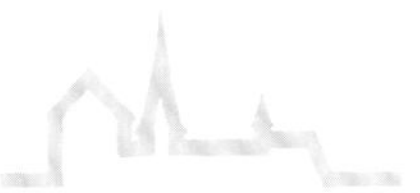

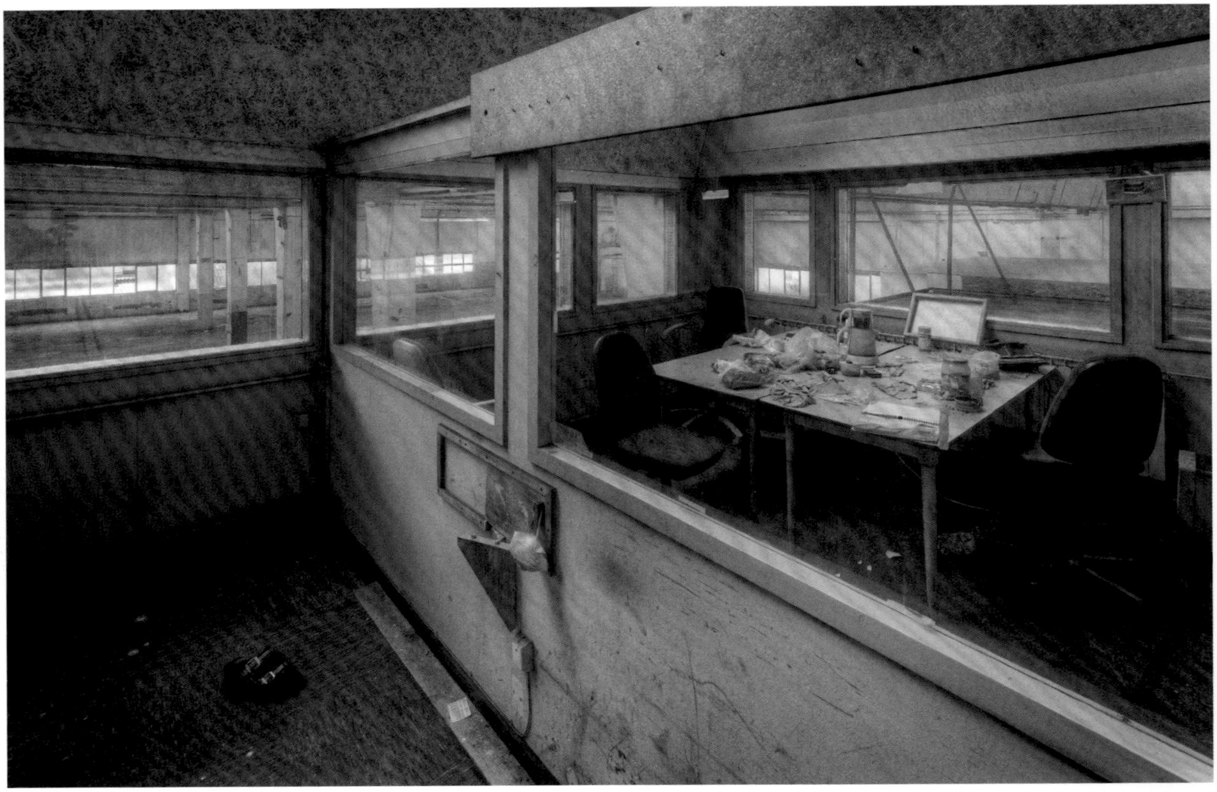

Abb. 34: Der Geschmack der Erinnerung | Studie 59. Wir sind in der zentralen Putzerei und blicken in einen verlassenen Aufenthaltsraum. Das Vesper ist noch auf dem Tisch, eine verlorene Sandale gibt sich zu erkennen. Wie gerade eben fluchtartig verlassen mag uns die Szene vorkommen, und doch währt der Stillstand bereits über Jahre.

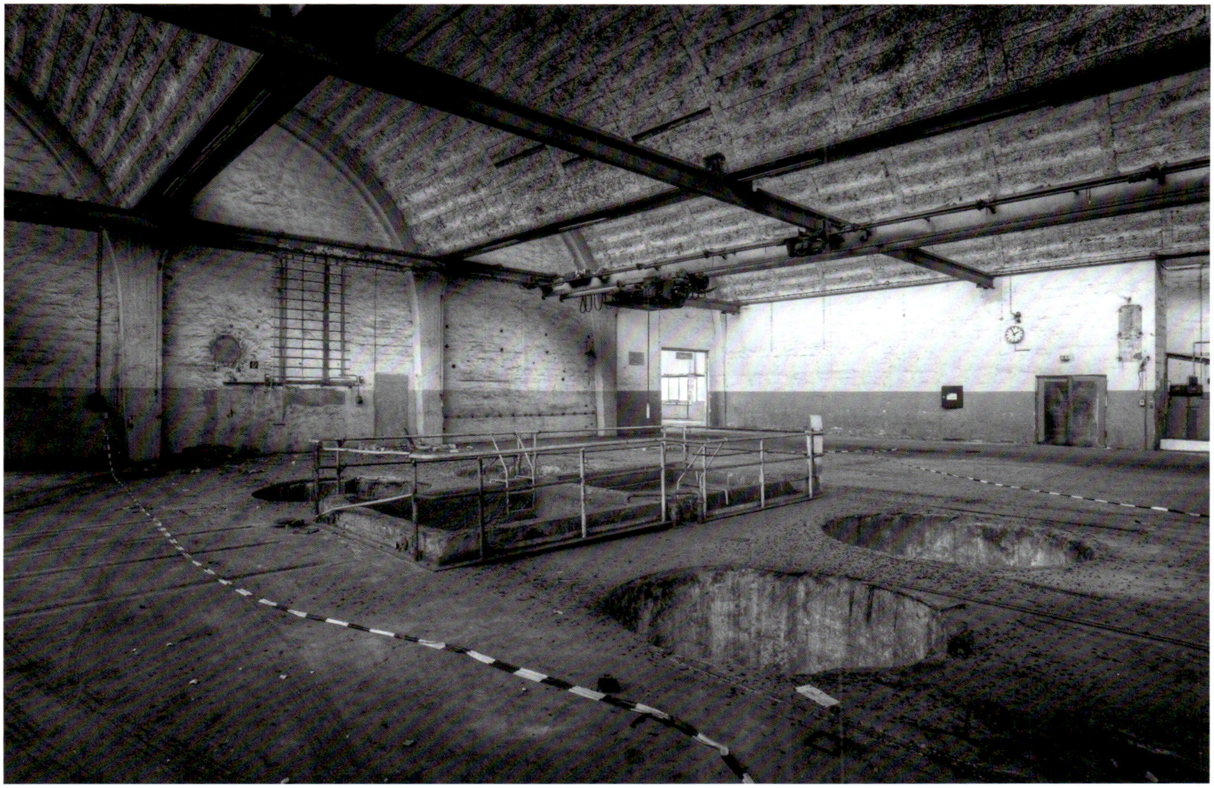

Abb. 35: Der Geschmack der Erinnerung | Studie 54. Ein Blick in das Obergeschoss des ehemaligen Druckgussbereichs. Die Absperrungen der metertiefen Bodenöffnungen sind eher symbolischer Natur. Im Hintergrund (etwa in Bildmitte, in dieser Auflösung freilich schwer zu erkennen) zeigt sich eine Gedenktafel. Ein Mitarbeiter war an dieser Stelle bei einem Arbeitsunfall zu Tode gekommen.

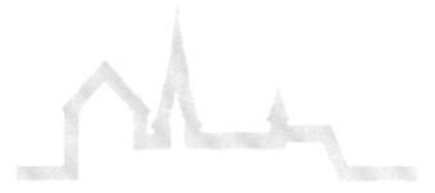

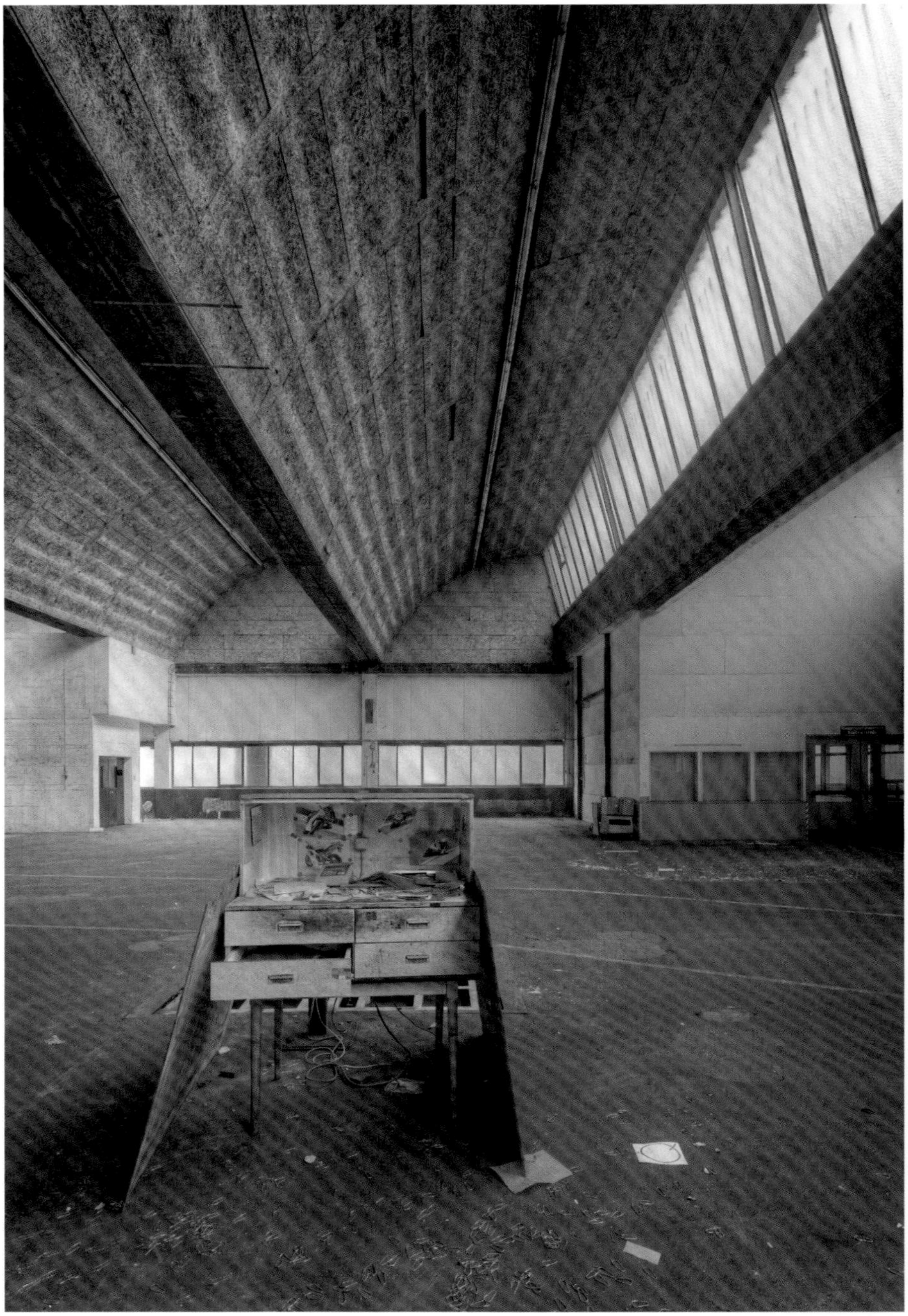

Abb. 36: Der Geschmack der Erinnerung | Studie 60. Eine recht kafkaesk anmutende Szene eines letzten, flexiblen Arbeitsplatzes in der leeren Halle der ehemaligen Putzerei. Dass es den Blick hier letztlich nach oben zieht und sich dieser in den verschiedenen Richtungen der Dachstreben verliert, ist durchaus beabsichtigt. Es war mir geeignetes (kompositorisches) Mittel, um die Verlorenheit dieser Szene zu symbolisieren.

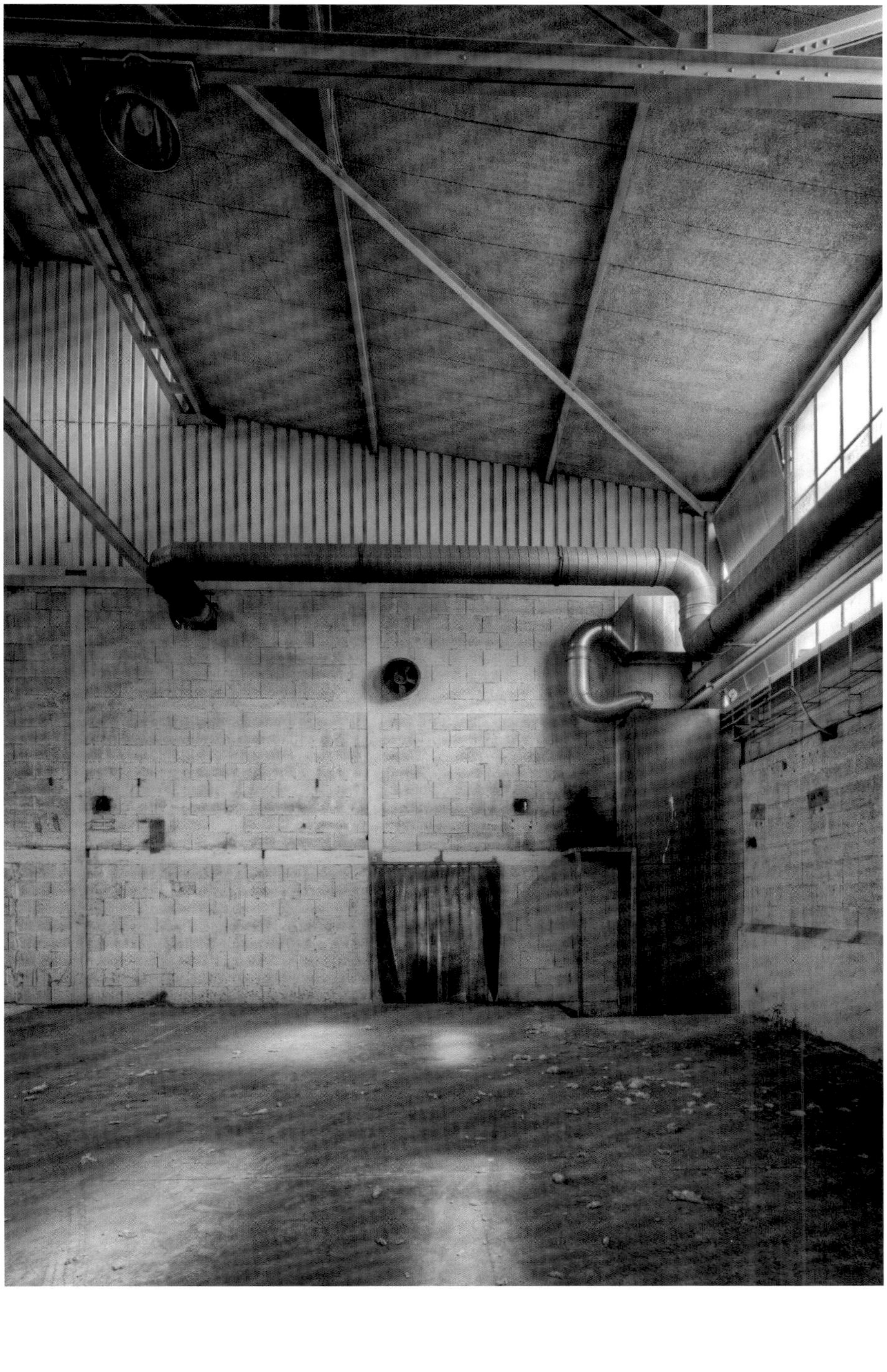

Abb. 37: Der Geschmack der Erinnerung | Studie 64. Das letzte Bild dieser Bildstrecke und auch des Themenportfolios. »Exit« ist die Devise, und man mag nach diesem Eintauchen in die stillstehende Zeit wohl auch gerne wieder am pulsierenden Leben teilnehmen.

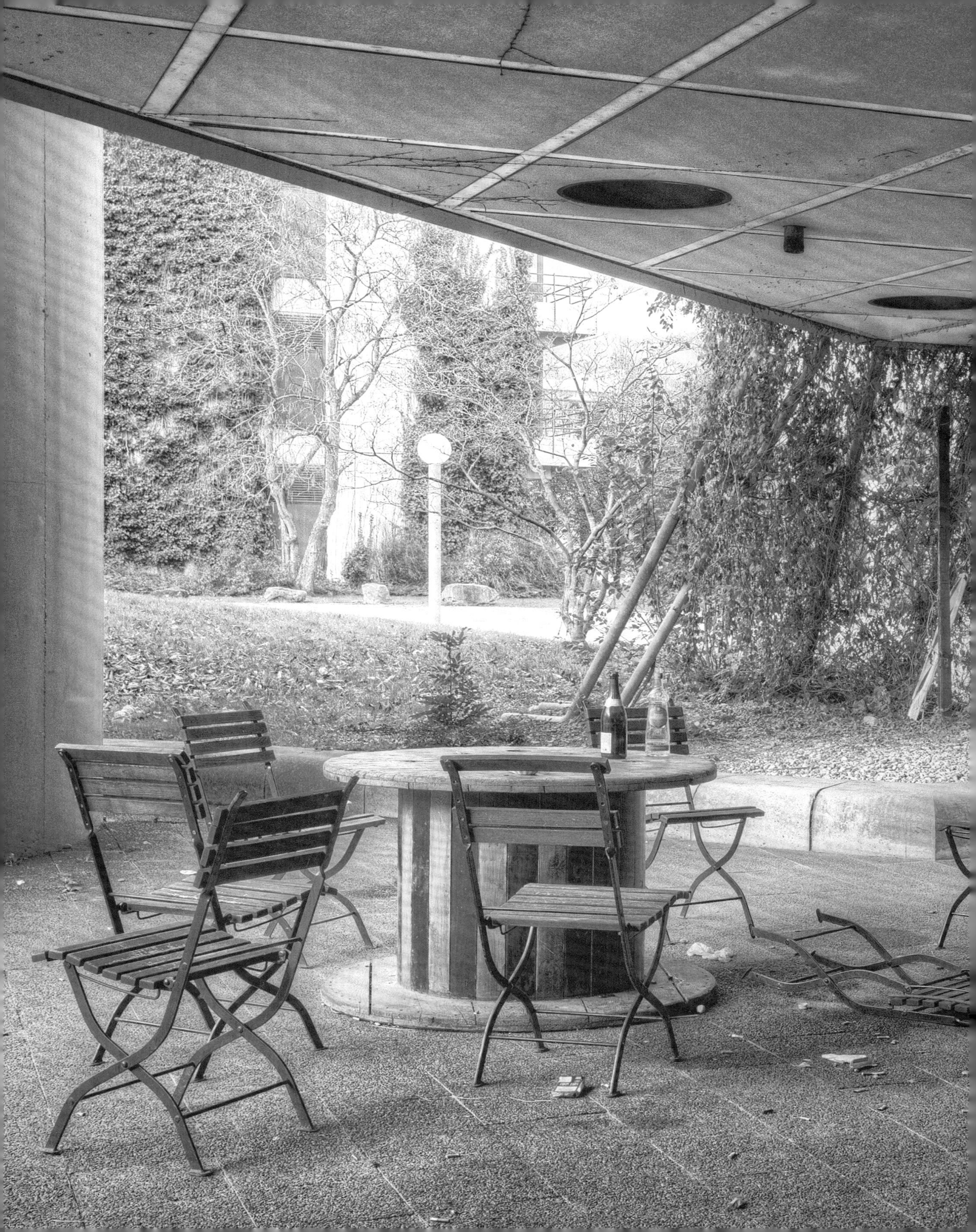

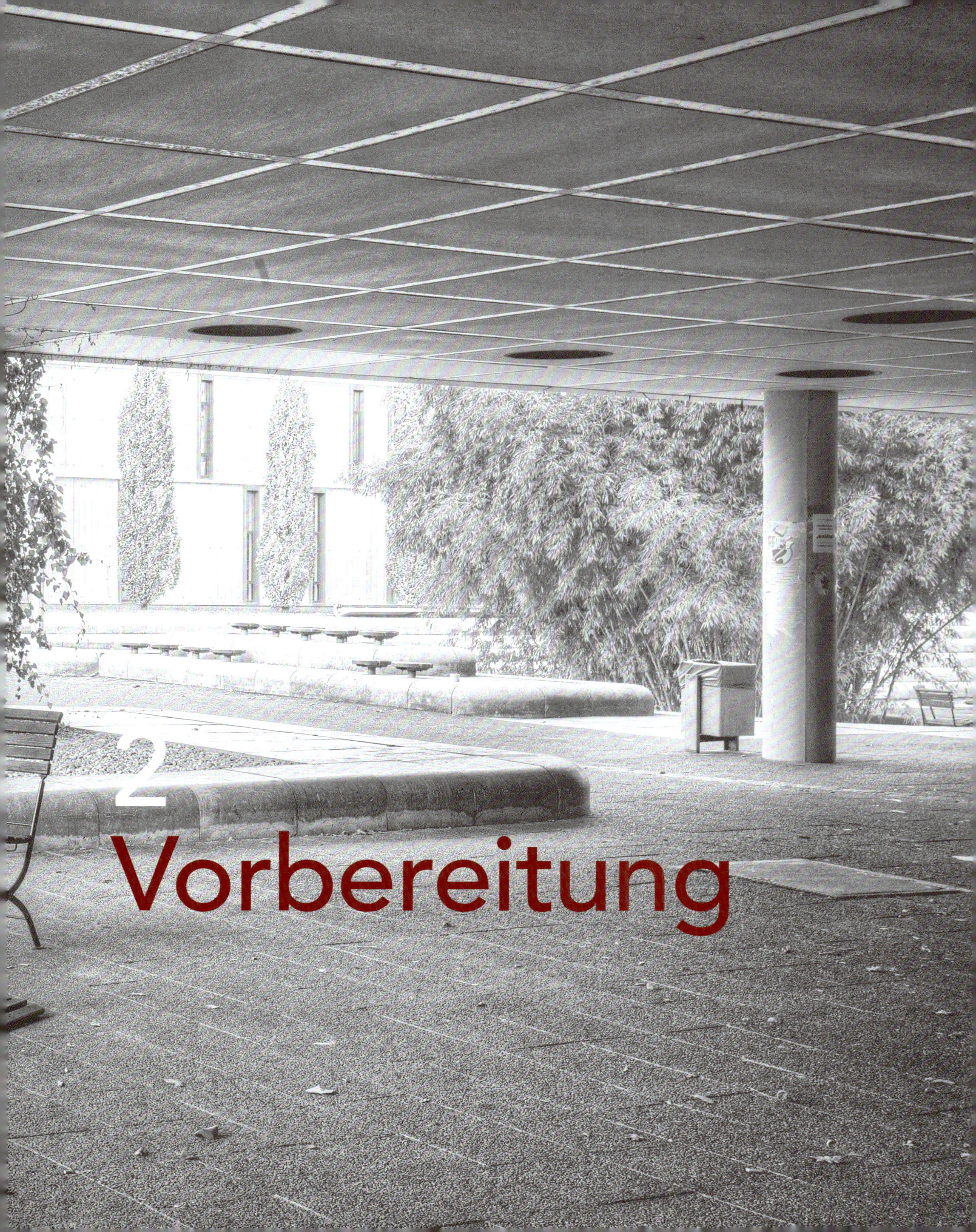

2 Vorbereitung

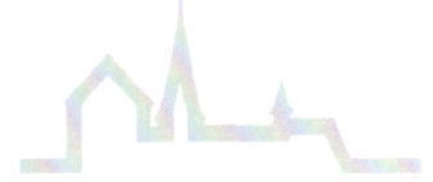

2.1 Nützliche Ausrüstung

Abb. 38: (Voranstehende Doppelseite) Party ohne Ende, »Im Neuenheimer Feld Heidelberg (2013)«

Gewiss könnten wir Fotografen uns auf ein Projekt auch auf die im vorstehenden Bild angedeutete Weise vorbereiten: »Wein- und Wodkaflasche leer, Kippenpackungen am Boden auch leer, Kopf desgleichen, Stühle kreuz und quer herumstehend oder gleich gänzlich flach gelegt, Party ohne Ende, das Ganze bedeutungsschwanger eingerahmt von Anarchiezeichen und Abfalleimer vor Waschbetonkulisse.«

Und doch wäre ich mir nicht ganz sicher, ob wir an einem solchen Tag etwas anderes wie den »bildlichen Ausdruck unserer größtmöglichen Katerstimmung« zuwege brächten – was ja im Sinne einer tiefgreifenden Selbsterfahrung und neuen Projektidee auch einmal interessant sein könnte ...

Doch eigentlich wollte ich an dieser Stelle über etwas anderes, eher Nüchternes, berichten, nämlich über die für Zwecke der Architekturfotografie förderliche Ausrüstung.

Kameragehäuse

Beginnen wir mit dem Kameragehäuse. Die Grenzen des jeweils schwerlich Finanzierbaren bzw. Erträglichen dürften für die allermeisten von uns beim digitalen Mittelformat bzw. beim Smartphone anzusiedeln sein.

Ersteres bietet grandiose Auflösung und ebensolche Ausarbeitungsmöglichkeiten, des Weiteren die einmalige Gelegenheit, mit einer geringen Schärfentiefe zu spielen, wird aber für den nicht professionell arbeitenden Fotografen zumeist unerschwinglich bleiben. Letzteres bringt die Kamera im Hosentaschenformat ohne Aufgeld bereits mit, aber Bildqualität und Einstellungsmöglichkeiten sind, gemessen zumindest am etwas gehobenen Anspruch, doch sehr bescheiden.

Voll- und Halbformat am Kleinbildsensor

So bleibt realistischerweise die am Kleinbildformat (Vollformat) und etwas darunter (beispielsweise APS-C, DX oder Micro-Four-Thirds im Sinne eines Halbformats) bemessene Spiegelreflex- oder spiegellose Systemkamera übrig. Mit dem Genannten lässt sich meines Erachtens eine sehr ansehnliche Architekturfotografie mit ausreichenden Einstellungsmöglichkeiten und Abbildungsleistungen bewerkstelligen.

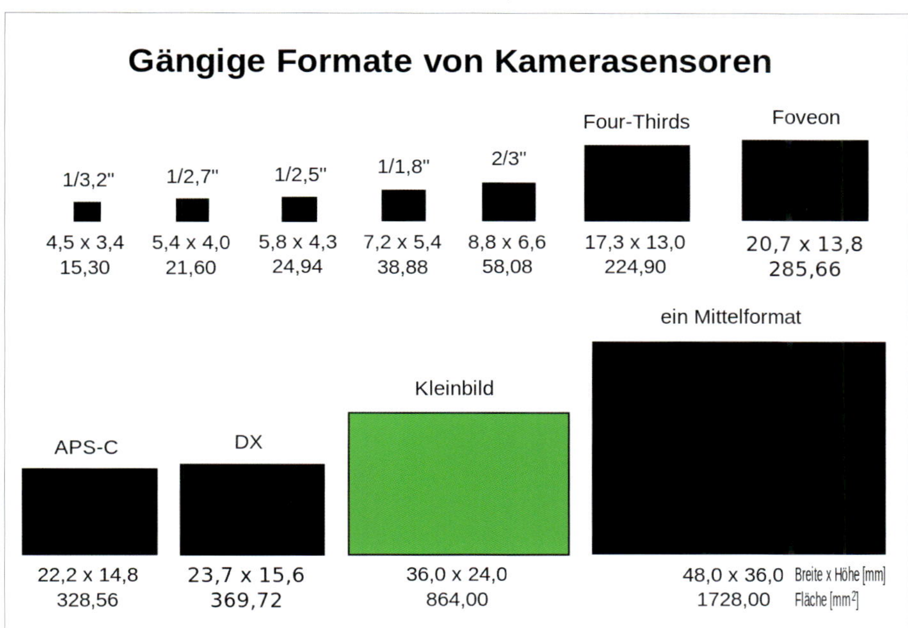

Abb. 39: Vergleich gängiger Kamerasensoren, Quelle: Wikipedia, User Chriusha, Abbildung unter Creative-Commons-Lizenz »Namensnennung – Weitergabe unter gleichen Bedingungen 3.0 nicht portiert«

Die Entscheidung zwischen dem einen oder anderen Gehäuse mag insofern eher persönlichen Vorlieben folgen. Zu beachten ist freilich, dass sich bereits zwischen Voll- und Halbformaten merkliche Unterschiede in der Schärfentiefe ergeben – weniger davon findet sich bei Erst-, mehr davon bei Letztgenannten.

Bildgestaltung mit der Schärfentiefe

Entgegen allen Unkenrufen heutiger (technikaffiner) Zeiten, dass die maximale Schärfentiefe bzw. die durchgehende Schärfe das Nonplusultra des Kamerawesens darstellte, bietet gerade die geringe Schärfentiefe einige sehr schöne, den Raumeindruck vertiefende und somit fast malerisch einsetzbare Möglichkeiten, das Motiv vom Hintergrund zu lösen und damit freizustellen.

Objektive

Damit wären wir auch schon bei den Objektiven. Ein Schwerpunkt bei der Weitwinkligkeit macht im Bereich der Architekturfotografie durchaus Sinn, denn wir haben es oft mit hohen Gebäuden und immer wieder auch mit sehr engen oder im Gegenzug mit weitläufigen Innenräumen zu tun, die sich in ihrer Gesamtheit nicht anders wie eben mit weitwinkligen Brennweiten erfassen lassen.

Bild- oder Öffnungswinkel

Der Bild- oder Öffnungswinkel der verschiedenen Objektive lässt sich in Abhängigkeit von der Brennweite und dem Formatfaktor exakt ausrechnen (siehe Tabelle 2 auf der nachfolgenden Seite). Wir erkennen dabei, dass der Bildwinkel

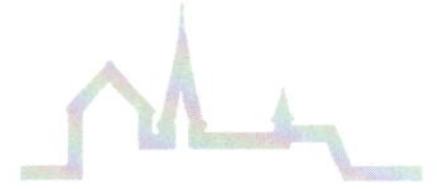

des 50-mm-Normalobjektivs an einer Vollformatkamera etwa demjenigen des 35-mm-Objektivs bei Formatfaktor 1,5 oder demjenigen des 24-mm-Objektivs bei Formatfaktor 2,0 entspricht (rot markiert im Text).

Natürliche Brennweite

Die genannten Beispiele verweisen auch auf die natürliche Brennweite unseres Auges, die überschlägig mit 50 Millimeter (tatsächlich etwas weniger) angegeben wird und aus der sich ein Bildwinkel von etwa 47 Grad (tatsächlich etwas mehr) ergibt.

Tab. 2: Resultierende Bildwinkel in Abhängigkeit von gängigen Brennweiten und Formatfaktoren

Brennweite in Millimeter am Objektiv	Bildwinkel in Grad bei Formatfaktor 1,0	Bildwinkel in Grad bei Formatfaktor 1,5	Bildwinkel in Grad bei Formatfaktor 2,0
17	103,7	79,7	64,9
24	84,1	61,2	48,5
35	63,4	44,1	34,3
50	46,8	31,7	24,4
70	34,4	22,9	17,6
100	24,4	16,2	12,4

Die Mehrzahl meiner eigenen Architekturbilder entsteht (aus den oben genannte Gründen) mit leichten oder extremen Weitwinkelobjektiven. Da sich immer wieder auch interessante Detailszenen oder Stillleben anbieten, habe ich zumeist auch Standard- oder leichte Teleobjektive dabei. Für extreme Telebrennweiten habe ich in diesem Genre hingegen nur sehr selten Verwendung.

Eine Orientierung zu den üblichen (allerdings nicht standardisierten) Brennweitenbereichen bietet die nachstehende Tabelle 3. Zu beachten ist die kleinbildäquivalente Millimeterangabe, sodass bei Kameras mit kleineren Sensoren der entsprechende Tabellenwert durch den Formatfaktor dividiert werden muss, um denselben Brennweitenbereich zu markieren.

Tab. 3: Brennweitenbereiche nach kleinbildäquivalentem Brennweitenmaß (nicht standardisiert)

Brennweitenbereich	Kleinbildäquivalente Brennweite in Millimeter
Extremer Weitwinkelbereich	Unter 24
Leichter Weitwinkelbereich	24 bis 35
Normalbereich	35 bis 70
Leichter Telebereich	70 bis 200
Extremer Telebereich	Ab 200

Zur Diskussion über Festbrennweiten versus Zoomobjektive gibt es aus meiner Sicht keinen architekturspezifischen Beitrag. Es gelten auch hier die bekannten Vor- und Nachteile dahingehend, dass Festbrennweiten in der Regel lichtstärker, abbildungstreuer und verzeichnungsfreier, Zoomobjektive dagegen flexi-

bler und (in Hinblick auf die Abdeckung eines größeren Brennweitenbereichs) erschwinglicher sind.

Tilt-Shift-Objektive

Anders (im Sinne eines architekturfotografischen Beitrages) verhält es sich hingegen mit den sogenannten Tilt-Shift-Objektiven, die aufgrund ihrer Komplexität in aller Regel als Festbrennweiten konzipiert sind. Diese »kleinen Wunderwerke der Optik und Mechanik« sind geradezu prädestiniert für den Einsatz im Architekturbereich, denn durch die *Shift-Technik* (also die Parallelverschiebung der Bildachse und damit des Bildausschnitts) lassen sich stürzende Linien von vornherein vermeiden – und hier gilt entscheidend, dass gar nicht erst entstandene Bildfehler auch nicht nachträglich und auflösungsmindernd behoben werden müssen. Die *Tilt-Technik* mit der Verkippung der Bildachse schließlich ermöglicht es, auf die Schärfeebene Einfluss zu nehmen. Sie ist etwas heikler bzw. schwieriger zu handhaben wie die vorbeschriebene Shift-Technik, doch kommt diese in meiner eigenen Fotografiepraxis eher selten zur Anwendung.

Solch faszinierende Möglichkeiten müssen allerdings auch entsprechend bezahlt werden, sodass der Einsatz im Amateurbereich gut abzuwägen ist. Auf die Vermeidung bzw. Behebung stürzender Linien werde ich in den Hauptkapiteln 6 (»Aufnahme«) und 7 (»Ausarbeitung«) nochmals zurückkommen.

Stative

Im Bereich des fotografischen Zubehörs zur Architekturfotografie empfehle ich unbedingt die Verwendung eines Stativs. Ich persönlich kann mir kein besseres Hilfsmittel vorstellen, um Ruhe in die Arbeit zu bringen und in solcher Weise die Komposition mit Festlegung des Ausschnitts und Platzierung der Bildelemente vorzunehmen. Zudem herrschen gerade in Innenräumen oft schwierige Lichtverhältnisse vor, die längere Belichtungszeiten oder auch Belichtungsreihen erforderlich machen. All dies ist kaum zu bewerkstelligen, wenn man aus der freien Hand fotografiert.

Stativarten

Bei den Stativen gibt es viele Hersteller und Modelle, schwerer und leichter, günstiger und teurer. Auch wenn ich selbst allgemein eher zur wertigen Ausrüstung neige und für die Kamerastabilisierung gerne auch etwas mehr Gewicht hinnehme, kann ich hierzu schwerlich einen abschließenden Rat geben – ein Dreibeinstativ sollte es freilich schon sein, denn das Einbeinstativ taugt erfahrungsgemäß eher für den Sport- und Eventbereich.

Stativköpfe

Ähnlich reichhaltig ist das Angebot an Stativköpfen, wobei sich im Grundsatz Kugelköpfe von 3-Wege-Neigern unterscheiden lassen – Erstere sind leichter und rascher, Letztere exakter und mühsamer zu bedienen. Ich selbst verwende seit Jahren einen Getriebeneiger (als Spezialform eines 3-Wege-Neigers), der einige Handarbeit bei der Einstellung erfordert, dafür aber ein außerordentlich exaktes Arbeiten in drei Ebenen ermöglicht.

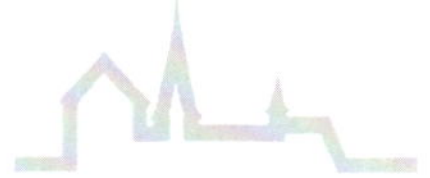

Allgemein gesprochen wird man mit einer wertigen Ausrüstung eine derart gute Funktion und lange Freude haben, dass Billiganschaffungen durch eingeschränkte Funktion und Lebensdauer letztlich sogar teurer kommen können.

Weiteres fotografisches Zubehör

Fernauslöser

Zur fotografischen Ausrüstung für den Architekturbereich empfehle ich schließlich noch einen Fernauslöser, der in Verbindung mit der Spiegelvorauslösung und Auslöseverzögerung eine erschütterungsfreie Aufnahme gewährleistet.

Aufstecklibellen

Des Weiteren können Aufstecklibellen für den Blitzschuh nützlich sein. Sie sind recht erschwinglich und geben bei der exakten Ausrichtung der Kamera eine gute Hilfestellung – ohne freilich ein Allheilmittel zu sein und die optische Kontrolle zu erübrigen, denn sie sind ja nicht geeicht und haben im Blitzschuh oft auch ein wenig Spiel.

Ersatzakkus und -speicherkarten

Die Mitnahme eines Ersatzakkus und weiterer Speicherkarten bewahrt uns vor unangenehmen Überraschungen vor Ort.

Kunstlicht

Schließlich möchte ich noch den Einsatz von Kunstlicht bzw. die Verwendung eines oder mehrerer Blitzgeräte ansprechen: Ich bin hierin etwas skeptisch und setze in der Regel auf das vor Ort verfügbare Licht (»Available Light«), was ich noch begründen möchte: Mit einem Frontalblitz, egal ob in die Kamera eingebaut oder aufgesteckt, wird man im Sinne der resultierenden harten Schatten und der Störung der natürlichen Lichtstimmung nur wenig Freude haben. Eine entfesselte Zwei- oder Dreipunktausleuchtung (im Studiosinn) ist natürlich möglich, man muss aber auch den enormen Aufwand des Tragens und Aufbauens, mithin also die Beeinträchtigung des Arbeitsflusses berücksichtigen.

Allgemeines Zubehör

Fotorucksack

Nun bleibt noch der Bereich des weiteren Zubehörs. Die ganze Ausrüstung samt Stativ muss auch herumgetragen werden, sodass sich die Frage eines Fotorucksacks stellt. Auch hier gibt es zahlreiche Hersteller und Modelle, und man sollte sich Zeit nehmen, um das Richtige in Hinblick auf den Tragekomfort (gerade bei der rückwärtigen Stativbefestigung ergeben sich enorme Unterschiede), die Robustheit und natürlich auch die Größe der eigenen Ausrüstung zu finden.

Zeit und Muße

Was bliebe noch zu sagen? Auf jeden Fall sollte man einiges an Zeit und Muße für solche Projekte mitbringen, denn ein Durchhetzen bringt meistens wenig. Man sollte auch nicht unterschätzen, wie anstrengend ein konzentriertes Arbeiten vor Ort sein kann, weswegen sich eine gute Pausenregelung und die Mitnahme von etwas Essen und Trinken empfehlen. Gegen die Düsternis an verlassenen Orten hilft eine Stab- oder Stirnlampe, gegen die Kühle eine ausreichend warme Kleidung, am besten im Schichtaufbauprinzip. Kleine Handtücher oder Lappen helfen schließlich gegen Schmutz und Nässe an der Ausrüstung.

Checkliste »Ausrüstung für die Architekturfotografie«
Kameragehäuse, in der Regel eine Spiegelreflex- oder Systemkamera mit Sensor im Voll- oder Halbformat
Objektive, schwerpunktmäßig leichte oder extreme Weitwinkelobjektive, für ergänzende Detailaufnahmen und Stillleben aber auch Standard- oder leichte Teleobjektive, ggf. auch als Spezialobjektive zur Vermeidung stürzender Linien (Tilt-Shift)
Stativ, von robuster Art und mit flexibel einsetzbarem Kopf, ggf. mit L-Schiene zur lotgerechten Anfertigung von Hochformataufnahmen
Fernauslöser, zur erschütterungsfreien Aufnahme im Zusammenspiel mit Spiegelvorauslösung und Auslöseverzögerung
Aufstecklibellen, zur Verwendung im Blitzschuh und als Hilfe bei der exakten Ausrichtung der Kamera
Ersatzakkus und -speicherkarten, zur Vermeidung unangenehmer Überraschungen
Kunst- bzw. Blitzlicht, eher nicht aus meiner Sicht (siehe vorige Seite)
Fotorucksack, möglichst robust und praktisch, der Größe der eigenen Ausrüstung angepasst und ein komfortables Mitführen des Stativs ermöglichend
Zeit und Muße, sehr wichtig!
Essen und Trinken, im Rahmen einer guten Pausenregelung
Hilfslicht, als Stab- oder Stirnlampe zur Ausleuchtung und Orientierung an dunklen Orten
Warme Kleidung, am besten im Schichtaufbauprinzip
Handtücher und Lappen, zur Sauberhaltung der Ausrüstung

Tab. 4: Zusammenfassung der Ausrüstungsempfehlungen

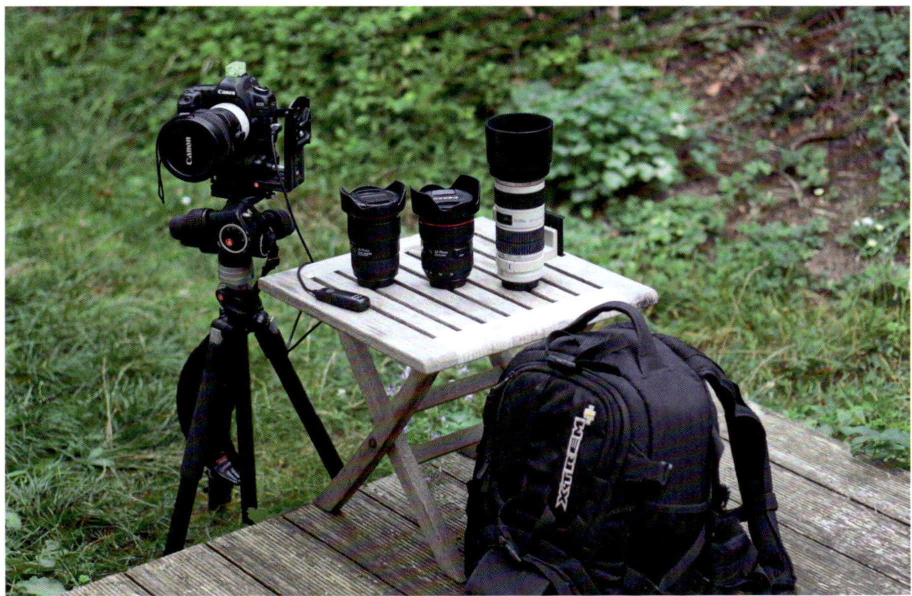

Abb. 40: Der übliche »Architekturset« des Autors: Detailansicht mit Dreibeinstativ, Getriebeneiger, L-Schiene. Kamera mit Objektiv (17 TS-E mit Extender 1,4), Aufstecklibelle und Fernauslöser, darunter weitere Objektive (16–35, 24–70, 70–200) und Fotorucksack.

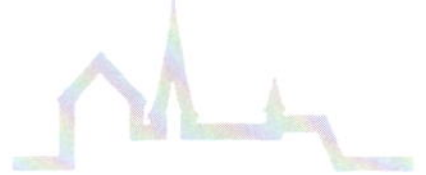

2.2 Arbeiten im Vorfeld

Ein vernachlässigtes Thema?

Sind die Vorfeldarbeiten ein vernachlässigtes Thema in der Fotografie? Das glaube ich tatsächlich, denn dieser Eindruck formte sich in manchen Gesprächen mit Fotografen »in freier Wildbahn«, bei Fotostammtischen oder im Unterricht. Vielleicht trägt der Zeitgeist dazu bei, der rasche Umbruch im Bereich der Kameratechnik, unsere allgemeine Unrast und die Tendenz zum »schnellen Bild«.

Letzteres kann ich durchaus nachvollziehen, denn gerade die Fotografie lebt ja vom Vorzeigbaren, vom präsentierten Bild also – zumal im Gegenzug, bei der Suche nach geeigneten Objekten sowie der Recherche der Hintergründe also, erst einmal nichts Greifbares herauszukommen scheint.

Doch bin ich nicht sicher, ob dies die ganze Wahrheit ist, da eine solche Sichtweise die inneren Prozesse in uns selbst vernachlässigt. Zur Veranschaulichung möchte ich auf einige Besonderheiten meiner Projekte der Maulbronner Gießerei (Exkurs 1) und der Mühlacker Ziegelwerke (Exkurs 2) hinweisen.

Das erstgenannte Projekt in Maulbronn beschäftigte mich vom Beginn der Recherche bis zum Abschluss der Fotodurchgänge etwa ein Dreivierteljahr. Die in Maulbronn aufkommenden Gefühle und Wahrnehmungen (gerade auch im Bereich des Geruchs und des Geschmacks) waren außerordentlich stark, sie bezogen sich auf das unmittelbare Erleben und flossen entsprechend in die Bilder ein.

Das zweitgenannte Projekt in Mühlacker zog sich hingegen mit Pausen zwischen den Fotodurchgängen über dreieinhalb Jahre hin. Hier entstand eine richtiggehende innere Beziehung, in welche die zwischenzeitliche Hoffnung auf einen Fortbestand ebenso einfloss wie die letztlich nötige, wehmütige Abstandnahme. Solche Empfindungen wiederum prägten auf ganz eigene Art die resultierenden Bilder.

Meine These dazu ist, dass Art, Tiefe und Dauer unserer Beschäftigung mit einem Objekt einen zwar nicht immer bewusst greifbaren, jedoch unterschwellig wirksamen Einfluss auf unsere Inspiration und damit maßgeblich auch auf die Gestaltung der späteren Bilder nehmen.

Nach diesem Plädoyer für die Vorfeldarbeiten, welches in gewisser Weise ja zum Gesamtkomplex »Gestaltung mit Zeit und Muße« gehört, möchte ich im Folgenden noch auf die einzelnen Schritte der Vorbereitung eingehen.

Suche nach geeigneten Objekten

Dieser erste Schritt scheint mir mithin der schwerste zu sein: Zum einen fließen in unsere Auswahl geeigneter Objekte ja ganz unterschiedliche Vorgaben und Überlegungen ein, die allesamt zu berücksichtigen sind und auf die ich im Einzelnen noch zurückkommen möchte; zum anderen bedeutet die Entscheidung für ein bestimmtes Objekt oder eine entsprechende Idee ja immer eine gewisse Festlegung und damit auch einen Verzicht auf andere Möglichkeiten.

Reihenfolge des »Was« und »Wo«

Mit der Frage, ob »die Idee das Motiv findet« oder eher »das Motiv zur Idee führt«, beschäftigte sich auch schon *Michael Kenna*. In einem Interview antwortete er einmal auf die Frage, wie er seine Aufnahmeorte fände: »When I decide ›what‹ I want to photograph, I choose the appropriate locations. Sometimes I choose ›where‹ I want to photograph, then look for the ›what‹ when I get there! Simple – no magic involved …« (auf Deutsch sinngemäß: »Wenn ich entschieden habe, ›was‹ ich fotografieren möchte, wähle ich den dafür geeigneten Ort. Manchmal wähle ich aber auch aus, ›wo‹ ich fotografieren möchte, und entscheide dann, ›was‹ ich dort fotografieren möchte. So einfach, ganz ohne Hexerei.«) – WRAPAROUND Interview Fall 2003 / Vol. 1 No. 1 von Anne Telford.

Kenna propagiert damit – wie ich meine – einen sehr gesunden Pragmatismus, um sich nicht bereits im Vorfeld mit einer Vielzahl von Konzept- und Motivmöglichkeiten zu verzetteln bzw. zu blockieren. Gleichwohl ist anzumerken, dass sein Pragmatismus auch die Frucht reicher Vorerfahrung ist – denn er ist hinreichend bekannt dafür, an seine Arbeit sehr konzeptionell, oftmals philosophisch und ganz gewiss nicht kopflos heranzugehen.

Schauen wir uns also – so mein Vorschlag – an, welche Vorgaben und Überlegungen uns bei der Suche nach geeigneten Objekten leiten könnten …

Checkliste »Suche nach geeigneten Objekten«
Ästhetische Prinzipien
Konzeptionelle Überlegungen
Fragen der Verfügbarkeit
Fragen der Zugänglichkeit

Tab. 5: Kategorien der Suche nach geeigneten Objekten

Ästhetische Prinzipien

Gewiss können und dürfen wir in unseren Fotografien auch das Schöne, Staunenswerte zeigen. Wir sollten aber andererseits auch nicht den Blick vor der Gefahr verschließen, dass die Abbildung des Schönen als Selbstzweck, also

die Beschränkung auf ästhetische Prinzipien, sich im Extremfall in einem Idyll ohne Tiefgang und weitere Aussage totläuft – die Grenze zum Postkarten- bzw. Kitschbild wird hier schnell überschritten.

So das Schöne also nicht automatisch gut oder genügend ist, muss im Umkehrschluss das Hässliche nicht automatisch schlecht oder ungenügend sein. Viele aufsehenerregende Bilder gewinnen ihre Wirkung gerade durch eine kalkulierte Provokation und ein Aufrütteln des Betrachters.

Auch Spannungsbögen zwischen Schönem und Hässlichem lassen sich sehr wirksam in ein Bild oder eine Bildstrecke einfügen – *Torsten Andreas Hoffmann* hat dies sehr eindrucksvoll in seiner Serie »Janusblicke« umgesetzt; diese besteht aus Bildpaaren mit dem klassischen Touristen- oder Postkartenblick auf der einen und dem um 180 Grad geschwenkten Blick auf das oft schäbige oder zubetonierte Hinterland auf der anderen Seite.

Konzeptionelle Überlegungen

Mit diesen Abwägungen, was wir in unseren Bildern also grundsätzlich aufnehmen und zeigen wollen, geht es nun nahtlos in die konzeptionellen Überlegungen über. Hier ist die Suche nach geeigneten Objekten maßgeblich davon geprägt, dass die Idee das Motiv findet oder dass im Sinne des obigen Zitats von Kenna »das ›Was‹ dem ›Wo‹ vorangeht«.

Als Beispiel kann sich die Projektidee, das erhabene und aufwärtsstrebende Moment in der Sakralarchitektur aufzeigen zu wollen, in einer Bildstrecke verschiedener gotischer Kirchen mit jeweils ähnlichen architektonischen Grundelementen niederschlagen.

Fragen der Verfügbarkeit

Des Weiteren spielen auch Fragen der Verfügbarkeit bei der Suche nach geeigneten Objekten eine entscheidende Rolle. Damit ist gemeint, ob sich in erreichbarer Nähe überhaupt interessante Motive finden. Bei Stadtlandschaften mag dies in unseren dicht besiedelten Breiten kein Problem sein, in dünner besiedelten Regionen unserer Welt hingegen schon.

Bei den historischen und entnutzten Industrieanlagen, einem meiner Lieblingsthemen, muss ich in meiner eigenen Region (dem soweit prosperierenden Südwesten Deutschlands) immer Augen und Ohren offen halten. Milde gesagt herrscht hier eine gewisse »Plattmachmentalität«: Die Gemeinden haben wenig Neigung, Industriebrachen aufzukaufen, museal zu präsentieren oder für andere Zwecke umzuwidmen. Stattdessen werden händeringend Investoren gesucht, die Gewerbesteuern versprechen und dann freie Hand für den »gefühlt 83. Baumarkt am Rande eintöniger Reihenhaussiedlungen« bekommen.

Ein gewisser wirtschaftlicher Niedergang, so bedrückend dies auch für die Beschäftigungs- und Konsummöglichkeiten in einer Region sein mag, öffnet nach meiner Erfahrung das Zeitfenster für solche Fotoprojekte merklich. Ein extremes Beispiel hierfür ist das ländliche Frankreich: In jedem Dorf und in jeder Stadt bröselt und verfällt irgendetwas. Der Grund hierfür mag nur selten in einer »spezifisch französischen Freude am morbiden Charme des Verfalls oder des anar-

chischen Wildwuchses« zu suchen sein, sondern im teilweise hochdramatischen Ausmaß von Strukturmangel und Landflucht. Da gibt es dann gerade in der Provinz schlichtweg kein Geld und keine Perspektiven für Abriss und Neubau.

Niemand scheint sich dort um diese Ruinen oder ein unbefugtes Eindringen zu kümmern. Ist Frankreich also ein »Paradies für Urbexer«? Nun, in einem doppeldeutigen Sinn vielleicht: Die Bausubstanz ist teilweise derart marode und einsturzgefährdet, dass das Eindringen tatsächlich ein letzter Gang sein kann. Trotz vermeintlicher Barrierefreiheit muss ich hier zu äußerster Vorsicht raten!

Fragen der Zugänglichkeit

Das führt zu Fragen der Zugänglichkeit. Von der möglichen Gefährdung in maroden Gebäuden war schon die Rede, gemeint ist hier aber die Frage, in welchen Objekten ein legaler Zugang überhaupt möglich ist – auf diese rechtlichen Fragen komme ich nun zu sprechen.

Rechtliche Aspekte

Panorama- bzw. Straßenbildfreiheit

Sofern wir Architekturaufnahmen vom öffentlichen Grund aus anfertigen, können wir uns hierzulande auf die sogenannte Panorama- bzw. Straßenbildfreiheit berufen. Diese gilt in ähnlicher Form für Deutschland, Österreich und die Schweiz, während für das sonstige europäische und sonstige Ausland jeweils eigene Bestimmungen herrschen.

Gewiss müsste man als einfacher Tourist, der Erinnerungsbilder mit nach Hause bringen möchte, nicht übermäßig besorgt sein ob solcher (von unseren abweichender) Bestimmungen im Ausland. Sobald wir aber mit einem gewissen Gestaltungs- und Verwertungsanspruch an die Fotografie herangehen, ist eine einschlägige Recherche vor der Reise dringend zu empfehlen.

Ausnahmen

Im Grundsatz bedeutet die Panorama- bzw. Straßenbildfreiheit eine Ausnahme des sonst allgemein wirksamen Urheberrechts dahingehend, dass wir die äußeren bzw. straßenseitigen Ansichten der Gebäude auch ohne Einwilligung der Besitzer und Rechteinhaber aufnehmen können. Dasselbe gilt für Werke der bildenden Kunst und der Baukunst, sofern diese öffentlich und bleibend sind.

Bereits bei den Rückansichten, noch mehr bei den Innenhöfen und -räumen endet dieser Freiraum, da hier das Eigentums- und Hausrecht, ggf. auch das Persönlichkeitsrecht der dortigen Bewohner greift. Auch gilt es zu beachten, dass einzelne Gebäude von der Panorama- bzw. Straßenbildfreiheit ausgenommen sein können, wenn sie etwa in den Bereich staatlicher Sicherheitsbelange fallen.

Zulässige Hilfsmittel

Zu beachten sind ferner die im Rahmen der Panorama- bzw. Straßenbildfreiheit zulässigen Hilfsmittel und Methoden der Aufnahmen. Einfache Stative sind in Ordnung, nicht jedoch übermannshohe, desgleichen ist der Blick über schützende Hecken und Zäune oder vom erhöhten Standpunkt aus (zum Beispiel gegenüberliegende Balkon) verpönt. Für fotografierfähige Drohnen gilt nach diesem Rechtsverständnis das Gleiche.

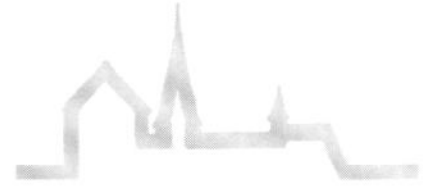

Rechtsfragen im Zusammenhang mit historischen und entnutzten Industrieanlagen

Ich möchte noch ein wenig auf die Rechtsfragen im Zusammenhang mit historischen und entnutzten Industrieanlagen (einem meiner Schwerpunktthemen) zu sprechen kommen. Es mag verwundern, dass die Klärung von Begehungs-, Aufnahme- und Verwertungsrechten (etwa in Form eines *Property Release* oder vergleichbaren Schriftsatzes) hier überhaupt aufgeführt und diskutiert werden muss.

Doch hat sich hierzulande eine breite Urbex- oder Lost-Places-Szene etabliert, die sich munter im Internet präsentiert und austauscht, deren Unbedarftheit bisweilen aber auch erschreckt. Freiwillige Selbsterklärungen finden sich auf den einschlägigen Homepages zuhauf, diese lassen sich sinngemäß wie folgt zusammenfassen: »Ich versuche vorher meist, den Eigentümer der Location herauszufinden, zu kontaktieren und ihn um eine Fotografiergenehmigung zu bitten ... Man soll ja auch nichts mitnehmen, nichts ändern und vor allem nichts zerstören ... Wenn man einfach so ohne Genehmigung irgendwo eindringt, handelt es sich streng genommen um Hausfriedensbruch – damit hatte ich allerdings noch nie Probleme ... es ist für mich ein absolutes Tabu, mir gewaltsam Zugang zu Locations zu verschaffen, dort etwas zu verändern, etwas mitzunehmen oder gar zu randalieren. Insofern distanziere ich mich von denjenigen, die sich an solchen Orten austoben müssen ...«

In diesem Zusammenhang wird gerne die Aktion »Urbexers against Vandalism« zitiert und unterstützt, womit man gute Absichten bekunden möchte. Nun kann ich einerseits zwar keine juristische Expertise beanspruchen, doch muss ich andererseits ja immer die rechtlichen Umstände meiner fotografischen Praxis im Auge behalten.

Bei besagter Konstellation wäre jedenfalls zu befürchten, dass sich diese in einem Straf- (wegen Hausfriedensbruchs oder Einbruchs) oder Zivilprozess (wegen Schadensersatzforderung nach unerlaubter Bildnahme und -verwertung) als ein »Sie wussten also genau, was Sie taten« womöglich noch strafverschärfend auswirken würde.

Herstellung von Rechtssicherheit

Eine einschlägige Regelung mit dem Besitzer bzw. Rechteinhaber muss also zwingend her, und zwar definitiv vor der Begehung und den Aufnahmen. Bisweilen blieben mir Türen so verschlossen, denn »ein klares Nein ist ein respektables Nein«. Zumeist obsiegt aber das Interesse, wenn man seine Arbeit gut begründen und Referenzen zeigen kann, und es mag sogar eine Begeisterung entstehen, wenn sich jemand endlich einmal um diese verwunschenen Orte kümmert.

Quid pro quo

Selbst wenn der Besitzer bzw. Rechteinhaber etwas für die Begehung und Bildnahme verlangen sollte, wäre das ein ganz normales Geschäft und sicherte im Sinne eines »quid pro quo« oder »Eine Hand wäscht die andere« auch die Rechte des Fotografen. Erfahrungsgemäß ist die Inaussichtstellung öffentlicher Resonanz oder einer Bildmappe willkommener wie schnödes Geld.

Recherche zum Objekt

Gerade bei den historischen und entnutzten Industrieanlagen lohnt die vorauslaufende Beschäftigung mit der Materie besonders. Zeitungs- und Stadtarchive sind gute Quellen, wenn wir uns für ein bestimmtes Objekt entschieden haben. Oftmals stehen auch Festschriften der Unternehmen zur Verfügung, die uns ein Bild der Produkte und Produktionsprozesse vermitteln. In Gesprächen mit ehemaligen Beschäftigten als Zeitzeugen können wir schließlich wichtige Informationen über die damaligen Arbeitsverhältnisse erhalten.

Eine gewisse Einarbeitung in die frühere Situation vor Ort erscheint also förderlich, um unsere Vorstellung zu schärfen und unseren Bildern einen »Hauch der damaligen Geschehnisse« vermitteln zu können. Wir werden uns dabei allerdings kaum zu Spezialisten mausern können – dies erschiene angesichts des Aufwands unrealistisch und in Hinblick auf den vorrangig gestaltungsbetont-künstlerischen Blick auf die Dinge auch nicht zweckmäßig.

So war es für mich sehr aufschlussreich, in der Vorbereitung meiner Maulbronner und Mühlacker Projekte auch Fotografien ehemaliger Beschäftigter einzusehen. Diese zeugten regelmäßig von hoher Sachkenntnis, aber auch von einer gewissen Detailversessenheit. Sie schienen so eher für Insider geschaffen und erreichten mich (quasi als Stellvertreter späterer, unbedarfter Betrachter) atmosphärisch und gefühlsmäßig kaum.

Führung durch das Objekt

Ich bleibe noch bei den historischen und entnutzten Industrieanlagen, denn hier ist (neben der bereits erwähnten Recherche im Vorfeld) auch eine Führung an der Seite einer mit dem Objekt vertrauten Person ein weiterer, wichtiger Aspekt der Vorbereitung.

Ehemalige Beschäftigte, besonders solche »mit 37 Jahren Betriebszugehörigkeit, jede Schraube dort kennend«, sind genau die Richtigen dafür und zumeist gerne bereit, über ihre Erfahrungen zu sprechen. Unser Wissen über das dortige Leben und Arbeiten vertieft sich so und mischt sich mit den ersten optischen und atmosphärischen Eindrücken. Und wir werden – ebenfalls wichtig – über etwaige Gefahrenbereiche informiert.

Bei dieser Gelegenheit suche ich nach geeigneten Motiven und stelle manche Überlegungen über die Komposition, Lichtstimmung und geeignete Aufnahmeweise vor Ort an, mache aber zumeist noch keine Aufnahmen – es ist vielmehr eine Art Trockenfotografieren. Und es beinhaltet auch einen Selektionsprozess, denn bisweilen macht das Objekt bei näherer Betrachtung wenig her, sodass ich von einer Fortsetzung Abstand nehme.

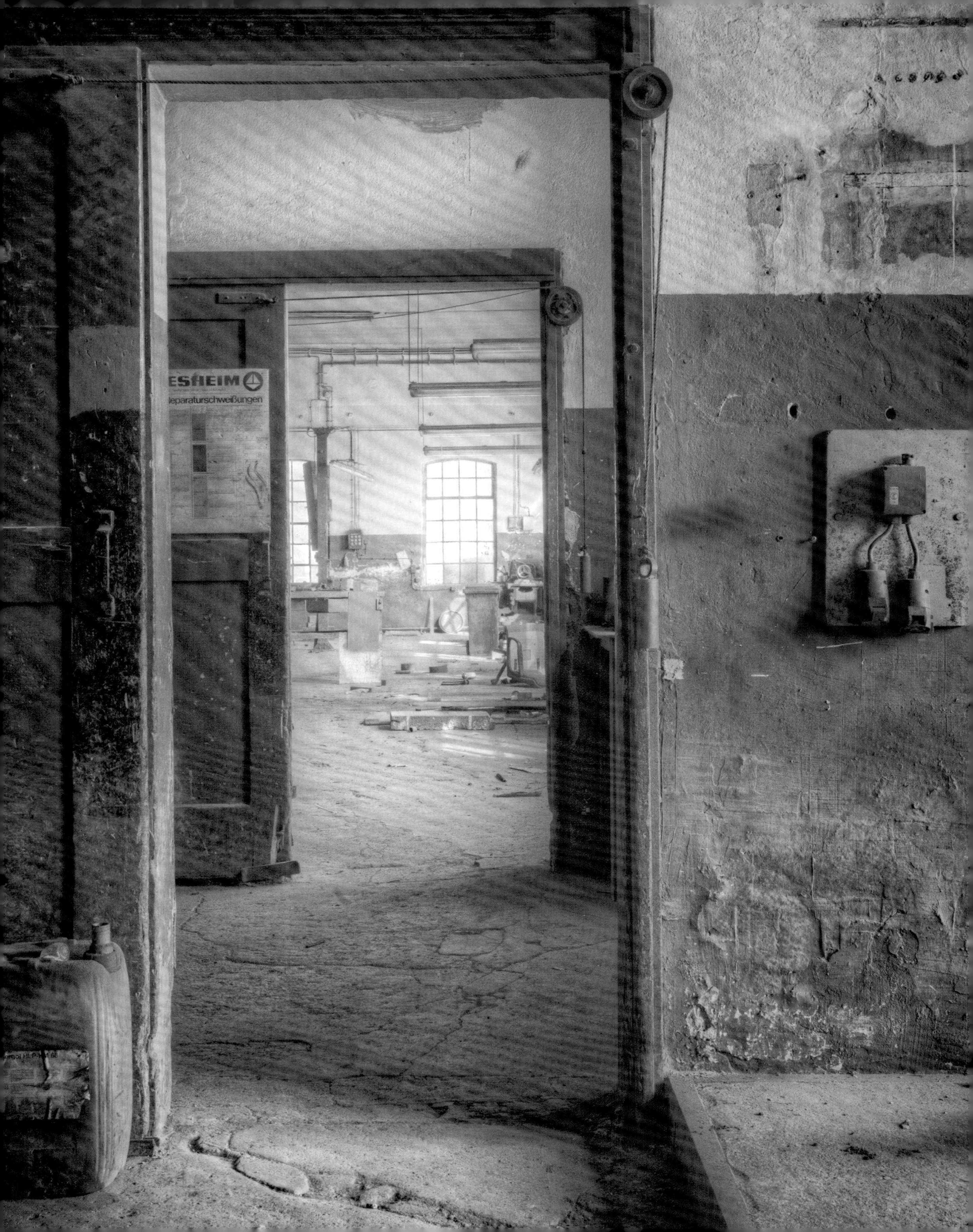
ESHEIM
eparaturschweißungen

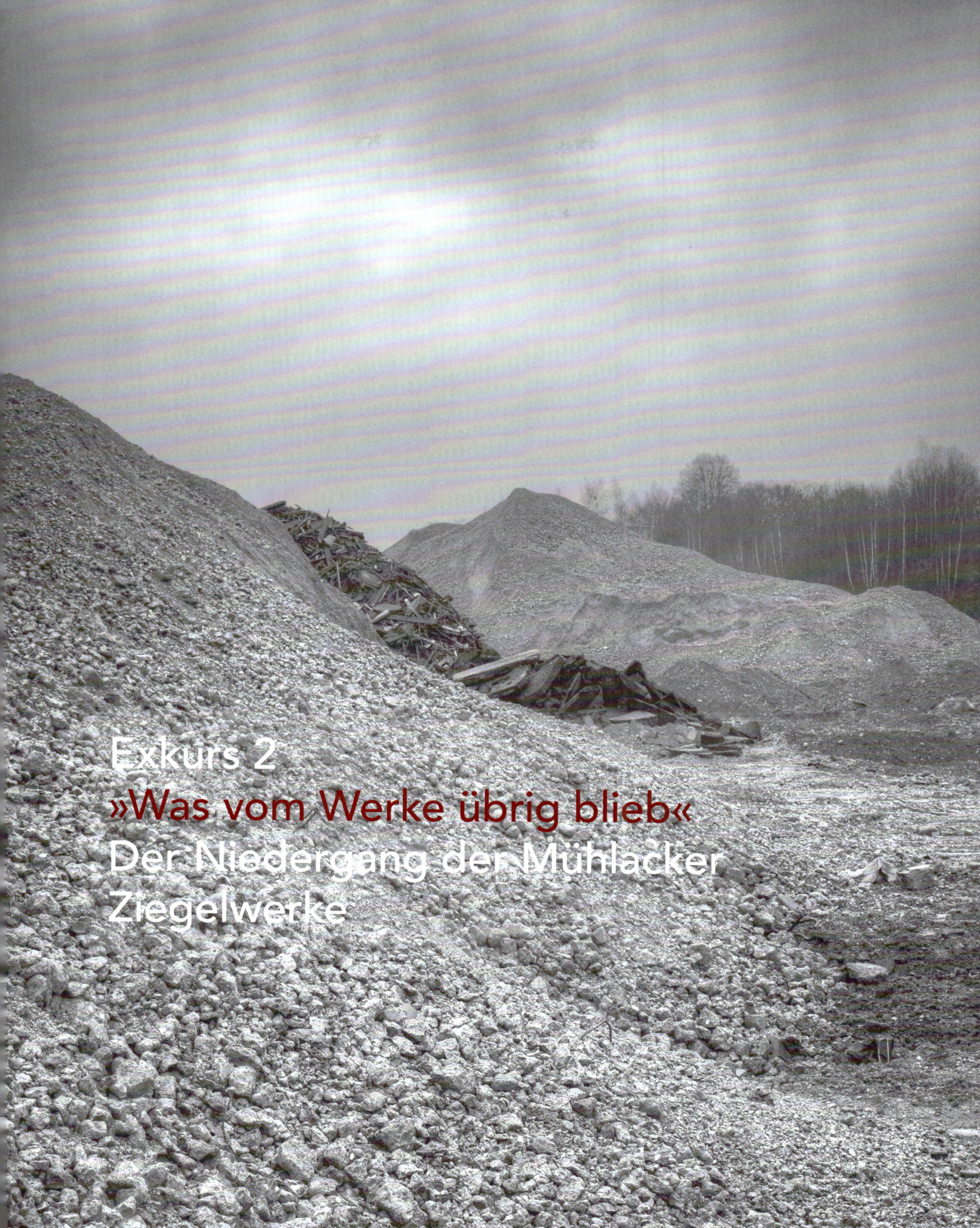

Exkurs 2
»Was vom Werke übrig blieb«
Der Niedergang der Mühlacker Ziegelwerke

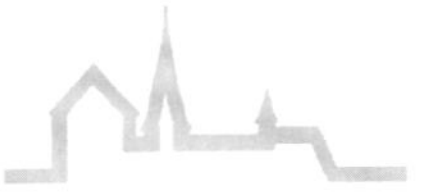

Die Vorgeschichte

Von 2009 aus gesehen, dem Jahr der Betriebsschließung, blickten die Mühlacker Ziegelwerke auf eine fast 170-jährige Betriebstradition zurück.

Die Ursprünge der dortigen Ziegelproduktion reichen bis weit in das 18. Jahrhundert zurück. Ein erster offizieller Betriebseintrag ist im Jahre 1840 zu verzeichnen, als Adam Däubler eine einfache Ziegelei gründete. Nach einigen zwischenzeitlichen Besitzerwechseln übernahm schließlich die Familie Vetter im Jahr 1890 den Betrieb und wandelte diesen zur Ziegelfabrik um. Durch den Einsatz einer Dampfmaschine und die Mechanisierung der Produktion wurden entscheidende Impulse für die Modernisierung und das weitere Gedeihen des Werks gesetzt. Anfang des 20. Jahrhunderts galt der Betrieb mit seiner Dachziegelproduktion als einer der größten und modernsten in Deutschland.

Auch zwei Großbrände in den Jahren 1909 und 1920 konnten diese Erfolgsgeschichte nicht nachhaltig unterbrechen. Mitte der 1920er-Jahre war der Betrieb einer der größten Arbeitgeber vor Ort. 350 Mitarbeiter fanden dort in besten Zeiten Lohn und Brot. Selbst die Wirtschaftskrise Anfang der 1930er-Jahre konnte mit Innovationen und Zukäufen relativ gut gemeistert werden.

In der Nachkriegszeit setzte sich die Erfolgsgeschichte zunächst fort. Ende der 1950er-Jahre übernahmen die Züricher Ziegeleien das Werk und bauten dieses mit umfangreichen Investitionen zur Modernisierung und Rationalisierung noch weiter aus. Ab 1975 firmierte der Betrieb unter dem Namen »Baustoffwerke Mühlacker AG«.

Mit der Übernahme durch den Unternehmensverbund Koramic und Wienerberger im Jahr 1999 begann sich eine Wende und schließlich der Niedergang

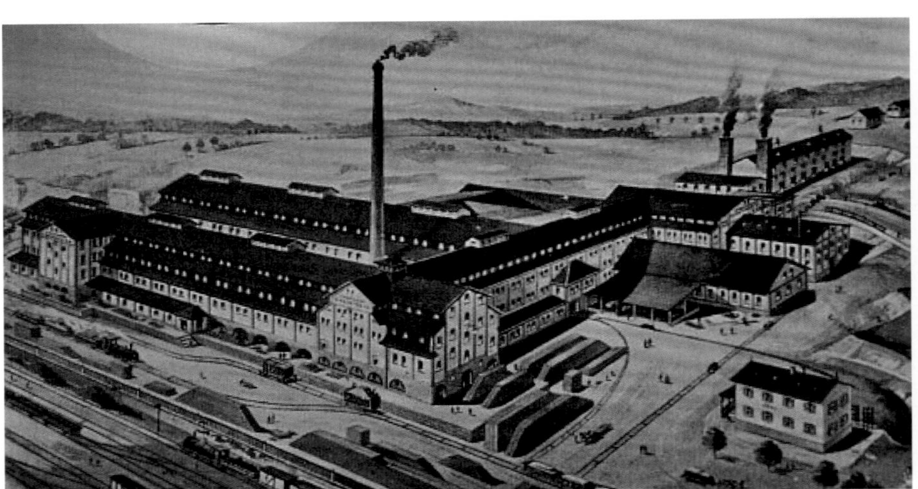

Abb. 41: Kupferstich des Werksgeländes um 1900, Abbildung mit freundlicher Genehmigung des Stadtarchivs Mühlacker

abzuzeichnen. Die Flaute auf dem Bausektor, maßgeblich aber auch konzerninterne Weichenstellungen mit Umlenkung der Investitionen in andere Niederlassungen des Konzerns führten schließlich im Jahr 2009 zur Einstellung der Produktion.

Für einige Zeit wurde das Werk noch als Umschlagplatz und Lagerstandort für den süddeutschen Raum genutzt, bis im Jahr 2012 schließlich die endgültige Entscheidung zur Demontage der Anlage und zum nachfolgenden Abriss getroffen wurde.

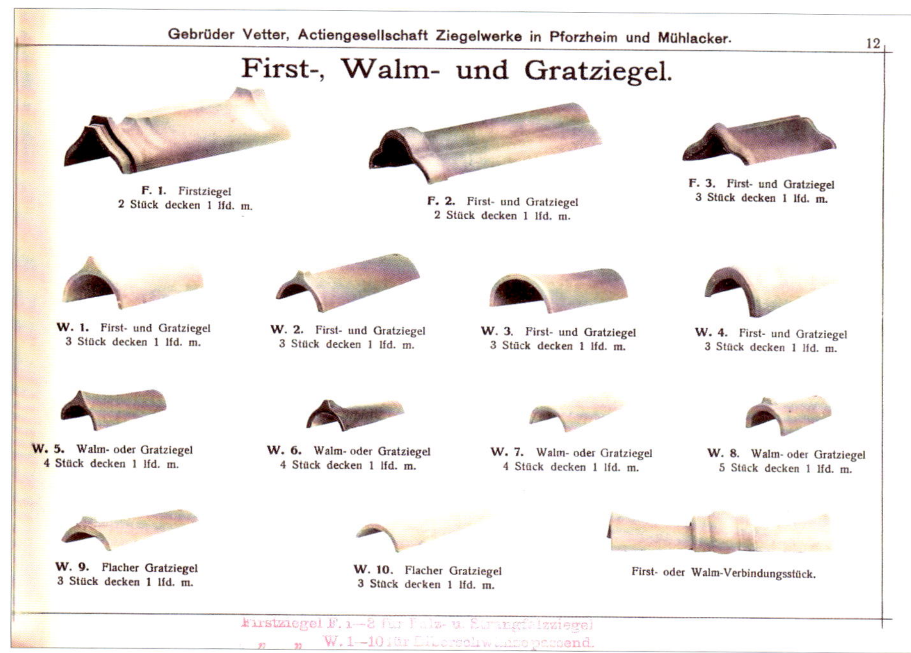

Abb. 42: Auszug aus dem Werkskatalog von 1908, Abbildung mit freundlicher Genehmigung durch Siegfried Müller (dachziegelarchiv.de)

Das Projekt

Ein befreundeter Journalist, der bereits meine Arbeiten zur Maulbronner Gießerei (siehe dazu auch »Der Geschmack der Erinnerung« als Exkurs 1) mit seiner Berichterstattung in der hiesigen Regionalzeitung begleitet hatte, war auch sehr stark in die komplizierte Geschichte der Mühlacker Ziegelwerke involviert. Über die Jahre hatte er bereits mehrfach und engagiert über die vormalige Bedeutung, den heutigen Niedergang und die ungewisse Zukunft des einst so stolzen Werks berichtet.

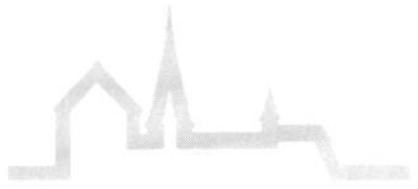

Da er zugleich um meinen fotografischen Schwerpunkt in Hinblick auf historische und entnutzte Industrieanlagen wusste, machte er mich im Herbst 2012 auf dieses »Kleinod vor der Haustür« aufmerksam. In gemeinsamer Anstrengung wurden dann alsbald Ansprechpartner im Umfeld der heutigen Rechteinhaber gefunden, die eine Begehungs- und Fotografiererlaubnis erteilen und so Türen öffnen konnten. Im Frühjahr 2013 ergab sich schließlich die Gelegenheit zu zwei mehrstündigen Streifzügen mit einem langjährigen Betriebsangehörigen, der »dort jede Schraube kannte« und darüber hinaus berichtete, dass das Werk zwar stillgelegt, im Wesentlichen aber noch betriebsbereit sei.

Meine Eindrücke nach der ersten Begehung fasste ich damals wie folgt zusammen: »Auf dem lichthellen Hof, unter wärmender Frühlingssonne treffen wir uns. Ein seltsamer Schauder will uns schon ergreifen, als wir dem Eingang zustreben. Es ist wie ein Nadelöhr, einer der letzten Zugänge zu einem geheimnisvollen Reich. Drinnen umfängt uns fast vollständige Dunkelheit, auch eine Kälte, wie wenn die Heiterkeit des Frühlingstages mit einem Schlag verloren wäre. Mühsam tasten wir uns voran, fürchten zu stolpern und anzustoßen. Immer mehr greift die Kälte nach uns, lassen uns auch die allmählich aus der Dunkelheit heraustretenden Strukturen schaudern. Sind wir gar in einer Gruft? Finden wir wieder heraus? Plötzlich ein Lichtschein wie eine Hoffnung, beim Nähertreten ein Streiflicht, doch auch ein neuer Schreck, denn alte Gestelle und Rohre erscheinen uns nun wie skelettartige Gebilde, die sich in unsere Richtung strecken. Fast wollten wir uns aneinander festhalten, um das Unbehagen zu bannen. Wir streben voran und geraten dann auch in hellere Räume, die uns in ihrer Überschaubarkeit willkommen heißen, doch steckt der Zwiespalt von Schrecken und Staunen noch tief in uns.«

Der Historisch-Archäologische Verein in Mühlacker hatte sich schon seit einiger Zeit für eine zumindest teilweise Bewahrung der historischen Bausubstanz stark gemacht. Gemeinsam mit der Berichterstattung der Regionalzeitung und der Publikation meines Portfolios schien so ein gewisser (positiver) Druck sowohl auf die heutigen Rechteinhaber wie auch auf die Vertreter der Kommunalpolitik zu entstehen.

Tatsächlich kam es daraufhin zu einem etwa dreivierteljährigen Abrissmoratorium. Und dem Vernehmen nach wurde in den maßgeblichen Kreisen nicht mehr nur in üblichen Kategorien baldestmöglichen Abrisses und ebensolchen Neubaus von noch mehr Straßen und Parkplätzen, Reihenhäusern, Bau- und Supermärkten, sondern (erstaunlicherweise) auch in Richtung einer teilweisen Bewahrung und Umwidmung des Areals und seiner Gebäude nachgedacht. Am Ende schien es jedoch leider (wieder einmal) an Geld und Ideen zu scheitern, sodass die Demontage der Anlagen und der Abriss der Gebäude schließlich unvermindert weitergingen.

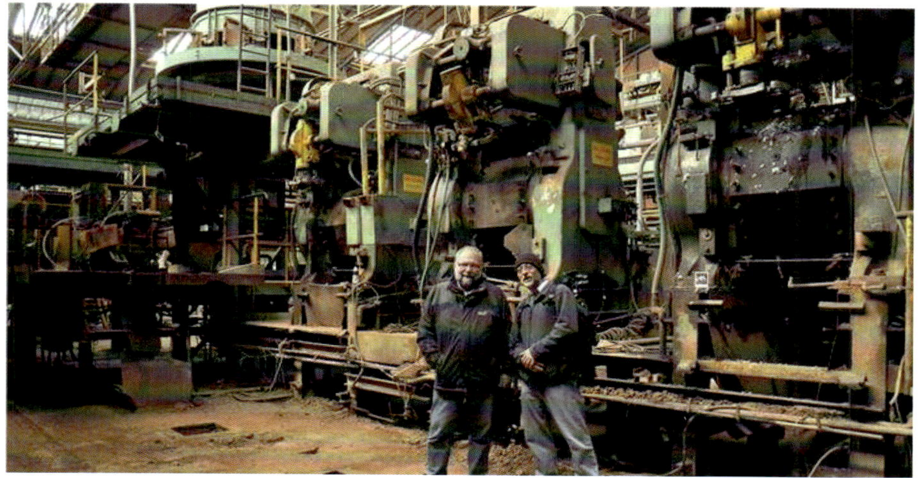

Abb. 43: Begehung des Werksgeländes mit dem langjährigen Betriebsangehörigen Jörg Haberbosch (links, jede Schraube kennend), dem Lokalredakteur Maximilian Lutz (berichtend und fotografierend) und dem Buchautor (rechts, mit voller Ausrüstung bepackt) im Frühjahr 2013, hier vor der damals noch existenten Revolverpresse. Quelle: Maximilian Lutz.

Da ich erst zur Jahrtausendwende nach Mühlacker gezogen war, hatte ich zunächst keinen persönlichen Bezug zu den Ziegelwerken. Dies änderte sich mit den ersten beiden Fotodurchgängen und dem allmählichen Aufbau des Portfolios grundlegend. Es war mir, wie wenn ich vor Ort in einen Zeittunnel geschaut und eine innere Beziehung zu diesem Areal und seinen Gebäuden aufgebaut hätte.

Insofern erfüllte mich das zwischenzeitliche Moratorium mit Hoffnung und der fortschreitende Abriss mit Wehmut. Ich konnte gar nicht anders, wie die »zunehmende Pulverisierung der Gebäude« künstlerisch weiter zu dokumentieren.

So entschloss ich mich im Sinne einer allmählichen Abschiednahme zu zwei weiteren Fotodurchgängen im Herbst 2015 und Anfang 2016. Diese im hinteren Teil der Bildstrecke gezeigten Aufnahmen zeigen schließlich nur noch allerletzte Baurelikte und vor allem Abraumhalden.

Einige Nachgedanken

Das Projekt beschäftigte mich über fast vier Jahre und war auch in Hinblick auf die Verwertung (Ausstellungen und Auszeichnungen, Bild- und Katalogverkäufe, Themenartikel) ein schöner Erfolg. Vonseiten meiner Empfindungen verbleibt zum einen ein erfreutes Staunen, dass die Kunst auch einmal zum politischen Diskurs beitragen kann; zum anderen besagte Wehmut, denn wie oben schon angedeutet, hatte ich im Projektverlauf tatsächlich eine innere Beziehung zu diesem Areal und seinen Gebäuden aufgebaut.

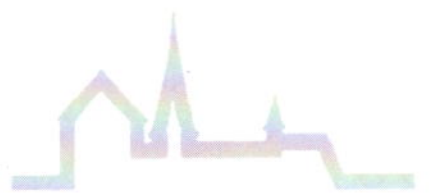

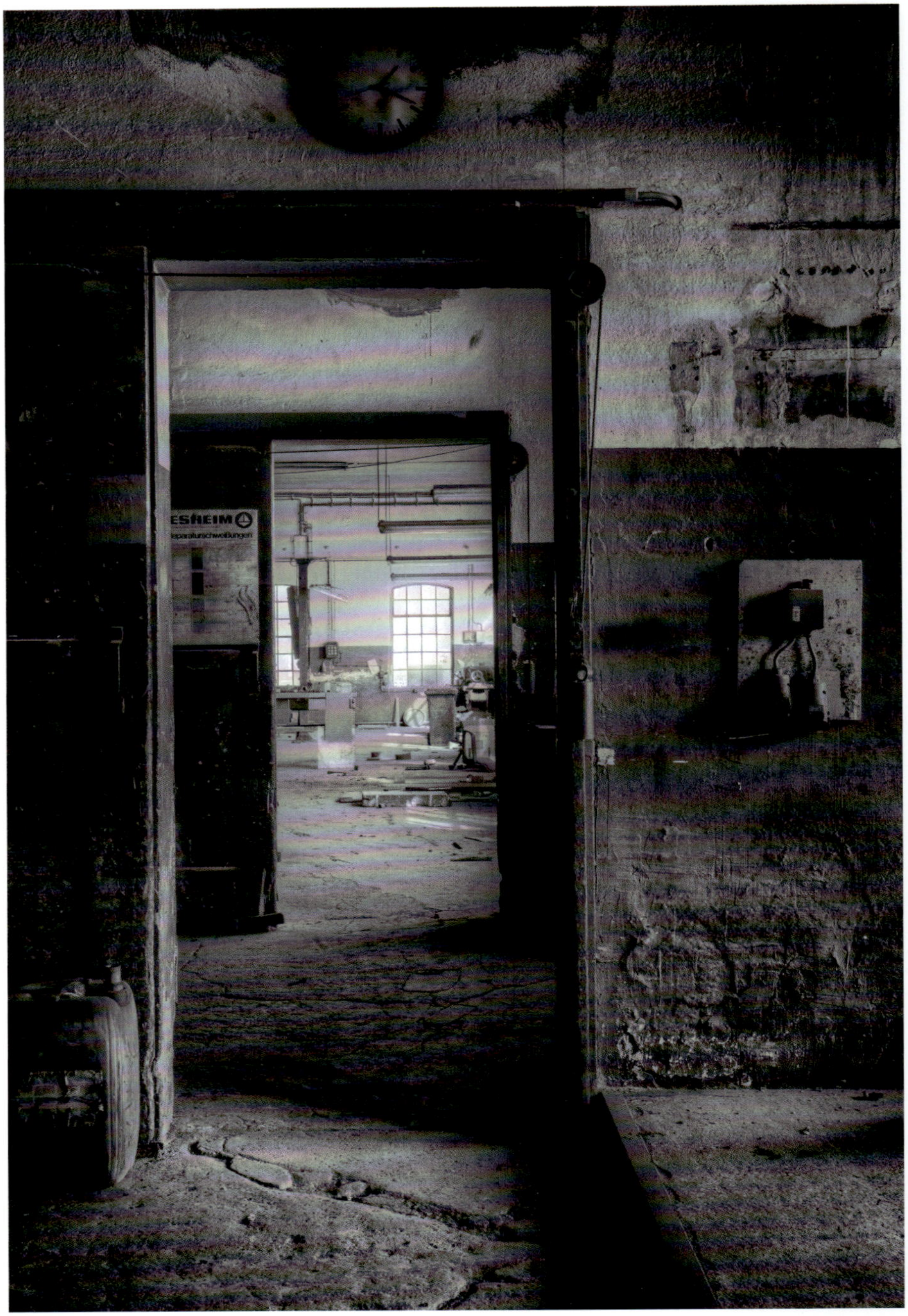

Abb. 44: Was vom Werke übrig blieb | Studie 01. Es ist das erste Bild des ersten Durchgangs, und es symbolisiert für mich auch jenen »geheimnisvollen, Schauder erzeugenden Einstieg«, den ich im Prolog beschrieben habe. Der Blick in die Tiefe der Zimmerflucht der ehemaligen Werksschlosserei ist zugleich ein Blick in die Vergangenheit. So wurde mir diese Aufnahme auch zum Indexbild aller nachfolgenden Ausstellungen und des Katalogs. Die Kaskade der Türstöcke hatte ich aus der Mitte herausgenommen, um in der Komposition einen weiteren Spannungsbogen zu schaffen.

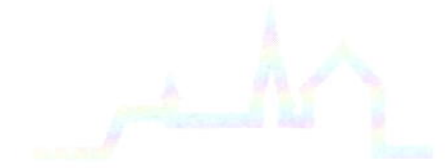

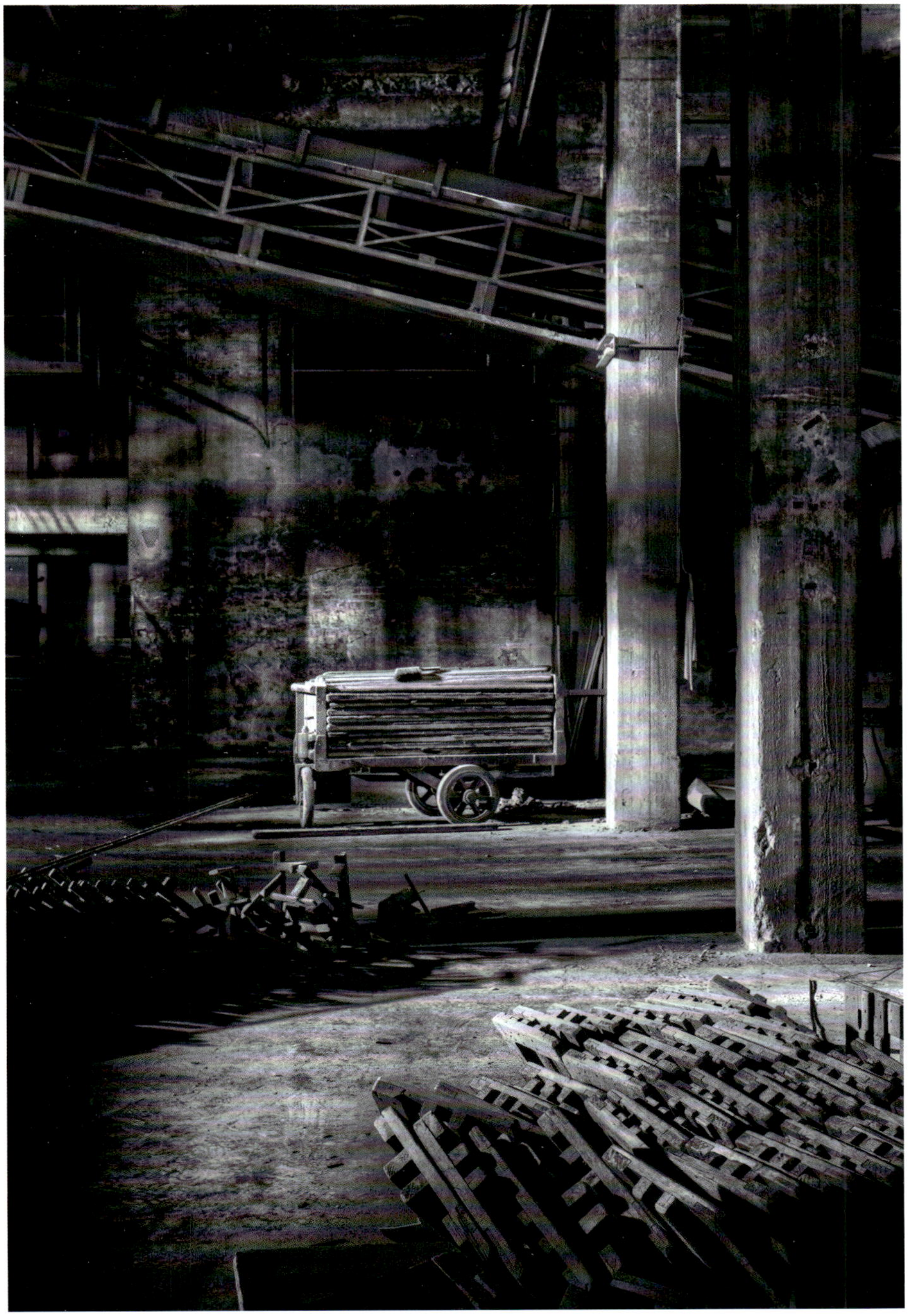

Abb. 45: Was vom Werke übrig blieb | Studie 07. Wir sind in jenen alten und dunklen Teilen des Werks, in denen Irrlichter und geheimnisvolle Schatten vorherrschten und die Strukturen sich bei insgesamt geringem Licht nur schemenhaft andeuteten. Gerade die Schwarzweißfotografie bietet viele Freiheiten der Nachbearbeitung, und so hellte ich diese vor Ort sehr düstere Szene im Sinne der besseren Erkennbarkeit etwas auf. Ich darf noch auf die Blickführung hinweisen, die wie ein gespiegeltes S durch die gezeigten Elemente nach oben mäandert.

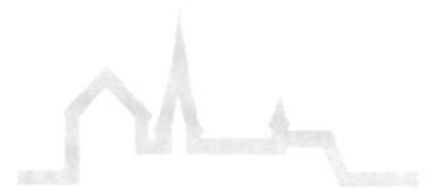

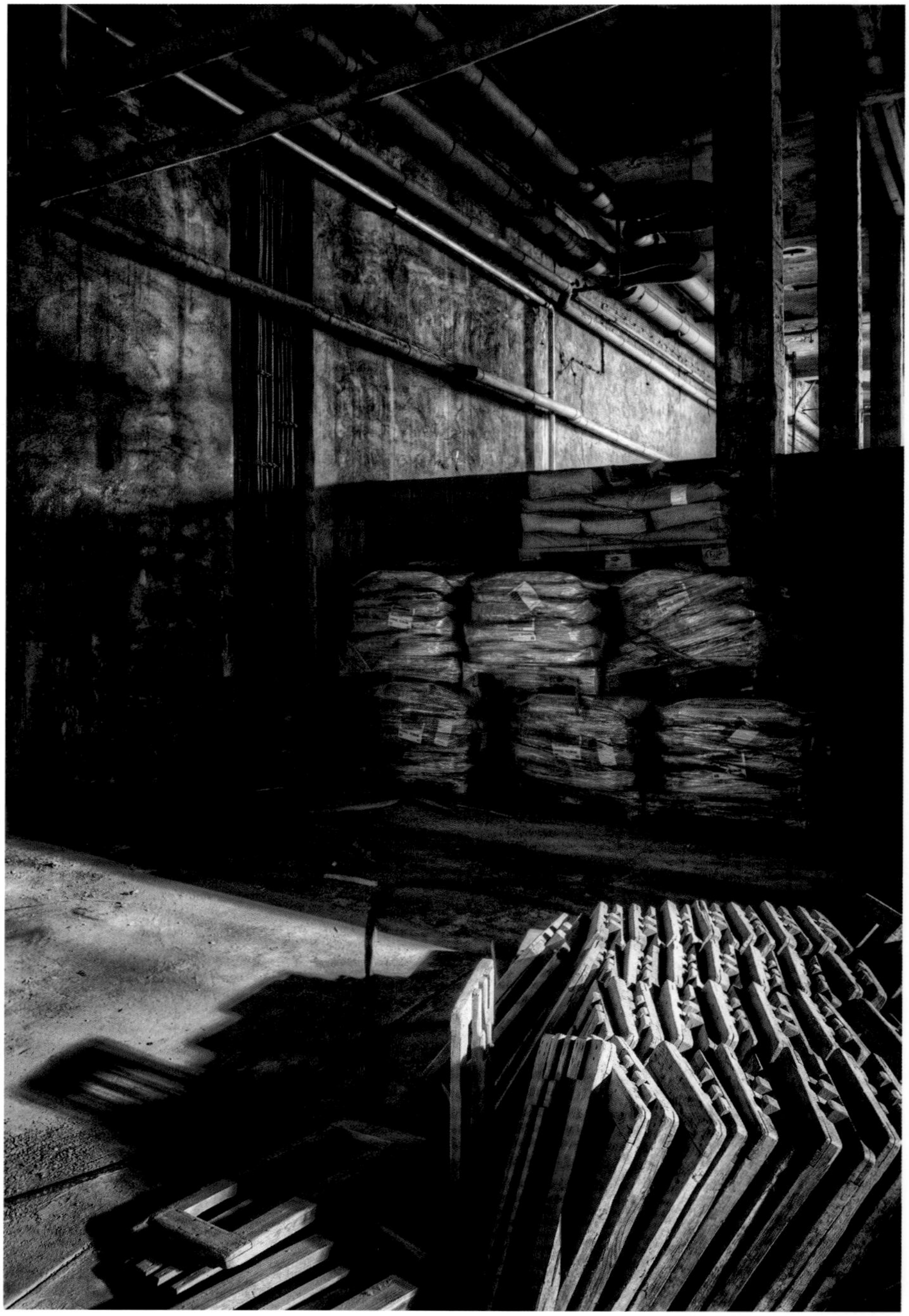

Abb. 46: Was vom Werke übrig blieb | Studie 10. Auch hier sind wir noch im alten, düsteren Teil des Werks, es ist die Rückansicht der Studie 07. Beklemmung umschreibt mit am besten die Stimmung, die ich an dieser Stelle empfand, wie bereits im Prolog angedeutet. Das harte Streiflicht, die langen Schatten, die durch Staffelung entstehende Raumtiefe und die nur schemenhaft erkennbaren Strukturen visualisieren dieses Gefühl.

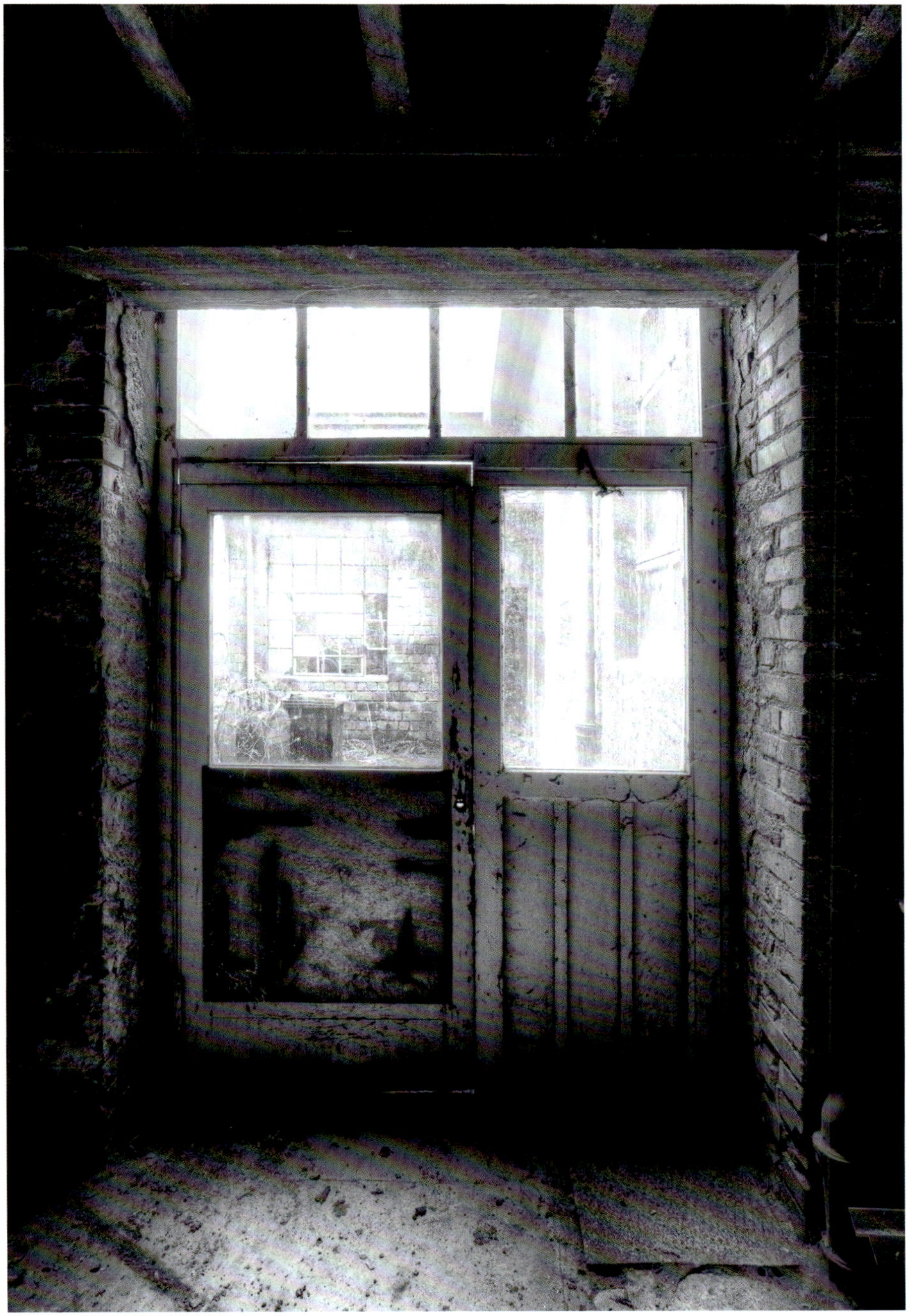

Abb. 47: Was vom Werke übrig blieb | Studie 26. Durchtritte und Durchblicke ergaben sich an vielen Stellen des Werks, und insofern greift diese Aufnahme das Momentum der Studie 01 auf. Die von solchem Standpunkt aus schemenhaft auftauchenden Hinterräume und Raumfluchten laden zur Erkundung ein, geben ihre Geheimnisse aber zunächst noch nicht preis.

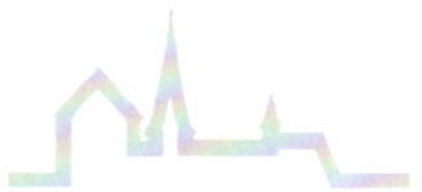

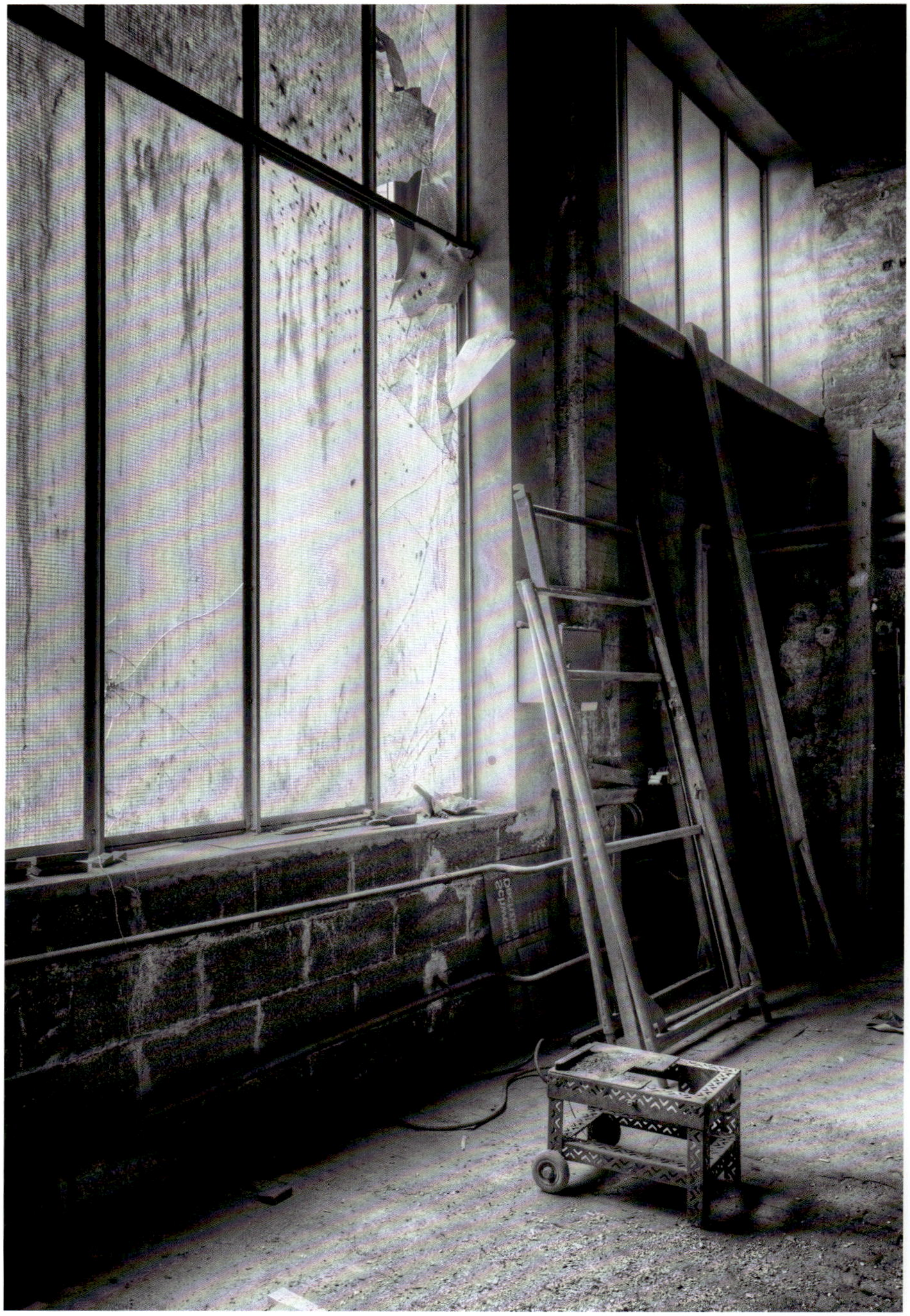

Abb. 48: Was vom Werke übrig blieb | Studie 14. Wir sind nun in den lichthelleren Bereichen des historischen Teils, hier der ehemaligen Werksschreinerei. Die Strukturen sind nun viel deutlicher erkennbar, die großen Fenster schaffen eine Atelieratmosphäre mit einer sehr weichen und fast greifbaren Lichtqualität, und doch herrscht auch hier das Gefühl stillstehender bzw. verlorener Zeit vor.

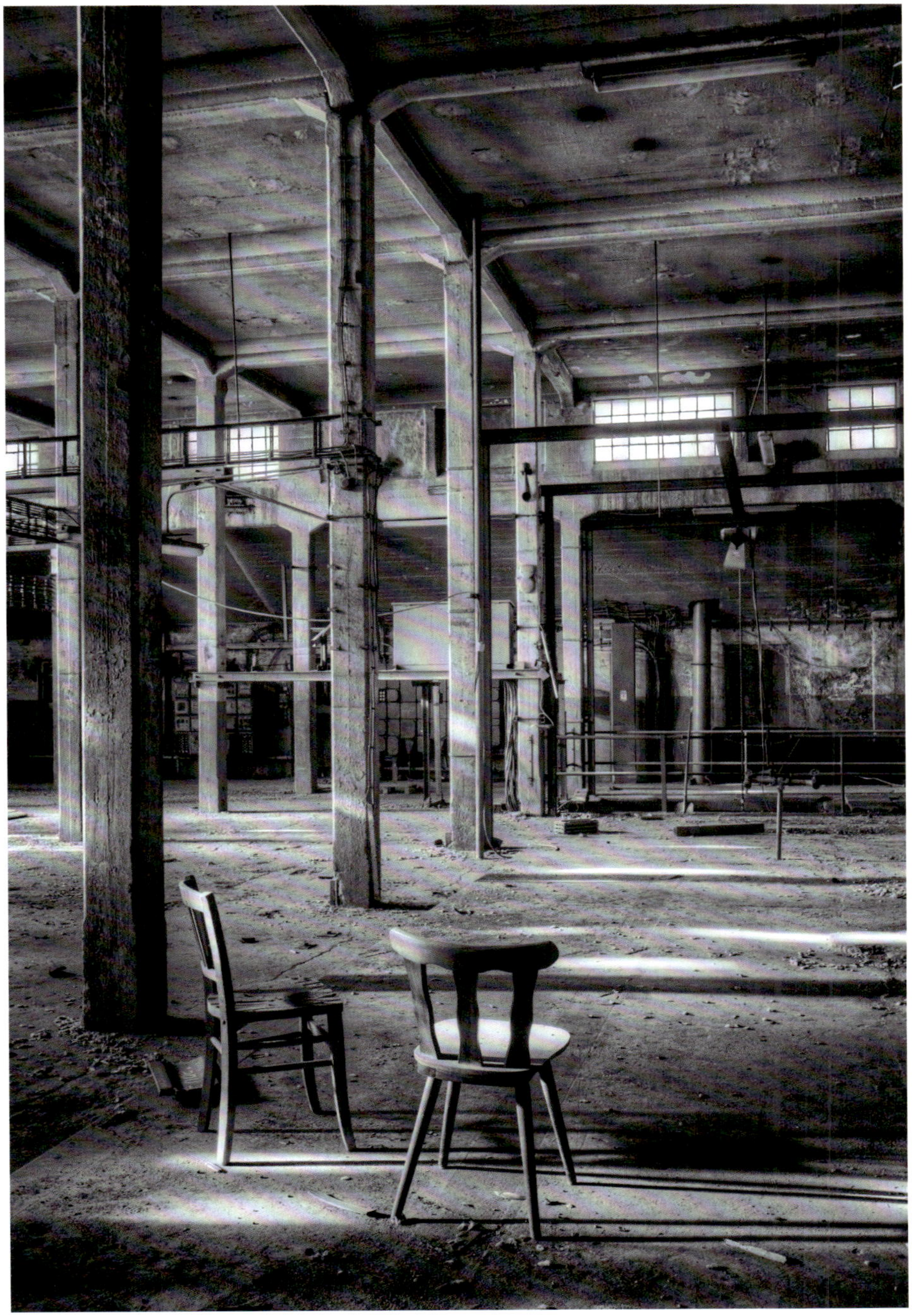

Abb. 49: Was vom Werke übrig blieb | Studie 15. Ich möchte mit dieser Aufnahme das Motiv der »temps perdu«, der stillstehenden bzw. verlorenen Zeit nochmals aufgreifen. Üblicherweise arrangiere ich die vorgefundenen Szenen nicht, doch hier hatte ich den zweiten (linken) Stuhl im 30-Grad-Sinn zum ersten etwas zurechtgerückt. Es ist jenes Spiel mit den Seherwartungen, mithin also das im Betrachter ausgelöste Kopfkino, welches unseren Bildern Tiefe verleihen kann: Wer saß da eben noch? Wo sind die Personen hin? Was empfanden sie dort, worüber unterhielten sie sich, wohin schweifte der Blick?

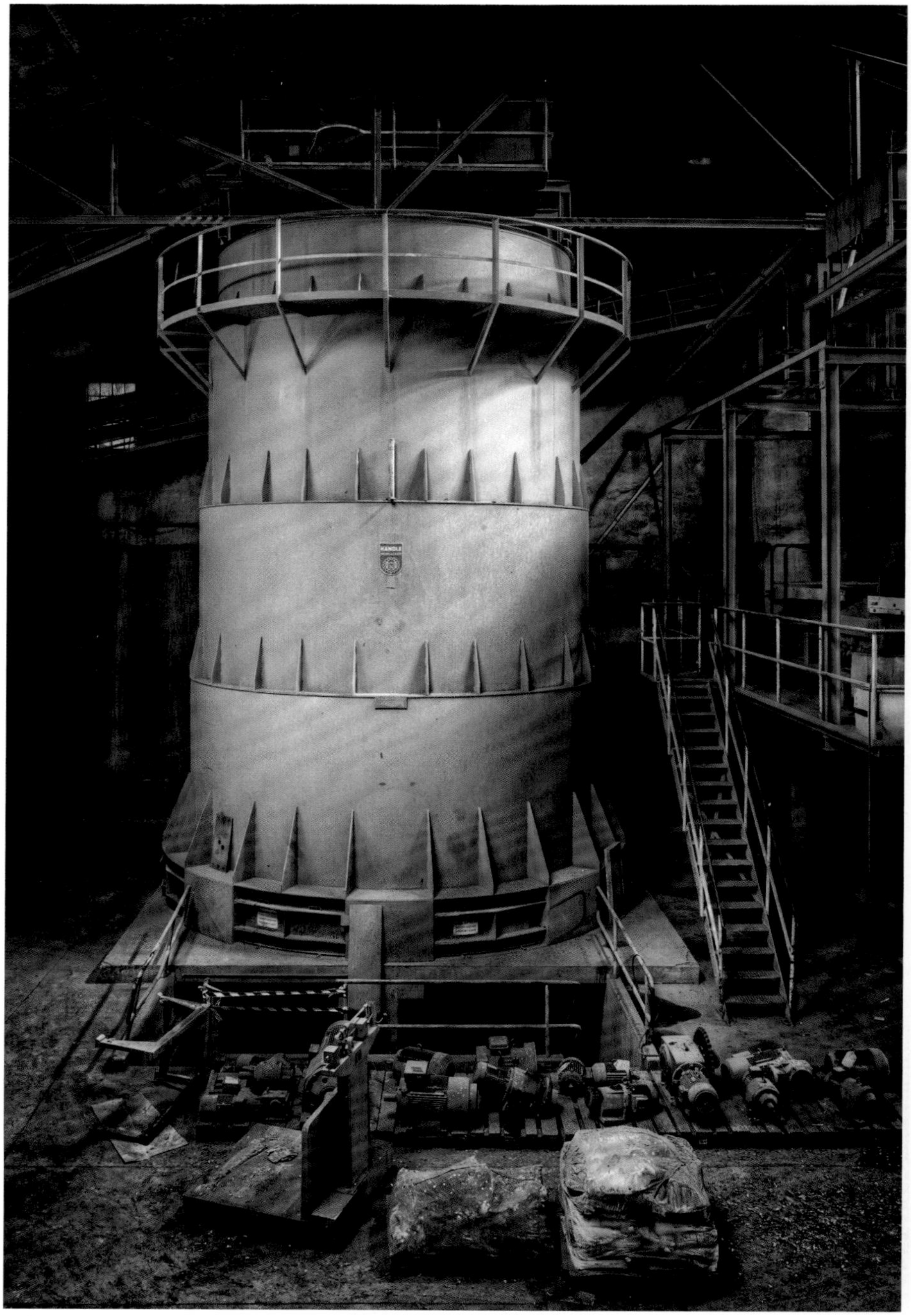

Abb. 50: Was vom Werke übrig blieb | Studie 19. Das Bild zeigt den Tonsilo der alten Mauerziegelanlage. Sofern wir den dargestellten Elementen über die schlichte Abbildung hinaus auch noch »Charakter« verleihen wollen, gilt es, die Möglichkeiten der Komposition und Dramaturgie auszuschöpfen. Hier setzte ich eine starke Weitwinkligkeit (25 mm Kleinbildäquivalent) ein, um einerseits die enorme Größe greifbar zu machen und andererseits das so ins Bild Eingepasste durch die beigefügten Maßstäbe (die auf Paletten gelagerten Motoren oder die Gitterrosttreppe etwa) auch wieder groß werden zu lassen.

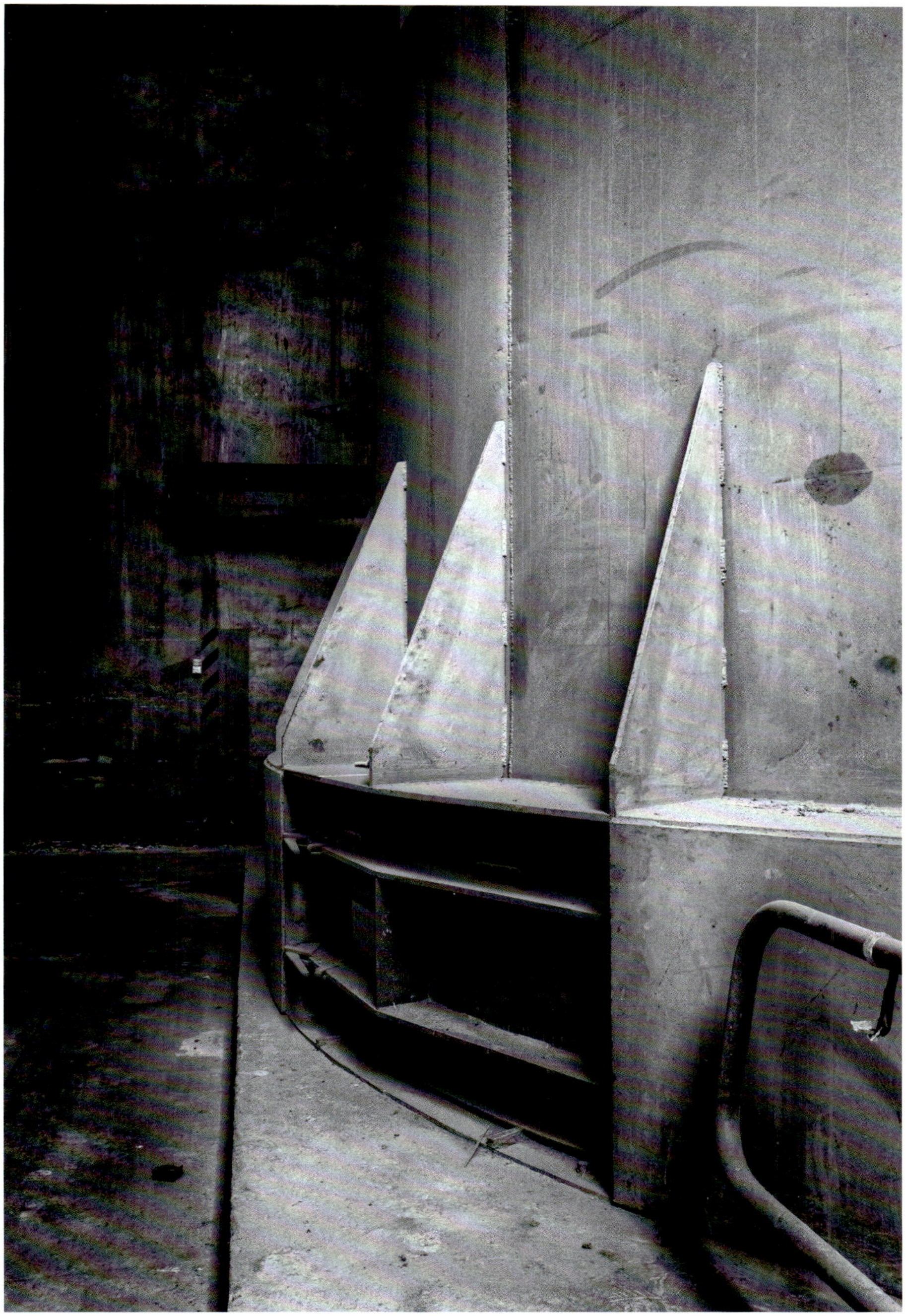

Abb. 51: Was vom Werke übrig blieb | Studie 20. Diese Aufnahme zeigt ein Detail des Tonsilos, ist insofern eine Ergänzung der vorstehenden Studie 19. In meinen Ausstellungen und Bildstrecken zeige ich diese beiden Aufnahmen zumeist als Paar. Es ist ein Spiel mit dramaturgischen Elementen, das Große wird also klein und das Kleine wiederum groß gemacht.

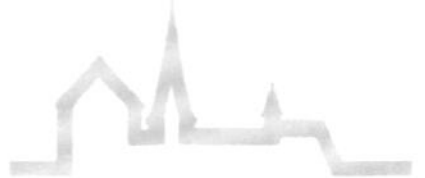

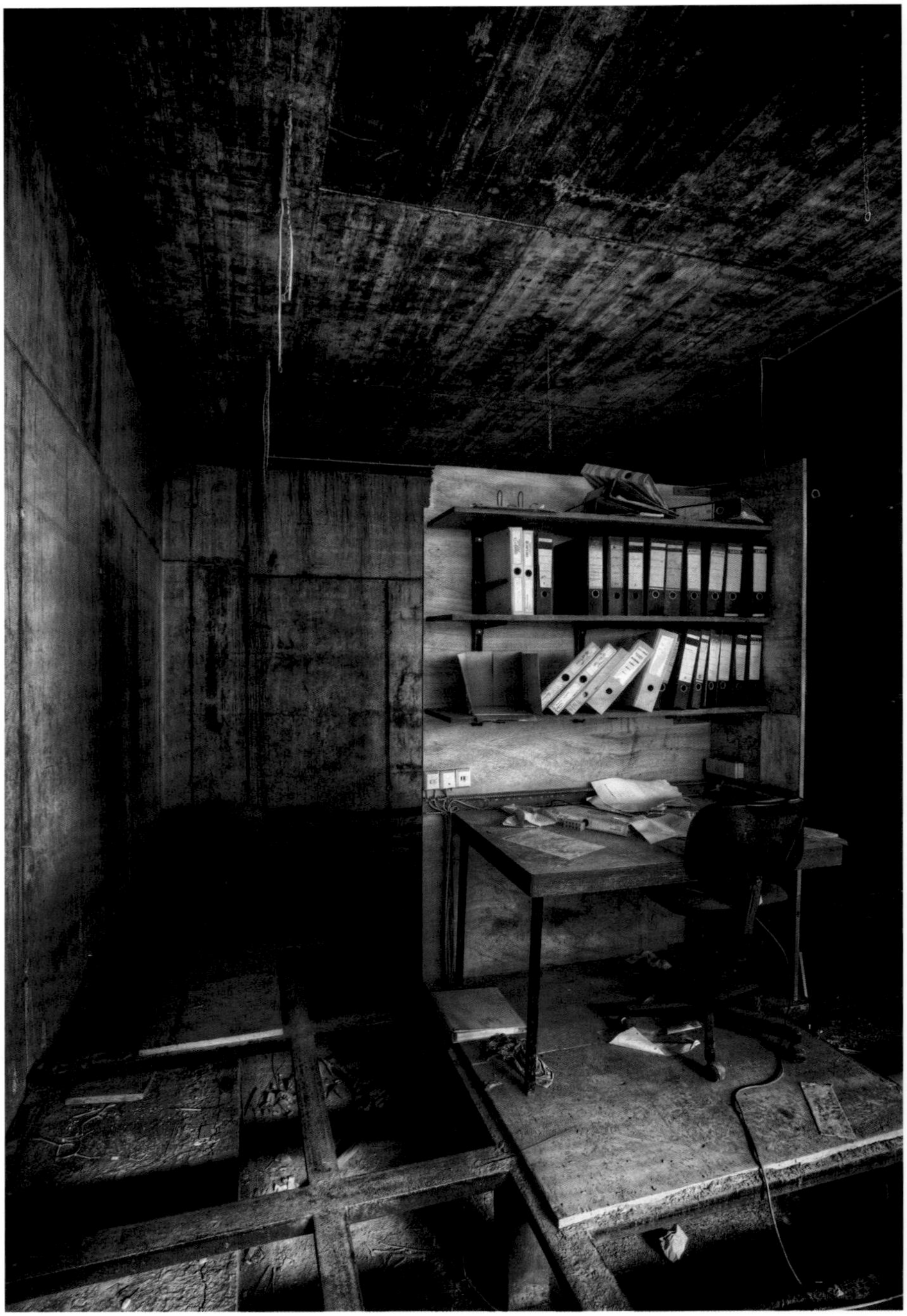

Abb. 52: Was vom Werke übrig blieb | Studie 23. Michael Kenna sagte einmal in einem Interview: »Mich ziehen solche Orte an, an denen Menschen einstmals waren und nun nicht mehr sind, insbesondere jene Randbereiche menschlichen Einflusses, in denen die Elemente wieder die Kontrolle übernehmen und allmählich die menschlichen Spuren überdecken.« Nehmen wir diese Aufnahme doch als Reverenz an Kennas Parabel löblicher Entropie und Renaturierung …

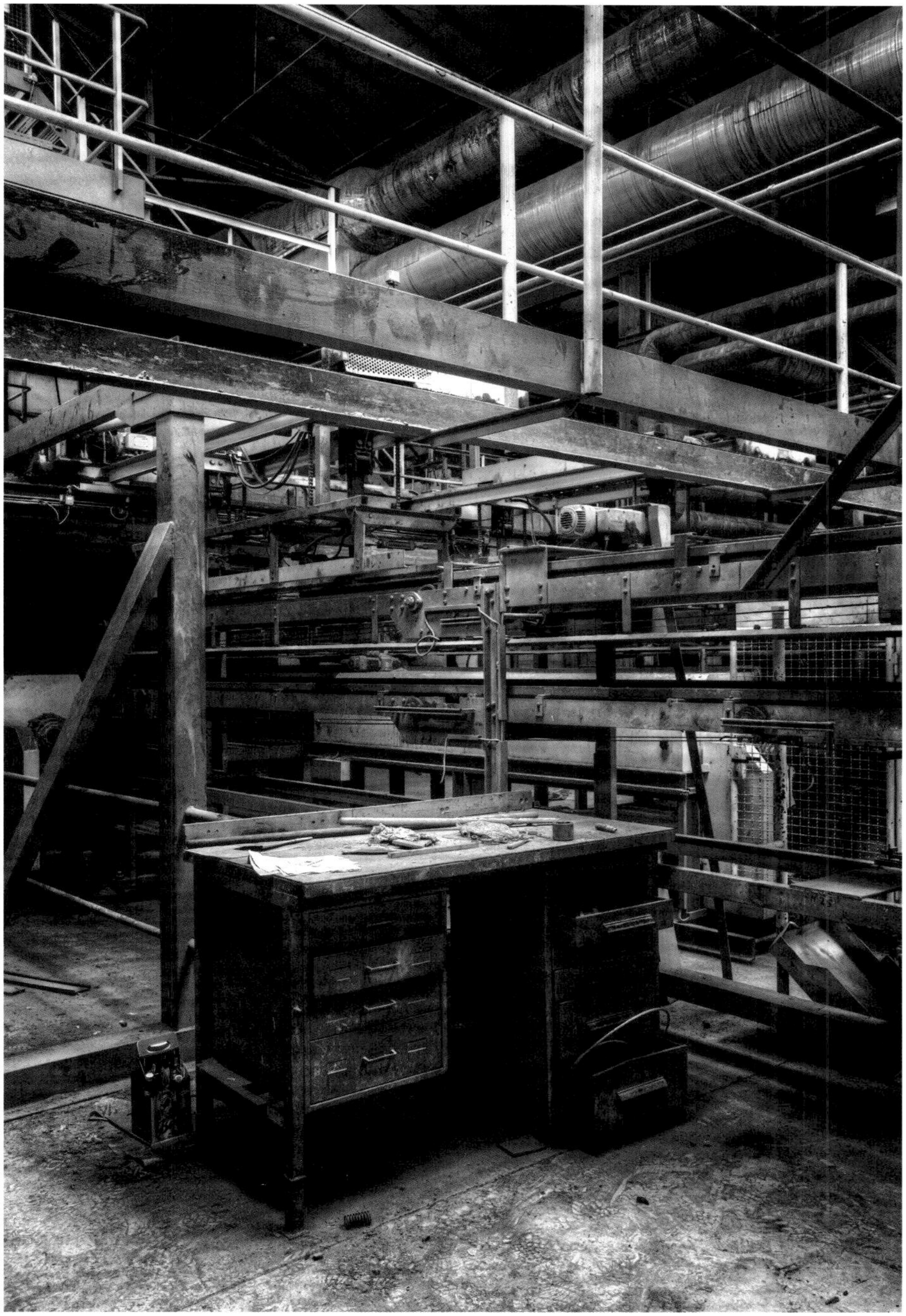

*Abb. 53: Was vom Werke übrig blieb | Studie 33.
Es folgen nun noch einige Aufnahmen der alten Ziegelsortieranlage.
Wie in einem gewaltigen Räderwerk gefangen kam ich mir dort vor.
Hier ein alter Schreibtisch mitten im Getümmel von Rohren und Förderbändern: Wer war dort? Was tat er? Wo ist er hin?*

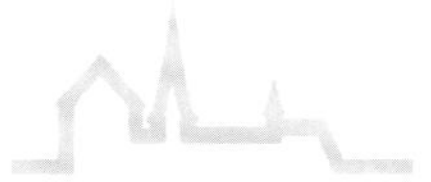

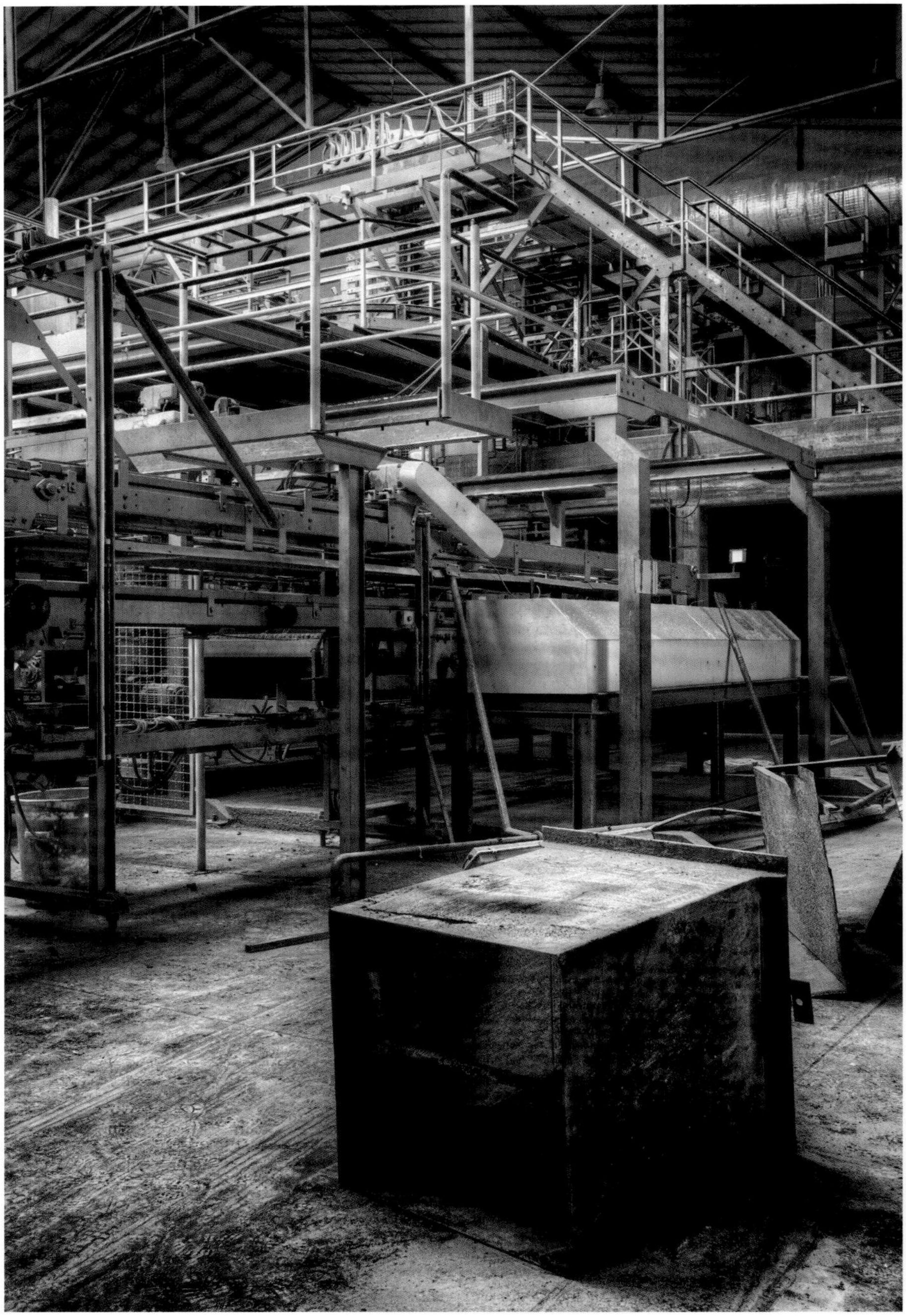

Abb. 54: Was vom Werke übrig blieb | Studie 29. Ein weiterer Blick in die Ziegelsortieranlage, der Bilder aus Chaplins »Modern Times« in mir wachrief. Der Blick hier, quasi aus der Gegenwart in die Vergangenheit, wirft viele Fragen auf und birgt (ohne technisch verständiges Auge) doch nur wenige Antworten. Zur Visualisierung solch räumlicher und fragender Tiefe nutzte ich wiederum die kompositorischen Elemente der Größenunterschiede und Staffelung.

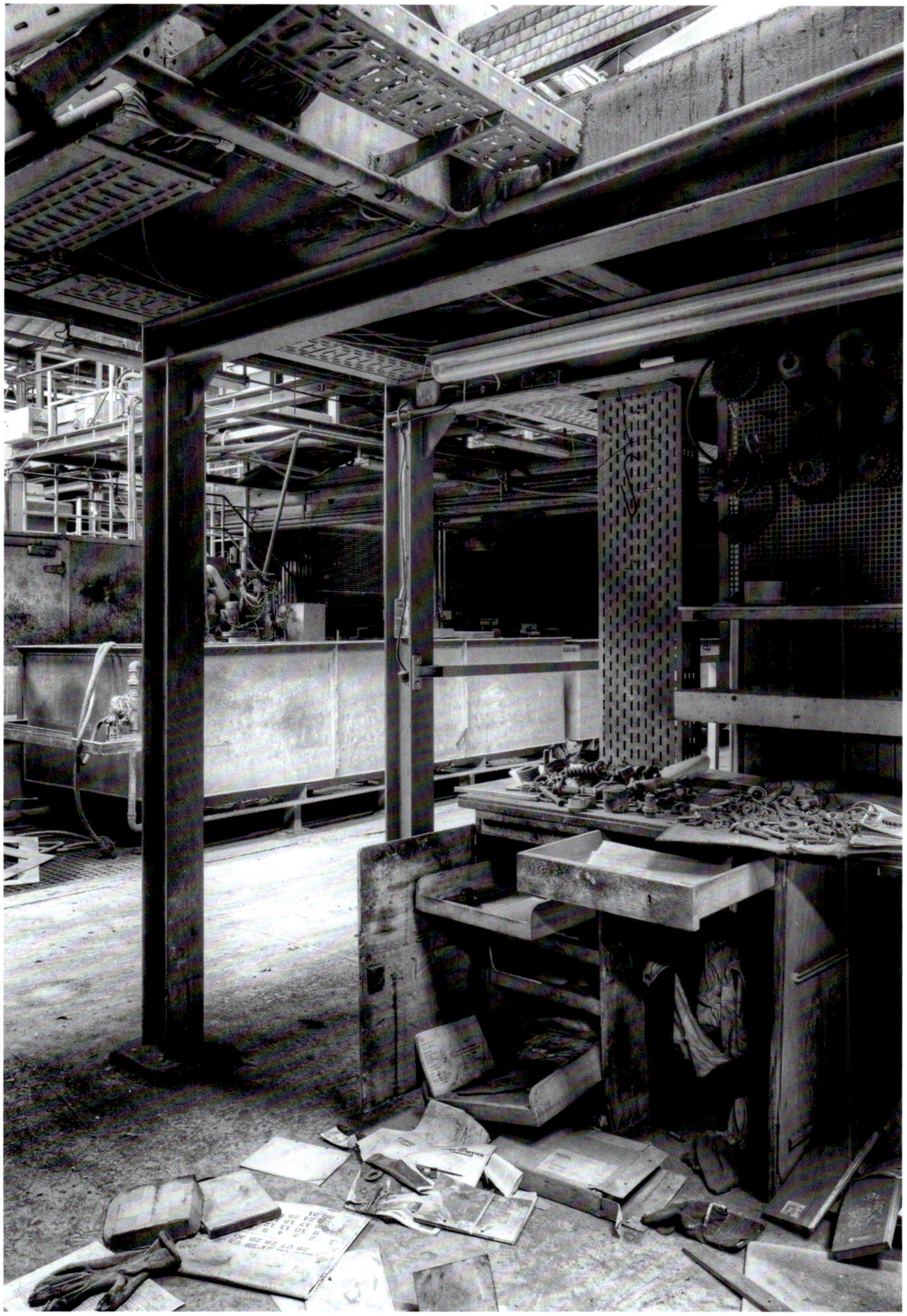

Abb. 55: Was vom Werke übrig blieb | Studie 34. Bilder sind oftmals Einstiegspunkte der Identifikation des Betrachters, sodass dieser seine eigenen Gedanken, Empfindungen und Erinnerungen in den Bildelementen gespiegelt fühlt bzw. wiedererkennt. Ich zum Beispiel fühlte mich hier in die Zeit meiner Ferienjobs als Produktionshelfer und Lagerarbeiter während meiner Schul- und Studienzeit zurückversetzt.

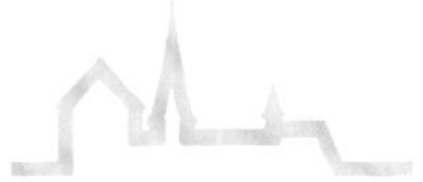

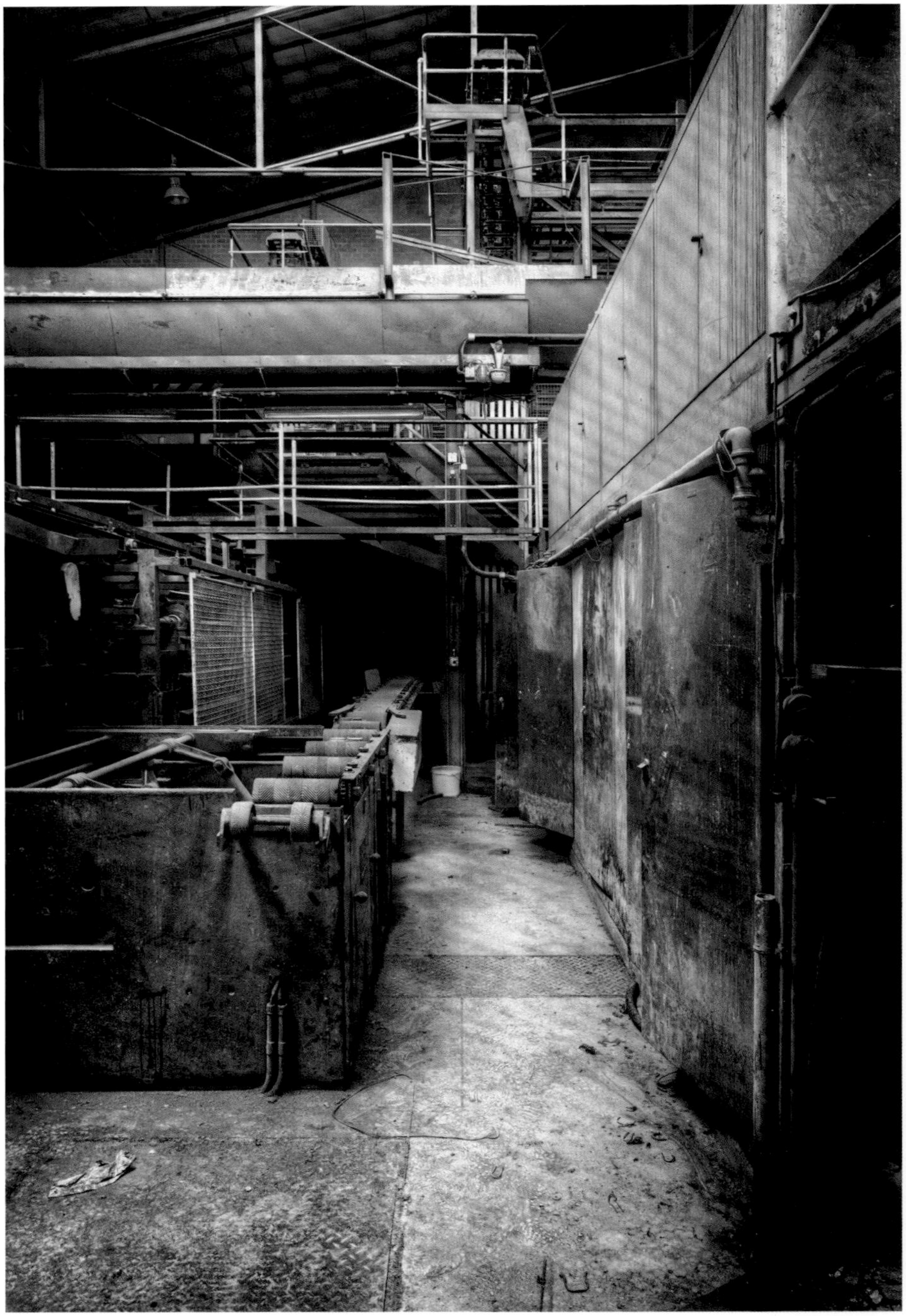

Abb. 56: Was vom Werke übrig blieb | Studie 30. Reste eines Förderbandes, die in das Dunkel führen bzw. aus diesem hervortreten – was tatsächlich dort einmal gewesen sein mag, zu was es nutze war, vermochte ich nicht zu ergründen; eindrücklicher und wichtiger fand ich hier jene Symbolisierung von Schlund und Sog im Bild.

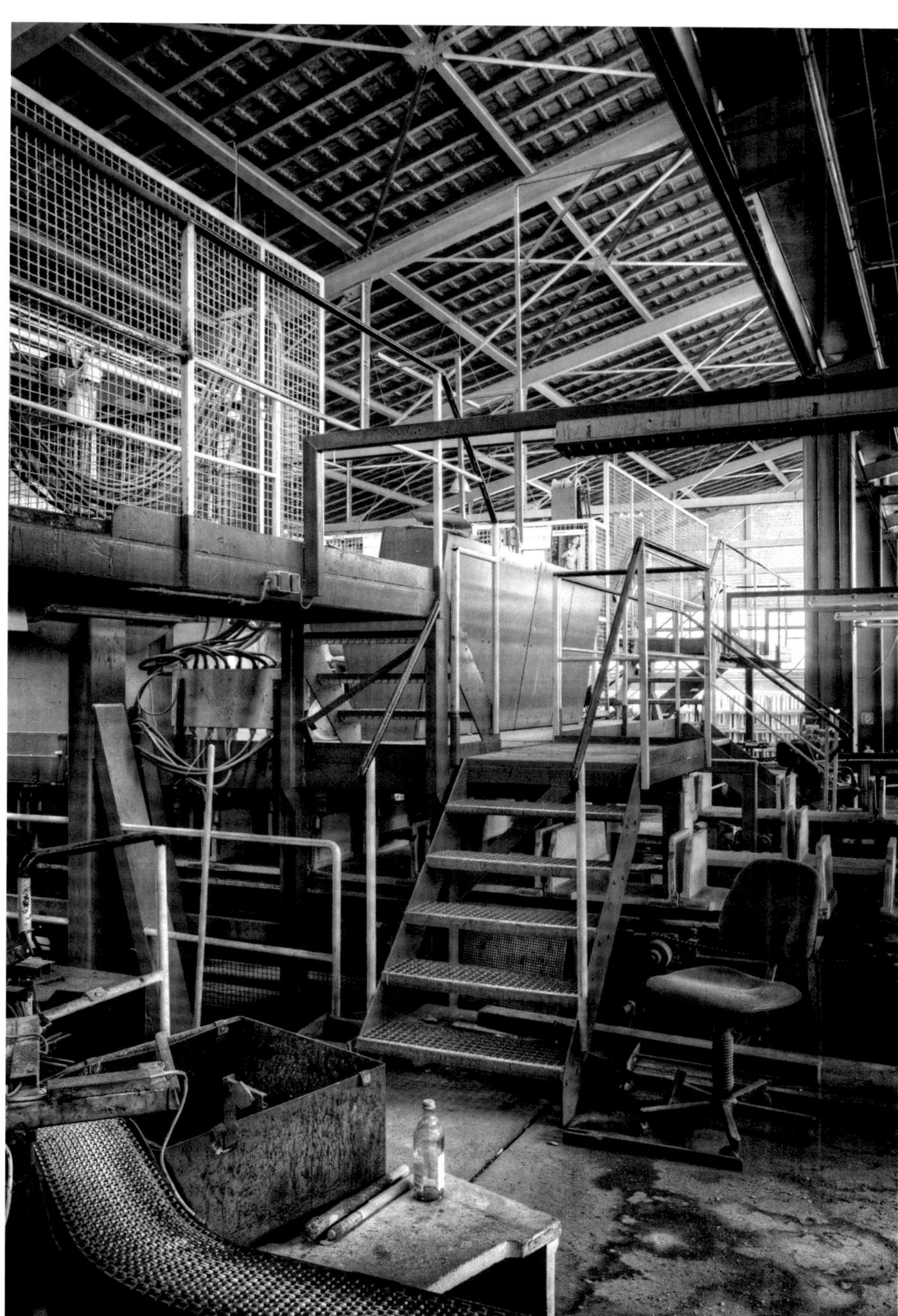

Abb. 57: Was vom Werke übrig blieb | Studie 36. Vielfach fand ich in diesen Gebäuden »kafkaeske Winkel« vor, wie etwa in der Studie 23 auf der vorletzten Doppelseite gezeigt. Auch hier schien mir ein solcher Ort zu sein mit dem leeren Bürostuhl, der ausgetrunkenen Mineralwasserflasche und dem sich feilbietenden Pin-Up-Girl im Kalender, alles malerisch eingerahmt durch unergründliches Rohrgewusel.

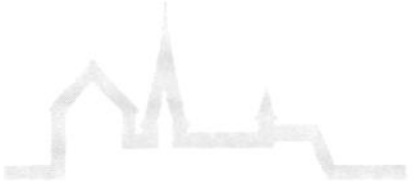

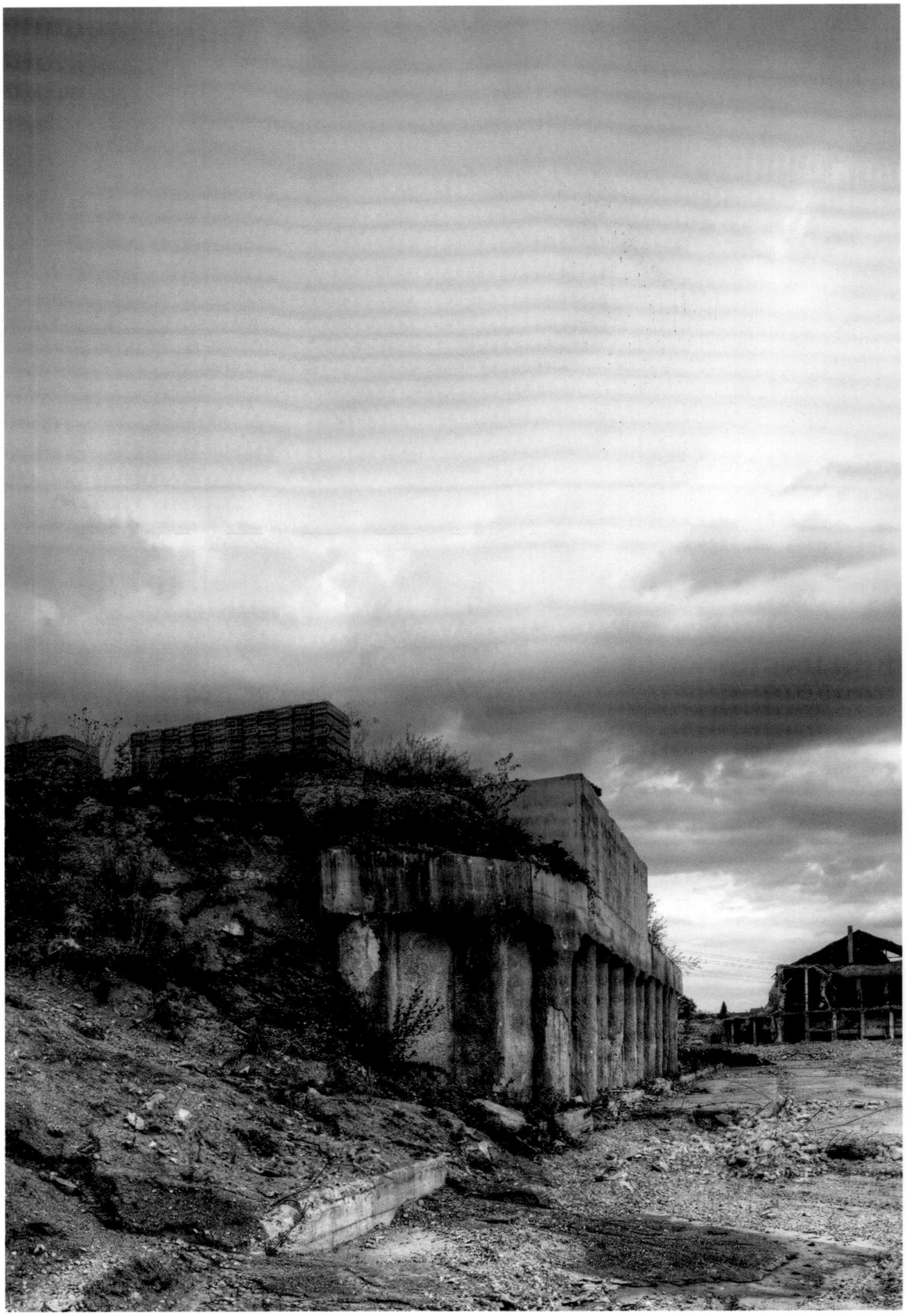

Abb. 58: Was vom Werke übrig blieb | Studie 41. Szenenwechsel, gut anderthalb Jahre sind seit der vorstehenden Studie 36 vergangen. Nur das Skelett des historischen Hauptgebäudes, aus dem viele der ersten Aufnahmen stammten, zeigt sich noch rechts unten am Bildrand. Der Abriss fördert neue Strukturen zutage, hier eine wie ein Bunker wirkende Stützmauer.

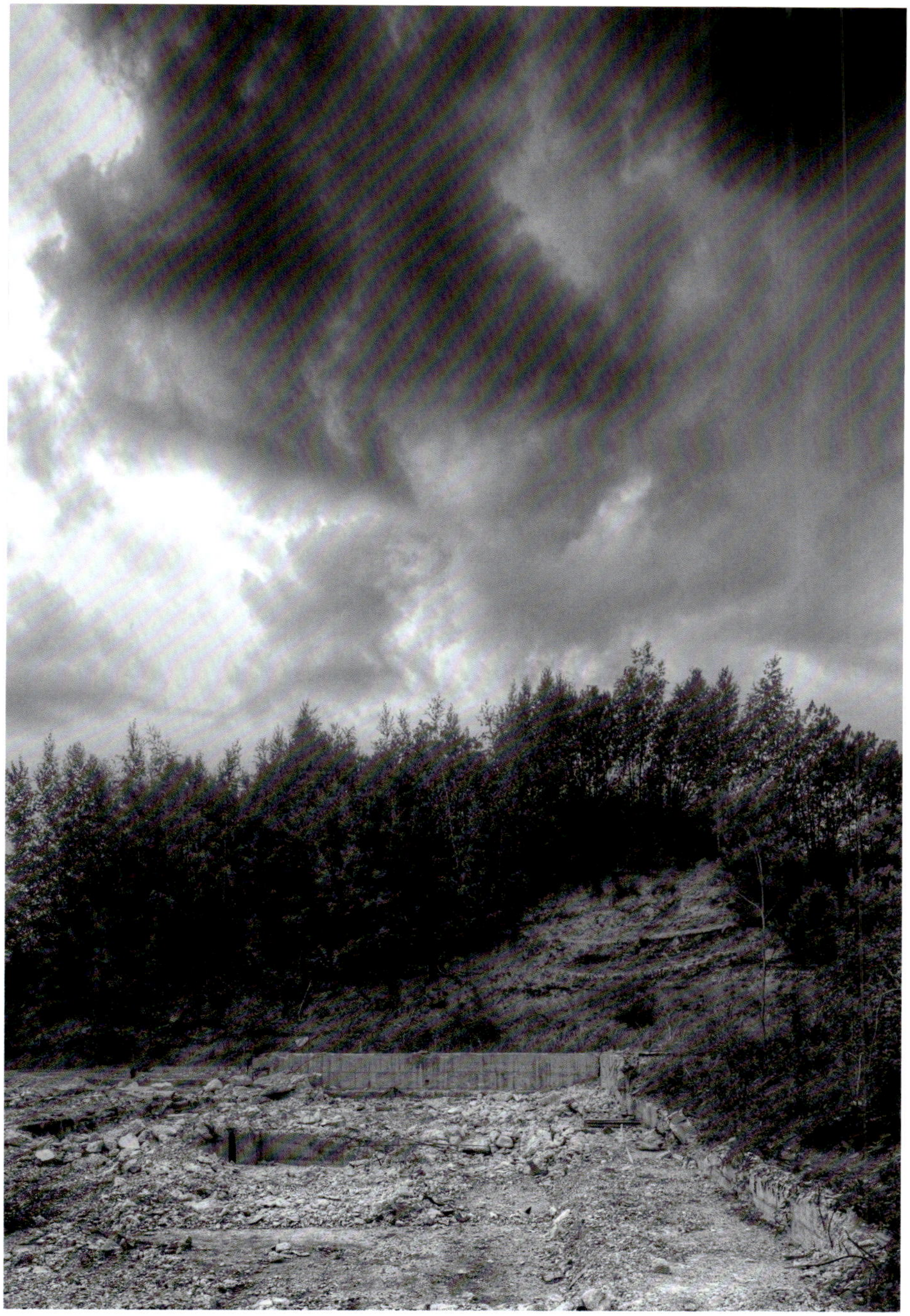

Abb. 59: Was vom Werke übrig blieb | Studie 42. Ich wollte in dieser Aufnahme die Melancholie darstellen, die über das sich zunehmend leerende Areal weht; desgleichen jenes Zwischenstadium zwischen den noch sichtbaren Relikten menschlicher Einwirkung und der allmählich zurückkehrenden Natur – siehe dazu auch das Kenna-Zitat bei Studie 23.

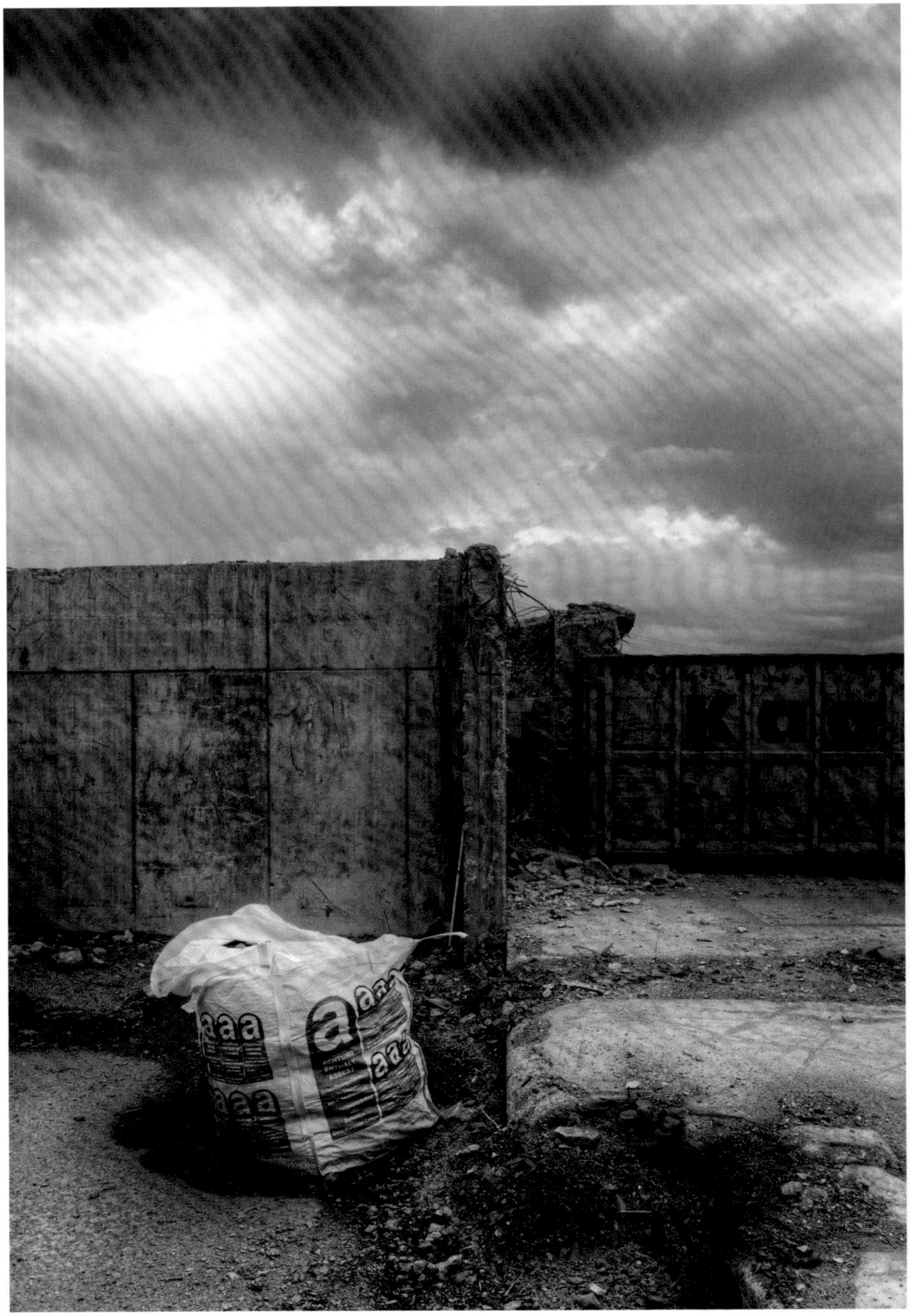

Abb. 60: Was vom Werke übrig blieb | Studie 47. »Work in Progress«, ein Szenenbild des recht behutsam und ressourcenbewahrend durchgeführten Abrisses, hier mit der Verpackung asbesthaltiger Stoffe in einem speziellen Sack und der Wertstoffsammlung im Container dahinter.

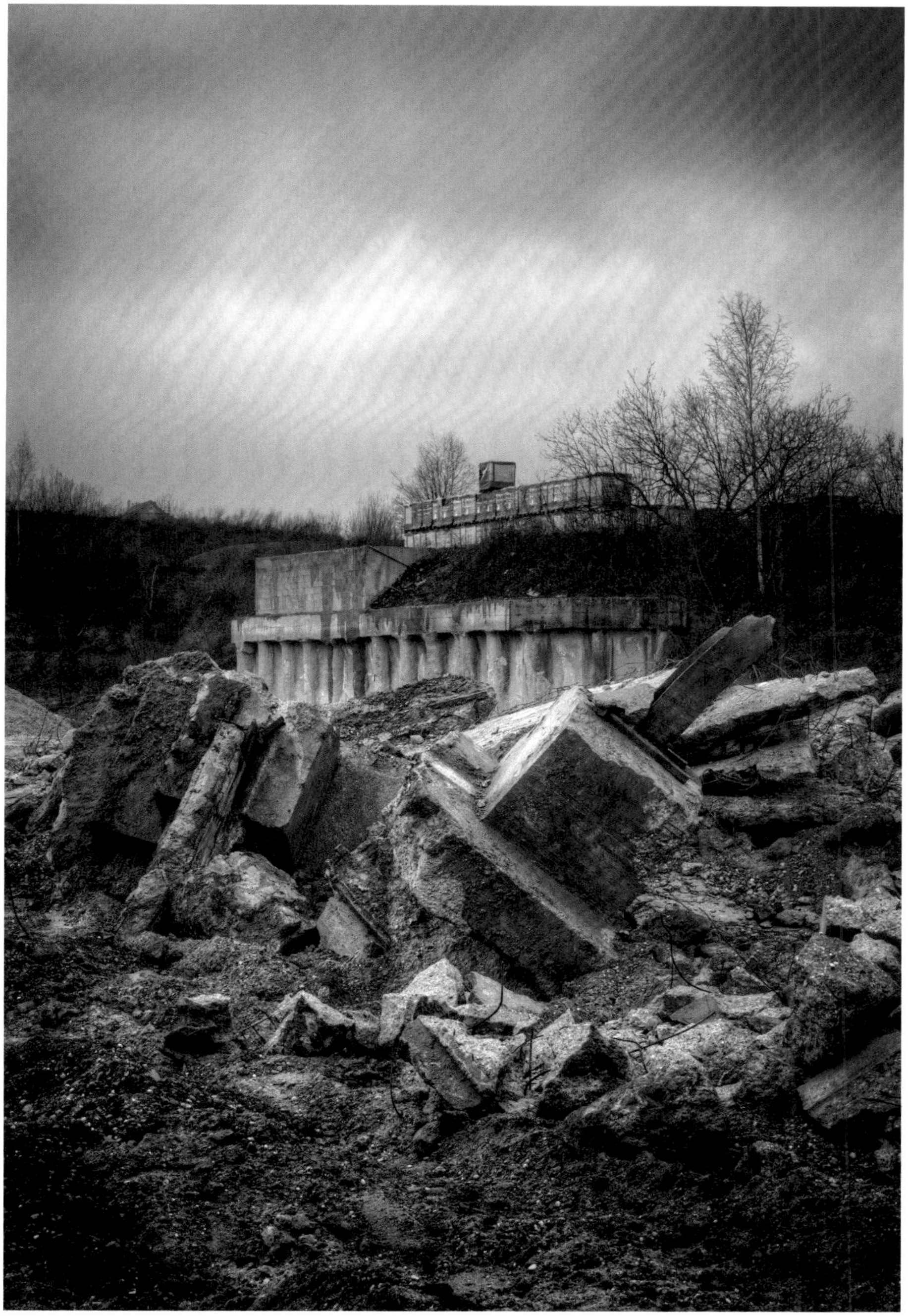

Abb. 61: Was vom Werke übrig blieb | Studie 61. Große Fundamentbrocken im Vordergrund, dahinter die bunkerartig wirkende Stützmauer, darüber der Umschlagplatz mit den letzten dachziegelbeladenen Paletten. Ein winziger Rest der vormaligen Bedeutung erscheint im Bild weitläufiger Zerstörung.

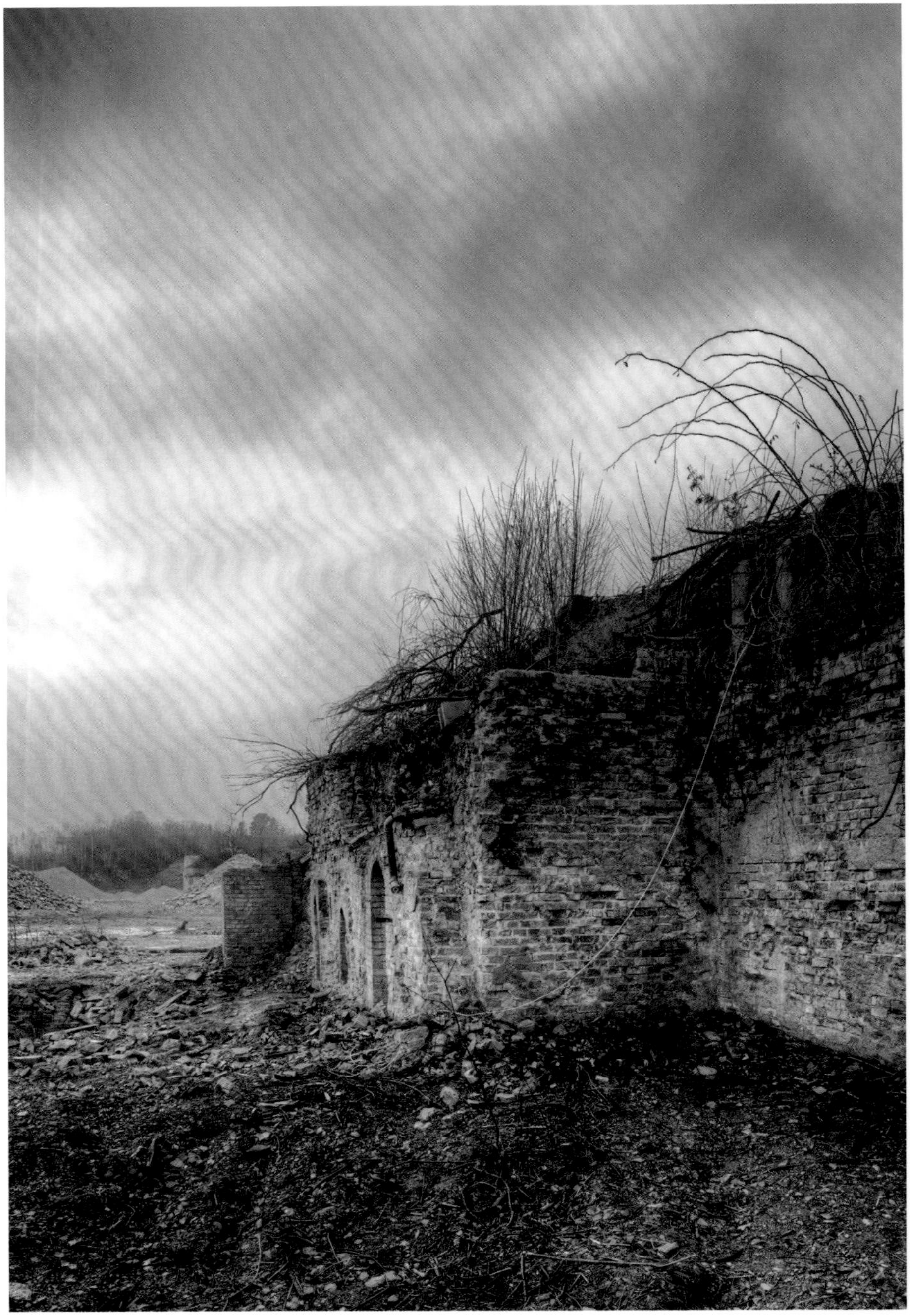

Abb. 62: Was vom Werke übrig blieb | Studie 56. Die letzten drei Ofenfassungen und damit die allerletzten Relikte der vormaligen Bebauung, die hier wie ein Menetekel im verwüsteten Areal erscheinen.

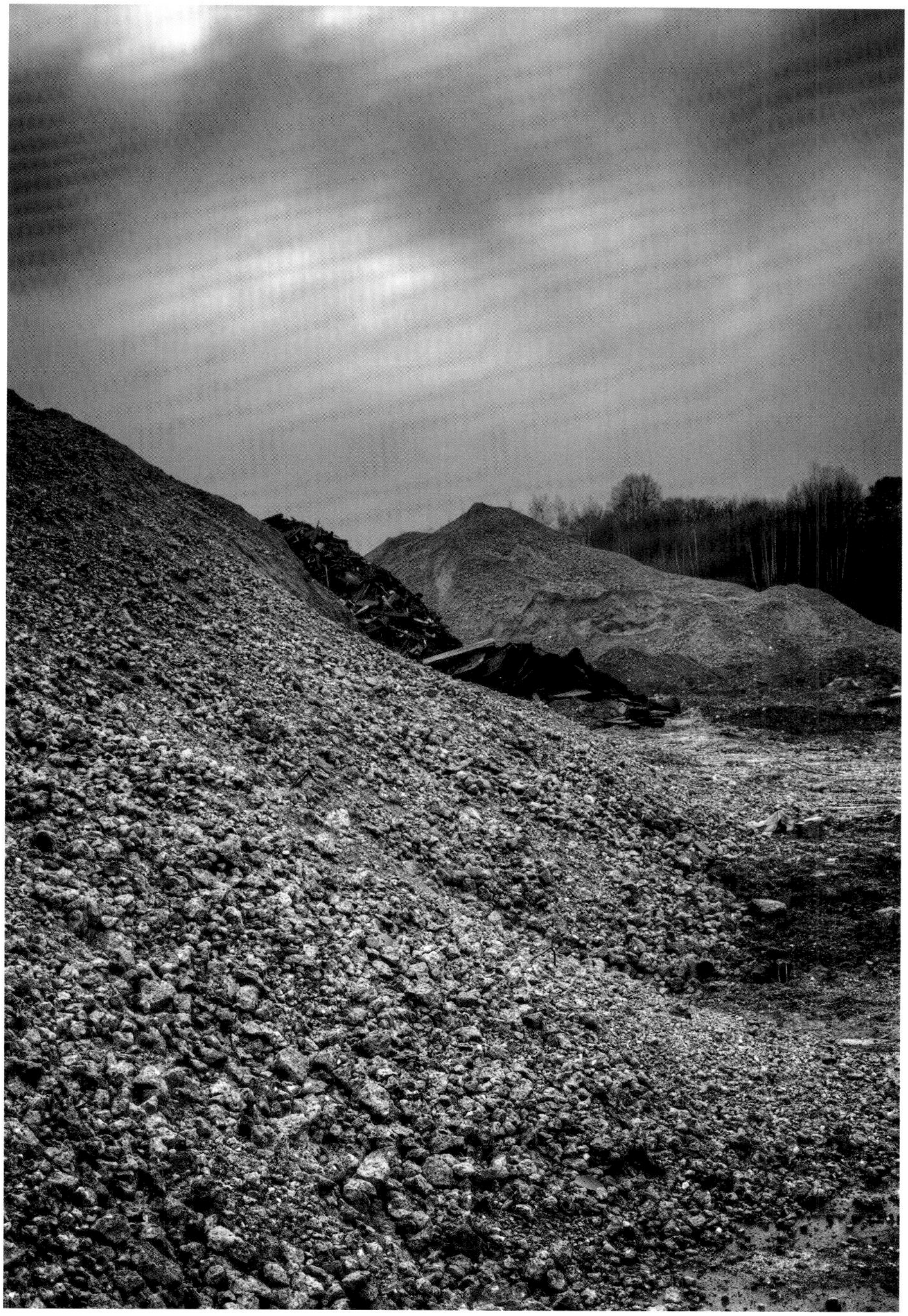

Abb. 63: Was vom Werke übrig blieb | Studie 59. Das letzte Bild dieser Serie. Das Werk ist quasi pulverisiert, und doch ergibt sich in der Reihung der Bildelemente – den von einem Holzhaufen unterbrochenen und von einem Waldsaum abgeschlossenen Schotterhaufen – auch eine neue Ästhetik.

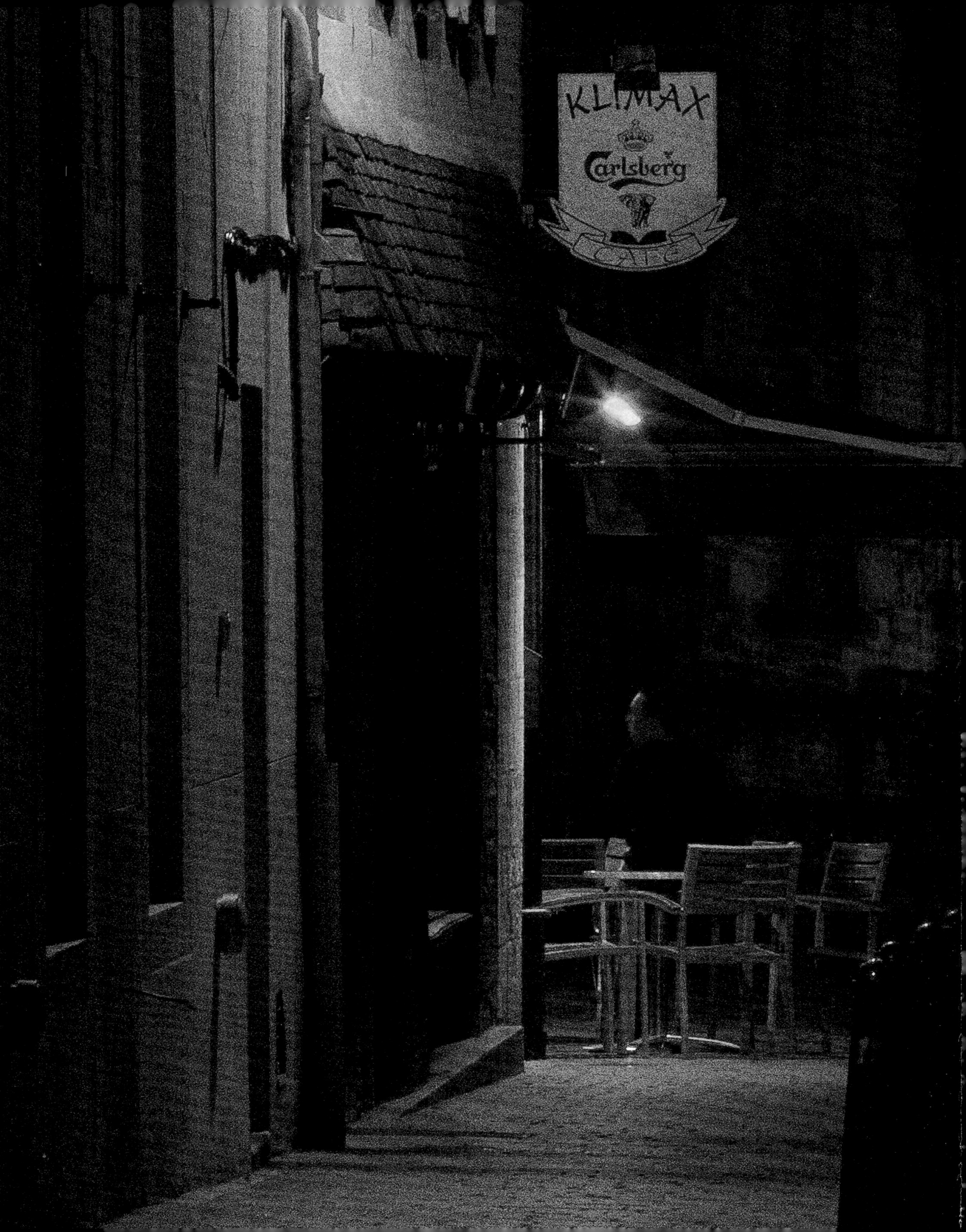
KLIMAX
Carlsberg
CAFE

3 Motivsuche

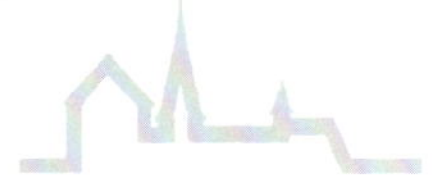

3.1 Einstimmung vor Ort

Abb. 64: (Voranstehende Doppelseite) »Abendlicher Barbesucher auf der Place Saint-Corentin, Quimper« (2010)

Gewiss erinnern Sie sich, liebe Leserin und lieber Leser, dass ich schon eingangs die grundsätzliche Gliederung des Buches skizziert hatte: In sieben Hauptkapiteln sollte (aufgelockert durch zwischenzeitliche Exkurse) der Weg durch das fotografische Thema und den dazugehörigen Workflow durchschritten werden, um den Spannungsbogen von der Konzeptfindung über die Motiverarbeitung bis zur Ergebnispräsentation abzustecken.

Die ersten beiden Hauptkapitel der »Einführung« und »Vorbereitung« dienten dabei der Darstellung fotografiehistorischer, kunsttheoretischer und psychologischer Grundlagen unseres Schaffens im Allgemeinen sowie der Erschließung interessanter Projektideen mit den dazugehörigen Fragen zielführender Recherche und Ausrüstung im Speziellen. Hier standen also theoretische Aspekte ganz im Vordergrund, während wir von der eigentlichen Motivfindung und Aufnahme vor Ort noch ein gutes Stück entfernt waren.

Im Vergleich dazu verheißen die nachfolgenden Hauptkapitel »Komposition« und »Aufnahme« den erwünschten (und auch nötigen) Praxisbezug. Dort soll es dann tatsächlich um die konkrete Bildgestaltung vor Ort, mithin also um die geeignete Auswahl, Platzierung und dramatische Verdichtung der Bildelemente und die gute Vorbereitung und Steuerung der Aufnahme gehen.

Mittendrin im Workflow

Nun stellt sich die Frage, an welcher Stelle des Workflows wir uns momentan (in diesem dritten Hauptkapitel der »Motivsuche« also) befinden: Nach meinem Dafürhalten »in mehrfacher Hinsicht mittendrin«, und das möchte ich gerne noch ein wenig aufschlüsseln:

- In räumlicher Hinsicht: Wir sind schon am Ort des Geschehens, fühlen uns aber noch fremd und müssen uns dort erst zurechtfinden.
- In motivischer Hinsicht: Alle potenziellen Motive und Szenen sind bereits vorhanden, sie mögen sich uns aber zunächst noch nicht recht erschließen.
- In konzeptioneller Hinsicht: Wir wissen durch unsere Recherche schon einiges über das Objekt, und doch muss sich all das erst noch in der praktischen Anwendung beweisen. Es bleibt also zunächst noch offen, ob wir das finden, was wir suchen; ebenso, ob wir das suchen, was wir finden.

Zeit zum Ankommen

Wir befinden uns also in einer Art Zwischenraum zwischen theoretischer Vorbereitung und praktischer Durchführung. In diesem Sinn stellt solch ein Projekteinstieg vor Ort immer auch einen besonderen Schwebe- und Spannungszustand dar.

Gewöhnlich verhalten wir Menschen uns handlungs- und zielorientiert, und so werden wir dazu tendieren, unbestimmte Zwischenphasen möglichst kurz zu halten: »Das fühlt sich nicht angenehm an. Das ist doch nichts Ganzes und nichts Halbes. Was soll ich dort noch verweilen? Ich möchte das jetzt durchziehen!«

Aufrechterhaltung des Schwebe- und Spannungszustandes

Und doch möchte ich eine Lanze dafür brechen und Sie entsprechend ermuntern, insbesondere an solchen Einstiegspunkten zu verweilen, den Schwebe- und Spannungszustand also eine ganze Weile aufrechtzuerhalten. In psychologischer Hinsicht sind es gerade jene Schwellensituationen, in denen wir unseren eigenen Gedanken, Empfindungen, Erinnerungen und Strebungen in der Tiefe (unserem Vor- und teilweise auch Unbewussten also) mit am nächsten sind. Hierzu hatte ich im Abschnitt »Der Fotograf in der Architektur« des ersten Hauptkapitels, insbesondere in Hinblick auf das topische Modell von Sigmund Freud, schon manches gesagt.

Verstärkte Achtsamkeit

In solchem Innehalten und der verstärkten Achtsamkeit werden wir im Idealfall einen Zustand besonderer Klarheit erleben. Gemeint ist damit nicht der alltagstypische, von Tageszeit oder Koffeinzufuhr abhängige Grad von Wachheit oder Müdigkeit, sondern eine verstärkte Empfänglichkeit im Hier und Jetzt, eine größere Offenheit gegenüber den inneren Empfindungen und äußeren Sinnesreizen.

Die Essenz des Fotografierens

Gerade auf solche Phänomene als Essenz des Fotografierens zielt *Michael Kenna* in seinem nachfolgenden Zitat ab: »Getting photographs is not the most important thing. For me it's the act of photographing. It's enlightening, therapeutic and satisfying, because the very process forces me to connect with the world. When you make four-hour exposures in the middle of the night, you inevitably slow down and begin to observe and appreciate more what's going on around you. In our fast-paced, modern world, it's a luxury to be able to watch the stars move across the sky.« (auf Deutsch sinngemäß: »Fotos zu machen ist nicht das Wichtigste; für mich ist es der Akt des Fotografierens. Es ist erhellend, in gewisser Weise therapeutisch und immer befriedigend, denn gerade dieser Prozess zwingt mich, mich mit der Welt in besonderer Weise zu verbinden und auseinanderzusetzen. Wenn Du Vierstundenaufnahmen mitten in der Nacht machst, wirst Du unweigerlich zur Ruhe kommen und beginnen, das zu beobachten und wertzuschätzen, was um Dich herum passiert. In unserer schnelllebigen, modernen Welt ist es ein Luxus, die sich über den Himmel bewegenden Sterne beobachten zu können.«)

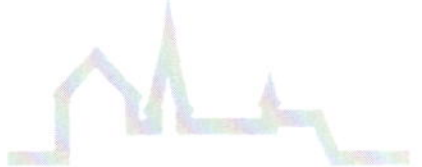

Verschiedene Beschreibungen eines Phänomens

Das im vorstehenden Abschnitt Genannte, jene veränderte Wahrnehmung des inneren und äußeren Geschehens in einem Zustand besonderer Klarheit und Wachheit, wird von ganz verschiedenen Seiten ähnlich aufgegriffen und beschrieben. Hier findet sich gewissermaßen eine gemeinsame Endstrecke all dessen, worauf etwa die Kontemplation im christlich-abendländischen oder die Meditation im buddhistisch-fernöstlichen Sinn abzielt.

Fluss, Flow, Samadhi

Begriffe wie »innerer oder mentaler Fluss« im hiesigen Sprachgebrauch, »Flow« im Angelsächsischen oder auch »Samadhi« im Zen-Buddhismus stellen allesamt Annäherungen an diese Phänomene dar – eine gewisse Unschärfe im Begriff bleibt freilich, da die zugrunde liegenden Prozesse sehr komplex sind und sich einer einfachen Verschlagwortung entziehen; gleichwohl werde ich in der Folge vom Flow sprechen, um es übersichtlich zu halten.

Sehr schön beschreibt etwa *Torsten Andreas Hoffmann* in seinem Buch »Fotografie als Meditation – Eine Reise zur Quelle der Kreativität« dessen Bedeutung und Einsatz im Rahmen der Streetfotografie. Man solle sich, so seine These, soweit irgend möglich entschleunigen, einen halben oder gar ganzen Tag für die Fotosession mitbringen und sich auch mit dem Einstieg Zeit lassen bzw. die ersten Aufnahmen als eine Art Aufwärmübung betrachten. Sofern man wirklich bei sich sei, könne man den aufkommenden Flow deutlich an einer sich bahnenden Ergriffenheit und Begeisterung ebenso wie an den zunehmend dichteren und stimmigeren Bildresultaten erkennen. Hoffmann spricht in diesem Zusammenhang auch von einer Woge bzw. Wellenbewegung des Prozesses, der an- und wieder abschwillt, der uns also deutliche Signale in Richtung erfolgreicher Fortsetzbarkeit auf der einen Seite, aber eben auch in Richtung nötiger Pausierung oder endgültigen Abschlusses auf der anderen Seite gebe.

Ein im Inneren bzw. Unbewussten wurzelndes Geschehen

Andere Autoren (die ich hier in ihren Kernaussagen zusammenfassen möchte) beschreiben den Flow ebenfalls als ein aus dem Inneren bzw. Unbewussten herrührendes Geschehen und vergleichen unsere dazugehörigen Gedanken, Empfindungen und Handlungsimpulse gar mit der Steuerung durch einen Autopiloten. Das klingt vielleicht etwas verwegen, erscheint jedoch im Sinne des routinierten Vorgehens eines erfahrenen Fahrzeugführers, der nicht jeden einzelnen Schritt bedenken muss, auch alltagspsychologisch leichthin ableitbar.

Und doch zeichnet sich der Flow gemäß den hier summarisch zitierten Autoren noch durch etwas Weiteres, Besonderes aus – auch dies dürfte nachvollziehbar sein, denn der Umstand eines durch Erfahrung automatisierten Fahrens allein mag uns noch nicht in jene Bewusstseinsnähe euphorischer Ergriffenheit versetzen. Entspannung und Gelassenheit sind darüber hinaus vonnöten, ferner die Bereitschaft, die Dinge eben so geschehen zu lassen, während die Nähe von Alltagssorgen und damit von negativen Gefühlen (wie Wut, Enttäuschung,

Ekel oder Angst) oder konflikthaften Empfindungen (also etwa dem Zusammentreffen von Wunsch und Versagung) die Ausbildung jenes Zustandes erschwert oder gar blockiert.

Rückkehr zur wohligen Versunkenheit im Tun

Wenn all dies in guter Weise zusammenkommt, können wir uns im Idealfall in unsere (fotografische) Tätigkeit versenken, die Zeit um uns herum vergessen und ein Stück weit auch wieder jenen fast schon vergessen geglaubten Zustand kindlicher Unbekümmertheit im Hier und Jetzt erreichen.

Praktische Übungen

Kommen wir nach den vorstehenden Herleitungen und Beschreibungen des Phänomens nun zu den praktischen Aspekten. Grundsätzlich lässt sich also zusammenfassen, dass der Flow ...

- › ein uns Menschen grundsätzlich verfügbares Reaktionsmuster (und)
- › ein den fotografischen Prozess sehr bereicherndes Phänomen (darstellt).

Über das Mitbringen von viel Zeit im Sinne von Hofmann hinaus stellt sich nun die Frage, ob und wie wir diesen Prozess der Umschaltung auf den inneren Flow beeinflussen und befördern können.

Es gibt eine Vielzahl von Übungen in den verschiedenen Meditations- und Therapieverfahren, welche sich genau diesem Ziel verschrieben haben. Doch möchte ich Sie an dieser Stelle nicht mit der Aufgabe befrachten, eine bestimmte meditative Technik oder psychotherapeutische Methode von Grund auf lernen zu müssen, was einen oft mühsamen und bisweilen auch ungewissen Weg über mehrere Jahre darstellen kann.

Eine Auswahl von Übungen für den fotografischen Gebrauch

Stattdessen habe ich aus dem Angebot des Verfügbaren und mir Bekannten drei kleine Übungen herausgegriffen, welche ich für unsere fotografischen Zwecke als praktikabel und zielführend erachte. Sie erscheinen mir einfach genug, aber nicht oberflächlich; gleichsam tief genug in uns wirksam, ohne dass wir irgendeine Form des Kontrollverlusts befürchten müssten.

Doch soll auch hier das Gebot der unbedingten Selbstfürsorge und Eigenverantwortung gelten. Testen Sie also bitte die Übungen dahingehend, ob Sie mit diesen zurechtkommen und ob diese die erwünschte Wirkung entfalten. Vielleicht finden Sie eine ähnliche, für Ihre Zwecke geeignetere Übung, und dies wäre natürlich völlig in Ordnung.

Sinnvollerweise wären die nachstehenden Übungen in der dargestellten Reihenfolge durchzuführen. Sie stehen Ihnen für den mobilen Gebrauch auch als Download und zum Ausdruck zur Verfügung unter ...

- › http://www.brotzler-fineart.de/dateien/Raum-und-Struktur__Uebungen.pdf

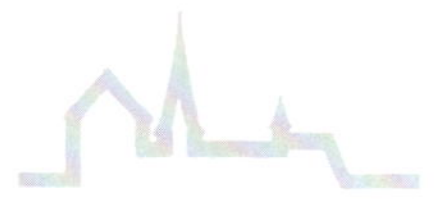

1. Übung

Atemübung (einfache Yoga- bzw. Pranayama-Übung)

Bringen Sie sich zur Vorbereitung an einen ruhigen Ort, an dem Sie sich vor übermäßiger oder gar missbilligender Beachtung durch die Umgebung sicher fühlen können. Die Übung kann im Stehen, Sitzen oder Liegen erfolgen. Die äußere und innere Haltung sollte dabei möglichst entspannt sein. Der Augenschluss ist zu empfehlen, aber nicht zwingend, sofern »der Blick nach innen gerichtet« bleibt. Führen Sie sich vor Augen, ob schwere Gedanken oder heftige Gefühle Sie heimsuchen. Sollte dies der Fall sein, versuchen Sie nach Möglichkeit, solchen sich um Äußeres, Zurückliegendes oder Bevorstehendes rankenden Gedanken und Gefühlen eine Pause zu verordnen, diese »vorbeiziehen zu lassen« und sich so ein wenig von der Außenwelt abzuschotten. Nach solcher Vorbereitung kann die Übung beginnen.

Richten Sie nun in der ersten Phase der Übung Ihr inneres Augenmerk auf die spontane Atmung, ohne diese bereits kontrollieren oder steuern zu wollen. Achten Sie einfach auf das Tempo, Geräusch und Tiefe der Ein- und Ausatmung. Halten Sie diese Aufmerksamkeit über zehn Atemzyklen hinweg aufrecht und versuchen Sie sich dann ein Bild von Ihrer körperlichen Verfassung zu machen: Wo fühlen Sie Spannungen, wo Entspannung? Herrscht insgesamt eher ein Wohlgefühl vor oder ein Unwohlsein? Wie verhält es sich mit dem Eindruck von Wachheit versus Müdigkeit, Stärke versus Schwäche?

In der zweiten Phase der Übung atmen Sie durch die Nase über vier Sekunden maximal ein, sodass sich die Rippen erweitern, das Zwerchfell senkt und der Bauch hervortritt. Halten Sie dann den Atem über weitere vier Sekunden an, ohne jedoch zu pressen oder zu klemmen. Atmen Sie danach über acht Sekunden durch den etwas gespitzten Mund mit etwas Nachdruck vollständig aus. Wiederholen Sie diesen Atemzyklus weitere vier Male und machen Sie sich dann wiederum ein Bild von Ihrer körperlichen Verfassung, auch in Hinblick auf die Veränderung gegenüber dem Ausgangszustand.

Die Übung ist nun beendet. Gönnen Sie sich noch einige Sekunden der inneren Einkehr, spüren Sie dem inneren Gefühl nach. Kehren Sie dann mit Ihren Gedanken und Gefühlen langsam zur Außenwelt zurück und öffnen Sie die Augen (sofern geschlossen) wieder.

2. Übung

Baum- und Lichtübung (modifiziert nach Luise Redemann)

Die Vorbereitung entspricht der vorstehenden Atemübung, doch sollte die Übung im Stehen, mit geschlossenen Augen und im Sonnenlicht erfolgen.

Richten Sie die Aufmerksamkeit in der ersten Phase der Übung auf Ihre Füße und deren Kontakt zum Boden. Verlagern Sie ein wenig das Körpergewicht und spüren Sie dem gleichwohl sicheren Stand nach. Stellen Sie sich dazu einen Baum vor, der sich leicht im Wind wiegt. Geben Sie dann Ihrer Fantasie noch etwas mehr Raum und stellen Sie sich vor, ganz fest und tief im Boden verwurzelt zu sein und auch einem Sturm trotzen zu können.

Achten Sie dann in der zweiten Phase der Übung auf Ihre Beine und die Wirbelsäule. Gehen Sie innerlich nochmals zu den Wurzeln zurück und stellen Sie sich vor, wie Wasser und Nährstoffe in den Baumstamm gelangen und diesen stark machen. Beginnen Sie sich allmählich aufzurichten und den Kopf nach oben zu heben, ohne in diese Bewegung allzu viel Spannung hineinzulegen. Spüren Sie diesem Wachstum noch einen Augenblick nach.

In der dritten Phase der Übung stellen Sie sich das Frühlingserwachen des Baumes vor. Die Blätter entfalten sich, tanken Licht und Wärme. Unterstützen Sie diese Imagination, indem Sie die Arme etwas vom Leib abstellen und die Handflächen nach vorne und etwas nach oben drehen. Gehen Sie in der Vorstellung ruhig nochmals zum starken Wurzelwerk zurück, dann zum aufgerichteten Baumstamm und wieder zum frischen Blattwerk. Spüren Sie der Lebendigkeit des Baumes, dem Fluss seiner Säfte und seiner Verbundenheit mit der Umgebung nach, die auch die Ihre ist.

Konzentrieren Sie sich in der vierten Phase der Übung auf eine unerschöpfliche und großzügige Licht- und Wärmequelle oberhalb Ihres Kopfes. Stellen Sie sich vor, wie die Energie in den Baum hineinströmt und diesen weiter wachsen und gedeihen lässt. Auch Sie spüren die Lebendigkeit in sich und richten sich weiter auf.

Die Übung ist nun beendet. Gönnen Sie sich noch einige Sekunden der inneren Einkehr, spüren Sie dem inneren Gefühl nach. Kehren Sie dann mit Ihren Gedanken und Gefühlen langsam zur Außenwelt zurück und öffnen Sie die Augen wieder.

Achtsamkeitsübung (modifiziert für fotografische Zwecke)

3. Übung

Die Vorbereitung entspricht der vorstehenden Atemübung, doch sollte die Übung im Stehen erfolgen. Sie beginnt und endet mit offenen Augen und kann zur Intensivierung auch wiederholt werden.

Richten Sie Ihr Augenmerk in der ersten Phase der Übung auf ein bestimmtes Motiv bzw. eine Szene, welche Ihnen besonders ins Auge gefallen ist. Suchen Sie in Gedanken nach Worten für deren Wirkung und Ihre Empfindungen. Prägen Sie sich dann die Formen und Strukturen so gut wie möglich ein und schließen Sie die Augen.

Versuchen Sie sich in der zweiten Phase der Übung die gemerkte Szene (bei weiterhin geschlossenen Augen) möglichst genau in Erinnerung zu rufen. Behalten Sie dieses gedankliche Bild im Sinn.

Richten Sie dann Ihre Aufmerksamkeit in der dritten Phase der Übung (bei weiterhin geschlossenen Augen) auf die anderen Sinnesqualitäten: Was hören Sie? Was riechen Sie? Liegt ein bestimmter Geschmack auf der Zunge? Gibt es auch eine leichte Berührung, etwa durch einen Windhauch? Spüren Sie Wärme oder Kälte? Vergegenwärtigen Sie sich all diese Wahrnehmungen und rufen Sie sich zugleich nochmals das gedankliche Bild der Szene in den Sinn. Lassen Sie die Eindrücke noch einen Augenblick wirken.

Öffnen Sie nun in der vierten Phase der Übung wieder Ihre Augen. Vergleichen Sie Ihre Eindrücke und Empfindungen mit denen zu Beginn der Übung und versuchen Sie in Worte zu fassen, was sich in Ihrer Wahrnehmung verändert hat.

Wiederholen Sie ggf. die Übung, um die Effekte zu verstärken und bis Sie das Gefühl haben, alle in der Szene vorhandenen Sinnesreize erfasst zu haben.

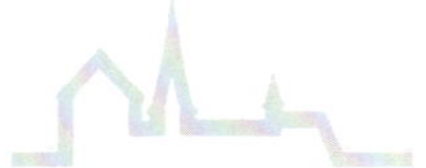

3.2 Grundsätzliche Auswahl

Wir hatten uns im letzten Unterkapitel mit dem Flow beschäftigt, und ich hatte Ihnen dazu einige Übungen gezeigt, die diesen Prozess der inneren Umschaltung bahnen und befördern können. Dies alles wird uns – so die Hoffnung – in die Lage versetzen, vor Ort »mit erhöhter Achtsamkeit, wachen Sinnen und erweitertem Blick« an die ausgewählten Szenen heranzugehen.

Motive wie von selbst?

Freilich ist nicht sicher, ob uns in solcher Gestimmtheit bereits die Motive wie von selbst anspringen – ich will dies nicht ausschließen, bleibe diesbezüglich aber etwas skeptisch; es geht ja letztlich auch darum, welchen konzeptionellen und stilistischen Ansätzen, mithin also welchen Absichten wir vor Ort folgen und was wir in diesem Sinn dort eigentlich suchen.

Sie möchten einwenden, dass in vielen Bereichen der Meditation (wie etwa im Zen-Buddhismus) ja gerade eben das Konzept der unvoreingenommenen und absichtslosen Suche propagiert wird und die obige Frage insofern ins Leere liefe? Gleichsam, dass in Teilen der Literatur und Kunst (insbesondere vonseiten der Surrealisten) doch das Prinzip der Peinture bzw. Écriture automatique propagiert wurde?

Beides ist in gewisser Weise korrekt und greift doch für unsere Belange der anspruchsvollen und bewusst gestalteten Fotografie zu kurz.

Zen-Buddhismus

Im Zen-Buddhismus geht es nicht vordergründig darum, etwas Vorzeigbares und Bleibendes zu schaffen. Hier steht vielmehr ein Loslassen von der alltagsnahen Vorstellung des eigenen Ichs und der Bedeutung der Umgebung im Vordergrund, die sich nach ausreichender Übung im Erlebnis von Stille und Leere (»Shunyata«), im späteren Stadium auch von mystischer Erleuchtung (»Satori, Kenshō«) äußern kann.

Surrealismus

Und auch die im Surrealismus beheimatete Idee des automatisierten Malens bzw. Schreibens sollte keineswegs mit der Vorstellung eines absichtslosen Schaffens gleichgesetzt werden. Gemeint ist bei diesem Ansatz vielmehr, dass sich der kreative Prozess tunlichst auch in den Tiefen des Vor- und Unbewusstseins und nicht nur auf der Höhe des kritisch-rationalen Ichs abspielen sollte.

Verfolgten wir mit der Fotografie keine eigene Absicht, könnten wir im Grunde genommen ebenso gut neben der Kamera stehen und dieser die Auswahl

der Szene und den Zeitpunkt der Aufnahme überlassen. Der Vergleich mit der Aufnahmeprozedur bei Google Street View mag sich hier aufdrängen, und wir wären kaum so naiv, annehmen zu müssen, dass der durchführende Konzern damit nicht ganz klar definierte Absichten verfolgte.

Auch ein dokumentarischer Anspruch und die damit einhergehende Selbstbescheidung der eigenen Absicht, das Gesehene nur naturalistisch und unverändert abbilden zu wollen, griffen aus meiner Sicht zu kurz – alleine schon deswegen, weil ein Foto sich immer auf zwei Dimensionen beschränkt, insofern also flach ist und die Raumtiefe allenfalls simulieren kann.

All diese Überlegungen sind eher ausschließender Natur – sie befassen sich also damit, was gestaltete Fotografie eigentlich nicht ist. Wie könnten wir nun die Bedeutung des Absichtsvollen in positiver Weise formulieren?

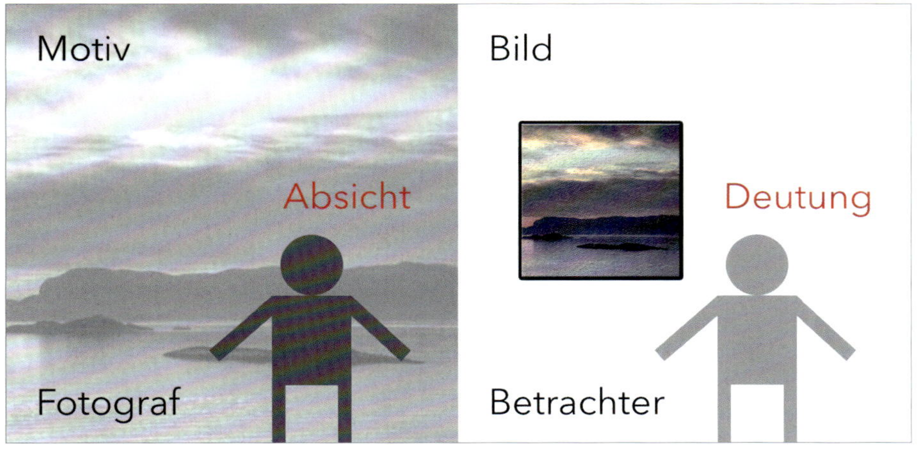

Abb. 65: Erst durch die Absicht des Fotografen wird das Motiv zum Bild und als solches in der Deutung des Betrachters erfahrbar.

Dazu nachfolgend eine These von meiner Seite, basierend auf der Visualisierung in der oben stehenden Abbildung:

Der Fotograf durchstreift die Szenerie, im Sinne unseres Themas also Stadtlandschaften, Gebäudefluchten oder Innenräume. Er versucht, mit allen Sinnen die äußere Umgebung wahrzunehmen. Gleichzeitig hat er im Zustand des Flows einen guten Zugriff auf innere Gedanken und Gefühle, mithin auch eigene Konzepte, Erwartungen und Ausdrucksmittel. Der äußere Blick bezieht sich so auf das gegebene Motiv, der innere Blick hingegen auf die mitgebrachte Absicht. Schließlich erfolgt die Aufnahme, und genau in diesem Augenblick wird – quasi mit dem Schöpfungsfunken der Absicht – aus dem Motiv ein Bild. Dieses zeigt sich schließlich dem Betrachter, der durch seine Deutung die inbegriffene Absicht bzw. Botschaft des Fotografen entschlüsselt und so erfahrbar macht.

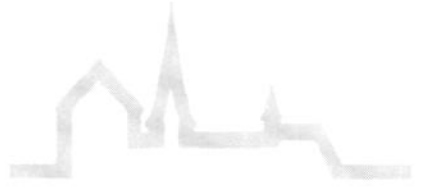

Nach solcher Konzeption dient das Bild, über das unmittelbar Abgebildete hinaus, immer auch als ein Vehikel der Botschaft, die so ihren Weg vom Fotografen zum Betrachter findet.

Wir sind nun mittendrin im Gebiet des absichtsvollen Handelns als eine wesentliche Grundbedingung des Menschseins – ein Thema, welches unter den dazugehörigen Begriffen wie etwa »Intention, Intentionalität oder Intentionalismus« immer schon für heftige Diskussionen in den Disziplinen der Kunstwissenschaft, Moraltheologie, Philosophie und Psychologie sorgte. Die Breite dieses Diskurses würde den Rahmen des Buches restlos sprengen und auch an dessen Zweck (der Nutzbarmachung zu fotografischen Zwecken) vorbeigehen.

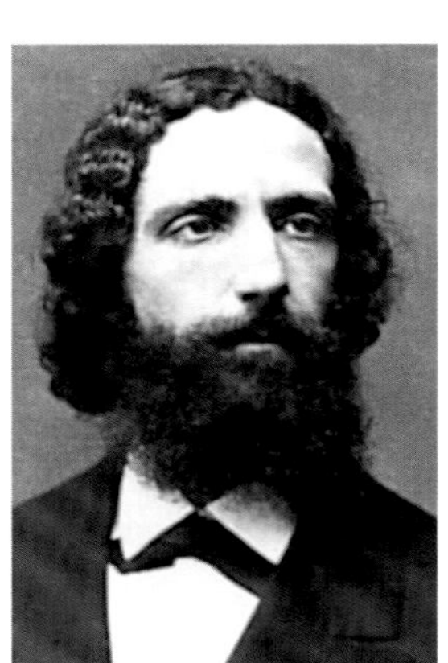

Abb. 66: Franz Clemens Brentano, gemeinfrei

Ich möchte es daher bei einem Zitat des deutschen Philosophen und Psychologen *Franz Clemens Brentano* (1838–1917) bewenden lassen: »Jedes psychische Phänomen ist durch das charakterisiert, was die Scholastiker des Mittelalters die intentionale (auch wohl mentale) Inexistenz eines Gegenstandes genannt haben und was wir, obwohl mit nicht ganz unzweideutigen Ausdrücken, die Beziehung auf einen Inhalt, die Richtung auf ein Objekt (worunter hier nicht eine Realität zu verstehen ist) oder die immanente Gegenständlichkeit nennen würden. Jedes enthält etwas als Objekt in sich, obwohl nicht jedes in gleicher Weise. In der Vorstellung ist etwas vorgestellt, in dem Urteile ist etwas anerkannt oder verworfen, in der Liebe geliebt, in dem Hasse gehasst, in dem Begehren begehrt usw. Diese intentionale Inexistenz ist den psychischen Phänomenen ausschließlich eigentümlich. Kein physisches Phänomen zeigt etwas Ähnliches.«

Von der Textdichte her und gemessen an den marketing- und internetgerechten Dreiwortsätzen heutiger Tage ist das schon reichlich starker Tobak, und auch mir erschloss sich der Sinn erst nach konzentriertem Lesen und unter Zuhilfenahme von Sekundärliteratur. Entscheidend ist nach Brentano, dass das mentale Geschehen durch die »Beziehung auf einen Inhalt« ebenso wie durch die »Richtung auf ein Objekt« charakterisiert sei. Lägen diese beiden Eigenschaften nicht vor, könnte demnach auch kein mentales Geschehen, sondern nur ein physisches Phänomen zugrunde liegen. Hinzu komme, dass es sich stets um ein subjektives, also persönlich gefärbtes und insofern auch potenziell unvollständiges bzw. irrtumsbehaftetes Geschehen handele.

Wer aufmerksam mitgelesen hat, mag sich an Kohuts Konzeption des Selbstobjekts (siehe Unterkapitel 1.2, »Architektur als Spiegel menschlicher Einwirkung und Beheimatung«) erinnert fühlen. Auch dort kommt einer Person, einer Sache oder auch einer Idee immer entscheidend jener Wert bei, den wir ihr bzw. ihm aufgrund unserer eigenen Bedürfnisse verleihen.

Muss uns nun solche Subjektivität, mithin eben auch potenzielle Unvollständigkeit bzw. Irrtumsbehaftung der Aussage bekümmern? Nach meinem Dafürhalten nein! Im kreativen Prozess können und müssen wir unsere spezielle und ganz persönliche Sicht auf die Welt ausdrücken, mithin also unsere Gedanken

und Empfindungen verbildlichen in Richtung dessen, was die Welt hinter dem unmittelbar Sichtbaren und Erlebbaren ausmacht und zusammenhält. Ob sich darin irgendwann jene schlussgültige Weltenformel der Einsicht und Verständigung abzeichnet, von der Schopenhauer im Sinne des »kollektiven Willens« träumte (siehe nochmals Unterkapitel 1.2), mag dahingestellt sein.

Ich selbst bin skeptisch und denke, dass sich besagte »Weltenformel« – sofern als lebendiges Prinzip und nicht als dogmatische Erstarrung in Erscheinung tretend – nach ihrer Aufdeckung als eine vielstimmige erweisen würde.

Symbole als »Gefäße der Botschaft«

Ich möchte noch ein wenig bei der Vorstellung eines Bildes als Vehikel bzw. Transportgefährt der Botschaft verweilen und diese Betrachtung weiter vertiefen: Die Botschaft eines Bildes, mithin also die sich über das Vorzeigbare vom Fotografen zum Betrachter vermittelnde Absicht, ist von ihrer Natur her ätherisch und flüchtig – wie jede Idee ist sie nicht materiell und insofern auch nicht mit klassischen Volumen-, Gewichts-, Längen- oder Temperaturmaßen zu beschreiben.

Ebenso wie etwa die kleinteilig-stoffliche, flüssige oder gasförmige Ladung eines Lastwagens in irgendetwas verpackt sein muss, um nicht frei im Laderaum herumzuflottieren, sondern überhaupt erst greifbar und transportabel zu werden, benötigt auch die Botschaft eines Bildes eine Art Container oder Transportgefäß – und hier kommt das »Symbol« ins Spiel bzw. die »Symbolisierung und innere Repräsentanz«, von der bei der Besprechung des Titelbildes in Unterkapitel 1.1 (»Die Idee zu diesem Buch«) schon einmal kurz die Rede war.

Herkunft des Symbolbegriffs

Der in unserer Sprache gängige Begriff des Symbols hat seine Wurzeln im lateinischen »symbolum« bzw. im griechischen »sýmbolon« und bedeutet ursprünglich ein Erkennungszeichen oder Vergleichsmerkmal. Soweit überliefert, erkannten Vertragspartner oder Gastfreunde einander an identischen oder sich ergänzenden Gegenständen und legitimierten sich so voreinander. Zugleich entstand bei beiden Parteien die Idee einer Verbundenheit zu einem bestimmten Zweck.

Bedeutung des Bildsymbols

Abgeleitet von dieser ursprünglichen Idee fungiert das Bildsymbol also nicht nur als Gefäß der Botschaft, sondern darüber hinaus auch als Brückenschlag einer stillen Bezogenheit zwischen Fotografen und Betrachter. Allerdings – dies muss noch ergänzt werden – steht und fällt solche Verbundenheit mit der Kenntnis der gemeinsamen Symbolsprache: Symbole sind nach der obigen Definition ja nicht Bedeutung an sich, sondern nur dessen Träger; der Inhalt muss also vom Fotografen verpackt bzw. verschlüsselt und vom Betrachter wieder entpackt bzw. entschlüsselt werden. Gelingt solche Hin- und Rückübersetzung nicht, kann das Bild auch keine Wirkung entfalten.

Ikonografie in der bildenden Kunst

Ein gutes Beispiel hierfür ist etwa die Ikonografie in der bildenden Kunst: Gerade in der christlichen Sakralmalerei früherer Tage herrschte ein verbindlicher Kanon der Heiligenattribute vor, der dem Auftraggeber, dem Maler und auch dem kundigen Betrachter geläufig war, sodass der Bildinhalt verständlich wurde. In der buddhistischen Kunst (etwa im Mandala) können Farben und Formen an die Stelle der Personendarstellung treten, um so zu Bedeutungsträgern zu werden; in der islamischen und jüdischen Kunst müssen sie dies sogar im Rahmen des Bilderverbots.

Sofern uns der Code der Ikonografie geläufig ist (was aus westlich-zeitgenössischer Sicht für die genannten Fälle eher selten der Fall sein dürfte), können wir solche Bilder auslesen; sofern nicht, stehen wir oftmals ratlos davor und befinden diese im positiven Fall als geheimnisvoll und anziehend, im negativen Fall als unergründlich und abweisend.

Verständlichkeit und Freiheit der bildenden Kunst

Dies wirft weitere Fragen auf: Wo verläuft die Grenze zwischen plakativer bis kitschiger Schlichtheit (»Röhrender Hirsch, glutroter Sonnenuntergang, putziges Kindchenschema«) und nötiger Komplexität und Freiheit (»Ganz bestimmt will uns der Künstler hier etwas sagen, nur kapiert es, wenn überhaupt, außer ihm keiner.«) der Symbolsprache? Kann sich denn der Künstler selbst genug sein im Sinne des Prinzips »l'art pour l'art« (auf Deutsch sinngemäß: »Die Kunst um ihrer selbst willen« oder auch »Die Kunst genügt sich selbst«), oder hat er auch einen übergeordneten Auftrag verständlicher Botschaft?

Die Diskussionen zu solchen Fragen, generell zum Wesen der Kunst, sind bisweilen etwas hitzig und längst noch nicht beendet. Sie möchten an dieser Stelle vielleicht fragen: »Ist überhaupt irgendetwas einfach in der Kunst?« Und ich darf Ihnen darauf antworten: »Nö, und das ist auch gut so! Es ist weniger Fluch als vielmehr Segen, denn es begründet auch deren Vielgestaltigkeit und Reichhaltigkeit.«

Dies macht das Ganze »leicht und schwer zugleich« – leicht, weil wir in unserem Schaffen enorme Freiheitsgrade haben und zwischen einer mehr oder weniger verschlüsselten Symbolsprache wählen können; schwer, weil eben solche Entscheidung nicht nur maßgeblich ist für die Tiefe der Bildaussage, sondern auch für die Eingängigkeit beim Betrachter und damit für die Wirkungschance eines Bildes.

Zusammenhänge zwischen Bildtiefe und -wirksamkeit

Die Zusammenhänge zwischen dem Verschlüsselungsgrad der Symbole, der Komplexität der Bildaussage, der Verdaulichkeit beim Betrachter und der Wirksamkeit des Bildes sind hochkomplex (und in der Endstrecke immer von der Person des Betrachters und dessen Erwartungshaltung abhängig). Sie lassen sich nicht auf einfache bzw. lineare Weise beschreiben, weswegen ich hier von der ursprünglichen Idee eines Schaubildes bzw. Wirkungsdiagramms Abstand genommen habe.

Ein pragmatischer Ansatz

Um die bei Befassung mit solchen Fragen leicht entstehende Verwirrung etwas einzudämmen, möchte ich einen pragmatischen Ansatz vorschlagen:

- Wir sind zuvorderst frei in unserer Entscheidung bzw. genießen alle künstlerischen Freiheiten dahingehend, wie komplex wir unsere Bilder gestalten wollen und wie viel uns dabei die Gunst des Betrachters überhaupt bedeuten muss.
- Niemand hindert uns daran, uns zu Studienzwecken auch einmal in unterschiedlichen Komplexitätsgraden (hier eine Bildstrecke mit plakativ-kitschiger, dort eine mit abgehoben-geheimnisvoller Symbolsprache) zu versuchen und die jeweils unterschiedlichen Reaktionen der Betrachter auszuwerten.
- In der weiteren Entwicklung unseres persönlichen Stils werden wir dann vielleicht eine mittlere Komplexität der Symbolsprache finden dahingehend, dass unsere Bilder und die darin eingewobenen Bedeutungsträger kompliziert genug sind, um nicht als langweilig bzw. schon zu oft gesehen zu gelten; gleichsam eingängig genug, um das Interesse des Betrachters zu wecken und ihn nicht vor unlösbare Entschlüsselungsaufgaben zu stellen.

Beispiele für die Symbolverwendung

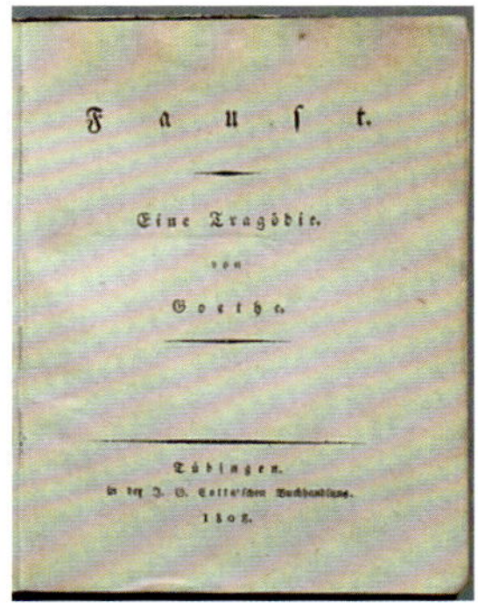

Faust.

Eine Tragödie.

von

Goethe.

Tübingen.

Abb. 67: »Faust. Eine Tragödie«, Vorderdeckel der Erstausgabe (Erstdruck) 1808, CC-Lizenz

»Grau, teurer Freund, ist alle Theorie / Und grün des Lebens goldner Baum.«

Mephistos Absichten mögen nicht immer ganz eindeutig und redlich gewesen sein, doch jenes bekannte Zitat aus *Johann Wolfgang von Goethes* »Faust. Der Tragödie erster Teil, Studierzimmer II« trifft unzweifelhaft den Kern – zunächst in der grundsätzlichen Aussage, dass jedwede Theorie immer der Ergänzung (also der Praxis) bedürfe und ansonsten bedeutungslos bliebe; zugleich aber auch in Hinblick auf den Symbolgebrauch, der ja hier unser Thema ist.

Goethe nutzt in diesem Text Ton- und Farbwerte als Bedeutungsträger – so also das Grau als Metapher der Unlebendigkeit und Weltenferne, das Grün als solche der Lebendigkeit und des Erblühens, das Gold schließlich als solche der Reife und des Reichtums. Mit dieser Übersetzung untermalt er seine Aussage und verstärkt die inhaltlichen Kontraste.

Und der Schüler? »Man sieht nichts Grünes, keinen Baum / Und in den Sälen, auf den Bänken / Vergeht mir Hören, Sehn und Denken.«, entgegnet er.

Er scheint sogleich in die von Mephisto so fein gestellte Bedeutungsfalle zu tappen: Einerseits scheint er die verhießenen Farben nicht zu erkennen, andererseits greift er deren Sinn doch auf und verwandelt das Graubild in eine neue Metapher betäubter Sinne – ein klarer (und wohl auch etwas ironisch gemeinter) Fall von Übersetzungsschwierigkeiten, von denen zuvor schon die Rede war.

Bevor ich nun an konkreten Bildbeispielen einige Anwendungsmöglichkeiten aufzeige und diskutiere, möchte ich in der nachstehenden Tabelle einen Überblick der Symbole und möglichen Bedeutungsebenen geben.

Die Aufstellung erhebt natürlich keinen Anspruch auf Vollständigkeit. Sie ist vielmehr ein Ausdruck einer persönlichen Handschrift, eine stil- und themenbezogene Sammlung von Symbolen, mit welchen ich selbst in der Architekturfotografie gerne arbeite. Auch das Fehlende kann dabei leichthin benannt werden: Als Schwarzweißfotograf verzichte ich etwa auf den gesamten Bereich der Farbpsychologie, und in anderen fotografischen Themen (wie Landschaft oder Street) kommen bei mir auch andere Symbolsets zur Anwendung.

Wichtig ist mir noch der Hinweis, dass die Symbole in der Regel mehrdeutig bzw. nicht von vornherein auf eine einzige Bedeutung festgelegt sind. Hierdurch entstehen Spielräume für die Gestaltung und Interpretation.

Tab. 6: Symbole und mögliche Bedeutungsebenen

Symbole	Mögliche Bedeutungsebenen
Mauern und Wände	Stütze, tragende Elemente, aber auch Barrieren und Blicksperren
Zeichen an der Wand	Träger von warnenden oder rätselhaften Botschaften
Fensterdurchblicke	Sehnsucht, Ferne, Unendlichkeit, Verhältnis von innen und außen
Raumfluchten	Unübersichtlichkeit, Vielgestaltigkeit, aber auch Wegführung
Eckblicke	Liegengebliebenes, Vergessenes
Treppenhäuser	Labyrinthe, Zeittunnel
Apparate und Leitungen	Zeichen der Komplexität und Funktionalität, aber auch unverständliche und übermächtige Technik, Gefühle des Ausgeliefertseins
Leere Stühle, Tische und Büros	Zeichen des Weggangs und der Wiederkehr, aber auch der Vergangenheit und des Stillstands
Uhren und Kalender	Vergangene, verlorene oder stillstehende Zeit, auch Gefühle von Endzeitlichkeit und Bedrohung
Einzelstücke und Überbleibsel	Fremdheitsgefühl, Gefühle von Nichtzugehörigkeit oder Verlassensein, Zeichen vergangener Zeit
Abfallbehältnissse	Gefühle von Randständigkeit, Verlorenheit, Entnutzung oder Nutzlosigkeit
Verkrautung und Überwucherung	Verschwinden der Zivilisation, Rückkehr der Natur, Prinzip der Entropie
Kleines groß und Großes klein	Standortwechsel, Bedeutungswandel, Wechselwirkungen

Betrachten wir als Erstes die *Mauern und Wände* als grundsätzliche und unverzichtbare Elemente der Architektur – wo diese nicht sind, ist auch keine Architektur.

Durch ihr Vorhandensein und ihre Abmessungen stecken sie den umbauten Raum ab, stützen diesen und grenzen ihn zugleich von der Umgebung ab. Wir finden hierin ganz verschiedene, widersprüchliche Bedeutungen, welche wir in die unterschiedliche Ausgestaltung unserer Bildsymbole einfließen lassen können.

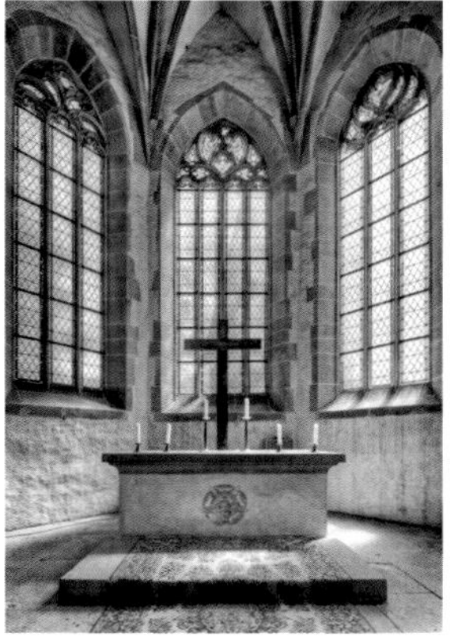

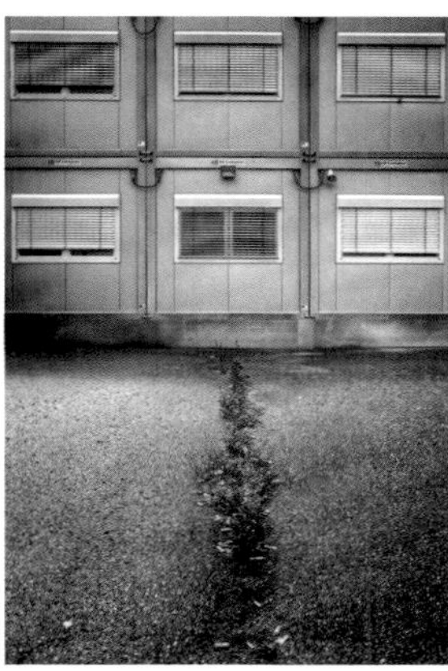

Abb. 68: (Links)
Abb. 69: (Rechts)

So zeigt Abb. 68 die Stützmauern eines spätgotischen Chors, welche filigran wirken und den Blick nach außen nicht behindern – das Symbol der Mauer ist hier sinnbildlich leicht und emportragend. Ganz anders Abb. 69 mit dem Draufblick auf einen großen, mehrgeschossigen Containerbau – die Geschlossenheit und Kopflastigkeit der Fläche, unterstützt durch den nach unten wegklappenden Boden lässt das Symbol der Mauer hier als abweisende Barriere und Blicksperre erscheinen.

Auch die *Zeichen an der Wand* lassen sich immer wieder als bildmächtige Symbole einsetzen.

Zum einen finden sich Schilder, Beschriftungen und Graffitis in Stadtlandschaften und Innenräumen zuhauf, zum anderen eröffnen die teils direkten, teils versteckten Botschaften zahlreiche Möglichkeiten der Einbindung in unsere Bilder. Abb. 70 zeigt geheimnisvolle Schriftzeichen an der oberen Wand, die sich bei näherer Betrachtung als Spuren unsanfter Palettenanlieferung erweisen. Auch die Beschriftung »Final Chapter« auf der Tür in Abb. 71 wirkt zunächst rätselhaft und zeugt doch vom Protest und von der Ohnmacht angesichts des Abrisses eines Jugendzentrums.

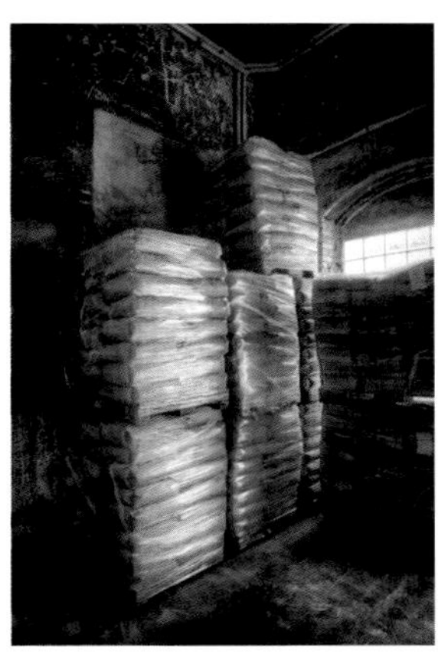

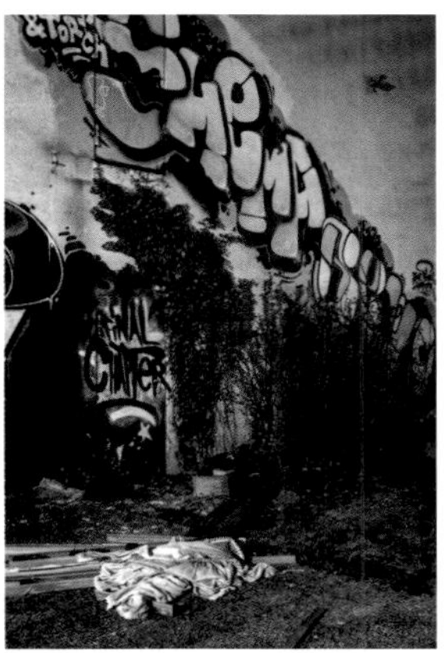

Abb. 70: (Links)
Abb. 71: (Rechts)

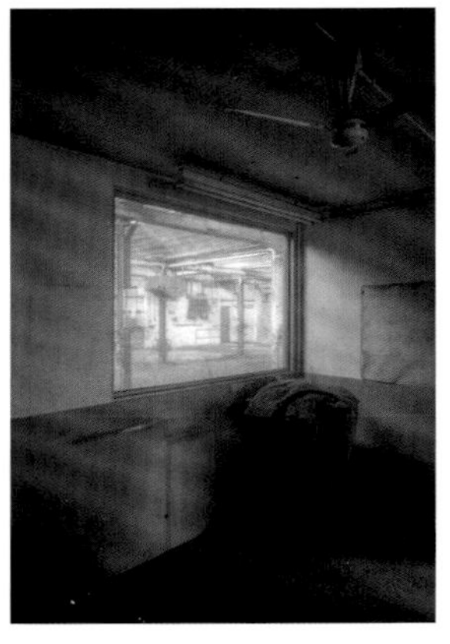

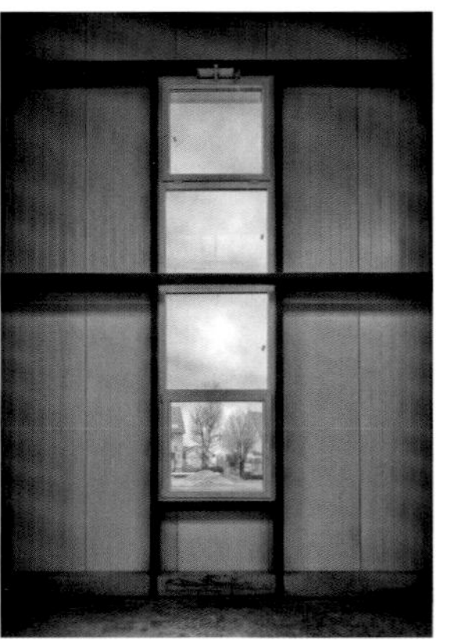

Abb. 72: (Links)
Abb. 73: (Rechts)

Auch an *Fensterdurchblicken* besteht im Bereich der Architektur selten Mangel. Diese sind mir ausgesprochen willkommene Symbole mit reichhaltigen und zu ganz verschiedenen Bildaussagen einsetzbaren Bedeutungsebenen.

Abb. 72 zeigt den Blick aus dem ehemaligen Werkstattbüro in einer verlassenen Schlosserei. Es ist ein Blick voller Wehmut auf Vergangenes und unwiderruflich Verlorenes; insofern ein solcher, der uns einen gewissen räumlichen, vor allem aber zeitlichen Abstand verheißt. Anders Abb. 73 mit dem Blick aus einer erst unlängst errichteten, noch leeren Montagehalle auf eine ganz normale Wohnstraße mit Reihenhäusern. Hier dient das Symbol der Gegenüberstellung von innen und außen, Leere und Belebtheit.

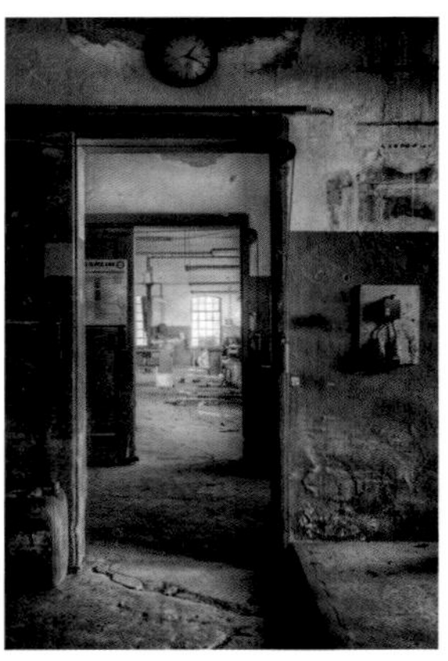

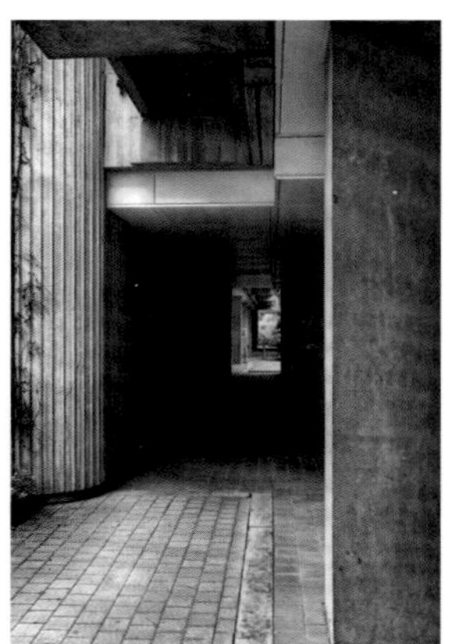

Abb. 74: (Links)
Abb. 75: (Rechts)

Die *Raumfluchten* sind das nächste, vielseitig einsetzbare Symbol. Der Blick durch Tür- oder Fensterdurchbrüche in entlegene Räume mag der Schaffung eines Überblicks und somit der Orientierung dienen oder auch auf ein vorhandenes Labyrinth verweisen und so Verwirrung stiften.

Dieser Zwiespalt wohnt dem Symbol der Raumflucht in Abb. 74 inne. Der Blick in eine verlassene Schlosserei mag wiederum wie beim Fensterdurchblick wehmütig in die Vergangenheit schweifen. Darüber hinaus öffnet sich ihm zwar eine Kaskade von Räumen, doch bleiben Fragen offen, etwa was sich in den Seitentrakten verbirgt und wie es im Hintergrund weitergeht. Wieder anders Abb. 75, zudem ein Beleg, dass Raumfluchten auch in Innenhöfen und entlang von gegliederten Hausfassaden von Belang sein können. Die »Verlorenheit im Beton« eines naturwissenschaftlichen Forschungszentrums steht hier im Vordergrund.

Seit jeher haben es mir die *Eckblicke* besonders angetan. Hier denke ich oft, dass sich in jenen zumeist wenig beachteten Ecken mit der Zeit eine ganze Menge ansammelt und darauf wartet, Geschichten zu erzählen. Solche Gelegenheiten sollten wir uns nicht entgehen lassen.

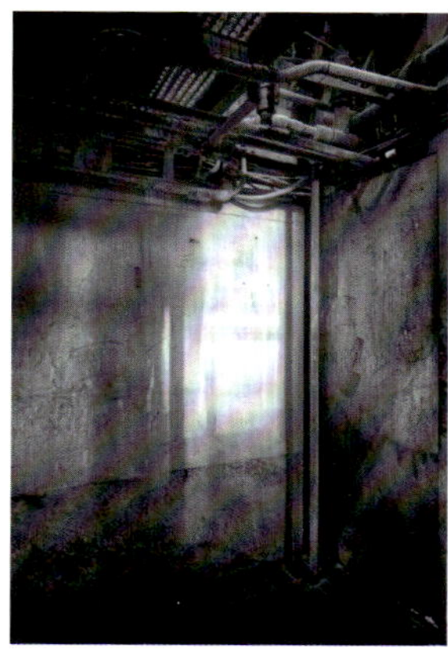

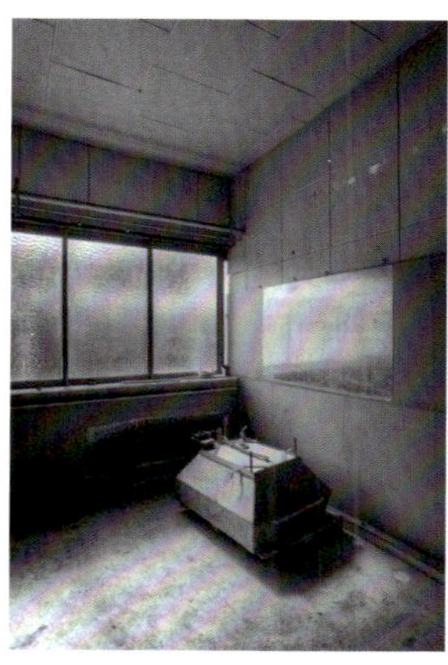

Abb. 76: (Links)
Abb. 77: (Rechts)

Abb. 76 ist von der geheimnisvollen Art. Der Blick muss ein wenig forschen, bis sich der Gitterrost und die Leitungen am oberen Bildrand, desgleichen die Irrlichter mit dem schemenhaften Fensterkreuz und dem Schattenwurf des Fotografen mit Stativ an der Rückwand abzeichnen. Übersichtlicher wirkt dagegen Abb. 77, wobei auch hier die tentakelbewehrte, sargartige Kiste, die vertäubten Fenster und der blinde Spiegel mit seinen Reflexionen noch für genug Fragen gut sein dürften.

Wir kommen zu den Treppen und Treppenhäusern – sofern diese in der Architektur nicht sowieso schon verbreitet und unverzichtbar wären, müssten sie für die Fotografie eigentlich nochmals erfunden werden; als großartiges Symbol für labyrinthartig Verschlungenes, irgendwohin Führendes und letztlich doch nicht Absehbares. Dies gilt zunächst in räumlicher, im übertragenen Sinne aber auch in zeitlicher Hinsicht.

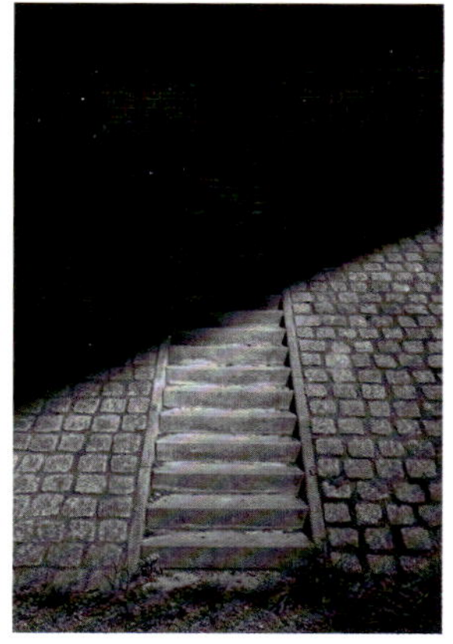

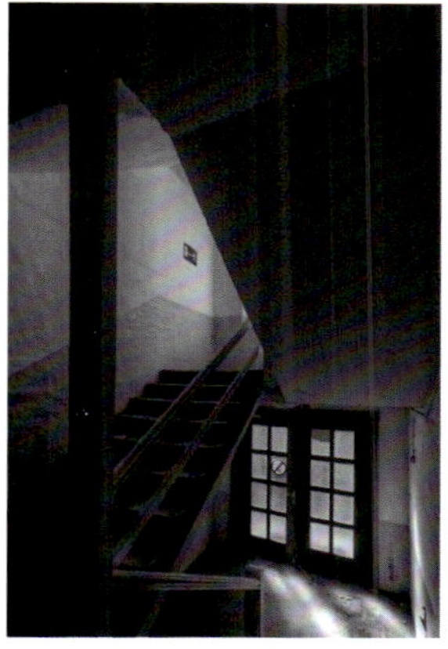

Abb. 78: (Links)
Abb. 79: (Rechts)

Abb. 78 greift diese Bedeutungsebene des Geheimnisvollen und Maskierten auf. Nur schemenhaft zeigt sich im Schatten die Tür am Oberrand der Treppe, und selbst diese Erkenntnis lässt noch manche Fragen offen. Konventioneller zeigt sich Abb. 79 mit dem leeren Treppenhaus in einer stillgelegten Fabrik, und doch gibt es auch hier eine weitere Bedeutungsebene stillstehender Zeit bzw. einer quasi herabführenden Vergangenheit und heraufführenden Zukunft.

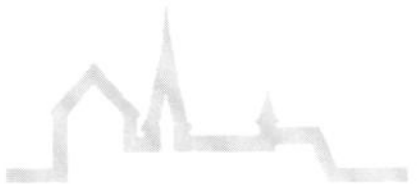

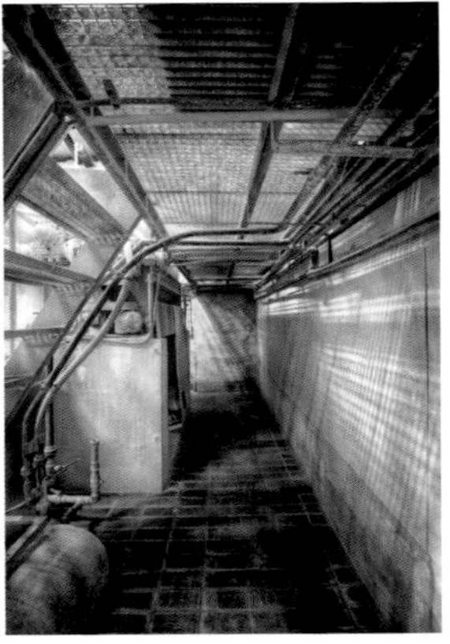

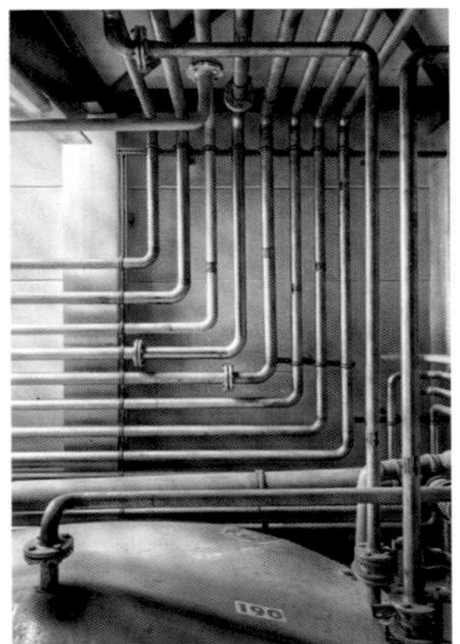

Abb. 80: (Links)
Abb. 81: (Rechts)

Apparate und Leitungen sind die nächste Gruppe in unserer Systematik – starke Symbole für die Omnipräsenz der Technik und vielfältig einsetzbar, etwa im Sinne von Komplexität und Funktionalität, aber auch im gegenteiligen Sinn von Unverständlichkeit und Übermächtigkeit.

Vielleicht geht es uns in Abb. 80 ein wenig wie Charlie Chaplin in »Modern Times«: Seltsame Apparaturen, ein sich anbietender Gang, doch wo führt er hin? Wohin geraten wir dort und was passiert mit uns? Abb. 81 ist mehr im Detail, blendet die Umgebung aus und wirkt somit abstrakter: Was transportieren all diese Leitungen in einer Chemiefabrik?

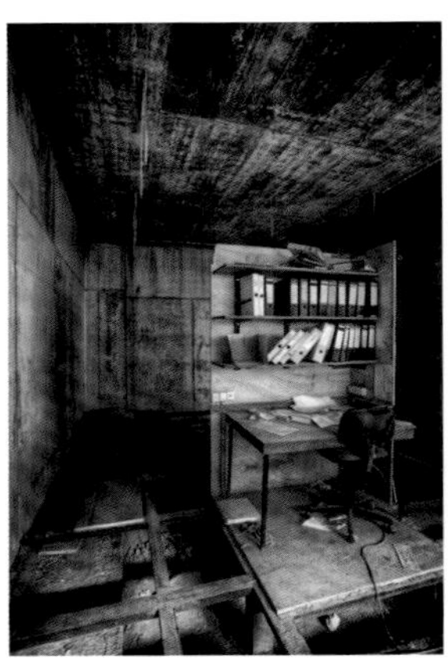

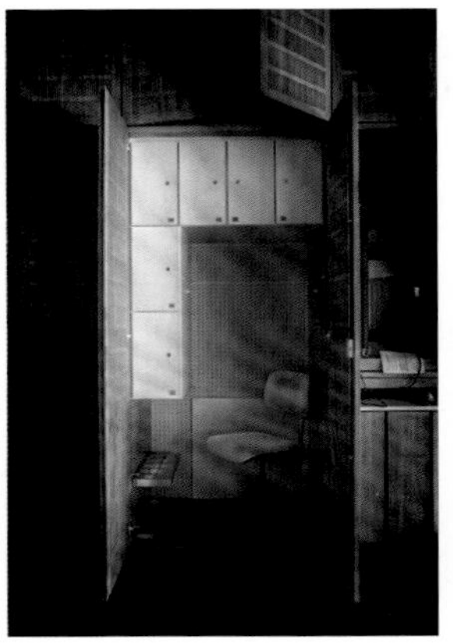

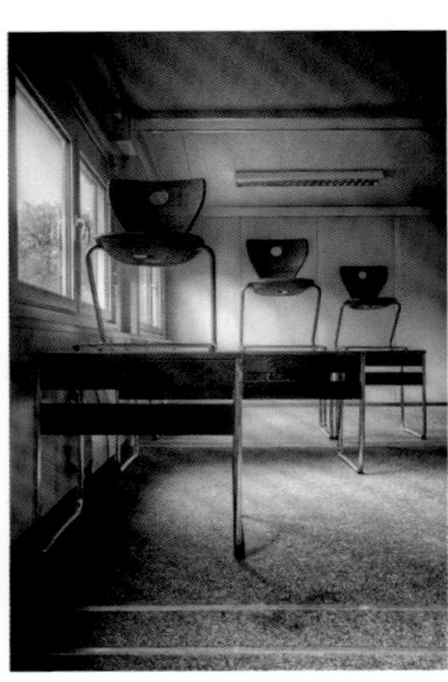

Abb. 82: (Links)
Abb. 83: (Mitte)
Abb. 84: (Rechts)

Leere Stühle, Tische und Büros sind mir mit die liebsten Symbole in der verlassenen Architektur und immer wieder für kafkaeske Effekte gut. Man mag sich bisweilen ironisch fragen, ob die dort abgebildete Agonie nur ein Phänomen der Gegenwart ist oder nicht in gewisser Weise schon in der früheren, scheinbar produktiven Zeit bestand.

Auffallend oft verkaufe ich solche Bilder jedenfalls an Freiberufler, die (wiederum ironisch gedacht) bisweilen auch frei zu sein scheinen, über die Sinnhaftigkeit ihres beruflichen Tuns nachzudenken.

Bei Abb. 82 möchte ich unterstellen, dass eigentlich jede Kommentierung eine zu viel ist und die Szene ganz für sich alleine spricht. Mir könnte ein solches Büro jedenfalls durchaus gefallen. Was Abb. 83 zeigt, dürfte die mutmaßlich letzte unternehmerische Rationalisierungsstufe vor der endgültigen Betriebsaufgabe gewesen sein – es zeigt das »Office in a box«. Abb. 84 schließlich spielt in einer Schule, die aus Sanierungsgründen in einen Containerbau verlagert wurde. Es greift das »Momentum des Aufgestuhlten« auf und mag beim geneigten Betrachter doch einige gruselig-nostalgische Erinnerungen an die eigene Schulzeit wecken.

Auch *Uhren und Kalender* dürfen in der Aufzählung der bildwichtigen Symbole und Bedeutungsträger nicht fehlen, wiewohl mir diese bisweilen schon ein wenig zu oft verwendet erscheinen. Hinzu kommt, dass der typische »Es-ist-schon-fünf-vor-zwölf-Blick« auch regelmäßig groß bzw. bildfüllend in Szene gesetzt und damit zu plakativ verwendet wird.

Ist eine Szene in solchem Sinne zu einfach auslesbar, droht sie im Kitsch zu enden. Um dieser Gefahr vorzubeugen, habe ich die Uhr in Abb. 85 recht klein gehalten und mit einem anderen, starken Motiv der Raumflucht kombiniert.

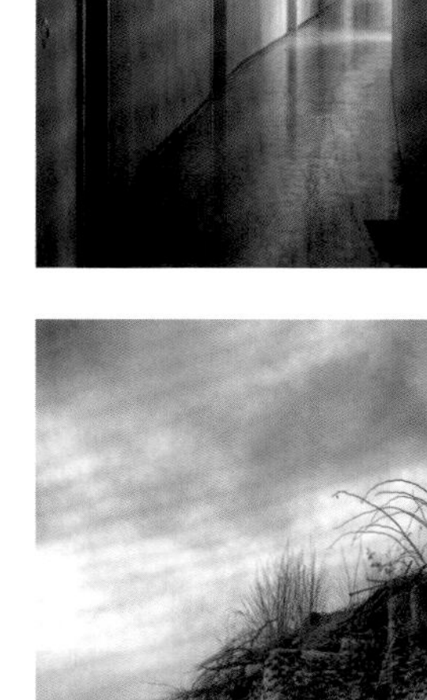

Abb. 85: (Rechts)

Wir sind mittlerweile bei den *Einzelstücken und Überbleibseln* angelangt. Auch diese können wie Zeichen aus längst vergangener Zeit wirken und beim Betrachter eine Art Tunnel der Vergangenheitsbetrachtung öffnen. Zugleich ranken sich um diese Symbole oft melancholische oder auch bedrückende Gefühle von Fremdheit, Zurückgelassensein oder Verlorenheit.

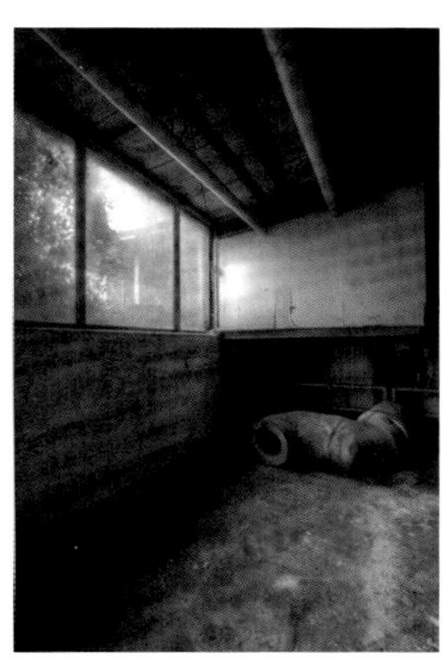

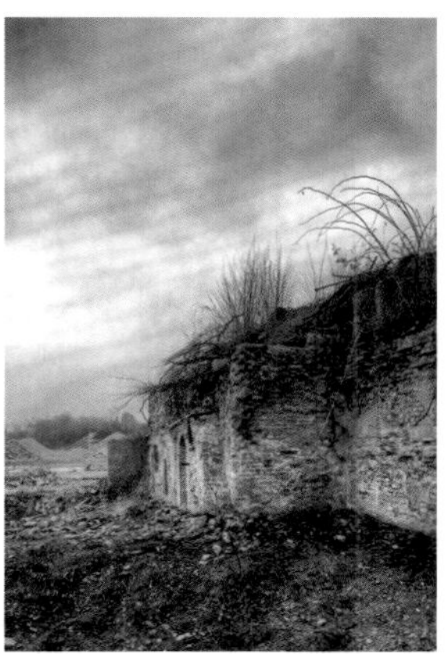

Abb. 86: (Links)
Abb. 87: (Rechts)

In Abb. 86 zeigt sich ein dickwandig gekrümmtes Ofenrohr als markantes Einzelstück, eingebettet in die Tristesse einer verlassenen Gießerei mit leeren Werkhallen und blinden Fenstern. Abb. 87 belegt, dass sich Überbleibsel oft auch im Außenraum finden lassen. Hier sehen wir die drei allerletzten Ofenfassungen einer ansonsten schon vollständig abgerissenen Ziegelei.

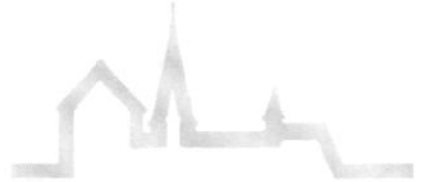

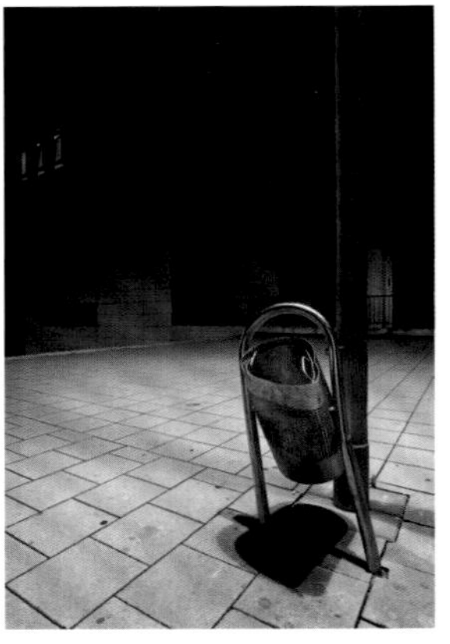

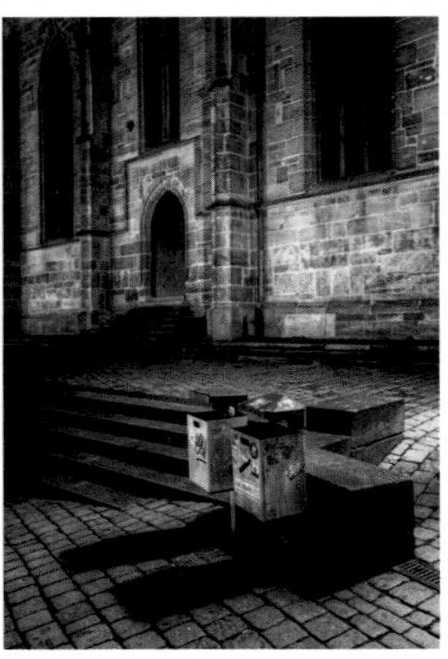

Abb. 88: (Links)
Abb. 89: (Rechts)

Die *Abfallbehältnisse* stehen an nächster Stelle unserer kleinen Systematik. Bei dieser Symbolgruppe greifen für mich ähnliche Bedeutungsebenen wie bei den vorgenannten Eckblicken oder auch den Einzelstücken und Überbleibseln. In vergleichbarer Weise geht es mir dabei um das Vergessene und Zurückgelassene. Und doch wirken die Abfallbehältnisse oft provokanter, da sie sich dem Betrachter gerne in den Blickweg stellen. Sie scheinen mir im Außenbereich auch stärker zu wirken wie im Innenbereich.

Abb. 88 zeigt einen einstmals prächtigen, dann ramponierten und nun im verdengelten Zustand belassenen Abfalleimer. In seiner Vornüberbeugung wirkte er auf mich zugleich bedrohlich und sprungbereit. Im Zusammenhang mit dem Bankgebäude im Hintergrund kam mir der Zerberus aus der griechischen Mythologie in den Sinn – jener Höllenhund also, der den Eingang zur Unterwelt bewacht, um das Entweichen der Toten und das Eindringen der Lebendigen zu verhindern; eine seltsam wirklichkeitsnahe Fantasie. Abb. 89 zeigt eine nächtliche Szene mit langen Schatten und zwei Abfalleimern vor einer Kirche. Man mag es in der kleinen Darstellung vielleicht nicht erkennen, aber auf dem rechten Abfalleimer findet sich ein Aufkleber mit dem Text »Solidarity«, was einige Fragen im Zusammenhang mit der Rolle der Kirche in einer auseinanderdriftenden Gesellschaft aufwirft, in der Teile der Bevölkerung marginalisiert werden.

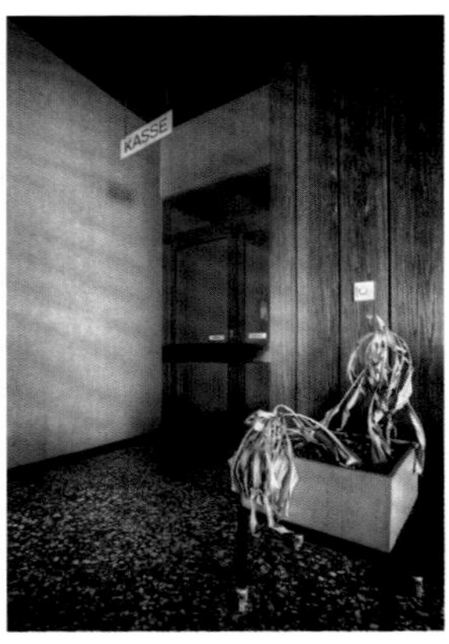

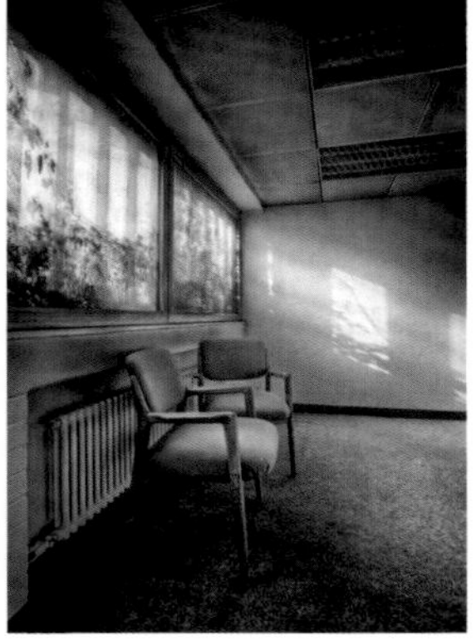

Abb. 90: (Links)
Abb. 91: (Rechts)

Widmen wir uns nun den Symbolen der *Verkrautung und Überwucherung*. Auch hier ergeben sich wieder vielfältige Bedeutungsebenen, die sich entsprechend für unsere Bilder nutzen lassen. Die Verwilderung und Pfleglosigkeit ist ein Thema, die Rückkehr der Natur

bzw. der Dammbruch natürlicher Entropie ein anderes. Je nachdem erleben wir darin ein Werden oder Vergehen.

Abb. 90 zeigt den überstandenen Todeskampf einer ehemaligen Yuccapalme (dafür hielt ich es vor Ort zumindest). Die Szene zeugt von Vernachlässigung und Entlebung nicht nur der Pflanze, sondern des ganzen Gebäudes. Auch fungiert der Schriftzug »Kasse« wie ein Zeichen an der Wand – wie wenn man hier also die Quittung bekommen habe. Abb. 91 ist demgegenüber subtiler – eine Wartezimmerszene, mit dem Symbol der leeren Stühle angereichert. Man muss sich auf dieses Bild ein wenig einlassen, um zu erkennen, dass der Bewuchs zwischen Fenstern und Außenjalousien keinesfalls planmäßig ist.

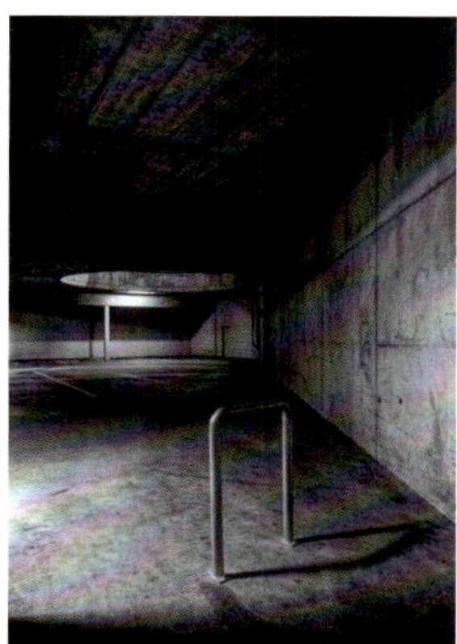

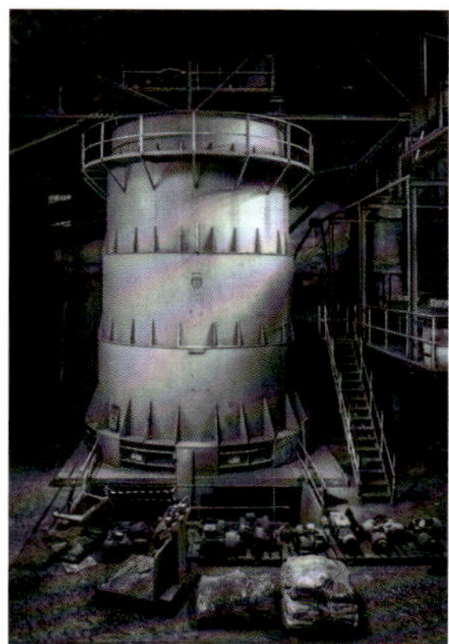

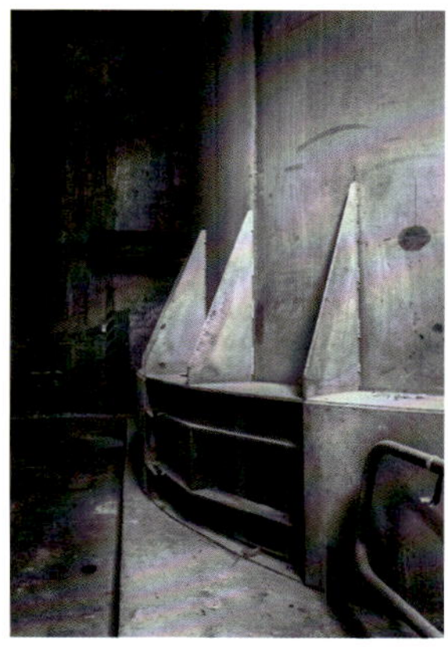

Abb. 92: (Links)
Abb. 93: (Mitte)
Abb. 94: (Rechts)

Wir kommen nun zur letzten Symbolgruppe *Kleines groß und Großes klein*. Es geht hier darum, die gewohnten Größenordnungen auf den Kopf zu stellen und mit den Seherwartungen des Betrachters ein wenig zu spielen.

Abb. 92 verwendet eine starke Weitwinkligkeit und die Annäherung an das Vordergrundmotiv als klassische Mittel der Größenverzerrung. Das in einem Lichthof befindliche und dadurch akzentuierte Hintergrundmotiv verschwindet so geradezu vor dem viel kleineren Vordergrundmotiv. Eine andere, vergleichende Herangehensweise zeigen Abb. 93 und Abb. 94. Wird zum einen die etwa 15 Meter hohe Gesamtgestalt weniger als bildfüllend und somit klein gezeigt, so erscheint zum anderen ein kleines Flankendetail bildsprengend und damit groß.

Wir sind nun am Ende dieses Durchgangs durch die verschiedenen Symbolgruppen und ihre möglichen Bedeutungsebenen angelangt. Mit der Aufzählung erhebe ich wie gesagt keinen Anspruch auf Vollständigkeit, stattdessen wollte ich Ihnen anhand der von mir im Architekturbereich gerne verwendeten Symbole einige Anregungen geben. Bitte fühlen Sie sich ermuntert, sich im Zuge ihrer kreativen Entwicklung einen eigenen und unverwechselbaren Satz an Symbolen anzueignen.

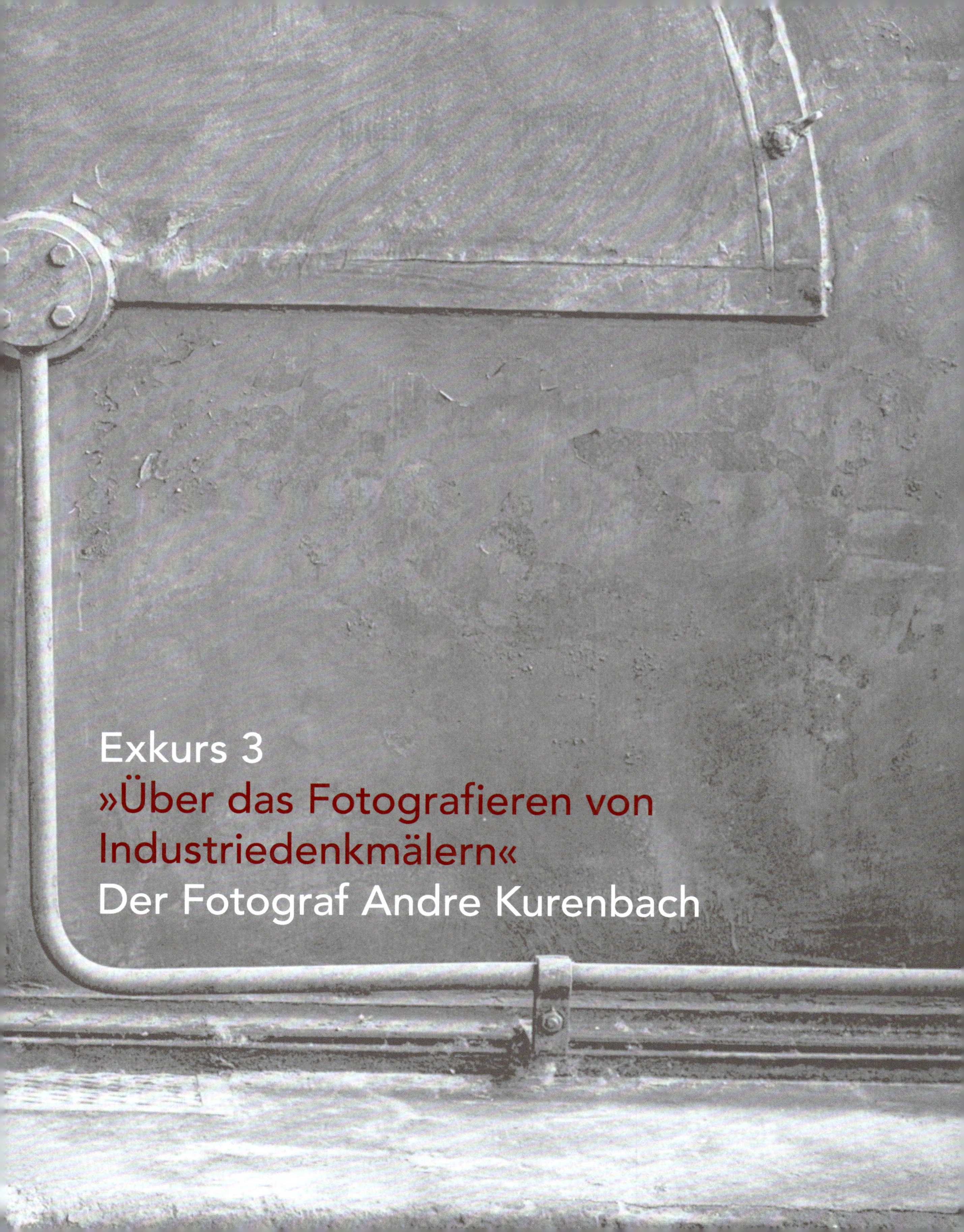

Exkurs 3
»Über das Fotografieren von Industriedenkmälern«
Der Fotograf Andre Kurenbach

Zum Einstieg in diesen Exkurs möchte ich (also der Buchautor) die Gelegenheit nutzen, um *Andre Kurenbach* ein wenig vorzustellen und einzuführen.

Geboren wurde er 1970, sodass er heute (zur Drucklegung dieses Buchs) in jenen besten Jahren ist, die sich durch die gute Mischung von Tatkraft und Erfahrung auszeichnen. Er absolvierte eine Tischlerlehre, setzte später noch den Meister in diesem Beruf drauf und studierte zwischenzeitlich Bauerhaltung und Denkmalpflege. Heute arbeitet er als Betriebsleiter in einem hochspezialisierten Tischlereibetrieb und ist dort für das operative Geschäft ebenso wie für Ausbildung und Sicherheit zuständig.

Ein rühriger Mensch? Gewiss, und der berufliche Werdegang mag schon erkennen lassen, wie ihm Handwerkliches und Gestalterisches in gleicher Weise wichtig sind. Dies und auch den Spannungsbogen von Akkuratesse und Ehrgeiz meine ich in seinen fotografischen Arbeiten wiederzuerkennen.

Seine industriellen Stillleben, die in der nachfolgenden Bildstrecke zu sehen sind, haben es mir in besonderer Weise angetan: Ein besonderes Leuchten und verheißungsvoller Schimmer scheint von ihnen auszugehen. Ich spürte darin tatsächlich den Sog einer Zeitreise in die frühere Arbeitswelt, vernahm zugleich die Einladung zur sinneswachen Wahrnehmung vor Ort und in der Fantasie. All dies bewog mich, ihn wegen eines Gastbeitrags anzufragen.

Über die Mikroarchitektur hinaus spannt Andre Kurenbach den Bogen allerdings noch weiter: Er beschäftigt sich in der ihm eigenen, vortastenden und dann auch wieder zweifelnden, jedoch immer lebendigen Sprache mit Fragen der Authentizität in der fotografischen Darstellung von Industriedenkmälern bzw. -ruinen. Man merkt, dass er es sich nicht einfach macht, dass es in solcher Weise mächtig in ihm arbeitet, und das tut – wie ich meine – seinen Bildern ausgesprochen gut.

Doch lassen wir ihn nun selbst zu Wort und Bild kommen ...

Das allgegenwärtige Authentizitätsproblem

Wäre ich der Protagonist in *H. G. Wells´* Zeitmaschine, würde ich den Steuerhebel wohl nicht nach vorn schieben, sondern eher ganz behutsam zu mir hin ziehen. Ein kleiner Hüpfer von vielleicht 25 oder 30 Jahren in die Vergangenheit des Ruhrgebietes und ich wäre da, in meinem fotografischen Paradies ...

Brachialarchitektur, Brutalismus und Industrieruinen allerorten und das Ganze fußläufig erreichbar. Man stelle sich nur vor: der industrielle Niedergang dokumentiert mit dem geschulten Blick und den technischen Möglichkeiten von heute. Aus und vorbei. Schichtende!

Der Strukturwandel im Ruhrgebiet ist größtenteils abgeschlossen, und dort, wo früher Kohle gefördert, Koks gekocht oder Stahl gewalzt wurde, sprießen heute Baumärkte oder Naherholungsgebiete aus dem Boden. Alles das ist si-

cherlich gut für die Lebensqualität und die Gesundheit der hier Ansässigen, jedoch in der Konsequenz katastrophal für den begeisterten Urban Explorer oder Lost-Places-Fotografen, zumal wenn man wie ich im Ruhrpott groß geworden ist und alles einmal zum Greifen nah war. Früher war das halt alles so alltäglich, dass man es für selbstverständlich genommen hat. Oder man hat die graue Tristesse ausgeblendet und sich von hier weggewünscht, je nach Naturell.

Heute suche ich gerade das, was vermeintlich nicht mehr existent ist, die Ursprünglichkeit und die Faszination für verlassene Orte. Nun ja, ein paar Zäune gäbe es wohl noch, die man überklettern könnte, doch welche Möglichkeiten hat der seriöse Dokumentarist, wenn er unverletzt bleiben und sich auf der legalen Seite bewegen möchte? Außerdem wird man kaum in der Lage sein, brachliegende Anlagen zu finden, die nicht bereits in erheblichem Maße uminterpretiert, sprich: mit Graffitis »verziert« oder von Vandalen verwüstet wurden.

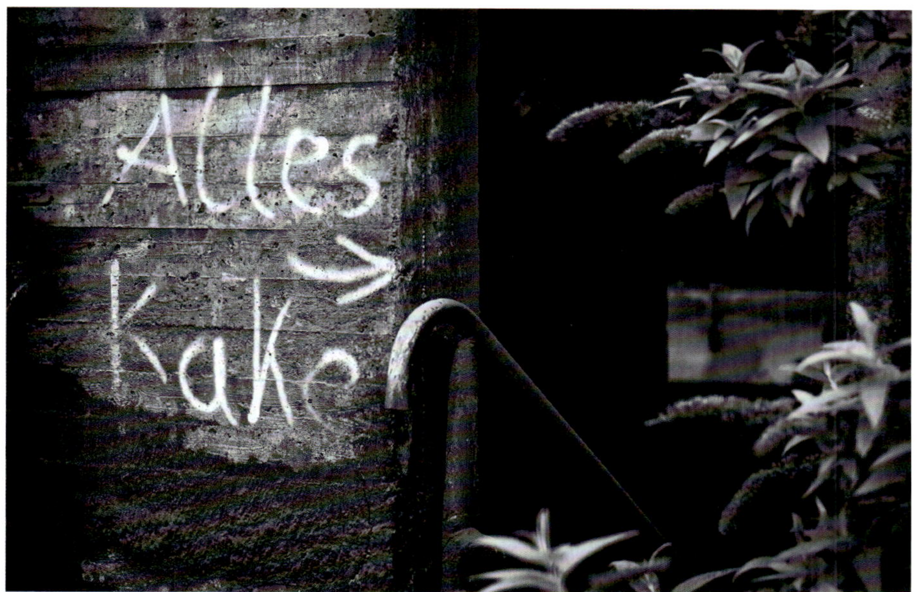

Abb. 95: »Alles Kake«

Glücklicherweise hat sich gerade noch rechtzeitig – den Bechers sei Dank – ein kulturelles Bewusstsein dafür entwickelt, dass ein Auslöschen aller außer Betrieb genommenen Industrieanlagen wohl einen nicht zu bemessenen Identitätsverlust für diese Region bedeutet hätte.

Man konnte sich letztendlich dazu durchringen, wenigstens einige der herausragenden Beispiele in Industriemuseen umzuwandeln und in einer »Route der Industriekultur« zusammenzufassen.

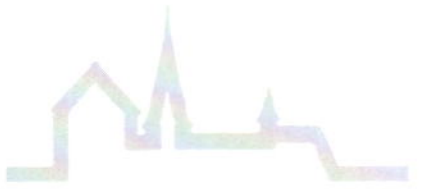

Beispielhaft seien hier genannt:

- Die *Kokerei Hansa* und *Zeche Zollern* in Dortmund,
- die *Zeche Zollverein* in Essen (Weltkulturerbe der UNESCO),
- die *Henrichshütte* in Hattingen,
- der *Landschaftspark Duisburg* (LaPaDu) und viele mehr.

Na, dann scheint ja eigentlich alles in bester Ordnung! Es sind doch offensichtlich noch ein paar von den »alten Klamotten« da. Wirklich? Vorsicht, denn genau hier lauert das eingangs erwähnte Authentizitätsproblem. Was finde ich denn genau vor, wenn ich mich diesen Orten aus der Sicht des Dokumentaristen nähern möchte?

Wenn das anfängliche Staunen und die erste Euphorie ob der schieren Wucht des Ortes verflogen sind, schieben sie sich ins Bild: die Sicherheitsabsperrungen und gläsernen Aufzüge (die es so früher nie gegeben hat), die Piktogramme, die Kunstinstallationen, die Erlebnispfade für die kleinen Bergleute und der Biergarten für den Hunger zwischendurch …

Das linke Bild der Abb. 96 zeigt ein Beispiel für solche nachträglichen Veränderungen am Beispiel der Völklinger Hütte. Man beachte die Fahnen auf den Hochöfen und den Hinweis zum Erlebnispfad »Ferrodrom« auf dem weißen Gebäude in der Bildmitte.

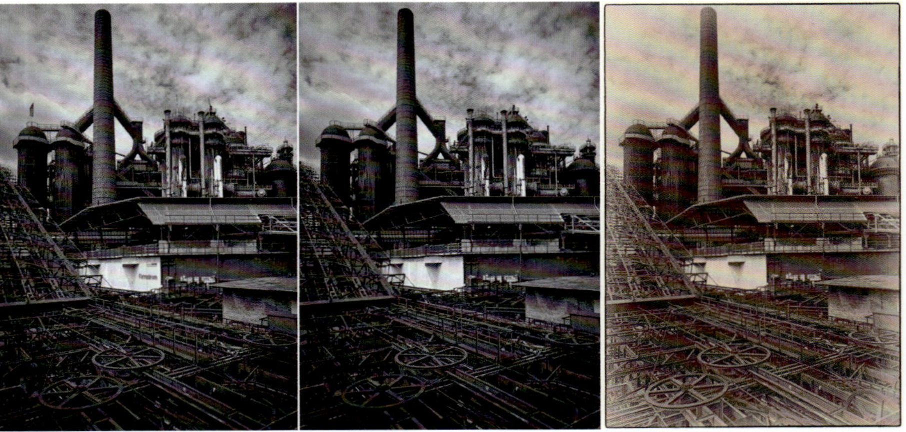

Abb. 96: Triptychon Völklinger Hütte

Ich möchte wahrlich nicht falsch verstanden werden. Das alles ist natürlich wichtig, damit zahlungskräftiges Publikum angelockt wird und damit diese für die kulturelle Identität einer ganzen Region so wichtigen Orte auf Dauer ihre Existenzberechtigung behalten können. Selbstverständlich müssen diese Orte auch sicher gestaltet werden und heutigen Bedürfnissen entsprechend familien- und

behindertengerecht ausgestaltet sein. Aber sobald man als Fotograf, der dem Genius Loci nachspüren möchte, erst einmal ein Bewusstsein für die vielen kleinen Unstimmigkeiten, die einem mir nichts, dir nichts ins Bild geraten können, entwickelt hat, kommt doch recht schnell ein gewisses Frustgefühl auf und man merkt, dass man sich eigentlich in einem Trugbild befindet.

Diesen Ort hat es in dieser Gestalt schlichtweg so vorher nicht gegeben und alle Bilder, die hier entstünden, wären Abbilder einer an äußere Anforderungen angepassten historischen Einrichtung in einem laufenden, zeitgemäßen Museumsbetrieb.

Worin liegt nun aber der rettende Lösungsansatz? Wir könnten uns ja bequemerweise des Mittels der nachträglichen Bildretusche bedienen und alle kleinen Irritationen bequem per Photoshop wegstempeln. Nichts leichter als das!

Das mittlere Bild der Abb. 96 zeigt eine retuschierte Version der Völklinger Hütte. Doch wem wäre wirklich wohl bei dem Gedanken, das getürkte Bild der Öffentlichkeit zu präsentieren? Tricksen, nur um den Schein zu wahren und ein romantisierendes, falsches Ideal zu erzeugen, käme für mich als Option nicht infrage, säße doch das Wissen um die Manipulation zu tief, als dass es sich nicht bei jeder Betrachtung wieder ins Bewusstsein schleichen würde.

Im rechten Bild der Abb. 96 wurde dann endgültig die Grenze zum Kitsch überschritten, indem versucht wurde, mithilfe von Filtern und vorgefertigten Dunkelkammer-Rahmen aus einer digitalen Fotografie ein Analog-Feeling zu erzeugen, das zum stimmungsvollen Ambiente der Industriefolklore passen soll – Verfälschung auf allen denkbaren Ebenen und Historismus mit der Brechstange, aber leider keine Option für den aufrichtigen Analysten, der das Wahrhaftige hinter der Fassade sucht.

Das klingt, ich wiederhole mich, wie ein vernichtendes Urteil über die Industriemuseen – aus und vorbei, der Geist des Ortes für immer verschwunden. Trotzdem möchte ich mich mit dieser vermeintlichen Niederlage nicht zufriedengeben und mich beleidigt von diesen Denkmälern abwenden. Diese Orte sind in ihrer Wichtigkeit als Memorandum und Mittel zum Identitätserhalt einer ganzen Region unschätzbar geworden und schlichtweg aus der Kulturlandschaft des Ruhrgebiets nicht mehr wegzudenken. Und wenn dann erst mal die erste Enttäuschung, der erste überwältigende Eindruck verflogen ist, mache ich mir Gedanken darüber, warum ich mich trotz der Störfaktoren so ausgesprochen gerne an diesen Orten aufhalte.

Zum einen liebe ich die Ruhe, die man hier erleben kann, und nutze gerne einmal einen freien Wochentag, um mich ganz ungestört einem neu erworbenen Objektiv oder einer neuen Aufnahmetechnik (und somit letztendlich mir selbst) widmen zu können. Ab und zu trifft man mal auf einen Gleichgesinnten und jeder vertieft sich nach einem kurzen Plausch wieder in seine Tätigkeit. Man kann sich selbst Aufgaben stellen, die man ganz für sich und in meditativer Ver-

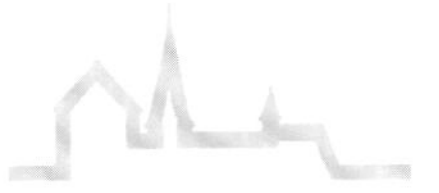

sunkenheit abarbeiten kann: Heute mache ich mal nur Strukturen, konzentriere mich auf bestimmte Formen oder Farben, probiere das Spiel mit Schärfe und Unschärfe, suche absurde Fragmente/Rudimente/Überbleibsel wie etwa in der unten stehenden Abbildung oder finde Patina und Vergang. Die Natur als Rückeroberer, gleichsam das große Radiergummi im Zeitenlauf, kann ebenfalls ein Thema sein, wenngleich es aus meiner Sicht doch mittlerweile arg strapaziert wurde und in seiner stetigen Wiederholung recht schnell zum Klischee gerät.

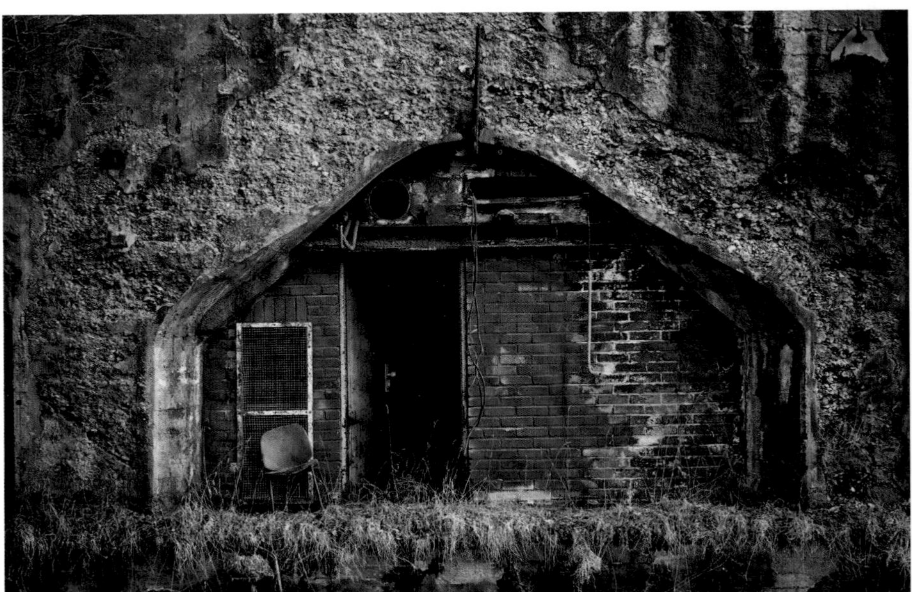

Abb. 97: Elektrischer Steuerraum unter den Erztaschen, Tasche 10a, Henrichshütte

Bleibt man offen, bieten sich also zahllose Beispiele für Themen, die einen bei der fotografischen Arbeit in Industriemuseen gefangen nehmen können. Ich persönlich merke für mich, dass sich nach einem ersten umfassenden Überblick der Blickwinkel recht schnell verengt und ich die Wahrheit im Detail suche. Bizarr bzw. grotesk anmutende Gegenstände und Maschinendetails, deren Sinn ich ohne Fachkenntnis unmöglich ergründen kann, üben auf mich eine magische Wirkung aus und setzen meine Fantasie in Gang.

Je enger der Blick, je konzentrierter quasi das Destillat, desto größer wird der unsichtbare Raum jenseits des Bildes und entfaltet plötzlich seinen eigenen Zauber, nämlich den der potenziellen Geschichten, die sich um den Ort ranken: »Hier, an dieser Stelle, an dieser Maschine wurde jahrzehntelang unter für uns kaum mehr vorstellbaren Bedingungen malocht.«

Da ist er dann plötzlich, der Geruch nach Schweiß, der infernalische Lärm und der beißende, giftige Gestank und das Wissen um die Tag für Tag hart erkämpfte Lohntüte. Rätsel wollen gelöst, Fragen beantwortet werden und in meinem Kopf entsteht eine ungemein reizvolle Mixtur aus Jules Vernes Steampunk, Charlie Chaplins »Moderne Zeiten« und Fritz Langs »Metropolis« – Mensch und Maschine.

Und wenn einem dann noch nach getaner Arbeit und prall gefüllter Speicherkarte zufällig einer der alten Maschinisten oder Stahlkocher über den Weg läuft, sollte man unbedingt die Gelegenheit beim Schopf ergreifen und diese Zeitzeugen nach Sinn und Zweck des ein oder anderen rätselhaften Objekts ausfragen: »Hömma, kannst du dir da n Reim drauf machen? Watt is datt denn wohl?«

Woraufhin dann höchstwahrscheinlich in feierlicher Zeremonie die Lesebrille zurechtgerückt und das Bild auf dem Kameradisplay konzentriert begutachtet wird. Und dann folgen Informationen aus erster Hand wie: »Junge, Junge! Auf der Ebene durfteste imma nur mit schwer Atemschutz rumturnen! Wenn da son Experte zum falschen Moment die Klappe aufgemacht und die Nase reingesteckt hat ...«

Und plötzlich ist man mittendrin in der wahren Geschichte, die man so angestrengt mit seiner Kamera gesucht hat. Das unscheinbare, rätselhafte Detail wird mit einem Mal zum Türöffner für die kleinen und großen Geschichten aus der Vergangenheit. Da ist sie nun doch,
die Zeitmaschine!

An dieser Stelle muss ich meine Aussage von oben wohl revidieren. Solange es diese Zeitzeugen gibt, die den Sinn hinter den Details zu ergründen und mit Leben zu füllen vermögen, ist der Strukturwandel im Ruhrpott noch nicht zur Gänze abgeschlossen.

Glück auf!
Andre Kurenbach
Dortmund, im Februar 2016

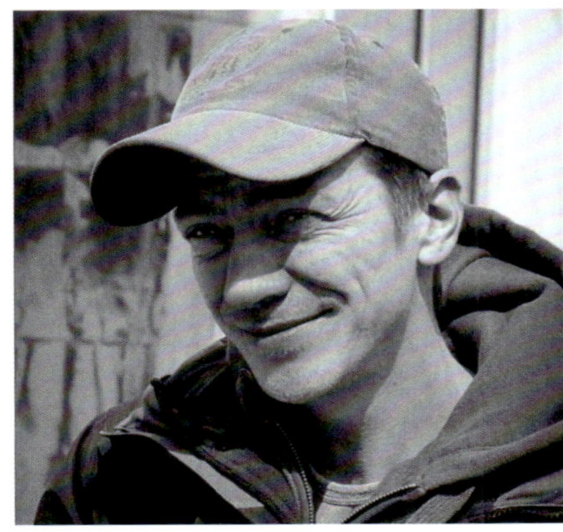

Abb. 98: Andre Kurenbach

Bildnachweis: Abb. 96, Abb. 101, Abb. 102 und Abb. 104 mit freundlicher Genehmigung des Weltkulturerbes Völklinger Hütte, Europäisches Zentrum für Kunst und Industriekultur. Abb. 97 mit freundlicher Genehmigung des LWL-Industriemuseums Henrichshütte, Westfälisches Landesmuseum für Industriekultur. Abb. 99, Abb. 100, Abb. 103, Abb. 105 bis Abb. 108 mit freundlicher Genehmigung der Stiftung Industriedenkmalpflege und Geschichtskultur.

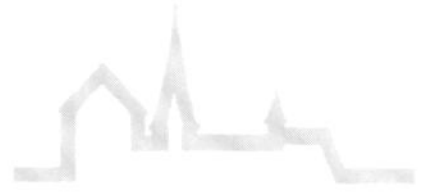

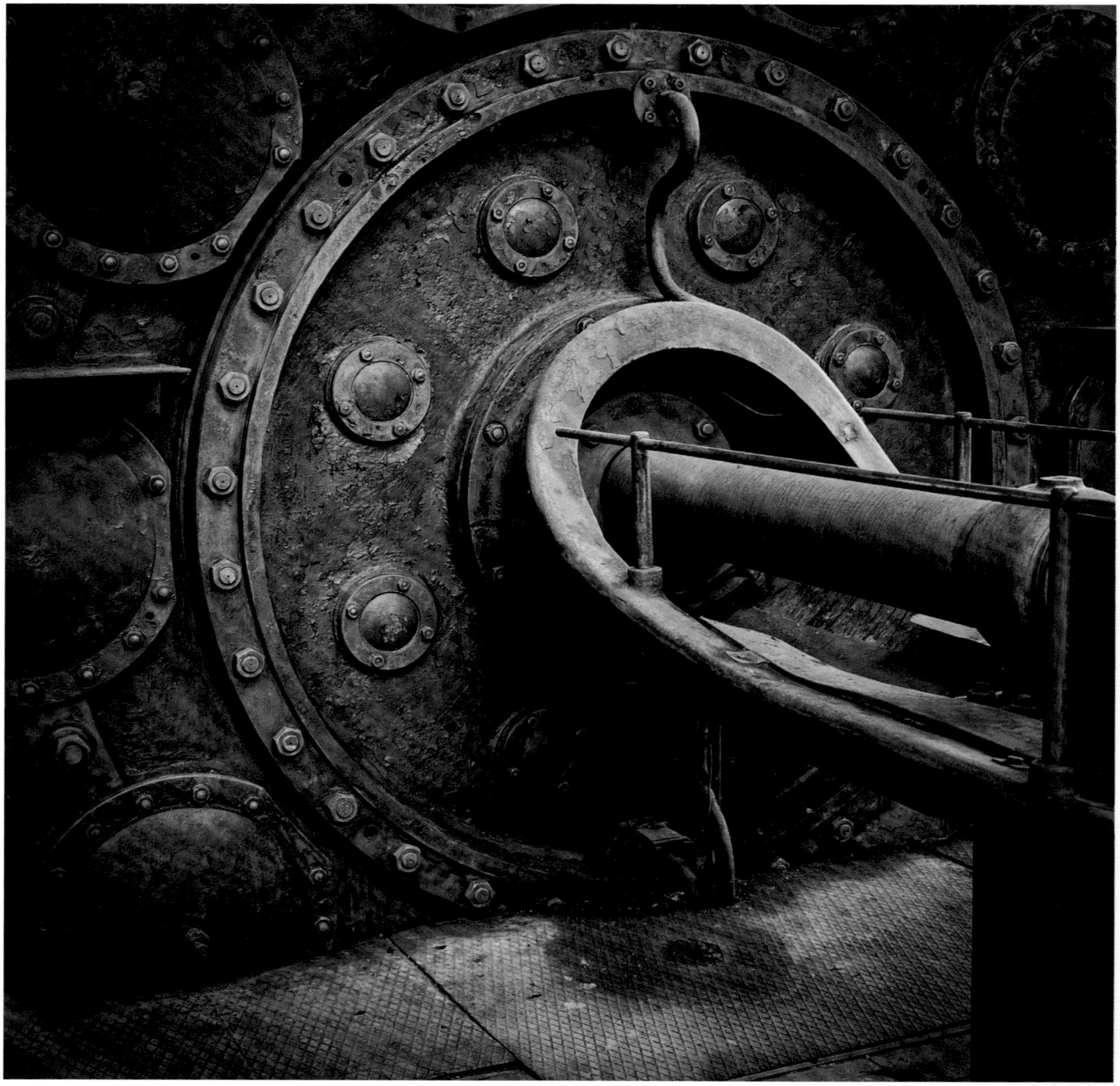

Abb. 99: Begehung der Kokerei Hansa im Januar 2015 – Blatt 01

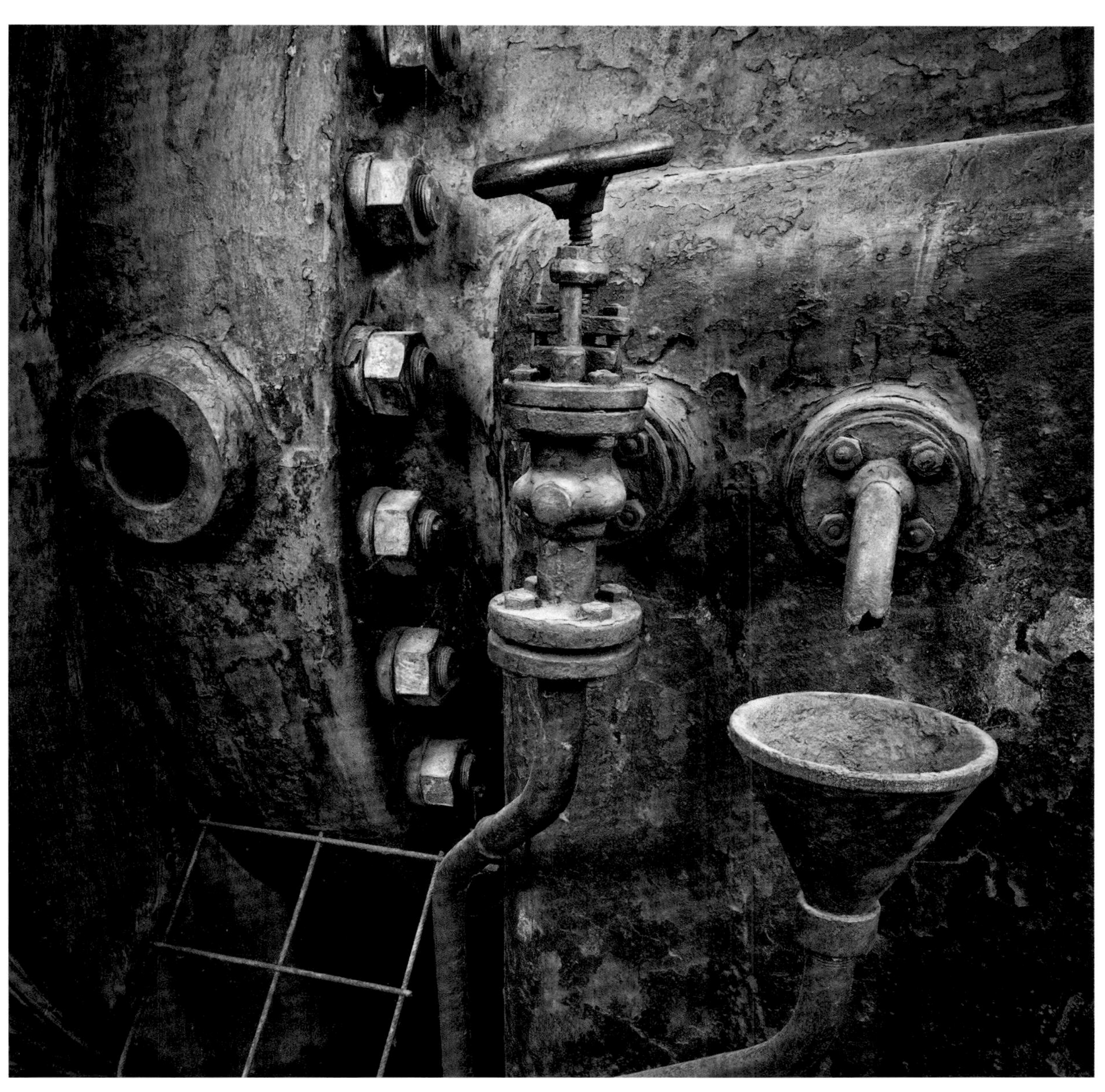

Abb. 100: Begehung der Kokerei Hansa im Januar 2015 – Blatt 07

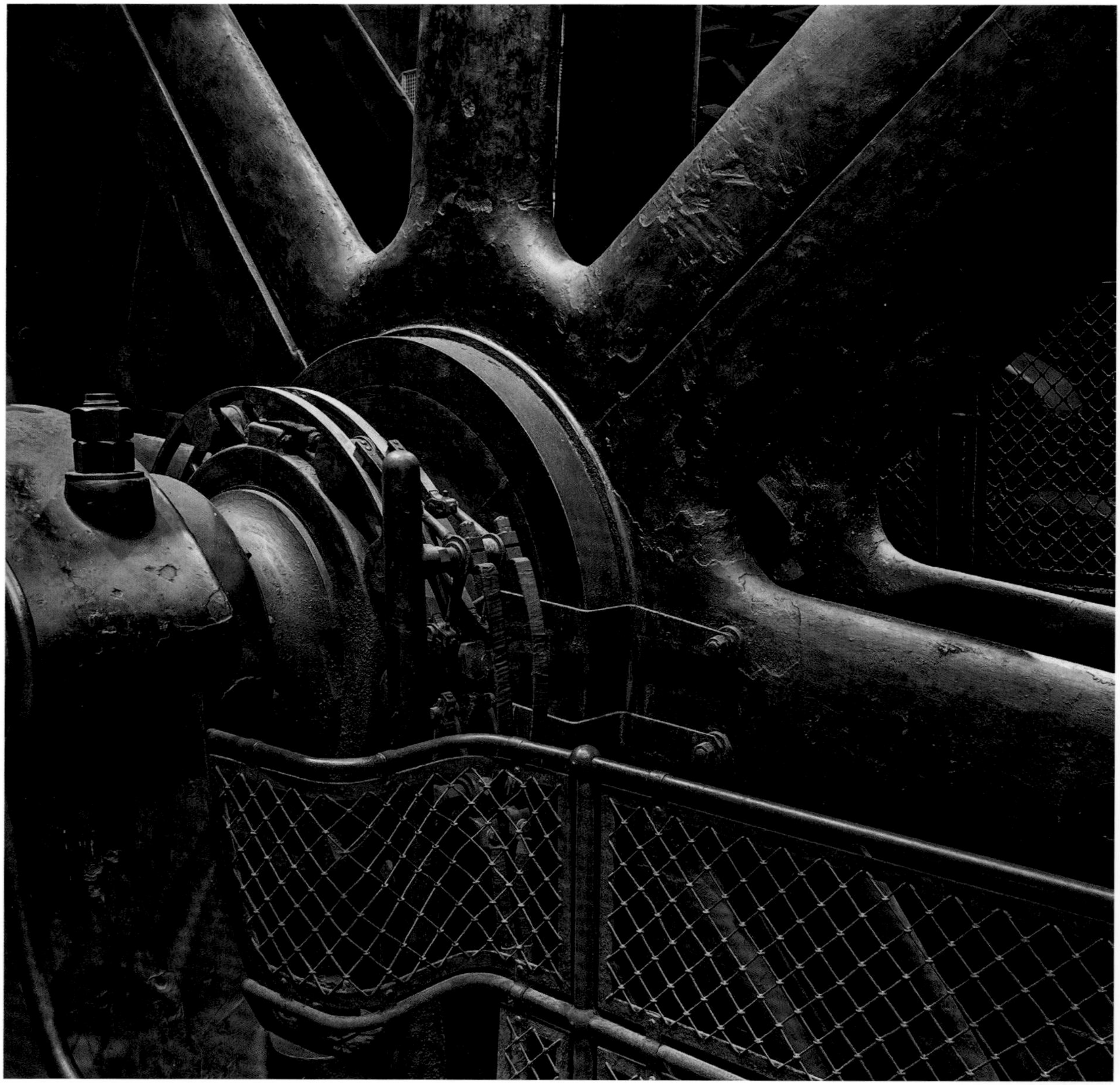

Abb. 101: Begehung der Völklinger Hütte im August 2015 – Blatt 05

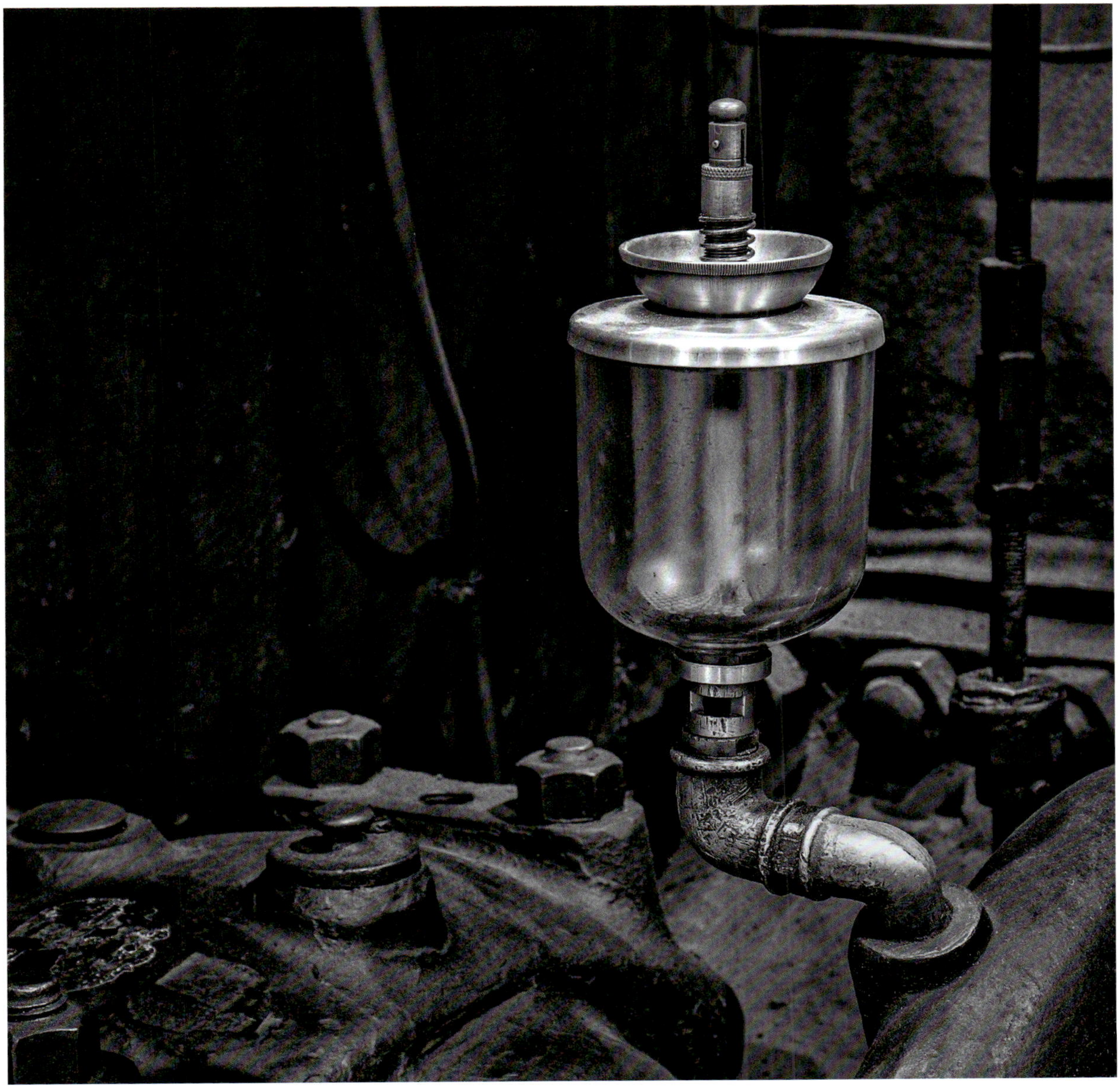

Abb. 102: Begehung der Völklinger Hütte im August 2015 – Blatt 17

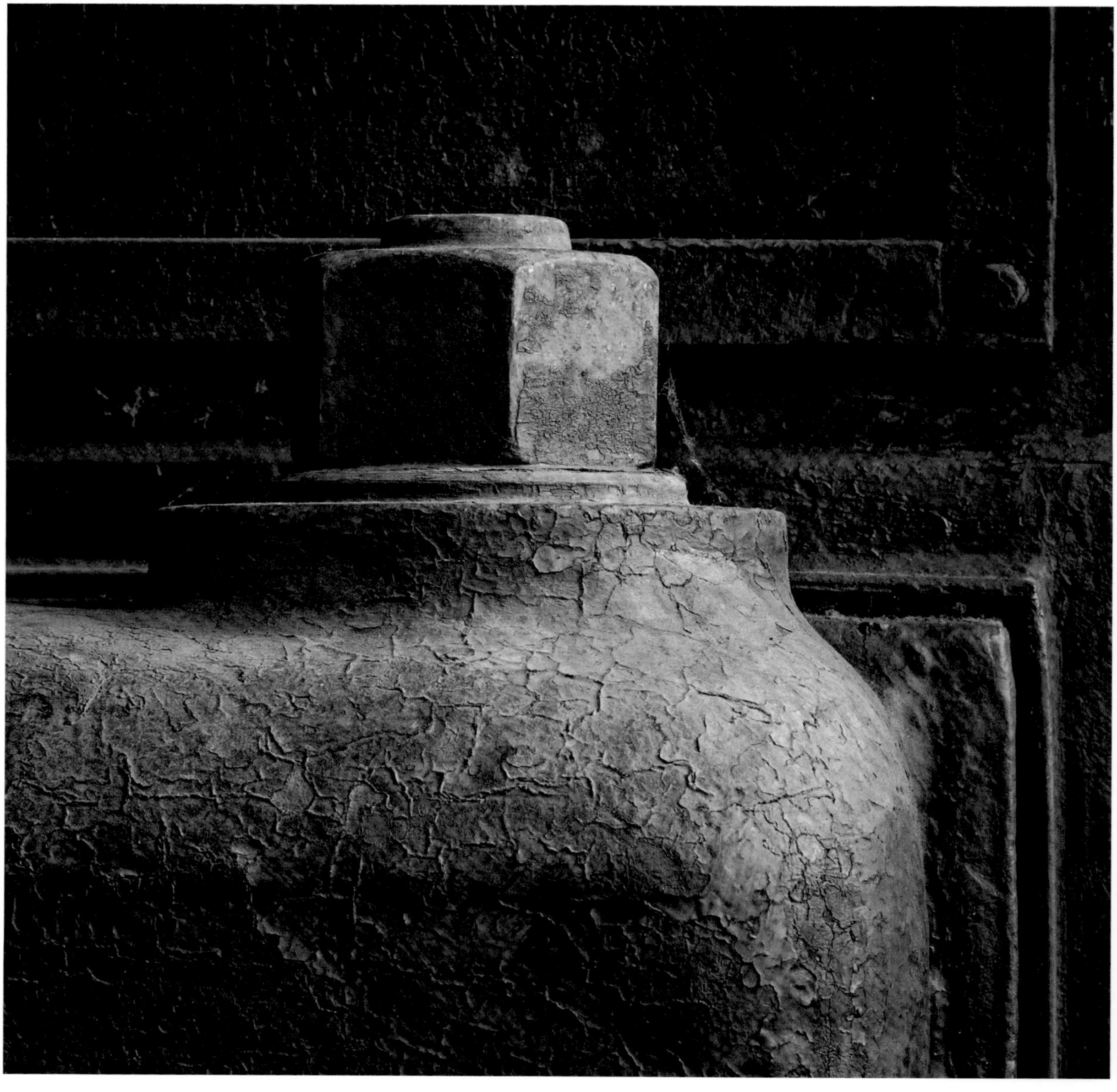

Abb. 103: Begehung der Kokerei Hansa im Januar 2015 – Blatt 04

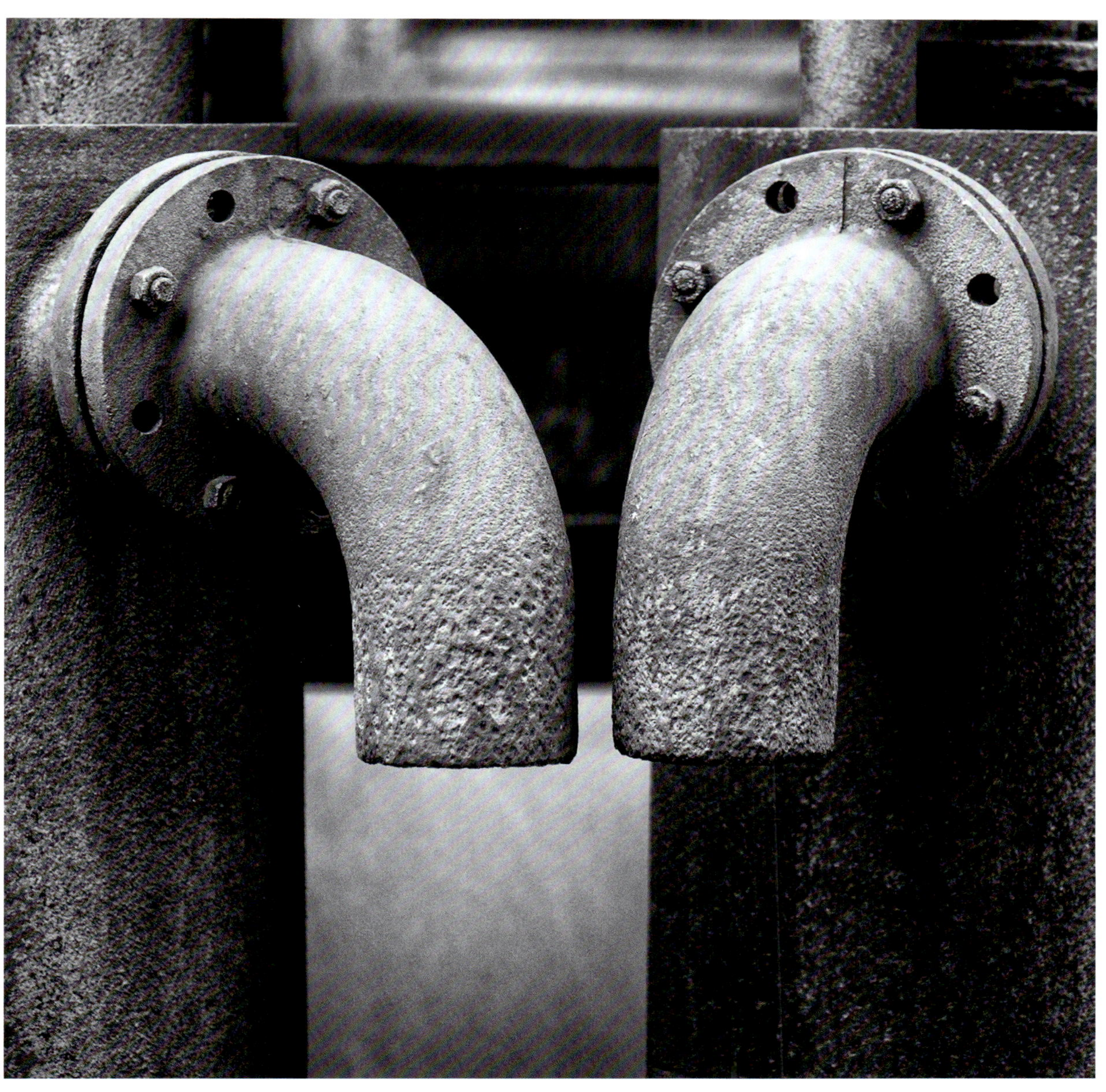

Abb. 104: Begehung der Völklinger Hütte im August 2015 – Blatt 06

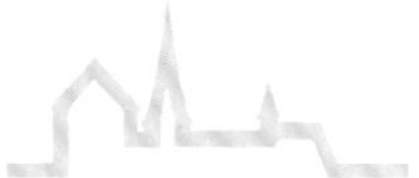

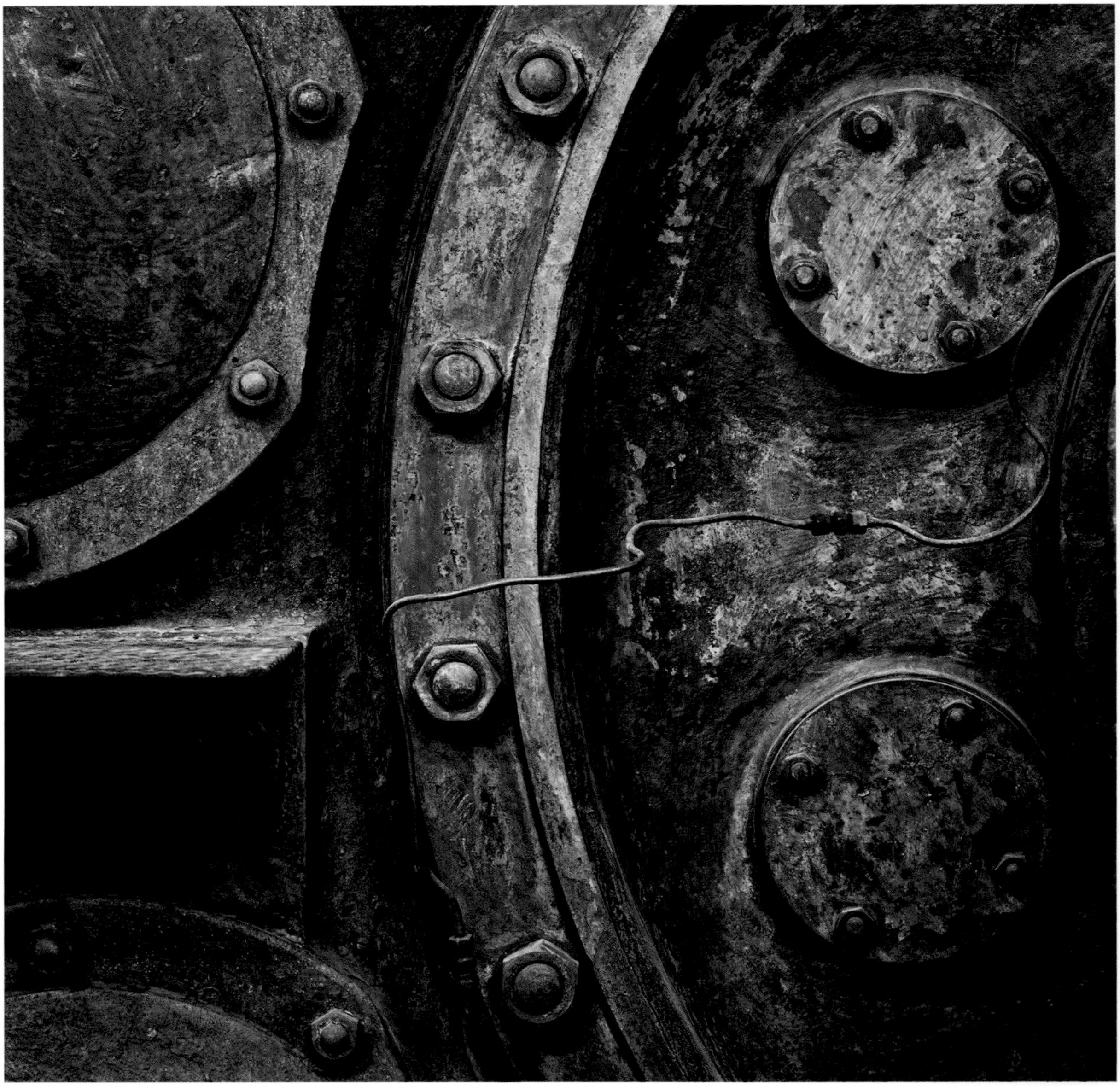

Abb. 105: Begehung der Kokerei Hansa im Januar 2016 – Blatt 03

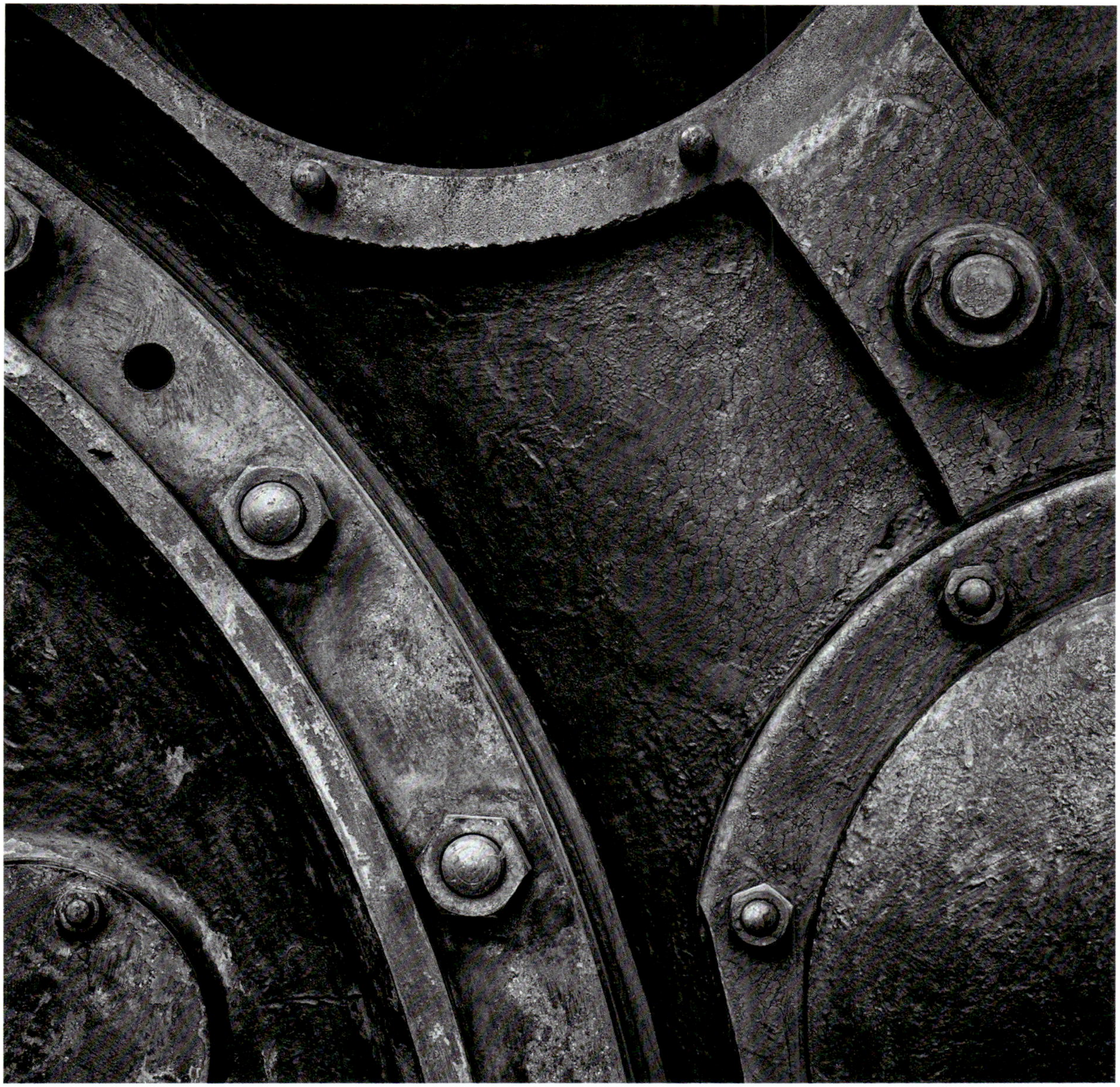

Abb. 106: Begehung der Kokerei Hansa im Januar 2016 – Blatt 04

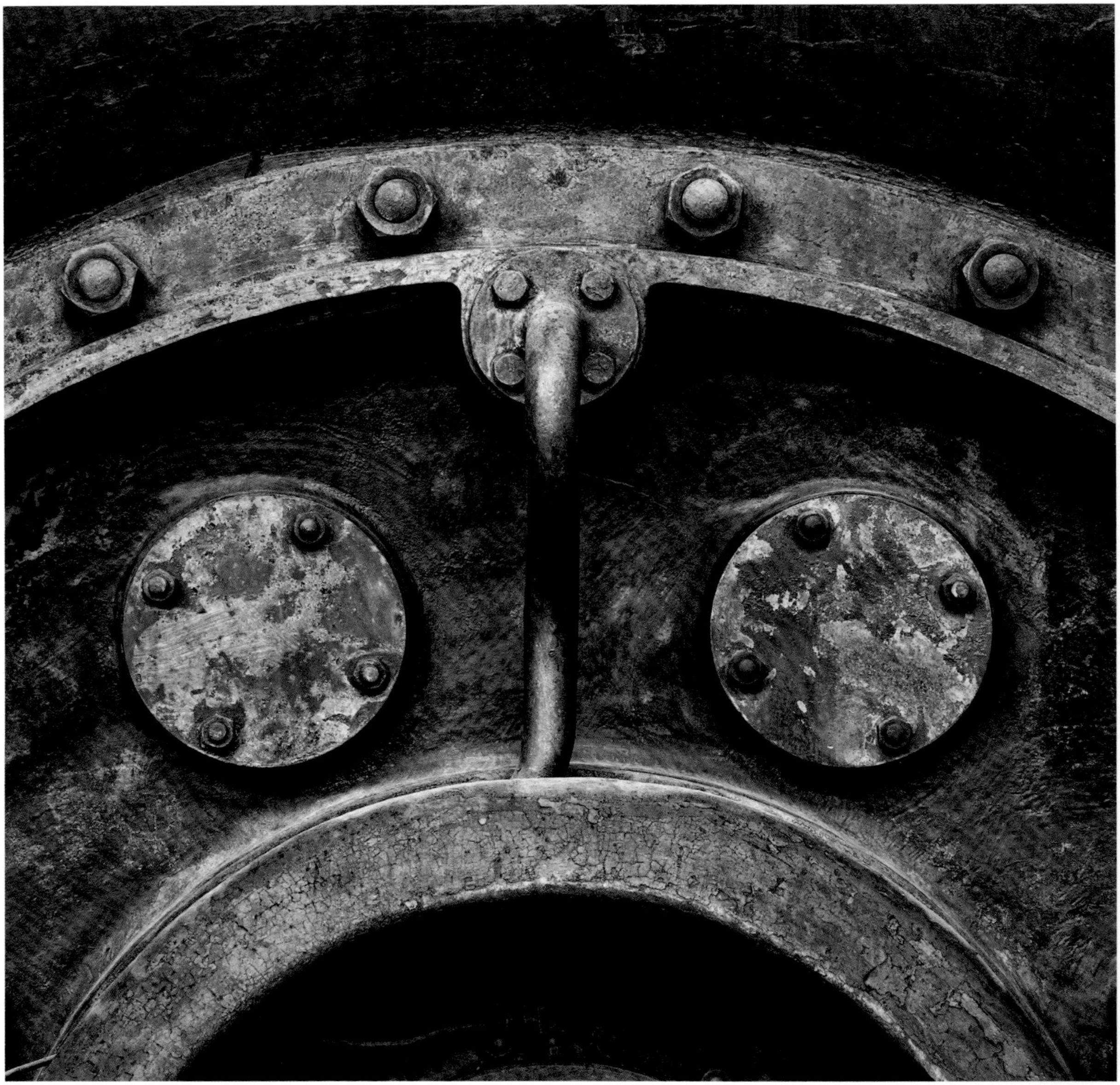

Abb. 107: Begehung der Kokerei Hansa im Januar 2016 – Blatt 08

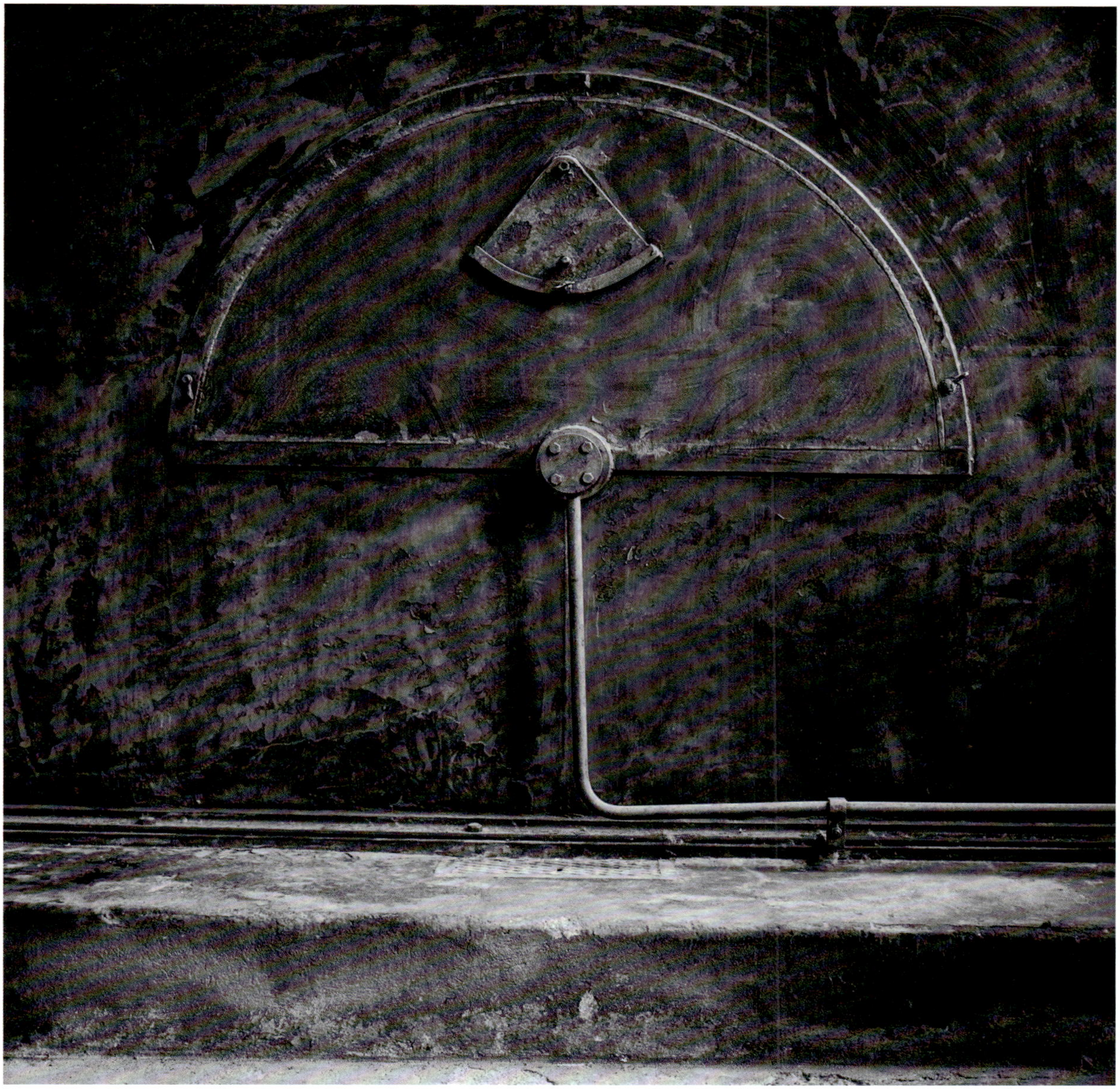

Abb. 108: Begehung der Kokerei Hansa im Januar 2015 – Blatt 06

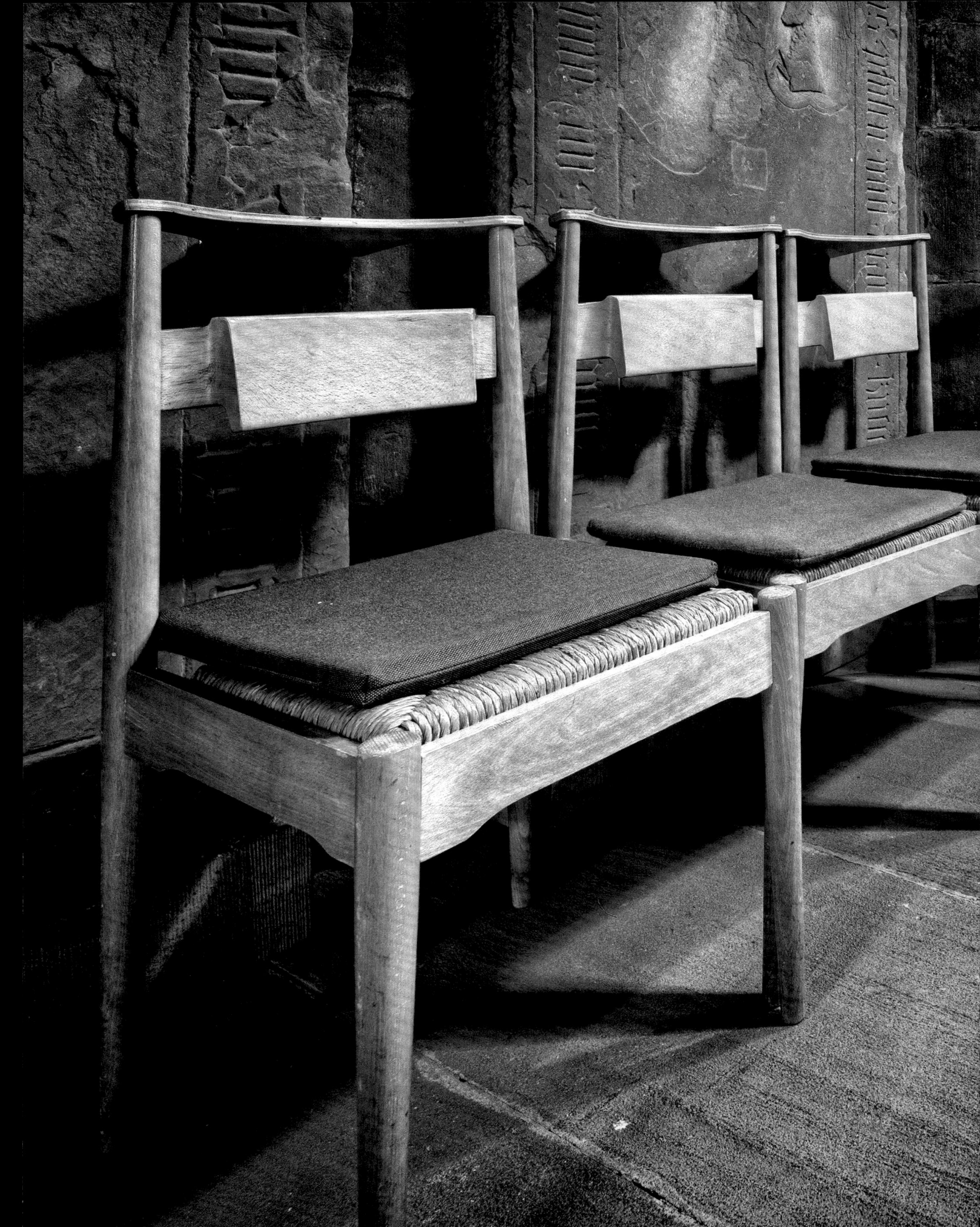

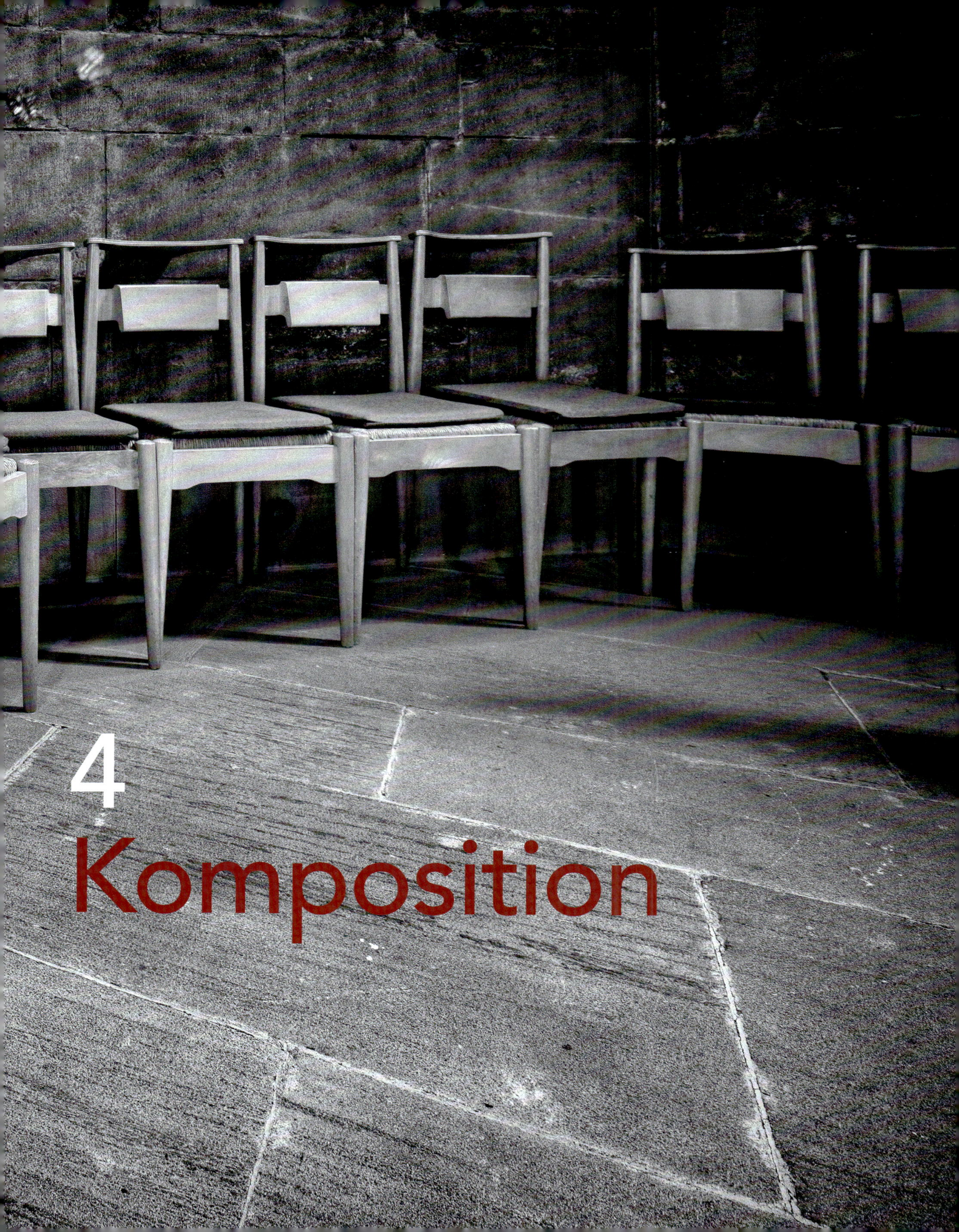

4 Komposition

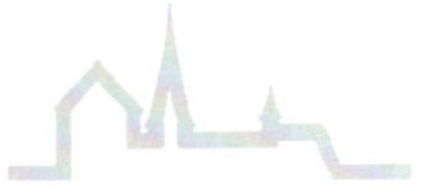

4.1 Einflüsse des Bildformats

Abb. 109: (Voranstehende Doppelseite) »Innenraumszene der Schlosskirche Pforzheim« (Sakralbauten 2014)

Eine erste und grundlegende Frage der Bildkomposition ist immer jene nach dem Format. Mit der Festlegung der grundsätzlichen Ausrichtung und des Verhältnisses von langer zu kurzer Seite nehmen wir bereits maßgeblichen Einfluss auf die spätere Bildwirkung. Zum einen begrenzen und beschließen die Rahmenlinien die im Bild dargestellte Szene, zum anderen wirken diese wie ein äußeres Gerüst, an dem sich die Binnenverteilung der Bildelemente festmachen lässt.

Ich möchte nachfolgend einen Überblick über die verschiedenen Möglichkeiten geben und deren jeweilige Verwendbarkeit in der Architekturfotografie diskutieren.

Querpanorama

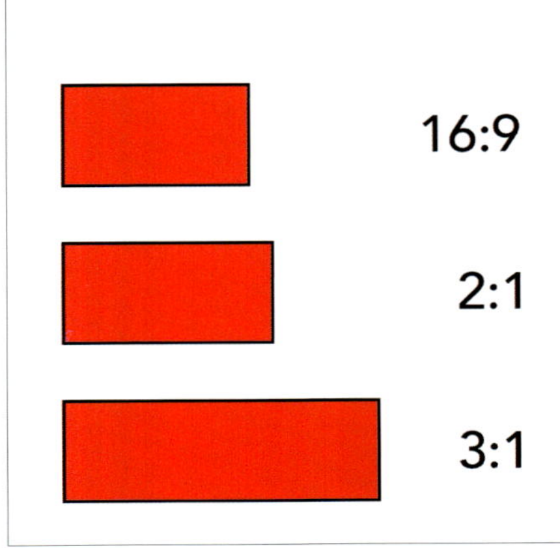

Abb. 110: Querpanorama

Das quere Panoramaformat zeichnet sich durch ein betontes Übermaß der langen (horizontalen) gegenüber der kurzen (vertikalen) Bildseite aus. Das Verhältnis lässt sich im Rahmen digitaler Beschnittmöglichkeiten natürlich frei wählen. Häufig anzutreffende und harmonische Maße sind 16:9, 2:1 oder 3:1, wie in Abb. 110 skizziert.

Das quer angelegte Panorama lässt die ausgewählte Szene in aller Breite spürbar werden. Die Darstellung wirkt in diesem Sinn oft in sich ruhend, imposant oder gar majestätisch.

Das Querpanorama kommt sehr gut infrage für weit gefasste oder auch silhouettenartige Stadtlandschaften, des Weiteren für den Überblick über größere Plätze oder sich lang hinziehende Straßenfluchten. Auch im Innenbereich ist eine solche Darstellung für größere und weitläufige Räume oder lang gestreckte Raumfluchten gut vorstellbar.

Im Gegensatz dazu werden sich Details und Stillleben, des Weiteren auch hohe Räume mit diesem Format in der Regel weniger gut abbilden lassen.

Querformat

Ein relatives Übermaß der langen (horizontalen) gegenüber der kurzen (vertikalen) Bildseite charakterisiert das Querformat. Die heute üblichen Digitalkameras geben in der Regel ein Maß von 4:3 oder 3:2 vor, wie in Abb. 111 dargestellt. In früheren Analogzeiten waren auch andere Maße, wie etwa 7:6 oder 5:4, verbreitet.

Abb. 111: Querformat

Die heutige Bildbearbeitung eröffnet viele Beschnittmöglichkeiten. Welches genaue Seitenverhältnis letztlich bevorzugt wird, mag eher eine Frage der Ausrüstung, des Geschmacks und des jeweiligen Motivs sein – 3:2 geht ein wenig in Richtung des Panoramaformats, während 4:3 etwas harmonischer proportioniert wirkt.

Das Querformat ist auch deswegen weit verbreitet, da es der normalen Kamerahaltung und zudem dem natürlichen Gesichtsfeld beider Augen entspricht, wie schematisch in Abb. 112 für ein Auge dargestellt.

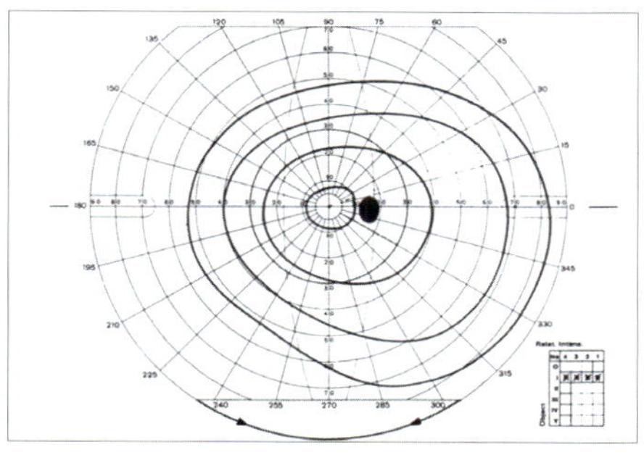

Abb. 112: Normales Gesichtsfeld des rechten Auges, Quelle: Wikipedia, User Pignol23 unter CC-Lizenz

Es eignet sich generell gut für die Architekturfotografie, da sich so die Weite eines Platzes oder eines Raumes sehr gut darstellen lässt. Die Bildanlage vermittelt Ruhe und Statik, der Blick kann im Bild schweifen.

An seine Grenze stößt das Querformat etwa bei der Darstellung hoch aufragender Häuser oder aufwärtsstrebender gotischer Sakralbauten – hier fehlt es dem Querformat schlichtweg an Höhe, und eine Verkippung der Kamera nach oben kann im Sinne stürzender Linien problematisch sein – sofern man nicht aus der Not eine Tugend und aus der extremen Verjüngung der Gebäude nach oben eine persönliche Handschrift macht.

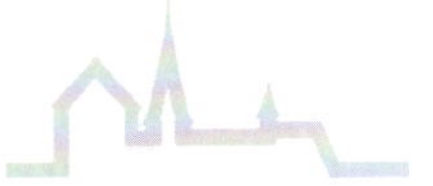

Quadrat

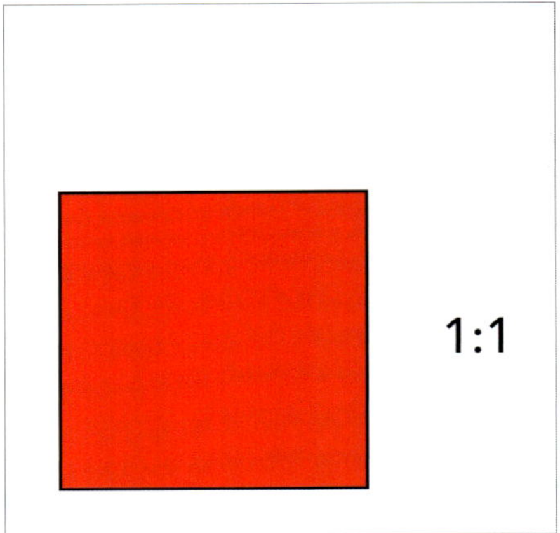

Abb. 113: Quadrat

Das Quadrat, wie in Abb. 113 skizziert, hat eine Sonderstellung. Nachdem die meisten von uns mit Kleinbildkameras und Bildformat von 3:2 oder 4:3 unterwegs sind, bezeugt der Rückgriff auf das Quadrat (durch die Notwendigkeit eines Beschnitts) immer einen besonderen Gestaltungswillen – und wird deswegen gerade im künstlerisch-fotografischen Bereich gerne verwendet. Es vermittelt so trotz der in der Regel digitalen Aufnahme auch einen gewissen Retrocharme (»6x6-Rollfilm«).

Andererseits sind aber auch die Herausforderungen bzw. Widrigkeiten jenes Formats nicht zu unterschätzen – so fehlt die Möglichkeit, die Breite des Raumes durch das Querformat oder eben die Höhe der Bauten durch das Hochformat zu symbolisieren. Man sollte sich also im Klaren sein, dass die Komposition der Gesamtszene sehr in sich geschlossen sein muss, da sie nur eingeschränkt auf die Hilfslinien des begrenzenden Rahmen zurückgreifen kann.

Hochformat

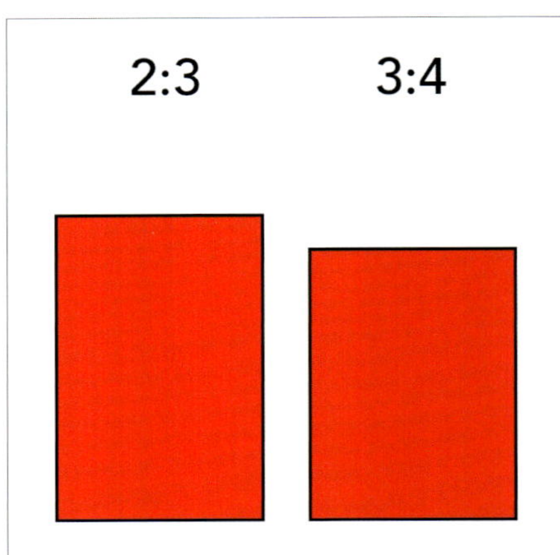

Abb. 114: Hochformat

Ein relatives Übermaß der langen (vertikalen) gegenüber der kurzen (horizontalen) Bildseite charakterisiert das Hochformat.

Für die in Abb. 114 aufgezeigten, üblichen Seitenverhältnisse von 2:3 oder 3:4, die in Analogzeiten davon abweichenden oder die durch digitalen Beschnitt möglichen Maße gilt das bereits vorstehend zum Querformat Gesagte. Das Seitenverhältnis 2:3 kann bisweilen etwas manieriert, also übertrieben und nach oben gezogen, 3:4 hingegen harmonischer wirken.

Hochformatige Bilder wirken oft spannungsvoller und dramatischer wie ihre querformatigen Pendants. Die Höhe der Architektur, etwa in Kirchen oder sons-

tigen hoch aufragenden Gebäuden, lässt sich damit oft wesentlich besser symbolisieren. Ich selbst schätze dieses Format aufgrund seiner Dynamik sehr, wie Sie an den zumeist hochformatigen Bildern dieses Buches erkennen.

Hochpanorama

Das hochformatige Panorama wird nur sehr selten verwendet und ist das Gegenstück zum Querpanorama. Es zeichnet sich durch ein betontes Übermaß der langen (vertikalen) gegenüber der kurzen (horizontalen) Bildseite aus. Auch hier gilt, dass das Seitenverhältnis nicht festgelegt ist, wobei 9:16 oder 1:2 noch als harmonische Maße gelten können und 1:3 doch extrem überstreckt wirkt, wie in Abb. 115 skizziert.

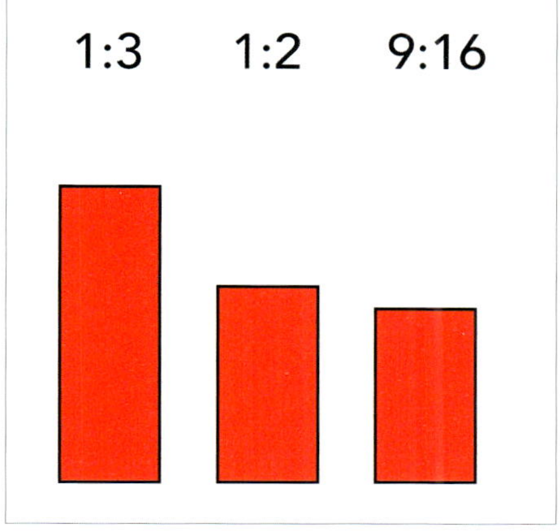

Abb. 115: Hochpanorama

Sinn macht das Hochpanorama allenfalls in der Darstellung sehr hoher Räume oder Fensterfluchten. Die Komposition wirkt in ihrer dramatischen Übersteigerung des sowieso schon dynamischen Hochformats oft sehr labil, wie wenn sie zu kippen drohte.

Ovalformat

Zur Vollständigkeit sei abschließend noch das in der Regel hochformatige Ovalformat erwähnt.

In der Anfangszeit der Fotografie waren Porträtaufnahmen in diesem Format durchaus beliebt. Der ganz spezielle Rahmen hüllte den Abgebildeten quasi in weicher und fließender Form ein und vermittelte so einen bezogenen und freundlichen Eindruck.

In heutiger Zeit ist das Format weitgehend aus der Mode geraten. Vereinzelt mag es sich noch als Stilmittel in historisierenden Aufnahmen finden.

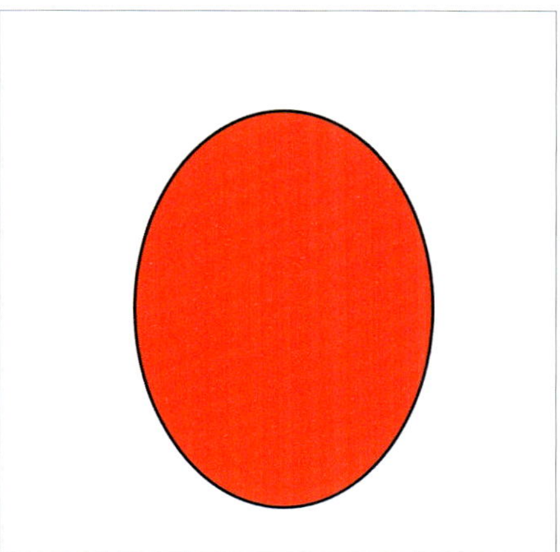

Abb. 116: Ovalformat

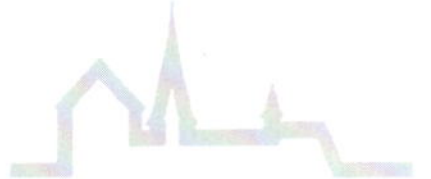

4.2 Grundelemente der Gestaltung

In diesem Unterkapitel soll es um die grundlegenden Gestaltungselemente der Komposition gehen.

Im Unterricht bemerke ich immer wieder, wie schwer es gerade uns Fotografen zu fallen scheint, uns ein Bild aus geometrischen Figuren aufgebaut, also abstrakt vorzustellen. Es mag sein, dass wir durch die Fülle und den Reichtum der realen Motive verwöhnt sind und uns gerade deswegen mit der kompositorischen Reduktion und Abstraktion so schwertun.

Hier haben uns die Maler etwas voraus, die ihre Bilder grundsätzlich aus der Leere bzw. weißen Fläche heraus aufbauen müssen.

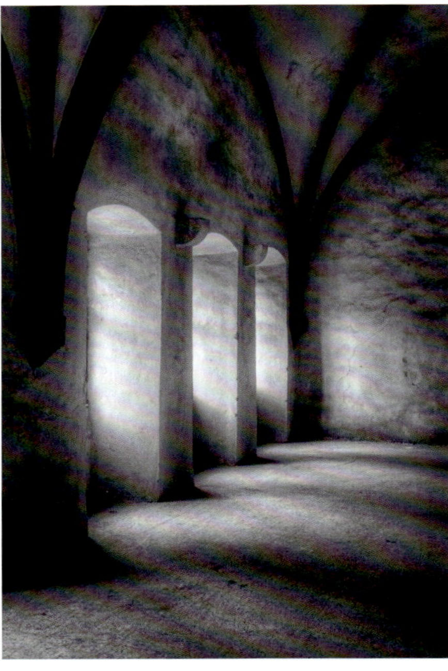

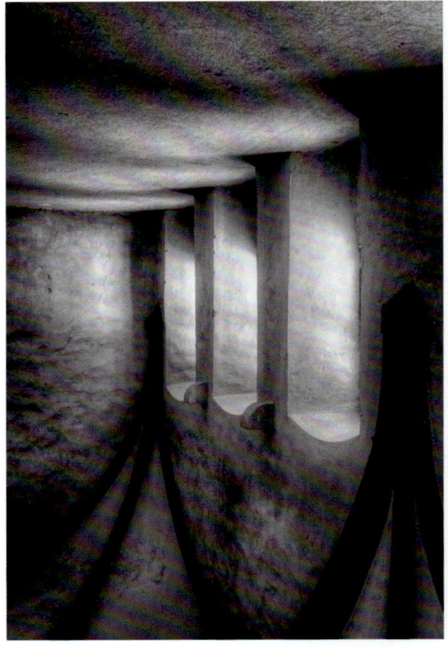

Abb. 117: (Links) Normal ausgerichtet

Abb. 118: (Rechts) Um 180 Grad gedreht

Ich möchte Ihnen deswegen eine kleine Übung vorschlagen (weitere folgen noch am Ende dieses Unterkapitels), um den abstrakten Blick zu schulen:

4. Übung

Betrachten und vergleichen Sie bitte die beiden Bilder auf der linken Seite. Das linke zeigt eine Innenraumszene aus dem Kloster Eberbach bei Eltville am Rhein; das rechte Bild ist identisch, aber um 180 Grad gedreht.

Welche Unterschiede fallen Ihnen ins Auge? Welches der beiden Bilder wirkt mehr durch seine atmosphärische Anmutung? In welchem zeichnen sich die Grundelemente der Komposition klarer ab?

Ich könnte mir gut vorstellen, dass das indirekte Streiflicht und dessen sanfte Widerspiegelung auf den mittelalterlichen Wänden im normal ausgerichteten Bild alle Aufmerksamkeit auf sich ziehen. Dieser Effekt bleibt im gedrehten und damit aus dem realen Zusammenhang gerissenen Bild weitgehend maskiert, und erst so mag deutlich werden, wie sehr die Komposition auf der Vielzahl und dem Rhythmus der bogigen Linien basiert.

Am Anfang steht der Punkt ...

Der Punkt stellt das kleinste Gestaltungselement der Komposition dar.

In direkter Form wird er in unseren Bildern selten auftauchen, denn nach seiner Definition ist der idealtypische Punkt ein Objekt ohne jede Ausdehnung bzw. ein Kreis mit einem Radius von null, wie in Abb. 119 idealisiert dargestellt.

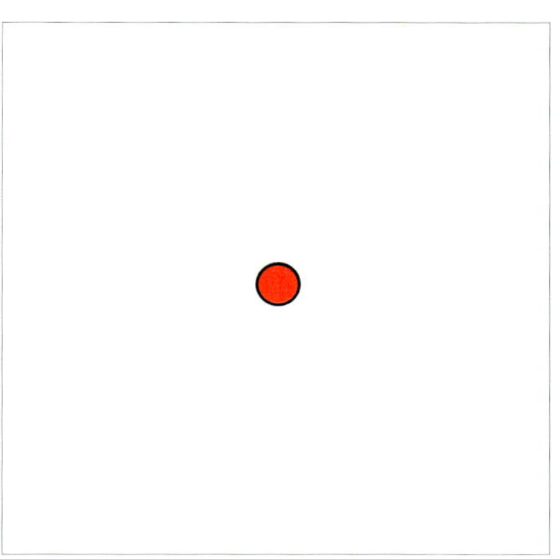

Abb. 119: Punkt, hier als kleiner Kreis idealisiert dargestellt

Gleichwohl ist er für die Belange der Komposition von großer Bedeutung, denn er ist das kleinste Teil, aus dem sich alle nachfolgenden Elemente zusammensetzen.

Auf die Sprache bzw. Schrift übertragen entspräche der Punkt einem Buchstaben, die gerade und gebogene Linie einem Wort, die einfache Form eines Kreises einem kurzen, die komplexe eines Vielecks einem längeren Satz.

Es folgen nun die zusammengesetzten geometrischen Figuren, die sich wiederum in einfach und komplex aufgebaute unterscheiden lassen.

Hier wird es für die kompositorischen Belange spannend, denn die verschiedenen Figuren weisen (nicht unähnlich den bereits besprochenen Symbolen) unterschiedliche Anmutungen und Bedeutungsebenen auf, die sich im Sinne der Bildwirkung nutzen lassen.

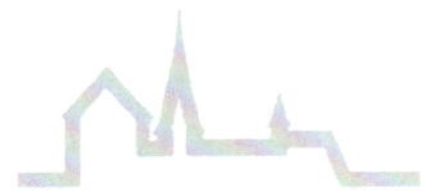

Durchgezogene und gedachte Linien

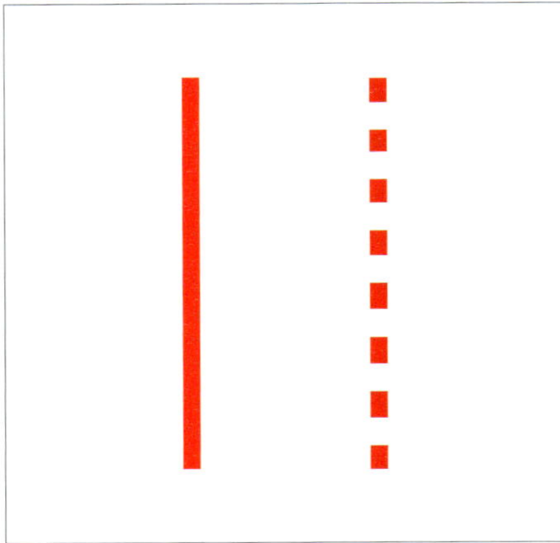

Abb. 120: Durchgezogene und gedachte Linien

Linien sind in der Geometrie als kürzeste Verbindung zwischen zwei Punkten definiert, was man für die kompositorischen Belange allerdings etwas relativieren darf.

Natürlich findet sich auch hier die physikalisch vorhandene Linie, wie etwa in Abb. 122 und Abb. 124 dargestellt. Solche durchgezogenen Linien strukturieren den Raum stark und können dem dargestellten Detail einen recht wuchtigen oder statischen Eindruck verleihen.

Zum anderen lassen sich Linien auch entlang mehrerer markanter Punkte gedanklich ergänzen, wie etwa in Abb. 123 und Abb. 125 dargestellt. Solche gedachten Linien sind in kompositorischer Hinsicht oft dynamischer, auch leichter und luftiger, da physikalisch eben nicht vorhanden und erst in der Vorstellung entstehend.

Gerade und gebogene Linien

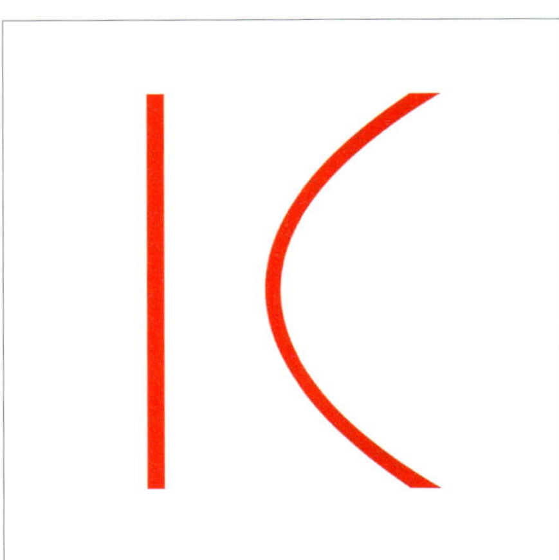

Abb. 121: Gerade und gebogene Linien

Eine weitere, wichtige Unterscheidung ist zwischen geraden und gebogenen Linien zu machen. Letzte entsprächen aus geometrischer Sicht, sofern einigermaßen gleichmäßig, eher Kreisanschnitten.

Auch hier lassen sich Graduierungen der Bildwirkung beschreiben: Die geraden Linien, wie in Abb. 122 und Abb. 123 dargestellt, wirken tendenziell immer stabiler und statischer wie ihre in Abb. 124 und Abb. 125 dargestellten, gebogenen Gegenstücke.

Wollte man in solcher Hinsicht ein Kontinuum beschreiben, stünde die durchgezogene gerade Linie für den Pol der schweren und statischen, die gedachte gebogene Linie hingegen für jenen der leichten und dynamischen Bildwirkung.

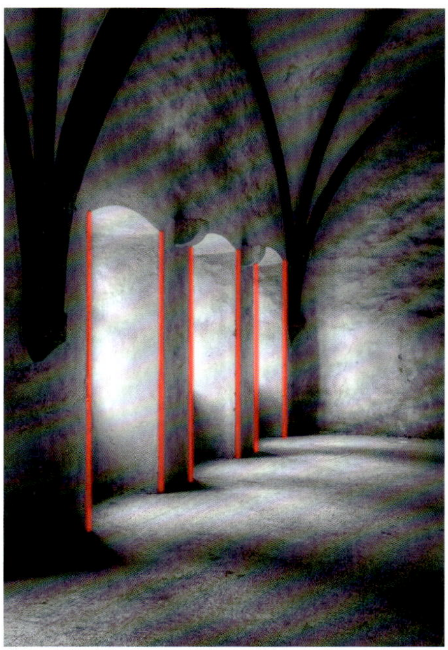

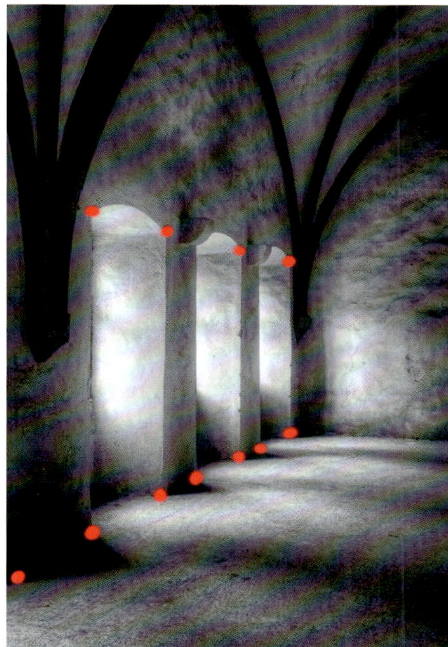

Abb. 122: (Links) Durchgezogene und gerade Linien am Bildbeispiel

Abb. 123: (Rechts) Gedachte und gerade Linien am Bildbeispiel

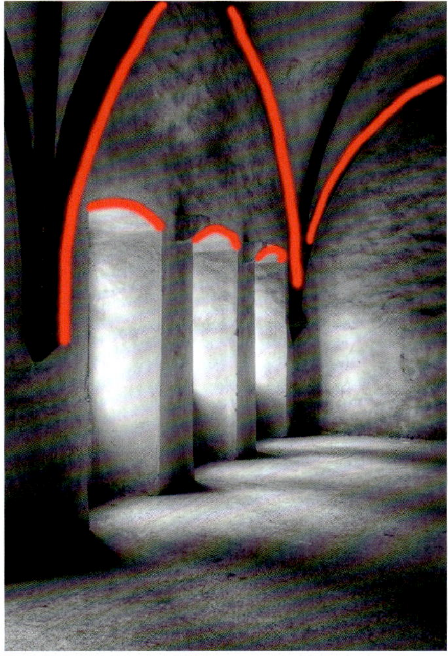

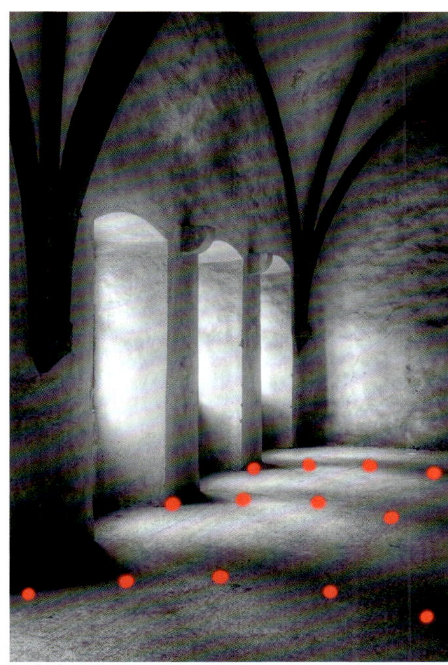

Abb. 124: (Links) Durchgezogene und gebogene Linien am Bildbeispiel

Abb. 125: (Rechts) Gedachte und gebogene Linien am Bildbeispiel

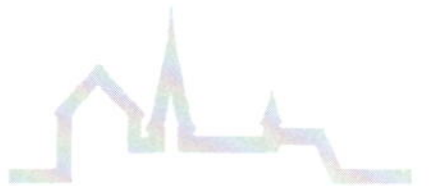

Kreise

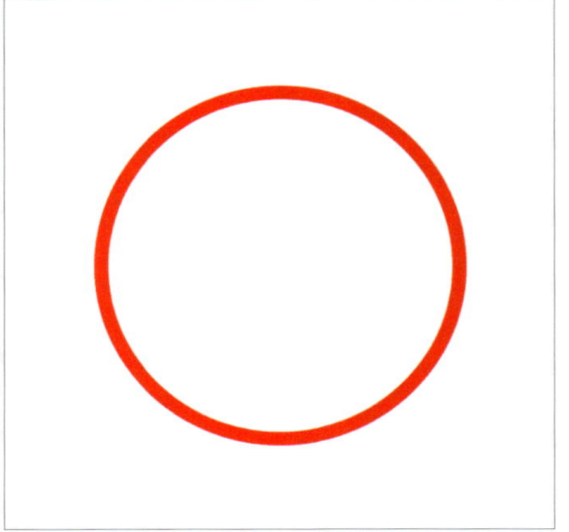

Abb. 126: Kreis

Kreise lassen sich in gewisser Weise als in den Raum ausgedehnte Punkte beschreiben – was zwar keine geometrisch korrekte Aussage, aber eine gestalterisch zulässige ist. Weiter lassen sich Kreise in solche mit runder, ovaler und unregelmäßiger Form bzw. Begrenzung unterteilen.

Im Unterschied zu den Linien werden Kreise in nur gedachter, also über einige markante Eckpunkte ergänzter Form zumeist nicht wirksam genug hervortreten.

Um maßgeblichen Einfluss auf die Komposition nehmen zu können, werden Kreise in der Regel also durchgehende Strukturen bzw. Kontrastkanten benötigen.

Bei der Suche nach geeigneten Beispielbildern mit kompositorisch bedeutsamen Kreisstrukturen tat ich mich erstaunlich schwer – nicht im Landschafts-, Stillleben- oder Streetportfolio wohlgemerkt, bei denen runde Strukturen als organische Elemente natürlicherweise vorkommen und weit verbreitet sind; sondern eben im Architekturportfolio, da Gebautes eben zumeist eckig ist und die rund-organische Form ins Hintertreffen gerät.

Anwendungsbeispiele

Bei der »Straßenszene in Zgorzelec« in Abb. 127, die eigentlich zum Gebiet der Stadtlandschaft gehört und bei der die Architektur eher als Bühnenbild fungiert, haben wir eine Vielzahl perfekt runder und zugleich völlig künstlicher, der Szene also übergestülpter Strukturen, deren geheimnisvoller Dialog hier die Bildgeschichte ausmacht.

Man mag sich bei der »Straßenszene in Albi« in Abb. 128 fragen, ob das sich in der Ferne wiederholende Halbrund der romanischen Bögen eher als gebogene Linie oder als Kreisanschnitt zu betrachten sei.

Die Nachtstudie in Abb. 129 lebt vom Spannungsbogen zwischen den ovalen Strukturen der beiden Kegel bzw. deren Öffnungen auf der einen, dem punktförmigen Licht der Straßenlampe auf der anderen Seite – übrigens auch ein kompositorisch wirksames Dreieck, wie im nächsten Abschnitt behandelt.

Die diffuse und so schon mehr als Oval erscheinende Spiegelung des Fensterlichts in Abb. 130 ist das letzte Beispiel in dieser Reihe. Die unscharf begrenzten, fast organisch wirkenden Formen des Lichts wirken hier im Kontrast mit den Vertikalen der linken Wandstrukturen und eines rechts angeschnittenen Schrankes.

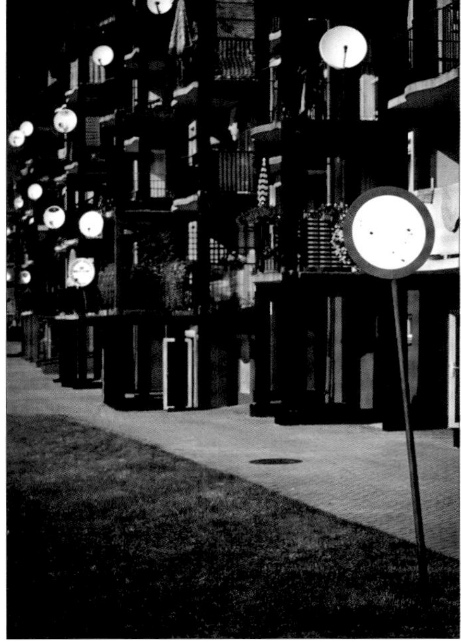

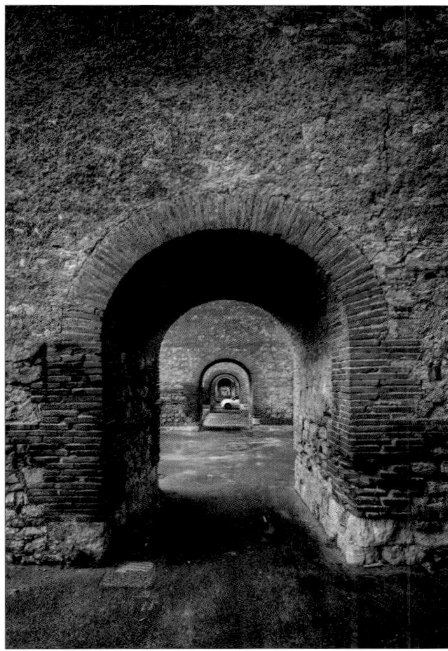

Abb. 127: (Links) »Straßenszene in Zgorzelec«, aus der Serie »Polnische Landschaften und Straßenszenen (2011)«

Abb. 128: (Rechts) »Straßenszene in Albi«, aus der Serie »Pyrenäen (2013)«

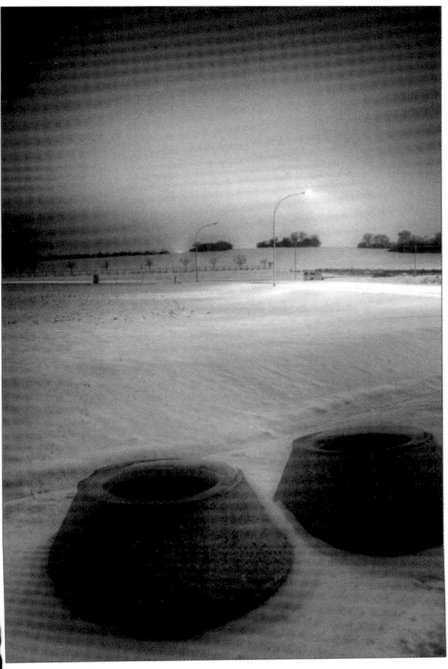

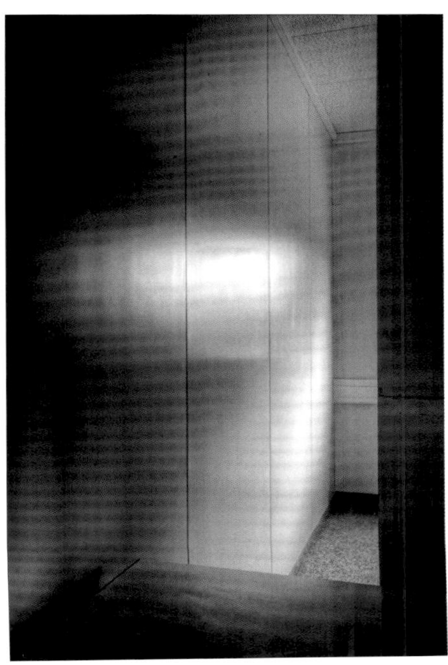

Abb. 129: (Links) Nachtstudie (2013)

Abb. 130: (Rechts) »Containerschule | Studie 31« (2014)

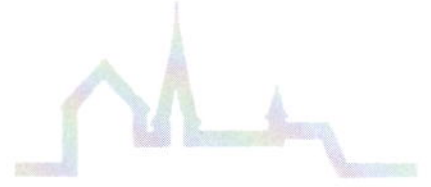

Dreiecke

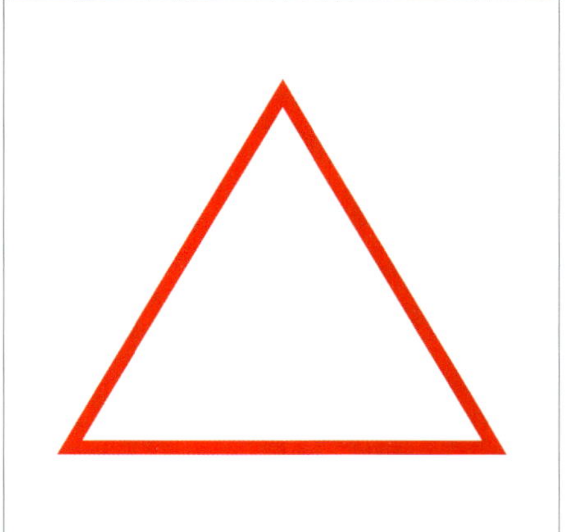

Abb. 131: Dreieck

Dreiecke gehören mit zu den spannendsten und vielseitigsten Elementen in der Komposition.

Dies beginnt schon mit dem Formenreichtum, denn es lassen sich sowohl die von der Geometrie her bekannten gleichseitigen, gleichschenkligen, rechtwinkligen und unregelmäßigen wie auch die im räumlichen Sinne aufrechten, umgedrehten oder verkippten Dreiecke beschreiben.

Je nach Einsatz kann ein Dreieck Klarheit, Ruhe und Harmonie ausstrahlen und damit statisch wirken oder Unruhe, Bewegung und Veränderung symbolisieren und damit dynamisch wirken.

Die Konstruktion eines Dreiecks ist denkbar einfach, benötigt werden dazu nur drei markante Punkte im Bild und deren gedankliche Verbindung. Stellt dies das wesentliche Merkmal dar, spricht man von einer Dreieckskomposition, die insbesondere in der Malerei der Renaissance und Romantik beliebt war.

Anwendungsbeispiele

In Abb. 132 fungieren die drei Gesichter als Eckpunkte, es resultiert ein rechtwinkliges und leicht verkipptes, mithin stabiles, aber nicht starr wirkendes Dreieck (rote Linien). Dunkler, größer und quasi als Basis des Ersten dienend gibt sich entlang der Umrisse von Maria noch ein zweites Dreieck zu erkennen (orange Linien).

Abb. 133 greift nochmals die Nachtstudie des letzten Abschnitts auf. Auch hier trägt die Dreieckskomposition (rote Linien) das Bild, alle anderen Elemente ordnen sich dieser unter.

In der ebenfalls schon gezeigten Innenraumszene der Abb. 134 gibt sich ebenfalls ein kompositorisches Dreieck zu erkennen (rote Linien). Im Gegensatz zum vorigen Bild stellt sich dieses allerdings nicht in den Mittelpunkt, sondern rahmt das Hauptmotiv (gelbe Fläche) ein.

In Abb. 135 stoßen wir auf eine Vielzahl kleiner und mittelgroßer Dreiecke (rote Linien) – des Weiteren auch auf Rauten und Trapeze, auf die ich bei den Vierecksvariationen noch zu sprechen komme. Keine der aufgezählten Strukturen hat derartiges Gewicht, um als Hauptmotiv dienen zu können. Dies kommt hier vielmehr dem senkrecht verlaufenden, bewusst in die Bildmitte gesetzten Stoß von Fenster und Mauer zu (gelbe Linie), um den herum sich dann die Nebenmotive gruppieren.

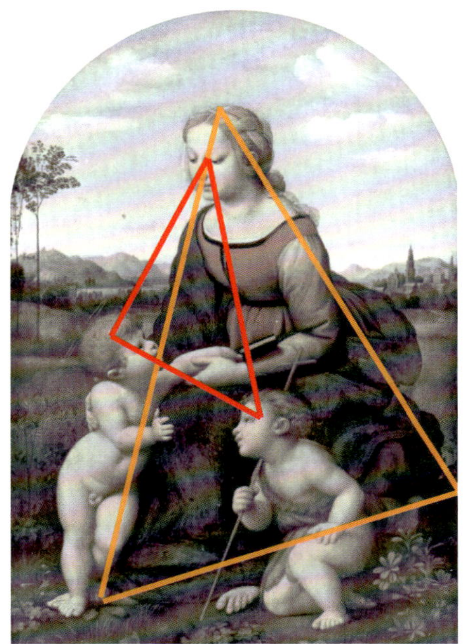

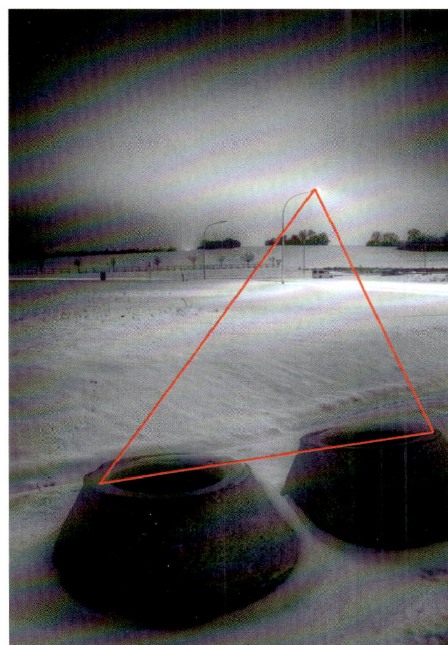

Abb. 132: (Links) »Madonna mit Jesuskind und Johannesknabe« von Raffael 1507, gemeinfrei

Abb. 133: (Rechts) Nachtstudie (2013)

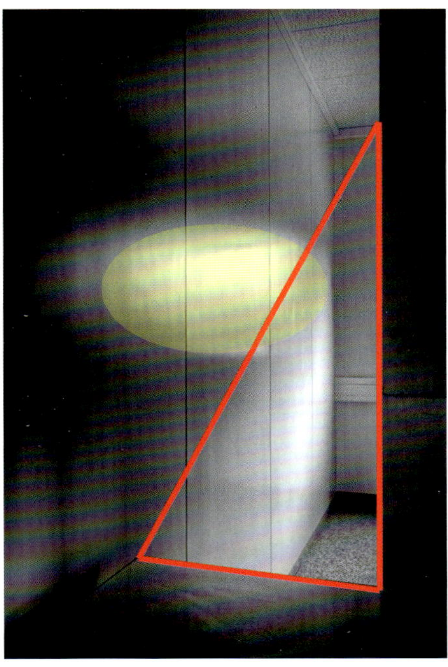

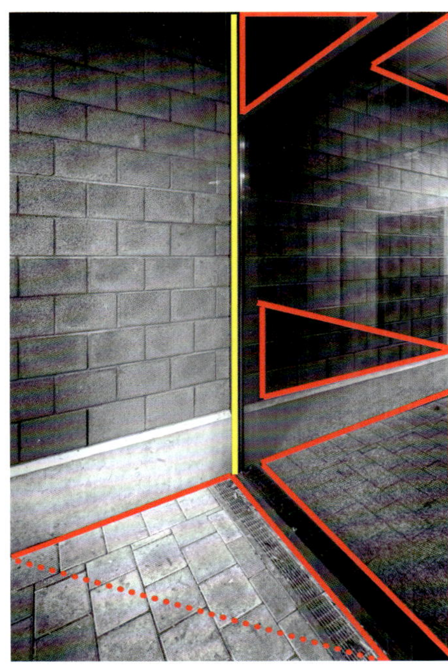

Abb. 134: (Links) »Containerschule | Studie 31« (2014)

Abb. 135: (Rechts) Nachtstudie (2013)

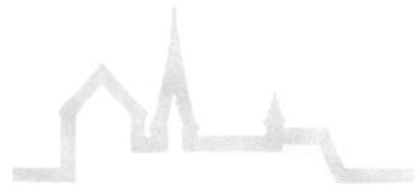

Das Phänomen der konvergierenden Linien gilt es noch zu besprechen, und ich tue dies im Abschnitt der Dreiecke, da sich solche Linien ihrer Natur nach (lateinisch »convergere«: zueinander neigen) aufeinander zubewegen und im Fluchtpunkt aufeinandertreffen. Der im Bild sichtbare Abschnitt solch zusammenführender Linien stellt somit immer den Teil eines Dreiecks dar.

Die Anzahl und Lage der greifbaren Fluchtpunkte nimmt maßgeblichen Einfluss auf die Komposition und Bildwirkung, wie ich an einigen Bildbeispielen noch aufzeigen möchte.

Weitere Anwendungsbeispiele

Betrachten wir die Abb. 136. Die Szene stellt sich mit ihrem in beiden Achsen zentrierten Fluchtpunkt sehr übersichtlich dar. Rein theoretisch gäbe es zwar auch noch horizontale und vertikale Fluchtpunkte, diese liegen wegen der exakten Ausrichtung der Szene aber faktisch im Unendlichen und sind daher zu vernachlässigen. An den Übergängen von Boden, Decken und Wänden laufen nun die konvergierenden Linien (rot). Diese haben als ebensolche bereits ein beträchtliches kompositorisches Gewicht. Aus den vier konvergierenden Linien lassen sich aber noch vier gleichschenklige, nach innen zeigende Dreiecke konstruieren, welche die Hinweisfunktion auf das Ziel noch verstärken.

Zwei kleine Hinweise noch, die schon ein wenig auf spätere Themen vorgreifen: Ein stärkerer Raumsog wie durch bildinneren Fluchtpunkt und stringente Konvergenz lässt sich kaum erzeugen; jenes Soggefühl in die Raumtiefe wollte ich durch die Dynamik der bewegungsunscharf vorbeihuschenden Person (gelb) noch unterstreichen, da mir die ganze Szene sonst zu statisch gewirkt hätte.

Geradezu das Gegenteil in konstruktivistischer Hinsicht stellt die Abb. 137 dar. Die in die Mitte gesetzte, vertikale Strebe eines Gebäudeecks (gelb) gibt der Szene einigen Halt. Darüber hinaus lässt sich aus den konvergierenden Linien eine Vielzahl von gleichschenkligen, nach außen zeigenden Dreiecken konstruieren (rot), die auf einen jeweils nur knapp hinter der Bildgrenze befindlichen Fluchtpunkt zusteuern.

Die Szene dürfte wohl kaum idyllisch wirken und das sollte sie auch nicht. Hier setzte ich also mit Bedacht jene Stilmittel bedrohlicher Dynamik und einsetzenden Auseinanderdriftens ein.

Auch Abb. 138 befasst sich mit den konvergierenden Linien, wobei hier die Größenverhältnisse und Staffelungen der Tisch- und Stuhlreihen entscheidend sind. Mein entscheidendes Zutun war hier die exakte Ausrichtung der Kamera auf die Höhe der Tische (gelb), um den Effekt zu ermöglichen. Letztlich resultiert aus den Verbindungspunkten ein etwa gleichseitiges Dreieck, welches den Blick mit einiger Entschiedenheit, aber ohne die Drangsal der zuvor besprochenen Aufnahme nach rechts führt (rot).

Diese Idee eines Vorbeimarsches greift auch Abb. 139 auf – in ähnlicher, doch ruhigerer Weise und vor einer Art Gestell (gelb). Unser Blick streift die Relikte einer ehemaligen Schreinerei entlang der nach rechts zeigenden Dreiecke (rot).

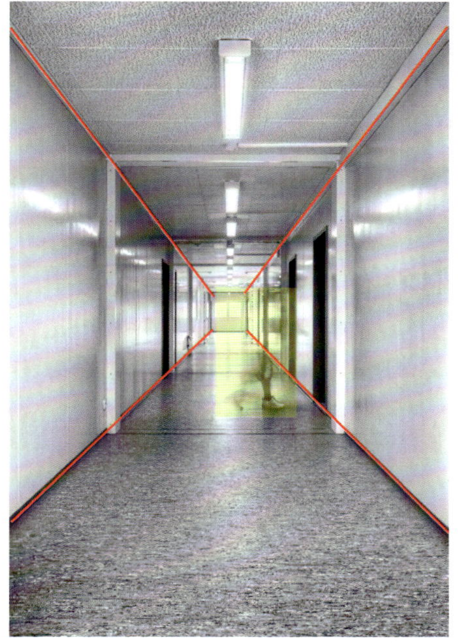

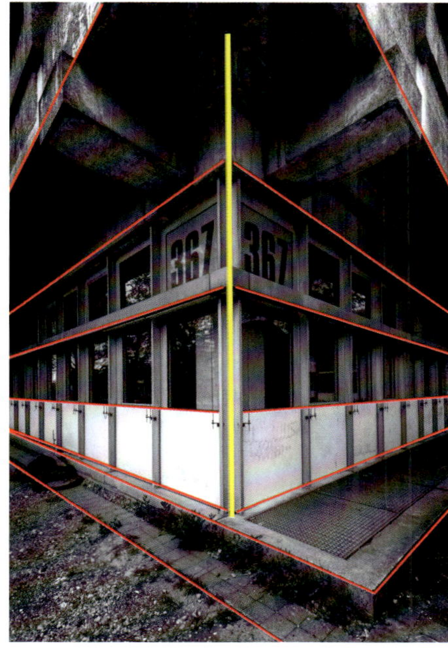

Abb. 136: (Links) »Containerschule | Studie 29« (2014)

Abb. 137: (Rechts) Architekturstudie aus dem Neuenheimer Feld Heidelberg (2012)

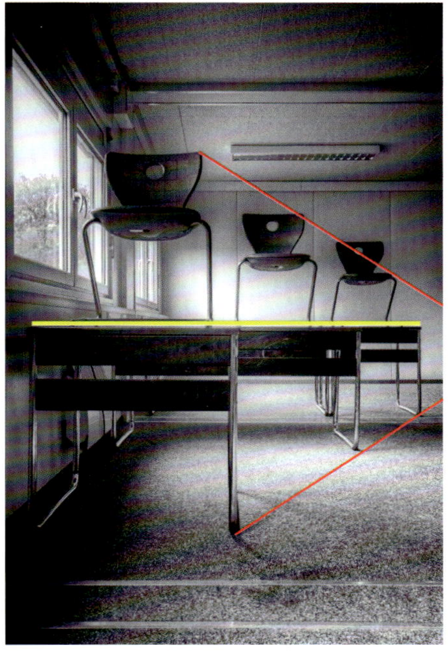

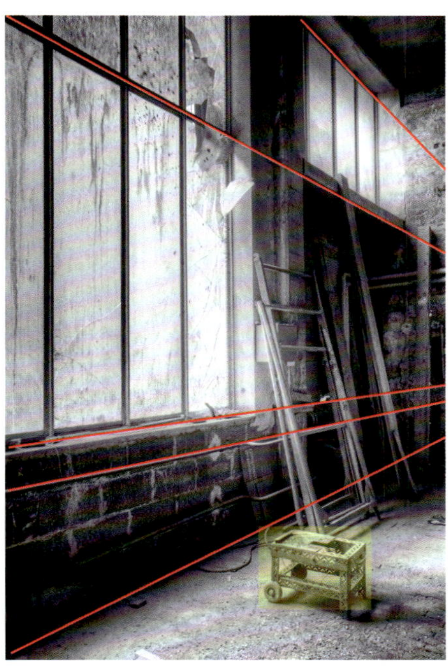

Abb. 138: (Links) »Containerschule | Studie 30« (2014)

Abb. 139: (Rechts) »Was vom Werke übrig blieb | Studie 14« (2013)

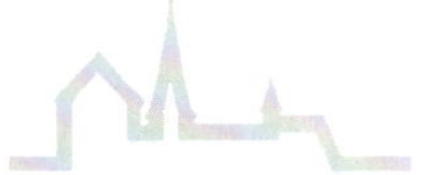

Rechtecke

Abb. 140: Rechteck

Betrachten wir nun als Nächstes die Vierecke mit einigermaßen rechten Winkeln.

Der kompositorische Einsatz von Rechtecken setzt voraus, dass solche in der Szene überhaupt vorhanden sind und wir sie auch derart frontal aufnehmen, dass nicht der Augenschein konvergierender Linien an Dreiecke bzw. an Trapeze als Teilmengen von Dreiecken denken lässt.

Bereits diese Vorüberlegungen lassen erkennen, dass kompositorische Rechtecke in der Regel durchgezogene Linien bzw. Kontrastkanten benötigen, um bildwirksam zu werden; des Weiteren, dass deren Einsatz zumeist eine ruhige bzw. statische Bildwirkung befördert.

Anwendungsbeispiele

Abb. 141 zeigt eine in diesem Sinne typische Verwendung als Rahmung (Türstock im Vordergrund, gelb) bzw. Fachung (Schrank im Hintergrund, orange). Auf solche Weise tragen die Rechtecke zum Bühnenbild bei, vor welchem sich dann die eigentliche Bildgeschichte von Stuhl, Pantoffeln und Kleiderbügeln (rot) abspielt.

Auch Abb. 142 greift die Einrahmungs- (gelb) und Füllungsfunktionen (orange) des Rechtecks auf, wobei nach meinem Dafürhalten in jenem Office-in-a-Box-Stück zumindest der Wandschrank aus der Kulisse heraustritt und selbst zum Protagonisten der Handlung wird.

In Abb. 143 wird ein dreifaches Rechteck motivführend: Das Fenster (rot), gedoppelt durch seine Zwillingsstruktur (orange) und nochmals eingerahmt durch die Containerfachung (gelb). Darüber hinaus gibt sich nur noch eine Diagonale, nach rechts unten ins Bildeck fallend (blau), markant zu erkennen.

Weniger abgründig bzw. abdriftend wie im letzten Bild, vielmehr melancholisch verspielt zeigt sich die Szene in Abb. 144. Es ist eine Blickflucht unzähliger Fensterdurchblicke und -spiegelungen, welche aufgrund gewisser Ungeradheiten in den Gläsern die zunächst wohlgeordneten Rechtecke zunehmend aus dem Ruder laufen lassen.

»Was nützte es aber den Fenstern, ihre rechten Winkel ordnungsgemäß aufrechtzuerhalten, wenn sie dafür doch keine Beachtung und Würdigung mehr erhalten?«, mag sich der herumstreifende und -philosophierende Fotograf in solch verlassener Industrieszene fragen.

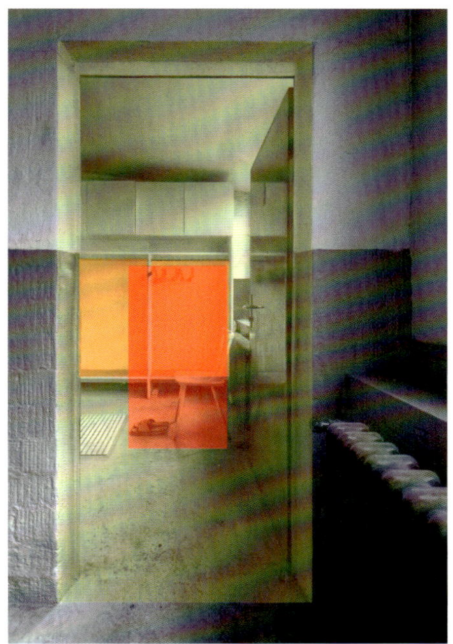

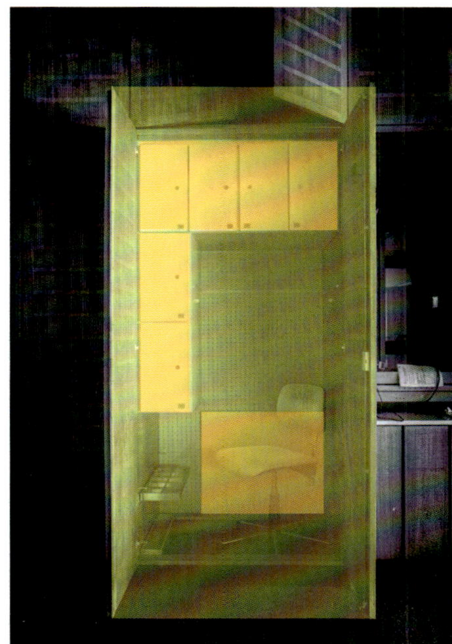

Abb. 141: (Links) »Der Geschmack der Erinnerung | Studie 34« (2012)

Abb. 142: (Rechts) »Foxboro Eckardt Stuttgart | Studie 13« (2014)

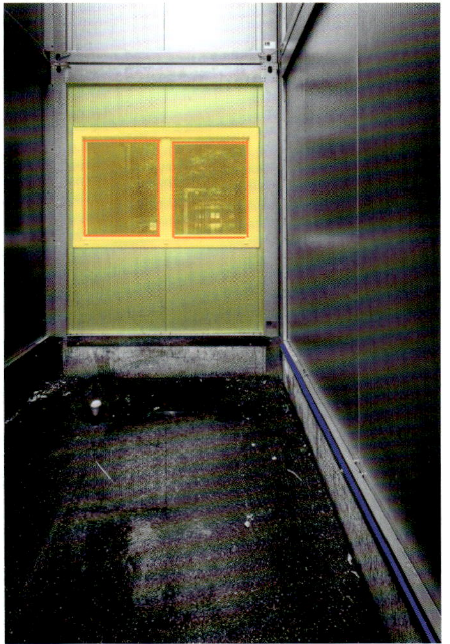

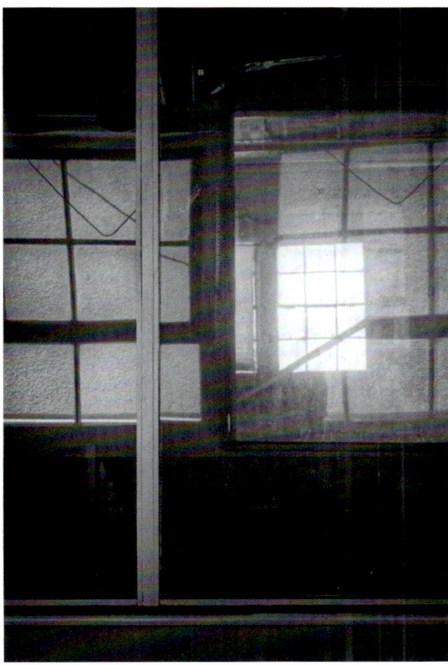

Abb. 143: (Links) »Containerschule | Studie 10« (2014)

Abb. 144: (Rechts) »Der Geschmack der Erinnerung | Studie 15« (2012)

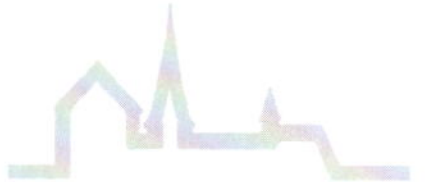

Sonstige Vierecke und Vielecke

Zu besprechen bleiben nun noch die Vierecke ohne rechten Winkel und die Formen mit fünf oder mehr Ecken.

Gewiss, ein Trapez oder eine Raute sind durchaus geläufige Formen, und es gibt bezaubernde Beispiele oktogoner Strukturen in der Sakralarchitektur. All dies darf man natürlich auch einmal in seinen Bildern zitieren, wenn es sich seitens des Motivs anbietet.

Eingängigkeit statt Verstiegenheit

Darüber hinaus habe ich aber einige Schwierigkeiten, den generellen Sinn unregelmäßiger Vielecke für die kompositorische Grundsprache nachzuvollziehen. Solche Formen erscheinen, um den Anfangsgedanken dieses Unterkapitels aufzugreifen, wie hochkomplexe bzw. verschachtelte Sätze. Komposition lebt aber nicht von der Verstiegenheit, sondern von der Eingängigkeit – ich unterstelle hier, dass die Bildkonstruktion mit konvexem Siebeneck und Sonstigem den Betrachter nicht zwangsläufig zu Begeisterungsstürmen verleiten, sondern eher verwirren und abschrecken wird.

Insofern empfehle ich, für Bildschwerpunkte und Hauptmotive überschaubare Formen einzusetzen und im Gegenzug komplizierte Formen, wie unregelmäßige Vielecke, sehr sparsam und allenfalls als Nebenmotive zu verwenden.

Gerade im Bereich der Architekturfotografie genügt oft ein kleiner Standortwechsel, um neue Blickperspektiven und Bildmöglichkeiten entstehen zu lassen und so die Komposition zu bereinigen bzw. zu beruhigen. Bisweilen lassen sich komplexe Formen auch in kleinere Teile – also eine Raute in zwei oder ein Trapez in drei Dreiecke – zerlegen, so wie man lange Sätze zum besseren Verständnis in kürzere Haupt- und Nebensätze zerlegt.

Zwei Handreichungen für »Üben Sie sich in Abstraktion«

Wie kommen wir hier nun im Sinne von Mephistos Zitat (»Grau, teurer Freund, ist alle Theorie / Und grün des Lebens goldner Baum.«) auf den grünen Zweig praktischer Verwendbarkeit?

Eine andere Art der Mustererkennung

Es geht um nicht mehr und nicht weniger als um die Einübung einer zweiten Art der Mustererkennung, welche das real vorgegebene Motiv abstrahiert und in geometrische Grundformen übersetzt. Wir wollen damit die Lücke schließen, die Fotografen gegenüber Malern haben, die ihr Bild immer von der leeren Fläche her aufbauen müssen. Als Lohn der Mühe lohnt eine gute Chance, dass Sie in Ihrer Arbeit souveräner werden und Ihre Kompositionen abwechslungsreicher und überzeugender gestalten können.

Zur Theorie der kompositorischen Grundelemente habe ich auf den voranstehenden Seiten manches geschrieben, nun wäre die Reihe an Ihnen mit einigen praktischen Übungen.

Abstraktion von vorhandenem Bildmaterial

5. Übung

Besorgen Sie sich zunächst Pauspapier. Das gibt es im gut sortierten Schreibwaren- oder Versandhandel. Back- oder Butterbrotpapier tut es aber auch und dürfte sogar billiger sein. Zum Zeichnen optimal ist ein weicher Bleistift mit sattem Auftrag, den man notfalls auch radieren kann. Bleiben Sie locker, denn es geht vorrangig um eigene Erkenntnis und nicht um vorzeigbare Schönheit. Soweit zu den Vorbereitungen.

Wählen Sie nun einige Bilder gemäß Ihrer Themenschwerpunkte aus. Ziehen Sie für diesen Zweck sowohl eigene Bilder wie auch solche bekannter Fotografen heran.

Legen Sie dann an einem gut ausgeleuchteten Ort ein Blatt Pauspapier über das ausgewählte Bild und versuchen Sie sich an einer Kompositionsskizze. Richten Sie Ihr Augenmerk zunächst auf die Hauptmotive, und versuchen Sie, diese im Sinne der kompositorischen Grundelemente (Punkte, Linien in gerader, bogiger, durchgezogener oder gedachter Form, Kreise, Dreiecke, Rechtecke und sonstige Formen) schematisch nachzuzeichnen. Wie gesagt ist hierbei keine naturgetreue Darstellung gefragt, sondern eine Mustererkennung.

Wiederholen Sie dies im nächsten Schritt für die Nebenmotive. Achten Sie darauf, Ihre Skizze nicht zu überladen. Diese sollte für Sie immer übersichtlich bleiben. Im Zweifelsfall darf also Nebensächliches gerne unter den Tisch fallen.

Legen Sie zum Abschluss Ihre Skizze neben das Bild und geben Sie sich selbst eine Rückmeldung: Sind die wesentlichen Bildstrukturen erfasst? Wird der grundsätzliche Bildaufbau greifbar? Vergleichen Sie schließlich auch die Kompositionsskizzen Ihrer eigenen Bilder mit denen bekannter Fotografen: Welche Unterschiede fallen Ihnen ins Auge?

Abstraktion von neuen Motiven

6. Übung

Diese Übung findet im Außenfeld statt. Besorgen Sie sich einen unlinierten Skizzenblock im Format DIN A5 oder A4 und einen weichen Bleistift. Auch die Kameraausrüstung sollte zur Hand sein.

Wählen Sie nun ein interessantes Motiv mit einem vielversprechenden Ausschnitt aus.

Machen Sie dann von dieser Szene eine Kompositionsskizze, indem Sie die Haupt- und Nebenmotive im Sinne der kompositorischen Grundelemente (Punkte, Linien in gerader, bogiger, durchgezogener oder gedachter Form, Kreise, Dreiecke, Rechtecke und sonstige Formen) schematisch nachzeichnen. Auch hierbei ist keine naturgetreue Darstellung gefragt, sondern eine Wiedererkennbarkeit der Muster. Und wiederum darf Nebensächliches getrost weggelassen werden.

Fertigen Sie dann von der Szene eine Fotografie an, arbeiten und drucken Sie diese in der ungefähren Größe Ihrer Skizze aus.

Legen Sie zum Abschluss die Skizze und das Bild an einem gut ausgeleuchteten Ort nebeneinander und geben Sie sich selbst eine Rückmeldung: Sind in der Kompositionsskizze die wesentlichen Bildstrukturen erfasst? Wird der grundsätzliche Bildaufbau dort greifbar? Was hätte in der anfänglichen Skizze vielleicht noch prägnanter erfasst werden können?

› http://www.brotzler-fineart.de/dateien/Raum-und-Struktur__Uebungen.pdf

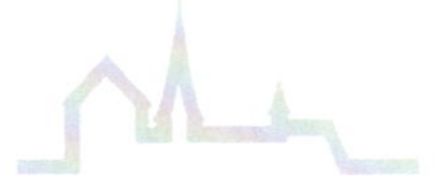

4.3 Gliederung des Raums

Nach diesen Durchgängen durch die verschiedenen Bildformate und Grundelemente möchte ich Sie nun einladen, sich einmal mit mir zusammen vor eine weiße Fläche zu stellen. Lassen Sie uns so den Malern nacheifern und überlegen, wie wir eine Leere auf gute Weise füllen könnten.

Auf das Gesetz der zufälligen Verteilung wollen wir uns dabei tunlichst nicht berufen, denn wir haben hinsichtlich unseres Bildes ja einen gewissen Gestaltungsanspruch und wollen dem Betrachter auch etwas vermitteln – eine Idee, eine Stimmung, einen Interpretationsansatz ...

Mit der Schöpfung eines Bildes beginnt immer eine Art von Beziehung zum Betrachter – eine solche, die zunächst natürlich anonym ist, da wir ja von vornherein noch nicht wissen können, wer unser Bild später einmal betrachten wird; doch zugleich eine solche, die etwa in Fotogemeinschaften oder Künstlergesprächen auch eine persönliche werden kann.

Das Bild fungiert dabei, wenn man so will, als eine Art Brücke: »Erst durch die Absicht des Fotografen wird das Motiv zum Bild und als solches in der Deutung des Betrachters erfahrbar«, wie ich in Unterkapitel 3.2 schon geschrieben hatte.

Regeln als Hilfestellung, doch nicht als Dogma

Es gibt bewährte Regeln für die Gliederung des Bildraums, die ich nachstehend auch im Detail vorstellen möchte. Doch auch hier muss ich darauf hinweisen, dass Regeln zwar eine gute Hilfestellung bzw. Orientierung geben können, als starres Dogma aber rasch versagen.

Nicht ein jedes Motiv wird in Anwendung des Goldenen Schnitts oder der Drittelregel automatisch auf die Erfolgsstraße kommen, und in einzelnen Fällen mag eine randständige Platzierung des Motivs oder auch die gewöhnlich verpönte (weil in Laienkreisen zu inflationär verwendete) Zentralkomposition eine Szene auf die denkbar beste Weise hervorheben.

Die Paradoxie der Kenntnis und Übertretung von Regeln

Es mag paradox klingen, aber wir sollten die Regeln gut kennen und beherrschen, um diese im begründeten Einzelfall und im Dienste der Bildaussage dann auch wieder kreativ übertreten zu können – der Reiz der Gestaltung liegt gerade darin, das Bild nicht nur nach Gefälligkeit auszurichten, sondern die Seherwartungen des Betrachters teils zu bedienen, teils zu enttäuschen; die richtige Dosierung ist oft eine Gratwanderung und macht die Meisterschaft aus.

Goldener Schnitt und Drittelregel

Die erste Darstellung des Phänomens findet sich bei Euklid von Alexandria im 3. Jahrhundert v. Chr. Nach diesem beschreibt der Goldene Schnitt das Teilungsverhältnis, bei welchem das Ganze im selben Verhältnis zum größeren Teil stehe wie eben der größere zum kleineren Teil. Die berechnete Zahl beträgt etwa 1,618 und wird mit dem griechischen Buchstaben Phi bezeichnet. Abb. 145 zeigt die vollständige Formel.

$$\Phi = \frac{a}{b} = \frac{a+b}{a}$$

Abb. 145: Formel des Goldenen Schnitts

Auch in der Fotografie ist der Goldene Schnitt weit verbreitet – er findet sich heute in den Beschnittroutinen vieler Bildbearbeitungsprogramme ebenso wie in den Gitternetzlinien vieler Kamerasucher integriert. Gleichwohl ist er in der täglichen Gestaltungsroutine nur mühsam auf exakte Weise auszurechnen – 60:40 ist zu nahe am Bildzentrum, und 62:38 können wir uns optisch schlichtweg nicht vorstellen.

Leichtere Konstruierbarkeit und bessere Vorstellbarkeit

Aus diesen Gründen hat sich in der Praxis die Drittelregel etabliert. Dazu werden, wie es der Name schon sagt, die langen und kurzen Bildseiten jeweils gedrittelt. Die Vorteile der leichteren Konstruierbarkeit und besseren Vorstellbarkeit liegen auf der Hand.

Pragmatische Verwendung von Goldenem Schnitt und Drittelregel

In der täglichen Gestaltungspraxis herrscht ein gewisser Pragmatismus vor, jene Bereiche zwischen den Linien des Goldenen Schnitts und der Drittelregel als eine Art Komfortzone der Motivplatzierung zu verwenden. Abb. 146 soll diesen Ansatz veranschaulichen.

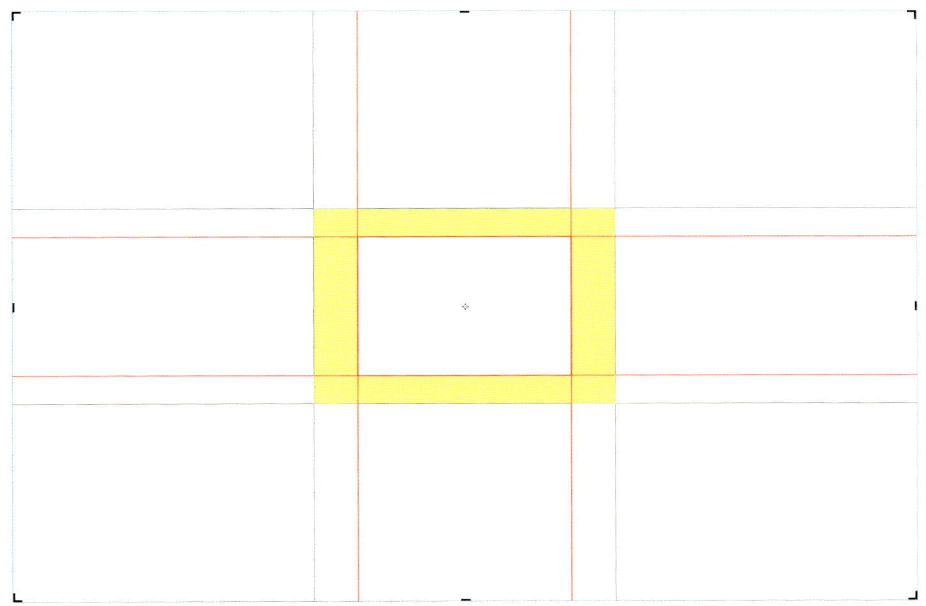

Abb. 146: Bildaufbau mit Goldenem Schnitt (dünne rote Linien), Drittelregel (dünne schwarze Linien) und gestalterischer Komfortzone (gelbe Flächen)

Ich möchte nun anhand einiger Fallstudien die grundsätzlichen Wirkungen aufzeigen, die sich durch die unterschiedliche Platzierung der Bildelemente ergeben können. Das Motiv ist dabei jeweils als roter Punkt, der Hintergrund als graue Bergkette stilisiert. Das Schema der gestalterischen Komfortzone bleibt dabei als graustufig abgeblasste Bühne stehen.

Abb. 147 zeigt das in horizontaler und vertikaler Hinsicht mittig platzierte Motiv. Man spricht hier auch von einer Zentralkomposition, um die herum sich alle nebensächlichen Bildteile gruppieren. Es ist eine Art der Gestaltung, an der sich die Geister scheiden.

Einerseits ist es das Markenzeichen der Amateurfotografie, das Bildwürdige immer mittig platzieren zu müssen. Eine gewisse Motivfixiertheit und Unsicherheit des Fotografen mit Vernachlässigung der Randbereiche drückt sich darin regelmäßig aus. Der Betrachter soll gewissermaßen mit der Nase auf das Motiv gestoßen werden, doch bleibt die Komposition in tragischer Enttäuschung solcher Erwartung oft kraftlos und ist die Bildgeschichte allzu rasch erzählt.

Andererseits birgt die Zentralkomposition auch große Chancen für eine ruhige, bisweilen auch wuchtige oder monumentale Bildgestaltung. Die Zeit scheint in solchen Bildern oftmals stillzustehen. Ich selbst verwende diese Gestaltungsart sehr gerne in meiner Darstellung der Sakralbauten (siehe auch Exkurs 6).

Abb. 148 zeigt das Motiv im Schnittpunkt der gestalterischen Komfortzone links unten. Es ist eine Art der Darstellung, die als gefällig gilt, da durch die Herausnahme aus der Mitte eine gewisse, doch nicht übermäßige Spannungskomponente hinzukommt und die mit dem Bild erzählte Geschichte komplexer wird. Man ist mit dieser Darstellungsart auf der sicheren Seite und kann wenig falsch machen. Im Umkehrschluss gilt freilich auch, dass man damit nicht automatisch alles richtig macht.

Betrachten wir dazu Abb. 149 mit seiner exzentrischen Platzierung des Motivs links unten. Gefällig kann man das nur noch schwerlich nennen, stattdessen wird ein starker Spannungsbogen aufgebaut, wie wenn also das Motiv auf dem Sprung in das Bildgeschehen wäre.

Man mag daran ermessen, dass es die einzig richtige Gestaltungsregel nicht geben kann, sondern dass sich Gestaltung immer im Dienste des speziellen Motivs und der gewünschten Bildaussage vollziehen sollte: Eine solch exzentrische Darstellung mag für eine ruhige Architekturszene befremdend, für eine belebte Straßenszene aber als Mittel der Wahl erscheinen.

Noch extremer wirkt Abb. 150 mit der exzentrischen Platzierung des Motivs rechts oben. Es ist eine außerordentlich unruhige und spannungsvolle Art der Gestaltung, in welcher das Motiv schier auf dem Weg ist, das Bild zu verlassen. Es mag nicht viele Szenen und Stimmungen geben, die man mit solch extremen Mitteln wirksam umsetzen kann – eine bedrohliche und fluchtbereite Atmosphäre wie in einem Film noir fiele mir dazu etwa ein.

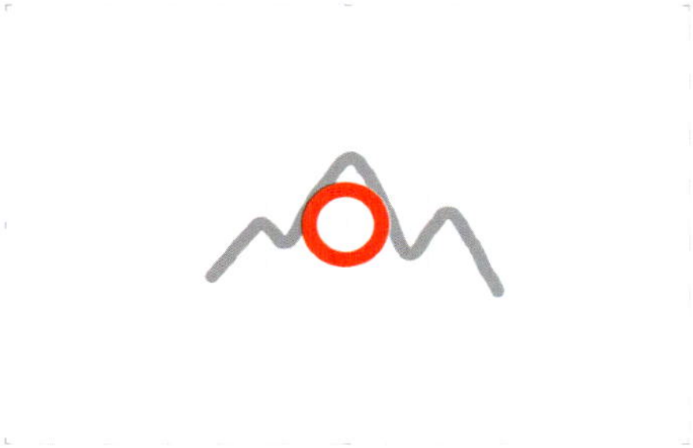

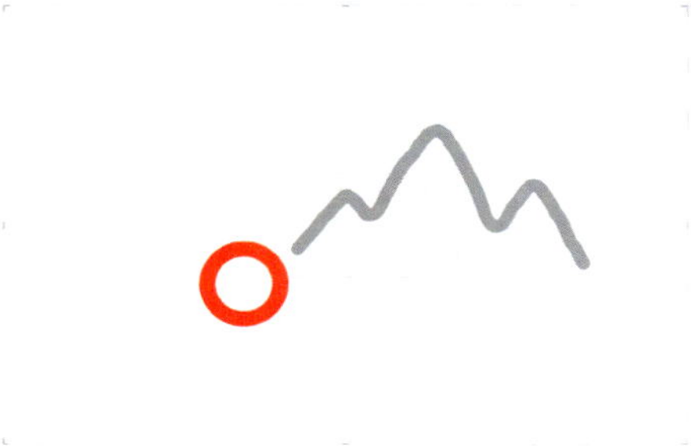

Abb. 147: (Links)
Abb. 148: (Rechts)

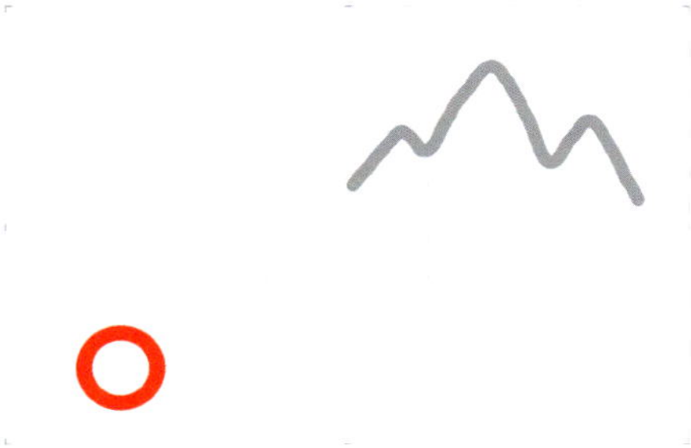

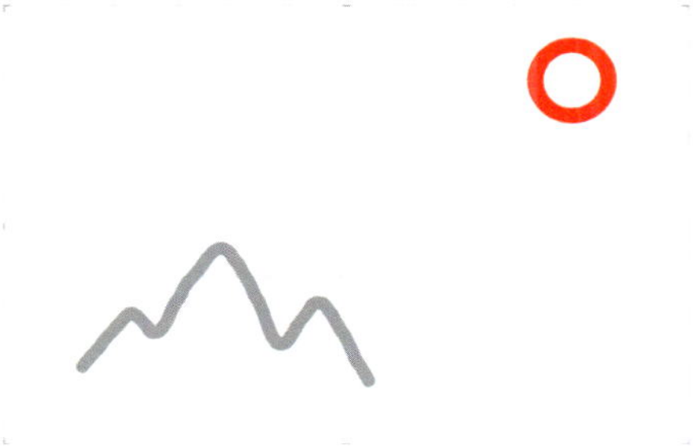

Abb. 149: (Links)
Abb. 150: (Rechts)

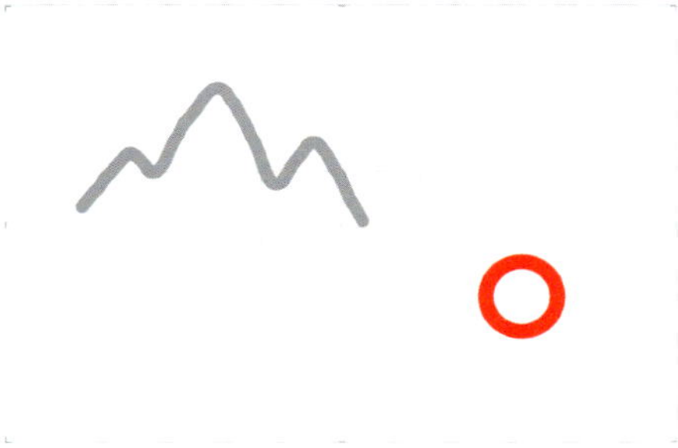

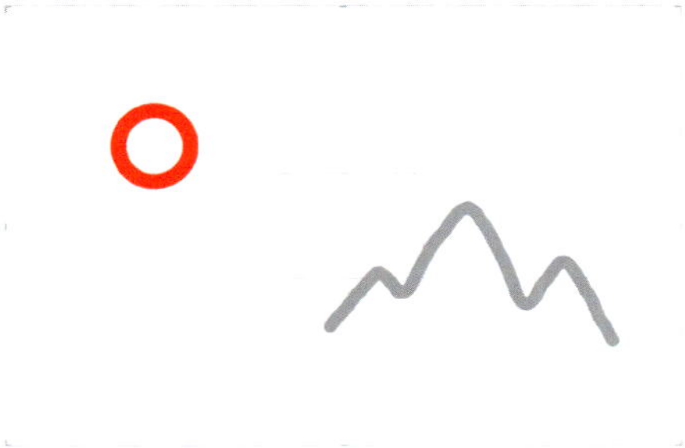

Abb. 151: (Links)
Abb. 152: (Rechts)

Betrachten wir zum Abschluss dieses Abschnitts noch die ungewöhnlicheren Platzierungen der Bildelemente. Abb. 151 zeigt das Motiv rechts unten, den Hintergrund links oben. Dies ist eindeutig gegenläufig der üblichen Leserichtung eines Bildes, auf die ich im nächsten Abschnitt noch zu sprechen komme. Und doch lassen sich mit solcher Konstellation bisweilen interessante Bilder gestalten – das Motiv fungiert dann als zurückgenommener Identifikationsanreiz des Betrachters, an dem die Hintergrundszene wie ein Film vorbeiläuft.

Noch anders und extremer zeigt sich die Konstellation in Abb. 152. Hier scheint das Motiv links oben richtiggehend über dem Hintergrund rechts unten zu schweben. Eine Innenraumszene, in der sich das Fensterlicht weich in den Raum ergießt, mag so eine anschauliche Umsetzung finden.

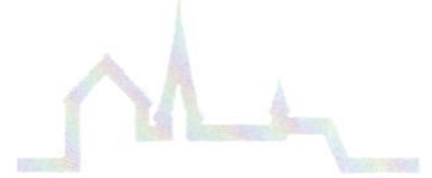

Leserichtung

Von einiger Bedeutung für unsere kompositorischen Belange, insbesondere die geeignete Platzierung der Elemente im Raum, ist die Frage, auf welche Weise Betrachter Bilder erfassen. Hätten wir bündige Antworten auf solche Fragen, könnten wir bereits bei der Bildgestaltung Einfluss auf die Blickführung nehmen und so unseren Bildern eine höhere Eingängigkeit und Wirksamkeit verleihen.

Eye-Tracking-Forschung

Dazu will ich nachfolgend über einige Ergebnisse der Eye-Tracking-Forschung berichten – doch muss vorausgeschickt werden, dass es auch in diesem Bereich keine einfachen Patentrezepte gibt, dass also manche Antworten auch wieder neue und offene Fragen aufwerfen.

Die ersten bekannten Erfassungen von Augenbewegungen erfolgten im 19. Jahrhundert durch den französischen Arzt *Emile Javal* (1839–1907). Dieser beschrieb insbesondere die Augenbewegungen beim Lesen. Weiteren Auftrieb erhielt die Forschungsrichtung Anfang des 20. Jahrhunderts durch die Erfindung der Filmkamera, wodurch eine direkte Aufzeichnung und nachträgliche Analyse der Augenbewegungen ermöglicht wurden.

In heutiger Zeit werden Blickbewegungen durch mobile (sogenannte Head-mounted Eye Tracker) oder externe Systeme (sogenannte Remote Eye Tracker) aufgezeichnet. Bedeutung hat die Analyse der Blickbewegung in den Neurowissenschaften, in der Wahrnehmungs-, Kognitions- und Werbepsychologie, in der kognitiven bzw. klinischen Linguistik, im Produktdesign, in der Leseforschung und gelegentlich auch in der Verhaltensbiologie.

Intentionales bzw. absichtsvolles Sehen

Weithin als Pionier der systematischen Blickregistrierung gilt der russische Psychologe *Alfred Lukyanovich Yarbus* (1914–1986), der sich insbesondere mit den Blickbewegungen beim Betrachten von Bildern beschäftigte. Den Aufbau und die Ergebnisse seiner Studien publizierte er 1967 unter dem Titel »Eye Movements and Vision« bei Plenum Press.

Dort hielt er fest, dass die zu den jeweiligen Bildern gestellten Fragen bzw. Aufgaben wesentlichen Einfluss auf die Blickbewegungsmuster nahmen, dass die Blickwege also maßgeblich den Absichten und Interessen des Betrachters folgten – ein Phänomen, welches als »intentionales Sehen« Einzug in die wissenschaftliche Begriffswelt gefunden hat.

Reflexhaftes bzw. kontrastbezogenes Sehen

Neben dem intentionalen bzw. absichtsvollen Sehen existiert offensichtlich auch noch ein anderes, eher »reflexhaftes Sehen«. Auch hierzu gibt es ein schönes Experiment, wiederum auf der Grundlage von Yarbus' Arbeiten, jedoch fortgeführt von *David Noton* und *Lawrence Stark* und unter dem Titel »Eye Movements and Visual Perception« 1971 im Scientific American publiziert.

Demnach konzentrierten sich Blickbewegungen auf die Ecken und Winkel, auf die Konturen und maßgeblichen Binnenstrukturen, sodass sich bereits in den Betrachtungsmustern das Ausgangsbild erstaunlich genau widerspiegelte. Es

lässt sich schlussfolgern, dass auffällige geometrische Strukturen, aber auch Bereiche maximalen Bildkontrastes die Aufmerksamkeit des Betrachters in besonderer Weise anziehen.

Diese Beschreibung knüpft an grundlegende Erkenntnisse der Gestaltpsychologie dahingehend an, dass das Sehen ein ausgesprochen subjektiver und komplexer Vorgang ist, bei welchem das naturalistisch Gesehene zunächst vorsortiert und geordnet und in solcher Weise im Gehirn zur Mustererkennung und Interpretation weitergereicht wird.

Interpretierendes bzw. wiedererkennendes Sehen

Wenn man sich das menschliche Sehsystem als eine gegliederte funktionelle Einheit und als ein Kontinuum von Auge bis zur Sehrinde vorstellt, so wäre die gestaltpsychologische Betrachtungsebene am ehesten an der Schnittstelle von Sehrinde zum Gedächtnis anzusiedeln. Insofern handelt es sich um ein »interpretierendes Sehen« – wo keine Erinnerung und Vorprägung herrschte, könnte es demnach auch keinen Musterabgleich zwischen äußerlich Gesehenem und innerlich Erkanntem geben.

Kulturgebundenes bzw. leserichtungsabhängiges Sehen

Es bleibt nun noch der Bereich des »kulturgebundenen Sehens«. Das Wissen um bestimmte, kulturabhängige Lese- und Schreibrichtungen ist ein Gemeinplatz. Wir alle wissen um die bei uns gängige »Richtung von links nach rechts, nachfolgend von oben nach unten (LROU)«. Und die meisten von uns kennen auch die im arabischen und hebräischen Raum verbreitete »Richtung von rechts nach links, nachfolgend von oben nach unten (RLOU)« oder die im japanischen und chinesischen Raum gebräuchliche »Richtung von oben nach unten, nachfolgend von rechts nach links (OURL)«. Bei meinen Recherchen stieß ich noch auf die Schrift der philippinischen Tagbanuwa mit der »Richtung von unten nach oben, nachfolgend von links nach rechts (UOLR)«, womit nun fast alle Möglichkeiten ausgeschöpft sind.

In einer Analogsetzung zur Texterfassung wird nun in der Populärwissenschaft häufig auf eine »übliche Richtung der Bilderfassung von links unten nach rechts oben« hingewiesen. Dieses Modell ist eingängig, da es der in westlichen Zivilisationen verbreiteten Leserichtung von links nach rechts folgt und darüber hinaus auch einen Blickeinstieg am unteren, betrachternahen Bildpol proklamiert.

Doch wirft die Schlichtheit dieser Hypothese auch Fragen auf: Müssten Betrachter aus anderen Kulturen, mit anderen Lese- und Schreibrichtungen also, diese Bilder nicht ganz anders auffassen? Ist die gängige populärwissenschaftliche Vergleichsziehung von Text- und Bilderfassung nicht allzu vereinfachend? Ich fand dazu seltsamerweise keine einschlägigen Quellen in der wissenschaftlich-kulturvergleichenden Literatur.

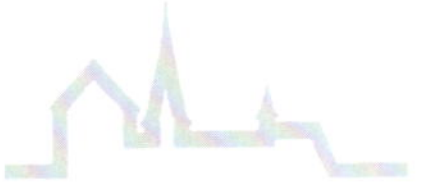

Pragmatisches Vorgehen

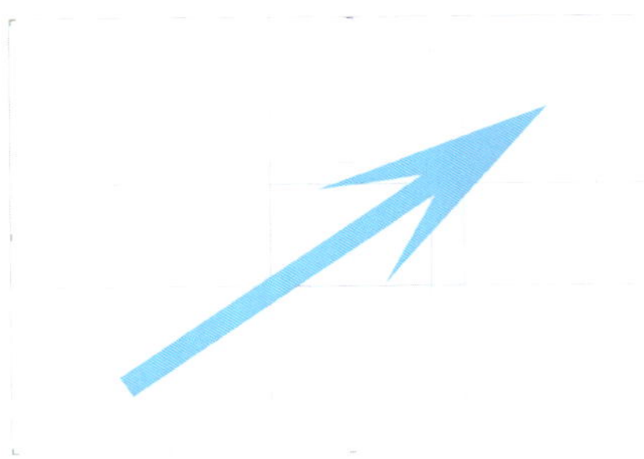

Abb. 153: Blickführung von links unten nach rechts oben

Halten wir für unsere Zwecke pragmatisch fest, dass wir mit der Reihung der Bildelemente und dem Erzählen der Bildgeschichte von links unten nach rechts oben zumindest im Kontext unserer westlichen Zivilisation nur wenig falsch machen können – trotz der noch nicht restlos geklärten Zusammenhänge zwischen Text- und Bilderfassung im kulturellen Vergleich.

Darüber hinaus können wir im Sinne des intentionalen Sehens die Blickführung steuern, indem wir etwa einen Bildtitel angeben oder ein Einzelbild als Teil einer Bildstrecke zeigen.

Das Wissen um das reflexhafte Sehen hilft uns, die maßgeblichen Einstiegspunkte und Blickwege entlang der Kontrastkanten auszurichten.

Und das interpretierende Sehen lässt sich im Sinne der Wiedererkennbarkeit des Motivs nutzen, indem wir den Betrachter nicht vor unlösbare Rätsel stellen, sondern ihm einen verdaulichen Einstieg in die Bilderfassung ermöglichen.

Ein Spiegelungsvergleich

Zum Abschluss dieses Abschnitts möchte ich einiges des zuvor Gesagten im Rahmen einer vergleichenden Bildanalyse anwenden.

Es soll hier insbesondere um die Frage gehen, ob und inwiefern die Ausrichtung der Fluchtlinien entlang oder entgegen der konventionellen Leserichtung den Blickdurchgang durch das Bild beschleunigt oder verlangsamt; des Weiteren, ob in solch unterschiedlicher Betrachtungsrichtung bestimmte Bildteile einen höheren Grad der Beachtung erfahren.

Abb. 154 zeigt eine Innenraumszene der Kathedrale Saint-Étienne in Châlons-en-Champagne. Hier verlaufen die Fluchtlinien der vorderen Kolonnaden von rechts nach links, also entgegen der üblichen Leserichtung. Die Sockel und Kapitelle der Säulen bilden ein gleichsam nach links verlaufendes und außerhalb des Bildes spitz endendes Dreieck (rot). Ganz am linken Bildrand endet der Blick, solcher Bewegung folgend, an einem entfernten Punkt des Seitenschiffs (orange). Darüber hinaus zeichnet sich im Hintergrund noch die gegenüberliegende Wand des Hauptschiffs ab (gelb).

Hier meine ich, dass diese spezielle Ausrichtung der Bildelemente den Blick länger in der Szene verweilen lässt, mithin also den Blickdurchgang verlangsamt.

So bleibt mehr Zeit, auch die Kolonnaden im Hintergrund zu beachten, wodurch diese in der Gewichtung der Bildelemente gewinnen.

Abb. 155 ist das Resultat einer horizontalen Spiegelung des vorherigen Bildes um die senkrechte Mittellinie und damit quasi dessen kompositorische Umkehrung.

Die Fluchtlinien der vorderen Kolonnaden verlaufen hier konventionell von links nach rechts, desgleichen befindet sich das Ende des sich über die Verlängerung der Säulensockel und -kapitelle ergebenden Dreiecks rechts außerhalb des Bildes (rot). So endet der Blick am entfernten Punkt des Seitenschiffs nun folgerichtig rechts (orange). Auch der Hintergrund im Sinne der gegenüberliegenden Wand des Hauptschiffs sei hier nochmals erwähnt (gelb).

Nach meinem Dafürhalten ist der Blickdurchgang in dieser kompositorischen Umkehrung und der Ausrichtung von links nach rechts deutlich flotter als im Originalbild. Die Details, darunter eben auch der Hintergrund, treten so zugunsten des Gesamteindrucks zurück. Die entfernte Partie des Seitenschiffs am rechten Bildrand erhält demgegenüber mehr Gewicht.

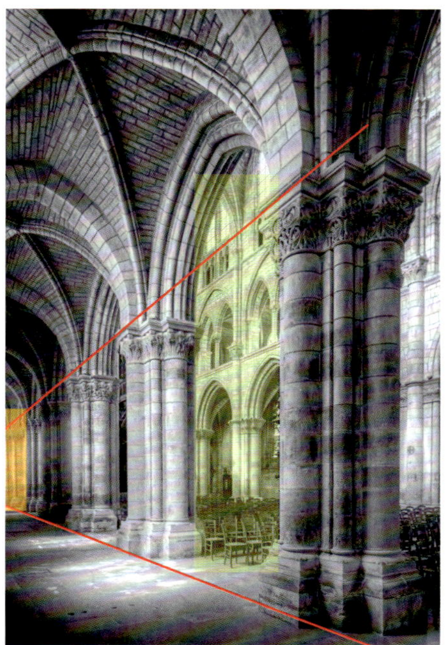

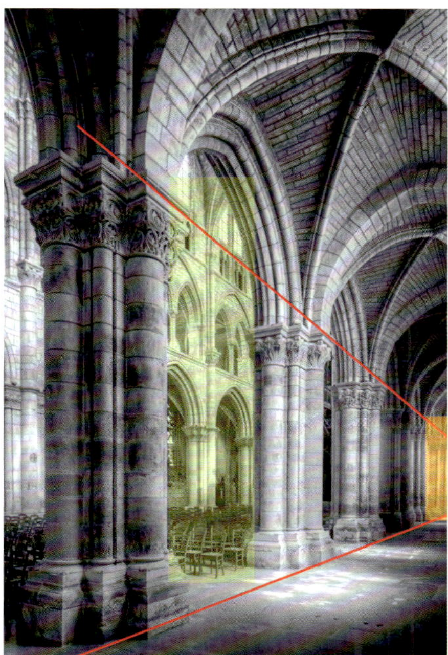

Abb. 154: (Links) Original

Abb. 155: (Rechts) Vertikale Spiegelung

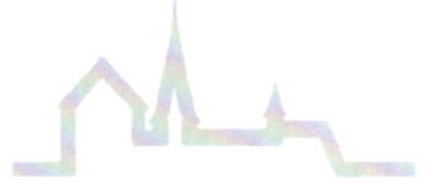

4.4 Spannungsbögen im Bild

In diesem Unterkapitel soll es um die verschiedenen Arten der Bildkontraste gehen, mit denen wir unsere Fotografien – sei es im Zuge der Motiverarbeitung vor der Aufnahme bzw. der nachfolgenden Ausarbeitung – versehen und wirksam werden lassen können.

Ich spreche dabei gerne von »Spannungsbögen« aus zwei Gründen:

Zum einen beschränkt sich der Kontrastbegriff in der heutigen Bildbearbeitung allzu sehr auf die Verteilung der Ton- und Farbwerte. Die aus der Kunsttheorie bekannten übergeordneten Kontrastarten, wie etwa diejenigen der Form, der Masse, der Intensität oder der Bewegung, geraten dadurch zu sehr aus dem Blickfeld.

Suspense s (englisch): 1. Spannung f., 2. Spannungsbogen m., 3. Ungewissheit f.

Zum anderen ist der Spannungsbogen bzw. dessen englische Entsprechung des »Suspense« (Hitchcock lässt grüßen!) als bedeutsamer Begriff in der Theater-, Film- und Literaturwissenschaft bekannt. Er umschreibt das der dramaturgischen Gestaltung innewohnende Moment, den Leser bzw. Betrachter in einen Zustand gespannter Erwartung, zugleich aber auch momentaner Unsicherheit hinsichtlich der weiteren Handlung bzw. des erhofften oder befürchteten Ausgangs zu versetzen. Die Geschichte lässt uns Leser bzw. Betrachter also nicht los bzw. fesselt uns dadurch, dass wir mitfiebern.

Konflikt, Krise und Katharsis mit einhüllendem Spannungsbogen

Abb. 156: Konflikt, Krise und Katharsis

Abb. 156 veranschaulicht diesen Zusammenhang. Statt der Konflikte (siehe rote Säulen) in der Theater-, Film- und Literaturwissenschaft fungieren in der bildenden Kunst die verschiedenen Bildkontraste im Sinne des Spannungsaufbaus. Dieser steigert sich typischerweise nicht gleichmäßig, sondern wellenförmig (siehe blauer Pfeil), um dann zum Ende hin aufgelöst zu werden.

In der Abbildung ist das Modell der krisenhaften Zuspitzung und der kathartischen Auflösung dargestellt (im Krimi wäre das die erfolgreiche Verhaftung des

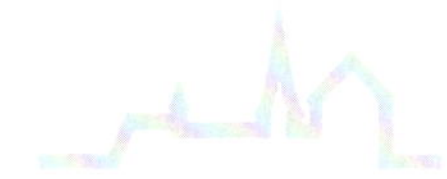

Täters nach zermürbender Verfolgungsjagd), oftmals findet sich zuletzt aber nur eine Teilauflösung (in jenen Büchern etwa, die uns am Ende den gedanklichen Faden selbst weiterspinnen lassen).

Dieses Konstrukt der darstellenden Kunst gründet insofern auf einer zeitlichen Dimension. Eine solche fehlt der Fotografie als Momentaufnahme zunächst, doch ist dies nur die halbe Geschichte – die Wirksamkeit eines Bildes hängt eben maßgeblich auch von der Art und Weise ab, wie der Blick des Betrachters durch das Bild geführt wird und welche Stationen er dabei durchschreitet.

Der Blickdurchgang durch das Bild als Handlungsäquivalent

Diese Blickführung erfordert wiederum Zeit – gewiss nur einen kurzen Augenblick gegenüber der erzählten Geschichte, aber doch so lang, dass sich dabei eine »Abfolge und Erwartung des Sehens« aufbaut; und eben diese sollte durch eine geschickte Staffelung der Spannungsbögen bzw. der verschiedenen Arten der Bildkontraste während des Bilddurchgangs aufrechterhalten und weitergeführt werden.

Ein Weiteres kommt noch hinzu, wie im vorigen Unterkapitel anhand des intentionalen, reflexhaften, interpretierenden und kulturgebundenen Sehens aufgezeigt: Der Blickdurchgang durch das Bild ist kein einmaliges und lineares, sondern ein mehrfaches und komplexes Geschehen. Als Betrachter durchschreiten wir ein Bild in vielen Anläufen und auf viele Arten. Ein wohlgesetztes Muster an Spannungsbögen bzw. Bildkontrasten (nicht zu viel und nicht zu wenig) kann diesen Prozess nun angenehm und reichhaltig gestalten – und dies ist es, was uns Betrachter unterschwellig, also neben der manifesten Bildgeschichte und in gewisser Weise sogar noch vor dieser, fesselt.

Hier zunächst ein Überblick über die verschiedenen Kontrastarten, die wir bei unseren Bildern im Auge behalten sollten.

Tab. 7: Die verschiedenen Kontrastarten

Die verschiedenen Kontrastarten	
1.	Kontraste der Helligkeit und Farbe
1.1	Helldunkelkontrast
1.2	Farbe-an-sich- oder Farbtonkontrast
1.3	Kaltwarmkontrast
1.4	Farbqualitätskontrast
1.5	Farbquantitätskontrast
1.6	Komplementärkontrast
1.7	Simultankontrast
1.8	Sukzessivkontrast
2	Kontraste der Form und Proportion
3	Kontraste der Maße und Quantität
4	Kontraste der Intensität und Qualität
5	Kontraste der Bewegung und Richtung

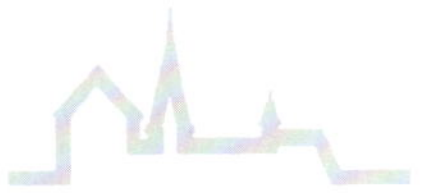

Kontraste der Helligkeit und Farbe

Helldunkelkontrast

Der Helldunkelkontrast ist uns von der Bildbearbeitung her wohlbekannt. In Photoshop lassen sich etwa mit »Strg-L« die Tonwertkorrektur und mit »Strg-M« die Gradationskurven als zwei wichtige Bearbeitungsinstrumente aufrufen, wie in Abb. 157 gezeigt.

Wichtig ist dabei, dass der Helldunkelkontrast sich auf die Farbhelligkeit bezieht und sowohl bei den unbunten Farben Schwarz, Weiß und Grau wie auch bei den Buntfarben vorkommt, wie Abb. 158 verdeutlicht.

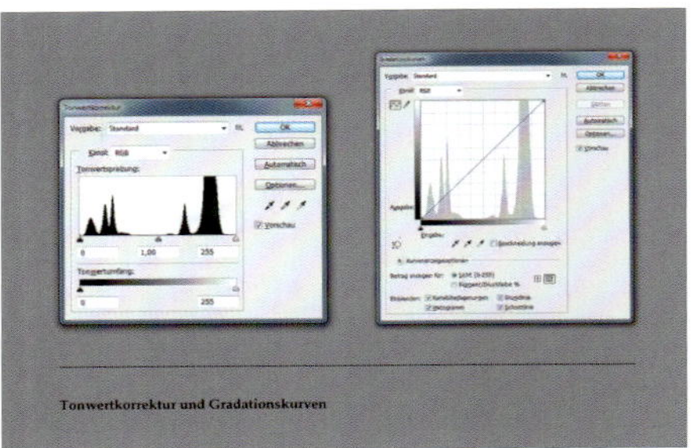

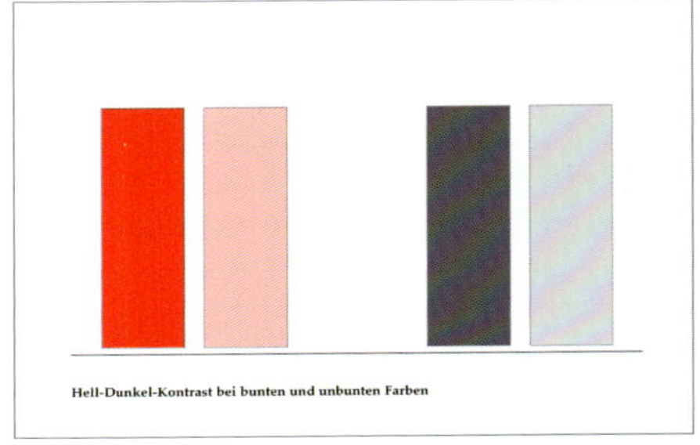

Abb. 157: (Links) Tonwertkorrektur und Gradationskurven

Abb. 158: (Rechts) Helldunkelkontrast bei bunten und unbunten Farben

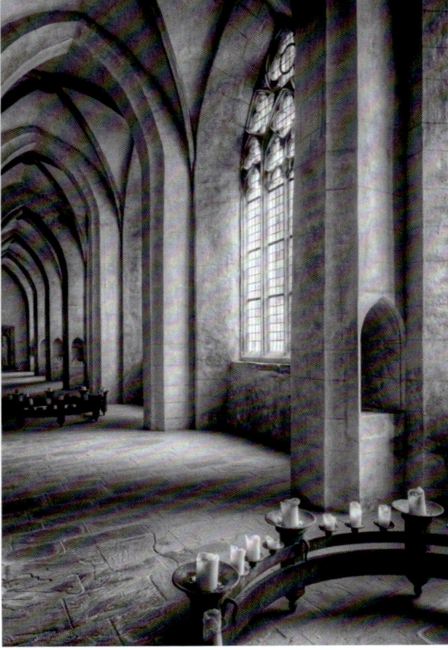

Abb. 159: Blick in das gotisierte Seitenschiff der Basilika, Kloster Eberbach | Studie 03 (2015)

In der Schwarzweißfotografie ist der Helldunkelkontrast das Mittel der Wahl und verdient bei der Ausarbeitung entsprechende Beachtung.

Zur Verfügung stehen dabei die Anpassung des globalen (das ganze Bild betreffenden), des lokalen (Teile des Bildes betreffenden) und des selektiven (Teile des Tonwertspektrums) Kontrastes – mehr dazu noch im Hauptkapitel »Ausarbeitung«.

Mit solchen Mitteln gilt es, im Bild die generelle Verteilung und atmosphärische Anmutung von Licht und Schatten aufzuzeigen, Tiefenwirkung durch Vortreten dunklerer und Zurücktreten hellerer Objekte zu erzeugen und schließlich auch die einzelnen Bildelemente zu charakterisieren und plastisch durchzuzeichnen, wie in Abb. 159 aufgezeigt.

Farbe-an-sich- bzw. Farbtonkontrast

Der Farbe-an-sich-Kontrast wird auch als Farbtonkontrast bezeichnet und übt als Gestaltungsmittel durch die Nebeneinander- bzw. Gegenüberstellung von Farbflächen regelmäßig einen starken Eindruck auf den Betrachter aus, wie Abb. 160 und Abb. 161 aufzeigen.

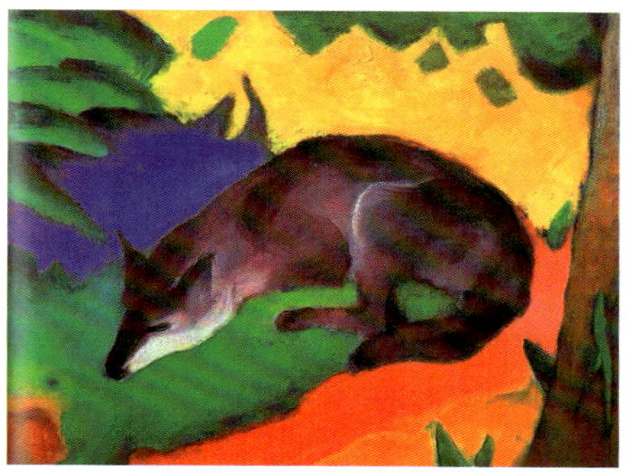

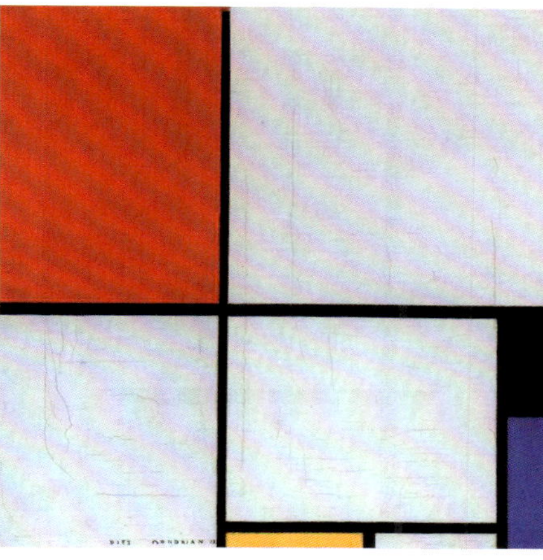

Abb. 160: (Links) »Blauschwarzer Fuchs« (1911) von Franz Marc, gemeinfrei

Abb. 161: (Rechts) »Komposition Nr. III, mit Rot, Blau, Gelb und Schwarz« (1929) von Piet Mondrian, gemeinfrei

Farben werden hierbei zur Hervorhebung des Gezeigten bzw. einzelner Teile verwendet. Gerade in der modernen Malerei wird dabei die Maßgabe einer naturalistischen bzw. realistischen Abbildung regelmäßig überwunden und Farben werden zur Charakterisierung von Objekten eingesetzt.

Generell wird dabei unterschieden zwischen der Verwendung von reinen Grundfarben (Primärfarben), von Grund- und einfach gebrochenen Farben (Sekundärfarben) und schließlich von gebrochenen Farben (Tertiärfarben).

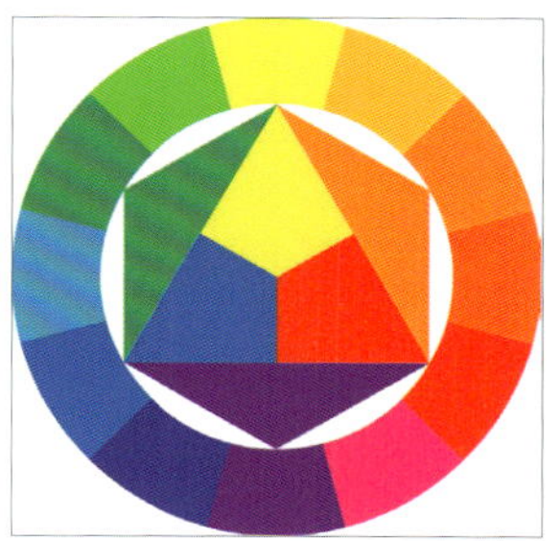

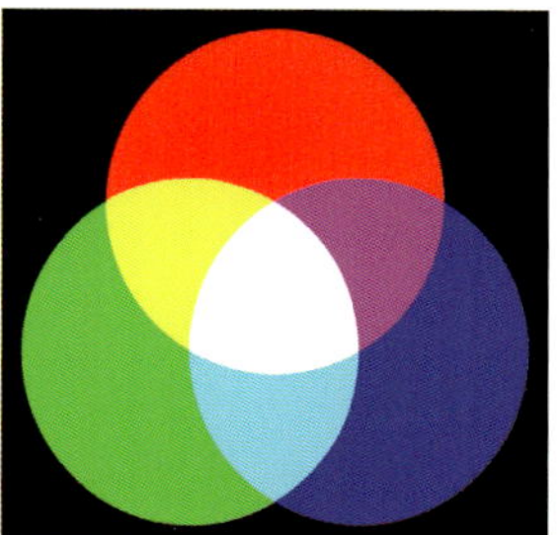

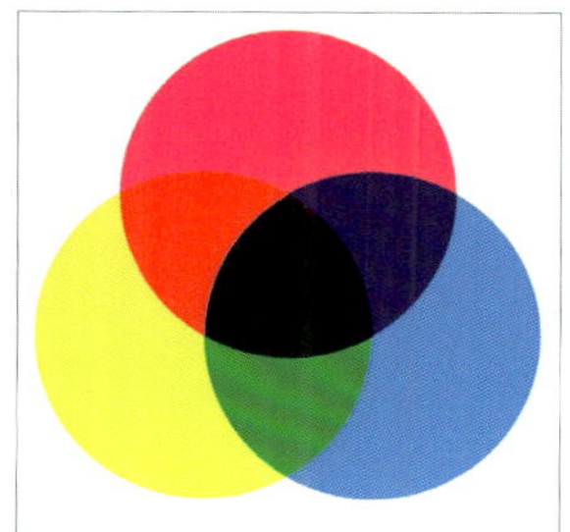

Abb. 162: (Links) Farbkreis nach Itten

Abb. 163: (Mitte) Additive bzw. physiologische Farbmischung

Abb. 164: (Rechts) Subtraktive bzw. physikalische Farbmischung

Das Ganze wirkt recht einfach und überschaubar, da wir an »Gelb, Rot, Blau« im Sinne der Primär- sowie »Orange, Grün, Violett« im Sinne der Sekundärfarben gewöhnt sind. Dies entspricht auch der vom Schweizer Maler und Kunsttheoretiker *Johannes Itten* (1888–1967) aufgestellten Farbtheorie und dem daraus abgeleiteten, nach ihm benannten und in Abb. 162 gezeigten Farbkreis.

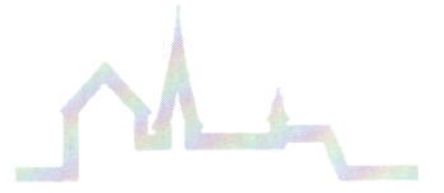

In der theoretischen Herleitung ist es aber noch ein wenig komplizierter. Ein detaillierter Einstieg in Farbmodelle würde den Rahmen dieses Buchs bei Weitem sprengen. Nur kursorisch möchte ich daher zwei maßgebliche Bezugssysteme erwähnen:

Zum einen die in Abb. 163 gezeigte »additive bzw. physiologische Farbmischung«, deren Grundfarben Rot, Grün und Blau sich zu Weiß addieren und als Zwischenfarben Cyan, Magenta und Gelb ergeben. Der »RGB-Farbraum« findet bei selbstleuchtenden Systemen wie etwa Monitoren Verwendung.

Zum anderen die in Abb. 164 gezeigte »subtraktive bzw. physikalische Farbmischung«, deren Grundfarben Cyan, Magenta und Gelb sich zu Schwarz bzw. einem dunklen Graubraun mischen und als Zwischenfarben Gelb, Cyan und Magenta ergeben (ohne dass dies als einfache Umkehr der additiven Farbmischung zu betrachten ist). Unter Hinzunahme von Schwarz (bzw. Key) wird aus dem »CMY-Farbraum« das im Druckwesen wichtige »CMYK-Farbmodell«. Erst dieses gewährleistet ein ausreichend tiefes Schwarz in der Abbildung der drei Bunttöne.

Der Farbe-an-sich- bzw. Farbtonkontrast kommt in der monochromen Fotografie naturgemäß nicht zum Einsatz, und auch in der farbigen Architekturfotografie wird sich die Verwendungsmöglichkeit auf wenige Motive (insbesondere moderne Bauten) beschränken.

Kaltwarmkontrast

Eine demgegenüber deutlich größere Rolle in der Farbfotografie spielt der Kaltwarmkontrast. Er dient in erster Linie der Erzielung einer Tiefenwirkung im Raum. Wie wir in Abb. 165 sehen, rücken die in warmen Farben gehaltenen Häuser und nahen Uferbereiche in den Vordergrund bzw. auf den Betrachter zu, während die in kühlen Farben gehaltenen Berge und fernen Uferbereiche Abstand signalisieren.

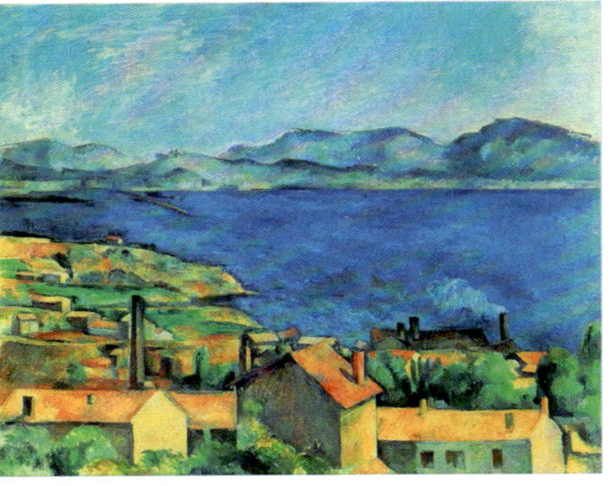

Abb. 165: »Baie de Marseille, vue de l'Estaque« (etwa 1885) von Paul Cézanne, gemeinfrei

Was in der modernen Malerei im Sinne der Überwindung einer nur naturalistischen Abbildung oft überzeichnet und dadurch hervorgehoben wird, gilt nicht im selben Maß für die farbige Architekturfotografie – in der Stadtlandschaft wird sich der Vordergrund zumeist auf graubraun-warme und der Hintergrund auf graublau-kühle, mithin also gebrochene Farbtöne belaufen.

Darüber hinaus unterstreichen unterschiedliche Farbtemperaturen auch die atmosphärische Anmutung eines Bildes und entfalten so unterschiedliche Wirkungen auf den Betrachter. Nach Itten ist der »Kältepol« beim Blaugrün, der »Wärmepol« hingegen beim Rotorange angesiedelt – siehe dazu die linke und

rechte Seite in Abb. 162. Oft ergibt sich die Farbwirkung erst aus dem Bildzusammenhang – so mag ein Blau-Ton durchaus kalt, bisweilen aber auch beruhigend, ein Rot-Ton hingegen zumeist lebendig und ansprechend, gelegentlich aber auch bedrohlich wirken.

Ich komme nochmals auf die beim Farbe-an-sich- bzw. Farbtonkontrast besprochene Nebeneinander- und Gegenüberstellung von reinen Grundfarben (Primärfarben), von Grund- und einfach gebrochenen Farben (Sekundärfarben) und schließlich von gebrochenen Farben (Tertiärfarben) zurück.

Farbqualitätskontrast

Der Farbqualitätskontrast bedient sich der Sättigungsunterschiede der verschiedenen Farben. Einzelne Farbfelder können dabei (durch Beimischung von Weiß) aufgehellt, (durch Beimischung von Schwarz) abgedunkelt oder (durch Beimischung von Grau bzw. der Komplementärfarbe) getrübt werden.

In der Berücksichtigung der verschiedenen Farbqualitäten, in deren Nebeneinander- und Gegenüberstellung reichern wir unsere Bilder an und verstärken so, nicht unähnlich dem Kaltwarmkontrast, die atmosphärische Wirkung und den räumlichen Tiefeneindruck. Abb. 166 zeigt die Auswirkungen dieser Kontrastart eindrucksvoll auf.

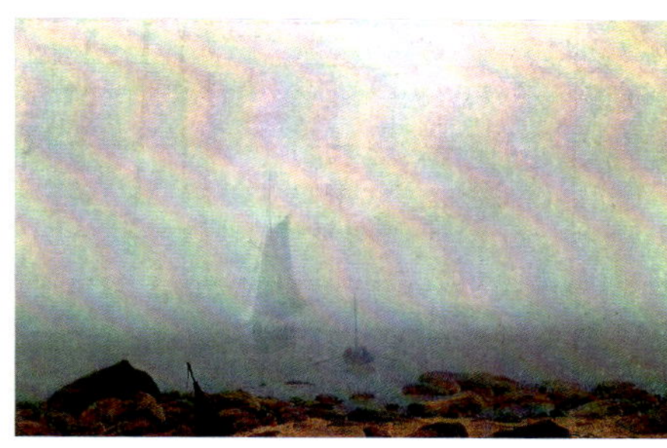

Abb. 166: »Nebel« (1807) von Caspar David Friedrich, gemeinfrei

Farbquantitätskontrast

Wir kommen nun zum Farbquantitätskontrast. Manche Farben wie etwa Gelb oder Orange wirken deutlich heller wie etwa Blau oder Violett. Rot und Grün haben hingegen gleiche Leuchtkraft. So lassen sich bei den Primär- und Sekundärfarben (im Sinn von Itten) relative Lichtwerte beschreiben, desgleichen auch harmonische Flächenmaße, welche zum Ausgleich für die unterschiedliche Leuchtkraft dienen und zu einem harmonischen Bildeindruck führen – siehe dazu auch Abb. 167.

Das Ergebnis solcher harmonischer Flächengestaltung unter Berücksichtigung der Leuchtkraft ist eine statische, ruhige Wirkung.

Im Umkehrschluss gilt, dass sich bei Verwendung von Mengenverhältnissen, welche nicht dem Kehrwert der Lichtwerte entsprechend, dynamische und spannungsreichere Kompositionen bilden lassen.

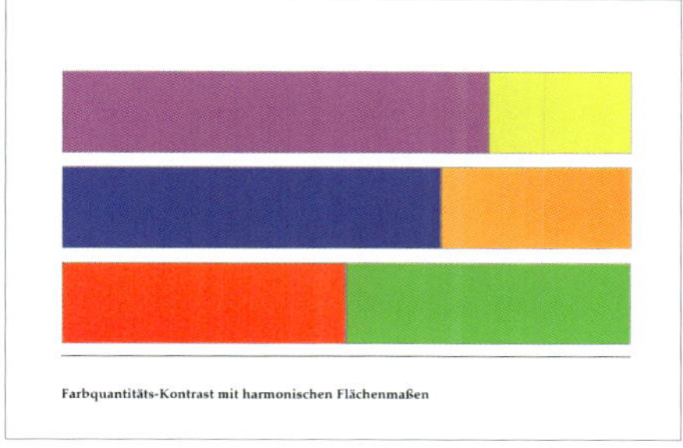

Abb. 167: Optische Wiedergabe der harmonischen Flächenmaße im Rahmen des Farbquantitätskontrastes

Die nachfolgende Tabelle listet die zahlenmäßige Annäherung an die relativen Lichtwerte und Flächenmaße auf.

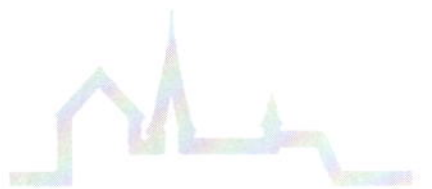

Tab. 8: Relative Lichtwerte und harmonische Flächenmaße im Rahmen des Farbquantitätskontrastes

Farbe	Relative Lichtwerte	Harmonische Flächenmaße
Gelb	9	3
Orange	8	4
Rot	6	6
Violett	3	9
Blau	4	8
Grün	6	6

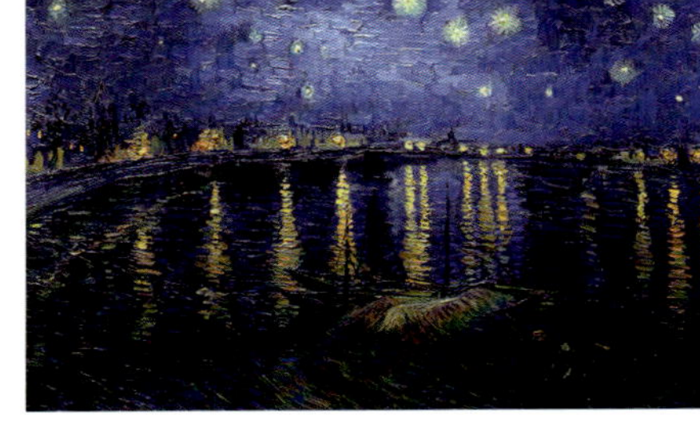

Abb. 168: »Nuit étoilée sur le Rhône« (1888) von Vincent van Gogh, gemeinfrei

Ein Bildbeispiel für die Verwendung des Farbquantitätskontrastes zeigt Abb. 168. Das helle Gelb der Sterne und der Uferlichter ist hier vom Flächenmaß her sparsam eingesetzt. Es bildet in den Helligkeitswerten einen starken Gegenpol zum dunklen Blau des Himmels, weshalb das Bild nicht in Düsternis verfällt, sondern in besonderer Weise erleuchtet wirkt.

Komplementärkontrast

Einen sehr starken, manchmal extrem wirkenden Gegensatz stellt der Komplementärkontrast dar, der sich durch die Nebeneinanderstellung von sich im Farbkreis gegenüberstehenden Farben ergibt. Ein Beispiel für ein harmonisches und raumschaffendes Wechselspiel zwischen warmen Rotorange-Tönen und kühlen Blaugrün-Tönen hatten wir beim Kaltwarmkontrast schon gesehen.

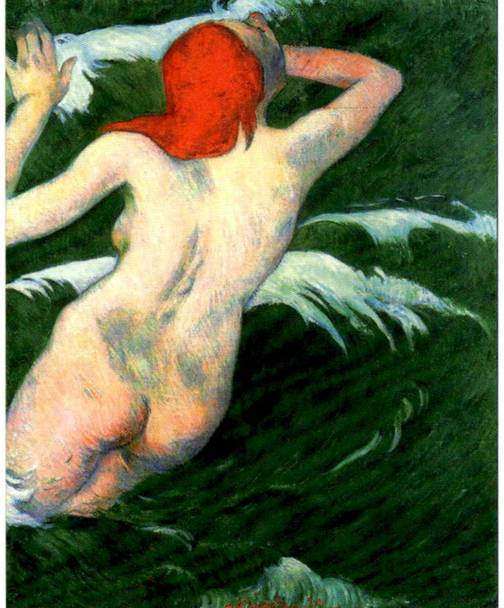

Abb. 169: »Dans les vagues« (1889) von Paul Gauguin, gemeinfrei

Andere Variationen wie das Gegensatzpaar Gelb-Violett oder Rot-Grün tendieren etwas zum Disharmonisch-Spannungsgeladenen oder gar zum Giftigen und sollten mit Bedacht eingesetzt werden, wie etwa in Abb. 169 gezeigt.

Simultankontrast

Auf die Wechselwirkung von nebeneinanderliegenden Farbflächen zielt der Simultankontrast ab. Wenn etwa eine graue Fläche von einer Farbfläche eingeschlossen wird, neigen wir dazu, die eingeschlossene Fläche als etwas in Richtung der Komplementärfarbe der umgebenden Farbfläche ausgelenkt zu sehen.

In Abb. 170 tendiert das linke Grau zum hellen Orange, das rechte Grau zum dunklen Violett. Dieser Effekt entsteht durch optische Überflutung auf unserer Netzhaut. Wenngleich es sich somit um eine illusionäre Wahrnehmung handelt, können bei der Bildplanung solche Effekte im Sinne der verstärkten Bildwirkung berücksichtigt werden.

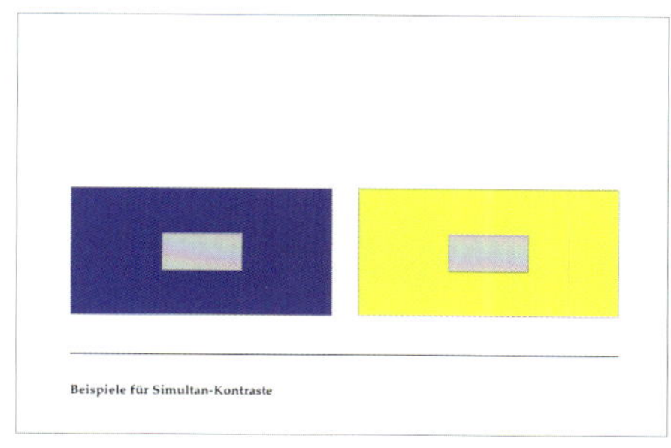

Abb. 170: Beispiele für Simultankontraste

Sukzessivkontrast

Eine Variation des Simultankontrastes stellt der Sukzessivkontrast dar. Die Wirkung entsteht hier allerdings durch ein Nachbild, welches nach längerer Betrachtung in der Komplementärfarbe des Ursprungsbildes auf der Netzhaut erzeugt wird und sich nach Bildwechsel oder Augenschluss manifestiert.

Kontraste der Form und Proportion

Bei dieser Art des Bildkontrastes steht die Geometrie einzelner Objekte im Vordergrund und wirkt durch ihren Gegensatz. So lassen sich Begriffspaare wie »rund und eckig«, »gestaucht und gestreckt«, »gerade und krumm«, »lang und kurz«, »breit und schmal«, »dick und dünn« o. Ä. bilden.

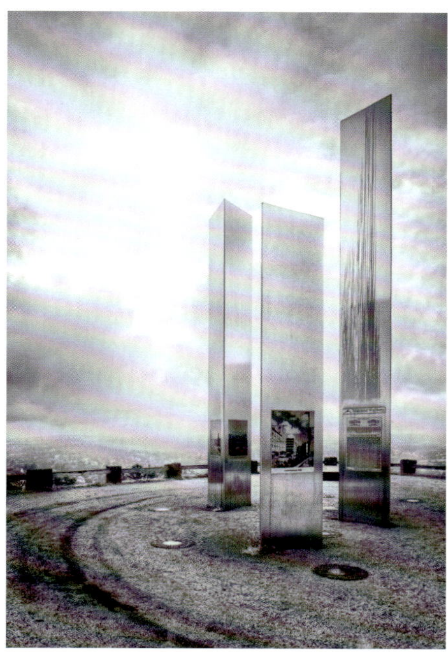

Abb. 171: (Links) »Stelenfeld am Pforzheimer Wallberg« (2015)

Abb. 172: (Rechts) »Nächtliche Szene in Enzberg« (2012)

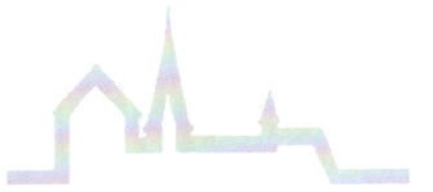

In Abb. 171 kontrastieren die bogigen Strukturen der Umrandung und Fahrspuren im unteren Bilddrittel mit den gestreckten Vertikalen der Stelen im mittleren und oberen Bildbereich. In Abb. 172 ist die untere Bildhälfte vom ovalen Schlagschatten eines Verkehrsschildes eingenommen, welches mit den rechteckigen und geraden Strukturen der oberen Bildhälfte kontrastiert.

Kontraste der Masse und Quantität

Bei dieser Art des Bildkontrastes wird die Betrachtung der einzelnen Elemente zugunsten einer solchen der Häufung und Stellung der gruppierten Elemente im Raum hintangestellt. Dazu passende Gegensatzpaare sind etwa »viel und wenig«, »groß und klein«, »häufig und selten«, »Ballung und Lockerung«, »Verdichtung und Ausdünnung«, »Konzentration und Verteilung« o. Ä.

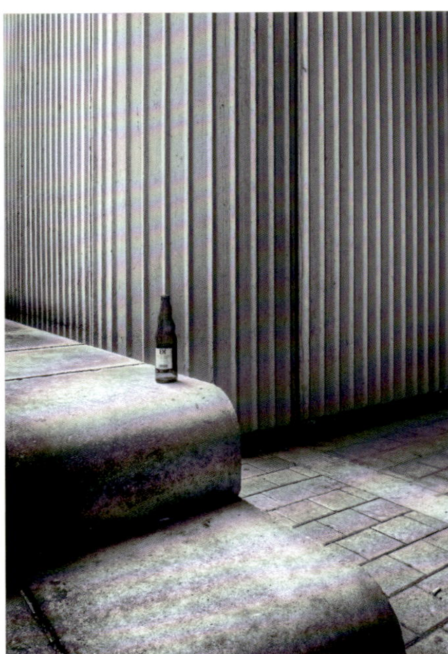

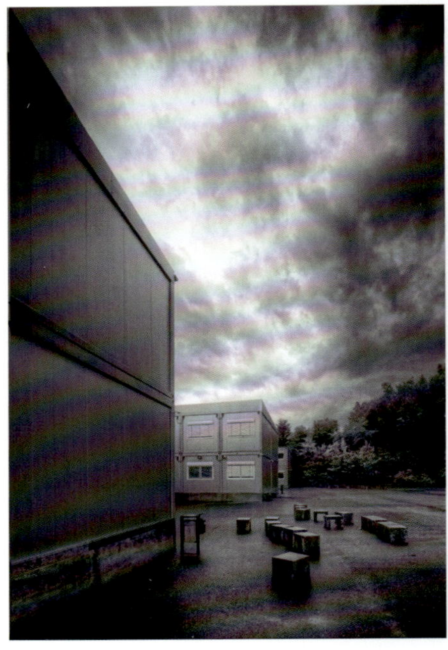

Abb. 173: (Links) »Im Neuenheimer Feld Heidelberg« (2014)

Abb. 174: (Rechts) »Containerschule | Studie 15« (2014)

In Abb. 173 steht die vereinzelte, kleine und als Hauptmotiv im Goldenen Schnitt liegende Flasche den mächtigen, von zahlreichen Längsstreifen durchzogenen Betonstrukturen gegenüber. In Abb. 174 kontrastiert die Vielzahl kleiner, gruppierter und als Sitzgelegenheiten dienender U-Steine mit den drei aufragenden und sich zum Fluchtpunkt hin stark verjüngenden Flügeln des Containerbaus.

Kontraste der Struktur und Qualität

Mit dieser Art des Bildkontrastes verlassen wir die Welt der Objektgeometrie und -platzierung und wenden uns den Aspekten der Stofflichkeit bzw. Feinstruktur zu. An Gegensatzpaaren lassen sich etwa »matt und glänzend«, »stumpf und brillant«, »schwach und intensiv«, »scharf und unscharf« o. Ä. aufzählen.

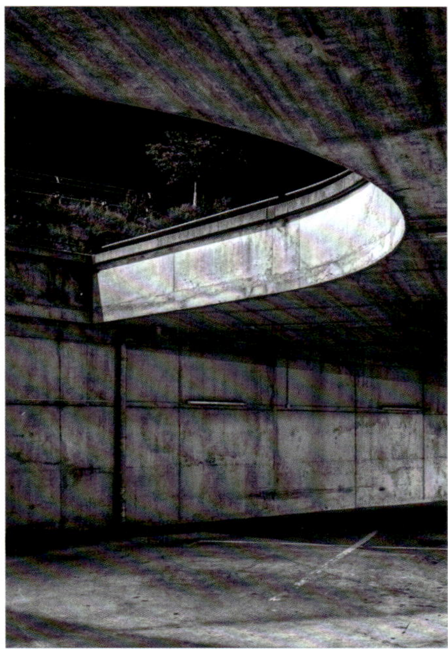

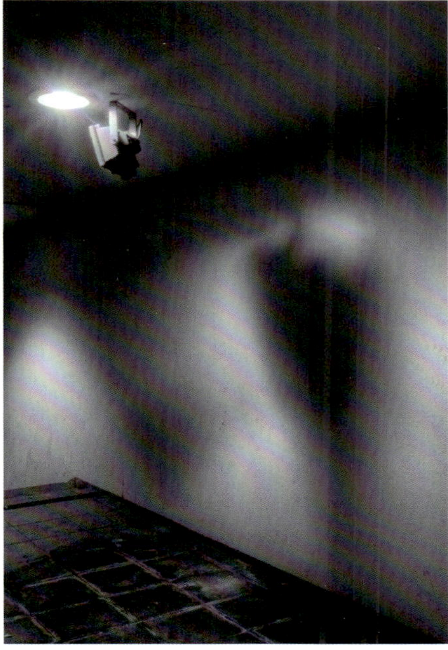

Abb. 175: (Links) »Nächtliche Szene in Mühlacker« (2011)

Abb. 176: (Rechts) »Nächtliche Szene in Stuttgart« (2011)

Entscheidend für die Bildgeschichte in Abb. 175 ist der Kontrast zwischen den organischen Strukturen, dem spärlichen Rand- und Restbewuchs also, und den weite Bereiche des Bildes einnehmenden Betonformationen. In Abb. 176 steht die materielle Greifbarkeit der Lampen jener diffusen, schattenwerfenden Struktur des Lichts gegenüber.

Kontraste der Bewegung und Richtung

Mit dieser Art des Bildkontrastes kehre ich nochmals (ohne Bildbeispiele, da thematisch eher zur Streetfotografie gehörend) in den Bereich der Stellung und Verteilung im Raum zurück, allerdings unter dem Gesichtspunkt der Bewegung und Richtung. Dazugehörige Begriffspaare sind etwa »ruhende und bewegte Elemente«, »Stille und Turbulenz«, »nach links und nach rechts«, »steigend und fallend«.

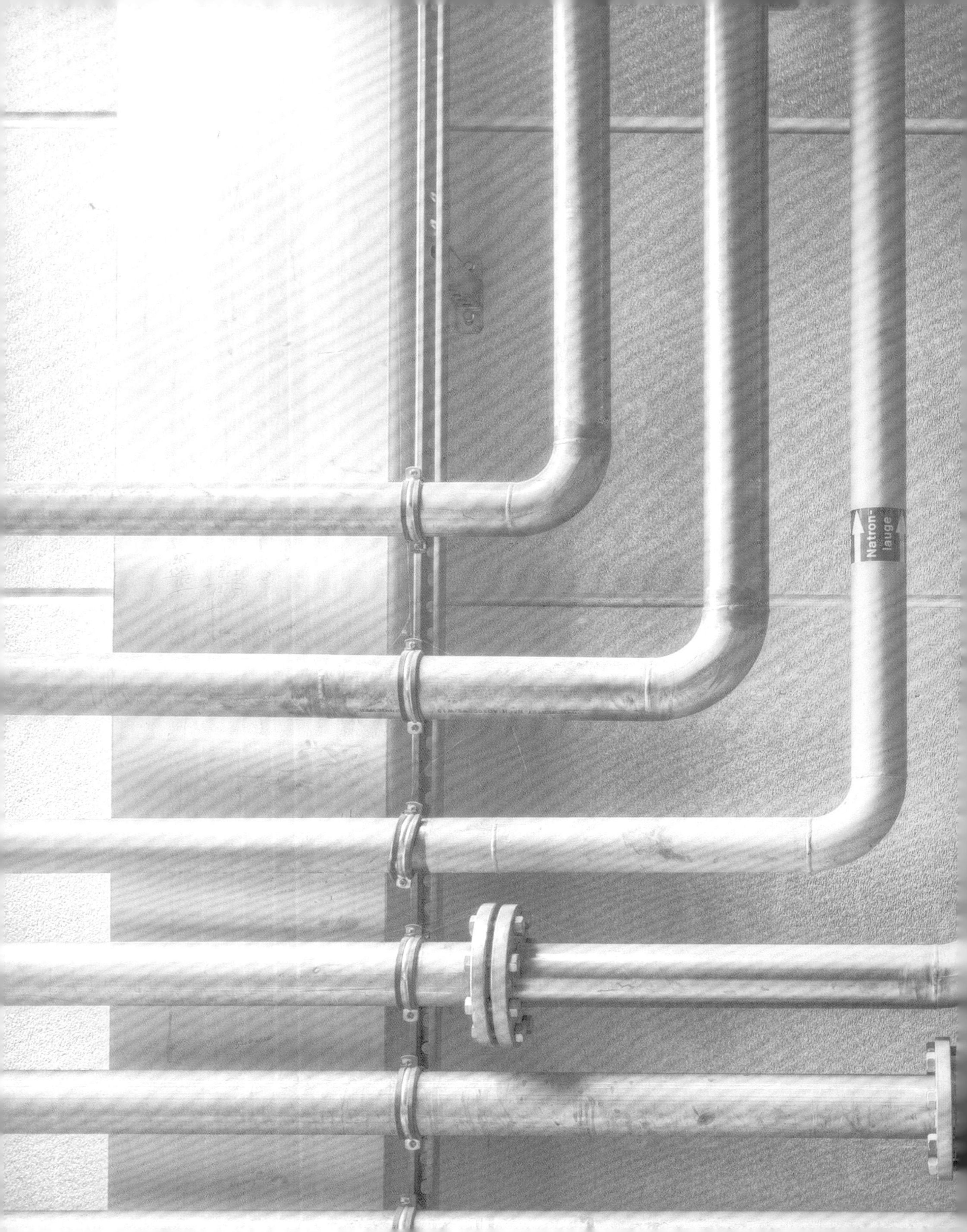
Natron-
lauge

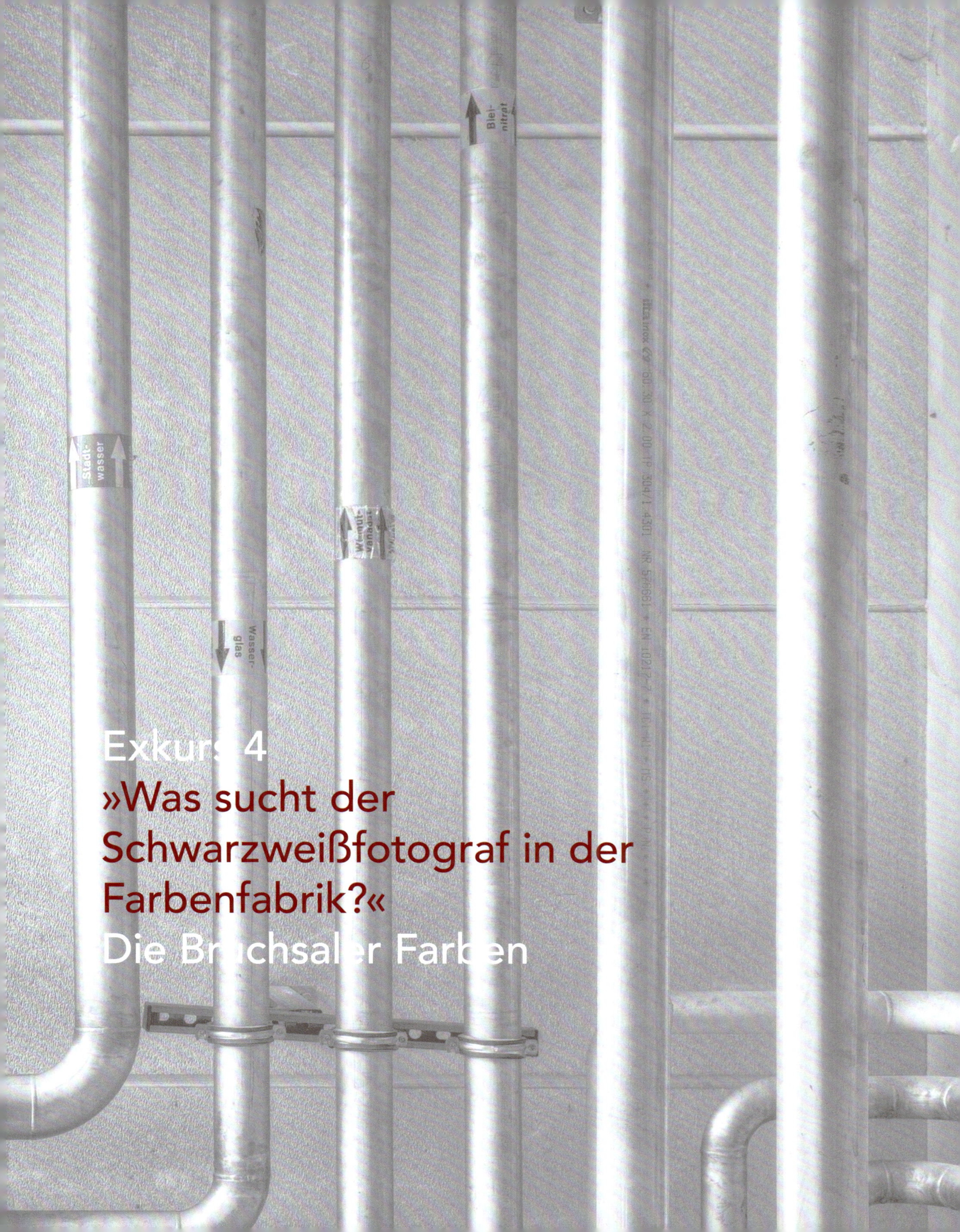

Exkurs 4
»Was sucht der Schwarzweißfotograf in der Farbenfabrik?«
Die Bruchsaler Farben

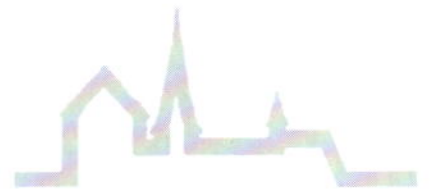

Lassen wir zu Beginn dieses Kapitels *Thomas Schleier*, seines Zeichens Chemieingenieur und technischer Leiter der »Bruchsaler Farben«, zu Wort kommen. Die Vorgeschichte des Betriebs mit seiner früheren und heutigen Bedeutung beschreibt er wie folgt:

Zwischen Tradition und Innovation

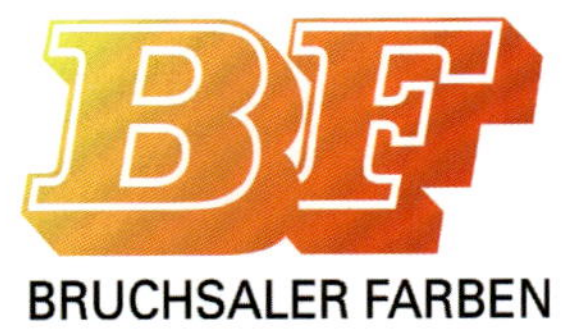

Abb. 177: Das Logo der »Bruchsaler Farbenfabrik GmbH & Co. KG«

Als Firma mit einer mehr als 100-jährigen Geschichte kann die Bruchsaler Farbenfabrik mit einer Reihe von Maschinen und Anlagen auf ihrem Betriebsgelände aufwarten, die mancher eigentlich nur noch im Industriemuseum erwarten würde. Oder können Sie sich vorstellen, dass man heute noch etwas anderes außer edlen Barrique-Weinen – nämlich Farbpigmente – in der chemischen Produktion in riesigen Eichenholzbehältern lagert, sogenannten »Bottichen«?

Aber auch Pigmentmischungen werden in manchen Fällen noch in »Kollergängen« vermischt. Das sind Steinmühlen, wie sie im Prinzip seit Tausenden von Jahren zum Mahlen von Mehl benutzt wurden. Bei Kunden ist dabei die »Verkollerung« ein Qualitätsbegriff für eine Technik, die sich manchmal nicht durch moderne Alternativen ersetzen lässt.

Andererseits lässt sich auch in der Bruchsaler Farbenfabrik die Produktion ohne automatisierte Anlagen mit Touchscreens oder die Lagerhaltung mit Softwareunterstützung nicht auf dem heute üblichen Niveau betreiben. Moderne Pigmente für verschiedenste Anwendungen in Lack und Kunststoff sind eine Selbstverständlichkeit, ohne die das Gelände heute wirklich bestenfalls als Museum taugen würde.

Die Firma wurde 1896 als »Lack- und Farbengroßhandlung Gebrüder Katzauer« in Bruchsal gegründet. Zu Beginn produzierte man nicht, sondern gewann Kunden unter Handwerkern mit den für diese nützlichen Produkten wie Pinseln und natürlich Farben. Wenige Jahre später begann man jedoch schon mit der Eigenproduktion von Fensterkitt und verschiedenen »Kalkfarben«. Das war noch im 19. Jahrhundert der Beginn einer eigenen Produktion.

Zu Beginn der Zwanzigerjahre erwarb man ein 20 Hektar großes Firmengelände am damaligen Stadtrand von Bruchsal, auf dem der Grundstein der nun beginnenden chemischen Produktion von Pigmenten gelegt wurde, die noch heute das wichtigste Standbein der Firma ist. Neue Produktionshallen ermöglichten eine nach damaligen Maßstäben moderne chemische Herstellung von verschiedenen Buntpigmenten und machten die Bruchsaler Farbenfabrik auch international zu einem bedeutenden Hersteller dieser Stoffe.

Diese Erfolgsgeschichte wurde 1938 jäh unterbrochen, als man im 3. Reich den jüdischen Eigentümern Katzauer und Levi die Verfügungsgewalt über die Firma entzog und sie in die »Rheinchemie«, einen Bestandteil der »IG Farben«, eingliederte. Damit stoppte auch die Pigmentproduktion und wich der Herstellung

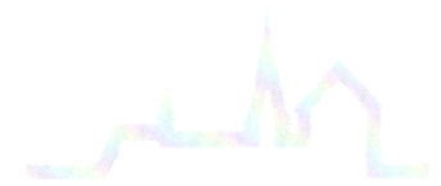

von Tarnfarben und Weichmachern für Gummi. Glücklicherweise konnten die Familien in die USA emigrieren und erhielten 1949 die Firma wieder übertragen.

Der Wiederaufbau der Produktion von Pigmenten erwies sich als vollständiger Neubeginn mit neuer Technik, weil die Anlagen im Krieg abgenutzt und »ausgeweidet« wurden. Aus dieser Zeit stammen die Holzbehälter, aber auch die angesprochenen Kollergänge, die man auch heute noch in Betrieb betrachten kann. Hinzu kamen allerdings in den folgenden Jahrzehnten immer wieder neue Techniken oder erneuerte Anlagen, die den schärferen Auflagen einer chemischen Produktion genügen konnten.

Eine wichtige Zäsur war die Aufnahme einer neuen chemischen Produktion im Jahr 2006, die von den »alten« Prozessen nur noch die Rohstoffe und die bewährten Rezepturen übrig ließ. Hier vollzog sich ein Sprung von Jahrzehnten, welcher die alte Produktion nun mittlerweile wirklich in ein Industriemuseum der Pigmentproduktion verwandelt hat, das noch existiert.

Man findet natürlich als unbefangener Betrachter viel »historische« Substanz, die sehr reizvoll anzusehen ist. Umso mehr freue ich mich als Betriebsleiter der Bruchsaler Farbenfabrik, dass Thomas Brotzler in den alten und neuen Anlagen so ansprechende Fotos und Interpretationen finden konnte.

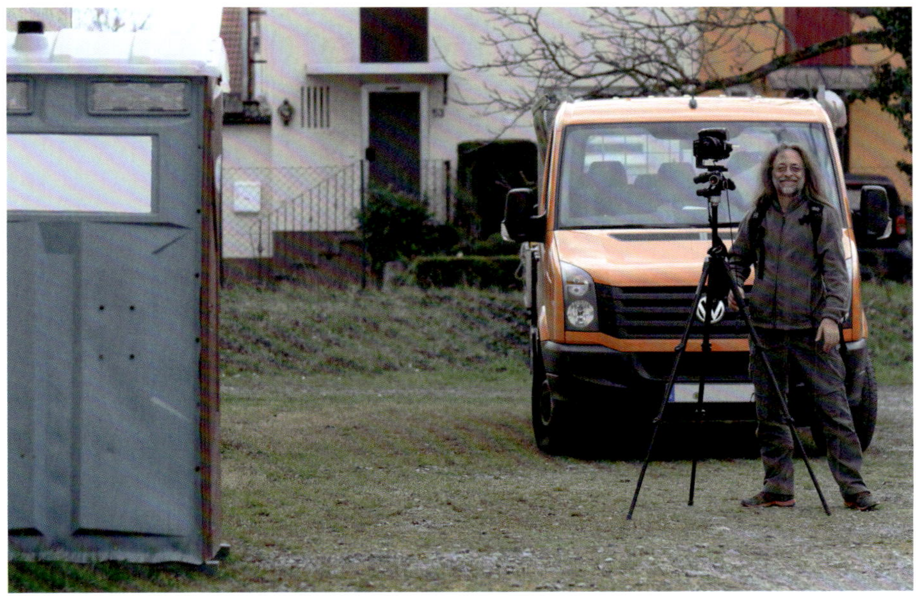

Abb. 178: Der Buchautor, hier gleichzeitig vor und hinter der Kamera stehend. Man fotografierte sich quasi gegenseitig. Für Mobilität war, wie man sieht, vor Ort in fast jeder denkbaren Weise gesorgt. Quelle: Thomas Schleier.

Das Projekt

Es war im Herbst 2014, als Thomas Schleier mich erstmals kontaktierte.

Als ambitionierter Hobbyfotograf war er auf meine Bilder und Artikel zur Architekturfotografie, insbesondere auf jene im Bereich der historischen, entnutzten und verlassenen Industrieanlagen aufmerksam geworden. Es interessiere ihn brennend, so schrieb er in einer Mail, wie ich als Schwarzweißfotograf »an eine Farbenfabrik herangehe«. Wir kamen ins Gespräch und schließlich lud er mich zur fotografischen Erkundung seines hochproduktiven und mit historischen ebenso wie mit modernen Anlagen versehenen Werkes ein.

Es gingen dann noch einige Monate ins Land, in denen ich mit anderen Projekten, Ausstellungen und Wettbewerben beschäftigt war. Etwas hatte in mir jedoch zu arbeiten begonnen, wenngleich mir das Thema zunächst doch einige Mühe bereitete: »Wie könnte ich denn in Schwarzweißbildern die ›Erscheinung und das Wesen der Farben‹ symbolisieren? Noch dazu inmitten laufender Produktionsprozesse? Wäre dies nicht ein vermessener Anspruch? Und wie bekomme ich den Übergang zwischen historischen und modernen Anlagen sinnvoll in eine Bildstrecke?«

Ich kann mich noch sehr gut daran erinnern, wie sich in mir zur Jahreswende 2014/2015 – quasi in der Muße der Feiertage zwischen den Jahren – ein Konzept abzuzeichnen begann. Dieses beinhaltete freilich noch keine endgültigen Antworten auf die obigen Fragen, zumindest aber eine Art innerer Erlaubnis: »Sind denn solche Fragen nicht auch Sinnbild dafür, dass wir Fotografen oftmals unbekanntes Terrain zu erkunden haben? Dass wir uns auf ein Thema einlassen müssen, ohne von vornherein die Ergebnisse zu kennen? Ist denn in solchen Unwägbarkeiten nicht auch ein Gutteil dessen geborgen, was uns an der Fotografie reizt?«

Um die Gedanken des Unterkapitels 2.2 (»Arbeiten im Vorfeld«) im praktischen Projektbezug nochmals aufzugreifen, war mir auch hier die vorauslaufende mentale Beschäftigung mit dem Objekt unverzichtbar. Ohne die dargestellte innere Erlaubnis hätte ich wohl kaum den Mut aufgebracht, mich dieser Herausforderung zu stellen.

So war aber der Weg für weitere Absprachen und die Begehung vor Ort geebnet. Nach vier fotografischen Durchgängen im Frühjahr 2015 war das Portfolio dann soweit mit 39 verwertbaren Aufnahmen abgeschlossen.

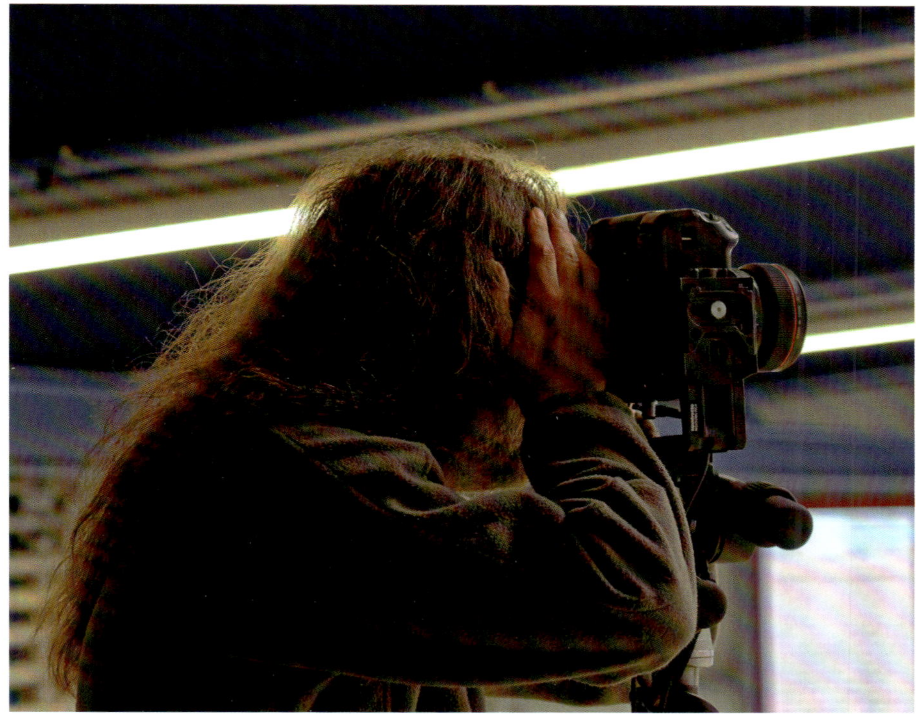

Abb. 179: Nochmals der Buchautor, hier bei der Arbeit mit ganzer Ausrüstung und seinem geliebten 17-mm-Tilt-Shift-Objektiv. Freilich fragt man sich, wie unter solchen Umständen noch ein Durchblick möglich sein soll. Quelle: Thomas Schleier.

Einige Nachgedanken

Stand die Maulbronner Gießerei (Exkurs 1) für einen ehemals stolzen, zwischenzeitlich zuschande gerittenen und dann in einen langen Dornröschenschlaf gefallenen Betrieb, die Mühlacker Ziegelei (Exkurs 2) hingegen für ein ebenso stattliches, im Projektverlauf aber allmählich demontiertes, abgerissenes und insofern auch wehmütig verabschiedetes Unternehmen, so sind die Bruchsaler Farben für mich ein wunderbares Beispiel dafür, dass alte und neue Substanz auch im gewerblichen Bereich nebeneinander existieren kann.

Allen Anforderungen eines produktiven und sicheren Betriebs wird hierbei entsprochen, und doch herrscht vor Ort eben auch ein wohltuender Geist der behutsamen Bewahrung, Umwidmung und Weiterentwicklung.

Thomas Schleier und ich sind uns im Projektverlauf näher gekommen. Eine Freundschaft entstand, die es ermöglicht, dass ich dort – nach jeweiliger Absprache und mit Respekt gegenüber den dortigen Produktionsabläufen und Sicherheitsvorschriften freilich – kleine Gruppen zu Architekturworkshops durchführen kann.

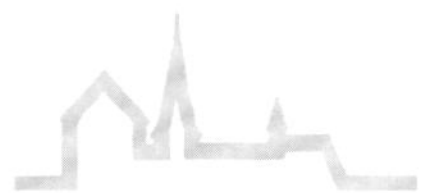

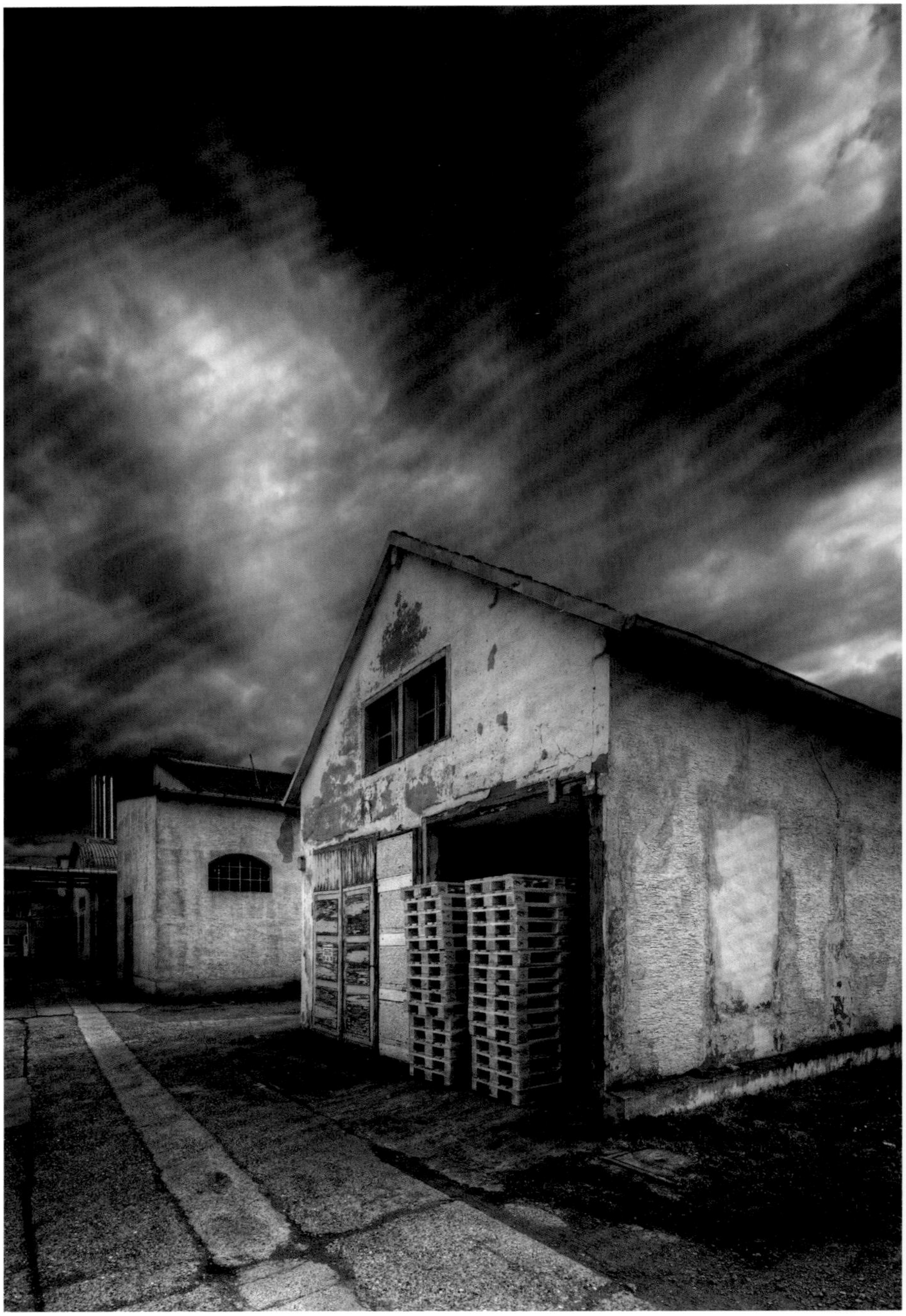

Abb. 180: Was sucht der Schwarzweißfotograf in der Farbenfabrik? | Studie 38. Ein Teil des Außengeländes mit einigen der älteren Gebäuden. Man sieht, wie die Zeit und der Wandel der Nutzung dort ihre Patina hinterlassen haben. Der dramatische Himmel mit seinem Zwielicht war mir als Bühne einer solchen, über den Augenblick hinausreichenden Darstellung sehr willkommen.

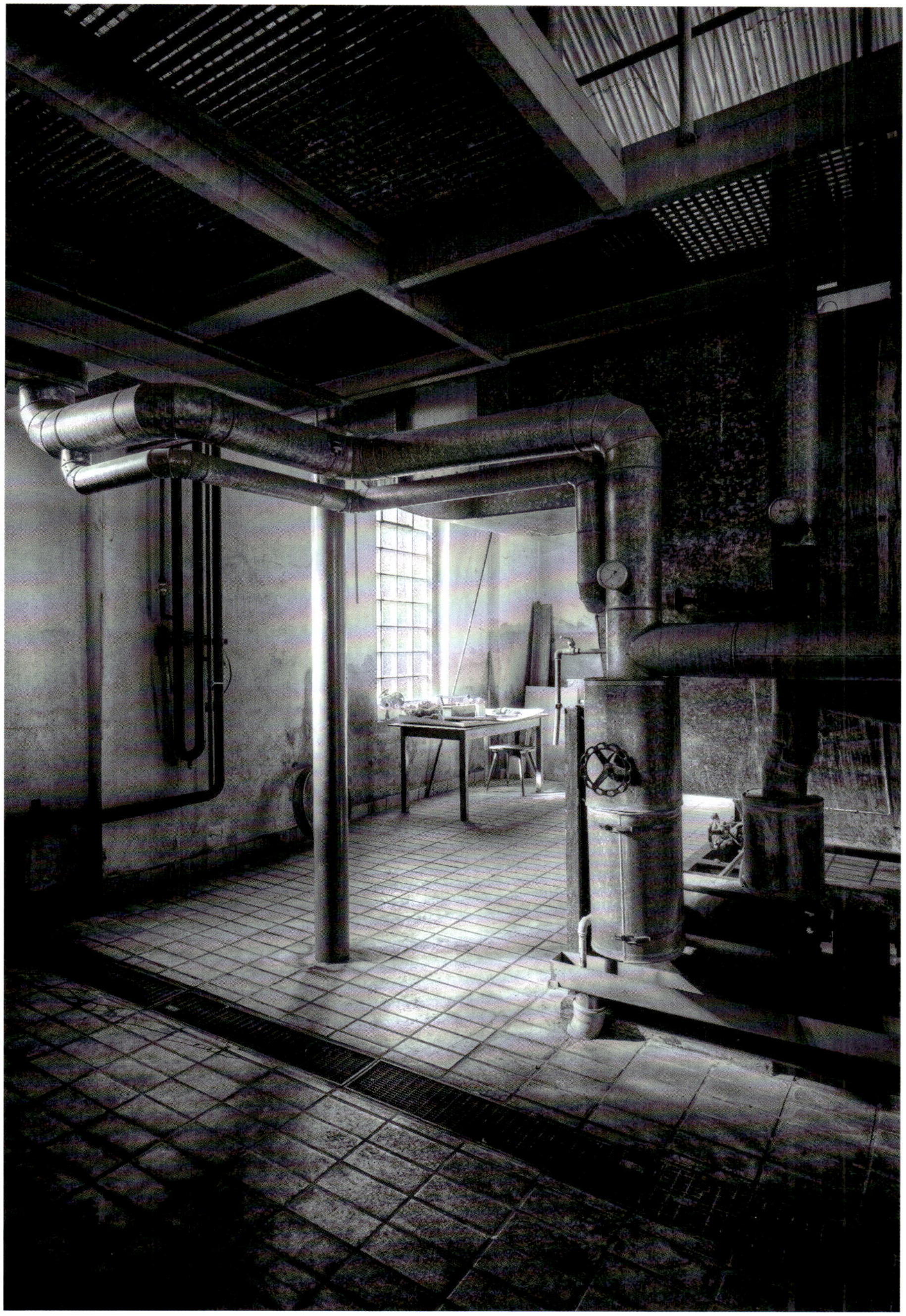

Abb. 181: Was sucht der Schwarzweißfotograf in der Farbenfabrik? | Studie 01. Wie lässt sich jenes ›Musterbeispiel von Innenraumfotografie mit dunklen Wänden und heller Lichtluke‹ in ein betrachtungsfähiges Bild verwandeln? Es ging hier immerhin um einen mit etwa 16 Belichtungsstufen enormen Dynamikumfang, der nur mit einer Belichtungsreihe zu bewältigen war. Jene Blickflucht fällt sodann ins Auge, wie sich hinter der Kaskade von Rohren, Streben und Trittrosten also ein kleiner Beistelltisch mit Stuhl und Arbeitsgerätschaften abzeichnet. Wir befinden uns im hinteren Umlauf des großen Dampfkessels, es ist sehr laut und die Luft ist feuchtwarm. Vor meinem geistigen Auge erschien der Monteur, der die Wartungsarbeiten erledigt. Eine gewisse Vertäubt- und Verlorenheit des Arbeitens teilte sich mir vor Ort mit, ich spürte in dieser Szene auch die Isolation und Melancholie. So setzte ich Tisch und Fenster als Blickfang in die Bildmitte und gruppierte den Vordergrund im Sinne kompositorisch abfallender Diagonalen drum herum.

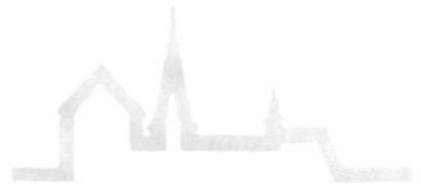

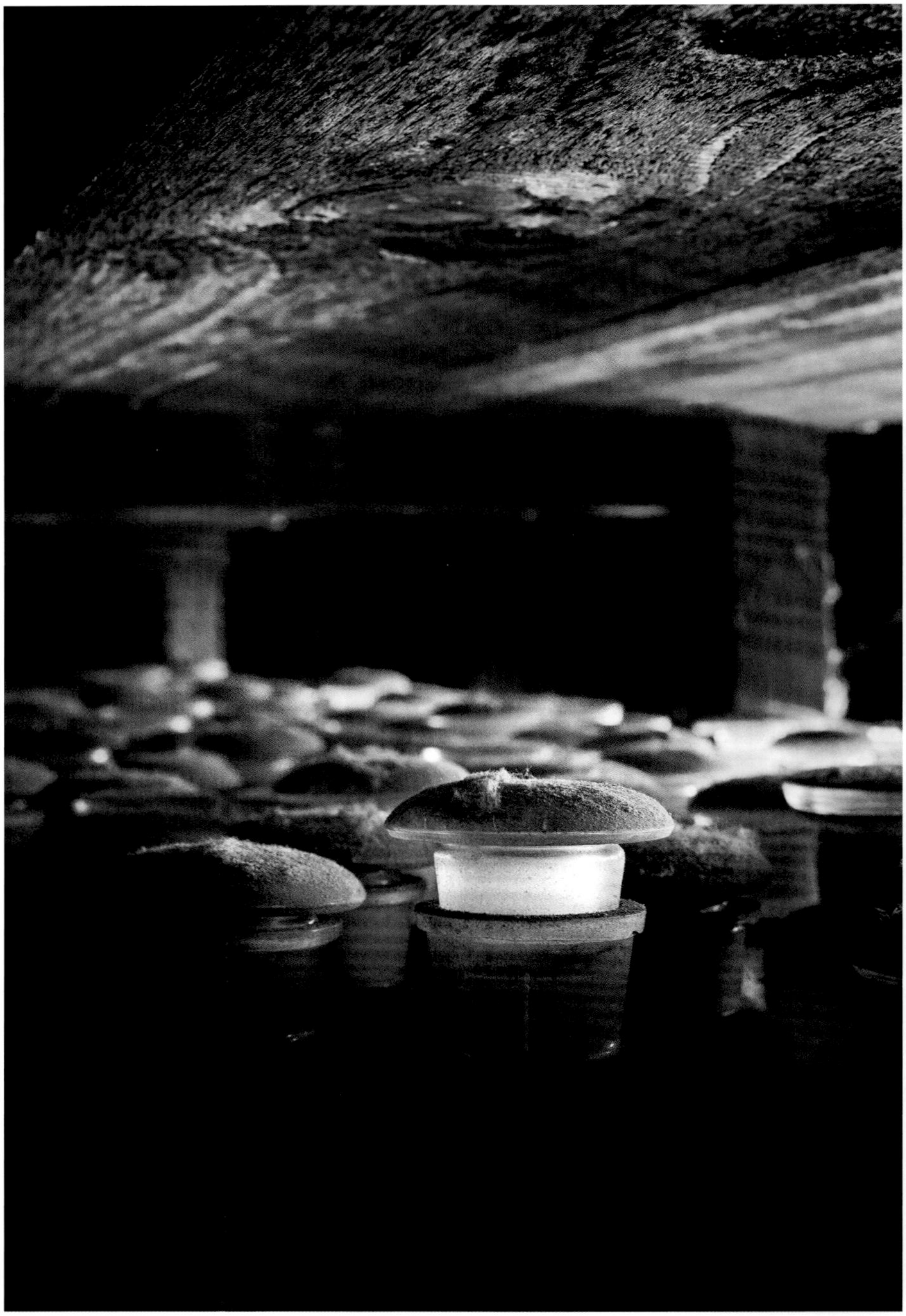

Abb. 182: Was sucht der Schwarzweißfotograf in der Farbenfabrik? | Studie 06. Im ältesten Teil – genauer gesagt auf dem Speicher, der dem Besucher eindrucksvoll das Gefühl vergangener Zeit vermittelt – lagern noch Pigmente in kleinen Apothekerflaschen. Zur Verwendung sind diese historischen Pigmente freilich nicht mehr bestimmt, eher zur Wahrung des Andenkens.

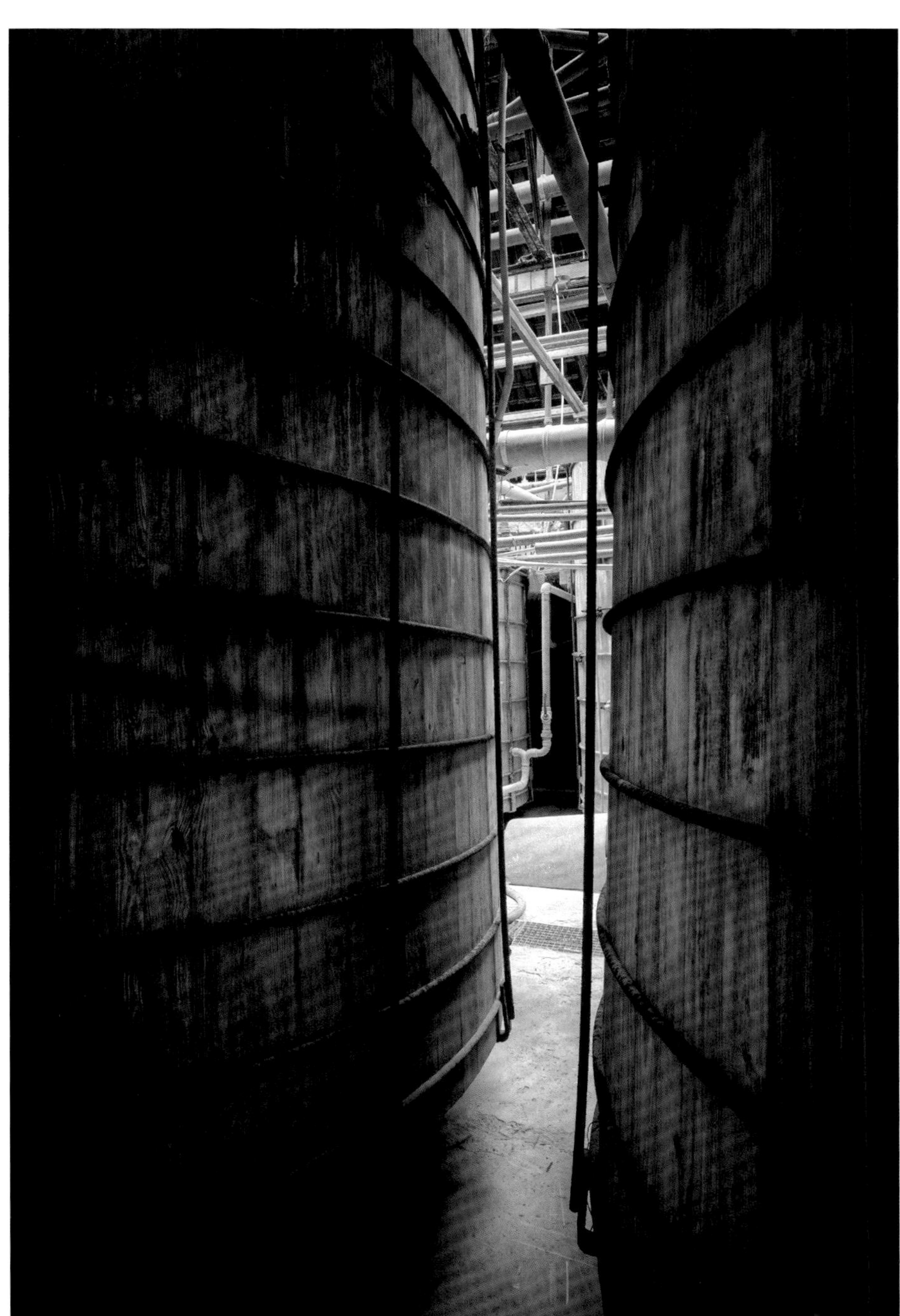

Abb. 183: Was sucht der Schwarzweißfotograf in der Farbenfabrik? | Studie 18. Nur durch wenige Schritte getrennt finden sich auf dem Werksgelände alte und neue Anlagen oder wie im vorstehenden und in diesem Bild kleine und große Pigmentbehältnisse. Es sind die im Prolog erwähnten Eichenholzbehälter bzw. Bottiche, ein jeder viele Meter hoch und in der Gesamtheit viele interessante Durchblicke gewährend.

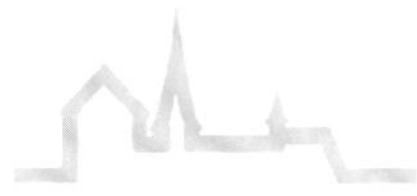

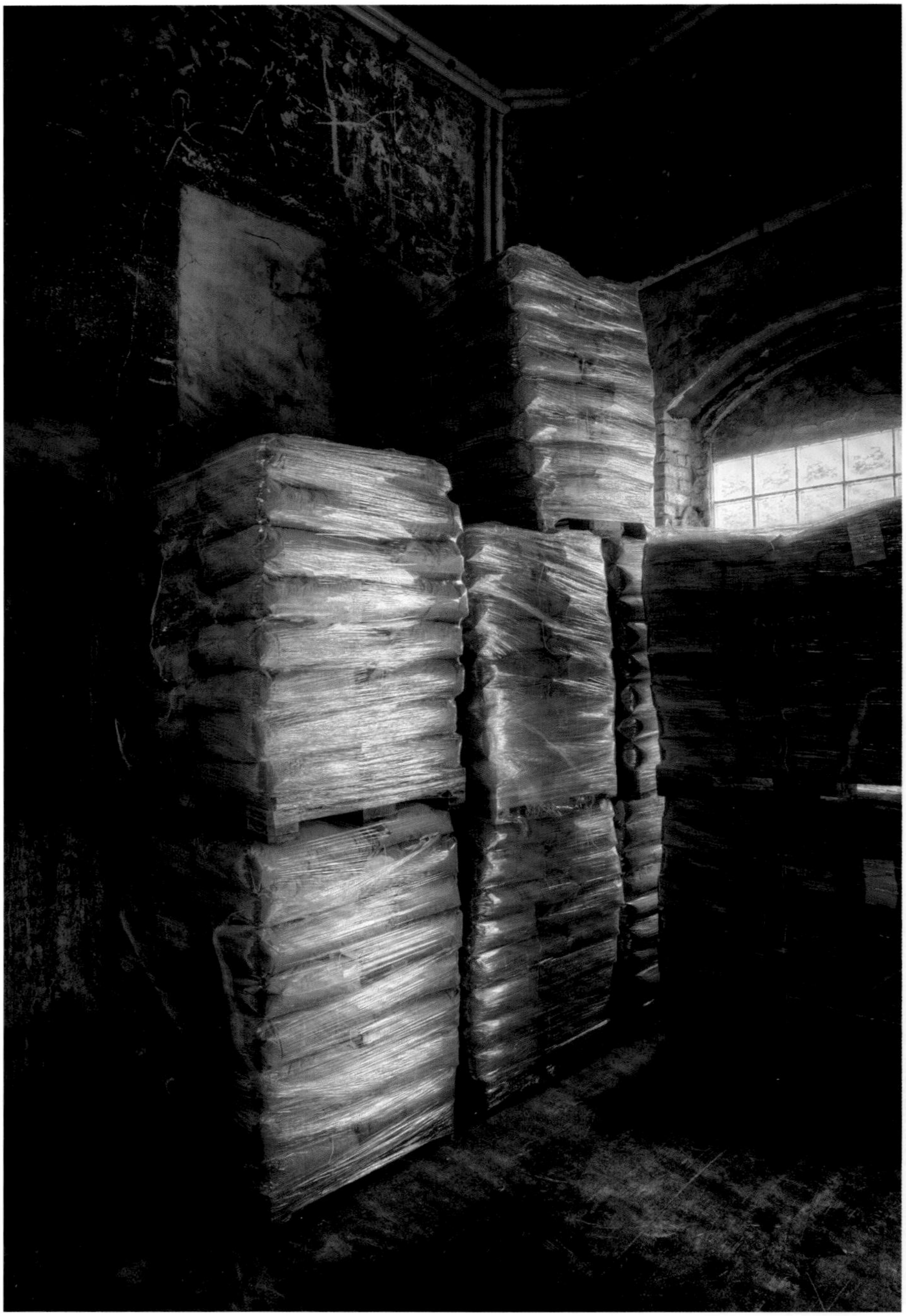

Abb. 184: Was sucht der Schwarzweißfotograf in der Farbenfabrik? | Studie 07. Auch diese Szene lief vom Kontrastumfang her etwas aus dem Ruder, sodass wiederum eine Belichtungsreihe verwendet wurde. Diese wurde zur Wahrung einer natürlichen Lichtstimmung mit 30 % der normal belichteten Aufnahme verrechnet und dunkel ausgearbeitet, um die Wandstrukturen besser zur Geltung zu bringen. In solch düsterer Anmutung erschienen mir diese plötzlich wie geheimnisvolle Botschaften und belebten meine Fantasie: »Was wäre, wenn es ›Hieroglyphen in einer pharaonischen Grabkammer‹ wären und die Gebinde als ›Beigaben für den letzten Weg‹ dienten? Oder wenn sich uns hier urplötzlich ›Relikte prähistorischer Höhlenmalereien‹ zeigten?« Die Wirklichkeit ist zwar profaner, es sind Spuren vielfachen und oft etwas unsanften Anlieferns der Rohstoffpaletten mit dem Gabelstapler. Aber auch diese vernünftige Erklärung beraubt die Szene, wie ich meine, nicht einer gewissen Poesie.

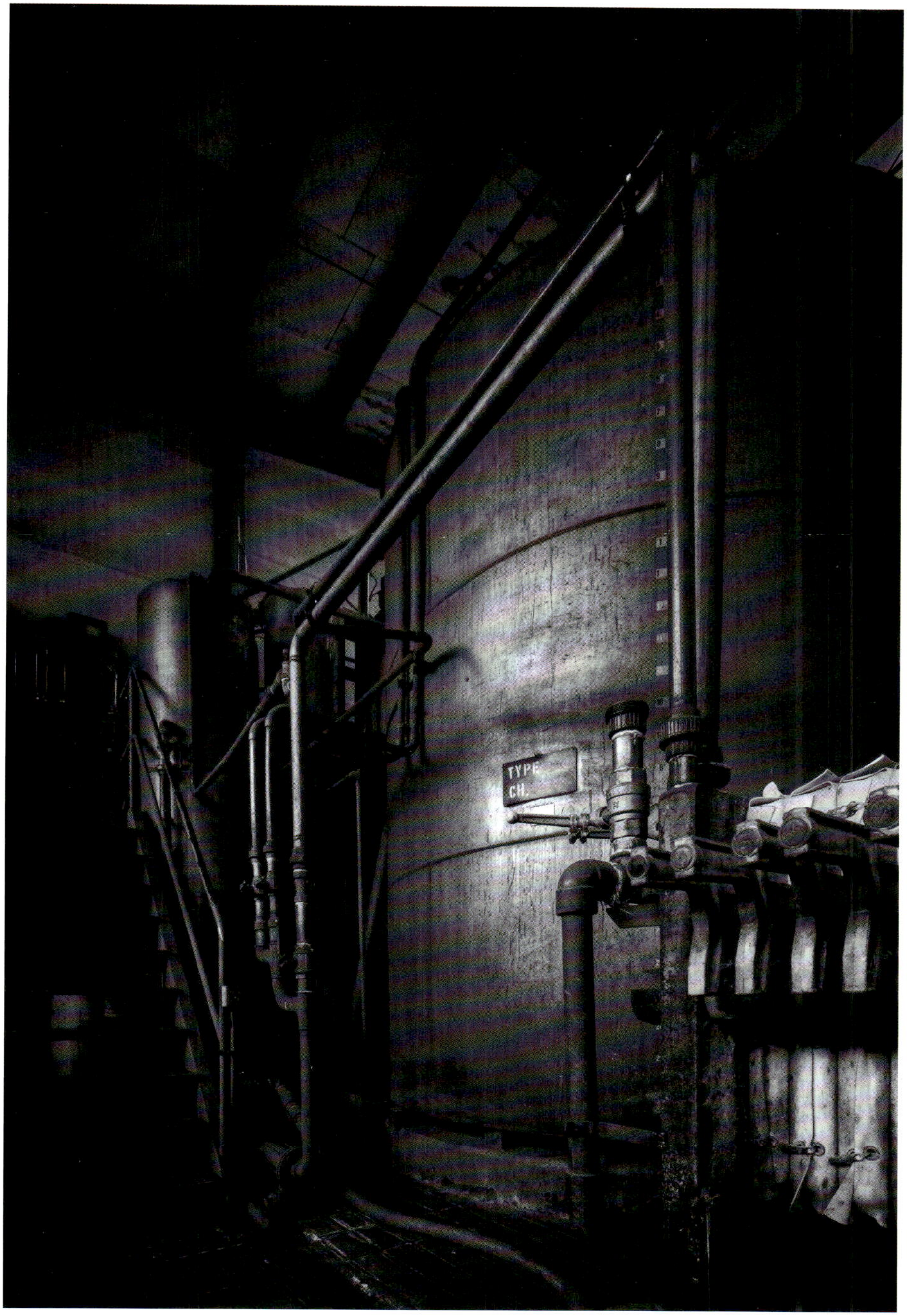

Abb. 185: Was sucht der Schwarzweißfotograf in der Farbenfabrik? | Studie 23. Hier hatte ich tatsächlich den Eindruck, in eine Kulisse aus H. G. Wells' »The Time Machine« geraten zu sein, jenem 1895 erschienenen und das Genre des »Steampunk« bzw. der »Scientific Romance« mitbegründenden Epos einer von zwei Menschenarten belebten Zukunft – den in der Finsternis des Erdinneren wie Schatten hausenden »Morlocks« und den an der Erdoberfläche unbeschwert wie Kinder lebenden »Eloi«. Letztere fürchten nur die Nacht und erahnen darin ihre wahre Bestimmung als Zuchtvieh und Nahrungsgrundlage der »Morlocks«. Um diese Vision umzusetzen, habe ich mit einer »Low-Key-Bearbeitung« ein wenig nachgeholfen. Dabei galt es, nicht alles im Schatten versinken zu lassen, sondern die Mitten und dunkleren Lichter im Sinne eines geheimnisvollen Schimmers zu erhalten.

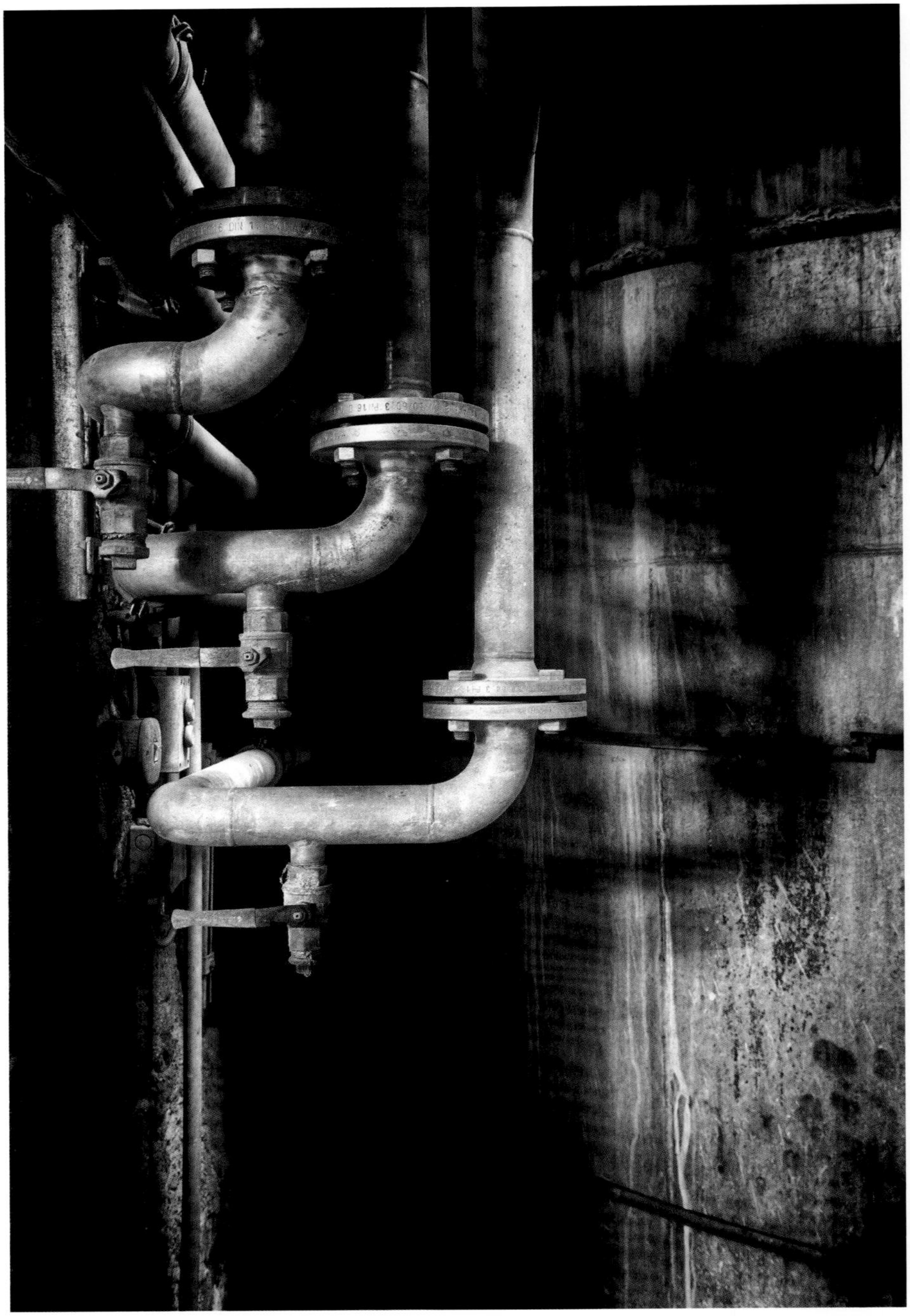

Abb. 186: Was sucht der Schwarzweißfotograf in der Farbenfabrik? | Studie 13. Wir sind hier nochmals im Bereich der großen Bottiche, wie in der rechten Bildhälfte ersichtlich wird. Links finden sich die eigentlichen Protagonisten dieser Aufnahme: Geheimnisvolle Rohre mitsamt Verbindungen, Krümmungen und einem markanten, vom Streiflicht herrührenden Schattenspiel. Wo diese herkommen und letztlich hinziehen, bleibt in dieser aus dem Gesamtbild herausgelösten Detailaufnahme bewusst offen und somit der Fantasie des Betrachters überlassen.

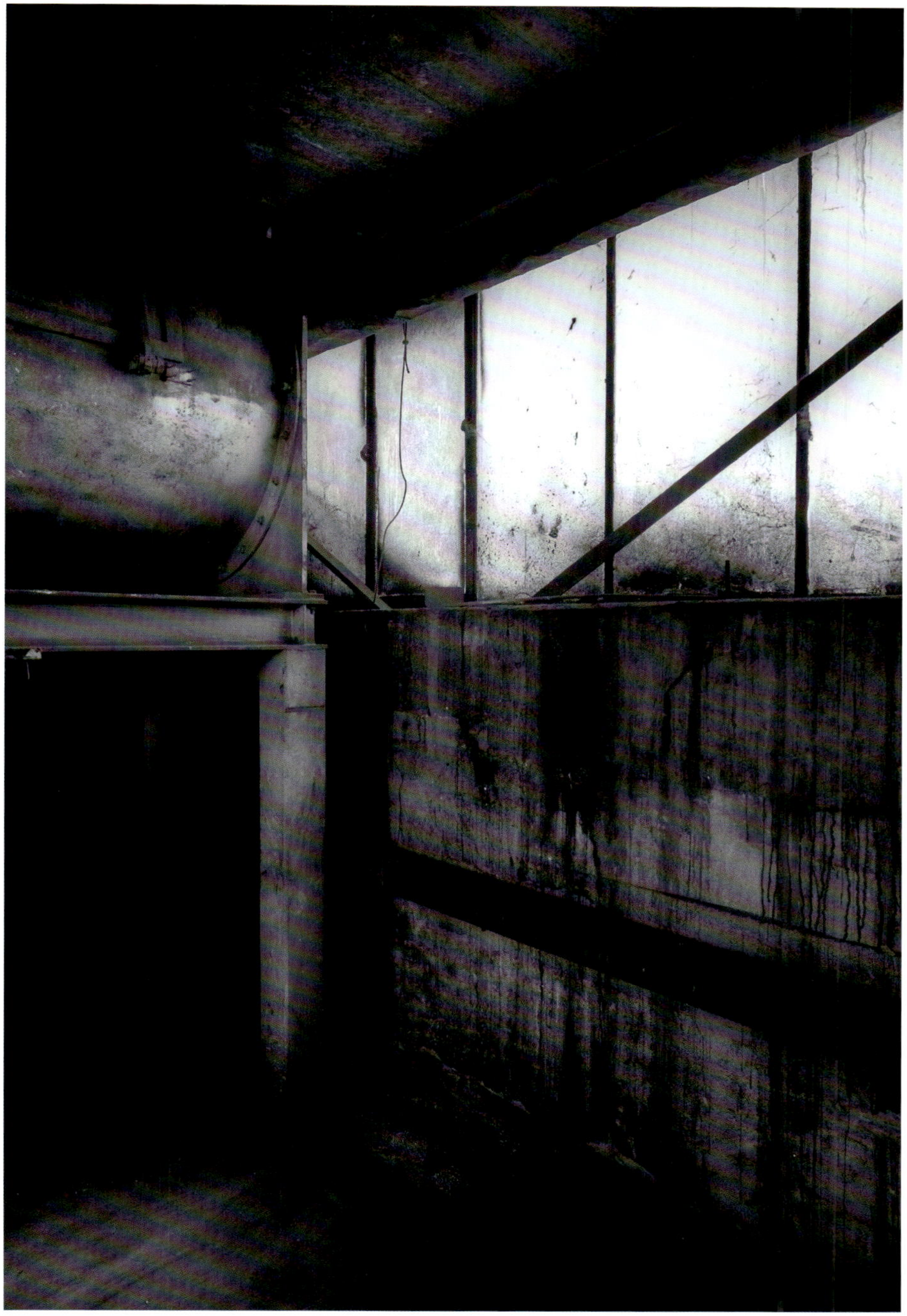

Abb. 187: Was sucht der Schwarzweißfotograf in der Farbenfabrik? | Studie 28. Tatsächlich, die Scheiben sind hier etwas blind und könnten theoretisch wieder einmal geputzt werden. Ich war froh, dass sie es nicht waren (geputzt), denn so war die Patina der Zeit in dieser Szene unmittelbar greifbar. Der Anschnitt in der linken Bildhälfte tut sein Übriges, um hier eine geheimnisvolle und wie aus der Zeit gefallene Szene zu schaffen.

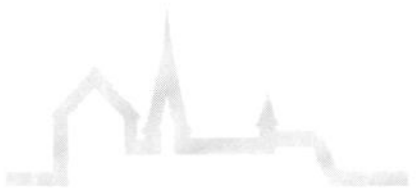

Abb. 188: Was sucht der Schwarzweißfotograf in der Farbenfabrik? | Studie 10. Man mag in einer Farbenfabrik »überschäumende Buntheit« erwarten, doch finden wir oft auch monochrome Bereiche wie diesen, in welchem gelbes Pigment produziert wird, das sich über die Jahre als beeindruckende Patina niederschlug. So konnte ich mich vollends auf die Lichter und Schatten, Linien und Strukturen konzentrieren. Um die verwirrende Vielzahl der Elemente in eine Ordnung zu bringen, verwendete ich das Instrument der Zentralperspektive. Fast alle Linien laufen nun auf die rückwärtige Wand hin. Als Auflockerungselemente fungieren dabei die von links unten nach rechts oben verlaufenden Leitungen. Von der Bedeutungsebene her gingen mir hier Szenen von Chaplins »Modern Times« durch den Kopf. Auch hier sah ich »eine ganze Maschinerie von Gitterrosten, Leitungen, Behältnissen und geheimnisvollen Apparaten«, und mich beschlichen Visionen, wie Arbeiter am einen Ende dieses Konvoluts ein- und am anderen Ende wieder auftauchten.

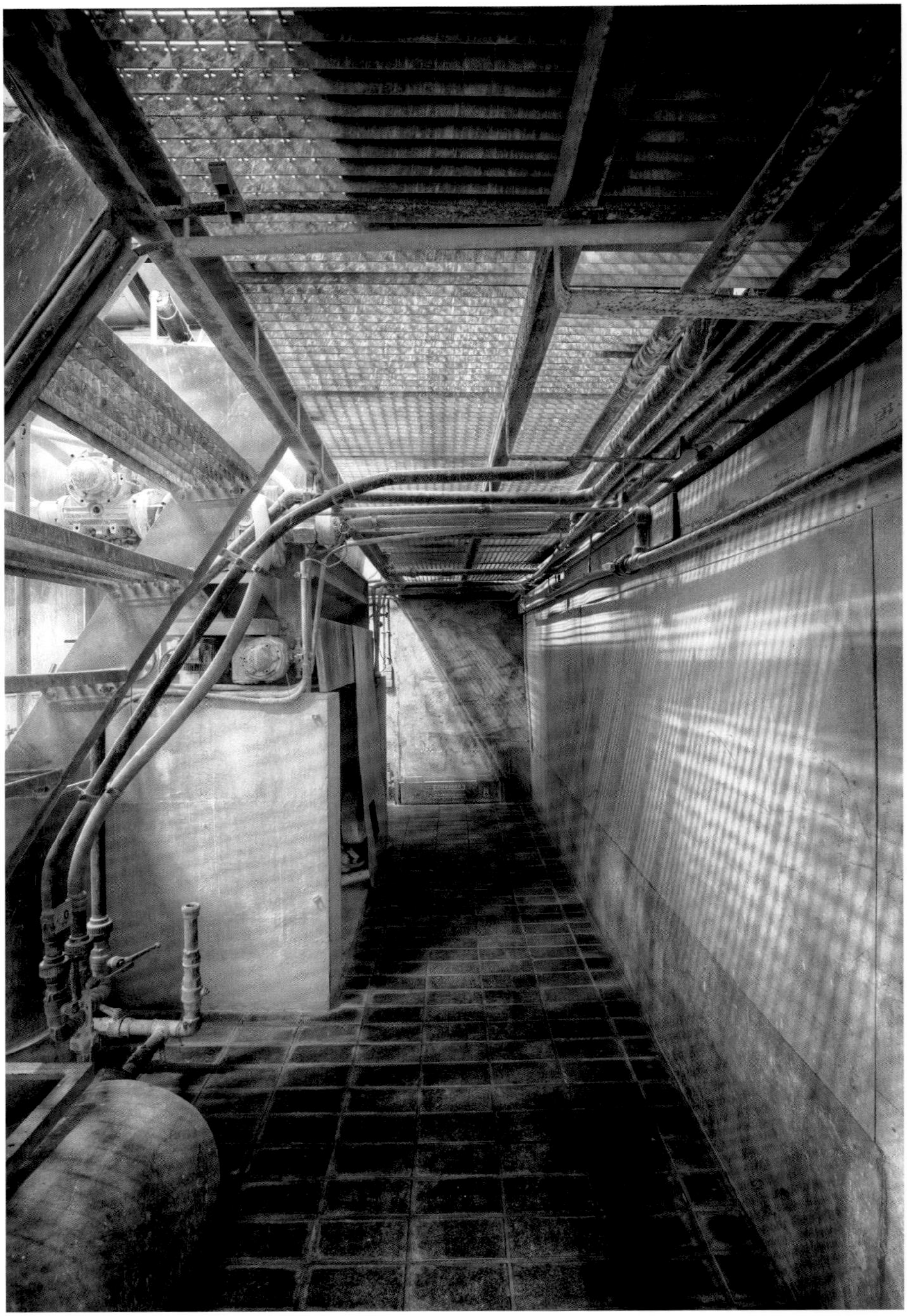

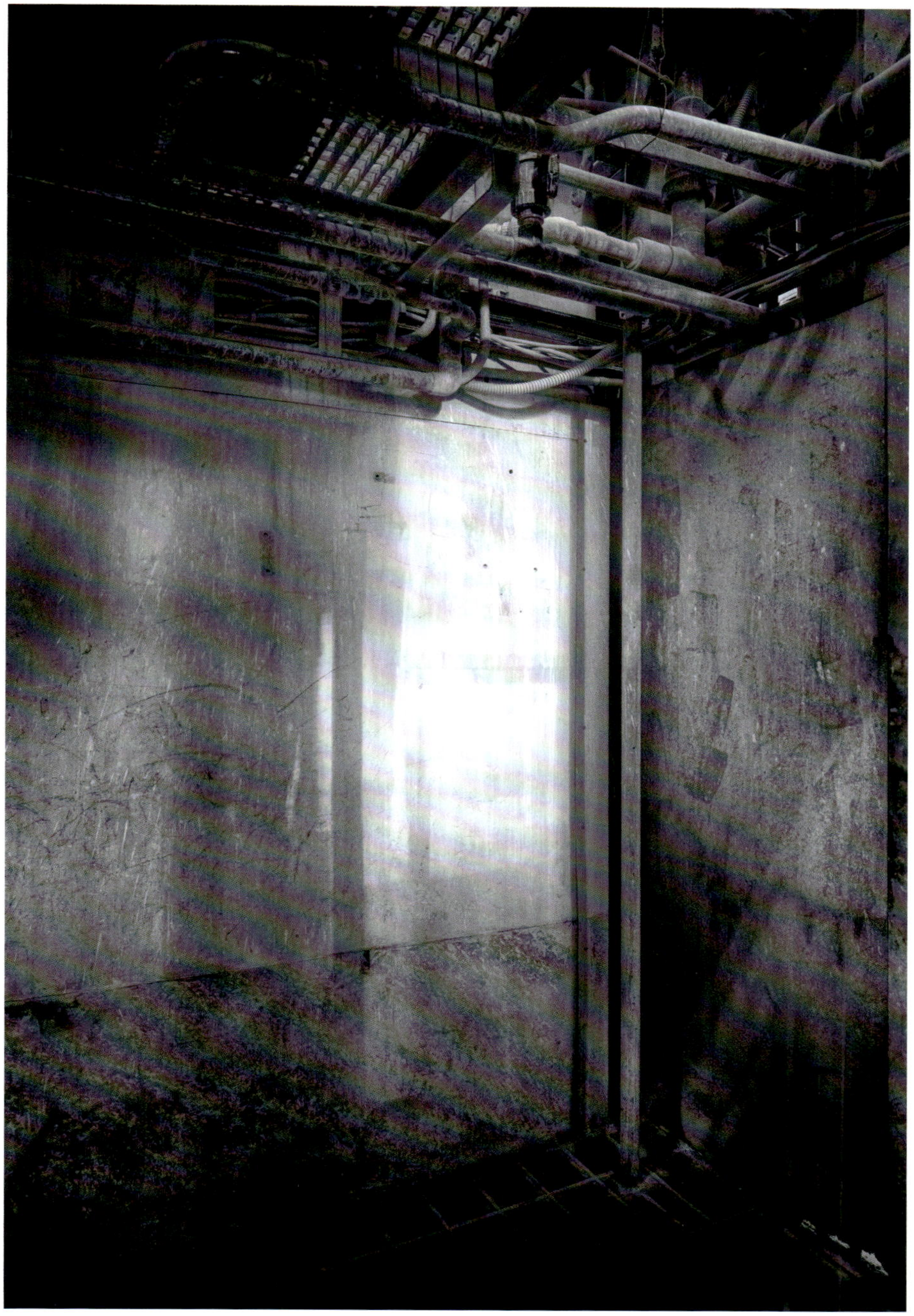

Abb. 189: Was sucht der Schwarzweißfotograf in der Farbenfabrik? | Studie 13. Ich kann gar nicht häufig genug den Blick in die oftmals übersehenen oder vernachlässigten Ecken empfehlen. Wir sehen wiederum ein geheimnisvolles Konvolut aus Rohren und Gitterrosten am oberen Bildrand. Der eigentliche Akteur ist hier aber das fast stofflich, wie eine eigenartige Erscheinung wirkende Licht mit seinen Schattenspielen: Das Fensterkreuz zeichnet sich schemenhaft ab, desgleichen der Fotograf und die ausgezogene Mittelstrebe seines Stativs.

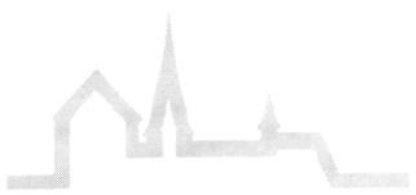

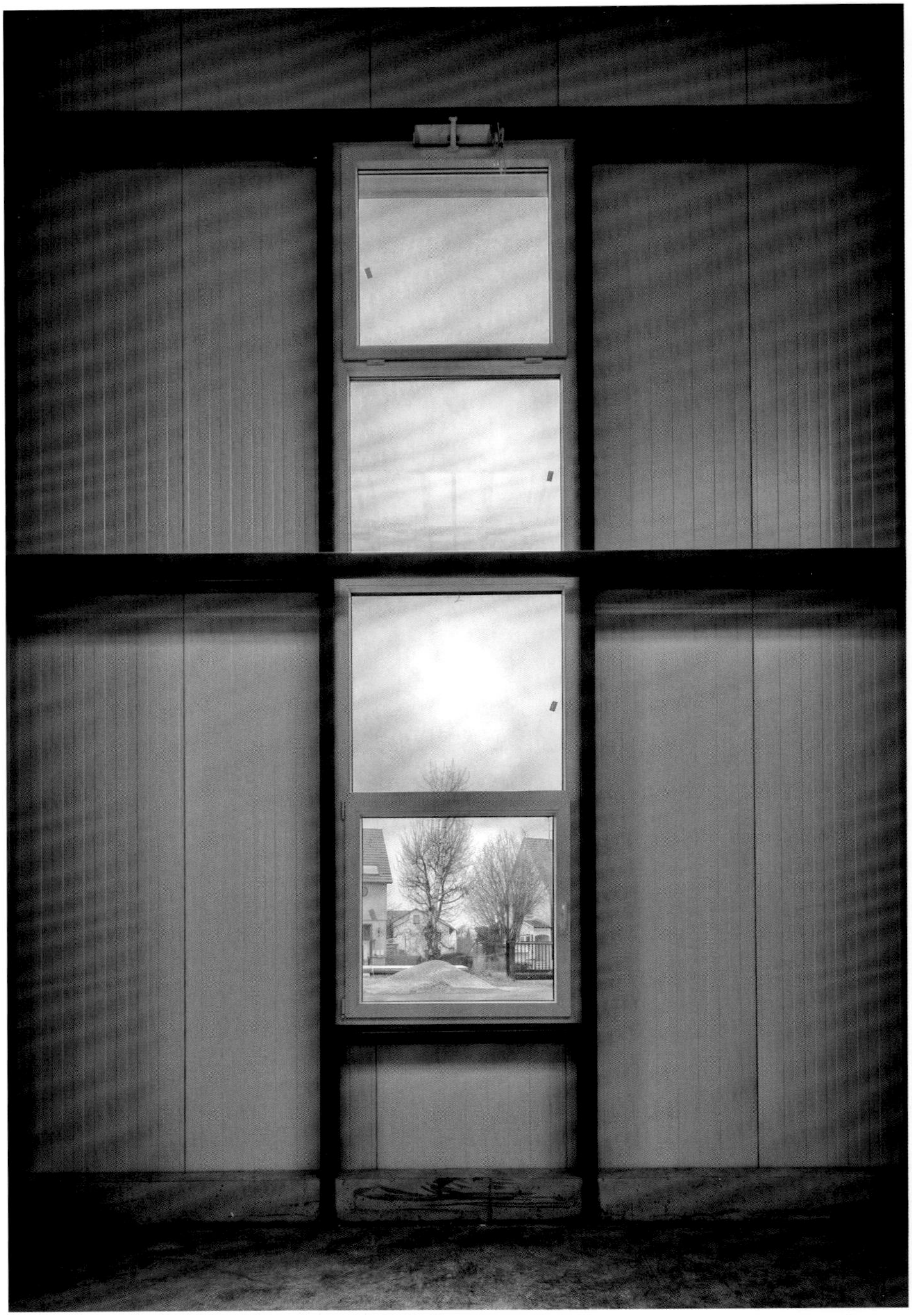

Abb. 190: Was sucht der Schwarzweißfotograf in der Farbenfabrik? | Studie 20. Wenn HDR eine Berechtigung hat, dann sicher in Szenen wie dieser. Dunkle Wände kontrastieren mit hellen Lichtluken in einer Art und Weise, die dem späteren Betrachter kaum Freude bereiten dürfte und unserem Bild keine wirkliche Chance gibt. Mit solcher Belichtungsreihe und Rückrechnung in den Normalkontrastraum ließ sich nicht nur der überbordende Kontrastumfang unter Kontrolle bringen, sondern es zeigte sich auch jene typische Steigerung des Mikrokontrasts, hier an den Details der Fensterspiegelungen gut erkennbar. Erst so wurde es für mich ein interessantes und bedeutungsreiches Bild – und es ließ mich eine ganze Weile darüber sinnieren, auf welcher Seite der Wand denn nun das Leben stattfinde und was die Wand überhaupt bedeute. Anekdotisch sei hinzugefügt, dass die Mitarbeiter lange brauchten, um jene Stelle wiederzufinden. Eine 17-mm-Brennweite schafft eine ganz eigene Blickwarte der Welt …

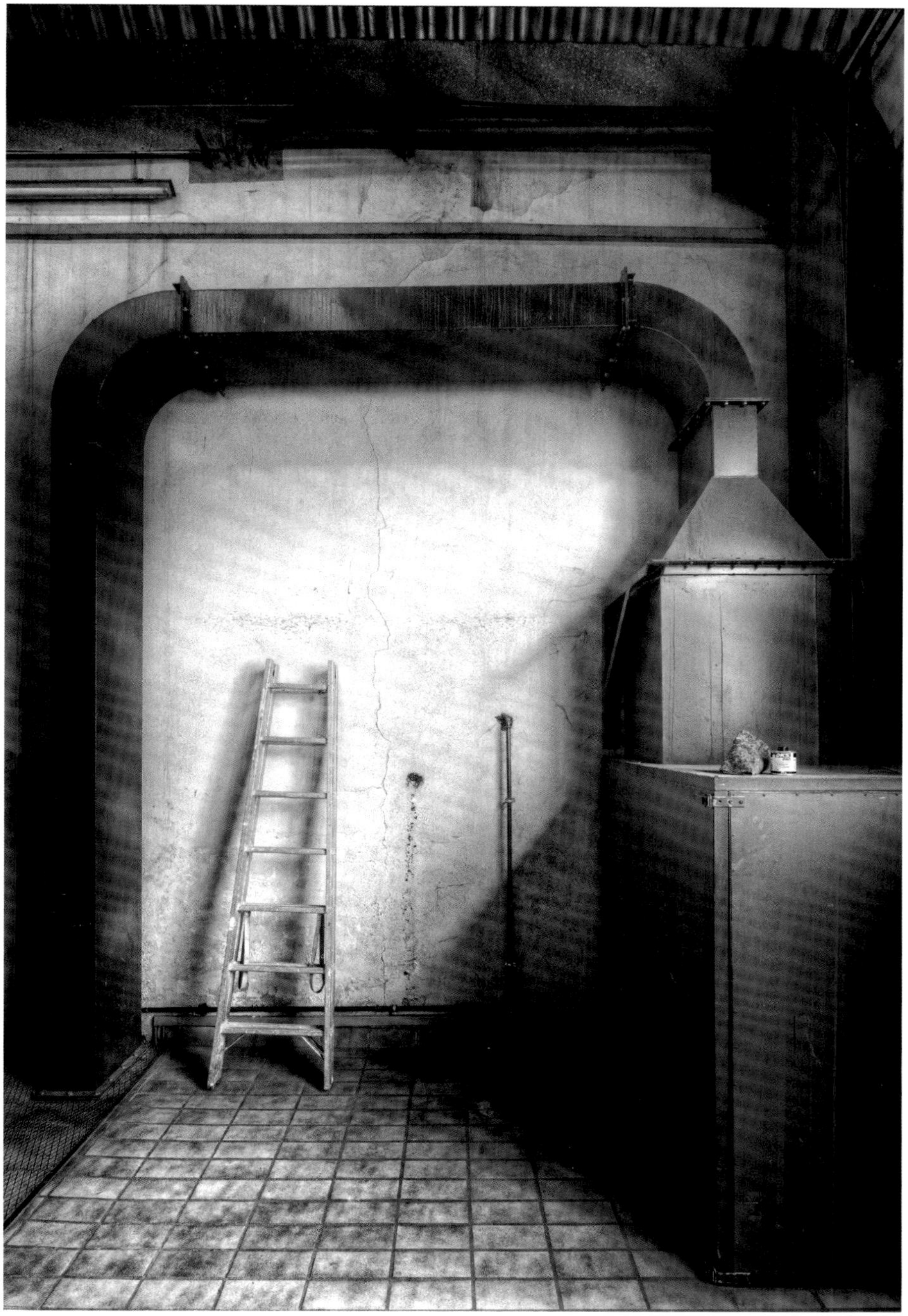

Abb. 191: Was sucht der Schwarzweißfotograf in der Farbenfabrik? | Studie 31. Anhand dieses Bildes möchte ich aufzeigen, wofür der Verzicht auf Farben gut sein kann. Die im Original fast reinblauen Lüftungsschächte dominierten das Ausgangsbild. Andere Bildelemente wie etwa die an der Wand lehnende Leiter oder die Oberflächenstrukturen traten demgegenüber in den Hintergrund. Hier half die Schwarzweißkonvertierung, die »Gewichtung der einzelnen Bildelemente neu zu verteilen«. Die Gesamthelligkeit wurde verringert und der Mikrokontrast angehoben, um die Strukturen herauszuarbeiten; die Anhebung des Blaukanals führte zu einer Aufhellung der Lüftungsschächte. Erst in solcher Interpretation erhielt die Szene für mich eine poetische Dimension: Der bogenförmige Verlauf der Lüftungsschächte wirkt je Gestimmtheit skurril oder geheimnisvoll, deren Einrahmung der Leiter erheiternd, unverständlich oder aber, wenn man sich »ein wenig in die Leiter hineinversetzt«, potentiell auch einengend und bedrohlich.

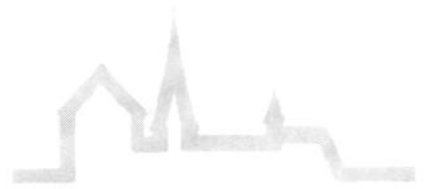

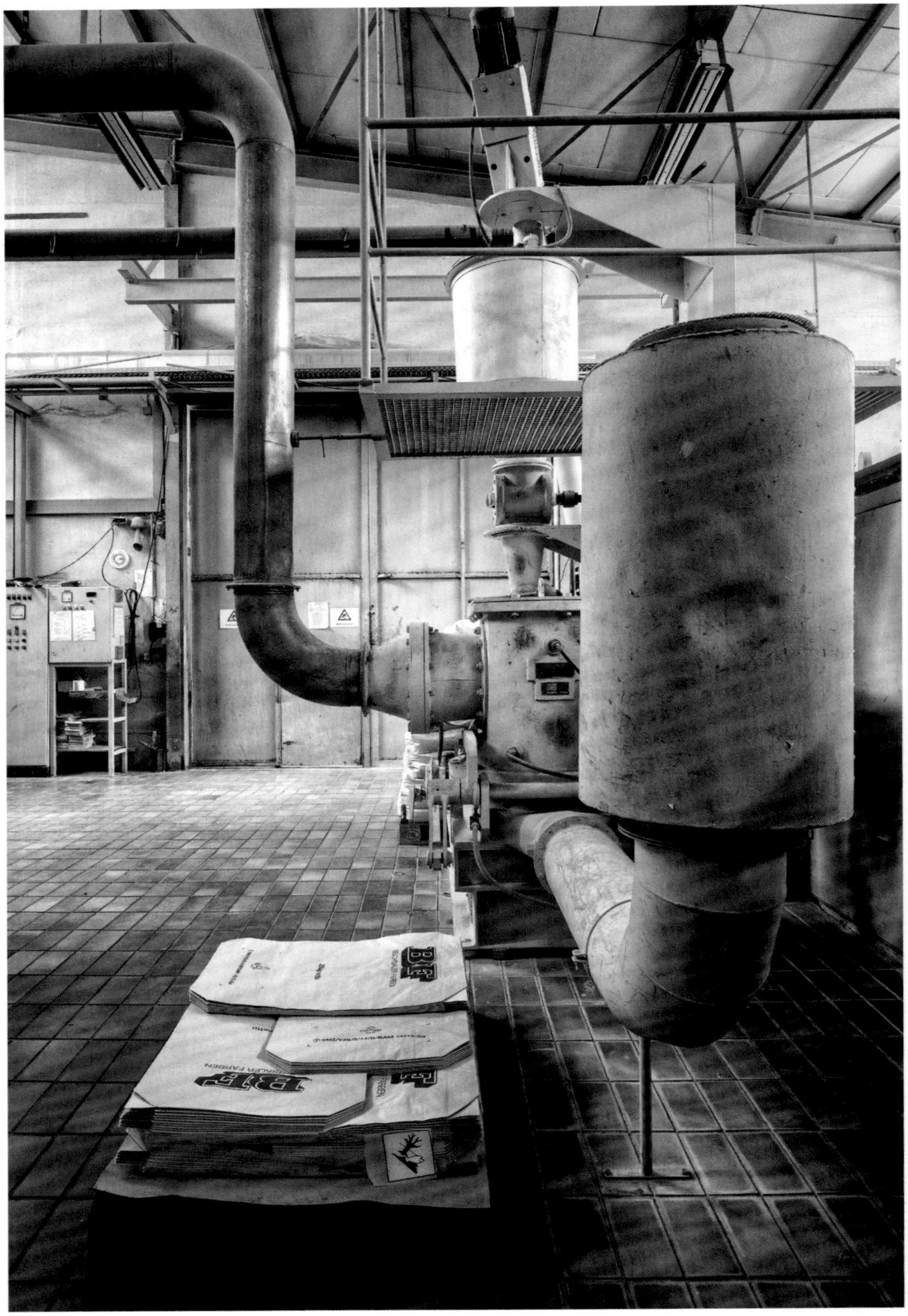

Abb. 192: Was sucht der Schwarzweißfotograf in der Farbenfabrik? | Studie 24. Ich meine, dass sich dieses Bild recht gut zur Veranschaulichung der Unterschiede eignet, die sich zwischen einem technischen und einem gestalterischen Blick ergeben mögen: Sofern man technisch bewandert ist, werden die dargestellten Objekte und deren Zusammenwirken gewiss einen tieferen (funktionellen) Sinn vermitteln; der technische Laie hingegen mag erkennen, dass hier etwas verpackt wird, aber eben auch nicht mehr. Im Gegenzug hat er den Vorteil eines unbefangenen Blicks, der sich mit der abstrakten und eben nicht funktionellen Beziehung der Bildelemente befasst. In diesem Sinn können die Horizontalen und Vertikalen des Hintergrundes als eine Art statische Bühne beschrieben werden, auf welcher die im Vordergrund erkennbaren, ab- und aufsteigenden Diagonalen als eine Art dynamischer Akteure agieren.

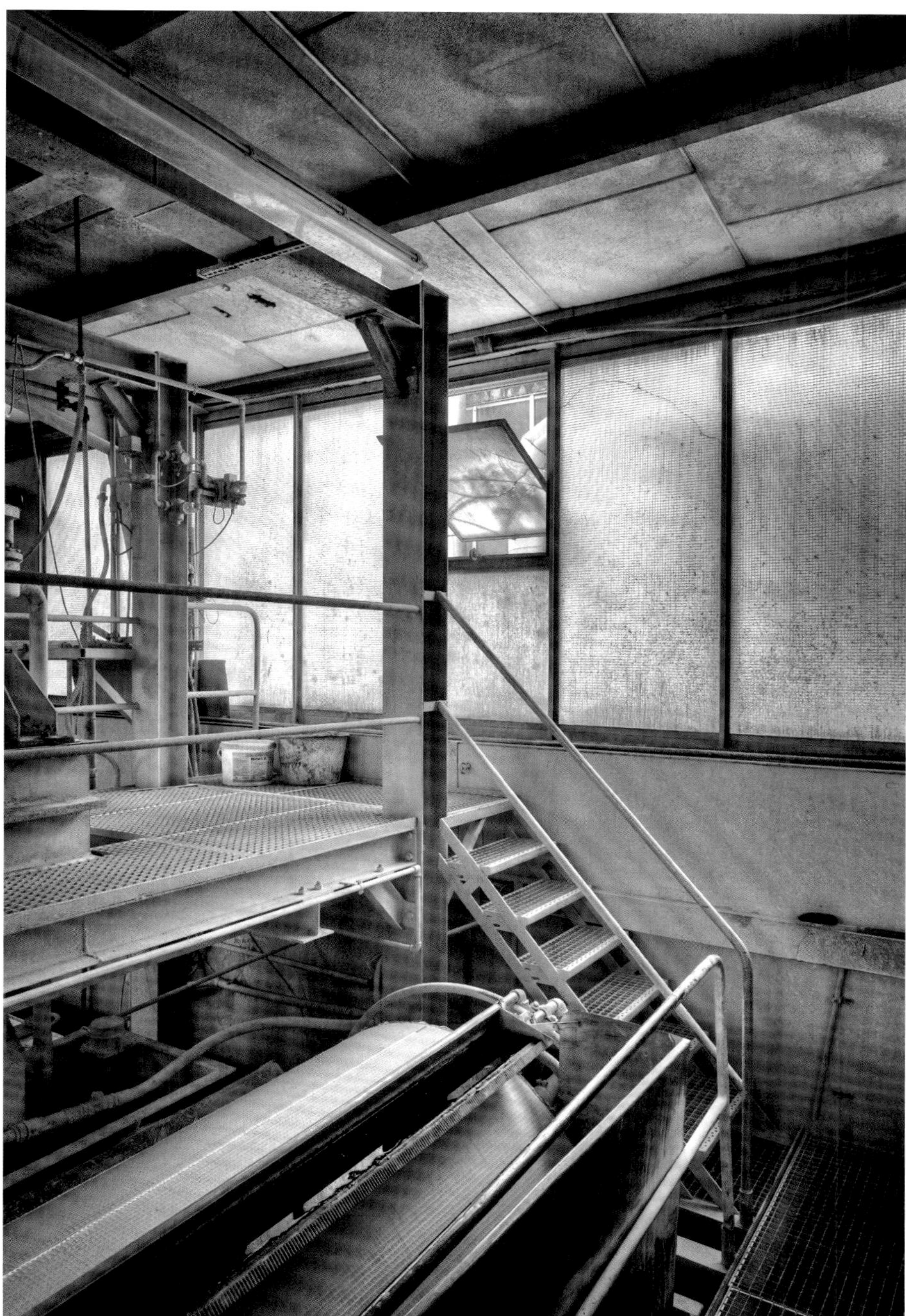

Abb. 193: Was sucht der Schwarzweißfotograf in der Farbenfabrik? | Studie 26. Das Bild zeigt den Umlauf über einem der im Prolog erwähnten Kollergänge. Was ich hier visualisieren wollte, war das »geheimnisvolle Labyrinth unergründlicher Wege und Treppen«, gemischt mit jenem großteils maskierten und an einer kleinen Stelle freien »Sehnsuchtsblick nach draußen«.

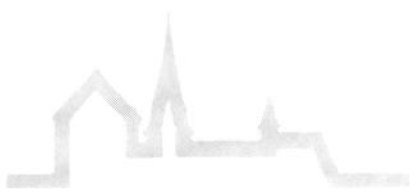

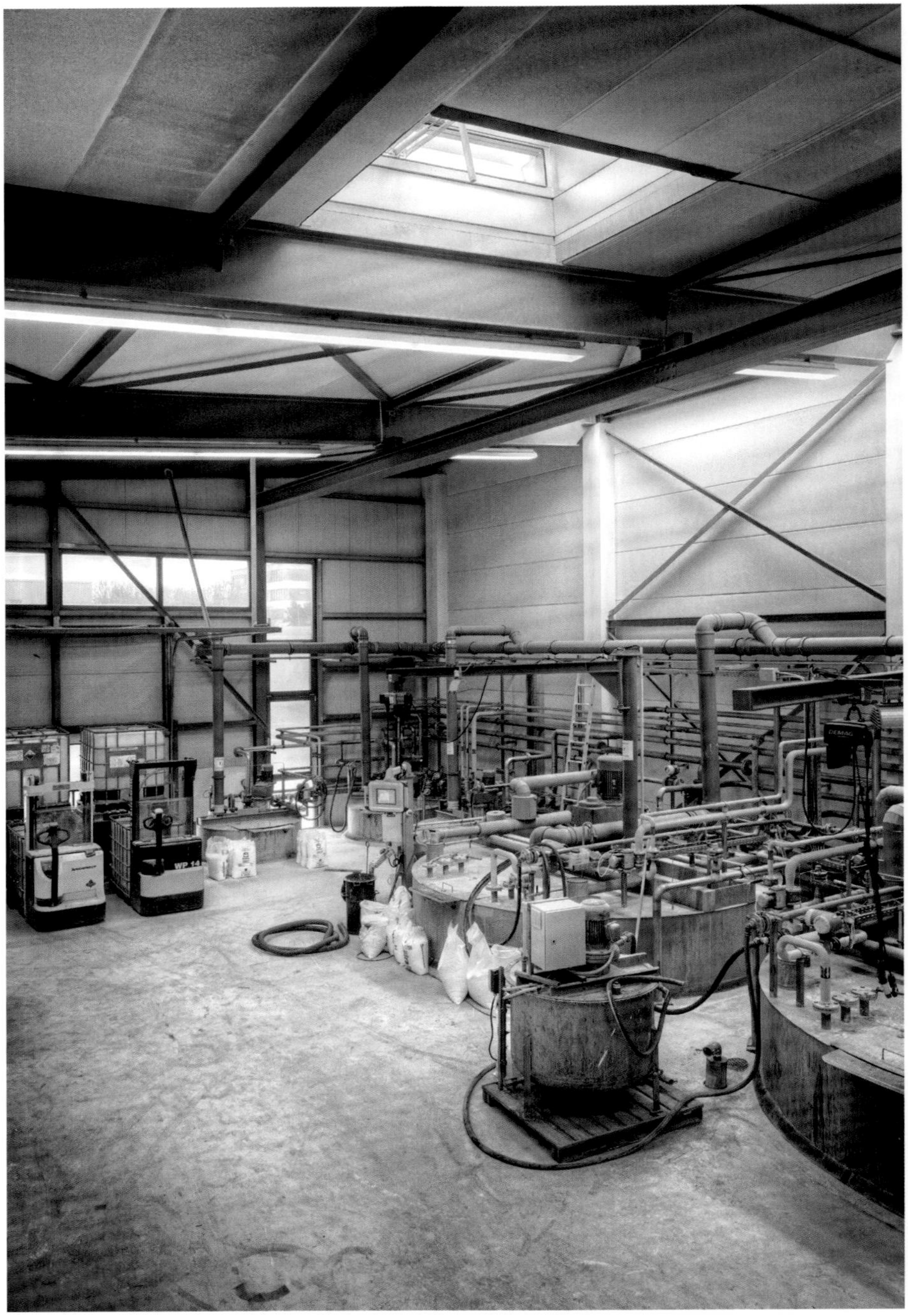

Abb. 194: Was sucht der Schwarzweißfotograf in der Farbenfabrik? | Studie 35. Dieses Bild zeigt den modernen Teil der Produktion. Diese vollzieht sich, wenn ich es richtig verstanden habe, zwar immer noch nach alten »Gesetzen des Hinzufügens, Durchmischens und Herausnehmens«, mittlerweile aber eben weitgehend softwaregesteuert und damit automatisiert. Solchermaßen sind die Arbeitsplätze unzweifelhaft lichter, sauberer und damit arbeitnehmerfreundlicher geworden, und doch scheint (aus fotografischer Sicht) das atmosphärische Element hier gänzlich verloren und einem weitgehend austauschbaren Bild moderner Industrieanlagen gewichen zu sein.

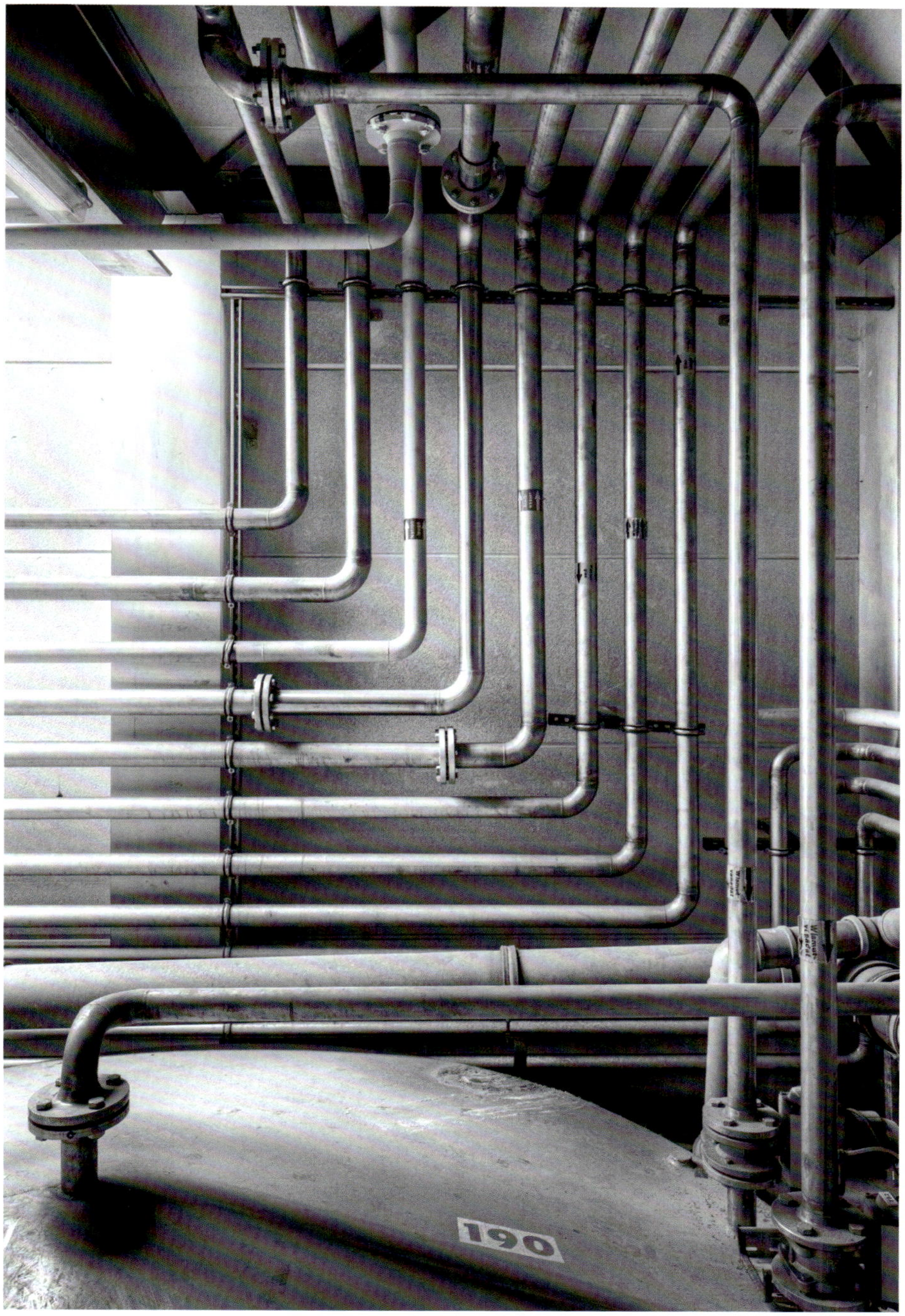

Abb. 195: Was sucht der Schwarzweißfotograf in der Farbenfabrik? | Studie 34. Auch für eine abstrakte Bildfindung ist in einer solchen Architekturserie Platz. Üblicherweise kämen hierfür längere Brennweiten zur Anwendung, um ins Detail zu gehen und ablenkende Randbereiche zu meiden. Aufgrund der Übersichtlichkeit der Bildelemente taugte hier allerdings auch die Weitwinkligkeit (25 mm Kleinbildformat). Wir sehen ein Konvolut an Rohrleitungen, gleichwohl nicht chaotisch angeordnet, sondern einem durchdachten Plan folgend. Der Blickeinstieg vollzieht sich wahlweise am Verbindungsteil zwischen Behältnis und Rohrleitung (links unten), bei der »geheimnisvollen 190« (unten) oder erst bei den abgeschnittenen Rohrleitungen (links). Von dort geht der Blick nach rechts, nach oben und schließlich wieder nach links, sodass ein nach links offener Halbkreis beschritten wird. Der im Sinne des Spannungsbogens nötige Kontrapunkt ergibt sich hier durch die Krümmungen der Rohrleitungen und deren gedachte Verlängerung im Sinne einer fallenden Diagonale.

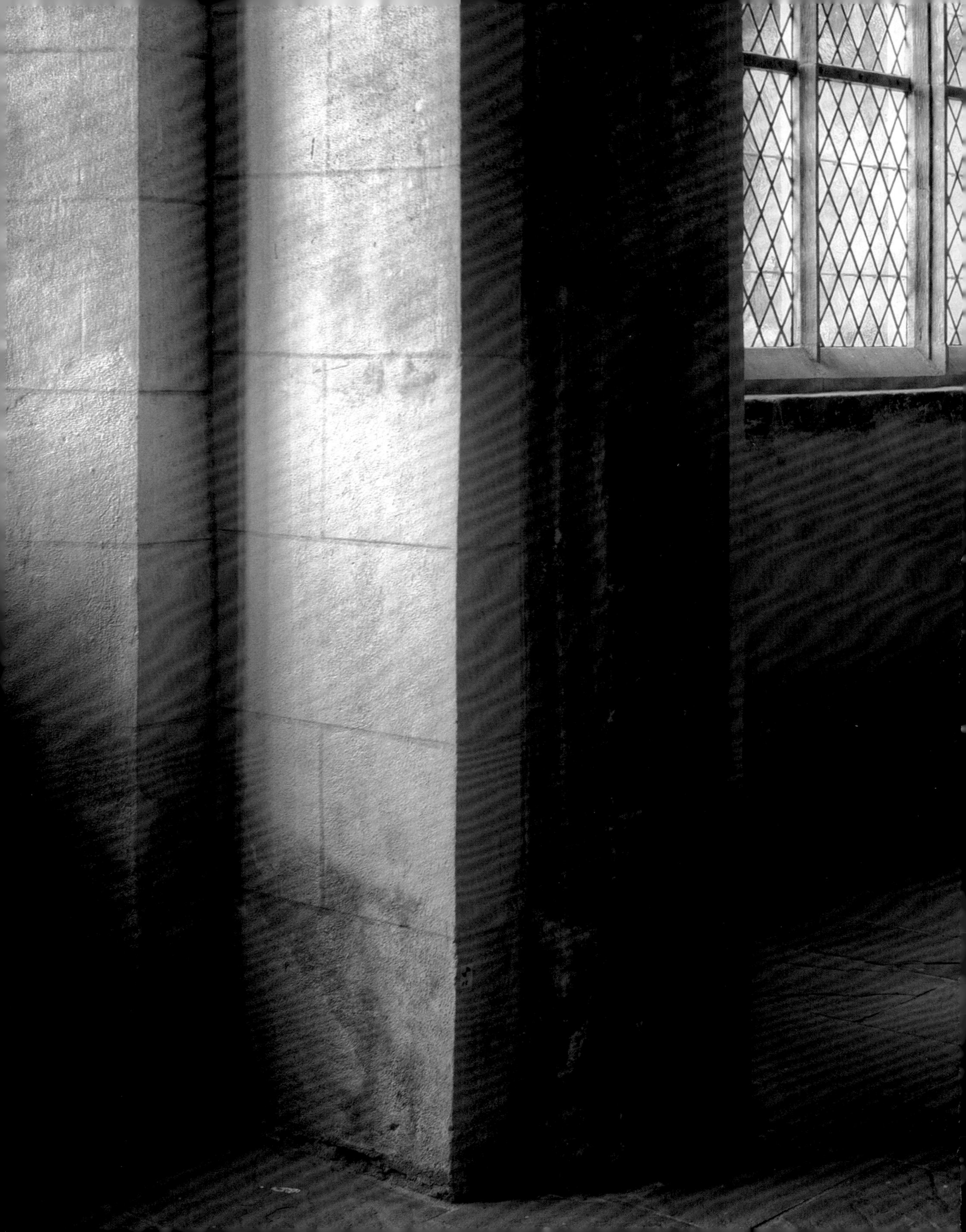

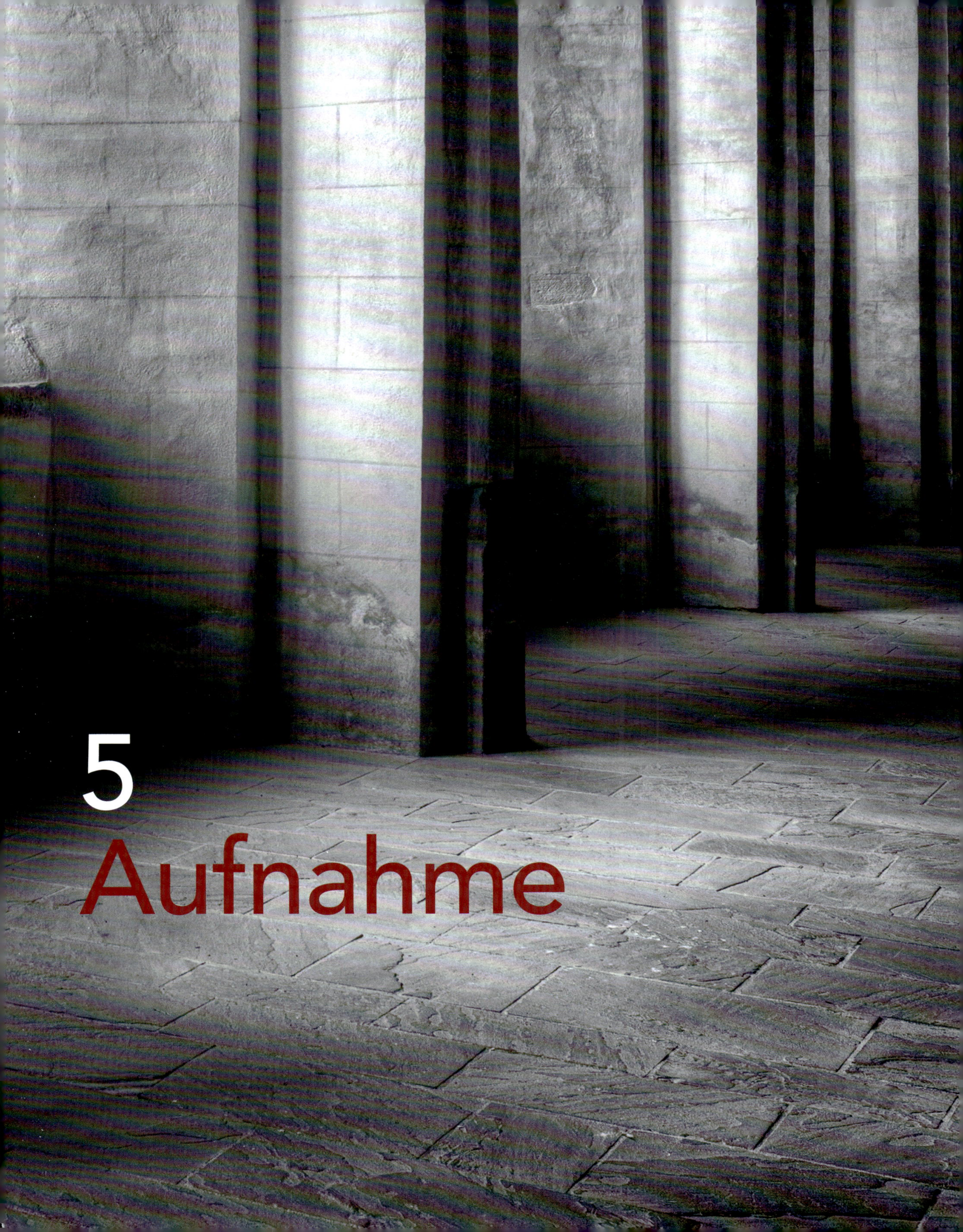

5 Aufnahme

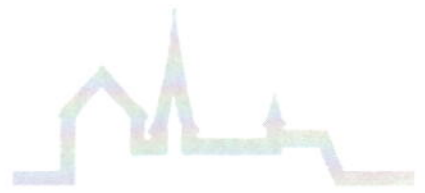

5.1 Blende, Zeit und Empfindlichkeit

Abb. 196: (Voranstehende Doppelseite) »Kloster Eberbach | Studie 01« (2015)

In diesem fünften Hauptkapitel soll es um einige technische Grundlagen und klassische Widrigkeiten des Fotografierens gehen, wie sie sich etwa im Architekturbereich gerne im Sinne der stürzenden Linien und des hohen Szenenkontrastes ergeben.

Dazu möchte ich zunächst Bedeutung und Zusammenspiel von Blendenöffnung, Belichtungszeit und Sensorempfindlichkeit und auf dieser Basis das weiterführende Lichtwertekonzept erläutern.

Im zweiten Unterkapitel komme ich dann auf einige weitere Vorzüge der Stativarbeit zu sprechen, stelle das Konzept der hyperfokalen Distanz vor und zeige Wege auf, den Szenenkontrast abzuschätzen und – sofern die Aufnahmefähigkeit unseres Bildsensors übersteigend – zu bewältigen. Einige Hinweise auf die Vermeidung oder auch sinnvolle Nutzung stürzender Linien bilden den Abschluss.

Das dritte Unterkapitel befasst sich schließlich mit dem Licht und seinen verschiedenen Richtungen und Qualitäten.

Bedeutung der Blendenöffnung

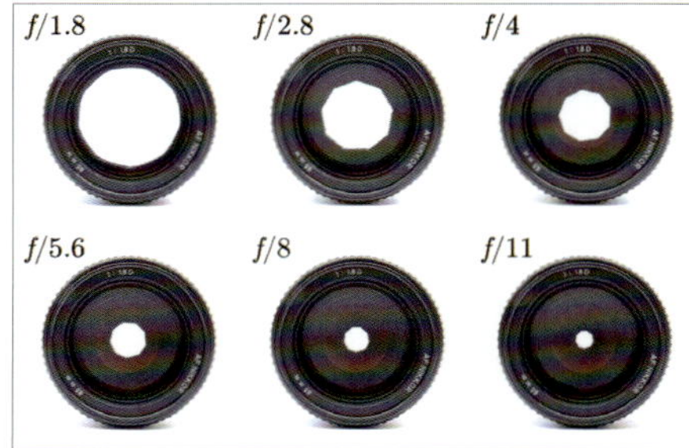

Abb. 197: Verschiedene Blendenöffnungen am Nikon Nikkor AF-S 85mm F/1,8. Quelle: Wikipedia, User KoeppiK unter CC-Lizenz »Weitergabe unter gleichen Bedingungen 3.0 Deutschland, unverändert«

Die wichtigste Grundregel im Umgang mit Objektiven besteht darin, dass die Menge des einfallenden Lichts von der Größe der Blendenöffnung abhängig ist. Es gilt ferner zu beachten, dass eine weit offene Blende mit einer kleinen Blendenzahl, eine weit geschlossene Blende jedoch mit einer großen Blendenzahl einhergeht, wie in Abb. 197 verdeutlicht.

Die Blendenzahlen ergeben sich mittels Teilung der Brennweite F durch die Öffnungsweite, daher die Schreibweise »F/Zahl«. Die aufsteigenden Blendenzahlen werden dabei durch Multiplikation mit der, die absteigenden durch Teilung durch die Wurzel zu 2 (also etwa 1,414) berechnet. Die einem beliebigen

Ausgangswert jeweils benachbarte Blendenzahl bedeutet aufsteigend eine Halbierung, absteigend eine Verdoppelung der einfallenden Lichtmenge.

Heutige Kameras verfügen in der Regel über die Möglichkeit der Halbierung oder Drittelung der Blendenzahlen, um die einfallende Lichtmenge noch feiner dosieren zu können. Die nachfolgende Tabelle zeigt einen Auszug aus der heute gebräuchlichen Blendenreihe – die Werte sind dabei genähert, nicht rechnerisch exakt.

Auszug aus der genäherten Blendenreihe mit ganzen (hellgrau) und gedrittelten (weiß) Stufen															
2,8	3,2	3,5	4	4,5	5	5,6	6,3	7,1	8	9	10	11	13	14	16

Tab. 9: Auszug aus der heute gebräuchlichen Blendenreihe

Wichtig für das Verständnis der Funktionsweise von Objektiven ist ferner, dass eine weit offene Blende bzw. kleine Blendenzahl mit einer geringen, eine weit geschlossene Blende bzw. große Blendenzahl hingegen mit einer großen *Schärfentiefe* einhergeht – entsprechend einer geringeren bzw. größeren Ausdehnung des scharfen Bereichs im Motivraum des abbildenden Objektivs, wie in Abb. 198 schematisch dargestellt.

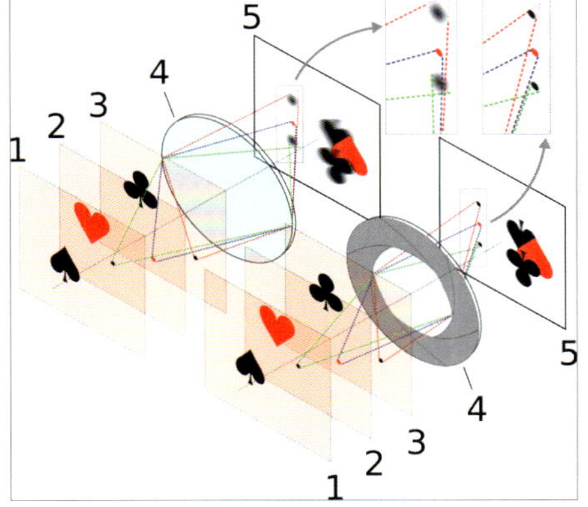

Abb. 198: Schematische Darstellung der Schärfentiefe bei offener (links) und geschlossener (rechts) Blende. Quelle: Wikipedia, User Chabacano unter CC-Lizenz »Weitergabe unter gleichen Bedingungen 3.0 Deutschland, unverändert«

Wie schon kurz in Unterkapitel 2.1 (»Nützliche Ausrüstung«) erwähnt, nimmt auch der Format-, Crop- oder Brennweitenverlängerungsfaktor (1,6 bei Canon, von 1,5 bei Nikon, Pentax und Sony sowie 2,0 bei Panasonic und Olympus) maßgeblichen Einfluss auf die Schärfentiefe.

Sofern wir mit Kameras mit einem (gegenüber dem Kleinbildvollformat) verkleinertem Bildsensor arbeiten, ist die Schärfentiefe bauartbedingt größer als am Vollformat – die am Objektiv abgelesene Brennweite muss hier stets mit dem Formatfaktor multipliziert werden, um die tatsächlich am Bild wirksame Brennweite zu erhalten.

Die solchermaßen vergrößerte Schärfentiefe und damit die vereinfachte Durchzeichnung und Scharfstellung von Vorder- und Hintergrund mag aus Laiensicht zunächst vorteilhaft wirken, da das Objektiv so seine volle Abbildungsleistung entfalten kann.

Gestaltungsfreiheiten durch geringe Schärfentiefe

Dem ist aus gestalterischer bzw. künstlerischer Sicht zu widersprechen – eine geringe Schärfentiefe eröffnet uns überhaupt erst die Möglichkeit der Belegung bildwichtiger Bereiche mit akzentuierter Schärfe und nachrangiger Bereiche mit malerischer Unschärfe, mithin also der ansehnlichen Freistellung des Motivs vom Hintergrund.

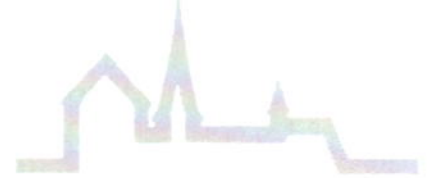

Bedeutung der Belichtungszeit

Belichtungs- und Verschlusszeit

Die zweite wichtige Stellgröße unserer Aufnahmeplanung ist die Wahl der Belichtungszeit. So wird die Zeitspanne bezeichnet, in der ein fotosensibles Medium dem Licht ausgesetzt wird, während mit Verschlusszeit derjenige Zeitpunkt gemeint ist, an welchem die Belichtungszeit endet. Die Belichtungszeit entspricht somit der Zeitdauer zwischen erstem und zweitem Verschlussvorhang, die Verschlusszeit hingegen dem Augenblick des zweiten Verschlussvorhangs.

In Hinblick auf die Dauer der Belichtungszeit lässt sich kein naturgegebenes Richtig oder Falsch festlegen, stattdessen ist die richtige Zeitspanne immer von der Situation, dem Motiv und dem gewünschten Effekt abhängig.

Verwacklungsunschärfe

Betrachten wir dazu zunächst die Verwacklungsunschärfe. Diese ergibt sich klassischerweise bei freihändiger Kameraführung, wenn die Belichtungszeit eine kritische Dauer übersteigt und kein kamera- oder objektivgebundener Bewegungsstabilisator ausgleichend zur Verfügung steht.

Kehrwertregel

Die kritische Dauer lässt sich überschlägig mit der sogenannten Kehrwertregel ermessen, demnach die in Sekunden bemessene Belichtungszeit den Kehrwert der kleinbildäquivalenten Brennweite nicht unterschreiten sollte. Auch hier muss der sich durch eine verkleinerte Sensorgröße ergebende Formatfaktor berücksichtigt werden.

In einem konkreten Beispiel wäre bei einer kleinen Spiegelreflexkamera von Canon mit Formatfaktor von 1,6 und einer Brennweite von 100 mm eine Belichtungszeit nicht über 1/160 Sekunde (1 / 100 * 1,6) anzuraten. In der fotografischen Praxis empfiehlt es sich, zur Sicherheit noch eine Blendenstufe aufzuschlagen, sodass die Belichtungszeit unter 1/320 Sekunde bleiben sollte.

Sollten die Lichtverhältnisse vor Ort dies nicht zulassen, müsste entsprechend mit größerer Blendenöffnung oder höherer Sensorempfindlichkeit gegengesteuert werden, um eine verwackelte Aufnahme zu vermeiden; die Nutzung eines Stativs oder einer anderweitigen, festen Auflage wäre eine Alternative.

Willentliches Verwackeln

Doch kann ein bewusstes Verwackeln bzw. die bei längerer Belichtungszeit geplante Kamerabewegung auch ein ausdrucksstarkes Gestaltungsmittel sein, wie etwa *Torsten Andreas Hoffmann* in seiner Serie »Lichträume« aufzeigt.

Bewegungsunschärfe

Ein anderes Thema ist die Bewegungsunschärfe. Diese ergibt sich, wenn wir bewegte Objekte aufnehmen, deren Eigenbewegung sich nicht in der Kürze der gewählten Belichtungszeit einfrieren lässt.

Auch hier bestimmen Motiv und Situation das angemessene Vorgehen – bei der Fotografie von Mannschaftssportarten ist das Einfrieren rascher Bewegungen der Standard, während etwa in derjenigen des Motorsports die Kamera gerne mitgezogen wird, um das schnell bewegte Fahrzeug scharfzustellen und den Hintergrund in Unschärfe verfallen zu lassen.

Bewusster Einsatz von Unschärfe und »Huscheffekten«

In der Fotografie von Stadtlandschaften und Straßenszenen kann die Scharfstellung einzelner Passanten oder Fahrzeuge wünschenswert sein, sie muss es aber nicht. Gerade die bildliche Darstellung verhuschter Gestalten verleiht jenen Aufnahmen oft erst das nötige atmosphärische Moment, wie es etwa zur Darstellung von Fremdheit, Kälte und Flüchtigkeit einer großstädtischen Szene vorteilhaft sein kann. Ein anderes Beispiel ist die Langzeitbelichtung in der Landschaftsfotografie zur Erzielung von Wischeffekten im Wasser und in den Wolken.

Bedeutung der Sensorempfindlichkeit

Die Wahl der geeigneten Sensorempfindlichkeit ist schließlich die dritte Stellgröße unseres Aufnahmesetups. Für sich selbst nimmt diese keinen Einfluss auf die Aufnahmeparameter von großer versus kleiner Schärfentiefe (Blendenöffnung) oder eingefrorener versus unscharfer Bewegung (Belichtungszeit); sie kann hierin aber ausgleichen und Spielräume öffnen – typische Beispiele wären etwa die Erhöhung der Sensorempfindlichkeit zur Ermöglichung kürzerer Belichtungszeit oder kleinerer Blendenöffnung bei schlechten Lichtverhältnissen.

Gefahr des Bildrauschens

Freilich lässt sich die Sensorempfindlichkeit nicht beliebig erhöhen, da hohe Werte das Bildrauschen markant verstärken. Auch die höhere Pixeldichte am verkleinerten Sensor, bei Kameras mit hohem Formatfaktor also, trägt maßgeblich dazu bei, wie rasch und massiv solche Artefakte auftreten.

Das Konzept der Lichtwerte

Im Grundsatz beschreibt der Lichtwert (LW) das Zusammenspiel bestimmter Blendenöffnungen und Belichtungszeiten, welche jeweils gleich viel Licht durchlassen.

$$\mathrm{LW} = \log_2\left(\frac{\mathbf{Blendenzahl}^2}{\mathbf{Belichtungszeit}[s]}\right)$$

Abb. 199: Formel zur Berechnung des Lichtwertes aus Blendenöffnung und Belichtungszeit, ohne Sensorempfindlichkeit

Der Lichtwert 0 ist dabei definiert als jene Belichtung, die sich aus der Blendenöffnung F/1 und der Belichtungszeit von 1 Sekunde ergibt. In der weiteren Verwendung entspricht die Erhöhung des Lichtwertes um 1 einer Halbierung der Belichtung, dessen Verringerung um 1 einer Verdoppelung. Die zugehörige Formel zeigt Abb. 199.

Aus der Abb. 200 lässt sich nun ablesen, dass der Lichtwert 12 einer Blendenöffnung F/4 und einer Belichtungszeit von 1/250 Sekunde entspricht, zugleich aber auch einer Blendenöffnung F/5,6 und einer Belichtungszeit von 1/125 Sekunde oder einer Blendenöffnung F/8 und einer Belichtungszeit von 1/60 Sekunde.

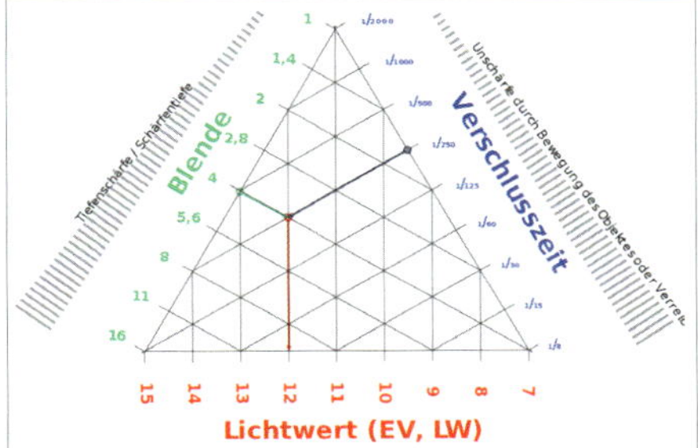

Abb. 200: Lichtwertberechnung als Diagramm. Quelle: Wikipedia, User Ralf Pfeifer unter CC-Lizenz »Weitergabe unter gleichen Bedingungen 3.0 Deutschland, unverändert«

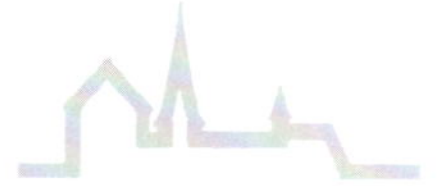

5.2 Weitere Hinweise zur Durchführung

Ich möchte an dieser Stelle nochmals kurz auf die »Bedeutung der Stativarbeit« zu sprechen kommen.

Bereits an früherer Stelle war ja angeklungen, dass das Herumschleppen solch zusätzlicher Ausrüstung und die Verzögerung des Aufnahmeprozesses zum einen unzweifelhaft eine Erschwernis mit sich bringt, zum anderen durch die Verlangsamung des Arbeitstempos und der Gewährleistung innerer Achtsamkeit und bedachter Ausschnittwahl auch seine unbestreitbaren Vorzüge hat.

Weitere Vorteile der Stativarbeit bestehen in der Ermöglichung langer Belichtungszeiten, um etwa bei schwierigen Lichtverhältnissen die Sensorempfindlichkeit im Bereich erträglichen Bildrauschens halten oder gewünschte Bewegungsunschärfe und Wischeffekte bei Personen und Fahrzeugen, Wasser und Wolken ermöglichen zu können.

Es bleiben noch einige, weithin eher unbekannte Funktionen, die sich mit der Stativarbeit deutlich leichter erschließen und auf die ich nun zu sprechen kommen möchte – die Nutzung der hyperfokalen Distanz, die Abschätzung des Szenenkontrasts, die Sicherstellung einer verwacklungsfreien Aufnahme und schließlich die Vermeidung stürzender Linien.

Hyperfokale Distanz

$$d_h = \frac{f^2}{k \cdot Z} + f$$

Abb. 201: Formel zur Berechnung der hyperfokalen Distanz, mit »d_h« als hyperfokale Distanz, »f« als abgelesene Brennweite, »k« als Blendenzahl und »Z« als Zerstreuungskreisdurchmesser

Dem Begriff der hyperfokalen Distanz und der dazugehörigen Formel (siehe Abb. 201) haftet etwas durchaus »Kompliziertes und schwer Vorstellbares« an. Das mag der Grund sein, warum das Wissen um die darin beschriebenen Zusammenhänge in Fotografenkreisen heutzutage nicht mehr sonderlich verbreitet ist.

Es ist eine traurige Tatsache, dass die auf älteren Objektive regelmäßig eingravierte Schärfeskala (siehe Abb. 202 auf Seite 203), die einstmals eine praxisnahe Anwendung der hyperfokalen Distanz ohne große Herumrechnerei ermöglichte, bei heutigen Objektiven zumeist fehlt oder allenfalls noch bei sehr wertigen Festbrennweiten vorliegt.

So kompliziert das Ganze auch in der Theorie ist, so nutzbringend ist es in der Praxis – deswegen möchte ich nachfolgend die Grundlagen vorstellen.

In der Ausgangssituation einer sich tief in den Raum erstreckenden Szene müssen wir uns entscheiden, auf welchen Bereich wir scharfstellen wollen.

Hier hilft uns die Autofokusfunktion unserer heutigen Kameras nicht, denn diese können weder mit der hyperfokalen Distanz umgehen noch die zugrunde liegende Gestaltungsabsicht erraten.

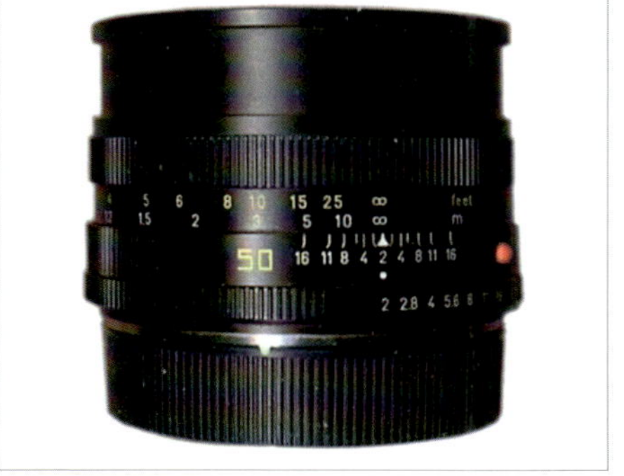

Abb. 202: Schärfeskala an einem älteren Nikkor 50. Abbildung unter GNU-Lizenz für freie Dokumentation, Version 1.2

Stattdessen wird vom System zumeist auf den bildmittig gelegenen Bildbereich scharfgestellt, was (ironisch ausgedrückt) wie eine Reverenz an die Amateurfotografie anmutet, die das Motivwichtige stets in die Bildmitte legen muss (siehe dazu auch Unterkapitel 4.3, »Gliederung des Raums«).

Natürlich können wir dem Autofokus andere Zielbereiche zuweisen, doch hätten wir in dieser Zeit schon längst nach unseren eigenen Vorstellungen manuell scharfgestellt.

Das Dilemma besteht nun darin, dass der Schärfentiefebereich eines jeden Objektivs nicht gleichmäßig durchgezeichnet ist, sondern im Bereich der fokussierten Entfernung ein Auflösungs- bzw. Schärfemaximum und in einem gewissen Abstand davor und dahinter einen Grenzbereich noch akzeptabler Unschärfe aufweist.

Mit »akzeptabler Unschärfe« sind jene Bereiche gemeint, die in der Betrachtung aus einem mindestens der Bilddiagonalen entsprechenden Abstand »noch scharf« wirken. Und der »gewisse Abstand davor und dahinter« ist seinerseits abhängig von der gewählten Blendenöffnung (große Schärfentiefe bei geschlossener Blende und umgekehrt) und Brennweite (große Schärfentiefe bei Weitwinkligkeit und umgekehrt).

Naheliegend wäre es nun, entweder auf den Vordergrund oder auf den Hintergrund scharfzustellen. Doch lassen wir so einen Teil der verfügbaren Schärfentiefe ungenutzt – bei einer Fokussierung auf den Vordergrund fällt der Hintergrund in Unschärfe, zudem ist vor dem Vordergrund ja nichts mehr scharfzustellen; gleichsam verbleibt bei einer Fokussierung auf den Hintergrund (auf Unendlich also) der Vordergrund in Unschärfe, zudem ist hinter dem Hintergrund auch nichts mehr scharfzustellen.

Man sollte also eine Idee haben, wo jene nicht sichtbare, sondern an älteren Objektiven abzulesende oder eben nur mit Mühe auszurechnende oder vorzustellende Ebene maximaler Auflösung bzw. Schärfe im besten Fall liegen sollte – und genau diese »optimale Entfernung zur Ausnutzung der verfügbaren Schärfentiefe« drückt sich in der hyperfokalen Distanz aus. Sie beschreibt jene

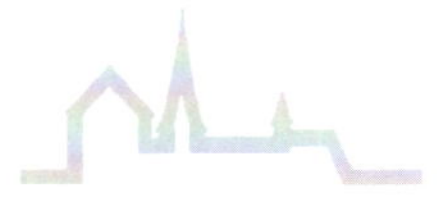

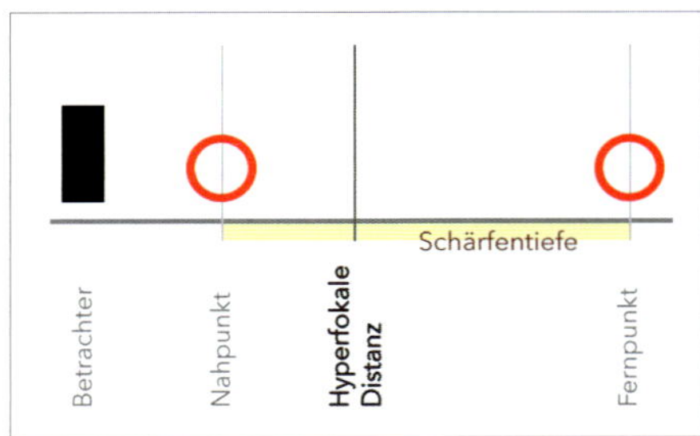

Abb. 203: Schematische Darstellung der Beziehung zwischen Betrachter, Nahpunkt, Fernpunkt und hyperfokaler Distanz

Entfernung von der Kamera, bei der sich sowohl der Nahpunkt wie auch der Fernpunkt gerade im Bereich akzeptabler Unschärfe befindet – Abb. 203 zeigt die Verhältnisse in schematischer Darstellung.

Kehren wir nochmals zur Formel der hyperfokalen Distanz zurück: »d_h« beschreibt die hyperfokale Distanz, »f« die Brennweite, »k« die Blendenzahl und »Z« den Zerstreuungskreisdurchmesser.

Letzteres ist noch erklärungsbedürftig: Der Durchmesser des »maximal tolerierbaren Zerstreuungskreises« bemisst sich am maximalen Auflösungsvermögen des menschlichen Auges, welches bei etwa einer Winkelminute liegt. Zwei Punkte sind dann als getrennt (bzw. als nicht mehr akzeptabel scharf) zu erkennen, wenn sie mindestens zwei Winkelminuten auseinanderliegen. Unter Maßgabe eines üblichen, also mindestens der Bilddiagonale entsprechenden Betrachtungsabstandes erfassen wir das Bild unter einem Sehwinkel von ca. 50° bzw. 3000 Winkelminuten. Zwei Winkelminuten entsprechen dann 1/1500 der Bild- bzw. Sensordiagonalen. Die nachfolgende Tabelle gibt einen Überblick über die Größe des Zerstreuungskreises in Abhängigkeit von der Sensorart:

Tab. 10: Abhängigkeit von Sensorart, -größe, -diagonale und Zerstreuungskreis

Sensorart	Sensorgröße	Sensordiagonale	Zerstreuungskreis
Four Thirds	13,0 mm * 17,3 mm	21,6 mm	0,015 mm
APS-C	15,0 mm * 22,5 mm	27,0 mm	0,018 mm
Kleinbildformat	24,0 mm * 36,0 mm	43,2 mm	0,030 mm
Mittelformat	57,0 mm * 57,0 mm	80,6 mm	0,050 mm
Großformat	90,0 mm * 120,0 mm	150,0 mm	0,100 mm

Lassen Sie uns nun die Formel (siehe Abb. 201 auf Seite 202) zunächst allgemein anwenden: Eine große hyperfokale Distanz geht immer mit einem kleinen Schärfentiefebereich einher, da der gerade noch akzeptabel unscharfe Vordergrundbereich weiter von der Kamera entfernt ist als bei vergleichsweise geringer hyperfokaler Distanz. Wie wir der Formel weiter entnehmen können, trägt die Brennweite überexponentiell zur Vergrößerung der hyperfokalen Distanz bei, was sich mit der Erfahrung geringer Schärfentiefe im Telebereich und großer im Weitwinkelbereich deckt. Die große Blendenzahl bzw. kleine Blendenöffnung wirkt sich hingegen verkleinernd auf die hyperfokale Distanz aus und vergrößert somit den Bereich der Schärfentiefe. Bei der Sensorart ist schließlich festzustellen, dass die Vergrößerung der Bilddiagonale ebenfalls mit einer Verkleinerung der hyperfokalen Distanz und somit einer Vergrößerung des Schär-

fentiefebereichs einhergeht – ein Effekt, der allerdings durch den Formatfaktor wieder relativiert wird.

Um nun von der allgemeinen zur speziellen Verwendung der Formel zu kommen, möchte ich in der nachfolgenden Tabelle einige Berechnungsbeispiele geben. Alle Zahlen beziehen sich auf die Verwendung einer Vollformatkamera. Der Fernpunkt ist dabei nicht extra aufgeführt, da er in allen genannten Fällen im Unendlichen liegt.

Brennweite	Blendenzahl	Nahpunkt	Hyperfokale Distanz
100 mm	4,0	41,72 m	83,43 m
100 mm	8,0	20,88 m	41,77 m
100 mm	16,0	10,47 m	20,93 m
50 mm	4,0	10,44 m	20,88 m
50 mm	8,0	5,23 m	10,47 m
50 mm	16,0	2,63 m	5,26 m
24 mm	4,0	2,41 m	4,82 m
24 mm	8,0	1,21 m	2,42 m
24 mm	16,0	0,61 m	1,21 m

Tab. 11: Berechnungsbeispiele zur hyperfokalen Distanz

Betrachten wir die Beispielreihe bei einer Brennweite von 100 mm. Wenn wir eine Blende F/4,0 verwenden, müssten wir auf gut 83 Meter fokussieren, um einen Bereich ausreichender Schärfe vom Nahpunkt bei knapp 42 Metern bis zum Fernpunkt im Unendlichen zu erhalten. Läge ein Gegenstand unseres Interesses bei knapp 21 Metern, müssten wir ganze zwei Belichtungsstufen auf F/8,0 abblenden, um einen entsprechend scharfgestellten Nahpunkt zu erhalten.

Der Vergleich der Beispiele zeigt den schon beschriebenen Einfluss der Blendenzahl auf die Schärfentiefe auf. Überraschen mag, wie überaus stark diese von der Brennweite abhängig ist – selbst eine Blende F/16,0 vermag an einer Brennweite von 50 mm keine ebensolche Schärfentiefe zu erzeugen wie eine Blende F/4,0 an einer Brennweite von 24 mm.

Abb. 204 greift die Abhängigkeit der hyperfokalen Distanz von Brennweite und Blendenzahl nochmals auf.

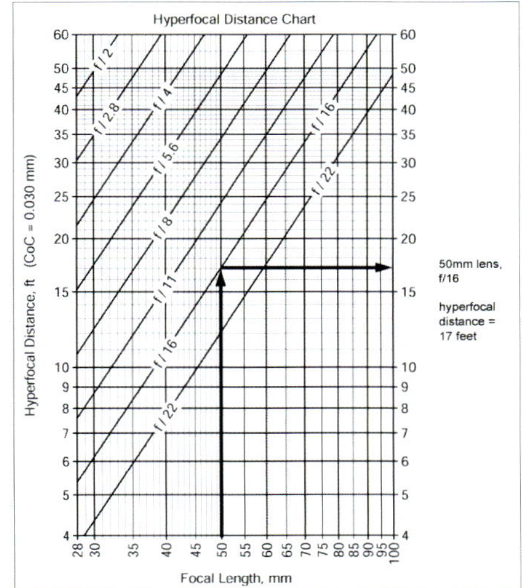

Abb. 204: Abhängigkeit der hyperfokalen Distanz von Brennweite und Blendenzahl in grafischer Darstellung. Bild von Don Fleming zur freien Verwendung

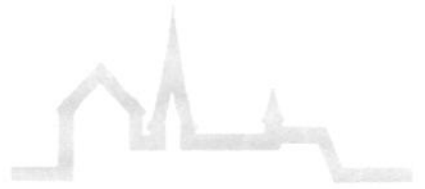

Nun stellt sich die Frage, wie sich dies in der fotografischen Praxis umsetzen ließe. Oft liest oder hört man die Empfehlung »ein Drittel nach vorne, zwei Drittel nach hinten« – damit ist gemeint, dass man die Strecke zwischen Nah- und Fernpunkt dritteln und den Fokus auf das Ende des ersten Drittels legen soll.

Tab. 12: Beispiele für Schärfentieferechner

Beispiele für Schärfentieferechner			
Internetseiten	1.	»Depth of Field Calculator« von *Don Fleming* (http://www.dofmaster.com/dofjs.html)	
	2.	»Rechner für die hyperfokale Distanz« von *Tom Striewisch* (http://www.striewisch-fotodesign.de/lehrgang/anmerk/ts_hfd.htm)	
	3.	»Schärfentiefe-, Abbildungsmaßstab- und Nahlinsenrechner« von *Erik Krause* (http://www.erik-krause.de/schaerfe.htm)	
Smartphone-Apps	1.	»TrueDoF-Pro Depth of Field Calculator« von George Douvos für iPhone (https://itunes.apple.com/de/app/truedof-pro-depth-field-calculator/id517481814?mt=8&ign-mpt=uo%3D4)	
	2.	»HyperFocal Pro« von Zendroid für Google Chrome OS (https://play.google.com/store/apps/details?id=in.zendroid.hyperfocal&hl=de)	
Analogwerkzeuge	1.	Fertig konfektionierter »Schärfentiefe- und Scheimpflug-Rechner« von *Walter E. Schön* (http://www.weschoen.de/scheimpflug-rechner.html)	
	2.	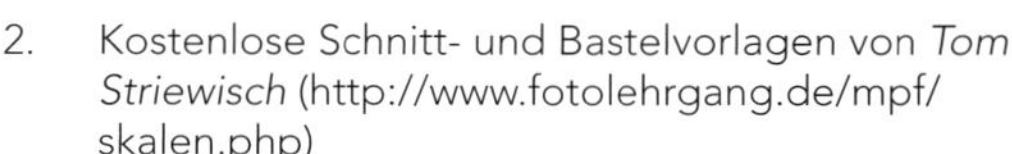 Kostenlose Schnitt- und Bastelvorlagen von *Tom Striewisch* (http://www.fotolehrgang.de/mpf/skalen.php)	

Exakt funktioniert dies allerdings nur, wenn der Abstand zwischen Betrachter und vorderer Schärfegrenze einem Viertel des Abstandes zwischen Betrachter und hinterer Schärfegrenze entspricht, sodass die hyperfokale Distanz auf halber Strecke zwischen Betrachter und Fernpunkt liegt (siehe Abb. 203 auf Seite 204) – ansonsten ist es ein grobes und erratisches Maß, welches durch Abblenden am Objektiv und Kontrolle der maßgeblichen Bereiche in der vergrößerten Live-View-Darstellung kontrolliert und ggf. nachfokussiert werden muss.

Internetseiten

Im Internet finden sich zahlreiche Seiten mit teils sehr ausgeklügelten Schärfentieferechnern, von denen ich in der Tabelle auf der vorigen Seite einige aufgeführt habe; auch wenn man die Ergebnisse teilweise ausdrucken kann, ist die Handhabung vor Ort umständlich.

Smartphone-Apps

Analogwerkzeuge

Überlegenswert ist die Verwendung von Smartphone-Apps, von denen nachfolgend ebenfalls einige erwähnt werden. Und last but not least kann man solche Schärfentieferechner in Scheibenform auch kaufen oder selbst basteln – auch hierzu finden sich einige Links aufgeführt.

Abschätzung des Szenenkontrasts

Die Belichtungsautomatik ist an unseren heutigen Digitalkameras zur Selbstverständlichkeit geworden. Der eingebaute Belichtungsmesser lässt sich dabei auf verschiedene Arten verwenden – zur Wahl stehen in der Regel ...

- die Mehrfeldmessung,
- die mittenbetonte Integralmessung,
- die Selektivmessung mit Erfassung von etwa 8 % des Sucherbildes (und)
- die Spotmessung mit Erfassung von etwa 3,5 % des Sucherbildes.

Je nach Programmvorwahl – Vollautomatik, Zeitvorwahl, Blendenvorwahl – werden dann die restlichen Belichtungsparameter nach den Messwerten eingestellt, um eine einigermaßen korrekt belichtete Aufnahme zu gewährleisten.

Zweifelsohne ist die Belichtungsautomatik im fotografischen Alltag ein Segen, gerade für motivseitig flüchtige oder lichtseitig unproblematische Ausgangssituationen. Doch »wo Licht ist, ist auch Schatten« – analog den Überlegungen zum Autofokus kann die Kamera auch bei der Belichtungsmessung unsere Gestaltungsabsichten schwerlich erahnen.

Manueller Einsatz der kameraeigenen Belichtungsmessung zur Erfassung des Szenenkontrastes

Gerade bei schwierigen Lichtverhältnissen, wie sie bei Innenraumszenen mit schöner Regelmäßigkeit vorliegen, lohnt es sich daher unbedingt, »die Sache selbst in die Hand zu nehmen«. Ich will nachfolgend eine Methode vorstellen, den kameraeigenen quasi als manuellen Belichtungsmesser zu verwenden, um auf solche Weise die Lichtverhältnisse zu verstehen und den Szenenkontrast zu erfassen.

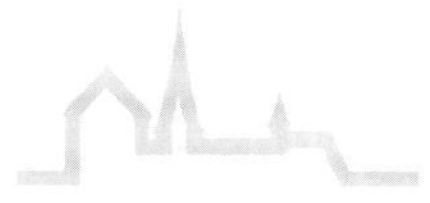

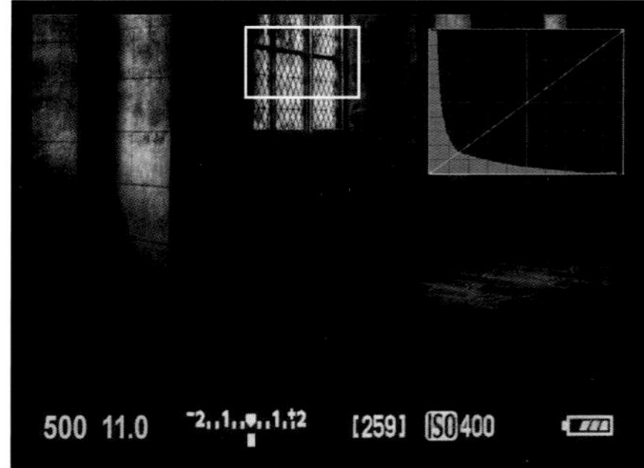

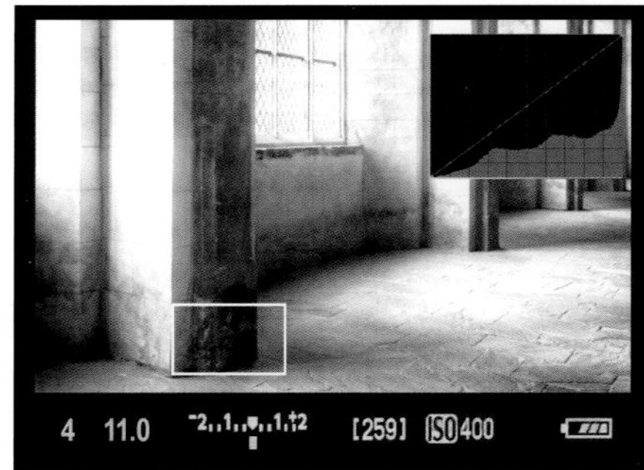

Abb. 205: (Links) Ausmessung der hellsten Stelle in der Live-View-Darstellung

Abb. 206: (Rechts) Ausmessung der dunkelsten Stelle in der Live-View-Darstellung

1. Schritt: Solides Stativ verwenden

Das Stativ ist dabei im ersten Schritt unbedingt vonnöten, um die gewünschte Szene in einem ersten Schritt stabil einzustellen und »Kopf und Hände frei zu haben« für die nächsten Schritte.

2. Schritt: Spotmessung einstellen

Im zweiten Schritt vergewissern wir uns, dass die Belichtungsautomatik auf Selektiv- oder besser noch Spotmessung eingestellt ist – gerade bei neueren DSLR-Kameras ist es möglich, die Live-View-Messung (um die es hier in der Folge geht) auch mit der Mehrfeld- oder Integralmethode durchzuführen; dies macht für unsere Zwecke jedoch überhaupt keinen Sinn, da wir keine summarischen, sondern im Gegenteil punktgenaue Messungen benötigen.

3. Schritt: Zur Live-View-Darstellung wechseln

Im dritten Schritt schalten wir auf die Live-View-Darstellung um. Der Spiegel wird dabei hochgeklappt und der Verschluss geöffnet, sodass wir nun die ausgewählte Szene sehen, wie sie sich auch dem Sensor darstellt. Die Histogrammdarstellung ist dabei streng genommen verzichtbar, denn es geht dabei um einzelne Punktmessungen und noch nicht um eine ausgewogene Aussteuerung der Belichtung.

4. Schritt: Ausmessung der hellsten Stelle

Im vierten Schritt richten wir das Auswahlrechteck auf die hellste Stelle im Bild aus, wie in Abb. 205 dargestellt. Da die Belichtungsautomatik die Tendenz hat, möglichst in einem neutralen Grau (Zone V bzw. 18 % Lichtreflexion) abzubilden, wird das Gesamtbild entsprechend abgedunkelt und das Histogramm deutlich nach links verschoben. Bei Blende F/11,0 und ISO 400 ergibt sich im genannten Beispiel eine Belichtungszeit von 1/500 Sekunde.

5. Schritt : Ausmessung der dunkelsten Stelle

Im fünften Schritt richten wir das Auswahlrechteck nun auf die dunkelste Stelle im Bild aus, wie in Abb. 206 dargestellt. Entsprechend der neutralgrauen Belichtungstendenz wird das Gesamtbild nun aufgehellt und das Histogramm nach rechts verschoben. Bei Blende F/11,0 und ISO 400 ergibt sich im genannten Beispiel eine Belichtungszeit von 1/4 Sekunde.

6. Schritt: Übertragung in die Zeitenreihe

Im sechsten und letzten Schritt können wir nun die beiden Werte in eine Zeitenreihe übertragen, wie in der nachfolgenden Tabelle dargestellt (gelb) – demnach weist das Bild einen Szenenkontrast von sieben Belichtungsstufen auf.

Zeitenreihe in Sekundenbruchteilen (Auszug), mit Belichtungsstufen											
1	2	4	8	15	30	60	125	250	500	1000	2000
		0	1	2	3	4	5	6	7		

Tab. 13: Zeitenreihe in Sekundenbruchteilen (Auszug), mit Belichtungsstufen

Erkenntnisse aus der Bestimmung des Szenenkontrasts

Was fangen wir nun mit dieser Information an? Mit die wichtigste Erkenntnis im angeführten Beispiel ist, dass sich der Szenenkontrast von sieben Belichtungsstufen mit unseren heutigen Digitalkameras und ihrem etwa zehn Belichtungsstufen umfassenden Dynamikumfang bewältigen lässt, ohne dass störende Tonwertbeschnitte im Schatten- und Lichterbereich resultieren.

Des Weiteren lässt sich ableiten, dass wir im Sinn einer korrekten Belichtung hier noch einen gewissen Spielraum haben – je nachdem, ob wir die Schatten weiter öffnen bzw. die Lichter etwas eindämmen wollen, können wir die Belichtung der Aufnahme in eine Spannbreite von 1/15 bis 1/125 Sekunde (blau in obiger Tabelle) legen.

Umgang mit übermäßigem Szenenkontrast

Bisweilen ergibt die Messung, dass der Szenenkontrast über die abbildbaren zehn Belichtungsstufen hinausreicht. Auch dies ist eine wichtige Information, die uns bei der weiteren Planung hilft: Sollen wir auf die Szene verzichten oder auf milderes Licht warten? Kommt eine Aufhellung des Vordergrunds mit Kunstlicht infrage? Oder wäre eine Belichtungsreihe mit Zusammenführung zum HDR-Bild und Rückrechnung in den Normalkontrastraum der geeignete Weg?

Sicherstellung einer verwacklungsfreien Aufnahme

In diesem Abschnitt möchte ich noch kurz darauf zu sprechen kommen, wie sich auch bei längeren Belichtungszeiten und ohne Bildstabilisator möglichst verwacklungsfreie Aufnahmen durchführen und so aus Kamera und Objektiv das Maximum der Abbildungsleistung herausholen lassen.

1. Schritt: Solides Stativ verwenden

Sie vermuten ganz richtig, dass das Stativ die Grundlage hierfür darstellt – schließlich geht es in diesem Unterkapitel ja auch um die Vorzüge der Stativarbeit. Ein robustes, solides Stativ sollte es dabei schon sein, am besten noch mit der Möglichkeit, an die Mittelsäule ein zusätzliches Gewicht zu hängen – auf solchem Wege wird die Kamera bei leichten Luftzügen auch nicht in Schwingung geraten. Besagte Mittelsäule sollte nicht bzw. nicht allzu weit ausgezogen werden, da sie im Vergleich zu den drei Stativbeinen einen verwacklungsträchtigen Schwachpunkt darstellt.

2. Schritt: Bildstabilisator abschalten

Der Bildstabilisator kann dabei abgeschaltet werden – und sollte es in der Regel auch, denn er erlebt solch ruhige Verhältnisse als »zu gut, um wahr zu sein« und entwickelt nach Antippen des Auslösers ein bisweilen recht seltsames Eigenleben.

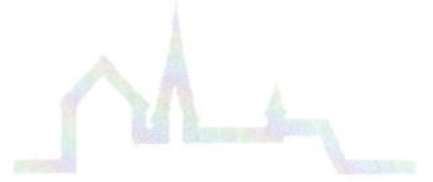

3. Schritt: Zur Live-View-Darstellung wechseln

Der Wechsel in die Live-View-Darstellung verhindert weitere Unruhe im System, da der Spiegel zur nachfolgenden Aufnahme ja bereits hochgeklappt ist und so kein Spiegelschlag die Aufnahme beeinträchtigt.

4. Schritt: Auslöseverzögerung verwenden

Zu empfehlen ist ferner eine Auslöseverzögerung, die zumeist auf zwei oder zehn Sekunden eingestellt werden kann. Zwei Sekunden sind dabei in der Regel ausreichend, um Schwingungen der Kamera abklingen zu lassen, während zehn Sekunden das Bildergebnis selten verbessern.

5. Schritt: Fernauslöser benutzen

Ein per Kabel oder Funk angebundener Fernauslöser ist schließlich das »Sahnehäubchen« dieses Setups. Eine Berührung des Auslöseknopfes mag freihändig und bei aktiviertem Bewegungsstabilisator ohne Auswirkungen bleiben, bei der Stativarbeit kann er die Kamera in erhebliche Schwingungen versetzen – man kann das in der zehnfach vergrößerten Live-View-Darstellung leicht nachprüfen.

Nun sind alle Voraussetzungen für eine möglichst verwacklungsfreie und maximal auflösende Aufnahme gegeben.

Vermeidung stürzender Linien

Was ist von stürzenden Linien grundsätzlich zu halten? Nun, im täglichen Leben begegnen sie uns beim Blick in die Höhe oder Tiefe ständig.

Und doch ist es etwas anderes, ob wir diese in unserem natürlichen, waagrecht-ovalen und nicht scharf begrenzten Blickfeld oder in einem rechteckigen Bild mit klar definiertem Rahmen sehen. Was im ersten Fall natürlich anmutet, wirkt im zweiten Fall durch die Verkippung gegenüber den Bildgrenzen tendenziell fehlerhaft.

Stürzende Linien als typische Bildfehler und hochwirksame Gestaltungsmittel zugleich

Um nicht falsch verstanden zu werden: Stürzende Linien können im Rahmen bewusster Gestaltung ein hochwirksames Mittel darstellen, wie uns nicht zuletzt *Wolfgang Mothes* im Exkurs 5 aufzeigt. Und doch ist andererseits eine ganze Menge Erfahrung im Umgang mit Bildkomposition und -dramaturgie vonnöten, um solche Bilder eindrücklich zu gestalten. Mit dem schlichten Verkippen der Kamera ist es jedenfalls nicht getan – die Bildwirkung steht und fällt mit dem zugrunde liegenden Gestaltungskonzept und dem Blick für die Gesamtszene.

»Ganz oder gar nicht schief«

Man kann sagen, dass sich ein gewisser Mainstream im Sinne des »ganz oder gar nicht schief« abzeichnet. In diesem Abschnitt wollen wir uns mit der Vermeidung unerwünschter stürzender Linien befassen, während die nachträgliche Korrektur in das Hauptkapitel 6 (»Ausarbeitung«) fällt.

Optische Kontrolle

Sie mögen mich bitte nicht der Technikfeindlichkeit zichtigen, aber das erste und allerwichtigste Hilfsmittel zur Vermeidung der Verkippung ist die optische Kontrolle. Auch diese gelingt in der Stativarbeit, der Live-View-Darstellung und der Kontrolle an Bildgrenzen und Gitternetzlinien am einfachsten und besten.

Analoge Wasserwaagen

Ein weiteres, gutes Hilfsmittel sind Wasserwaagen, entweder bereits am Stativ eingebaut oder als Aufstecklibellen für den Blitzschuh zurüstbar (letztere sind

auch in zwei oder drei Ebenen verfügbar). Man sollte aber bedenken, dass diese zumeist nicht geeicht sind – was auch wenig Sinn machen würde, da der Sitz im Blitzschuh immer etwas Spiel aufweist. Bei der Verwendung von analogen Wasserwaagen gilt also, dass diese nur in Ergänzung zur optischen Kontrolle taugen.

Elektronische Wasserwaagen

Eingebaute elektronische Wasserwaagen mit der optionalen Einblendung eines künstlichen Horizonts finden sich in wertigen, modernen Kameras. Nicht jede Weiterentwicklung macht unbedingt Sinn, diese ist aber ein wahrer Segen.

Tilt-Shift-Objektive

In die gleiche Kategorie (des Segensreichen) fallen die sogenannten Tilt-Shift-Objektive. Wichtig im Rahmen unseres Themas ist der Shift-Effekt, der sich durch einen gegenüber Normalobjektiven deutlich größeren Bildkreis und einen verschiebbaren vorderen Objektivteil ergibt.

Der Einstellweg am Objektiv ist dabei recht kurz, vergrößert sich am entfernten Motiv aber um ein Vielfaches, wie der Vergleich zwischen Abb. 208 und Abb. 209 zeigt. Entgegen vielerorts geäußerter Befürchtung ist die Bedienung auch kein Hexenwerk, da sich gerade der Shift-Effekt im Sucherbild sehr anschaulich nachvollziehen lässt.

Abb. 207: Aufsicht auf das Canon TS-E 17mm f/4,0 L. Produktfoto für die Pressearbeit, Abbildung mit freundlicher Genehmigung von Canon Deutschland GmbH

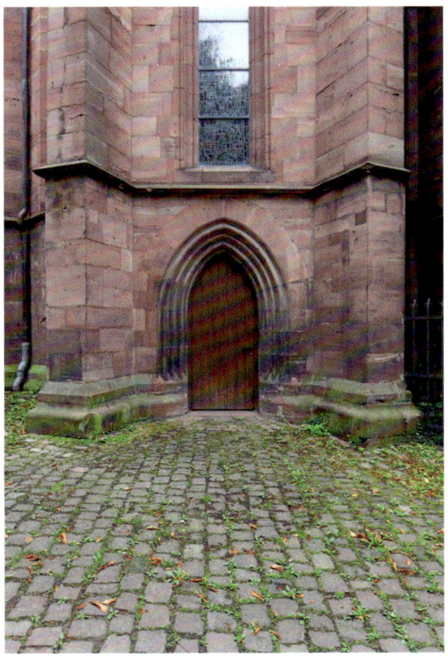

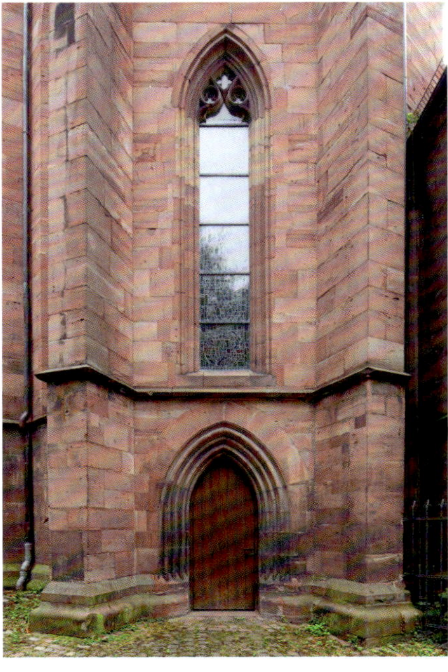

Abb. 208: (Links) Nicht geshiftete Aufnahme

Abb. 209: (Rechts) Um 8 mm nach oben geshiftete Aufnahme

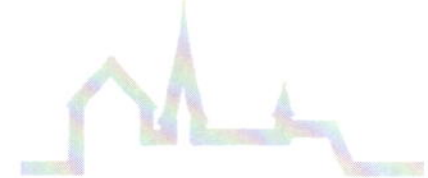

5.3
Mit dem Licht arbeiten

Die Bedeutung des Lichts für die Fotografie kann gar nicht hoch genug eingeschätzt werden – wie bereits erwähnt wurde der Begriff der Fotografie aus dem Altgriechischen entlehnt und bedeutet übersetzt »Malen mit Licht«. Gewiss benötigt ein Bild auch interessante Objekte als Motiv und eine ansehnliche Kulisse als Hintergrund, doch »ohne Licht ist alles nichts«.

Gemeinsam mit gut gewählten Kontrastarten und geschickt platzierten Spannungsbögen gehört das Licht in seiner Richtung und Anmutung zu den Hauptakteuren der Bilddramaturgie. Nachstehend möchte ich daher ein wenig auf die verschiedenen Erscheinungsformen des Lichts eingehen.

Richtung des Lichts

Abb. 210 zeigt einen Überblick der verschiedenen horizontalen Lichtrichtungen. Wir unterscheiden dabei das Frontal- bzw. Vorderlicht vom Seitenlicht, Streiflicht und Gegenlicht.

Frontal- bzw. Vorderlicht

Das Frontal- bzw. Vorderlicht befindet sich hinter dem Fotografen und strahlt aus kleinem Winkel (beidseits bis 20°) und in Aufnahmerichtung auf das Motiv.

Gegenlicht
100°
100°
Streiflicht
Motiv
Streiflicht
80°
80°
Seitenlicht
Seitenlicht
Frontal-/
Vorderlicht
20°
20°
Betrachter
Blickrichtung

Abb. 210: Überblick der verschiedenen horizontalen Lichtrichtungen

In der Porträtfotografie wird dieses unter dem Begriff des hochfrontalen Lichts feingraduiert, je nach vertikalem Einfallswinkel auch in dramatischer Weise eingesetzt – es ist zudem als »Marlene-Dietrich-Licht« bekannt, da sich besagte Schauspielerin den Fotografen und ihrem Publikum zeitlebens nur in solcher Ansicht gezeigt haben soll.

Es ist durchaus vorstellbar, dass sich mit diesem Licht die »Hügellandschaft eines Gesichts ausdrucksstark modellieren« lässt; für unsere Belange der Architekturfotografie mit ihren zumeist glat-

teren Flächen wären Zweifel angebracht: Das Frontal- oder Vorderlicht erzeugt wenig bis keine Schatten, formt das Objekt kaum räumlich und lässt auch die Binnenstrukturen in den Hintergrund treten.

Seitenlicht

Das Seitenlicht befindet sich schräg hinter dem Fotografen und strahlt aus spitzem Winkel (beidseits von 20° bis 80°) auf das Motiv.

In der Porträtfotografie wird dieses unter dem Begriff des »Rembrandt-Lichts« sehr subtil eingesetzt, um Gesichter plastisch durchzuzeichnen und im Sinne eines »Chiaroscuro-Effekts« aus dem Schatten treten zu lassen.

Auch für unsere Architekturzwecke lässt sich das Seitenlicht universell einsetzen. Hervorzuheben ist dabei insbesondere die plastische Durchzeichnung, also die bildliche Veranschaulichung der Objekträumlichkeit, während die Darstellung der Binnenstruktur demgegenüber etwas in den Hintergrund tritt.

Streiflicht

Das Streiflicht ist eine Variante bzw. extreme Form des Seitenlichts und strahlt gemessen an der Blickrichtung aus beinahe rechtem Winkel (beidseits von 80° bis 100°) auf das Motiv.

Auch das Streiflicht ist für unsere Architekturzwecke sehr gut zu verwenden. Gegenüber dem zuvor besprochenen Seitenlicht tritt dabei die plastische Durchzeichnung jedoch etwas in den Hintergrund, während die Darstellung der Binnenstruktur durch Schattierung auch geringer Reliefhöhen betont wird.

Gegenlicht

Von den horizontalen Lichtrichtungen bleibt nun noch das Gegenlicht zu besprechen. Es strahlt aus stumpfem Winkel (beidseits größer 100°) auf das Motiv und beleuchtet dieses von hinten. Entsprechend fallen die Vorderseiten des Objekts in den Schatten und bilden sich Lichtsäume an dessen Kanten.

So lassen sich mit dem Gegenlicht interessante Effekte bzw. dramatische Licht-Schatten-Muster erzeugen, es ist im Sinne einer ausgewogenen Ausleuchtung des Motivs aber auch sehr heikel. Sofern das Objekt nicht völlig im Schatten versinken oder als eine Art Scherenschnitt erscheinen soll, wird man in der Regel auf eine zweite Lichtquelle, etwa einen Aufhellblitz, zurückgreifen müssen.

Vertikale Lichtrichtungen

Vonseiten der vertikalen Lichtrichtungen sind das Oberlicht vom Unterlicht und von dem Licht auf Kamerahöhe zu unterscheiden.

Oberlicht

Von diesen ist das Oberlicht, bemessen am Modell der Sonne und insofern von oberhalb auf das Motiv herunterscheinend, als natürliche Lichtrichtung zu beschreiben. Ist der Winkel zu groß (Stichwort »Mittagssonne«), wird das Objekt von Licht überflutet und es resultieren zugleich störende Schatten, wodurch der Räumlichkeits- und Durchzeichnungseindruck wiederum leidet.

Unterlicht

Das Unterlicht stammt aus Lichtquellen unterhalb des Motivs. Es wirkt insofern immer artifiziell, kann aber für erwünschte Verfremdungseffekte wirkungsvoll eingesetzt werden. In der Porträtfotografie und im Film ist dies etwa als »Edgar-Wallace-Effekt« bekannt geworden.

Das Licht auf Kamerahöhe steht ein wenig zwischen den vorgenannten Arten. Meistens ist es weiches Dämmerungslicht und insofern gut einsetzbar.

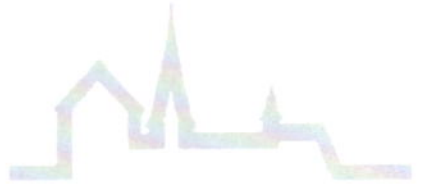

Anmutung des Lichts

punktuell
hart
diffus
weich

Abb. 211: Überblick der verschiedenen Lichtanmutungen

Hartes bzw. punktuelles Licht

Abb. 211 zeigt einen Überblick der verschiedenen Lichtanmutungen. Wir unterscheiden dabei hartes bzw. punktuelles von weichem bzw. diffusem Licht.

Das harte bzw. punktuelle Licht entstammt einer scharf begrenzten, in der Regel kleineren Lichtquelle. Entsprechend kontrastreich bzw. hart fallen hier auch Objektzeichnung und Schlagschatten aus.

Im Sinne unseres Architekturthemas werden wir eine solche Lichtart kaum verwenden, wenn es uns um die zarte und reichhaltige Durchzeichnung eines Objekts geht. Für die kontrastreiche bzw. spannungsvolle Gegenüberstellung größerer Formen ist das harte bzw. punktuelle Licht hingegen eher geeignet.

Weiches bzw. diffuses Licht

Das weiche bzw. diffuse Licht entstammt einer unscharf begrenzten, in der Regel weitläufigeren Lichtquelle. Es ist im Grundsatz jene Lichtart, die in der Porträtfotografie durch die Verwendung von Diffusoren nachgestellt wird. Die Binnenzeichnung fällt hierbei wesentlich zarter aus, desgleichen die Schlagschatten, die beim grauen, wolkenverhangenen Himmel ganz fehlen können.

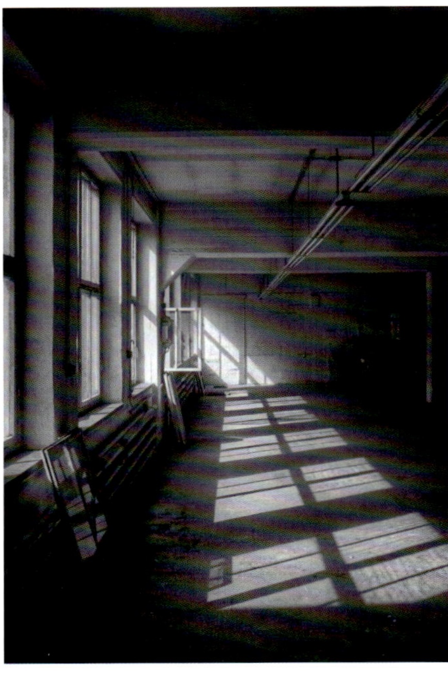

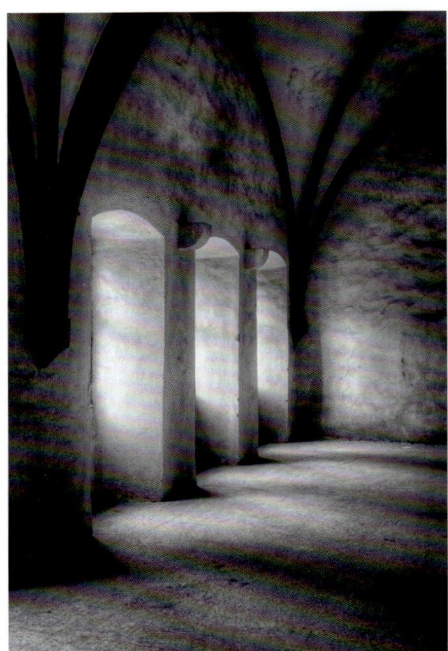

Abb. 212: (Links)
Abb. 213: (Rechts)

Bildbeispiele

Abb. 212 zeigt die Wirkung eines sommerlich-mittäglichen, insofern hochstehenden und auch recht harten Seiten- bzw. Streiflichts auf. Mir erschien diese Lichtart außerordentlich passend für die Szene, da die akzentuierten Schlagschatten an die horizontalen, vertikalen und diagonalen Linien anknüpften und so den grafischen Charakter des Gesamtbildes unterstrichen.

Ganz anders, viel weicher eben, zeigte sich das niedrig stehende Streiflicht aus bewölktem Herbsthimmel in Abb. 213. Die Strukturen des Boden sowie der Wände ließen sich damit fein und reichhaltig durchgezeichnet im Bild wiedergeben. Ein hartes Licht hätte diese Atmosphäre zerstört.

Nochmals harte Mittagssonne, diesmal im maskierten Gegenlicht, zeigt Abb. 214. Mich trieb hier ein ähnlicher Gestaltungsansatz wie im vorletzten Bild, doch wirkte das Licht hier noch radikaler ein. Die Schatten ließen sich mit HDR-Technik offen halten, und doch dominierten hier harte Kontraste und ein dramatischer Chiaroscuro-Effekt.

Die hochstehende und harte Mittagssonne ist auch das Thema in Abb. 215. Durch das zugleich einwirkende Seitenlicht blieb der Vordergrund im Gegensatz zum letzten Bild jedoch illuminiert. Auf solche Weise konnte ich meinen Gestaltungsansatz einer spätgotischen, lichtdurchfluteten und in die Höhe strebenden Chorszene umsetzen.

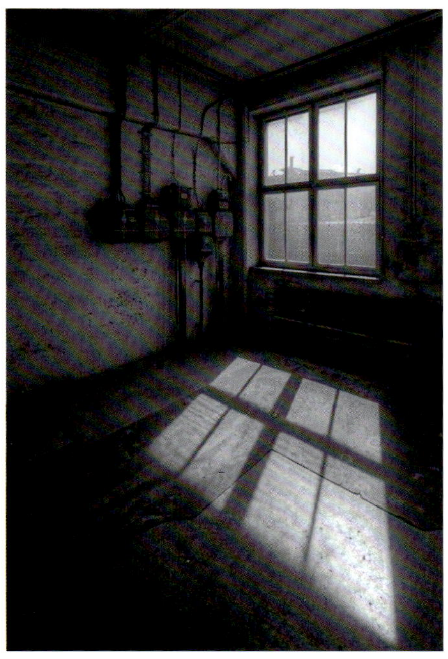

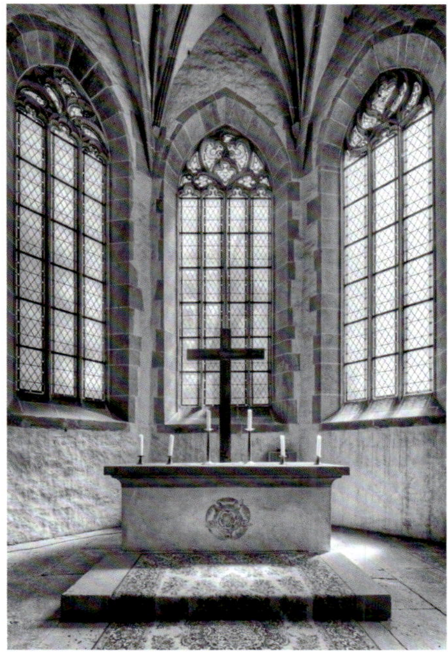

Abb. 214: (Links)
Abb. 215: (Rechts)

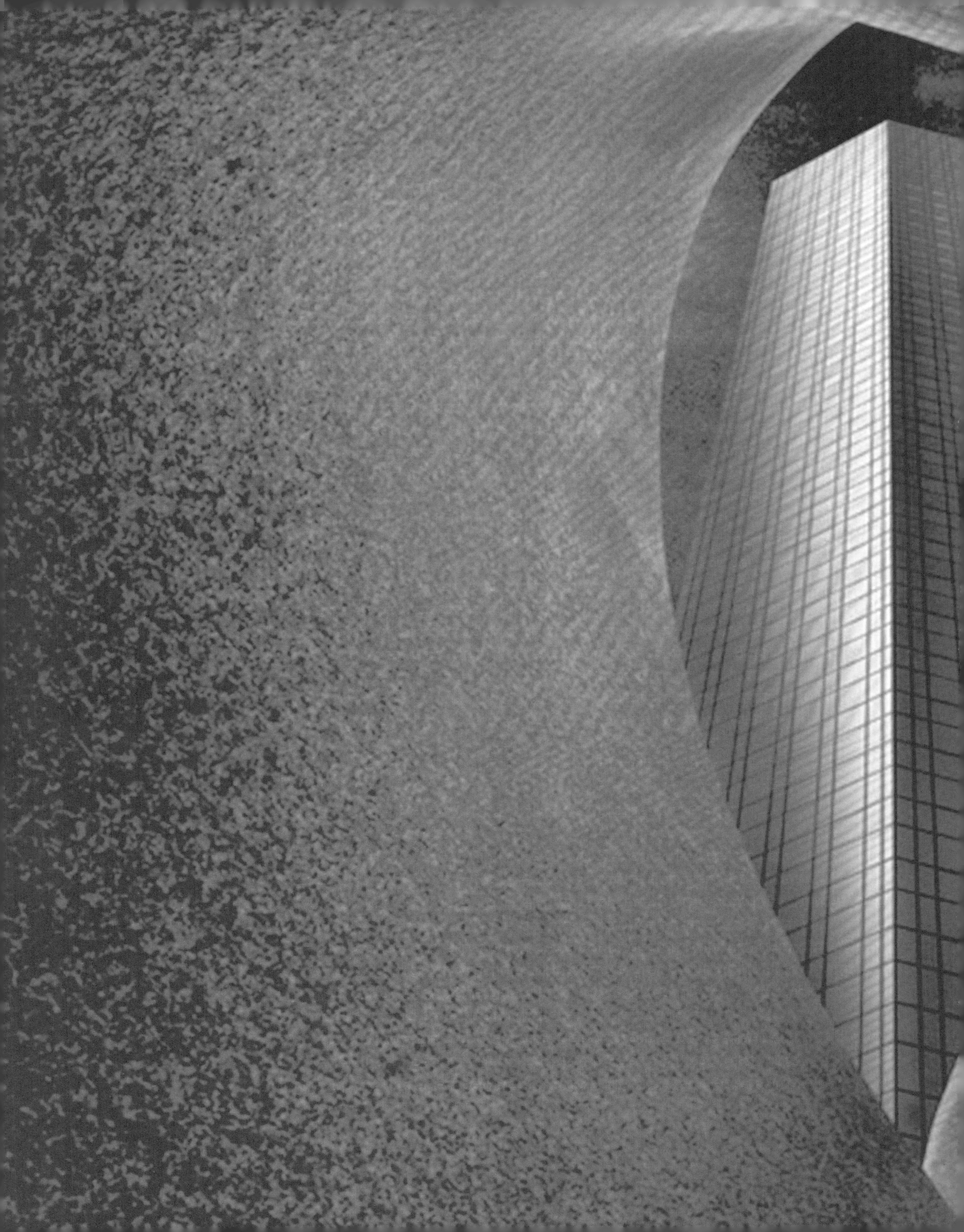

Exkurs 5
»Stürzende Linien, fliehende Bauten«
Der Fotograf Wolfgang Mothes

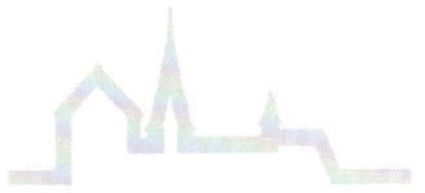

Wolfgang Mothes mag man ohne Übertreibung zu den wichtigen Stimmen der hiesigen und heutigen Schwarzweißfotografie zählen. Bescheiden, wie es seine Art ist, stellt er sein Licht gerne unter den Scheffel. So bezeichnet er sich bisweilen gerne als »Hobbyfotograf«, dem Umstand geschuldet, dass sein Brotberuf bis zur Pensionierung die Juristerei war und seine Liebe seit jeher der Fotokunst galt.

Womöglich beansprucht er nächstens noch den Status eines »Dilettanten« – gemäß Wikipedia übt dieser »eine Sache um ihrer selbst willen aus, also aus Interesse, Vergnügen oder Leidenschaft. Dabei kann er vollendete Kenntnisse und Fertigkeiten erlangt haben; solange er die Tätigkeit nicht beruflich bzw. für seinen Lebensunterhalt ausübt oder eine anerkannte einschlägige Ausbildung absolviert hat, gilt er als Dilettant.«

Solche Skizzierung mag schon aufzeigen, dass er gerne im Stillen wirkt – auch im Sinne seiner Fotografiepraxis und Themenauswahl, wie er uns im nachstehenden Text noch selbst erläutern wird.

Doch will ich zunächst noch etwas über Wolfgang Mothes' Beitrag zur Fotografie sagen: Seine Beschäftigung mit diesem Medium reicht mittlerweile ins fünfte Jahrzehnt, und er ist in dieser Zeit der Schwarzweiß- und Architekturfotografie soweit treu geblieben. Allein dies ist in unserer schnelllebigen und wandlungsfreudigen Zeit bemerkenswert und zeugt von einiger konstruktiver Sturheit. Vor meinem geistigen Auge sehe ich in dieser Zeitspanne unzählige Generationen von Fotografen kommen und wieder gehen. Gerade im digitalen Zeitalter scheint die Kamera zum Spielzeug zu verkommen, welches eifrig benutzt wird und alsbald in die Ecke fliegt, wenn die teure Ausrüstung nicht von selbst überzeugende Ideen und Bilder liefert, sondern wahre Hingabe erfordert.

Nicht so Wolfgang Mothes – in langen Jahren hat er sich mit allen Feinheiten der Dunkelkammer vertraut gemacht und an seinen fotografischen Konzepten und Ausdrucksmitteln gefeilt. Er ist dabei offen geblieben und mittlerweile auch bei der digitalen Ausrüstung angekommen, die er als Instrument seiner Gestaltungsabsichten wiederum trefflich einzusetzen weiß.

Ich freue mich sehr, ihn für einen Gastbeitrag gewonnen zu haben, und gebe ihm nun das Wort.

Essay

Wenn ich gefragt werde, warum ich hauptsächlich Architektur fotografiere, so antworte ich, dass ich mich schon als Kind für eindrucksvolle Gebäude begeistern konnte, insbesondere wenn ich sie als sehr schön empfand und sie außerdem noch hoch waren. Die Stars meiner Kinderzeit waren die prächtigen amerikanischen Art-Déco-Hochhäuser der 1930er-Jahre, besonders das Empire State Building und das Chrysler Building – und sie sind es bis heute geblieben. Nicht, dass mir die aktuellen Hochhäuser – formalästhetisch betrachtet – nicht gefielen; aber verglichen mit den oben genannten alten Klassikern umweht sie leider für mein Empfinden ein Hauch von »Plastik« und Beliebigkeit. Warum ich mich allerdings bereits als Kind von Ästhetik so angesprochen fühlte, ist mir selbst ein Geheimnis geblieben. Vielleicht liegt es daran, dass ich im Sternzeichen der Waage geboren bin. »Waage-Menschen« sagt man ja eine höhere Sensibilität für Kunst und Schönheit nach – wer also an Astrologie glaubt, der mag darin eine Erklärung finden.

Es gibt aber noch einen anderen, ganz sachlichen Grund, warum es mir die Architekturfotografie so angetan hat, und dieser liegt in meiner Arbeitsweise als Fotograf. Ich liebe es nämlich, mich in aller Ruhe mit einem Motiv auseinandersetzen zu können und das Fotografieren so zu zelebrieren, dass ich ganz darin aufgehen und alles andere dabei vergessen kann. »Flow-Effekt« nennt man das. Andere Fotografen sprechen gar von einem meditativen Vorgang. Das wäre bezogen auf mich sicher zu überhöht, aber ich liebe sozusagen diese »kontemplative« Arbeitsweise beim Fotografieren. Und weil das so ist, mache ich mir die Immobilität von Gebäuden schamlos zunutze: Anders als Menschen können sie nicht wegrennen, wenn ich mit meinem Stativ und dem Fotorucksack auf der Bildfläche erscheine. Sie zicken auch nicht herum oder machen ein aufgesetzt künstliches »Fotografiergesicht«. Nein, sie sind unendlich geduldige Fotoobjekte, sodass ich in aller Regel die von mir so geschätzte Zeit und Ruhe beim Fotografieren habe und genussvoll auskosten kann.

Auf die Frage, warum ich außerdem Schwarzweißfotograf geworden bin, obwohl unsere Welt doch so schön bunt ist, antworte ich meist Folgendes: In der Schwarzweißfotografie wird ein Bild auf seine Grauwerte reduziert. Es wird ihm auf der einen Seite etwas weggenommen, nämlich die Farbe; auf der anderen Seite wird ihm jedoch etwas hinzugefügt, was ich bei vielen Farbbildern vermisse, nämlich Licht und Schatten und, als deren Folge, der Kontrast. Der Kontrast wiederum ist es, der meine Bilder in besonderer Weise kennzeichnet. Die Kontraststeuerung hat daher bei mir absolute Priorität – ihr widme ich die meiste Aufmerksamkeit. Dabei meine ich aber nicht den Gesamtkontrast eines Bildes, sondern den Partialkontrast, also den Kontrast einzelner Bildteile. Die Steuerung des Partialkontrastes ist für mich die wichtigste Maßnahme bei der Ausarbeitung eines Bildes. Erst wenn dieser Kontrast stimmt, bin ich mit einem Bild zufrieden.

Ich hatte aber auch noch einen ganz praktischen Grund, warum ich mich seinerzeit für die Schwarzweißfotografie entschieden habe: Von Anfang an war es nämlich mein Ziel als Fotograf gewesen, die »Wirklichkeit«, die ohnehin jeder Mensch anders sieht oder empfindet, nicht einfach zu dokumentieren, sondern sie künstlerisch nach meinen Vorstellungen selbst zu gestalten. Als ich Mitte der 1970er-Jahre ernsthaft mit der Fotografie begann, waren solche Gestaltungsmöglichkeiten nur in der Schwarzweißfotografie zu realisieren. Nur bei ihr konnte

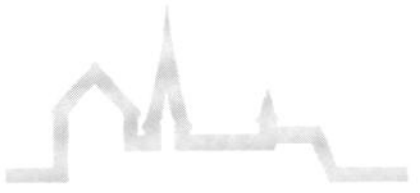

man bereits bei der Aufnahme – z. B. durch eine entsprechende Filterung – Einfluss auf die Tonwerte nehmen; oder man konnte durch die Wahl des Entwicklers das spätere Bildergebnis beeinflussen und hatte insbesondere in der eigenen Dunkelkammer vielfältige Möglichkeiten, ein Bild nach seinen eigenen Ideen auszuarbeiten. In Farbe war dies zum damaligen Zeitpunkt technisch noch nicht möglich.

Diese kreative Freiheit ist bis heute die Triebfeder meines fotografischen Handelns geblieben. Ich möchte jeden Architekturfotograf ermutigen, sich nicht mit dem bloßen Abbilden eines Gebäudes zufriedenzugeben, sondern sich zu fragen: Was kann ich meinerseits tun, damit aus einem guten Bild ein unvergessliches wird? Hat man dieses Ziel vor Augen, so ist es sicherlich sehr hilfreich, wenn man das Gebäude gut kennt, ebenso sein Umfeld, denn aus der Rückbezüglichkeit von Gebäude und Umfeld ergeben sich ganz oft sehr spannende Motive. Oft ist es die Voraussetzung eines guten Bildes, dass man das Motiv vorher schon ausgekundschaftet hat, dass man z.B. weiß, welches Licht die Bildidee am besten unterstützt, wo sich der beste Aufnahmestandort befindet und mit welcher Brennweite man fotografieren sollte.

Diese Maßnahmen laufen unter dem Gesichtspunkt »Optimieren vor dem Fotografieren« und sind ganz oft der Garant für ein Bild, das sich aus der Masse der Bilderflut hervorheben kann.

Weiterhin ist ein methodisches, strukturiertes Vorgehen extrem hilfreich, wenn man auf Dauer mit seinen Bildern Erfolg haben möchte. Es beginnt bereits bei der Motivsuche. Ich kann gar nicht genug betonen, wie wichtig diese für ein gutes Bild ist. Ich selbst sammle seit 20 Jahren unermüdlich gute Fotomotive und hefte sie entweder in einen kleinen Ordner oder speichere sie als Datei ab, je nachdem wo ich sie gefunden habe. Gute Dienste leistet mir seit einigen Jahren dabei ein Handy, das ich als fotografisches Notizbuch verwende. Auf diese Art und Weise habe ich eine recht umfangreiche Sammlung der schönsten Motive – vorwiegend in deutschen Großstädten – zusammengetragen, in der (frommen) Hoffnung, diese vielleicht eines Tages auf meine Weise fotografieren zu können.

Und wenn ich schreibe »auf meine Weise«, so komme ich zu einem weiteren Punkt, den ich Ihnen unbedingt ans Herz legen möchte. Er lautet: Bemühen Sie sich um einen Wiedererkennungswert Ihrer Bilder, um eine eigene fotografische Handschrift. Dies ist leichter gesagt als getan, aber vielleicht haben Sie ja eine bestimmte Vorliebe, wie ein Bild von Ihnen aussehen soll. Ist dies der Fall, so bleiben Sie am Ball und versuchen Sie Ihre Bilder entsprechend auszuarbeiten. »Nachhaltigkeit« lautet das Zauberwort für ein solches Vorgehen.

Meine Bilder zum Beispiel sind fast alle durch eine bestimmte Dramaturgie gekennzeichnet: Ich liebe dunkle Tonwerte (»Low Key«), und ich versuche stets, vielen meiner Bilder eine gewisse »visuelle Wucht« mitzugeben. Wenn es das Motiv ermöglicht, dürfen die Bilder ruhig dramatisch sein, ja ich scheue sogar

gelegentlich nicht einmal vor einem gewissen Pathos zurück. Dies sind meine bevorzugten Stilmittel, um die Gefühlsebene der Betrachter meiner Bilder anzusprechen.

Meine Fotografien bekommen seit jeher von mir eine sichtbare dunkle Vignette, was früher in der Architekturfotografie eher verpönt war. Eine solche Vignette öffnet die »Bühne« und gibt einem Bild Halt und Tiefe. Mittlerweile ist diese Vignette auch in der Architekturfotografie salonfähig geworden. Falls ich neben anderen Fotografen einen kleinen Beitrag dazu geleistet haben sollte, so würde es mich freuen.

Überhaupt: Trauen Sie sich was! Lassen Sie sich bloß nicht von vermeintlich unumstößlichen Gesetzen einschränken. Beispielsweise ist der viel besprochene und beschworene »Goldene Schnitt« keineswegs unabdingbar für ein gutes Architekturbild, wie er umgekehrt aus einem schlechten Bild kein gutes macht.

Finden Sie also Ihren eigenen Weg und gehen Sie diesen konsequent weiter und weiter. Dann haben Sie eine gute Chance, dass Ihre Bilder eines Tages zu denjenigen gehören könnten, die sich dem Betrachter gut einprägen und nicht sofort wieder vergessen werden.

Abschließend möchte ich Ihnen noch raten, sich nicht sofort mit einem halbwegs guten Bildergebnis zufriedenzugeben. Nicht der schnelle Upload in ein Fotoforum sollte Ihr Ziel sein, sondern Ihr Bild auf das Feinste auszuarbeiten. Eine solche Vorgehensweise, ein Bild wirklich optimal auszuarbeiten, kostet viel Zeit und kann richtig in akribische Arbeit ausarten. Dieser Aufwand ist aber eine gute Investition auf dem Weg zum wirklich perfekten Bild. Halten Sie sich dabei stets vor Augen: »Kunst ist 5 Prozent Inspiration und 95 Prozent Transpiration«, in freier Abwandlung eines Spruchs, der dem amerikanischen Erfinder Thomas Alva Edison zugeschrieben wird.

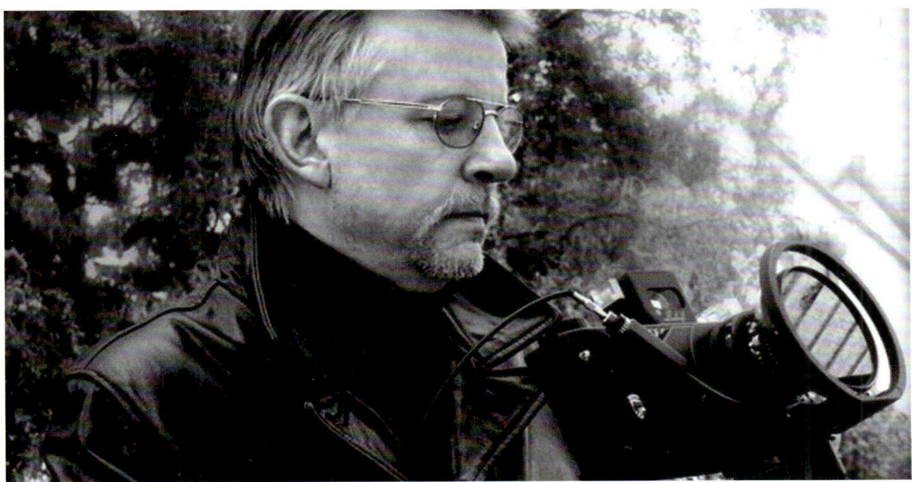

Abb. 216: Wolfgang Mothes mit seiner Linhof Technorama 617

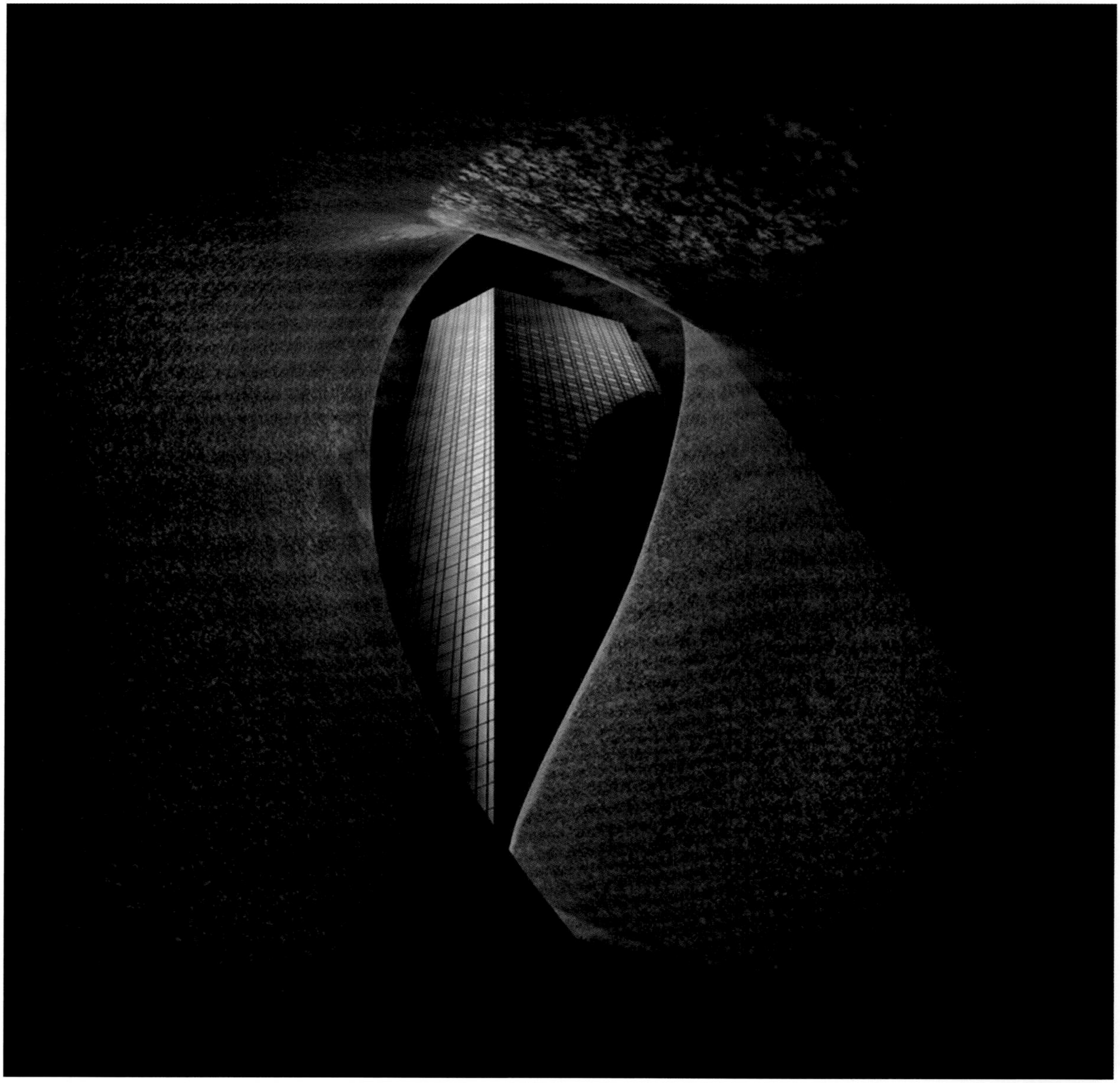

Abb. 217: »Kontinuität«

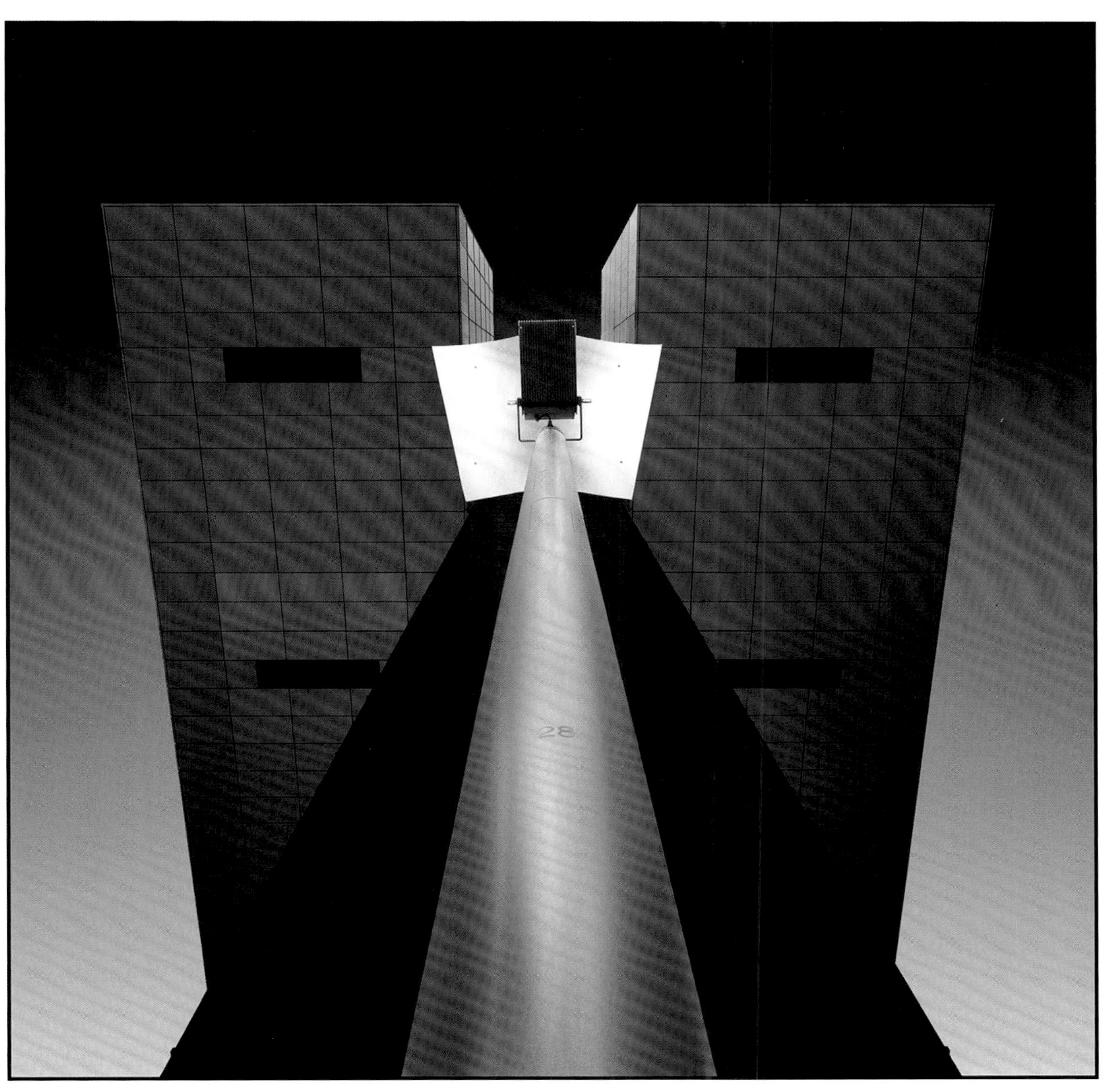

Abb. 218: »Kranhaus«

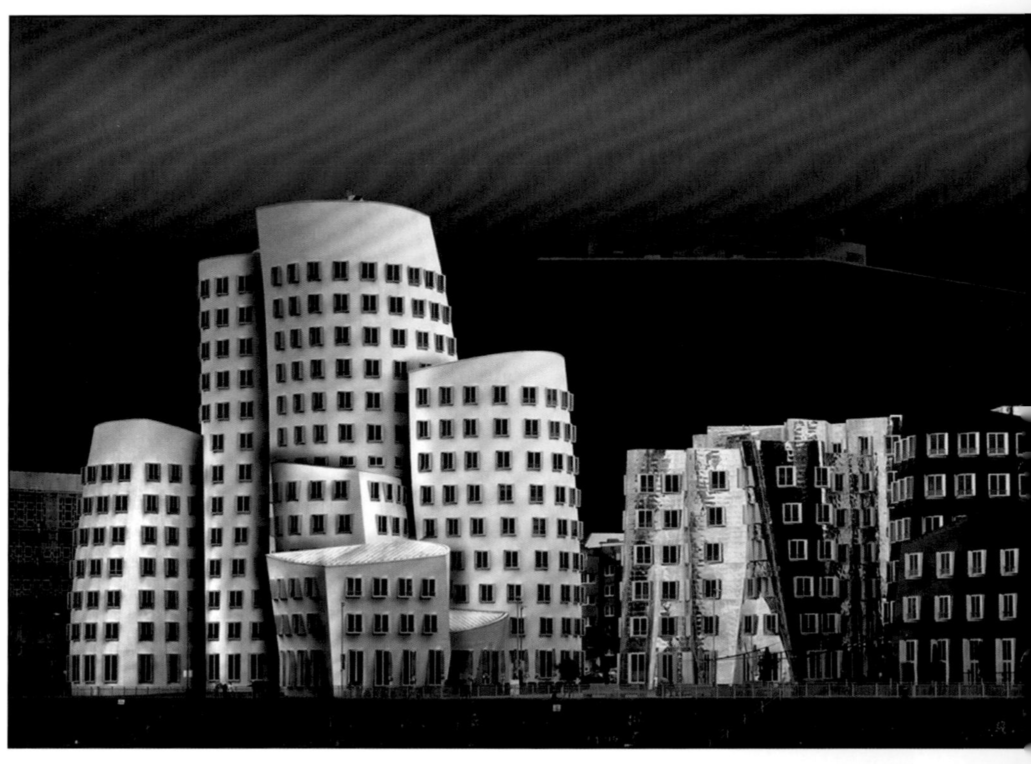

Abb. 219: »Stürzende Linien, fliehende Bauten«

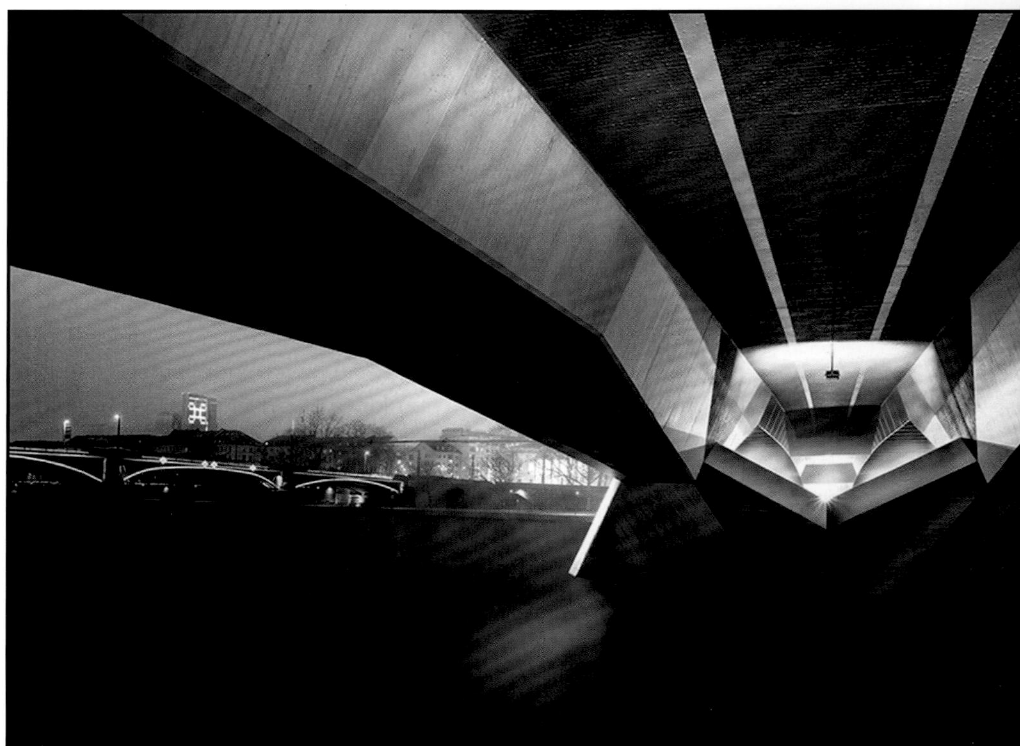

Abb. 220: »Umarmung«

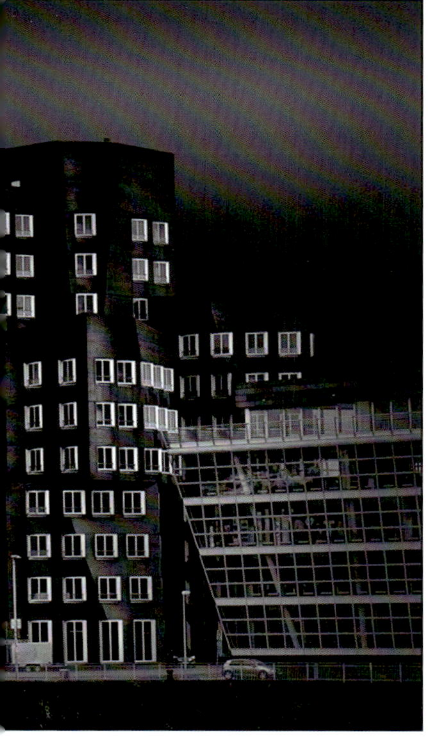

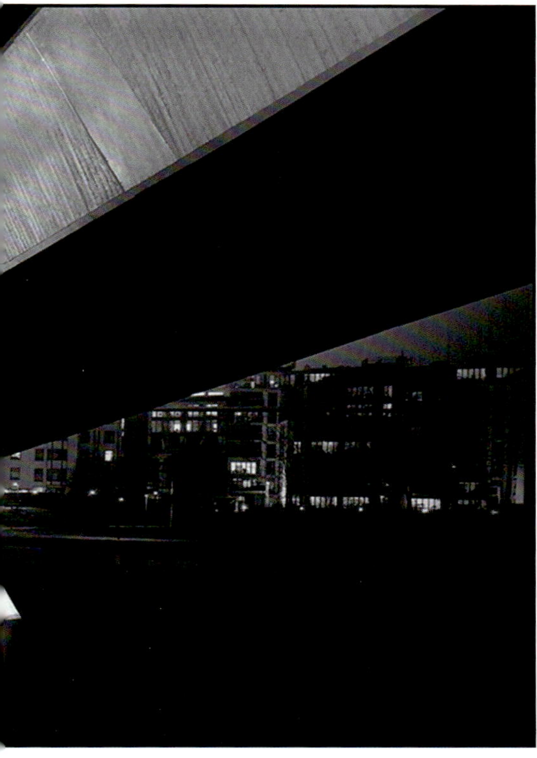

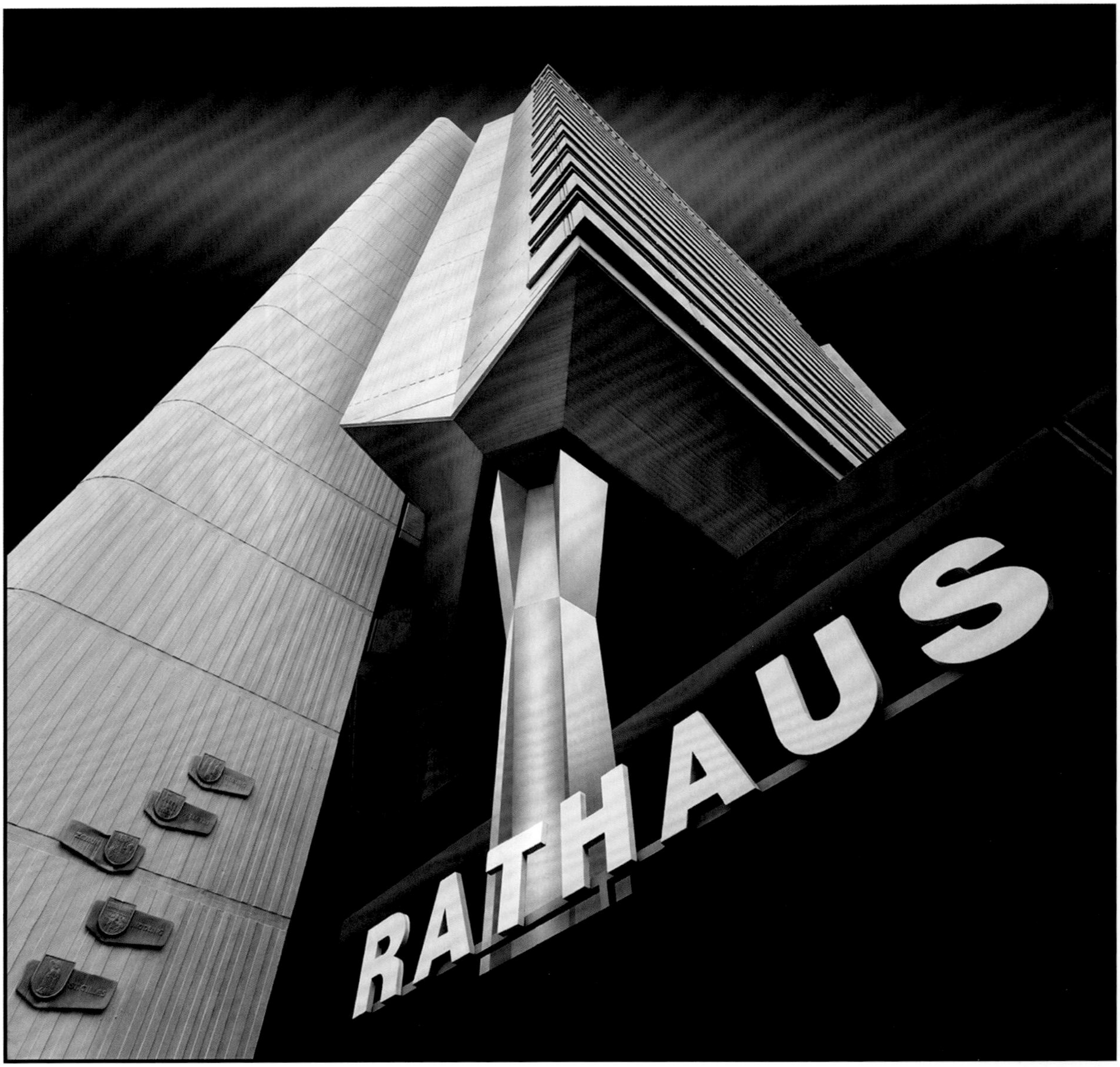

Abb. 221: »Guter Rat …«

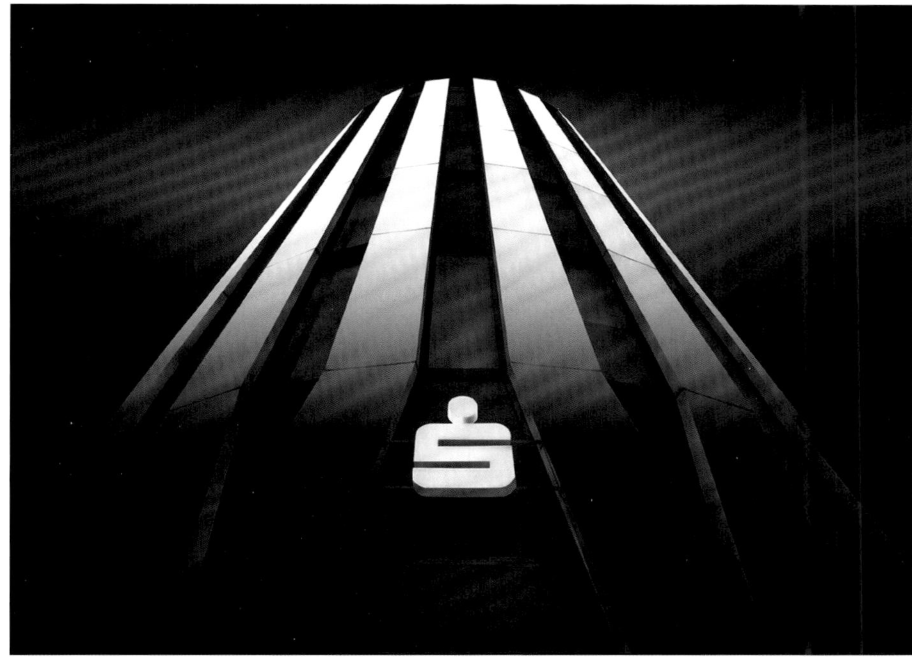

Abb. 222: »Wenn's ums Geld geht …«

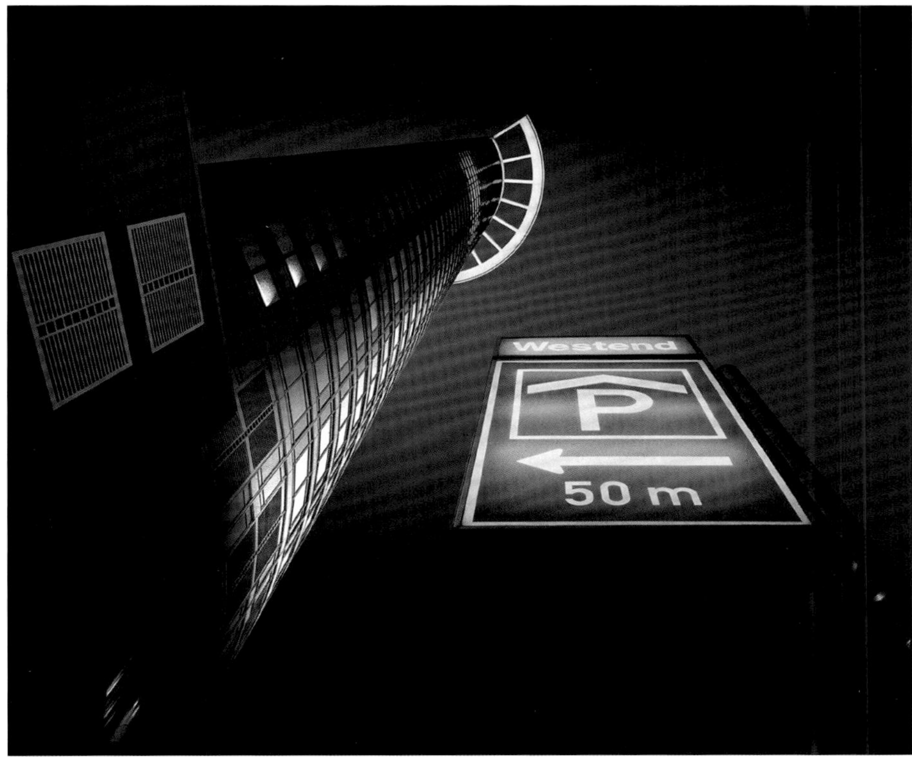

Abb. 223: »Frankfurter Parkhaus«

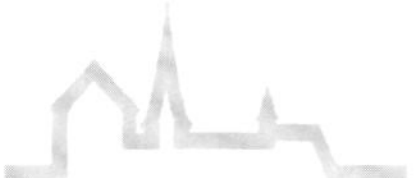

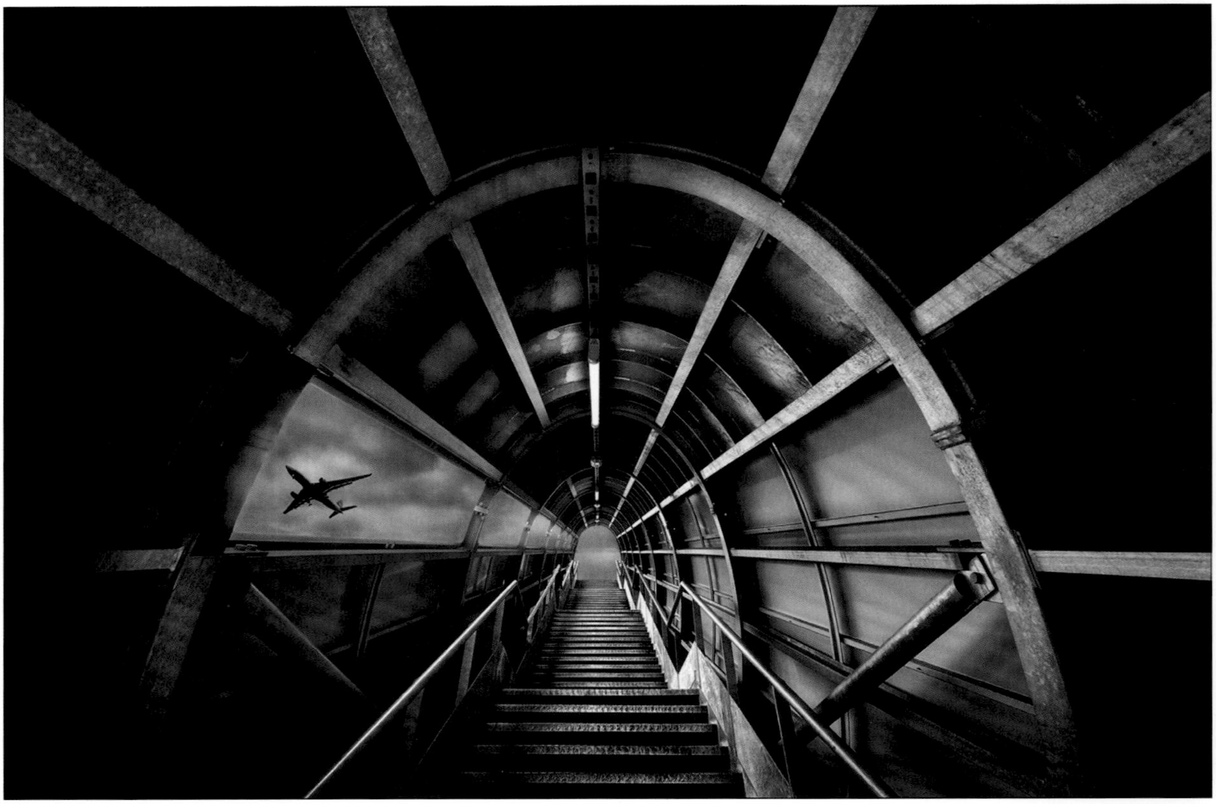

Abb. 224: »Up, up and away!«

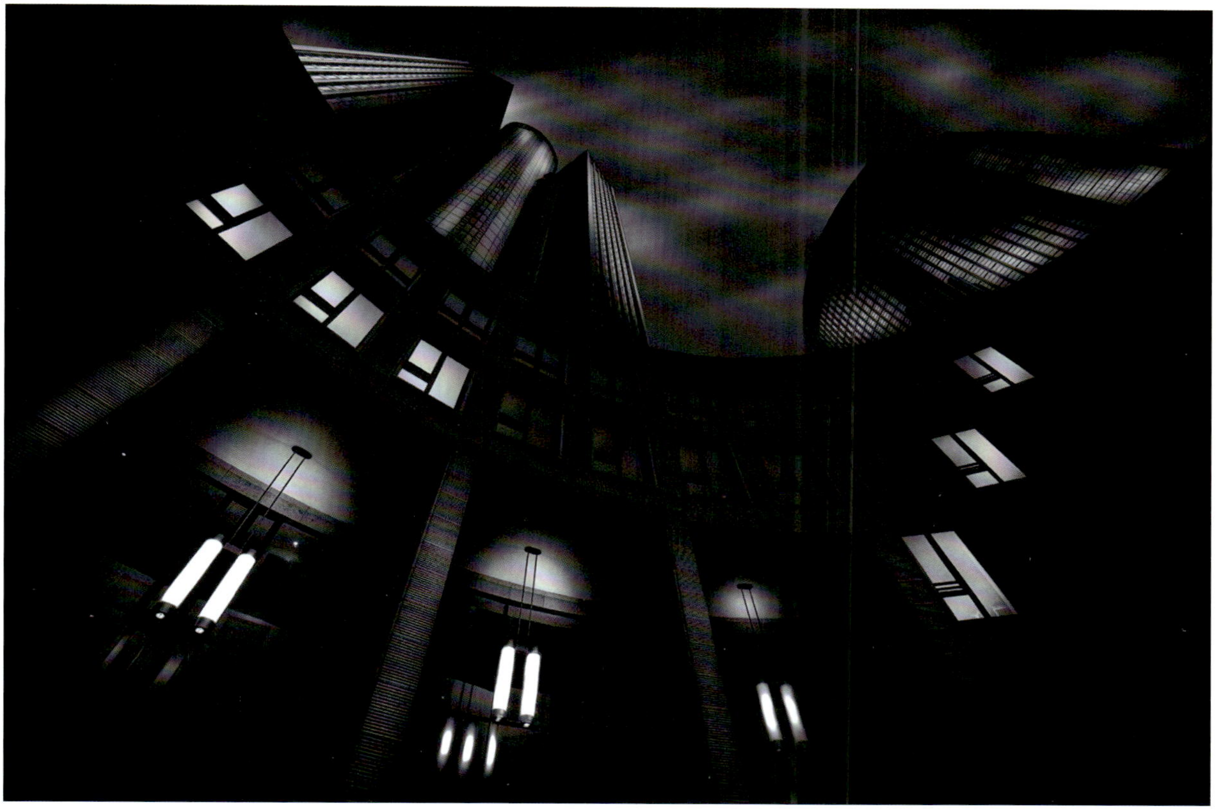

Abb. 225: *»Shine a Light«*

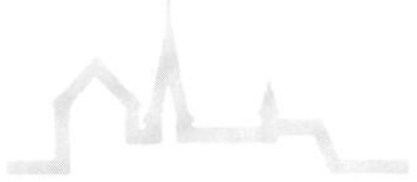

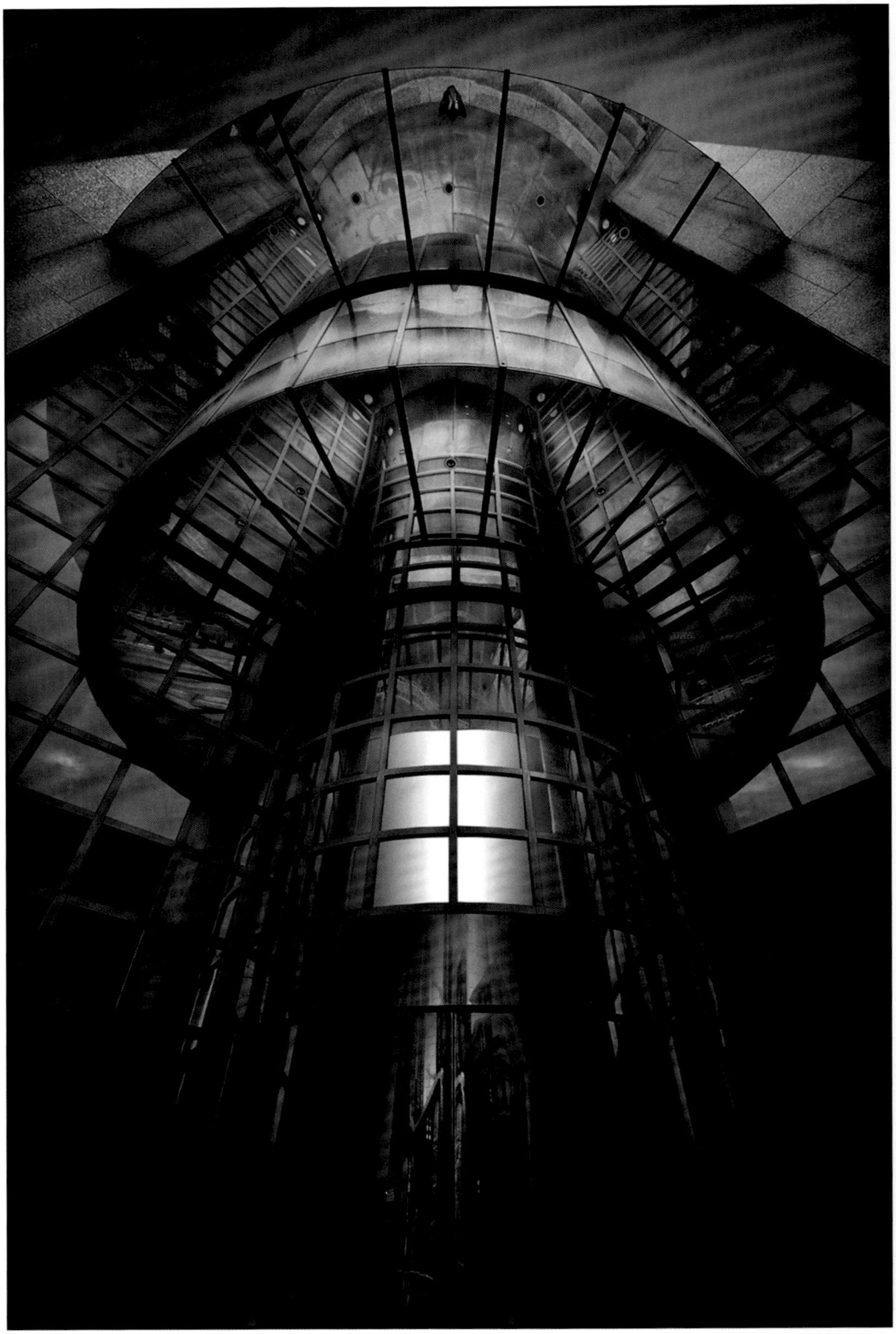

Abb. 226: »Downtown-Lighthouse«

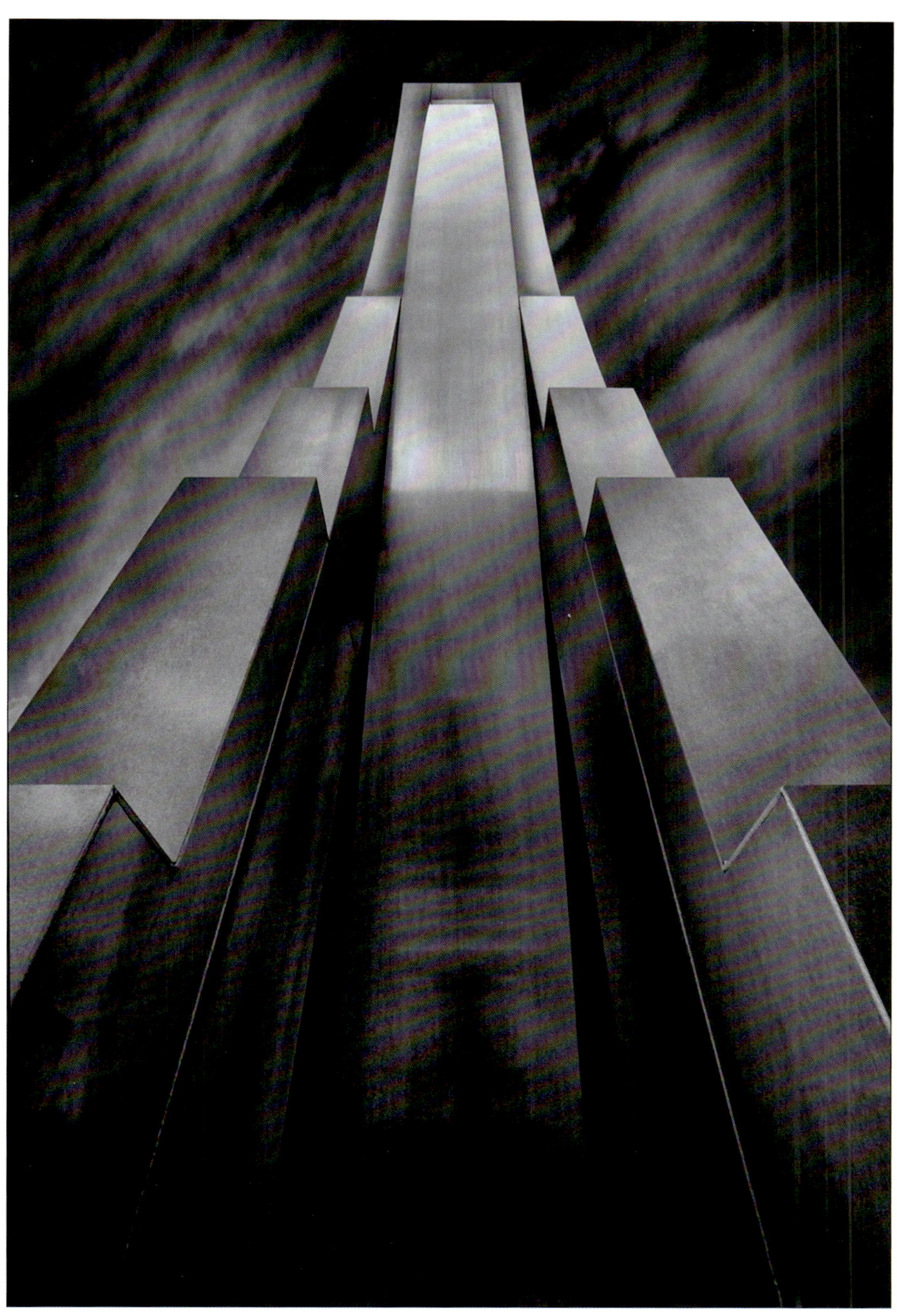

Abb. 227: »Pendulum«

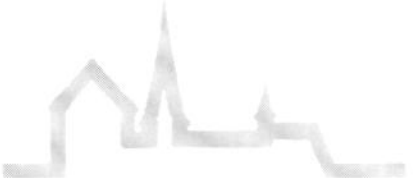

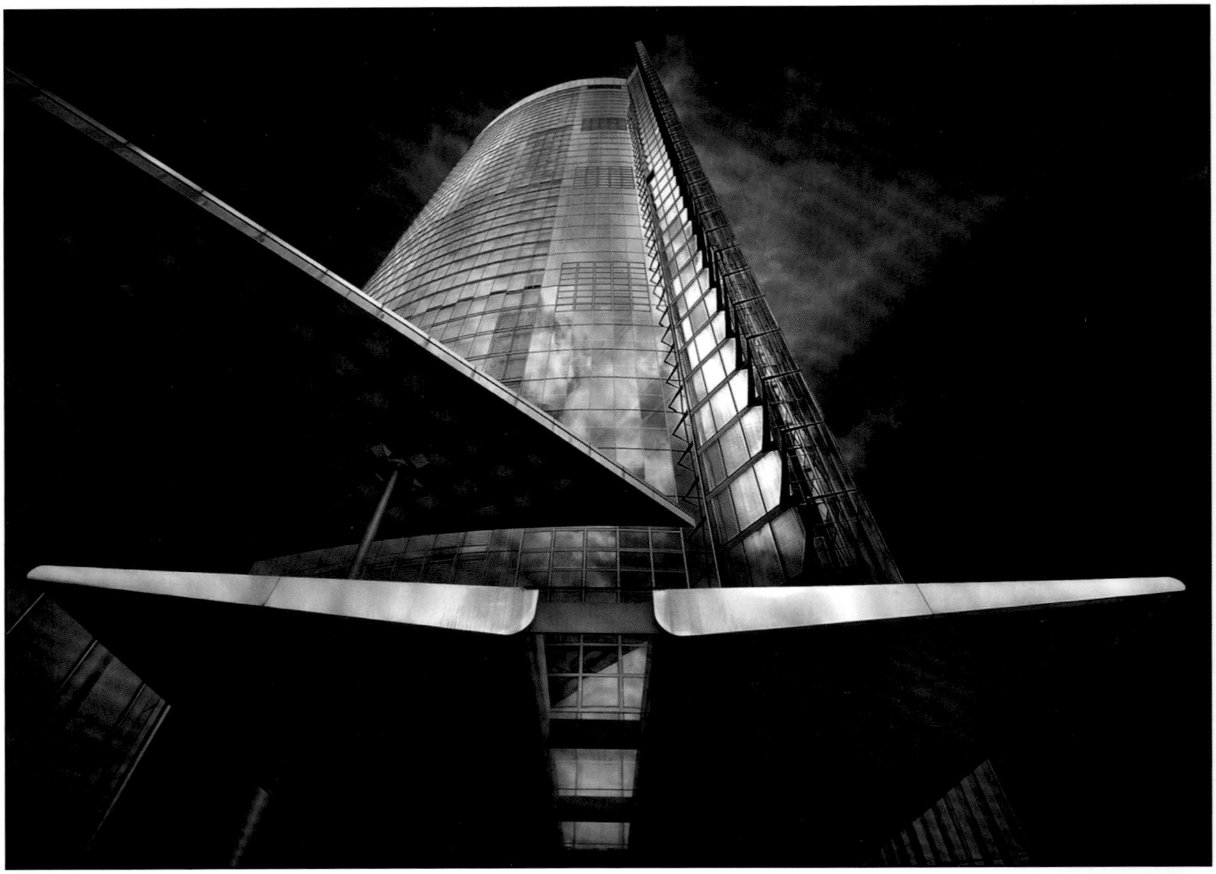

Abb. 228: »Geflügeltes Hochhaus«

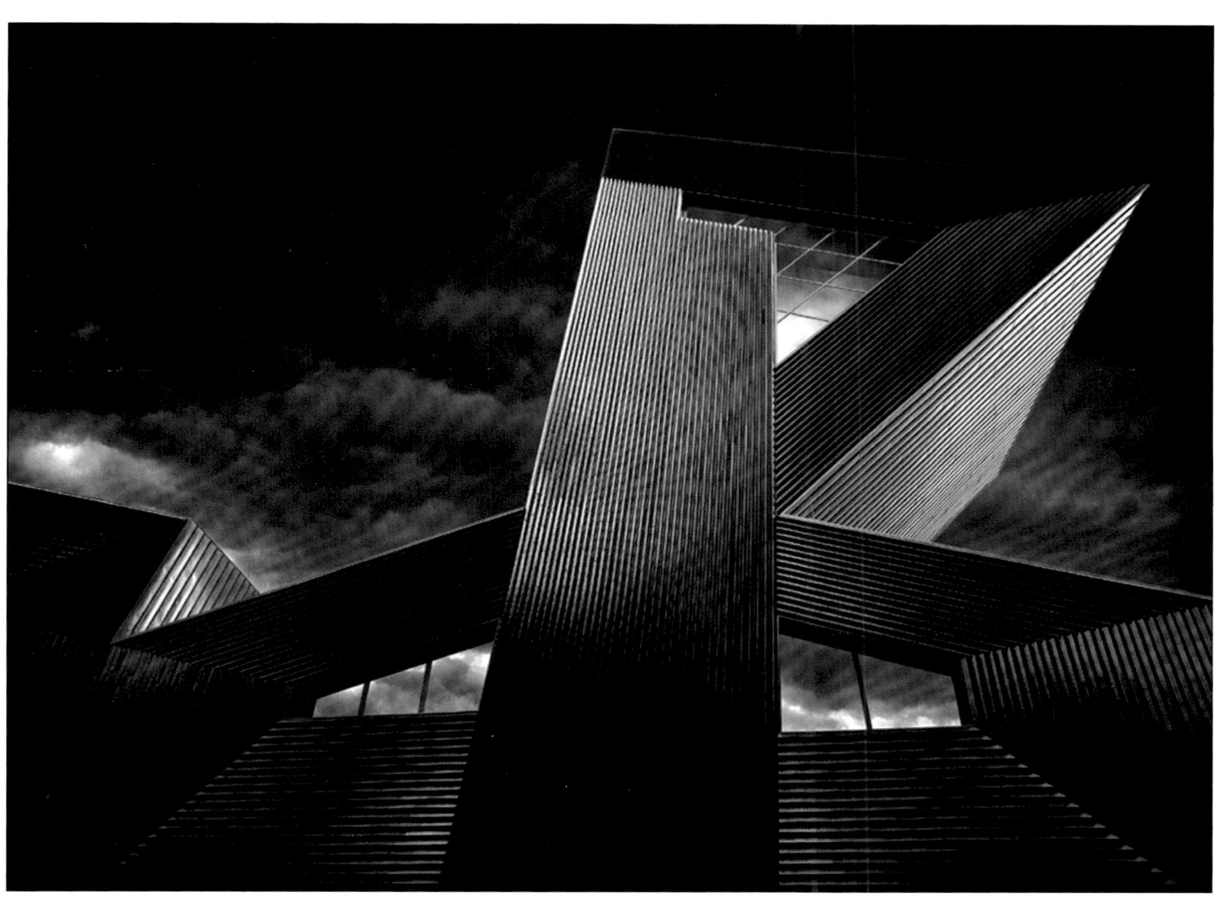

Abb. 229: »Synagoge«

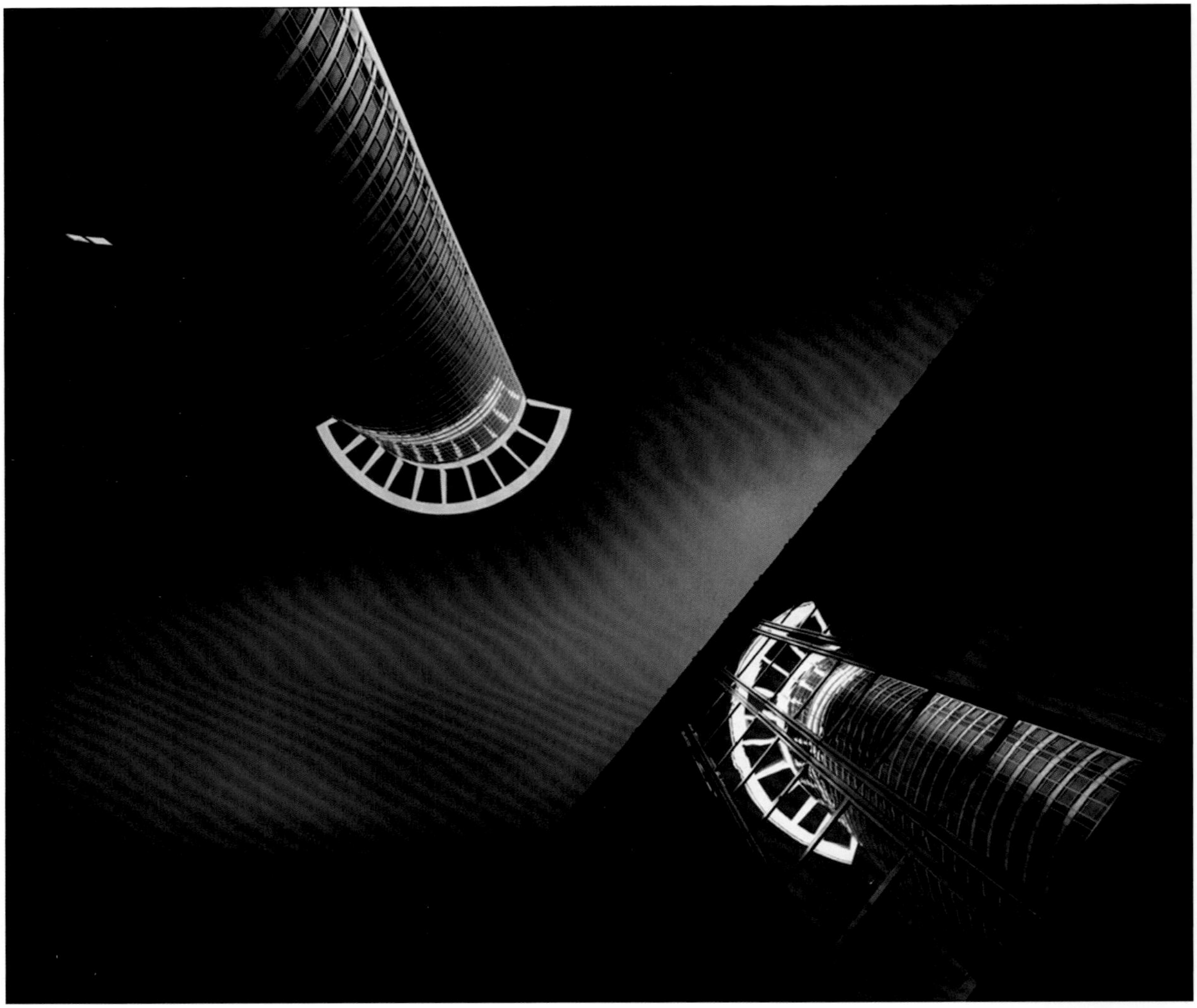

Abb. 230: »Spieglein, Spieglein ...«

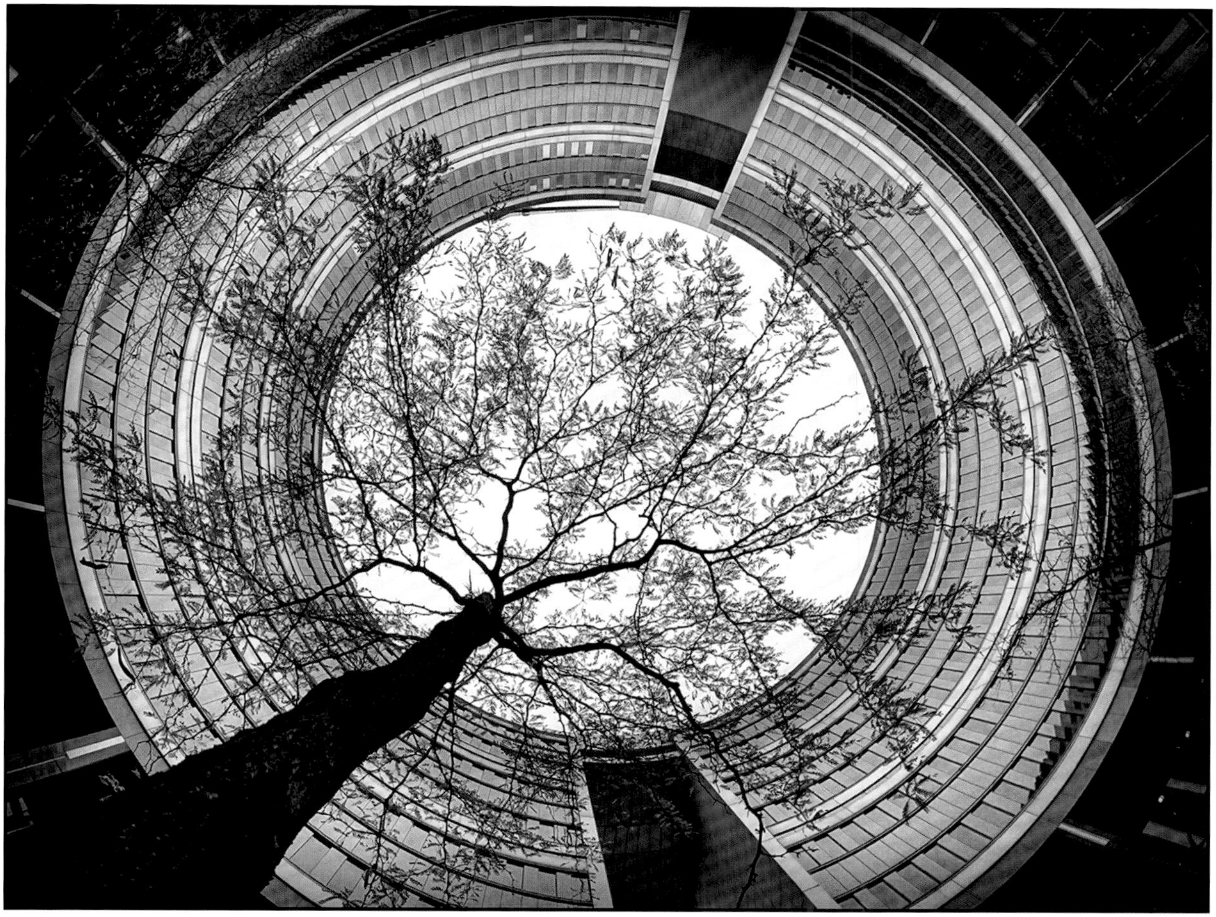

Abb. 231: »Zum Licht«

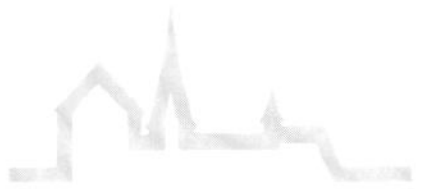

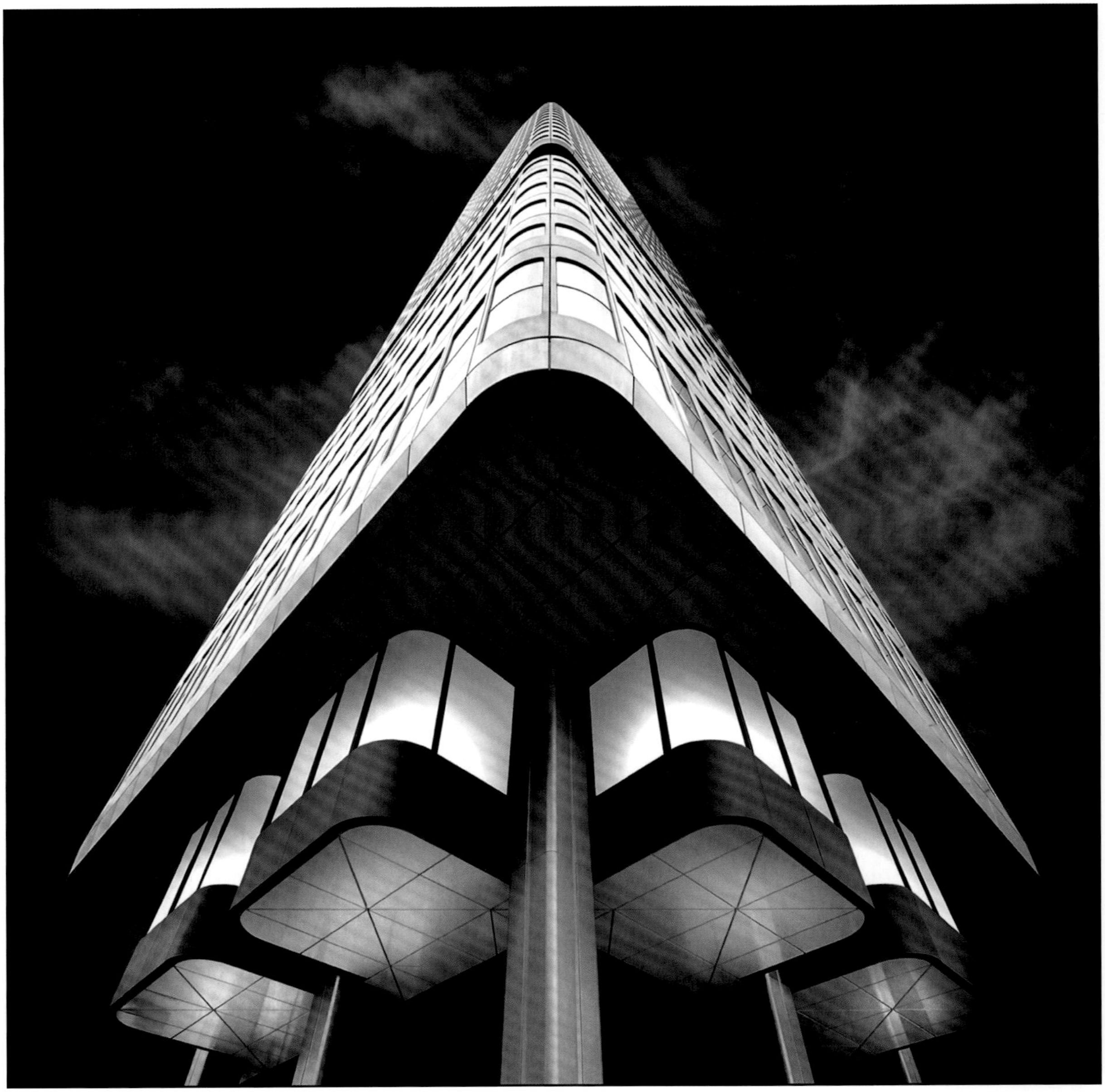

Abb. 232: »Beam me up, Scotty!«

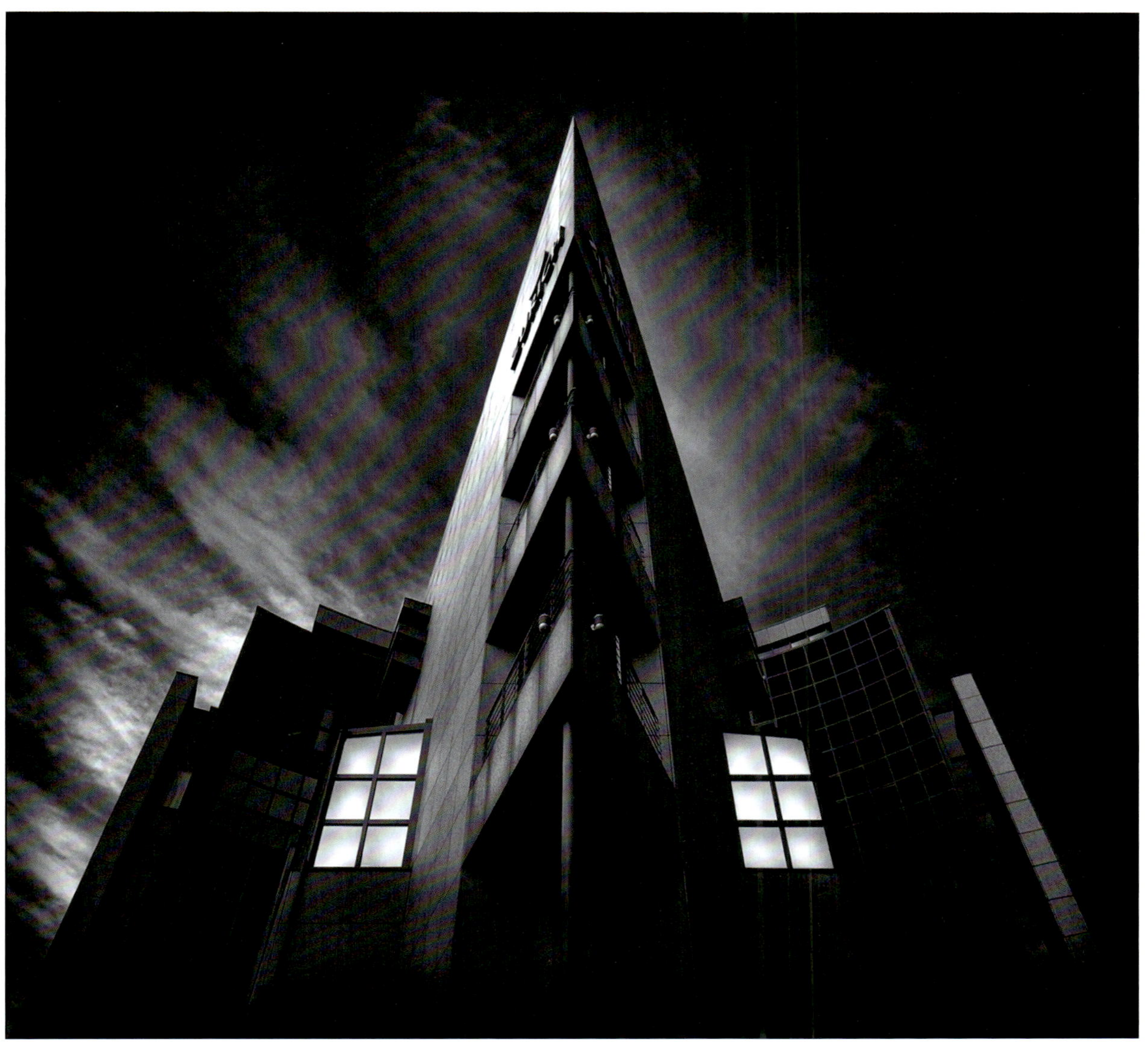

Abb. 233: »Ready to take off«

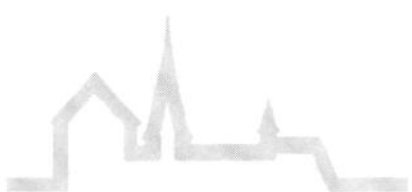

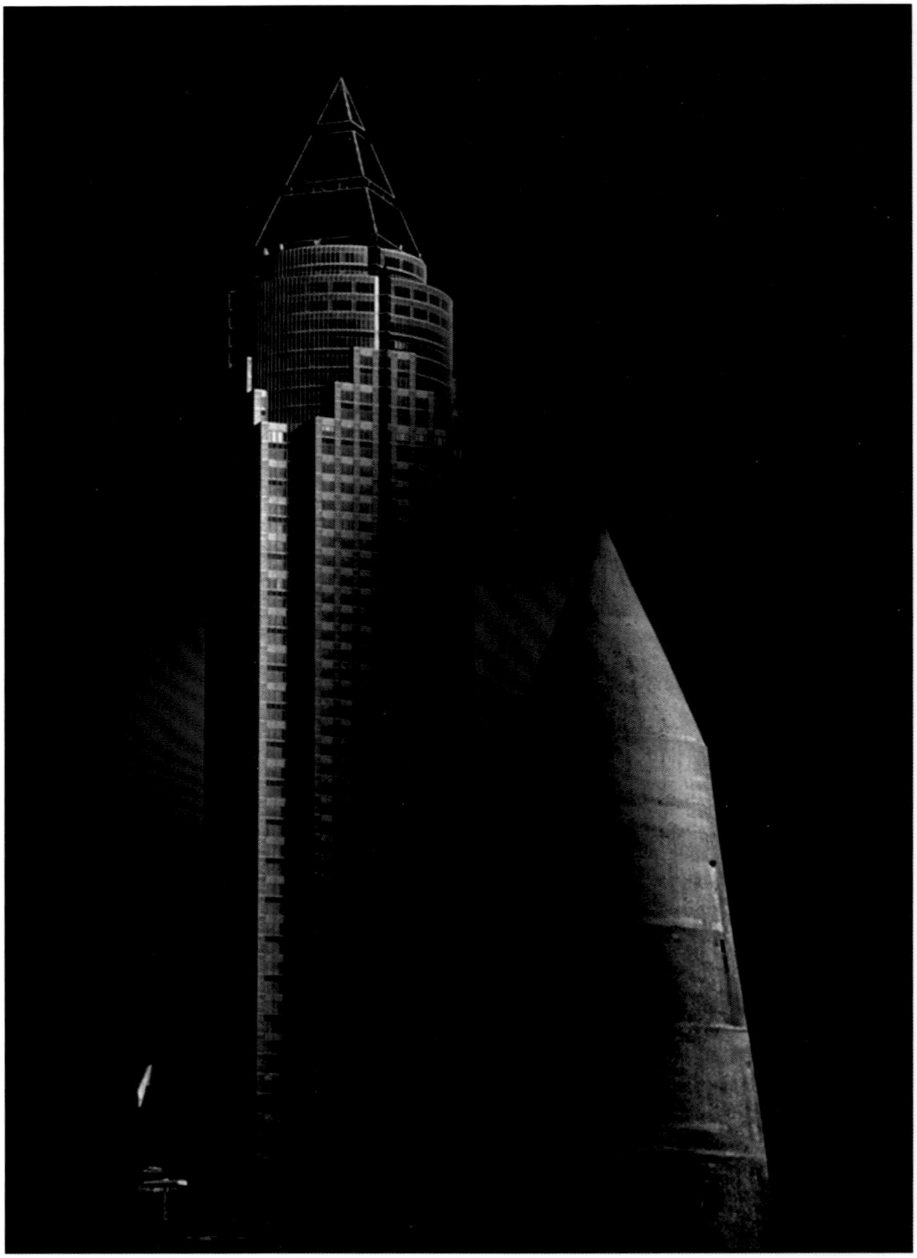

Abb. 234: »Krieg und Frieden«

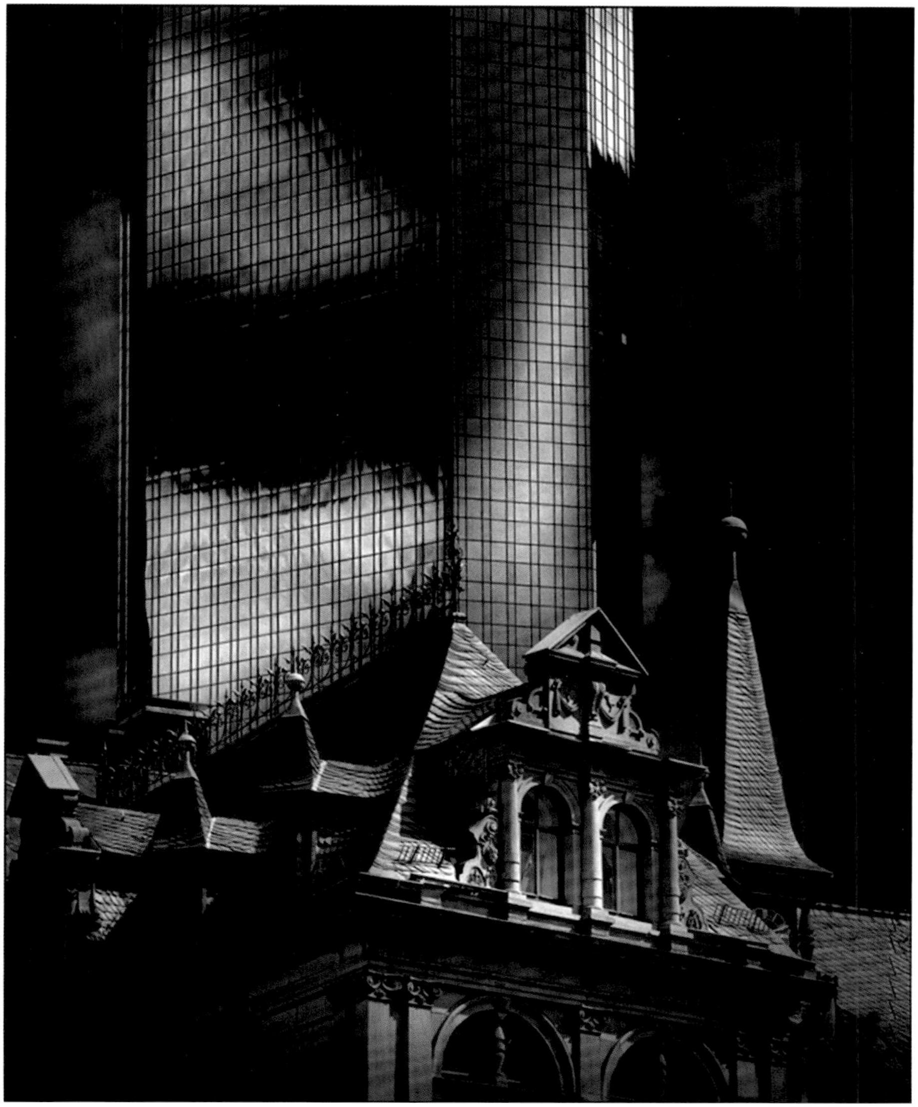

Abb. 235: »Then and Now«

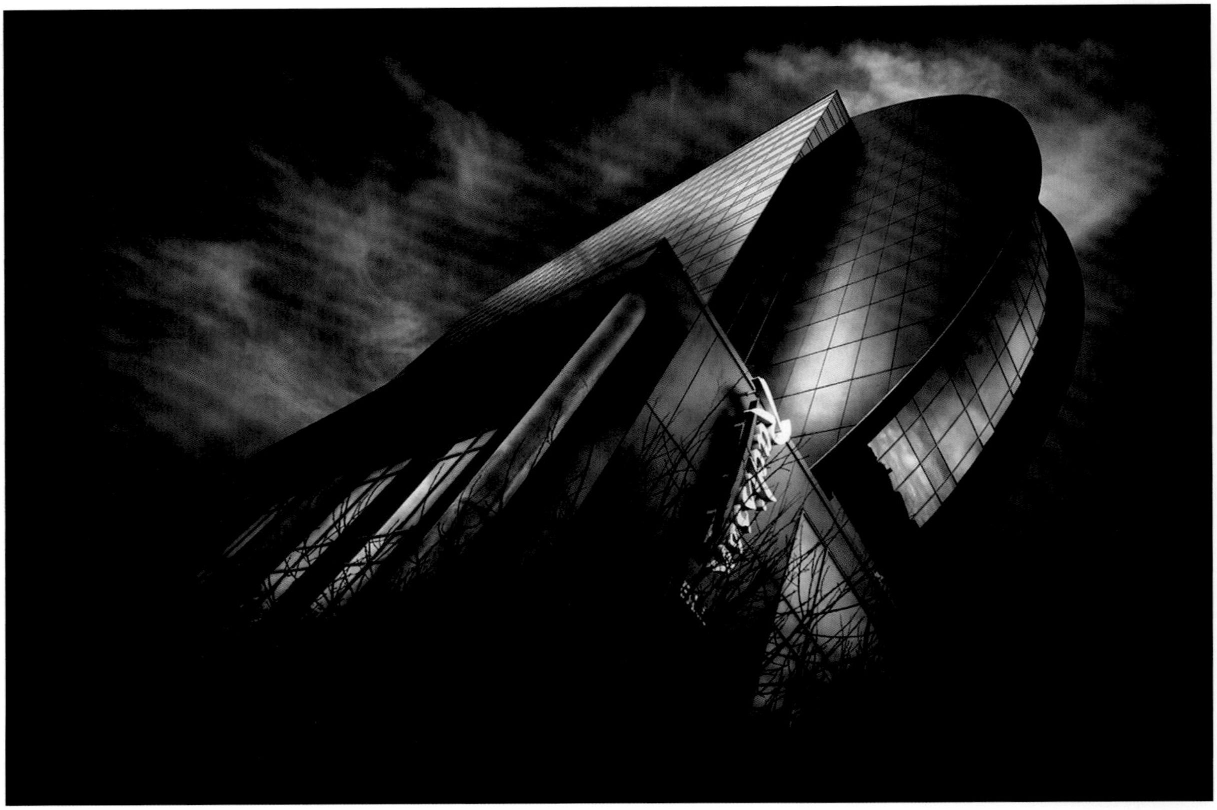

Abb. 236: »Hotel California«

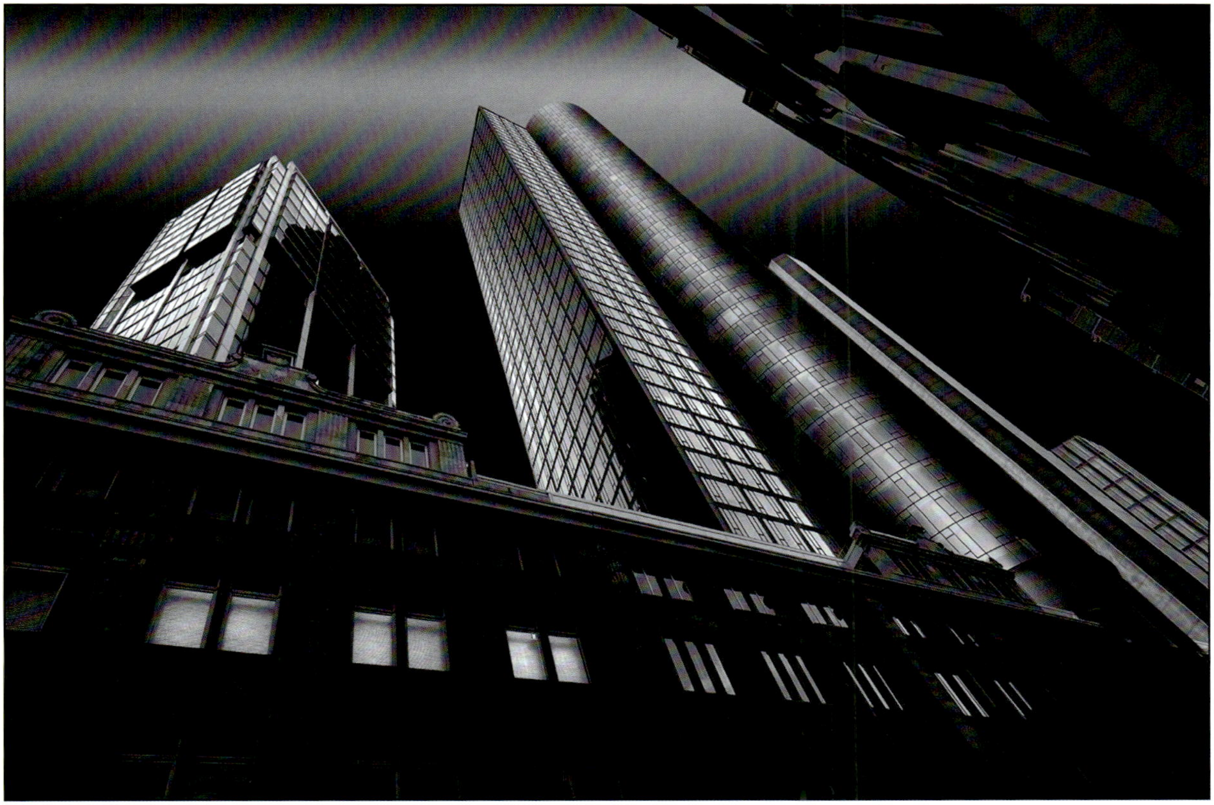

Abb. 237: »Maintower & Eurotheum«

ALLE (38) | KLASSISCH (15)
MODERN (11) | VINTAGE (12)
ZULETZT VERWENDET | FAVORITEN (0)

Suchergebnisse (38)

★ 000 Neutral
★ 001 Unterbelicht...
★ 002 Überbelichte...
★ 003 Hoher Kontr...
★ 004 Hoher Kontr...
★ 005 Hohe Struktu...
★ 006 Hohe Struktu...
★ 007 High-Key-Eff...

BENUTZERDEF. +
IMPORTIERT +
PROTOKOLL

HILFE | EINSTELLUNGEN

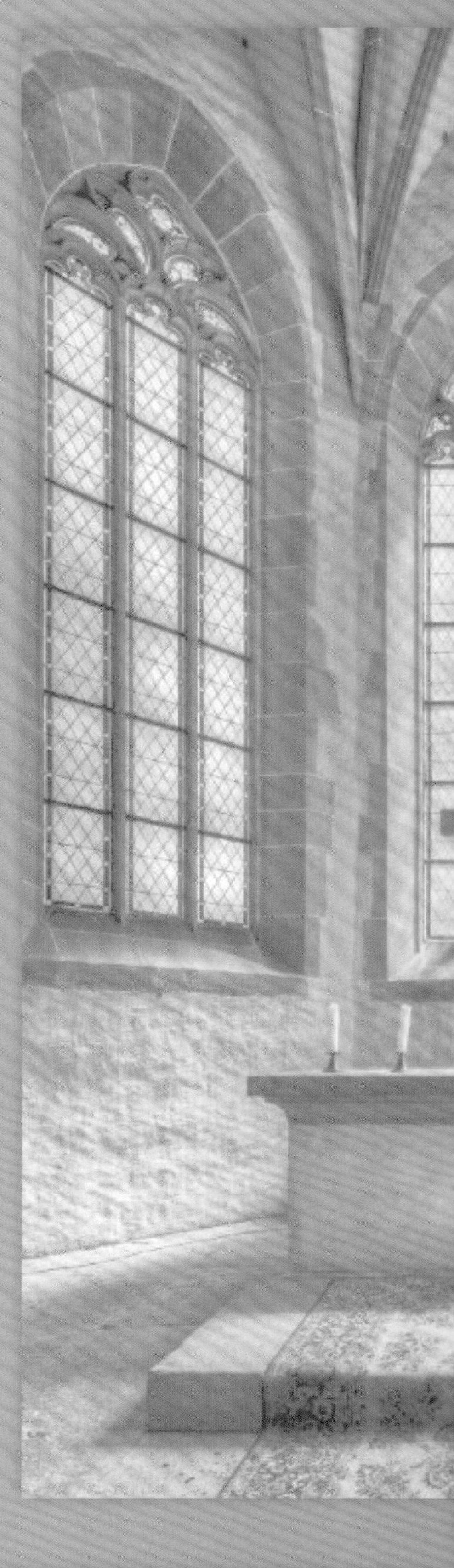

6 Ausarbeitung

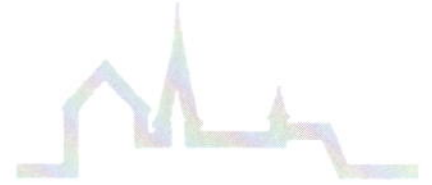

6.1 Auswahl und Vorbewertung

Abb. 238: (Voranstehende Doppelseite) Hauptfenster von »Silver Efex Pro 2«

In diesem sechsten Hauptkapitel kommen wir nun zur Bildbearbeitung. Auch der Begriff des »Workflows in der digitalen Dunkelkammer« wird hierfür gerne verwendet und macht Sinn, da manche Bearbeitungstechniken (wie etwa »Unscharf maskieren«, »Abwedeln« und »Nachbelichten«) in einer gewissen Tradition der vormals analogen Dunkelkammer stehen – zwar nicht von den Prozessen her, da diese ja mittlerweile digital und nicht mehr analog sind, aber doch vonseiten der Ergebnisse.

Die Wege besagten Workflows sind zahlreich, sodass man fast von einem Labyrinth sprechen kann – für den Kundigen bereichernd und für den Einsteiger verwirrend: Alleine die Schwarzweißkonvertierung kann im Rahmen von Bridge, Lightroom oder Photoshop, in Letzterem zudem mit verschiedenen Bordmitteln oder speziellen Plugins erfolgen, um hier nur die Adobe-assoziierten Programme anzusprechen. Darüber hinaus gibt es natürlich noch zahlreiche andere RAW-Konverter und Bildbearbeitungsprogramme, die allesamt ihre Stärken und Schwächen aufweisen.

Die Darstellung der ganzen Breite und Tiefe eines solchen Workflows würde den Rahmen dieses Buches endgültig sprengen – es soll hier schwerpunktmäßig ja um die spezielle Anmutung und Erarbeitung des Architekturthemas gehen. Insofern war bei den Planungen zu diesem Buch auch klar, dass »die Dinge in diesem Sinne nicht zweimal geschrieben werden müssen«.

Dies verschafft mir auch einen gewissen Freiraum, mich hier auf meinen eigenen Workflow beschränken zu können – der wie gesagt nicht der einzig mögliche und nicht der für jeden richtige ist; ich denke aber, dass es ebenso wie in der Ausbildung einer eigenen Thematik und Handschrift Sinn macht, sich letztlich für einen bestimmten Workflow zu entscheiden und diesen dann zu verfeinern.

Buchempfehlung zum vertieften Selbststudium des digitalen Workflows

Sofern Sie, liebe Leserin und lieber Leser, sich mit all den verschiedenen Möglichkeiten des Workflows im vertieften Selbststudium eingehender beschäftigen wollten, kann ich Ihnen das Buch »Monochrom – Digitale Schwarzweißfotografie: Schwarzweiß sehen, fotografieren, bearbeiten, drucken« von *Jürgen Gulbins* und *Andreas Zachmann* sehr ans Herz legen. Es erschien in erster Auflage 2015 im dpunkt.verlag.

Die ersten Schritte

Zunächst müssen wir die Fotos von der Kamera auf die Festplatte bringen. Dazu gibt es viele Möglichkeiten – in Bridge steht etwa der »Foto-Downloader« zur Verfügung, in Lightroom die Funktion »Importieren«.

Da ich mit Canon-Ausrüstung arbeite, genügt mir ein kleines Tool namens »Canon EOS Utility« (Abb. 239). Die per Mini-USB-Kabel angeschlossene Kamera wird nach Einschalten erkannt und die Übertragung der Bilder automatisch gestartet. Der neue Ordner wird gemäß Konfiguration mit umgekehrtem Datumsformat (JJJJMMTT) angelegt, später ergänze ich den Ordnernamen um Ort und Thema. Weiter werden die Bilder bereits bei der Übertragung gemäß internem Zähler umbenannt.

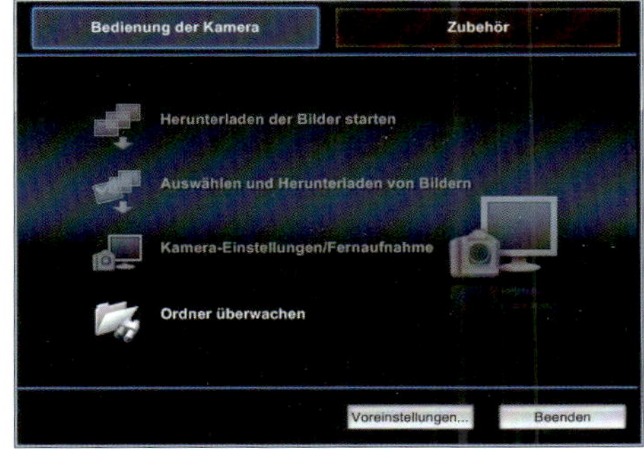

Abb. 239: Canon EOS Utility

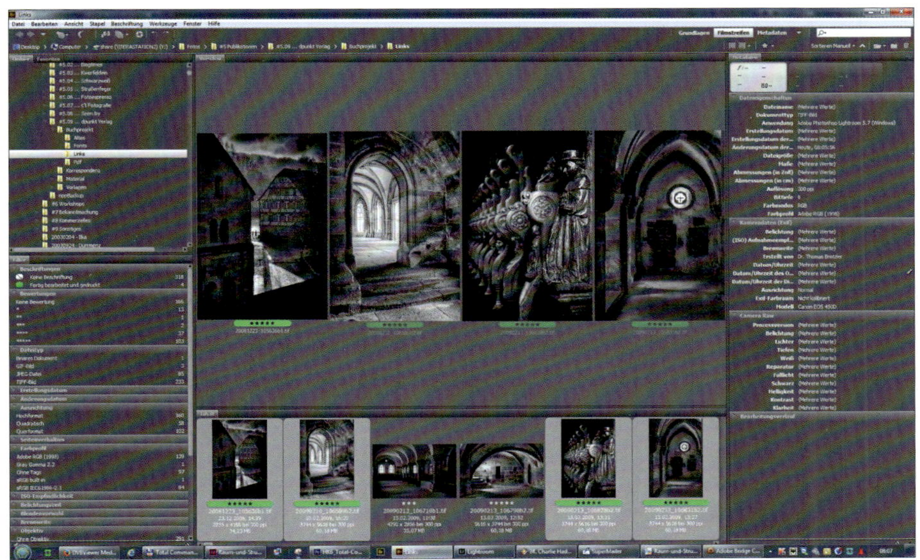

Abb. 240: Hauptfenster von Adobe Bridge mit Filmstreifendarstellung und Bildmarkierungen

In einem nächsten Schritt gilt es, die übertragenen Bilder zu sichten, auszuwählen und zu markieren oder ggf. auch zu löschen. All dies kann auch in Lightroom erfolgen, doch verwende ich stattdessen Bridge mit eigenen »Farb- und Sternchenregeln« (Abb. 240) – Rot: Noch zu bearbeiten; Gelb: Noch zu drucken; Grün: Fertig bearbeitet und gedruckt; 1 bis 2 Sterne: Im Workflow zu berücksichtigen; 3 bis 5 Sterne: Für Ausstellungen und Publikationen zu verwenden.

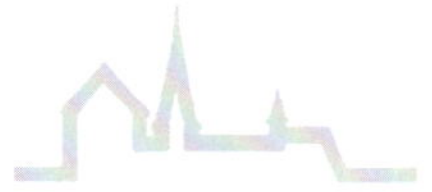

6.2 RAW-Konvertierung

Ich hatte im vorangehenden Unterkapitel auf gewisse Traditionen und Fortschreibungen zwischen der analogen und digitalen Dunkelkammer hingewiesen. Lässt sich aber die sogenannte RAW-Konvertierung mit jenen Vorgängen in der analogen Dunkelkammer früherer Tage (also der Entwicklung des Negativbildes und der Schöpfung eines Positivbildes) vergleichen?

Nun, ich würde dazu sagen: »Nicht konkret, eher im Geiste«. Die Prozesse in der analogen und digitalen Dunkelkammer unterscheiden sich derart grundlegend voneinander, dass sie nur schwerlich miteinander verglichen werden können. Etwas anderes ist aber unsere innere Einstellung und Erwartung, mit der RAW-Konvertierung aus dem Rohbild letztlich ein vorzeigbares Bild erschaffen zu können.

Für mich selbst findet der schöpferische Akt der Bildausarbeitung eher im Rahmen der Schwarzweißkonvertierung statt, sodass die RAW-Konvertierung in meinem Workflow eher den Stellenwert einer Vorbereitung hat. Die dazu nötigen Schritte möchte ich nachstehend kurz vorstellen.

Verwendung von Camera Raw

Durch Doppelklick auf ein RAW-Bild lässt sich in Bridge die RAW-Engine in Verbindung mit Photoshop starten. Schneller und ressourcenschonender (also ohne Photoshop) geht dies durch einen rechten Mausklick auf das Bild und mit der nachfolgenden Auswahl »In Camera Raw öffnen«.

Es öffnen sich daraufhin das in Abb. 241 gezeigte Fenster mit dem Reiter »Grundeinstellungen«. Bei ausgewogener Belichtung, also ohne drohende Tonwertabbrüche im Lichter- und Schattenbereich, belasse ich es bei meiner Grundeinstellung mit einer leichten Kontrasterhöhung um 20 Einheiten. Für Zwecke der nachfolgenden Schwarzweißkonvertierung erhöhe ich auch die Farbsättigung und -dynamik um 20 Einheiten, dies schafft etwas mehr Spielraum bei der späteren Auslenkung der Farbkanäle. Die weiteren Parameter auf dieser Seite verwende ich wie gesagt nur, um einen aus dem Ruder laufenden Szenenkontrast einzudämmen.

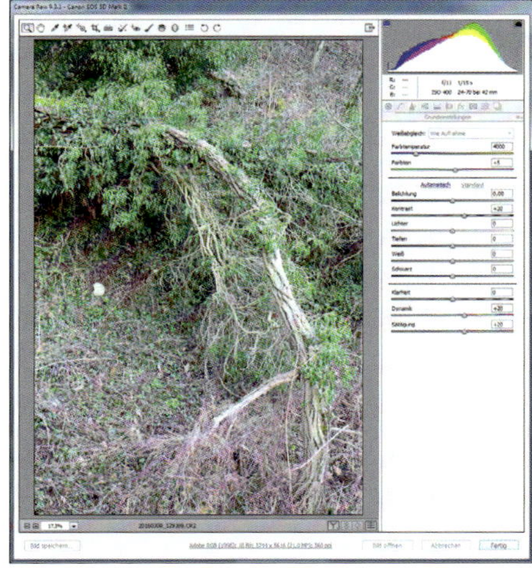

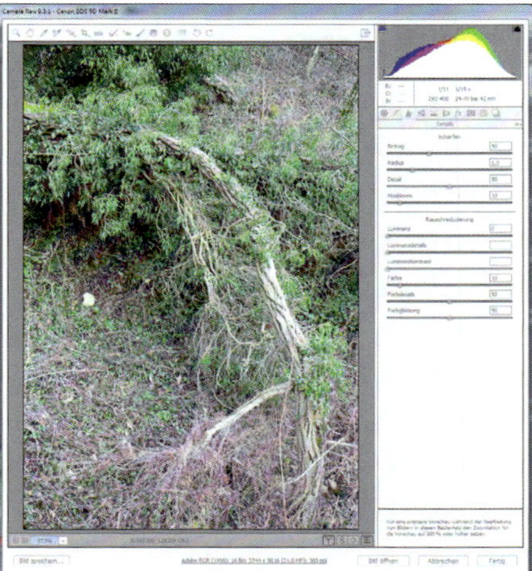

Abb. 241: (Links) Adobe Camera Raw, Reiter »Grundeinstellungen«

Abb. 242: (Rechts) Adobe Camera Raw, Reiter »Details«

Weitere Einstellungen nehme ich dann noch im Reiter »Details« vor, der in Abb. 242 gezeigt wird. Wichtig ist eine Grundschärfung, welche die Effekte des kameraeigenen Tiefpassfilters ausgleicht, der wiederum die Ausbildung von störendem Moiré vermindern soll. Die Auslenkung der einzelnen Parameter sollte der jeweiligen Kamera angepasst werden – hier muss also im Sinne des »so viel wie nötig, so wenig wie möglich« etwas ausprobiert werden und es können keine generellen Empfehlungen gegeben werden. Bei der von mir benutzten Canon 5D Mark II etwa hat sich die Einstellung »Betrag 50, Radius 1, Details 50 und Maskieren 10« bestens bewährt.

Die Rauschreduzierung in diesem Reiter verdient noch Erwähnung. Von einer generellen Minderung des Luminanzrauschens rate ich dabei ab – zum einen ist nicht jede Aufnahme damit belastet und zum anderen geht eine Rauschreduzierung unweigerlich mit Schärfeverlust einher; falls nötig, verwende ich spezielle Plug-ins wie etwa »Dfine« aus der Nik Collection und auch dieses nur selektiv, also in den betroffenen Bereichen. Sinn macht für mich aber eine leichte Reduzierung des Farbrauschens, denn die Anfälligkeit gerade bei Low-Light-Aufnahmen ist eine bekannte Canon-Krankheit.

Die Bilder speichere ich dann im verlustfreien TIFF-Format mit einer Farbdichte von 16 Bit pro Kanal und einer Auflösung von 360 Pixel pro Zoll ab – Letzteres ist meinem Epson-Großformatdrucker geschuldet, der mit dieser Auflösung die besten Ergebnisse zeitigt (720 Pixel pro Zoll wären noch etwas besser, würden aber gewaltig ins Speichervolumen gehen).

Mit Camera Raw lässt sich noch einiges mehr machen – Gradationskurve, Objektivkorrektur, Teiltonung, Körnung, Vignettierung, Schwarzweißkonvertierung, um die wichtigsten zu nennen; doch sind mir diese allesamt zu grob bzw. zu wenig selektiv, sodass sie keine Rolle für meinen Workflow spielen.

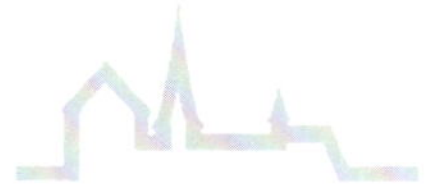

6.3 Arbeit mit Belichtungsreihen

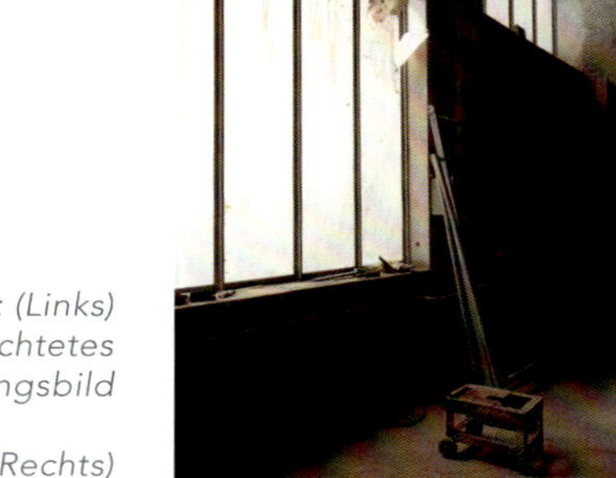

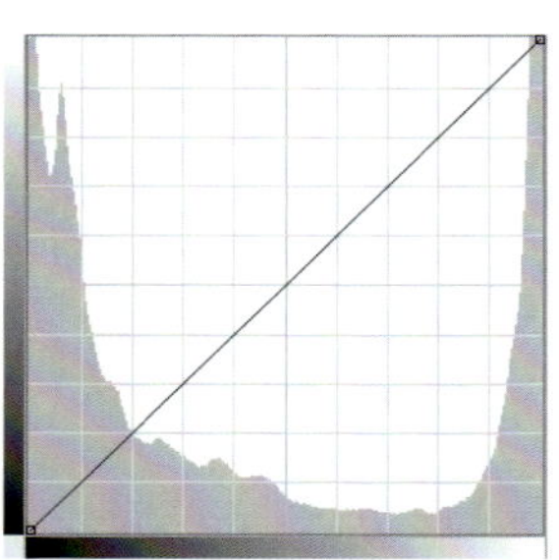

Abb. 243: (Links) Normalbelichtetes Ausgangsbild

Abb. 244: (Rechts) Histogramm dazu

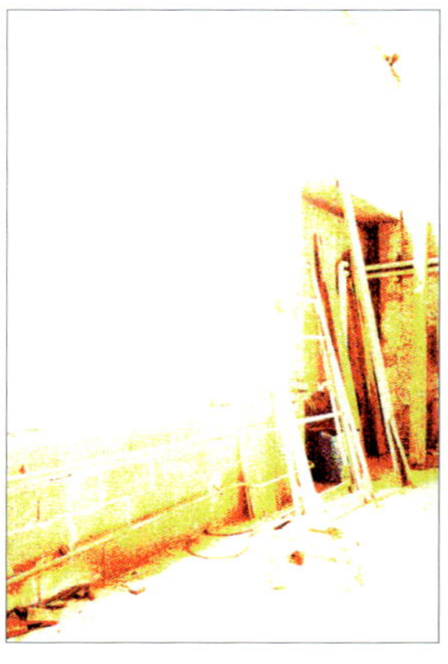

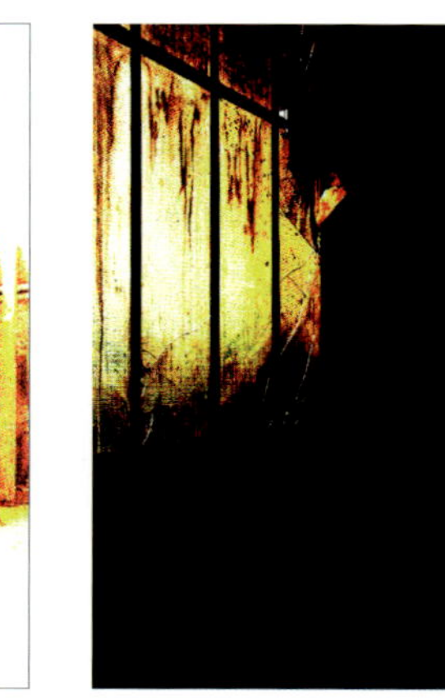

Abb. 245: (Links) Posterisierung zur Hervorhebung des Schattenbeschnitts

Abb. 246: (Rechts) Posterisierung zur Hervorhebung des Lichterbeschnitts

Der Dynamikumfang heutiger Bildsensoren beträgt an Kompaktkameras und Halbformaten etwa acht bis zehn, an Vollformaten etwa zehn bis zwölf Belichtungsstufen. Viele Motive in Mittagssonne, Gegenlicht oder Innenräumen weisen aber einen deutlich höheren Szenenkontrast auf. Dieser lässt sich von unseren heutigen Kameras nicht erfassen und es resultiert eine Fehlbelichtung. Das Bild ist dann zu kontrastreich (Abb. 243), das Histogramm weist eine u-förmige und zweigipflige Verteilung der Tonwerte auf (Abb. 244). Durch Tonwertabbrüche im Schatten- und Lichterbereich (Abb. 245 und Abb. 246) gehen wichtige Bildinformationen unwiderruflich verloren.

In dieser misslichen Situation kann die HDR-Fotografie segensreich sein. Dabei werden die verfügbaren Struktur- und Tonwertinformationen einer Szene über eine Belichtungsreihe zum Hochkontrastbild zusammengeführt und nachfolgend in den Normalkontrastraum rückgerechnet. Im Idealfall lässt sich so der eingeschränkte Dynamikumfang unserer Digitalkameras mit dem erweiter-

ten Szenenkontrast des Motivs in Deckung bringen. Die Einführung von HDR-Automatiken an neueren Kameramodellen belegt, dass die Fotoindustrie das Problem des häufig überbordenden Szenenkontrastes erkannt und auf Abhilfe gesonnen hat.

»Der Fluch der HDR-Fotografie«: Typische Artefakte
Überzogene und künstlich wirkende Farbsetzungen
Erheblich verstärktes Bildrauschen
Aureolen bzw. »Heiligenscheine« entlang kontrastreicher Objektkanten
Bildübergreifender Grauschleier
Minderung des Raumtiefeeindrucks
Störung der natürlichen Lichtatmosphäre

Tab. 14: Typische Artefakte in der HDR-Fotografie

»HDR-Bilder auf Knopfdruck«

Wo Licht ist, ist allerdings auch Schatten – dem Segen der HDR-Fotografie folgt der Fluch auf dem Fuße. Wir mussten uns an die typischen »HDR-Bilder auf Knopfdruck« leider fast schon gewöhnen: Die Aufnahmen weisen überzogene Farbsetzungen auf, »wie wenn der Fotograf unter Drogen stünde«; das Rauschen im Bild lässt an den »deutschen Wald im Sturme« denken, die Kontrastkanten sind von »Heiligenscheinen aller Art« verunstaltet; ein »ominöser Grauschleier« zerstört schließlich den Eindruck von räumlicher Tiefe und natürlicher Lichtatmosphäre (siehe Tab. 14). All das müsste bei guter Vorbereitung der Einzelbilder und Aussteuerung der Regler nicht sein, wie nun aufgezeigt werden soll.

Im Bildbeispiel (nochmals Abb. 243) wurden, zusätzlich zur Normalbelichtung, noch zwei weitere Aufnahmen bei gleicher Blende (f/11,0) und Sensorempfindlichkeit (ISO 800), jedoch mit einer um jeweils zwei Belichtungsstufen herab- und heraufgesetzten Verschlusszeit angefertigt. Letztlich wiesen die drei Bilder Belichtungszeiten von 1¼, 5 und 20 Sekunden auf.

Schon vom Augenschein her lässt die unterbelichtete Aufnahme (Abb. 247) die ausgebrannte Fensterpartie schön durchgezeichnet wirken. Im Gegenzug finden sich in der überbelichteten Aufnahme (Abb. 248) die vormals zugelaufenen Schatten geöffnet und ebenfalls gut durchgezeichnet.

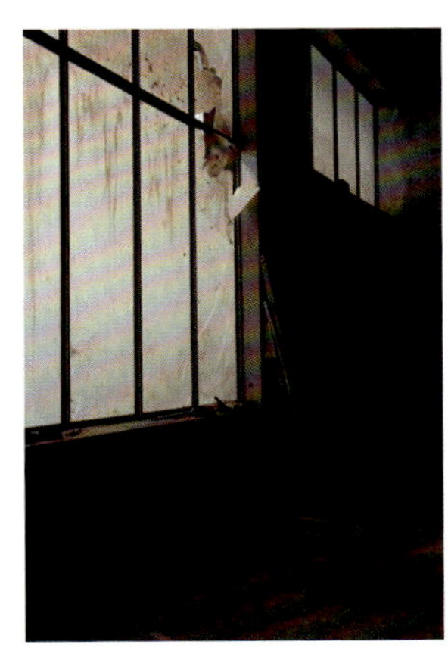

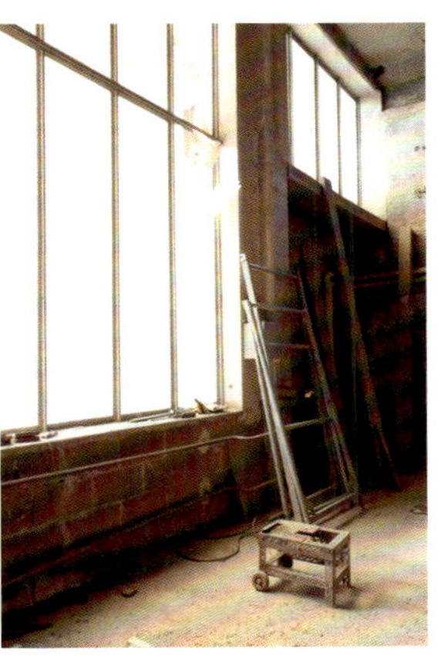

Abb. 247: (Links) Unterbelichtete Aufnahme

Abb. 248: (Rechts) Überbelichtete Aufnahme

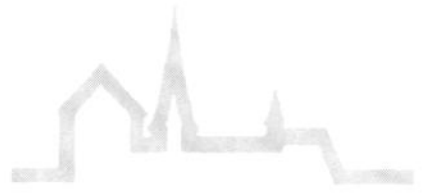

Das Bildrauschen hatte ich bereits erwähnt – es ist ein »Fluch heutiger Digitalbilder« und hat mit dem »Filmkorn alter Tage« nichts zu tun – weder von der Entstehung her noch von der Ästhetik. Es beeinträchtigt die Feinstruktur und ist bereits in den Ausgangsbildern einzudämmen, insbesondere in den Schattenbereichen, in denen es am stärksten auftritt. Dies wird bei der HDR-Bearbeitung zumeist übersehen, was schwerwiegende Folgen hat, da diese den Mikrokontrast und damit auch die Bildfehler enorm verstärkt. Im vorstehenden Bildbeispiel zeigt die 100%-Darstellung keine Probleme, sonst müsste lokal behutsam entrauscht werden.

Bildvorbereitung zur artefaktarmen Weiterverarbeitung

Für die Zusammenführung der Einzelbilder in das Hochkontrastbild und die Rückrechnung in den Normalkontrastraum in Photomatix taugen nach meiner Erfahrung TIFF-Bilder mit 16 Bit Farbtiefe und mindestens 300 ppi Auflösung am besten. Mit den RAW-Bildern von Canon konnte ich keine vergleichbar guten Erfahrungen machen – insbesondere in Hinblick auf die generelle Schärfeanmutung und die Akzentuierung der Feinstruktur bei erträglichem Artefaktniveau. Die Datenmenge von TIFF-Bildern beträgt das Fünf- bis Sechsfache besagter RAW-Bildern. Manches wird hier natürlich interpoliert, ist somit nicht unverzichtbar (wie etwa die Anhebung der Farbtiefe von 14 auf 16 Bit) und belastet den Speicherplatz, doch können die TIFF-Bilder nach Abschluss der HDR-Bearbeitung ja auch wieder gelöscht werden. Dass JPG-Bilder mit ihren methodengerechten Kompressionsartefakten als Ausgangsbilder schon gar nicht für die HDR-Bearbeitung taugen, soll hier der Vollständigkeit halber noch erwähnt sein.

Photomatix in der Version 4.x

Zur weiteren Verarbeitung benutze ich Photomatix, ein im Grundsatz gutes und mächtiges, erschwingliches und damit auch weit verbreitetes Werkzeug bei der HDR-Ausarbeitung. Ich möchte zunächst über die Version 4.x und deren in Abb. 249 aufgeführte Vorgaben bzw. Presets sprechen. Sind solche vorhanden, werden sie erfahrungsgemäß auch genutzt – sei es aus Staunen über die heftigen Effekte oder weil die komplizierte manuelle Aussteuerung abschreckt.

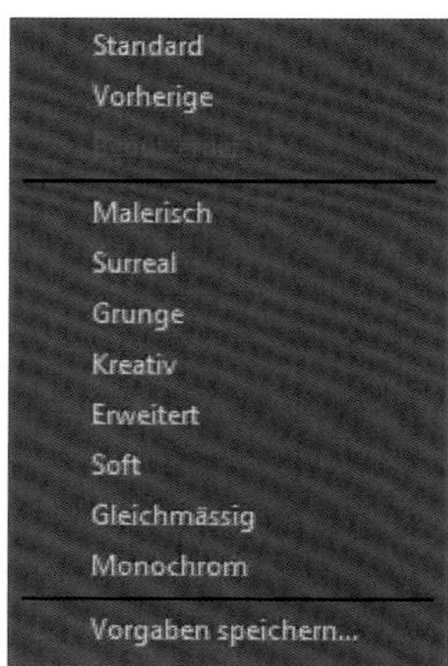

Abb. 249: Vorgaben in der Version 4.x

Aber es sind genau diese Vorgaben, die eine »HDR-Kultur des Grauens« in Gang gesetzt haben. Die Mehrzahl solcher Bilder in Onlinegalerien zeigt die immer gleichen Artefakte; und es hat sich eingebürgert, diese »so vielfach und stereotyp praktizierte Knopfdruckmentalität« mit dem »Nimbus des Kreativen und Künstlerischen« zu versehen. Es stellt sich aber die Frage, warum es dann überhaupt noch einer Ausbildung und Erfahrung in solchen Dingen, einer Hinterfragung der eigenen Gestaltungsmotive und eines oft zähen Ringens mit der Materie bedarf, wenn doch scheinbar alles so einfach auf Knopfdruck geht?

Nachstehend möchte ich zunächst anhand der ersten vier Vorgaben »Malerisch«, »Surreal«, »Grunge« und »Kreativ« die typischen HDR-Artefakte und die dazugehörige Aussteuerung der Parameter als warnende Beispiele aufzeigen.

Bei der ersten Vorgabe »Malerisch« (Abb. 250) stellen die völlig übersteuerten Parameter »Stärke«, »Helligkeit« und »Weißpunkt« (jeweils mit gelben Kreisen markiert) das maßgebliche Problem dar. Wohl sind dadurch die Schatten geöffnet, doch um den Preis ausgebrannter Lichter. Die Farben wirken wie im Comic, der Raumeindruck und die Lichtwirkung sind flach und künstlich, ein seltsamer Grauschleier überzieht das Bild.

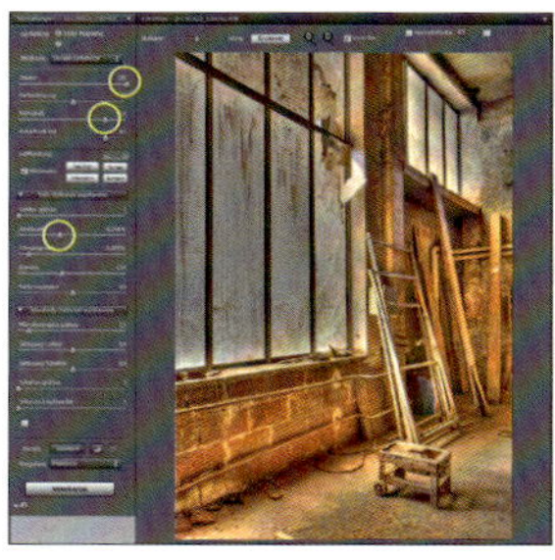

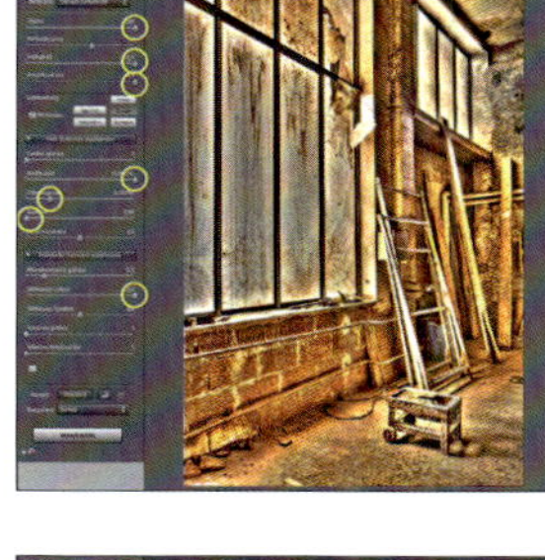

Abb. 250: (Links) HDR-Kultur des Grauens: Vorgabe »Malerisch«

Abb. 251: (Rechts) HDR-Kultur des Grauens: Vorgabe »Surreal«

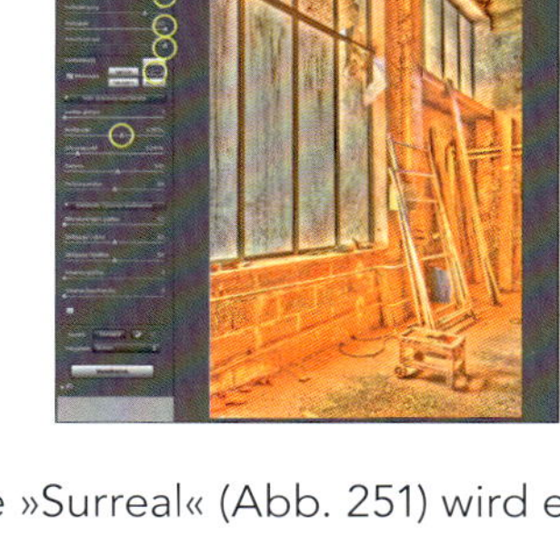

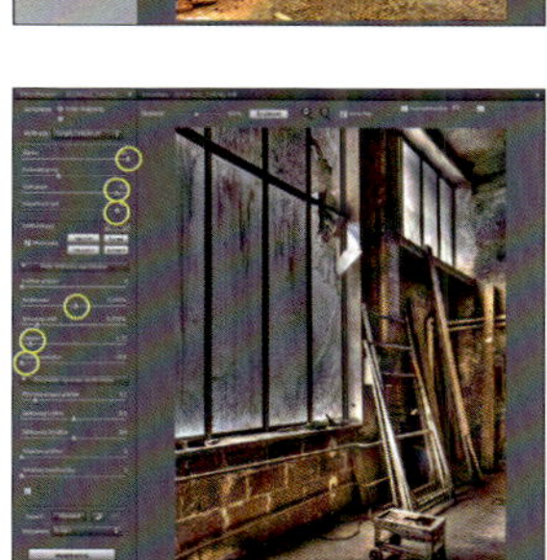

Abb. 252: (Links) HDR-Kultur des Grauens: Vorgabe »Grunge«

Abb. 253: (Rechts) HDR-Kultur des Grauens: Vorgabe »Kreativ«

In der zweiten Vorgabe »Surreal« (Abb. 251) wird es nicht besser: Die Parameter »Stärke«, »Helligkeit«, »Detailkontrast«, »Weißpunkt« und »Sättigung Lichter« sind bis zum Anschlag hochgezogen, der »Schwarzpunkt« ist bedenklich ausgesteuert und wirkt im Zusammenspiel mit dem maximal erhöhten »Gamma« (eigentlich Gammakorrektur, hier im Sinne selektiver Abdunklung) als Kontrapunkt zur hochgezogenen »Helligkeit«. Der Raumeindruck wirkt hier noch flacher, die Lichtstimmung noch künstlicher. Besonders unangenehm fallen auch die bandförmigen Aufhellungen in den Bereichen des größten Bildkontrastes auf, die teilweise den auch hier vorhandenen Grauschleier überdecken.

Bei der dritten Vorgabe »Grunge« (Abb. 252) verharren die Parameter »Stärke«, »Helligkeit« und »Detailkontrast« wiederum am oberen Anschlag. Der »Weißpunkt« ist bedenklich erhöht, die Lichtwirkung ist auf »Surreal« gesetzt, die Raumtiefe hat sich völlig verflüchtigt.

Auch bei der vierten Vorgabe »Kreativ« (Abb. 253) kennt der Parameter »Stärke« nur die Stellung am oberen Anschlag. Die Parameter »Helligkeit«, »Detailkontrast« und »Weißpunkt« sind ebenfalls übersteuert und setzen einen seltsamen Kontrapunkt zum erhöhten »Gamma«. Der Raum zeigt eine gewisse Tiefe, jedoch um den Preis massiver »Heiligenscheine«. Als Besonderheit ist die »Farbtemperatur« hier noch maximal zum kühlen Pol hin verschoben.

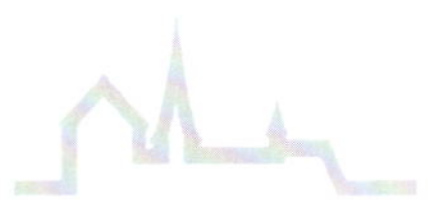

Ich darf soweit zusammenfassen, dass die völlig übersteuerten Parameter die »Krux der vier oben stehenden Gruselvorgaben« darstellen. Es geht aber auch behutsamer, was ja der ursprünglichen Intention der HDR-Bearbeitung entspricht. Besser in diesem Sinne verwendbar sind die restlichen Vorgaben »Erweitert«, »Soft« und »Gleichmäßig«. Diese sind erfreulich zurückhaltend ausgesteuert und können als Ausgangsbasis für relativ naturalistische Bilderegebnisse durchaus herangezogen werden. Die letzte Vorgabe »Monochrom« ist hingegen verzichtbar - diese beschränkt sich im Wesentlichen auf eine Graustufenumwandlung; für die Schwarzweißkonvertierung gibt es deutlich bessere Instrumente, wie etwa »Silver Efex Pro« oder bereits die Bordmittel von Photoshop.

Empfehlungen für eine individuelle, behutsame Aussteuerung

Ein jedes Bild verdient seine individuellen Einstellungen – so lohnt es sich, etwas zu experimentieren und Erfahrungen zu sammeln. Deswegen hier noch einige Empfehlungen für den individuellen Einstieg.

Die »Stärke« bestimmt das Ausmaß der Tonwertkompression und ist mit Werten von 60 bis 80 fürs Erste gut eingestellt. Die »Helligkeit« bewirkt bei Werten von 2,0 oder 3,0 eine Auffrischung, darüber erscheint das Bild oft flau. Der »Detailkontrast« betont die Feinstruktur und wirkt bei Werten von 4,0 bis 6,0 gut, darüber nimmt das Bildrauschen zu. Die »Lichtwirkung« ist bei einem Wert von 10 recht natürlich, sie sollte allenfalls bis 8,0 reduziert werden, sonst drohen seltsame Stimmungen. »Lichter glätten« zeigt bei Werten von 30 bis 50 einen guten Kompromiss zwischen Vergrauungstendenz und Lichterausbrennen. Die Parameter »Weiß- und Schwarzpunkt« ermöglichen einen neuerlichen Tonwertbeschnitt. Sie sollten zunächst mit niedrigen Werten von 0,009% ausgesteuert und dann vorsichtig und unter Histogrammkontrolle gesteigert werden, um Tonwertabbrüche zu vermeiden. »Mikrokontraste glätten« zeigt bei einem Wert von 3,0 einen guten Kompromiss zwischen Prägnanz und Artefaktüberlagerung. Farbtonänderungen sind besser in Photoshop vorzunehmen.

Das Ergebnis einer solchen Musterausarbeitung zeigt Abb. 256.

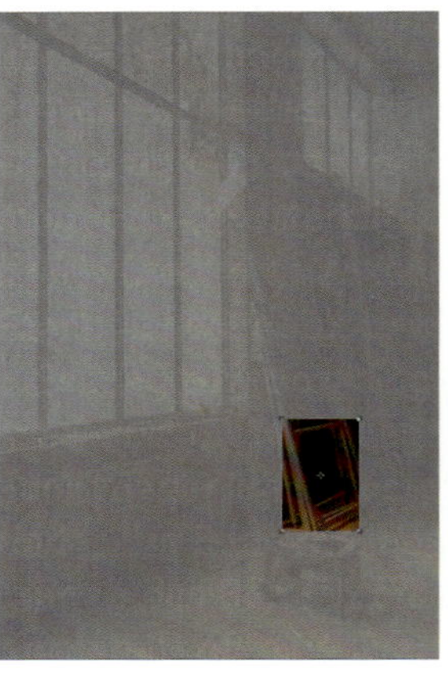

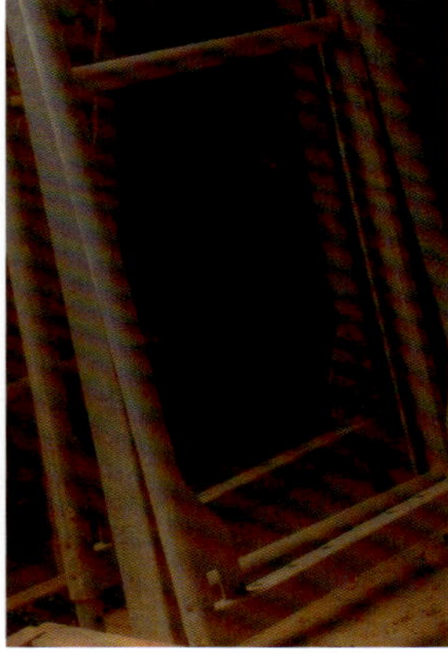

Abb. 254: (Links) Auswahlbereich

Abb. 255: (Rechts) 100 %-Darstellung

Auch jetzt sollten wir aber noch nicht »die Hände in den Schoß legen«, sondern das Bearbeitungsergebnis nochmals einer eingehenden Kontrolle unterziehen – insbesondere in der 100 %-Darstellung (Abb. 254 und Abb. 255) und unter besonderer Beachtung der dunklen Bildpartien, in denen

sich das Bildrauschen durch die Öffnung der Schatten und die Anhebung des Mikrokontrastes am deutlichsten zeigt. Dies ist im nebenstehenden Beispiel tatsächlich der Fall, als Ergebnis der Bearbeitung zeigt sich ein neuerliches Luminanz- und vor allem Farbrauschen. Hier muss entsprechend lokal behutsam entrauscht werden.

Weitere Bearbeitungsschritte einschließlich Ebenentechnik

Weiter sollten wir den Aspekt des Grauschleiers, den Verlust der Raumtiefe und die Beeinträchtigung der natürlichen Lichtstimmung im Auge behalten. Läge solches vor, könnte eine Variation der sogenannten Ebenentechnik verwendet werden: Dazu würden wir das normalbelichtete Ausgangsbild dem ausgearbeiteten HDR-Bild zu einem gewissen Prozentsatz (in Gänze oder in Teilen) überlagern, um eine natürlichere und artefaktärmere Anmutung wiederherzustellen.

So kann die eigentliche HDR-Verarbeitung als abgeschlossen gelten. Je nach Vorliebe hätte man dann ein fertiges Farbbild oder wie bei mir ein Ausgangsbild für die weitere Schwarzweißkonvertierung.

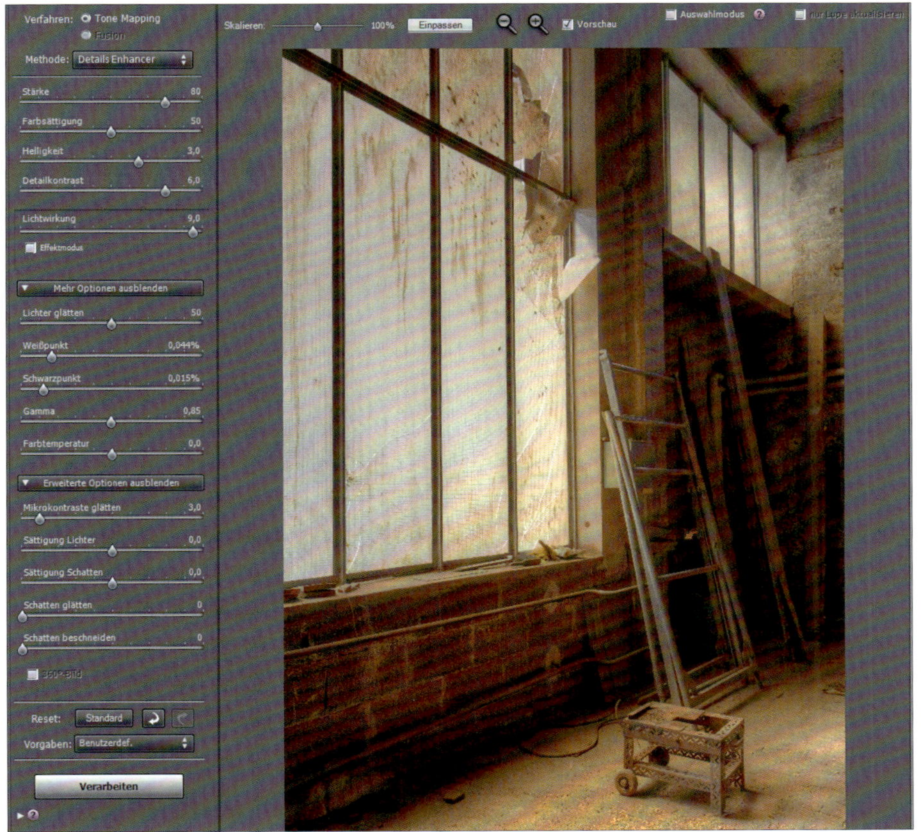

Abb. 256: Beispiel für eine behutsame und realistisch anmutende Ausarbeitung in Photomatix

Photomatix in der Version 5.x

Zum Abschluss dieses Unterkapitels möchte ich noch auf einige Besonderheiten der aktuellen Photomatix-Version 5.x eingehen. Diese ist in der deutschen Fassung seit 2014 erhältlich – ich selbst wechselte aber erst Ende 2015, da mir der Workflow in der Version 4.x sehr geläufig war und dieser unter behutsamer Aussteuerung der Parameter nur wenige Wünsche offen ließ.

Die wesentlichen Neuerungen der aktuellen Version ergeben sich aus den vorstehenden Abb. 257 und Abb. 258: Die Liste der Vorgaben bzw. Presets wur-

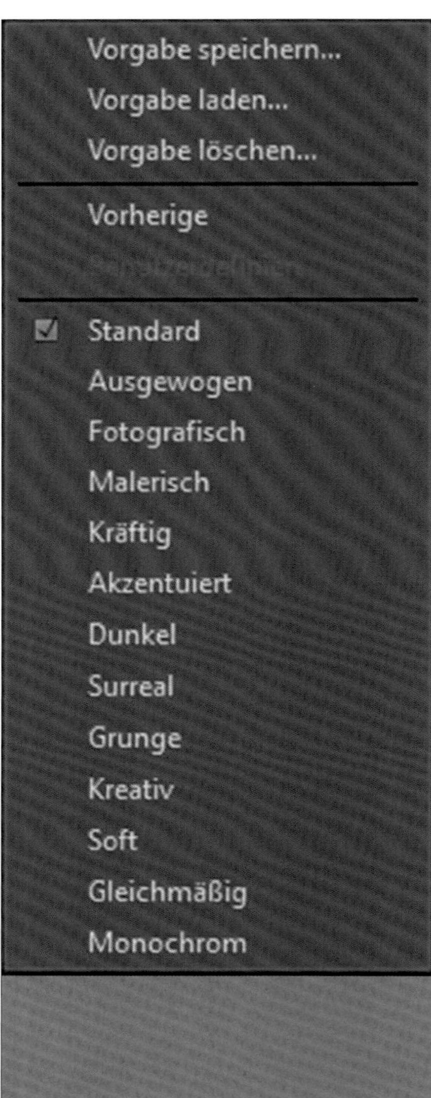

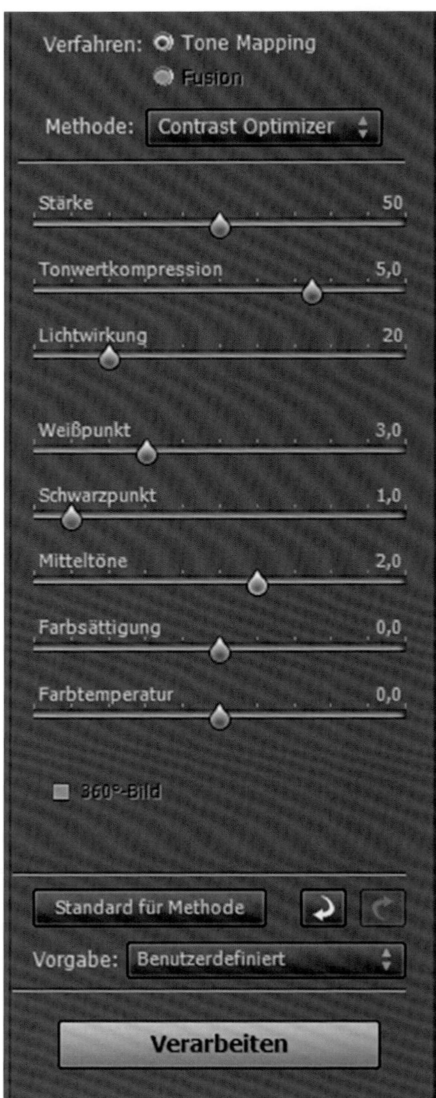

Abb. 257: (Links) Übersicht der Vorgaben in der Version 5.x

Abb. 258: (Rechts) Die neue Tonemapping-Methode »Contrast Optimizer«

de nochmals erweitert, zudem wurden weitere Fusion- und Tonemapping-Methoden eingeführt, von denen ich nachstehend den »Contrast Optimizer« etwas herausgreifen möchte.

Zunächst aber noch ein Wort zu den Vorgaben, die (sofern man »Standard« hinzuzählt) nunmehr 13 statt neun Einträge aufweisen. Kurzum zweifle ich an der Sinnhaftigkeit dieser Erweiterung: Die bereits besprochenen »Gruselvorgaben« der früheren Version finden sich weiterhin (und nach meinem Eindruck auch unverändert) aufgeführt; zudem scheint mir eine solche Ausweitung die Tendenz zur »Quick-and-Dirty-Ausarbeitung unter Berufung auf die Kunstfreiheit« (deren Ergebnisse ich am Anfang dieses Unterkapitels bereits kommentiert hatte) noch weiter zu verstärken.

Unbestritten bietet der neue »Contrast Optimizer« einen wünschenswerten Einstieg in eine naturalistische HDR-Ausarbeitung, und doch tue ich mich auch nach mehrmonatigen Versuchen noch schwer mit diesem Instrument. Die Ergebnisse scheinen mir über verschiedene Motiv- und Lichtarten hinweg kaum vorhersehbar. Hinzu kommt, dass die unterschiedlichen Angriffspunkte und Wirkungsweisen der verschiedenen Parameter im Hilfetext oder Manual streckenweise doch recht blumig umschrieben sind und nicht sonderlich transparent werden.

So heißt es bei »Stärke« unter anderem: »... ein Verschieben des Reglers nach links ergibt natürlichere Ergebnisse ....« Ähnliches liest man bei »Tonwertkompression«: »... das Bewegen des Reglers nach links hat den umgekehrten Effekt und ergibt ein ›natürlicheres‹ Aussehen ...« Und hinsichtlich der »Lichtwirkung« erfahren wir: »... das Bewegen des Reglers nach rechts hellt die Schatten auf und ergibt ein ›lebendigeres‹ oder ›surreales‹ Aussehen ...« – was denken lässt, dass die Auslenkung nach links ... ganz genau: ein natürlicheres Aussehen befördert.

Als weiteres Beispiel werden die »Mitteltöne« wie folgt umschrieben: »Regelt die Helligkeit im Mitteltonbereich und hat einen Einfluss auf den Gesamtkontrast. Das Bewegen des Reglers nach rechts hellt das Bild auf und verringert den Kontrast. Das Bewegen des Reglers nach links dunkelt das Bild ab und erhöht den Kontrast.« Hier werden aus meiner Sicht Begrifflichkeiten der Helligkeits- und Kontraststeuerung, ferner der Auslenkung des generellen und mitteltonbezogenen Kontrastes in einem Atemzug genannt und vermischt.

Langer Rede, kurzer Sinn mache ich schon hin und wieder Probeausarbeitungen mit dem »Contrast Optimizer«, ohne aber (wohlgemerkt auf der Basis langjähriger Ausarbeitungspraxis) die verwendeten Algorithmen wirklich nachvollziehen und in den Ergebnissen mehr als Zufallsprodukte erkennen zu können. Wenn es zählt, setze ich weiterhin auf den »Details Enhancer«, weil die Wirkungsweisen der dortigen Algorithmen verständlich sind und allfällige Artefakte wie etwa die Vergrauungstendenz sich recht gut durch eine Ebenenmischung mit dem Ausgangsbild kompensieren lassen.

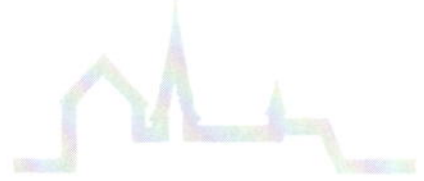

6.4
Korrektur stürzender Linien

Die Vermeidung stürzender Linien bei der Aufnahme war bereits Thema in Unterkapitel 5.2 (»Weitere Hinweise zur Durchführung«). Lassen Sie uns also schauen, welche Mittel Photoshop zur nachträglichen Korrektur bietet.

Manuelle Korrektur

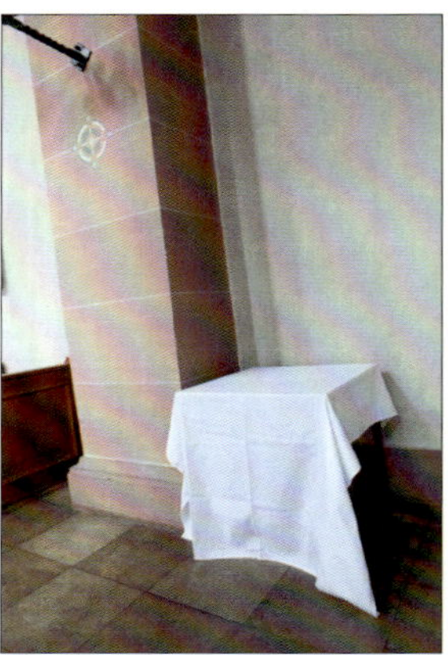

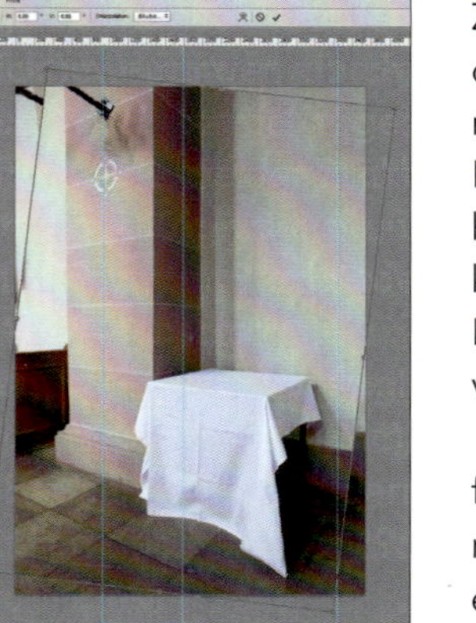

Abb. 259: (Links) Ausgangsbild

Abb. 260: (Rechts) Schritt 1 der manuellen Korrektur

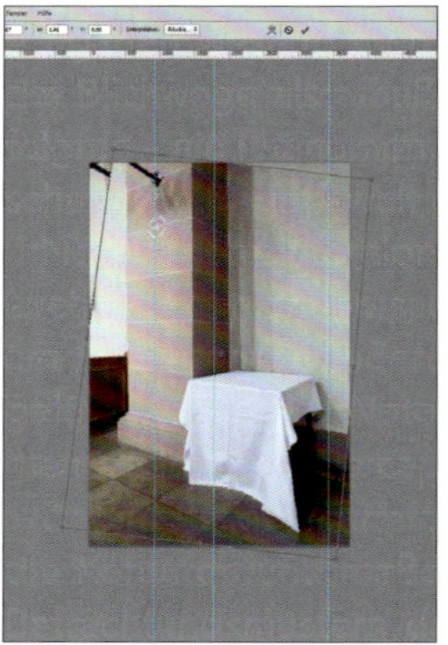

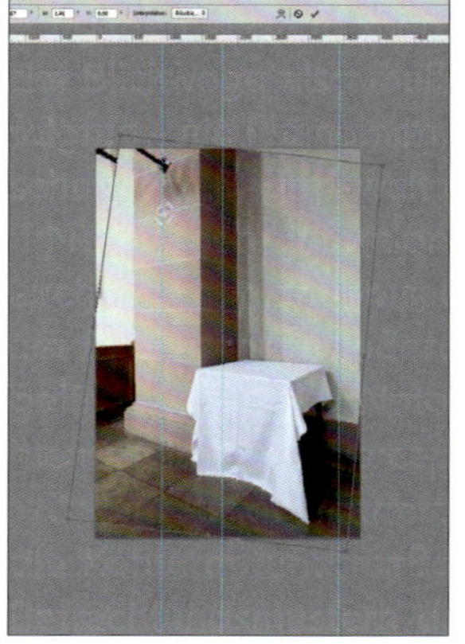

Abb. 261: (Links) Schritt 2 der manuellen Korrektur

Abb. 262: (Rechts) Schritt 3 der manuellen Korrektur

Zunächst möchte ich die Möglichkeit der manuellen Korrektur am Beispiel des nebenstehenden, bewusst verkippt aufgenommenen Bildbeispiels (Abb. 259) vorstellen.

In einem ersten Schritt fügen wir zur Orientierung einige Hilfslinien entlang der bildwichtigen Achsen ein. Sodann verdoppeln wir die Ebene mit »Strg + J« und aktivieren diese mit »Strg + T«. Diese Auswahl lässt sich mit der Maus im Außenbereich anfassen, sodass die Verdrehung beseitigt werden kann (Abb. 260).

Im nächsten Schritt korrigieren wir die vertikale Verzeichnung (die

Verkippung nach unten), indem wir die unteren beiden Ecken der Auswahl mit »Strg + gehaltener linker Maustaste« anfassen und nach außen ziehen, bis alle Vertikalen parallel zu den Hilfslinien sind (Abb. 261).

Im letzten Schritt bringen wir die Auswahl auf das volle Bildformat, indem wir die Seiten mit gehaltener linker Maustaste anfassen und nach außen ziehen (Abb. 262). Zum Schluss erfolgen die Freistellung und das Löschen der Hilfslinien. Dieses Verfahren der händischen Korrektur ist sehr flexibel, bedarf aber auch einer gewissen Erfahrung und Geduld bei der Bearbeitung.

Filterkorrektur

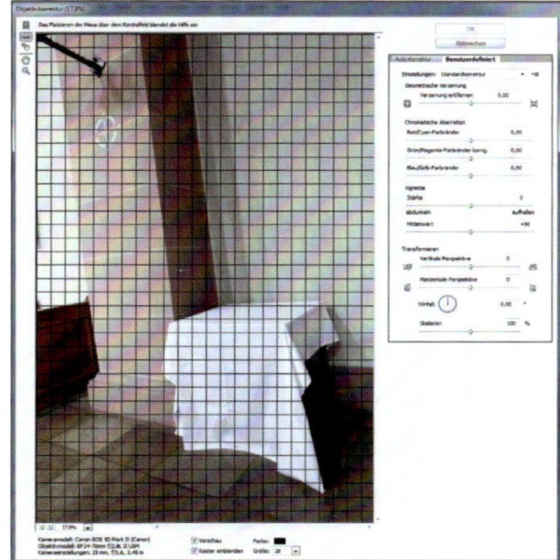

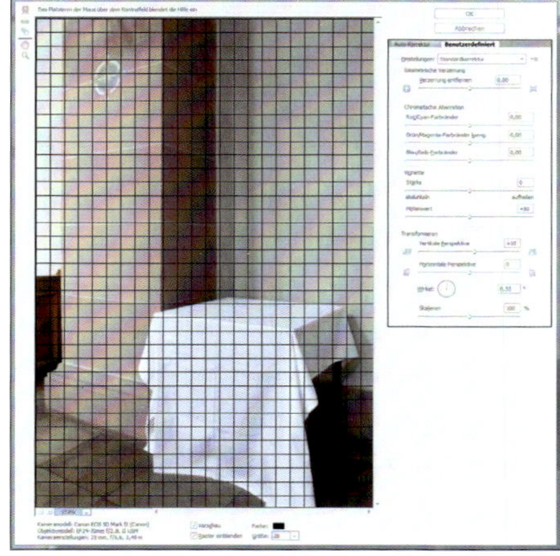

Abb. 263: (Links) Schritt 1 der Filterkorrektur

Abb. 264: (Rechts) Schritt 2 der Filterkorrektur

Einfacher, wenngleich eben etwas unflexibler geht das Ganze mit dem Filter »Objektivkorrektur« vonstatten, der sich im gleichnamigen Menü findet. Im Fenster, welches sich nach Aufruf des Filters öffnet, blenden wir sinnvollerweise die »Vorschau« und das »Raster« ein und wählen den Reiter »Benutzerdefiniert« (Abb. 263). Nun lässt es sich mit den dargestellten Parametern gut arbeiten.

Im Beispielbild führte die Korrektur der vertikalen Perspektive mit +10 und des Winkels von 6,55° zu einem guten Ergebnis (Abb. 264). Dieses Werkzeug ist elegant, das Ursprungsformat wird auch beibehalten, aber es fehlt die Möglichkeit der individuellen Anpassung – der resultierende Ausschnitt wird nach der Korrektur notgedrungen kleiner und lässt sich eben nur mittels der (zuerst vorgestellten) händischen Korrektur verschieben bzw. auswählen.

Was zu diesem Abschnitt noch zu sagen bleibt: Alle nachträglichen Korrekturen der Verdrehung und Verkippung mit den Werkzeugen der Bildbearbeitungsprogramme verschlechtern unweigerlich die Bildqualität. Die Entzerrung geht mit einer Verschiebung und Neuberechnung der vorhandenen Pixel einher, was eben nicht ohne Folgen bleibt.

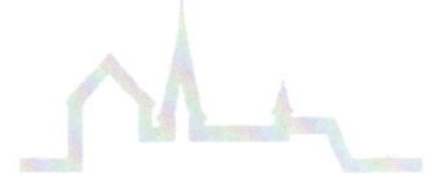

6.5 Schwarzweißkonvertierung

Schon zu Beginn dieses Hauptkapitels hatte ich darauf hingewiesen, wie vielfältig und verschlungen die Wege der Schwarzweißkonvertierung (»... im Rahmen von Bridge, Lightroom oder Photoshop, in Letzterem zudem mit verschiedenen Bordmitteln oder speziellen Plug-ins ...«) sind.

Über die Freude an Grundsatzdebatten

Bisweilen werden hierzu hitzige Debatten im Sinne des »besser oder schlechter« geführt. Ich bin mir nicht sicher, ob dies der Sache nutzt – gewiß gibt es Unterschiede zwischen den einzelnen Programmen und Plug-ins, ist der Funktionsumfang reicher oder überschaubar, lassen sich bestimmte Prozeduren hier leichter wie dort bewerkstelligen. Es ist aber ein wenig wie mit den verschiedenen Automarken – letztlich zählen persönliche Vorlieben und ob man mit einem bestimmten Programm und Plug-in vertraut ist und routiniert arbeiten kann.

Nik Software

Bei mir gilt dies (im Sinne der Vertrautheit und Geläufigkeit also) für »Silver Efex Pro«, ehemals aus dem Hause »Nik Multimedia«, welches 1999 gegründet, 2006 in »Nik Software« umbenannt und 2012 durch Google übernommen wurde.

Fortbestand trotz Übernahme durch Google

Die von *Nils Kokemohr* (Namenskürzel »Nik«) und seinem Team bereitgestellten Grafikfilter und Plug-ins waren das, was man gemeinhin »gut und teuer« (mehrere Hundert Euro) nennt; nach der Übernahme wurden sie erstaunlicherweise »gut und erschwinglich«, und seit März 2016 ist die »Nik Collection« sogar kostenlos erhältlich. Befürchtungen, dass Google hier langfristig Konkurrenz ausschalten möchte, finden dadurch natürlich neue Nahrung. Weiterentwickelt werden die Programme wohl kaum mehr, in der heutigen Form sind sie aber bereits sehr gut verwendbar und bis Photoshop CC kompatibel.

Heutiger Umfang der Nik Collection

Die »Nik Collection« umfasst in der heutigen Form »Analog Efex Pro 2« (Vintage- und andere Effekte), »Color Efex Pro 4« (Farbkorrektur, Retusche und kreative Bildbearbeitung), »Dfine 2« (Rauschreduktion), »HDR Efex 2« (Erstellen von HDR-Bildern), »Sharpener Pro 3« (Schärfung für alle Ausgabezwecke), »Silver Efex Pro 2« (welches hier noch genauer vorgestellt werden soll) sowie »Viveza 2« (selektive Bearbeitung und Kontrolle von Farbe und Licht).

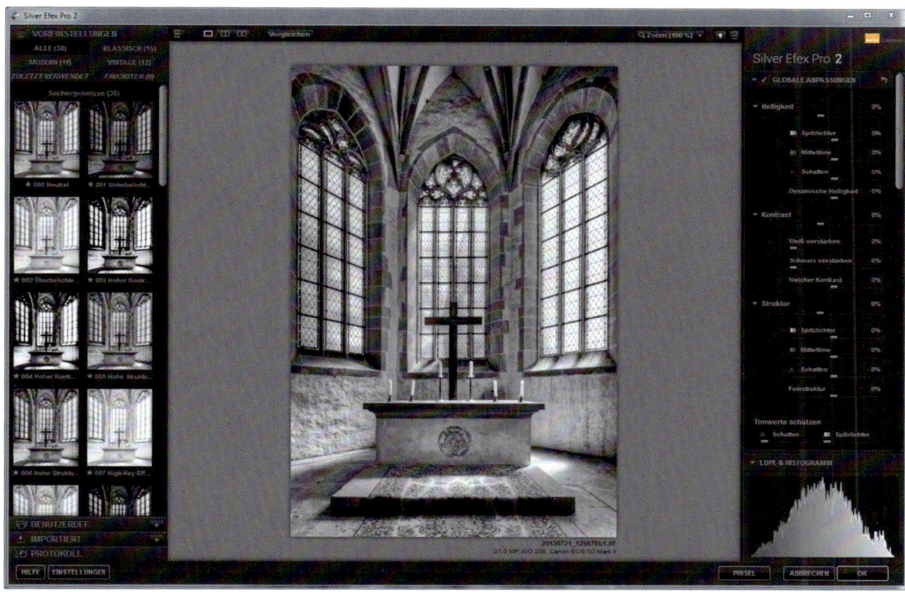

Abb. 265: Hauptfenster von »Silver Efex Pro«

Überblick über »Silver Efex Pro«

Das Plug-in wird in Photoshop im Menü »Filter > Nik Collection« aufgerufen, worauf sich das in Abb. 265 gezeigte Hauptfenster öffnet. In der Mitte findet sich das Bild im aktuellen Bearbeitungsstand, hier lassen sich zusätzlich aber noch Vorschauen und Vergleiche einblenden oder Details herauszoomen.

In der linken Spalte findet sich, wie heutzutage üblich, wiederum eine Vielzahl von Vorgaben oder Presets, die sogleich eingesetzt oder nach eigenen Bedürfnissen angepasst und abgespeichert werden können. Ich selbst verwende als Ausgangspunkt recht gerne »016 Vollständig dynamisch (weich)« wegen der behutsamen und tonwertschonenden Kontrastanhebung – und doch ist »die Arbeit damit noch nicht getan, sondern fängt erst richtig an« ...

Die Feinarbeit vollzieht sich in der rechten Spalte. Dort lassen sich die Untergruppen »Globale und Selektive Anpassungen«, »Farbfilter und Filmtypen« sowie »Abschließende Anpassungen« und »Lupe & Histogramm« unterscheiden (Abb. 266 bis Abb. 268 auf der folgenden Seite), von denen wiederum eine jede die Aussteuerung einer Vielzahl von Parametern erlaubt.

Natürlich lassen sich all diese Funktionen letztlich auch mit Bordmitteln von Photoshop ansteuern, aber eben umständlicher – insofern ist Silver Efex Pro schlichtweg ein »sehr mächtiges Instrument auf kleinem Raum«. Auf einige der Funktionen möchte ich in der Folge noch genauer eingehen.

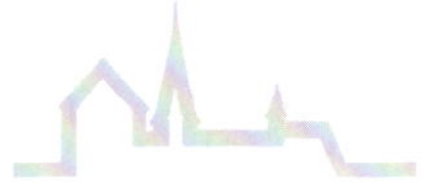

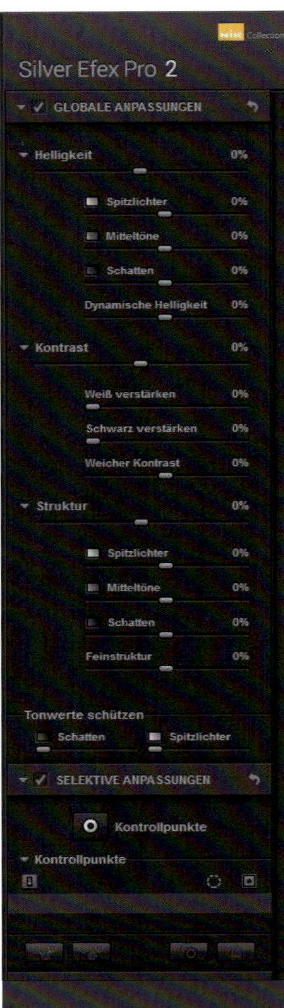

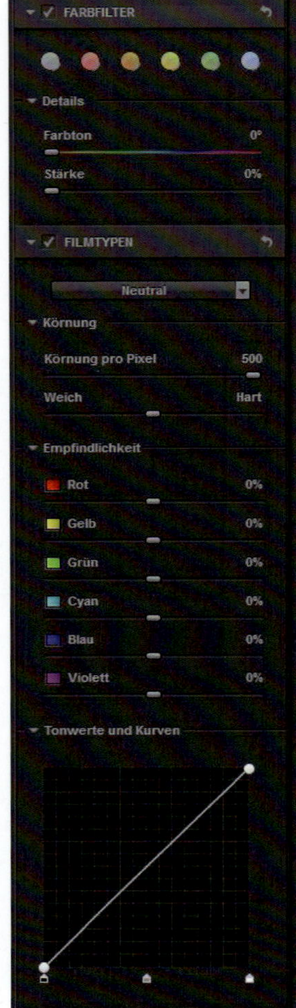

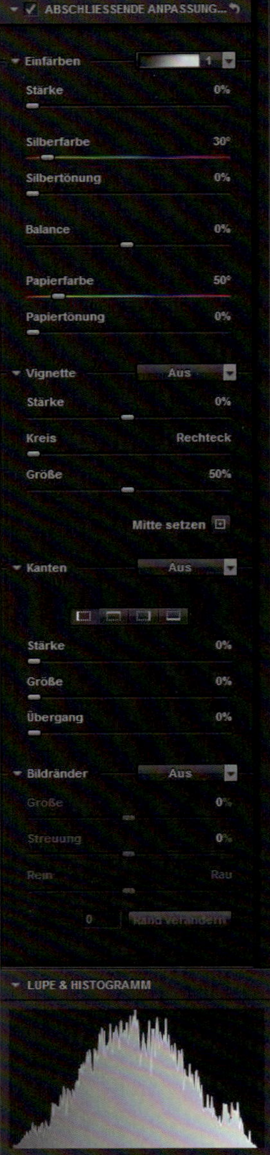

Abb. 266: (Links) »Globale und Selektive Anpassungen« in Silver Efex Pro

Abb. 267: (Mitte) »Farbfilter und Filmtypen« in Silver Efex Pro

Abb. 268: (Rechts) »Abschließende Anpassungen und Lupe & Histogramm« in *Silver Efex Pro*

Die Funktionen im Einzelnen

Globale Anpassungen von Helligkeit, Kontrast und Struktur

Betrachten wir zunächst die »Globalen Anpassungen«. Hier können »Helligkeit«, »Kontrast« und »Struktur« entweder generell oder aber auf bestimmte Tonwertbereiche beschränkt (die Lichter-, Mitten- und Schattenbereiche bei Helligkeit und Struktur, Weiß und Schwarz bei Kontrast) ausgesteuert werden. Weitere Korrektive ergeben sich durch die Parameter »Dynamische Helligkeit« und »Weicher Kontrast«, welche die Tonwertkurve nicht einfach im Ganzen verschieben bzw. strecken oder stauchen, sondern eher unter Schonung der Tonwertränder umschichten, wodurch ein Tonwertbe-

schnitt erschwert wird. Gleiches gilt für das Instrument »Tonwerte schützen«, bei dem wahlweise eine Schattenöffnung bis in Zone 0 bzw. eine Lichtereindämmung bis in Zone X sehr effektiv greift.

Selektive Anpassungen mit U-Point-Technik

Bei den »Selektiven Anpassungen« kommt die sogenannte »U-Point-Technik« zum Tragen. Damit können Punkte im Bild definiert, deren Größe verändert und somit die maßgeblichen Parameter der globalen Anpassungen bildregional angepasst werden. Hier greift zugleich ein gewisser Umgebungsschutz, indem etwa ein Hintergrund aufgehellt und gesoftet werden kann, während der nahe dem U-Point gelegene, kontrastreiche und dunkel gehaltene Vordergrund davon unberührt bleibt.

Farbfilter und Filmtypen

Bei den »Farbfiltern« können die einzelnen Farbkanäle im Sinne der früheren Vorschaltlinsen eingesetzt und in ihrer Intensität ausgesteuert werden. Bei den »Filmtypen« gibt es wiederum Presets, welche die Wirkung alter Negativfilme nachstellen. Auch hier lassen sich die Farbkanäle gemischt bzw. mehrdimensional anpassen. »Kontrast« und »Körnung« sind weitere Parameter, die ich persönlich aber mit anderen Instrumenten aussteuere – Letzteres erst zum Ausdruck.

Abschließende Anpassungen

Bei den »Abschließenden Anpassungen« findet sich ein mächtiges Instrument der »Tonung«, mit dem »Silber« und »Papier« getrennt überlagert und ausbalanciert werden können – ich selbst füge eine etwaige Tonung erst zum Ausdruck hinzu. Auch eine »Vignette« kann beigefügt und in allen nur denkbaren Parametern eingestellt werden, was ich selbst im Sinne der Motivbetonung und Blickführung gerne einsetze. Ähnlich wie die Vignette können auch die »Kanten« die Randbereiche maßgeblich beeinflussen, nur hier halt einseitig. Die »Bildränder« als solche bieten noch einige Rahmungsoptionen, die ich jedoch nicht verwende.

Histogramm mit Zonendarstellung

Ein Highlight von Silver Efex Pro ist noch das »Histogramm«. Dieses zeigt in Echtzeit die Tonwertverteilung des Ausgangsbildes und die Wirkung einzelner Bearbeitungsschritte an. Darüber hinaus kann durch Überfahren bzw. Anklicken der einzelnen Zonen das Auftreten der zugehörigen Tonwertbereiche im Bild veranschaulicht werden. In Abb. 269 habe ich die Zonen 0 bis III ausgewählt, die zugehörigen Tonwertbereiche erscheinen farbig und schraffiert herausgehoben.

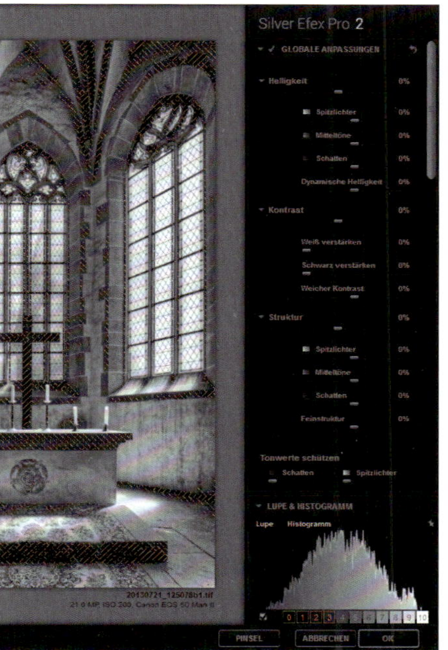

Abb. 269: Histogramm mit markierten Zonen 0 bis III und den zugehörigen, farblich schraffiert hervorgehobenen Tonwertbereichen im Bild

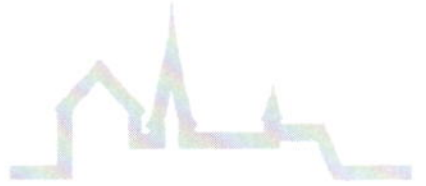

6.6 Weitere Anpassungen der Tonwerte und Feinstruktur

Die meiste Arbeit in meinem Workflow ist mit der zuvor beschriebenen Schwarzweißkonvertierung in Silver Efex Pro bereits erledigt. Einige Fein- bzw. Schlussarbeiten bleiben jedoch noch, die ich nun beschreiben möchte.

Ausschöpfung des Tonwertumfangs

Sofern das Motiv dies nahelegt, wäre noch zu prüfen, ob der Tonwertumfang des Bildes bereits vollständig ausgeschöpft ist. Wir duplizieren dazu in Photoshop mit »Strg + J« die Arbeitsebene und rufen mit »Strg + M« eine Gradationskurve auf. Alternativ kann natürlich auch eine neue Einstellungsebene erzeugt werden.

Sobald wir »Beschneidung anzeigen« aktivieren, ändert sich die Darstellung grundlegend – gezeigt werden nicht mehr das Ausgangsbild bzw. die Auswirkungen einer mit der Maus gezogenen und so geänderten Gradationskurve, sondern eventuelle Tonwertabbrüche im Schatten- und Lichterbereich.

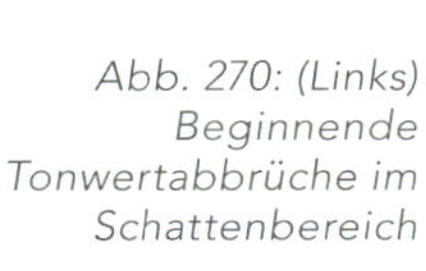

Abb. 270: (Links) Beginnende Tonwertabbrüche im Schattenbereich

Abb. 271: (Rechts) Beginnende Tonwertabbrüche im Lichterbereich

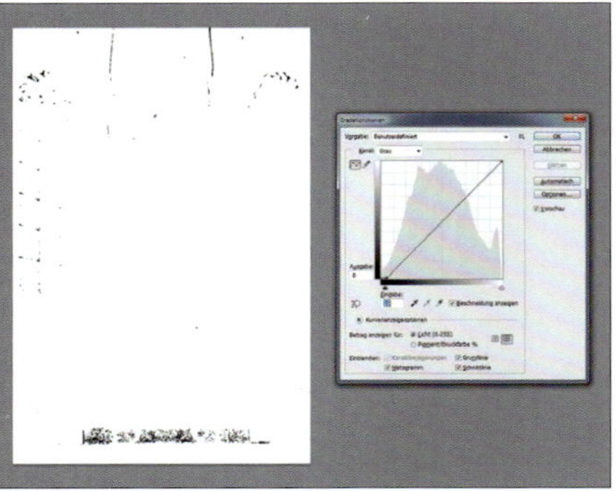

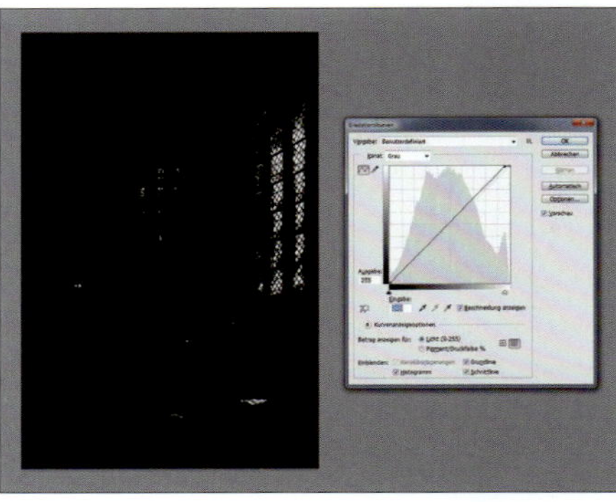

Konkret erscheinen, wenn wir das schwarze Dreieck unter der X-Achse anfassen und behutsam nach rechts ziehen, irgendwann vor dem weißen Hintergrund schwarze Flächen, die dann den Beschnitt im Schattenbereich aufzeigen (Abb. 270). Umgekehrt gilt für das behutsam nach links gezogene, weiße Dreieck unter der X-Achse, dass sich durch weiße Flächen vor schwarzem Hintergrund schließ-

lich der Beschnitt im Lichterbereich zu erkennen gibt (Abb. 271). Wenn wir nun beide Dreiecke so weit nach innen bewegen, dass gerade eben kein Beschnitt resultiert, lässt sich der Tonwertumfang damit vollständig ausschöpfen.

Das Instrument »Tiefen/Lichter«

Wenn es am Ende des Workflows noch darum geht, die Schatten leicht zu öffnen, die Lichter behutsam einzudämmen oder den Mitteltonkontrast im Sinne eines etwas prägnanteren, klareren Bildeindrucks zu erhöhen, ist das Instrument »Tiefen/Lichter« eine sehr gute Wahl.

Ein komplexes und leistungsfähiges, aber weithin unbekanntes Instrument

Demgegenüber, was das Instrument zu leisten vermag, ist es aber erstaunlich wenig bekannt. Dies mag damit zusammenhängen, dass es in den Tiefen der Menüstruktur versteckt und auch nicht als Einstellungsebene aufrufbar ist; oder eben, dass dessen Aufbau und Wirkungsweise nicht intuitiv erfassbar sind und die Anwendung insofern etwas Erfahrung und Fingerspitzengefühl benötigt.

Mangels Verfügbarkeit einer Einstellungsebene kann mit »Tiefen/Lichter« nur destruktiv bzw. unwiderruflich gearbeitet werden. Daher empfiehlt es sich, zunächst die Hintergrundebene mit »Strg + J« zu verdoppeln und das Werkzeug auf einer Bearbeitungsebene anzuwenden, da so eine Rücknahme der Effekte möglich ist – global über »Deckkraft« oder selektiv über »Radiergummi«. Eine Alternative ist, das Bild in ein Smartobjekt zu konvertieren und das Werkzeug dann als Smartfilter anzuwenden.

Zum eigentlichen Aufruf findet sich das Werkzeug in Photoshop unter »Menü Bild, Untermenü Korrekturen« und dort als »oberster Eintrag des zweituntersten Abschnitts« – wie gesagt gut versteckt. Nach dem ersten Aufruf öffnet sich das in Abb. 272 gezeigte Fenster. Es handelt sich dabei quasi um eine »Quick-and-Dirty-Version«, mit welcher sich die Grundparameter der Tiefen- und Lichternormalisierung (eben die »Stärke« des Effekts) beeinflussen lassen.

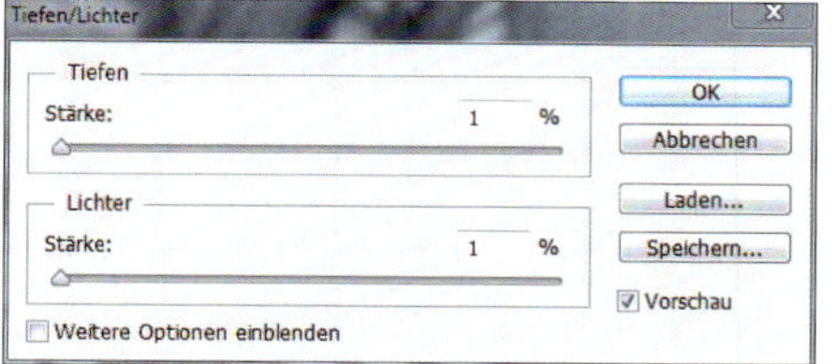

Abb. 272: Arbeitsfenster des Instruments »Tiefen/Lichter« ohne weitere Optionen

Nutzung der erweiterten Optionen

Wenn wir noch subtiler arbeiten und auch die weiteren Parameter aussteuern wollen, aktivieren wir »Weitere Optionen einblenden«. Je nachdem, ob wir mit einem Farb- oder Graustufenbild arbeiten, erscheint dann das Fenster der (auf der nächsten Seite gezeigten) Abb. 273 oder Abb. 274.

An die Stelle der »Farbkorrektur« im linken Fenster, welche bei Farbbildern eine Korrektur der bei Tonwertmanipulationen immer drohenden Farbverschiebungen ermöglicht, tritt beim rechten Fenster sinnvollerweise die »Helligkeit« für das Graustufenbild.

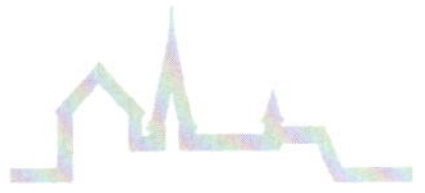

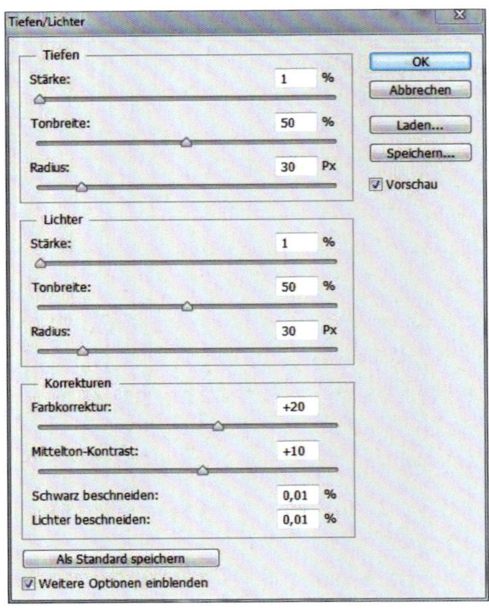

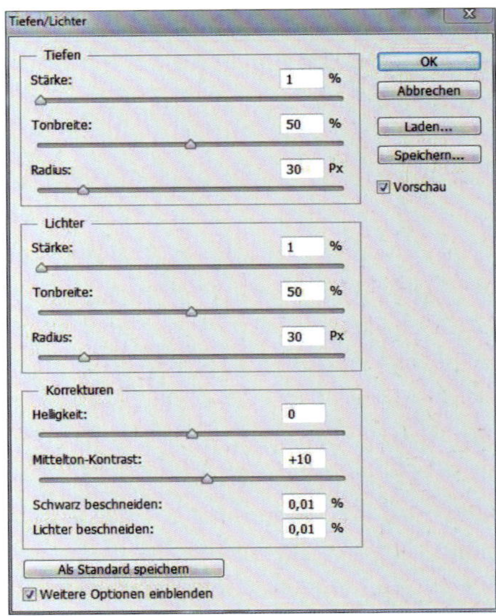

Abb. 273: (Links) Das Instrument »Tiefen/Lichter« mit erweiterten Optionen bei Farbbildern

Abb. 274: (Rechts) Das Instrument »Tiefen/Lichter« mit erweiterten Optionen bei Graustufenbildern

Obere und mittlere Fenstergruppe

Bei genauer Hinsicht zeigt sich das Fenster in drei Gruppen unterteilt. Betrachten wir zunächst die beiden ersten Fenstergruppen »Tiefen« und »Lichter«. In diesen finden sich jeweils drei Regler für »Stärke«, »Tonbreite« und »Radius«.

Parameter »Stärke«

Der Parameter »Stärke« ist dabei wohl der am leichtesten verständliche – ein Wert von 0 Prozent bedeutet keinen Effekt, ein Wert von 100 Prozent hingegen den vollen Effekt (im Sinne einer Aufhellung der Tiefen bzw. Abdunklung der Lichter), wobei die maximale Effektstärke natürlich immer vom Ausgangsbild abhängt. Man kann hier unbedenklich verschiedene Einstellungen ausprobieren und die jeweils resultierenden Effekte durch An- und Ausklicken der »Vorschau« sehr schön vergleichen.

Parameter »Tonbreite«

Weniger verständlich auf Anhieb mag der Parameter »Tonbreite« wirken. Dieser regelt, wie weit sich der mit der »Stärke« festgelegte Effekt (wiederum also die Aufhellung der Tiefen bzw. Abdunklung der Lichter) in den Bereich der Mitten erstreckt. Bei einem Wert von 0 Prozent tritt auch die »Stärke« quasi auf der Stelle, während bei einem Wert von 100 Prozent ein linearer Effekt dahingehend eintritt, dass in der oberen Fenstergruppe (der Tiefen) die Tiefen im vollen Umfang, die Mitten zur Hälfte und die Lichter nicht verändert werden. Für die mittlere Fenstergruppe (der Lichter) gilt entsprechend das Gegenteil. Eine Voreinstellung von 30 bis 50 Prozent scheint ein guter Kompromiss, doch muss die genaue Einstellung natürlich immer vom Bild abhängig gemacht werden.

Parameter »Radius«

Der in seiner Auswirkung wohl am schwersten verständliche Parameter dürfte der »Radius« sein. Grundsätzlich ähnelt er dem gleichnamigen Parameter im Werkzeug »Unscharf maskieren«, da in beiden Fällen der räumliche Abstand zur Kontrastkante definiert wird, bis zu welchem der Effekt Wirkung entfaltet. Dies

ist aber bei »Tiefen/Lichter« nicht leicht eingängig, da die Tonwertverschiebungen ja über das ganze Bild hinweg erfolgen.

Des Rätsels Lösung besteht darin, dass sich der »Radius« bevorzugt mit jenen Pixeln befasst, die in die zur Verschiebung vorgesehenen Tonwertbereiche fallen (also die Tiefen in der oberen und die Lichter in der mittleren Fenstergruppe). Da sich jedoch solche räumliche Gruppierungsmuster von Bild zu Bild und auch innerhalb verschiedener Bereiche eines Bildes stark unterscheiden, ist der Effekt besonders schwer vorherzusehen. Eine Voreinstellung von 30 Pixel scheint ein guter Kompromiss, dadurch wird ein gewisser »Weichzeichnereffekt der Änderungswirkung« erzielt. Klar ist auch, dass ein zu gering eingestellter »Radius« in Verbindung mit zu hoher »Stärke« unangenehme Kantenartefakte bzw. Randsäume (ähnlich wie beim übertriebenen »Unscharf maskieren«) nach sich ziehen kann, während ein zu hoch eingestellter »Radius« das Bild möglicherweise flau und »wie ausgewaschen« wirken lässt.

Im Sinne einer Systematisierung ließe sich ergänzen, dass es bei dieser Feinsteuerung vornehmlich darum geht, wie Pixel umgruppiert werden – beim »Radius« eben im lokalen Umkreis, bei der »Tonbreite« hingegen im tonalen Umfeld.

Untere Fenstergruppe

Betrachten wir noch die dritte Fenstergruppe. »Farbkorrektur« beim Farbbild und »Helligkeit« beim Graustufenbild wurden schon erwähnt bzw. dürften selbsterklärend sein.

Mittelton-Kontrast

Spannend ist der »Mittelton-Kontrast«, dessen Anhebung die Feinstruktur zur Geltung bringt, dabei aber die Kontrasterhöhung auf die Mitten beschränkt. Die drohenden Tonwertabbrüche bei einer Erhöhung des Globalkontrasts mit »Tonwertkorrektur« und »Gradationskurven« oder die auffälligen Kantenartefakte bei einer Erhöhung des Lokalkontrasts etwa mit »invertiertem USM« werden so vermieden.

»Schwarz beschneiden« und »Lichter beschneiden«

Zuletzt werden noch »Schwarz beschneiden« und »Lichter beschneiden« angeboten. Die Voreinstellung von 0,01 Prozent ist minimal und bleibt ohne sichtbare Änderung. Eine Erhöhung führt hingegen zu einem tatsächlichen Beschnitt und einer verlustbehafteten Streckung bzw. Posterisierung der Tonwerte. Das Ziel einer behutsamen Tonwertnormalisierung wird dadurch eigentlich konterkariert, sodass die Belassung der niedrigen Ausgangswerte empfohlen wird.

Kritische Würdigung des Instruments

Nach dieser Darstellung der Grundlagen und der Bedienung des Instruments möchte ich noch eine kritische Würdigung versuchen.

Eine übertriebene Öffnung der Schatten zieht als »Nebenwirkung« unweigerlich, aber auch planmäßig (da das Ziel des Werkzeugs ja eine Normalisierung bzw. »In-die-Mitte-Verbringung« der Tonwerte ist) eine Verminderung des Gesamtkontrastes und damit wieder eine Verschlechterung des Bildeindrucks nach sich. Diesem Effekt kann durch sparsame Verwendung der »Stärke« oder Verminderung der »Tonbreite« entgegengewirkt werden. Der andere unerwünschte Effekt bei der Öffnung der Schatten ist, dass ein evtl. im Bild vorhandenes und

bisher in den dunklen Zonen verborgenes Bildrauschen erst richtig zutage tritt. Hier kann das Werkzeug also auch nur mit der vorhandenen Güte des Ausgangsmaterials arbeiten und keine Wunder vollbringen.

Auf der anderen Seite, der Rücknahme der Lichter also, ist eine solche Artefaktverstärkung weniger zu befürchten, da sich das Helligkeits- und Farbrauschen vornehmlich in den dunklen Partien findet. Auch die Kontrastminderung ist weniger das Problem, da die kontrastmarkierenden Tiefen ja erhalten bleiben. Die Problematik im Lichterbereich ist eine andere – dort, wo überhaupt keine Bildinformation mehr vorhanden ist (den sogenannten »ausgebrannten Lichtern« also) kann das Werkzeug auch keine Struktur mehr »herbeizaubern«.

Die Frage ist nun noch, ob sich die beschriebenen Effekte von »Tiefer/Lichter« auch mit anderen Mitteln simulieren lassen.

Tatsächlich ergeben sich einige Ähnlichkeiten zwischen einer negativen Auslenkung der Regler »Lichter« bzw. »Weiß« in Camera Raw bzw. Lightroom zur beschriebenen Rücknahme der Lichter, des Weiteren zwischen einer positiven Auslenkung der Regler »Tiefen« bzw. »Schwarz« in Camera Raw bzw. Lightroom zur beschriebenen Öffnung der Schatten. Doch fehlen dort die feinen, dreistufigen Einstellmöglichkeiten des hier vorgestellten Instruments. Auch kann der Regler »Klarheit« in Camera Raw bzw. Lightroom nicht ganz mit der hier beschriebenen Auslenkung des »Mittelton-Kontrasts« mithalten, es stellen sich nach meinem Eindruck dort wesentlich rascher Kantenartefakte ein.

Zum Schluss dieses Abschnitts möchte ich einige Möglichkeiten des Instruments »Tiefen/Lichter« noch anhand von zwei Bildbeispielen erläutern:

In Abb. 275 erschien mir der Bildeindruck nach der Schwarzweißkonvertierung in »Silver Efex Pro« durchaus etwas flau. Deswegen erhöhte ich mit »Tiefen/Lichters« den Mittelton-Kontrast um zehn Einheiten, wodurch sich die Betonstruktur deutlich besser durchgezeichnet darstellte und als Motiveinrahmung prägnanter in Erscheinung trat. Das Ergebnis solcher Bearbeitung zeigt Abb. 276.

In Abb. 277 ließ sich in der Schwarzweißkonvertierung mit »Silver Efex Pro« der gegebene Szenenkontrast nur mit Mühe in den verfügbaren Dynamikumfang des Bildes umsetzen. Die Lichter waren zwar ausreichend eingedämmt, allerdings um den Preis stark zugelaufener Schatten. Deswegen öffnete ich mit »Tiefen/Lichter« die Tiefen mit einer Stärke von 3%, einer Tonbreite von 50% und einem Radius von 30 Pixel. Das Ergebnis solcher Bearbeitung zeigt Abb. 278.

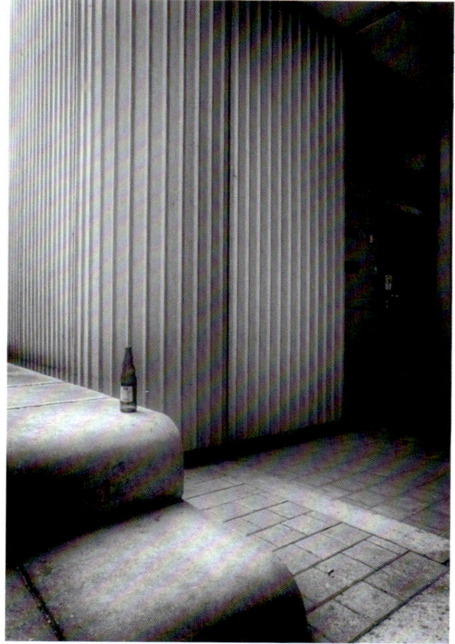

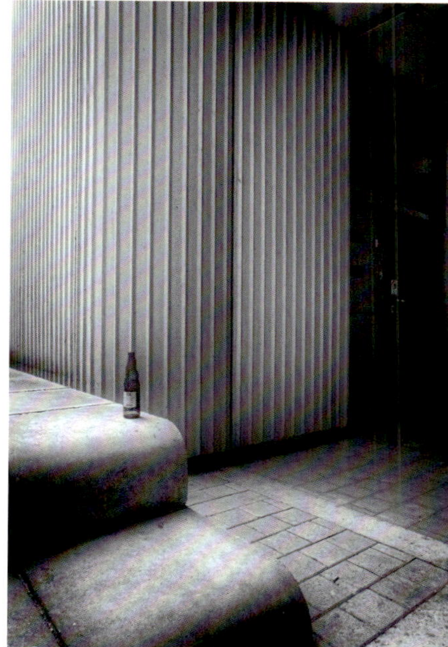

Abb. 275: (Links) Ergebnis der Schwarzweißkonvertierung mit »Silver Efex Pro«

Abb. 276: (Rechts) Anhebung des Mittelton-Kontrastes mit »Tiefen/Lichter«

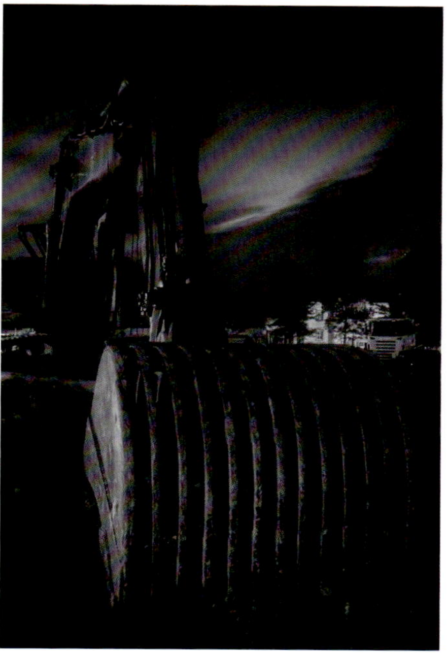

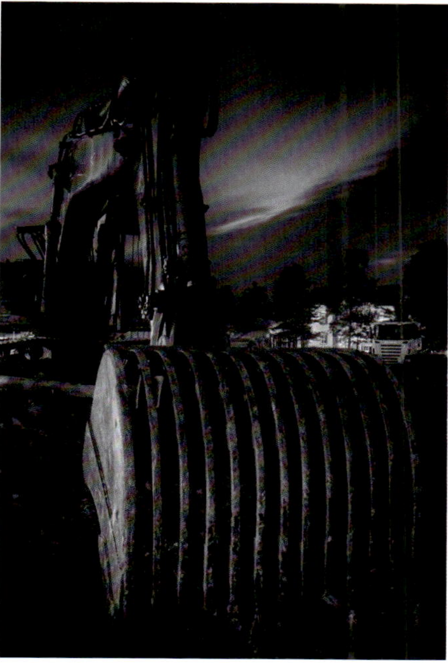

Abb. 277: (Links) Ergebnis der Schwarzweißkonvertierung mit »Silver Efex Pro«

Abb. 278: (Rechts) Öffnung der Schatten mit »Tiefen/Lichter«

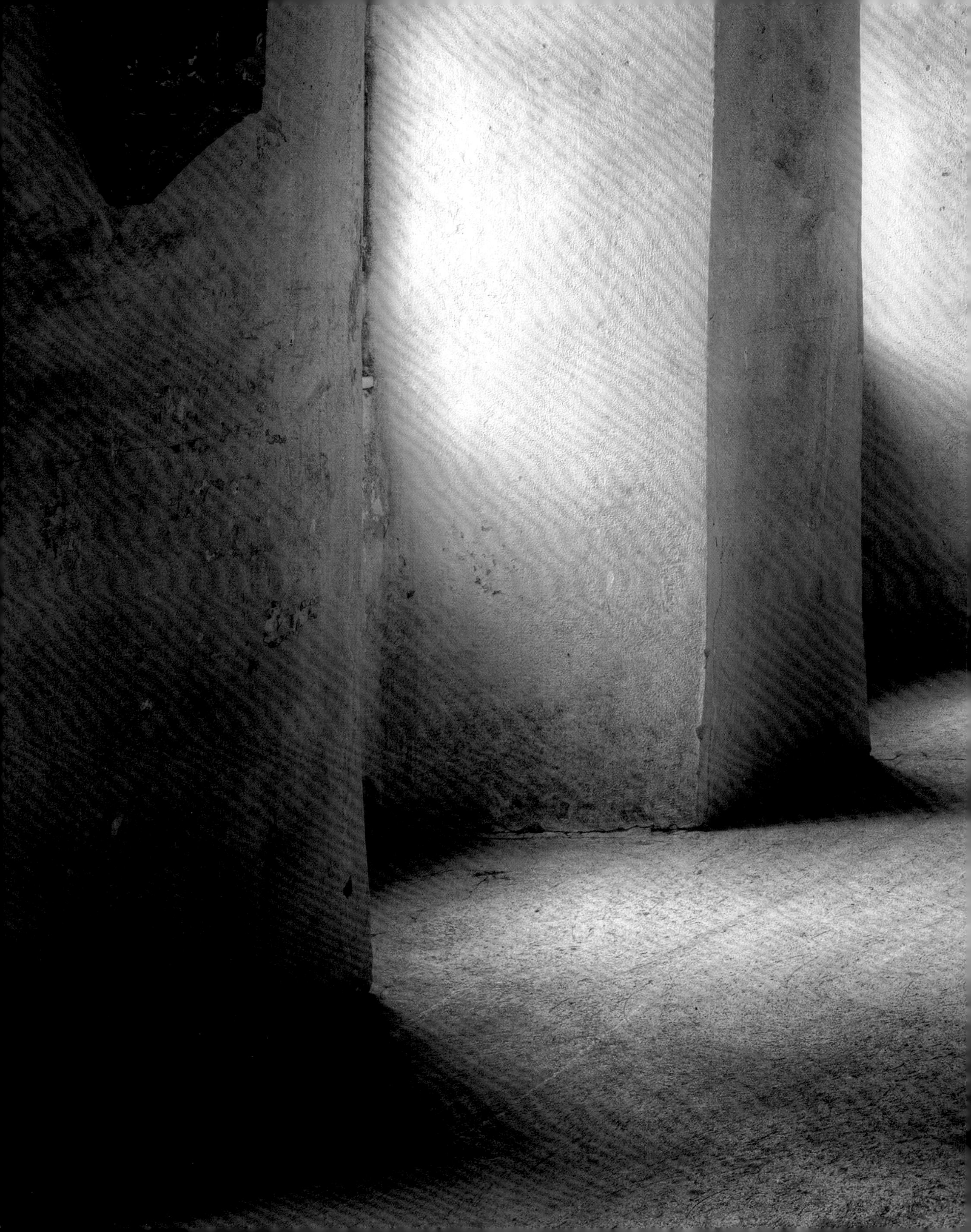

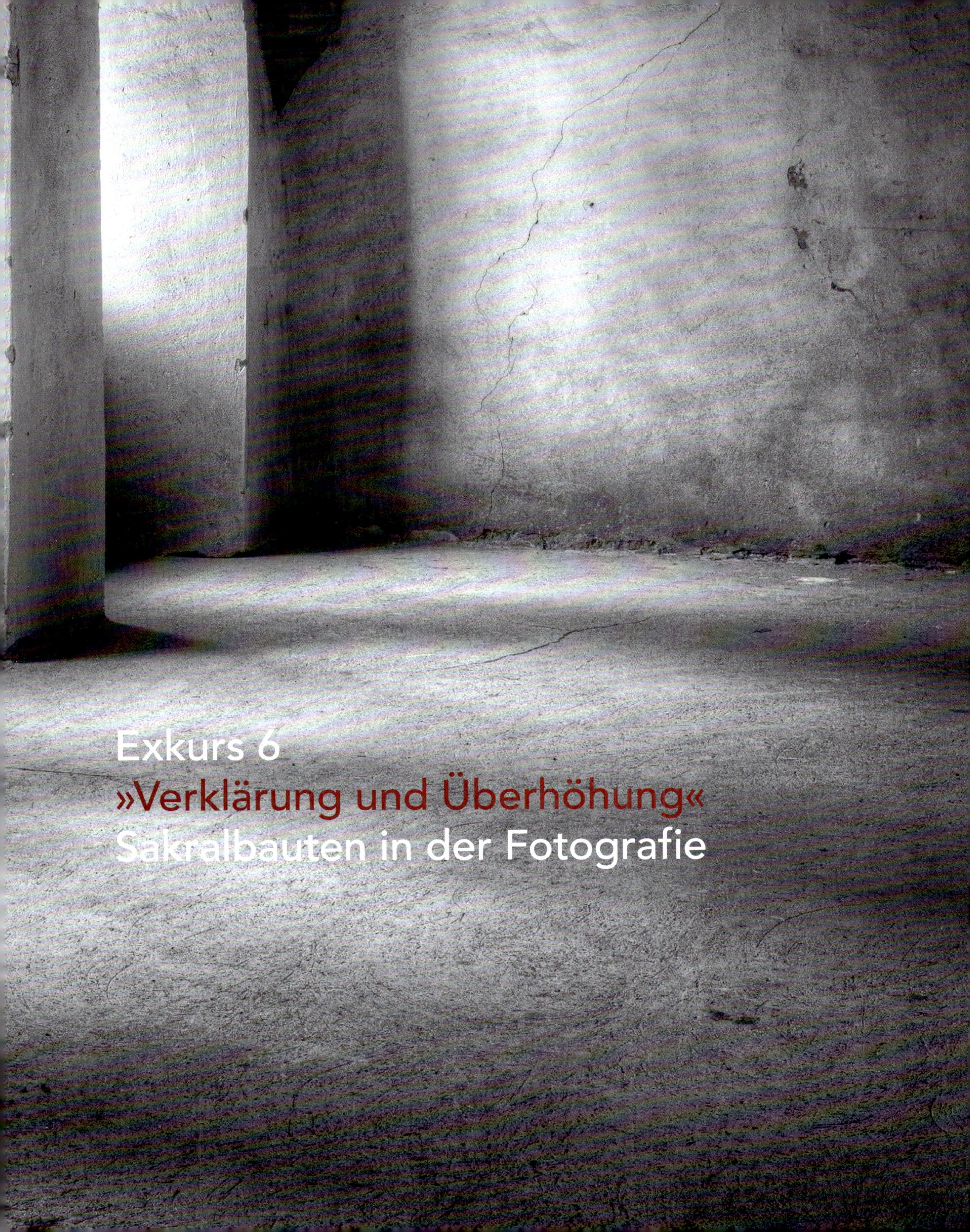

Exkurs 6
»Verklärung und Überhöhung«
Sakralbauten in der Fotografie

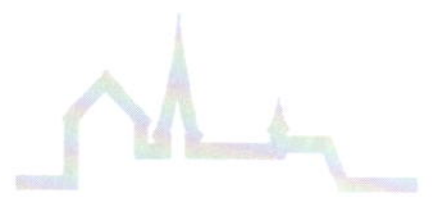

Prolog

Anders als bei den Exkursen 1, 2 und 4 entstammt die nachstehende Bildstrecke keinem einzelnen Projekt, sondern meinem zeitlich und inhaltlich offenen Portfolio der Sakralbauten. Vielerlei Orte, Baustile und Anmutungen sind mittlerweile in diese Sammlung eingeflossen, die insofern auch von den Gegensätzen und Übergängen ihrer Bilder lebt. Einige Beispiele davon möchte ich auf den folgenden Seiten zeigen.

Essay

Kirchen und Klöster faszinieren mich schon seit Langem. Mein eigenes, spirituelles Interesse richtet sich dabei weniger auf die überlieferten und praktizierten kirchlichen Riten als vielmehr auf die Möglichkeit innerer Einkehr und stiller Betrachtung. Zu diesem allgemeinen Interesse an Selbst- und Sinnfindung trat mit meinem Wechsel zur künstlerischen Schwarzweißfotografie, der nun auch schon ein gutes Jahrzehnt zurückliegt, noch ein weiteres Interesse hinzu: Auch das in diesem Bereich Gesehene und Empfundene wollte ich in Bildform fassen und dem Betrachter vermitteln.

Sakralbauten als offene und freundliche Orte

In aller Regel sind Kirchen heutzutage offene und freundliche Orte für Suchende und Schaulustige aller Art. Auf mancher Städtereise gehören die Sakralbauten sogar zu den markanten Sehenswürdigkeiten. Mit gewissen Einschränkungen gilt diese Offenheit auch für Klöster, die ja von ihrer Bestimmung her traditionell abgeschieden und verschlossen waren. Hier finden sich in jüngerer Zeit des Öfteren sehr spannende Angebote wie etwa Kontemplationstage für Sinn- und Ruhesuchende.

Doch war dies nicht zu allen Zeiten so. Die Kirchengeschichte weist viele Kapitel unsäglicher Verstiegenheit und Grausamkeit auf, um hierin die dunkelste Seite des Menschen widerzuspiegeln – wie etwa in Zeiten der Inquisition, des Hexenwahns, der Protestantenverfolgung oder auch der Kreuzzüge, welche sich anfangs insbesondere gegen christliche Andersdenkende, sogenannte Häretiker wie etwa die Albigenser und Katharer, richteten. Wird die Welt heute vom islamistischen Fundamentalismus bzw. Terrorismus in Atem gehalten, so galt dies in früheren Jahrhunderten offensichtlich nicht weniger für jenen katholischer Prägung.

Der Missbrauch der Religion

Wohl mögen wir uns wünschen, dass uns solch furchterregender religiöser Dogmatismus und Fanatismus, solch »geweihte Gewalt gegenüber Andersdenkenden und -lebenden«, künftig erspart bliebe – doch scheint der Fluch der Menschheit noch ungebrochen, Machtfragen und Einflusskämpfe gewalttätig und unter dem Deckmantel selbstbeweihräuchernder Rechtgläubigkeit, unter Missbrauch der Religion also, abhandeln zu müssen ...

Orte der Geschichte und voller Geschichten

Vor diesem Hintergrund wird deutlich, dass Sakralbauten eben »Orte der Geschichte« sind – dass sie uns auf eine bisweilen erhabene, bisweilen bedrückende Vergangenheit zurückschauen lassen, dass sie eine heute gelebte Gegenwart aufweisen und dass sie auch eine Zukunft haben. Es zählt also, was wir miteinander daraus machen.

In dieser Weise sind sie auch »Orte voller Geschichten«: Sakralbauten wurden seit jeher von Menschen geschaffen und genutzt; zugleich hoben sie sich immer schon deutlich von profaner Architektur ab, indem das ganz Alltägliche und Zweckdienliche des Lebens, Wohnens und Arbeitens hier ausgeklammert blieb. Zum blanken Überleben trugen sie so nicht bei, und doch waren sie quer über alle Zeiten, Kulturen und Religionen hinweg unentbehrlich für die Zivilisation – als Orte eben, die dem Bedürfnis des Menschen nach Erkenntnissuche, Sinnstiftung, Selbstfindung und Gemeinschaftserfahrung Raum gaben.

Die verschiedenen Bauepochen

Die Geschichte der Sakralarchitektur sowie der darin verwobenen Baustile ist ein überaus komplexes Gebiet. Im Bau von Kirchen und Klöstern spiegelte sich in früheren Tagen die ganze Kunstfertigkeit des Handwerks sowie des Architektur- und Ingenieurwesens der jeweiligen Epoche wider. Die damals Ausführenden standen dabei auch im Wettstreit miteinander, was eine maßgebliche Triebfeder der Weiterentwicklung des Bauwesens darstellte. Zugleich verlief die Entwicklung der Baustile selten geradlinig (etwa von der Romanik über die Gotik und das Barock zur Neuzeit). Immer wieder kam es auch zur Durchmischung der verschiedenen Stile und zu einer Rückbesinnung auf frühere Stilelemente.

Alleine für unsere fotografischen Zwecke können wir uns – so wir noch keine sind – wohl kaum zu Architekten und Historikern qualifizieren. Grundkenntnisse der Baustile scheinen mir aber sehr sinnvoll, um die Einzelelemente vor Ort erkennen, zuordnen und vorteilhaft in unsere Bilder einfügen zu können.

So möchte ich nachstehend einen kleinen Überblick über die verschiedenen Bauepochen der Sakralarchitektur geben (siehe Abb. 279 auf Seite 274).

Romanik

Betrachten wir zunächst die bis in das 12. oder 13. Jahrhundert reichende und in dieser Zeit ihre Blüte findende Bauphase der Romanik. Die generellen Erkennungszeichen der romanischen Bauweise sind Rundbögen, dicke bzw. festungsartige Mauern, kleine und hoch angelegte Fenster sowie Würfelkapitelle auf den tragenden Säulen.

Nach dem Toleranzedikt von *Galerius* 311, der Mailänder Vereinbarung zwischen *Konstantin* und *Licinius* 313 sowie der nachfolgenden Erhebung des Christentums zur Staatsreligion durch *Theodosius I.* (alle Genannten waren Kaiser des spätrömischen Reichs) setzte der Kirchenbau auf breiter Basis ein. Solche Verankerung war von entscheidender Bedeutung, da die damaligen Baumeister auf die Grundform der römischen Basilika (die vormals eine Matrize für Tempel, Markthallen und Versammlungsorte gleichsam war) zurückgriffen.

Sie verwendeten dabei in der Regel ein dreigliedriges Längsschiff, später kam das verkürzte Querschiff hinzu. Das römische Tonnengewölbe wurde vielfach durch Flachdächer ersetzt, und der zunächst als Campanile abgesetzte Kirchturm fand erst später Anschluss an das Hauptgebäude. Ebenfalls Ausdruck späterer Epochen war die Umwandlung der ursprünglichen Apsis zum noch heute vorherrschenden Chor, die Beifügung des Westwerks im Sinne einer vorgelagerten Eingangshalle sowie die zunehmende Bedeutung von Ausschmückungen.

Parallel dazu fanden sich in dieser frühen Phase des Sakralbaus vielerorts (besonders im Norden, also mit zunehmendem Abstand vom spätrömischen Reich und von den dort bekannten Bautechniken) auch Holzkirchen. Die norwegischen »Stabkirchen« sind etwa ein Relikt dieser Bauweise.

Gotik

Kommen wir nun zur Bauphase der Gotik, die in Frankreich im 12. Jahrhundert einsetzte und sich von dort aus nach England, Italien und erst danach in unsere Lande ausbreitete – *Johann Wolfgang von Goethe* irrte übrigens gründlich, als er die Gotik in seiner Schrift »Von Deutscher Baukunst« 1772 zum »deutschen Stil« erklärte; tatsächlich stammte der Begriff von *Giorgio Vasari*, der damit seine Geringschätzung (das italienische »gotico« bedeutet »fremdartig, barbarisch«) gegenüber der von ihm bevorzugten Antike zum Ausdruck brachte.

Die im Vergleich zur Romanik wesentlich aufwendigere Bauweise der Gotik fiel in eine Zeit erstarkender Ordensgemeinschaften und Städte, die so überhaupt erst den enormen materiellen und logistischen Aufwand leisten konnten. Die generellen Erkennungszeichen der gotischen Bauweise sind Strebepfeiler, Spitzbögen und Kreuzrippengewölbe.

Die tragenden Elemente fanden sich nun nicht mehr im Bereich der massiven Mauern, sondern wurden weitgehend in den Außenbau verlagert. Zug- und Ringanker aus Eisen stabilisierten die filigranen Bauten im Inneren weiter. Im Gegenzug ließen sich die Fensterflächen erheblich vergrößern, sodass die Bauten insgesamt deutlich höher, lichter und freundlicher wurden – helles Licht begann an die Stelle der dunklen Wand zu treten. Auf das romanische Westwerk als Eingangshalle wurde zugunsten der Westfassade im Sinne eines weithin sichtbaren Erkennungszeichens verzichtet.

Renaissance

Die ab dem 16. Jahrhundert Einzug haltende Renaissance wies einige Eigentümlichkeiten auf. Als maßgebliche Kräfte wirkten der Humanismus und die Reformation. Der Wortsinn verweist auf eine Rückbesinnung (übersetzt aus dem Französischen: »Wiedergeburt«) in Richtung der antiken Bauweise, doch vollzog sich diese nicht so radikal, wie es der Begriff vermuten ließe. Faktisch handelte es sich oft um Variationen und Fortschreibungen des gotischen Baustils. Dem aufwärtsstrebenden Element der Gotik wurde eine Betonung der waagerechten Linien und harmonischen Proportionen entgegengestellt.

Eine wirkliche Besonderheit stellten die in protestantischen Ländern und Regionen vorzufindenden »Predigtkirchen« dar. Durch die Gliederung des Innenraums wurde die Aufmerksamkeit der Versammelten auf den Verkündigungsort in der Gemeinschaft ausgerichtet.

Barock und Rokoko

Der Barock und die spätere, zierlich-verspielte Übersteigerungsform des Rokokos prägte die Sakralarchitektur im Zuge von Absolutismus und Gegenreformation ab dem 17. Jahrhundert. Prunk und Pracht sollten die von katholischen Kirche Abgefallenen »beeindrucken und heimführen«. Die Bewegung ging von Italien aus und breitete sich von dort in Europa aus.

Die Wuchtigkeit der Romanik, die Erhabenheit der Gotik sowie die Strenge der Renaissance wurden als Gestaltungsprinzipien zugunsten geschwungener, Bewegung symbolisierender Formen und dekorativer Überladung wie Stuckfiguren und Deckenfresken aufgegeben. Die Prachtentfaltung machte auch vor der Verwendung von Gold und Marmor nicht halt.

Klassizismus und Historismus

Die sich ab dem 18. Jahrhundert anschließende Phase des Klassizismus und Historismus ergab sich im Zuge der Aufklärung und einsetzenden Säkularisation. Repräsentative Zwecke standen oftmals im Vordergrund, und zur Eingliederung in das Stadtbild wurde immer wieder auf das »Prinzip der Ostung« (der traditionell chorseitigen Ausrichtung der Kirche nach Osten) verzichtet.

Bauprinzipien der Klassik und Renaissance kamen nun zu neuer Blüte, unter reicher Verwendung von Säulen und Kolonnadenreihen, was den Bauten jene »klassische Aura und gewisse Strenge« verlieh.

Moderne

Damit wären wir nun bei der letzten Phase, der ab dem 19. Jahrhundert einsetzenden Moderne, angelangt. Die Weiterentwicklung der Statik und die Einführung neuer Baustoffe (insbesondere Beton) und Techniken (insbesondere Stahlskelettbau) führten zu einer Befreiung der Architektur, freilich auch zu einem oft markanten Bruch mit bisherigen Bautraditionen.

Die Ausdrucks- und Erscheinungsformen der neu-, um- oder wiederaufgebauten Kirchen variierten naturgemäß stark. Am Pol der Kontinuität fanden sich eine Orientierung am Ursprungsstil (bei Wiederaufbauten) oder eine Neudefinition früherer Stile im Sinne von Neuromanik, Neugotik und Neubarock. Am entgegengesetzten Pol des Aufbruchs und Experiments ergaben sich immer wieder auch Anleihen bei zeitgenössischen Kunststilen wie dem Jugendstil oder Expressionismus.

Generell kann man beim modernen Kirchenbau von einer deutlich gesteigerten Stilvielfalt ausgehen. Die individuellen Handschriften der einzelnen Architekten treten gegenüber tradierten Vorstellungen in den Vordergrund. Dies lässt sich gut etwa an der »Chapelle Notre-Dame-du-Haut« bei Ronchamp am Südrand der Vogesen ablesen, welche nach Plänen des schweizerisch-französischen Architekten *Le Corbusier* (1887–1965, bürgerlich *Charles-Édouard Jeanneret-Gris*) 1950 bis 1955 errichtet wurde.

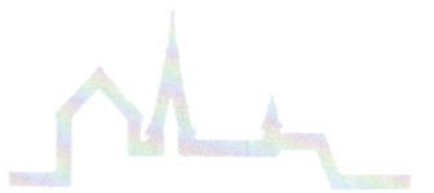

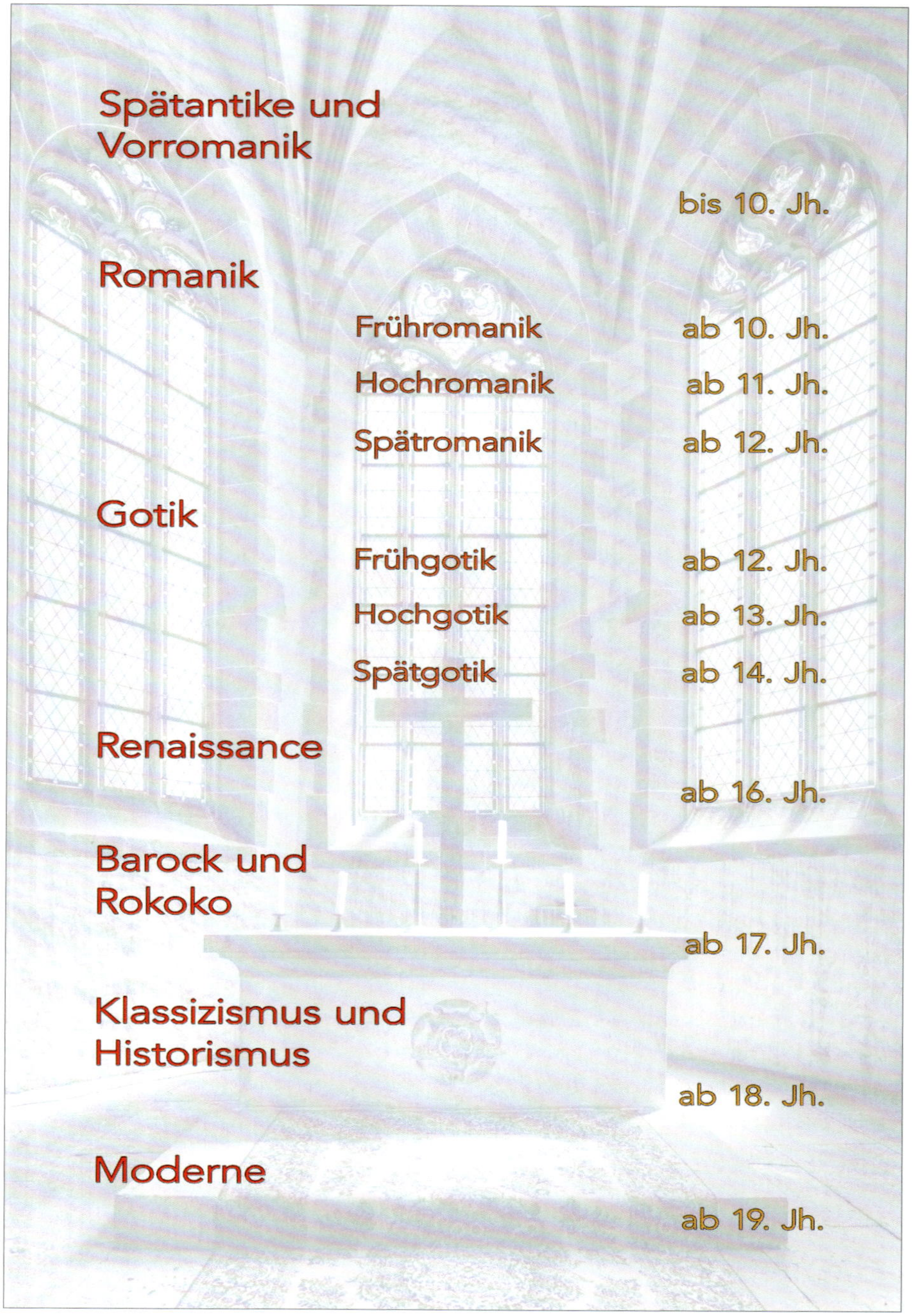

Epoche	Unterepoche	Zeit
Spätantike und Vorromanik		bis 10. Jh.
Romanik		
	Frühromanik	ab 10. Jh.
	Hochromanik	ab 11. Jh.
	Spätromanik	ab 12. Jh.
Gotik		
	Frühgotik	ab 12. Jh.
	Hochgotik	ab 13. Jh.
	Spätgotik	ab 14. Jh.
Renaissance		ab 16. Jh.
Barock und Rokoko		ab 17. Jh.
Klassizismus und Historismus		ab 18. Jh.
Moderne		ab 19. Jh.

Abb. 279: Überblick über die verschiedenen Bauepochen der Sakralarchitektur

Zur Bildstrecke

Ich habe die nachfolgende Bildstrecke in verschiedene Abschnitte unterteilt:

Im ersten davon geht es um Klosterwelten und deren heute noch sichtbare Relikte bzw. unsere Vorstellungen vom früheren Leben dort. Dazu zeige ich vier Arbeiten zum Kloster Maulbronn (Abb. 280 bis Abb. 283), welches als die am vollständigsten erhaltene Klosteranlage des Mittelalters nördlich der Alpen gilt und seit 1993 zum UNESCO-Weltkulturerbe zählt. Stilistisch finden sich dort alle Richtungen von der Romanik bis zur Spätgotik vertreten. In heutiger Zeit wird ein Teil der Gebäude als Gymnasium mit Internat genutzt, außerdem finden dort die jährlichen Klosterkonzerte statt.

Es folgen vier Arbeiten zum Kloster Eberbach in Eltville am Rhein (Abb. 284 bis Abb. 287). Auch dieses beherbergt als Kulturzentrum regelmäßige Musikfestivals und dient darüber hinaus als Veranstaltungs- und Tagungszentrum sowie als Filmkulisse – unter anderem wurden dort Teile von Umberto Ecos »Der Name der Rose« verfilmt.

In weiteren acht Arbeiten zeige ich dann französische Kathedralen (Abb. 288 bis Abb. 295), welche in ihrer ebenso ausgreifenden wie filigranen Bauweise mit zu den schönsten Zeugnissen gotischer Baukunst zählen. Noch heute werden Besucher durch die Lichtfülle und das emporstrebende Element der Räume unmittelbar in den Bann gezogen.

Dem Thema »Kirche und Nacht« sind die nächsten vier Arbeiten gewidmet (Abb. 296 bis Abb. 299). Auch in diesem Bereich sorgt das Fehlen natürlicher und das Auftreten künstlicher Lichtquellen für ungewöhnliche, atmosphärisch dichte Eindrücke.

Weiter geht es dann mit vier Arbeiten zum Thema »Kirche und Mensch« (Abb. 300 bis Abb. 303). Wie schon im Essay angemerkt, ist Kirche immer auch das, was wir miteinander daraus machen – ein guter Grund, wie ich meine, bisweilen auch einmal den anderen fotografisch über die Schulter zu schauen, wie diese also in und auf Kirchen reagieren.

Den Abschluss bilden vier Arbeiten zu Kapellen und Interieurs (Abb. 304 bis Abb. 307). Hier stehen nicht die mächtig in die Höhe strebenden, Eindruck erzeugenden Gesamtbauten im Vordergrund, sondern die Beschaulichkeit und Atmosphäre stiller Detailszenen. Ich mag solche architektonischen Stillleben sehr, sie zeigen sich dem Suchenden insbesondere in kleineren Kirchen und schlichten Kapellen.

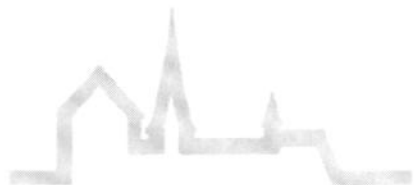

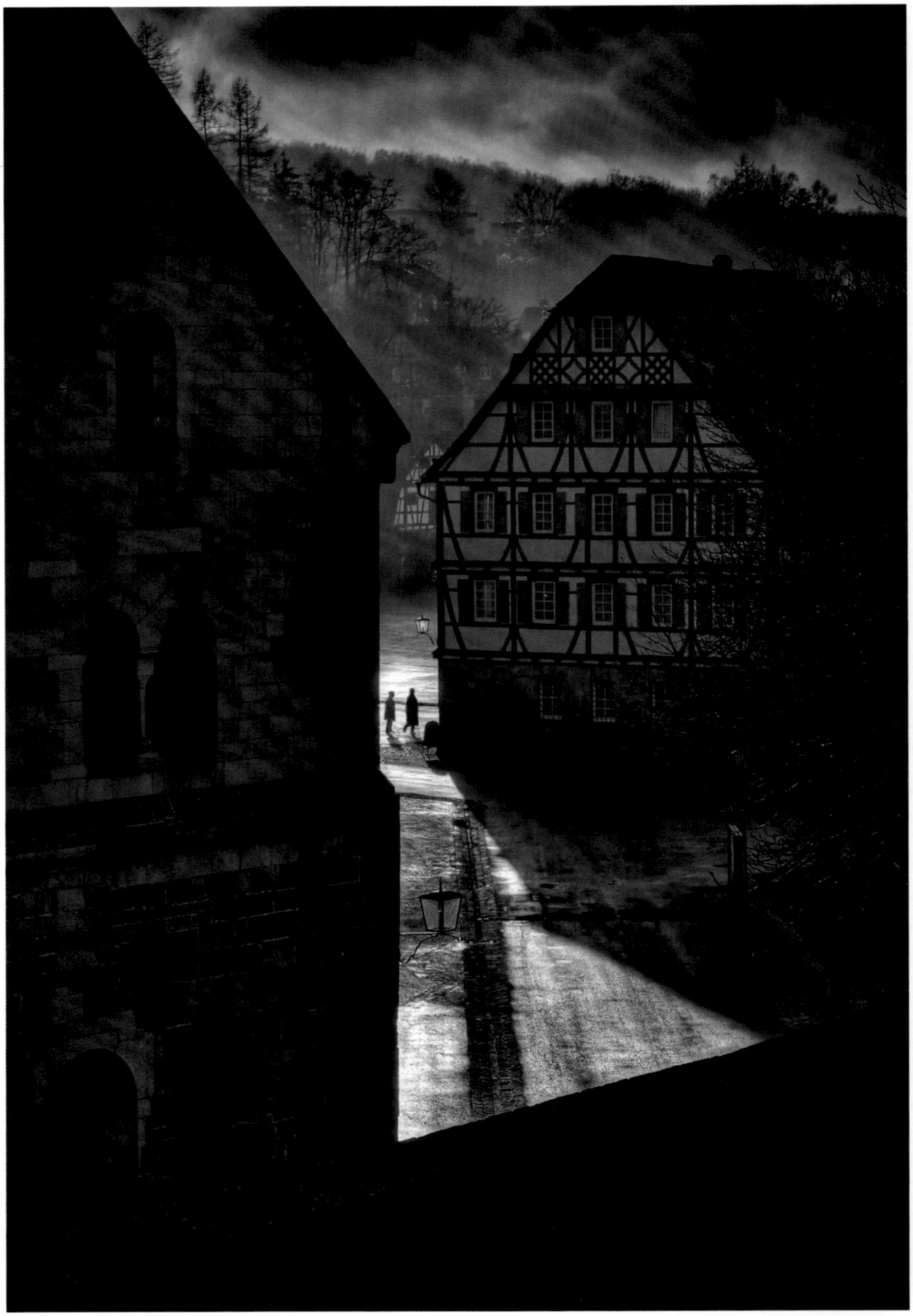

Abb. 280: Kloster Maulbronn | Studie 01 (2008). Blick in den Klosterhof aus nordöstlicher Richtung. Die beiden Personen sind nur klein abgebildet, in ihrer Interaktion gleichwohl recht sprechend. Man könnte dieses Bild auch im Abschnitt »Kirche und Mensch« einreihen.

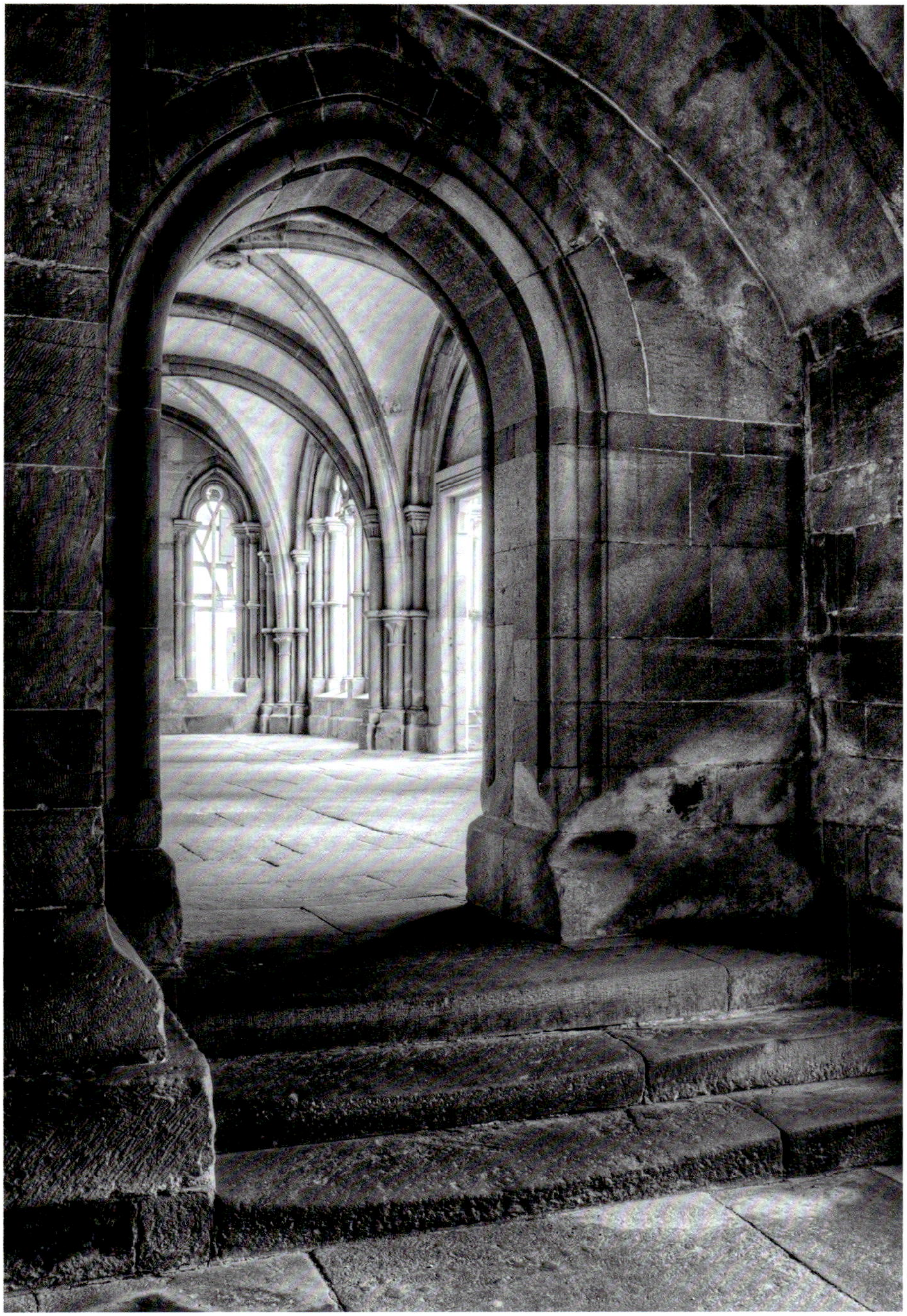

Abb. 281: Kloster Maulbronn | Studie 09 (2009). Blick in das der Klosterkirche vorgelagerte Westwerk. Auch der Name »Paradies« ist hierfür geläufig, er stammt von einer ursprünglichen und heute nicht mehr vorhandenen, bildlichen Darstellung des Sündenfalls.

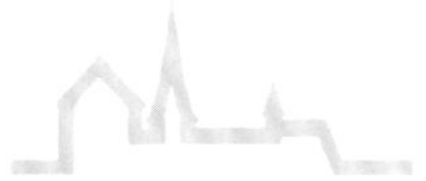

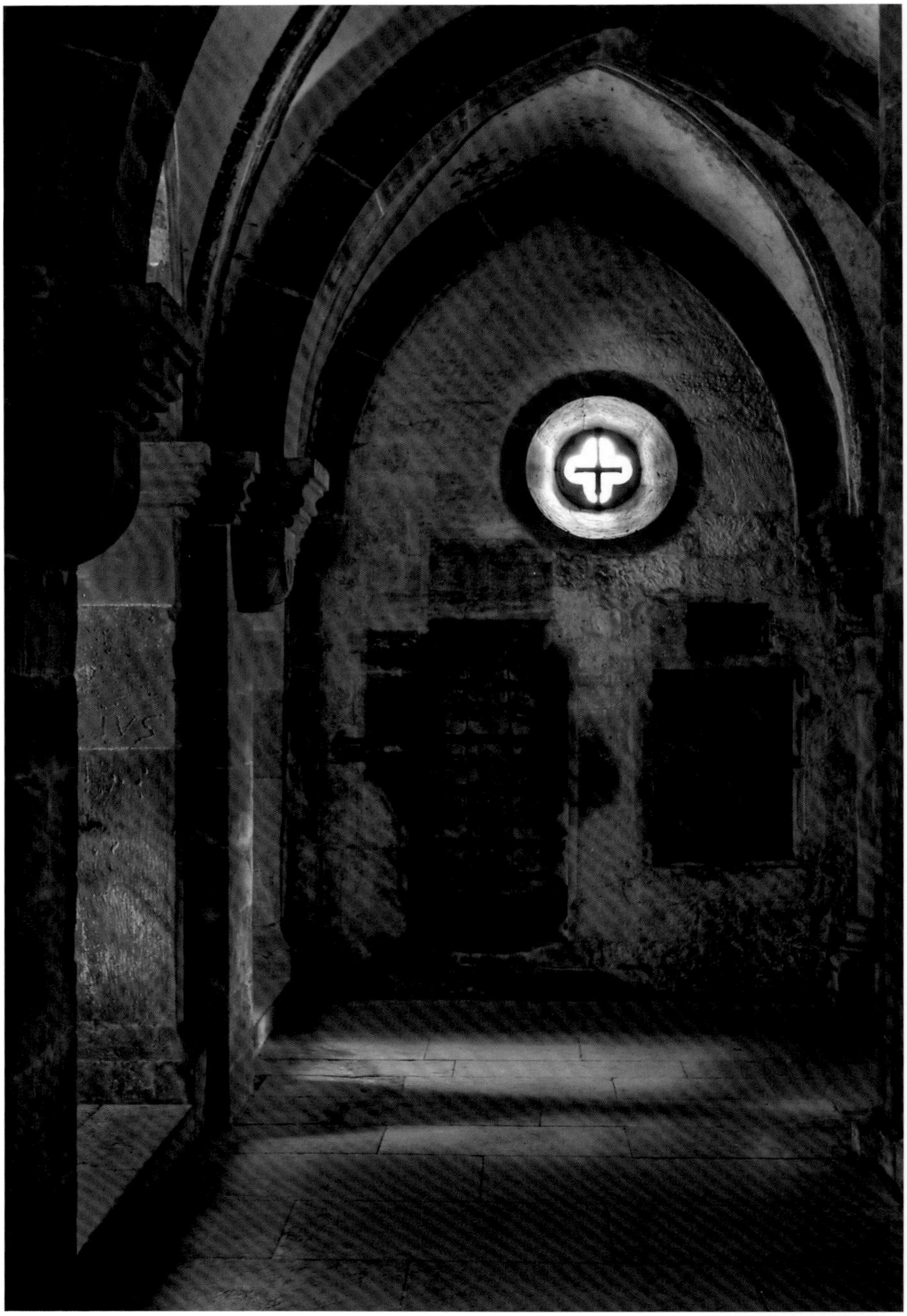

Abb. 282: Kloster Maulbronn | Studie 28 (2009). Blick auf die mittlerweile zugemauerte »Totenpforte« im hinteren Chorumgang der Klosterkirche, überragt vom typisch zisterziensischen Rosettenfenster als Symbol des Auges Gottes. Die Totenpforte war der letzte Durchtritt der Mönche auf Erden, wie ihnen auf dem regelmäßigen Weg zu den Gebeten immer wieder im Sinne eines »Memento mori« vor Augen geführt wurde.

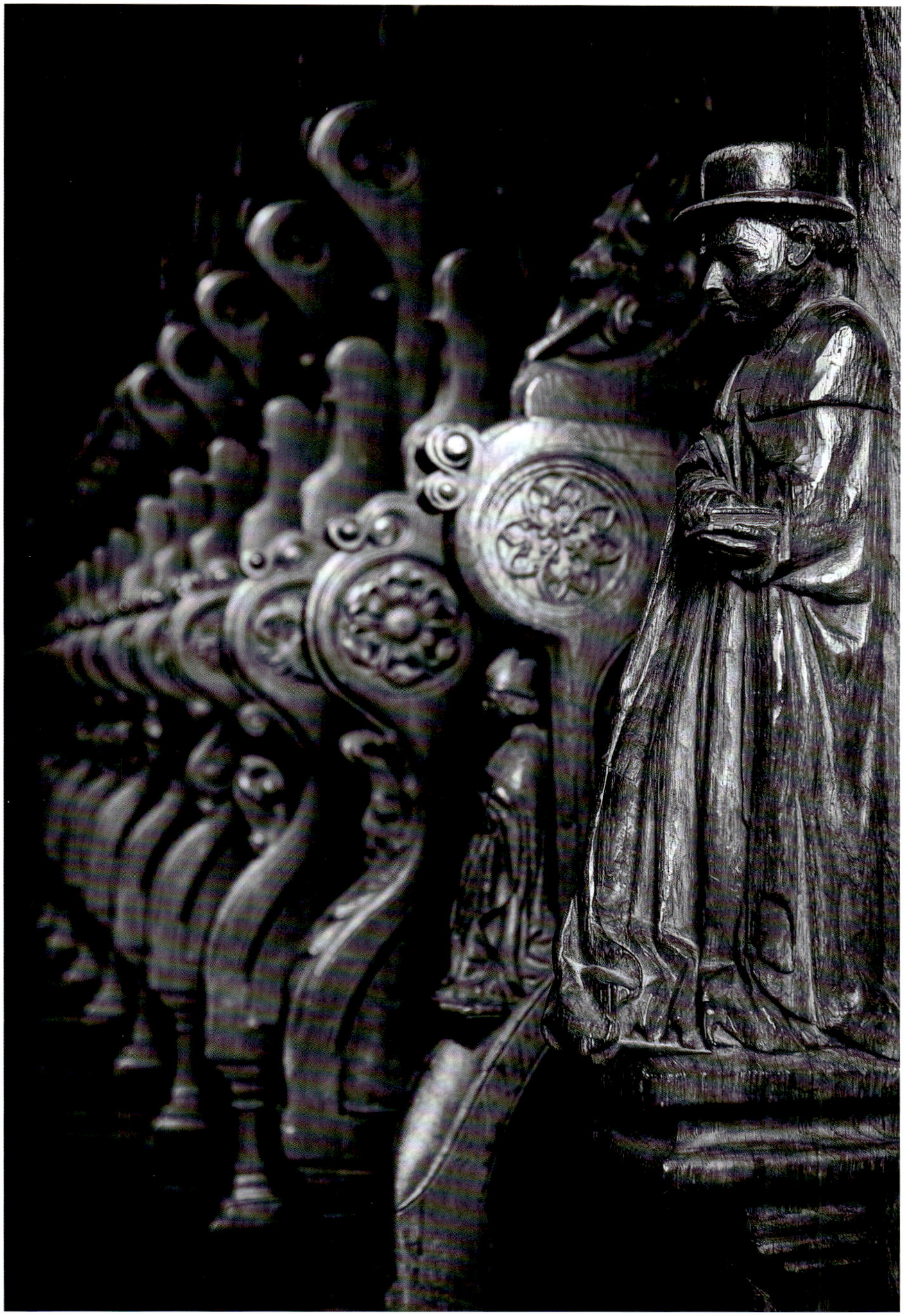

Abb. 283: Kloster Maulbronn | Studie 27 (2009). Ausschnitt des reich verzierten Chorgestühls der Herrenkirche, in seiner Reihung ein Symbol der Gemeinschaft.

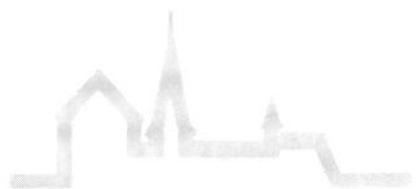

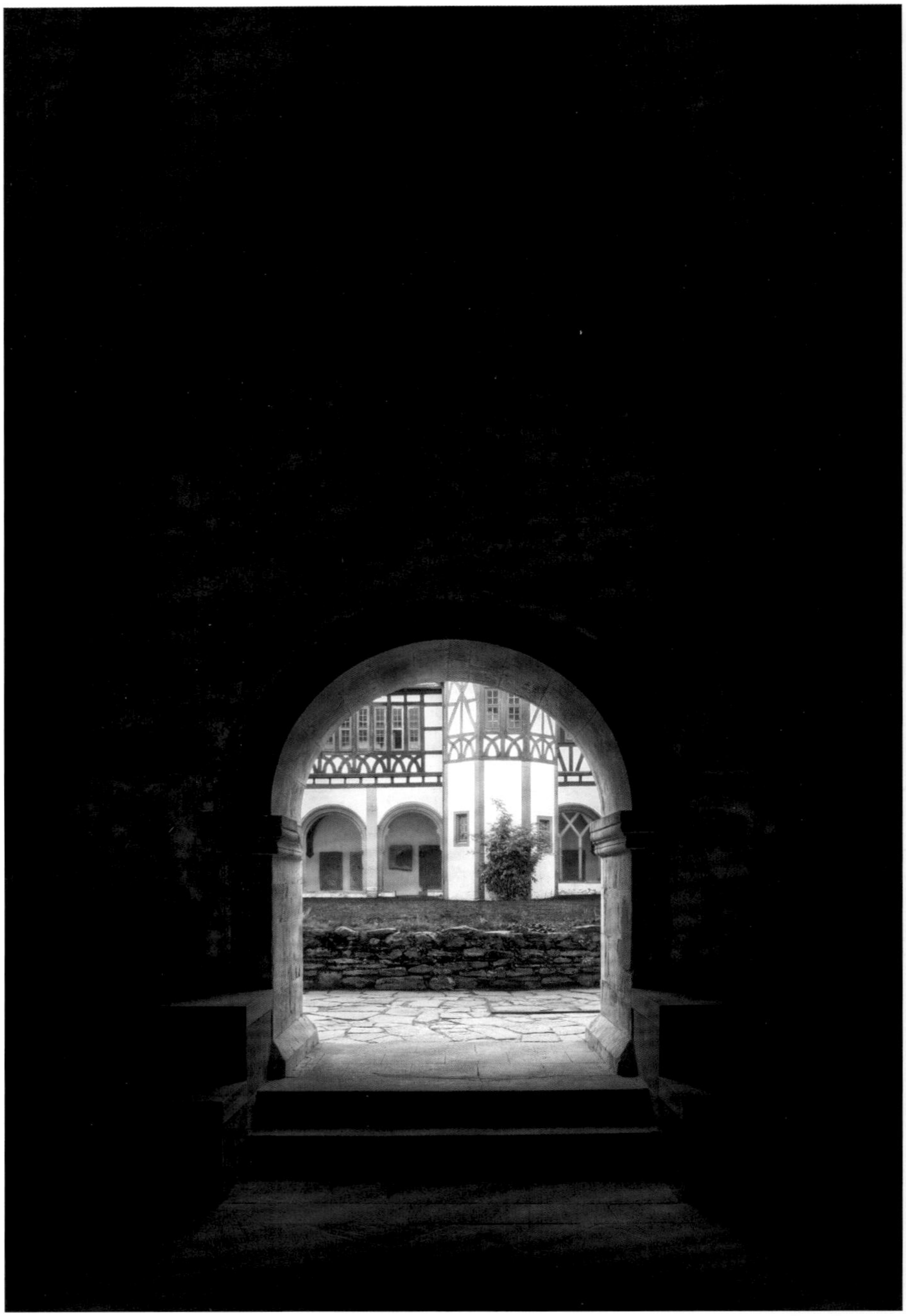

Abb. 284: Kloster Eberbach, Eltville am Rhein | Studie 11 (2015). Blick in den Klosterhof und auf das Brunnenhaus. Eine gute Aufnahme- und Ausarbeitungstechnik, hier mit Belichtungsreihe, ist vonnöten, um den hohen Innenraum nicht völlig im Schatten versinken zu lassen.

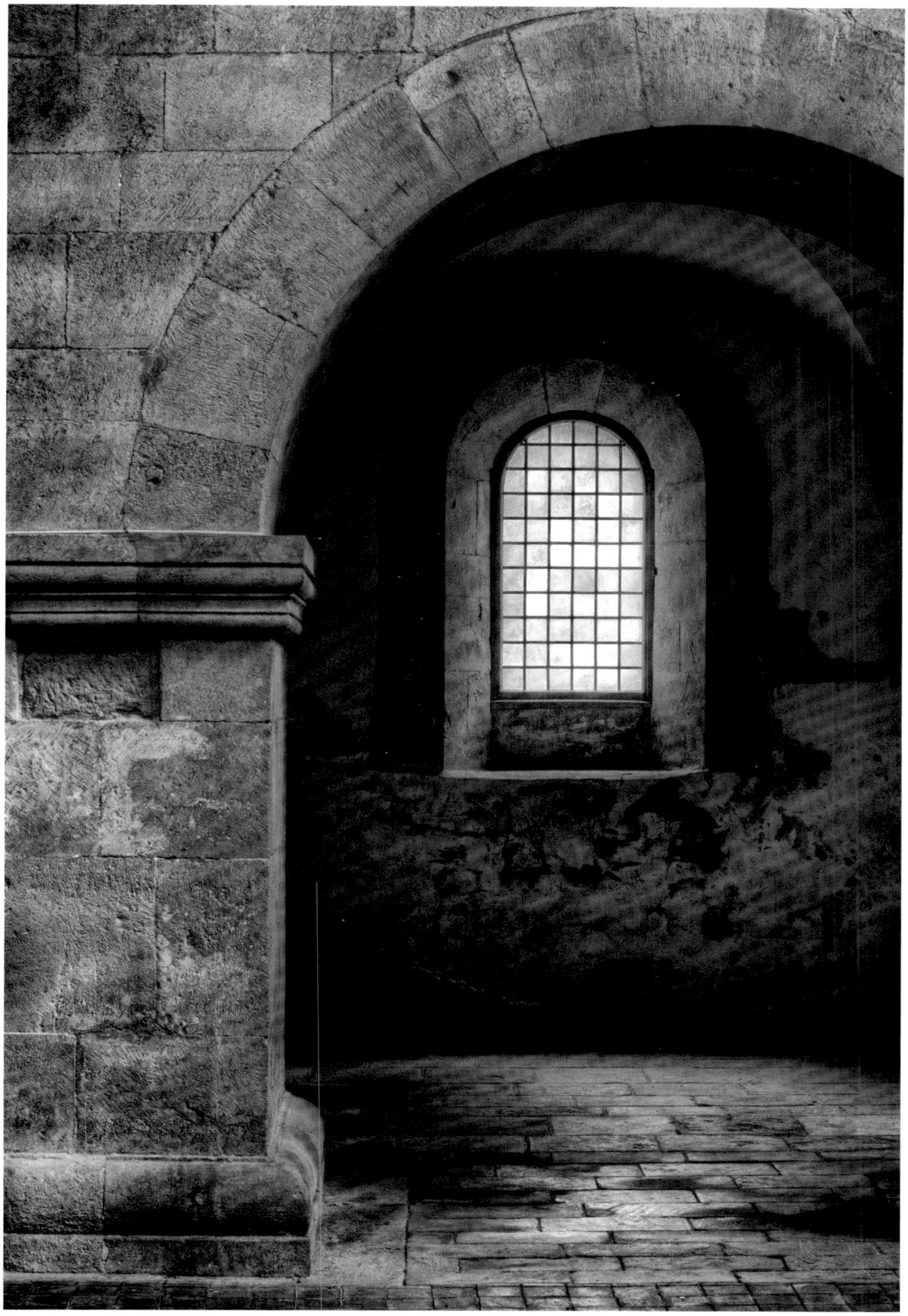

Abb. 285: Kloster Eberbach, Eltville am Rhein | Studie 02 (2015). Blick in eine der ostseitig vorgelagerten Kapellen der hochromanischen Basilika. Die minimalistische Staffelung und der beträchtliche Größenunterschied der beiden Rundbögen schaffen hier einen Tiefeneindruck auf kleinem Raum.

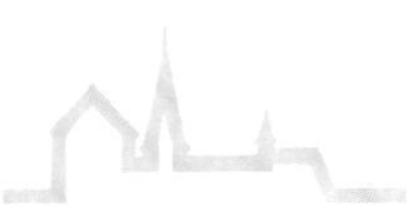

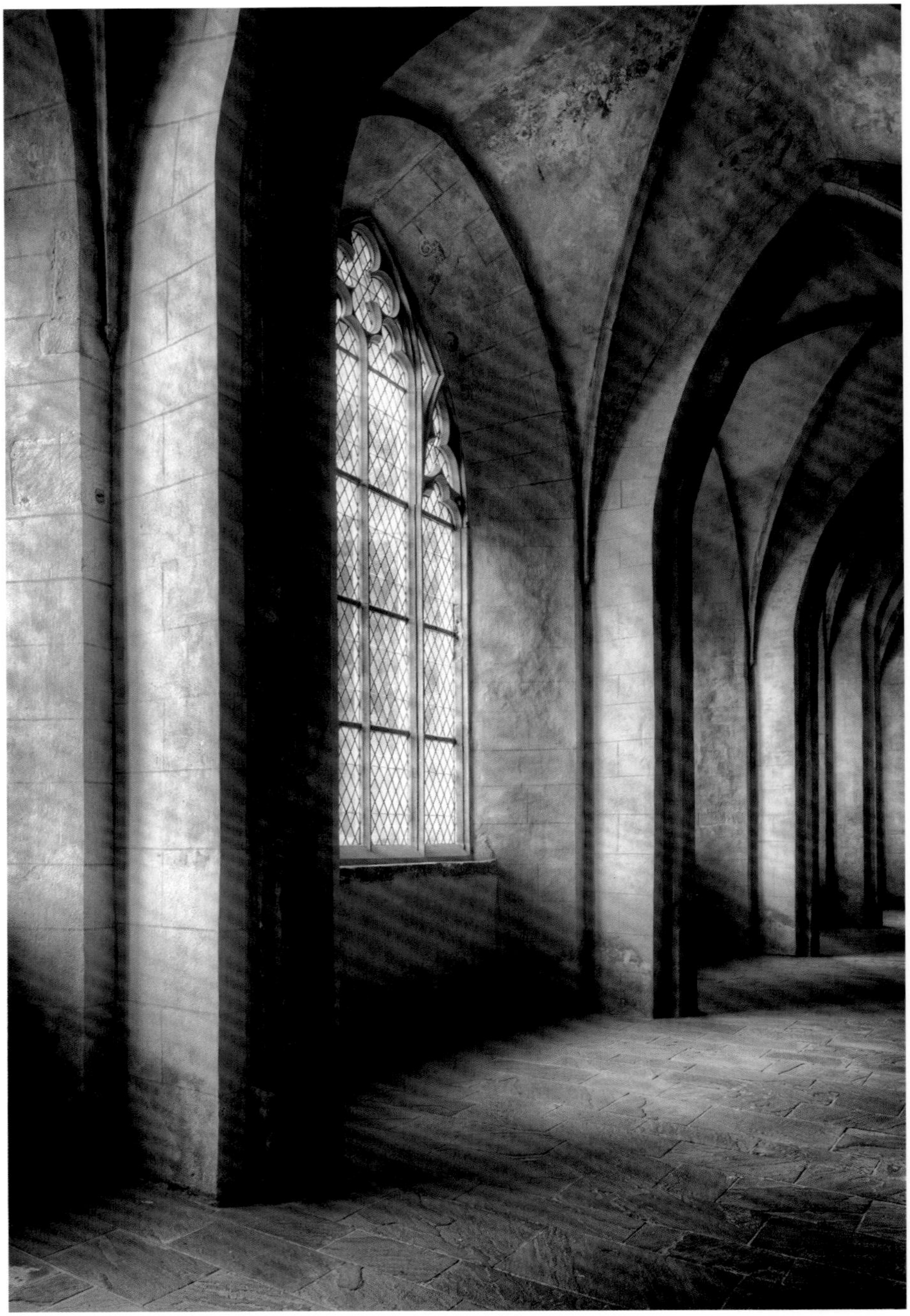

Abb. 286: Kloster Eberbach, Eltville am Rhein | Studie 01 (2015). Blick in den gotisierten Seitentrakt der hochromanischen Basilika. Das Licht flutete hier hell und klar von der Seite her an, war vom Szenenkontrast her aber noch zu bewältigen.

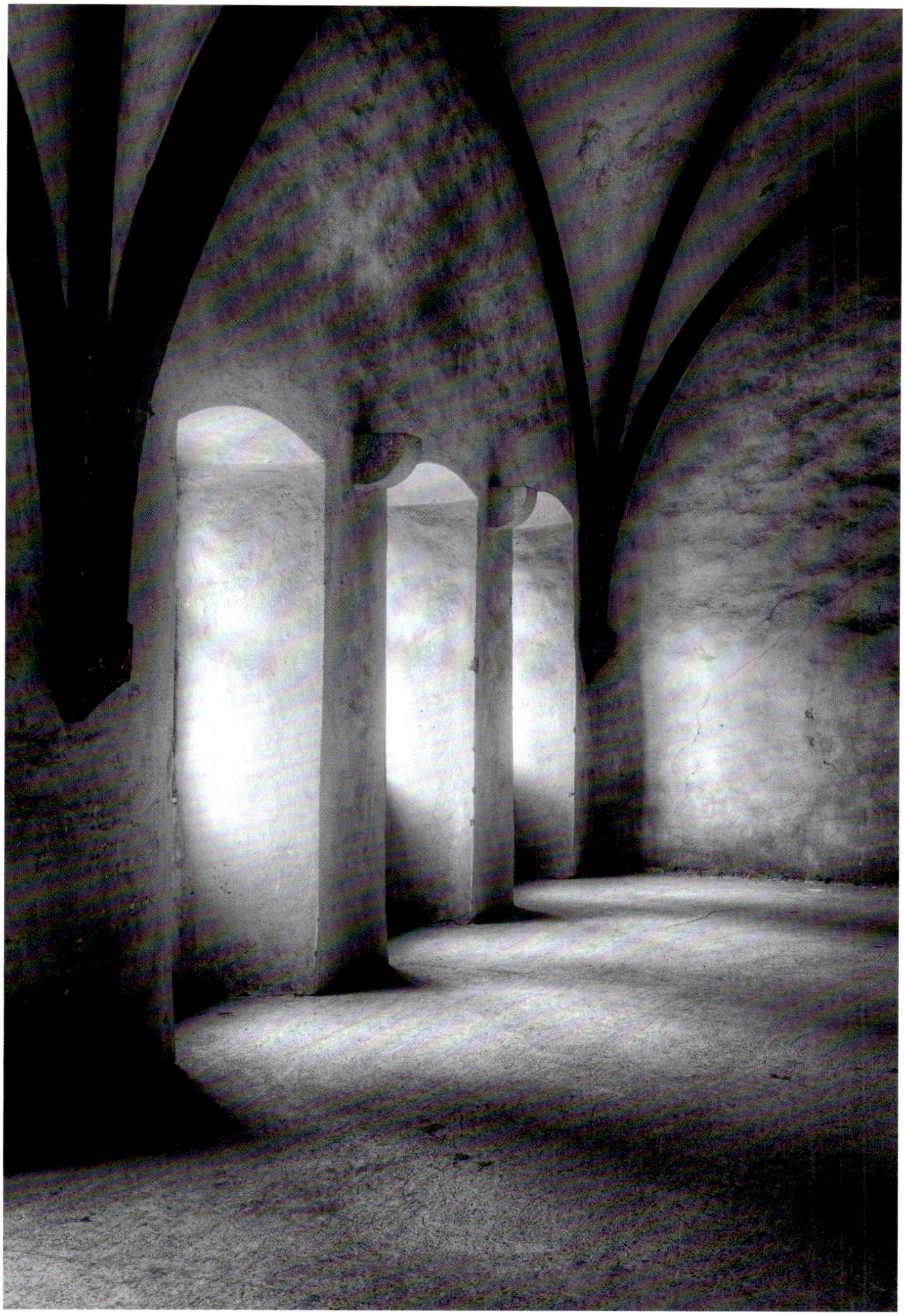

Abb. 287: Kloster Eberbach, Eltville am Rhein | Studie 06 (2015). Blick in ein Eck des ehemaligen Bibliothekssaals. Das weiche Seitenlicht strich hier zart über Boden, Wände und Decke und betonte deren Oberflächenstruktur und Stofflichkeit.

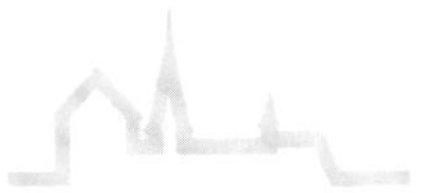

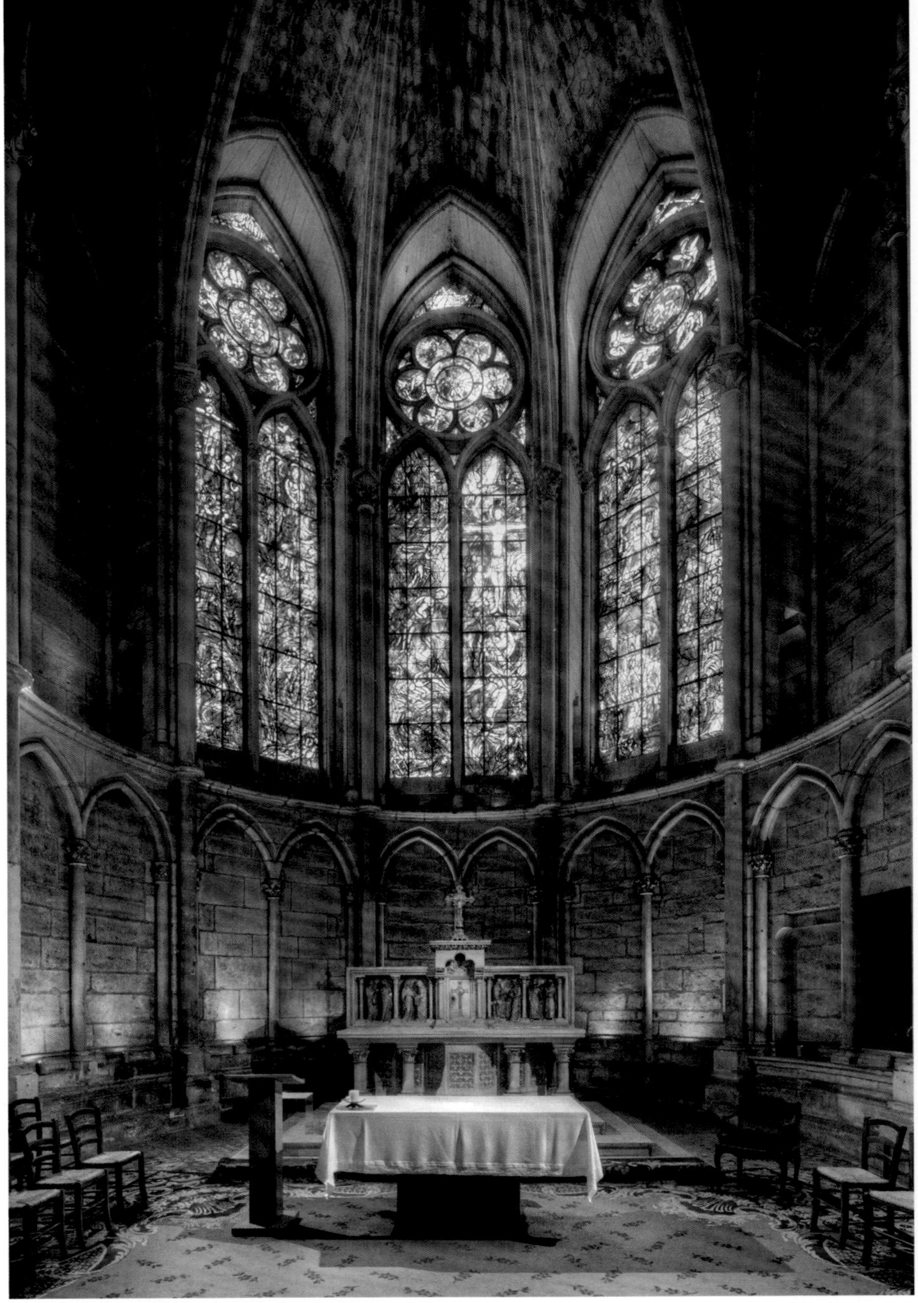

Abb. 288: Cathédrale Notre-Dame, Reims, Département Marne (2015). Blick in eine Seitenkapelle, insofern auch mit dem nachstehenden Bild paarig. Die Formen wirken hier runder, weicher.

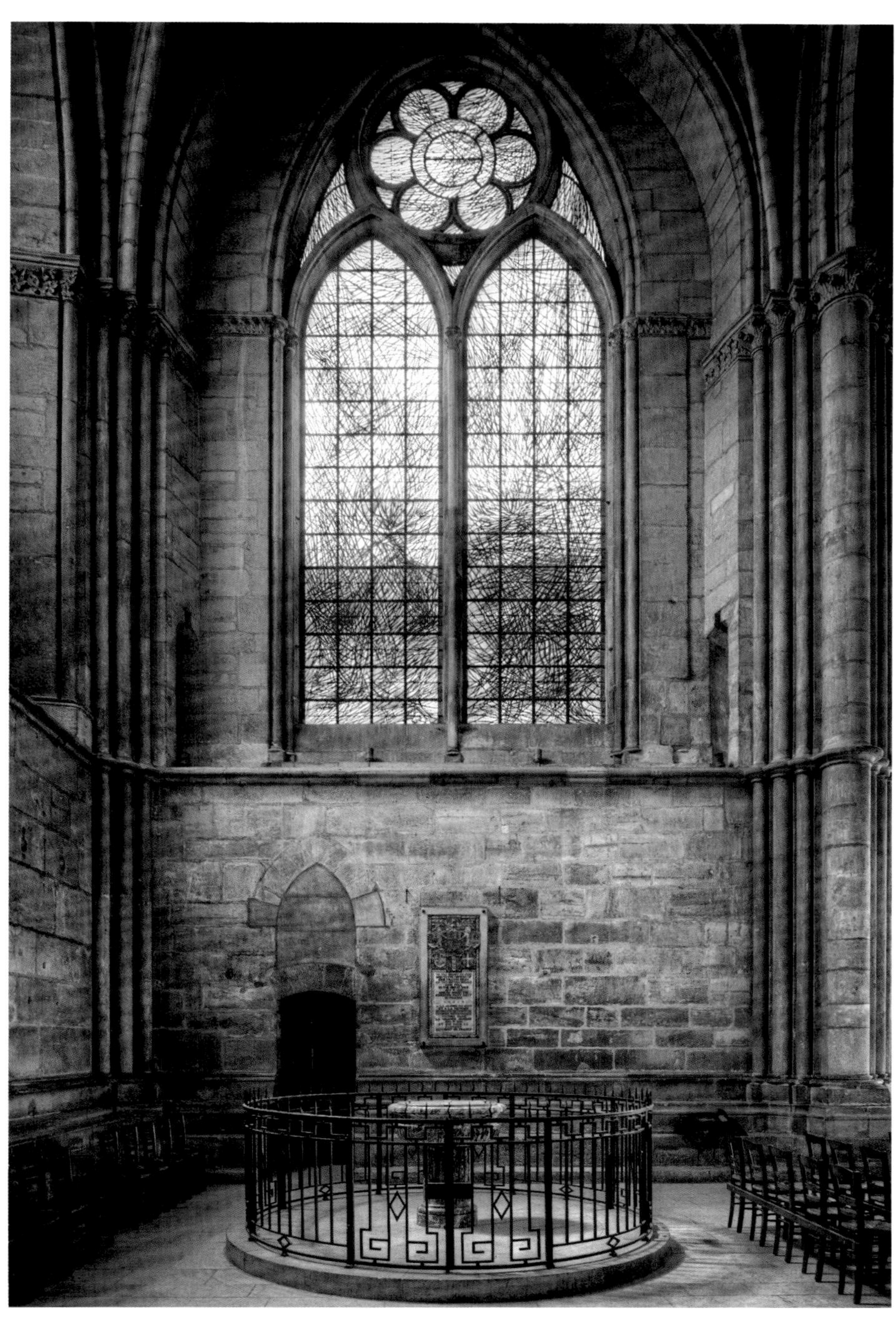

Abb. 289: Cathédrale Notre-Dame, Reims, Département Marne (2015). Blick in eine Seitenkapelle, insofern auch mit dem vorstehenden Bild paarig. Die Formen wirken hier geradliniger, strenger.

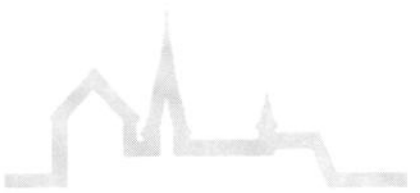

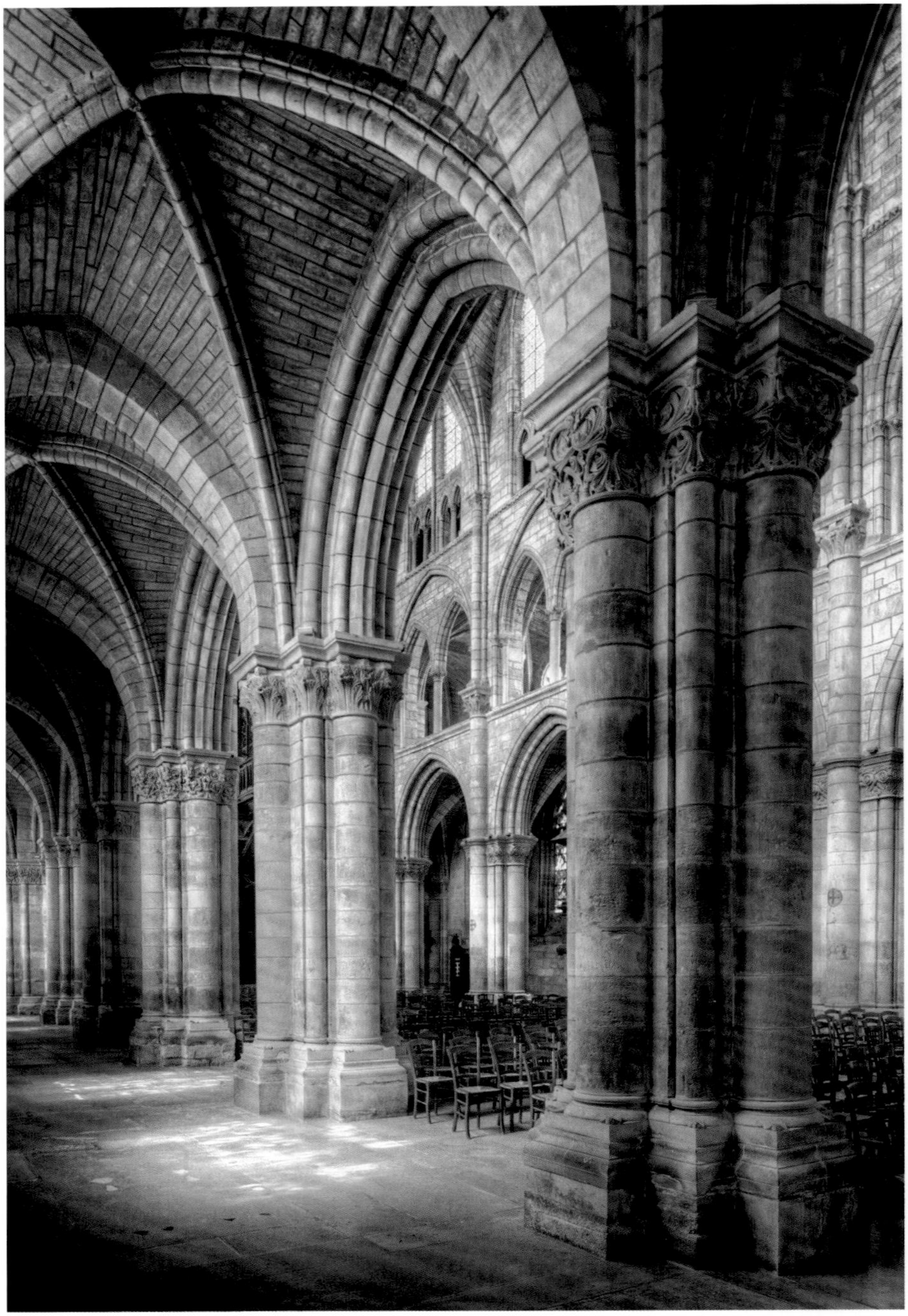

Abb. 290: Cathédrale Saint-Étienne, Châlons-en-Champagne, Département Marne (2015). Diagonalblick in das Kirchenschiff, insofern auch mit dem nachstehenden Bild paarig. In dieser Aufnahme steht der lichtdurchflutet weite Innenraum im Fokus.

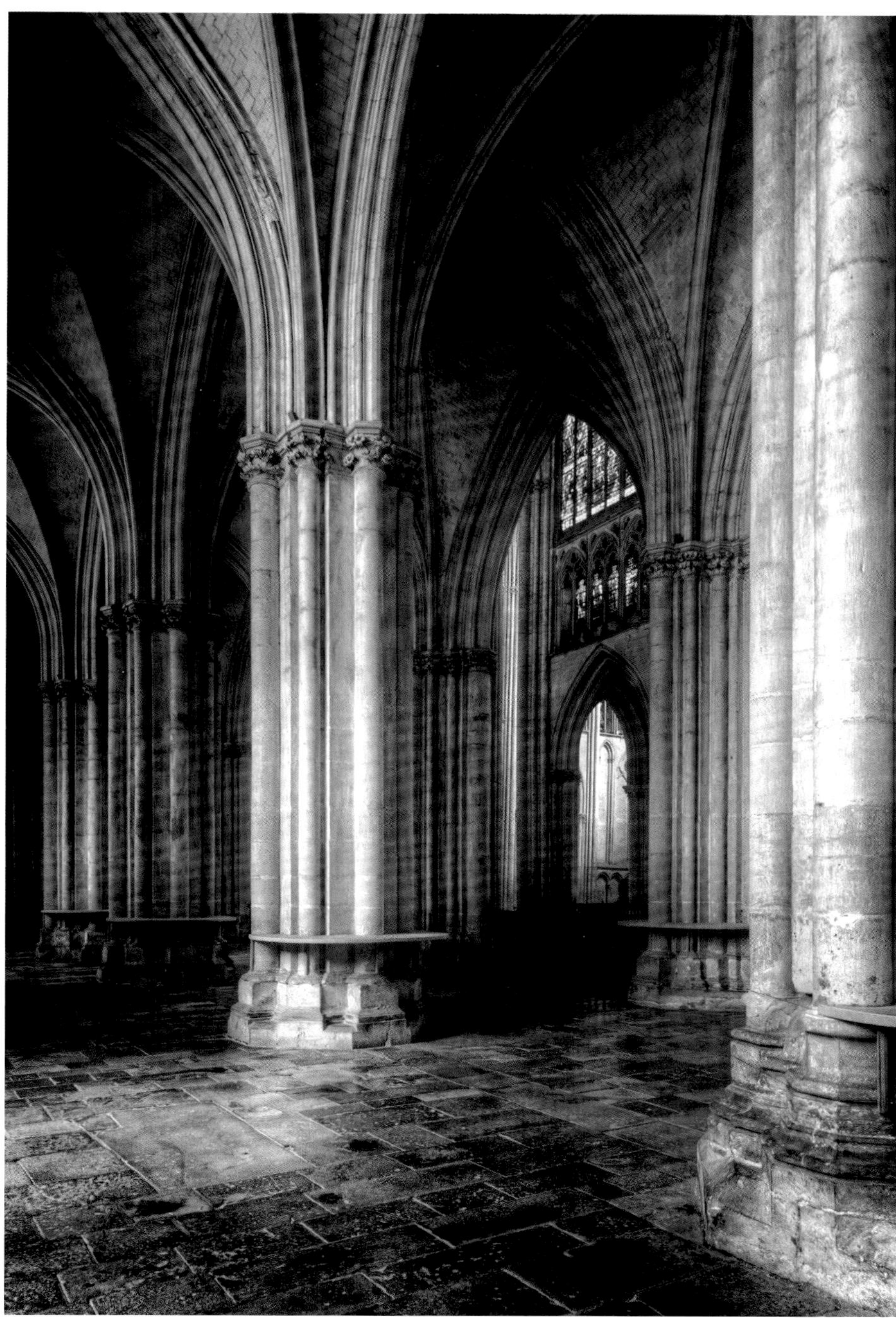

Abb. 291: Cathédrale Saint-Pierre-et-Saint-Paul, Troyes, Département Aube (2015). Diagonalblick in das Kirchenschiff, insofern auch mit dem vorstehenden Bild paarig. In dieser Aufnahme wird der Blick zur erleuchteten Seitenkapelle im Hintergrund geführt.

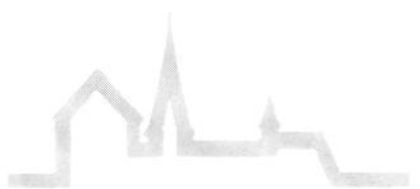

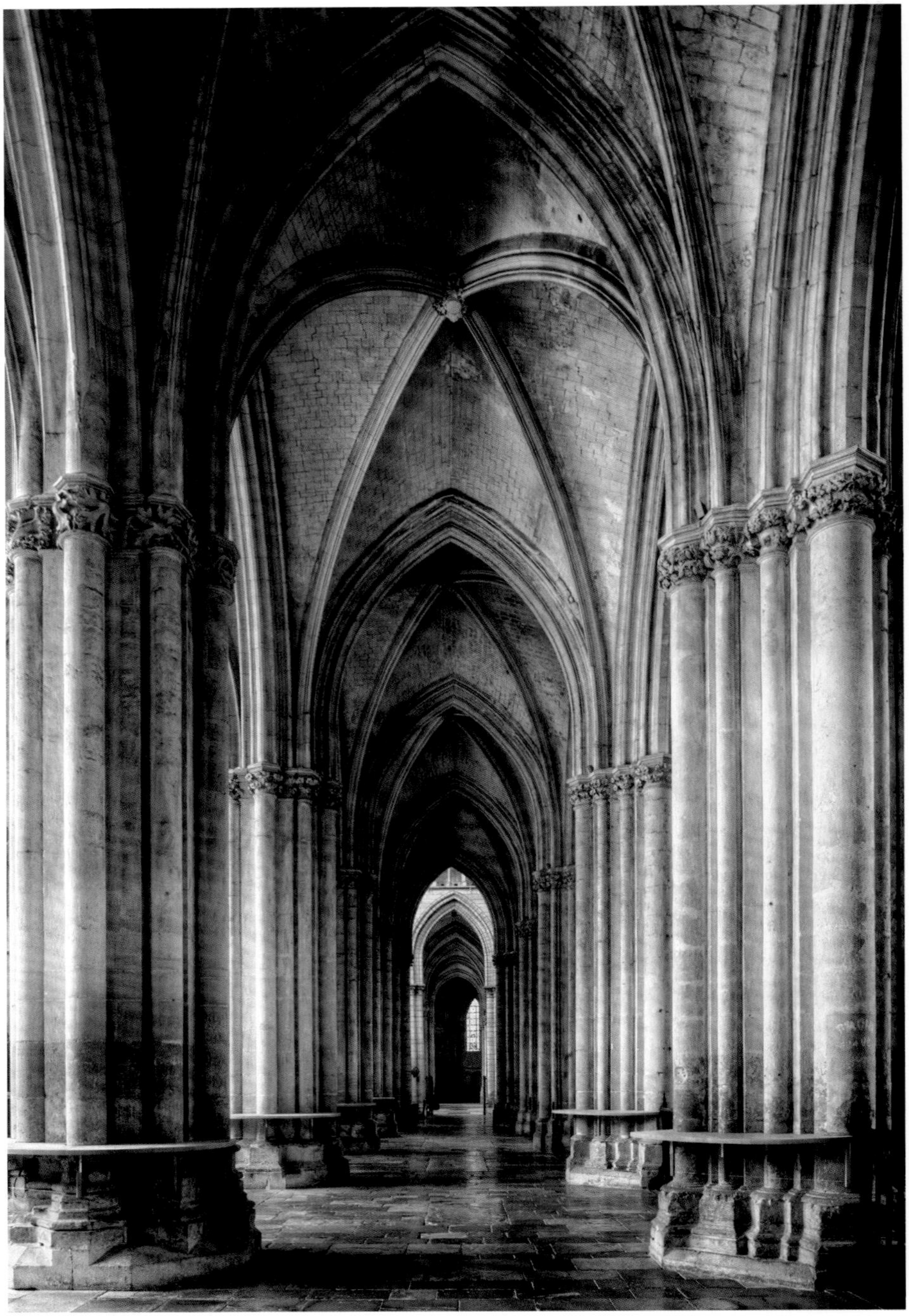

Abb. 292: Cathédrale Saint-Pierre-et-Saint-Paul, Troyes, Département Aube (2015). Bei solchen Blicken entlang des Seitenschiffs muss man auf stimmige kompositorische Abschlüsse an den Bildrändern achten.

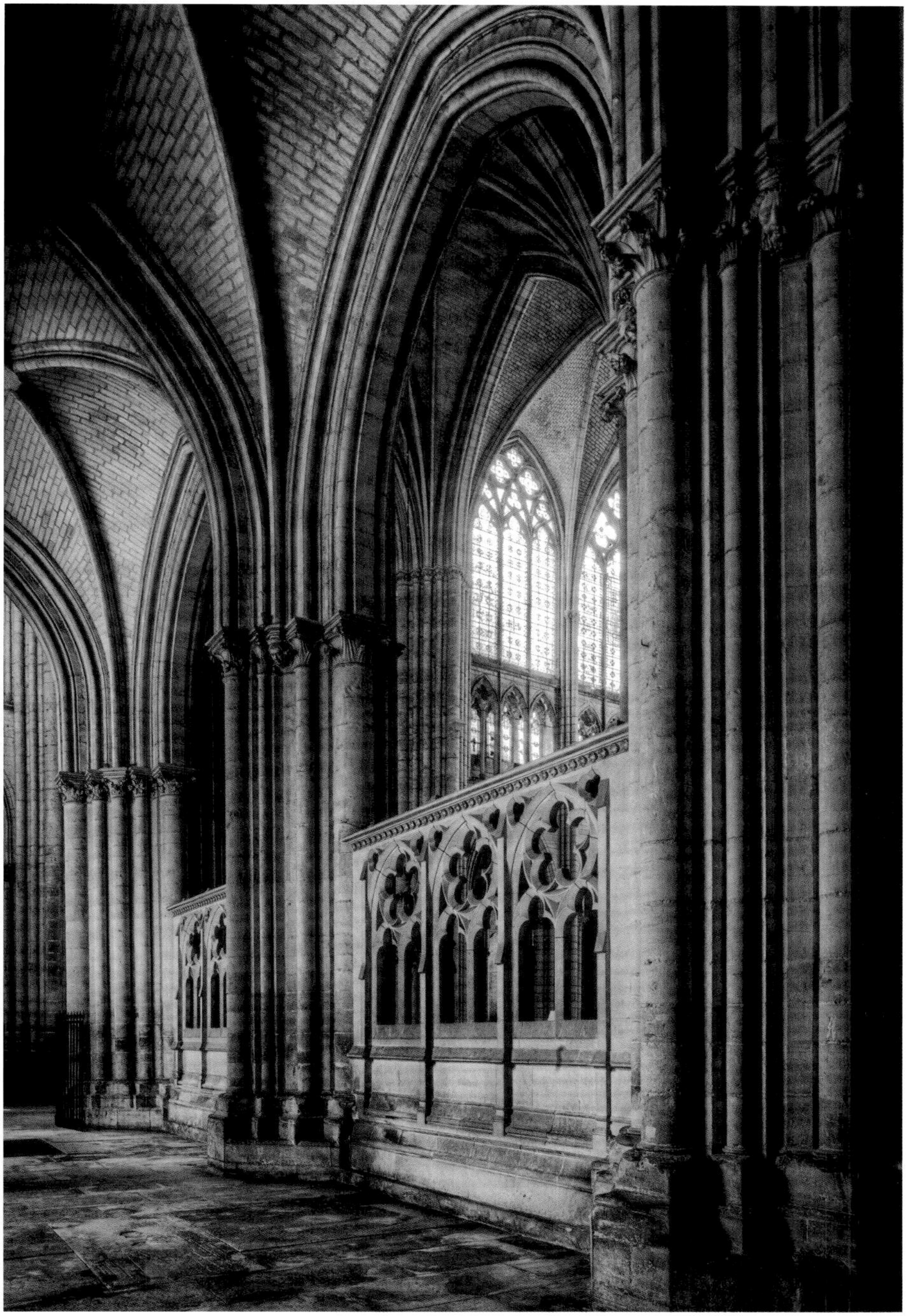

Abb. 293: Cathédrale Saint-Pierre-et-Saint-Paul, Troyes, Département Aube (2015). Noch ein Diagonalblick, hier aber vom Quer- in das Langschiff, der zudem vom Lettner halb geöffnet, halb verstellt wird.

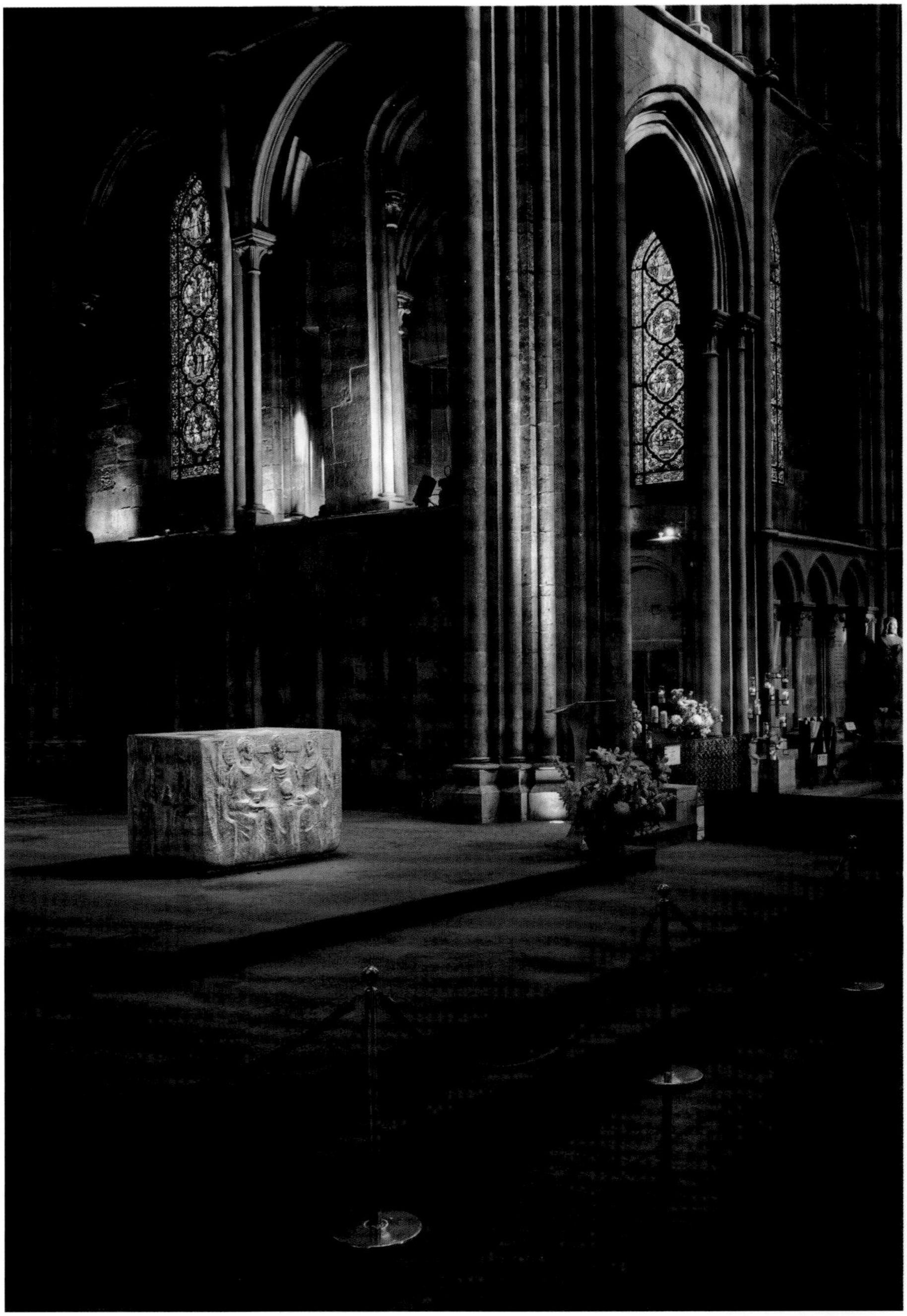

Abb. 294: Église Notre-Dame, Dijon, Département Côte-d'Or (2015). Diagonalblick in den Chor, insofern auch mit dem nachstehenden Bild paarig. Die Ausarbeitung betont die schummrige Lichtsituation des Hintergrundes und den Chiaroscuro-Effekt einzelner angestrahlter Objekte.

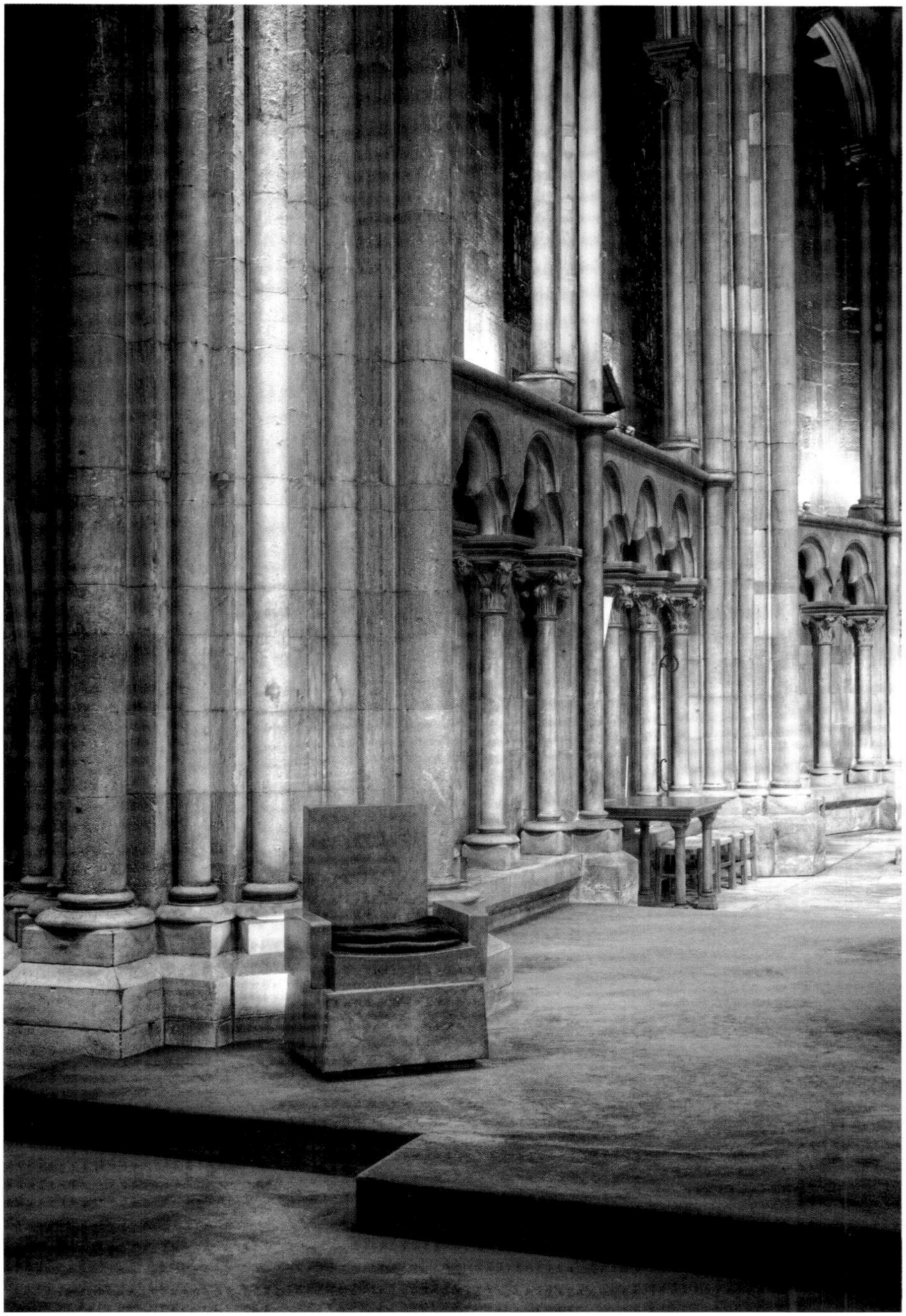

Abb. 295: Église Notre-Dame, Dijon, Département Côte-d'Or (2015). Diagonalblick in den Chor, insofern auch mit dem vorstehenden Bild paarig. Die helle Ausarbeitung betont die Stofflichkeit und Feinstruktur der dargestellten Objekte.

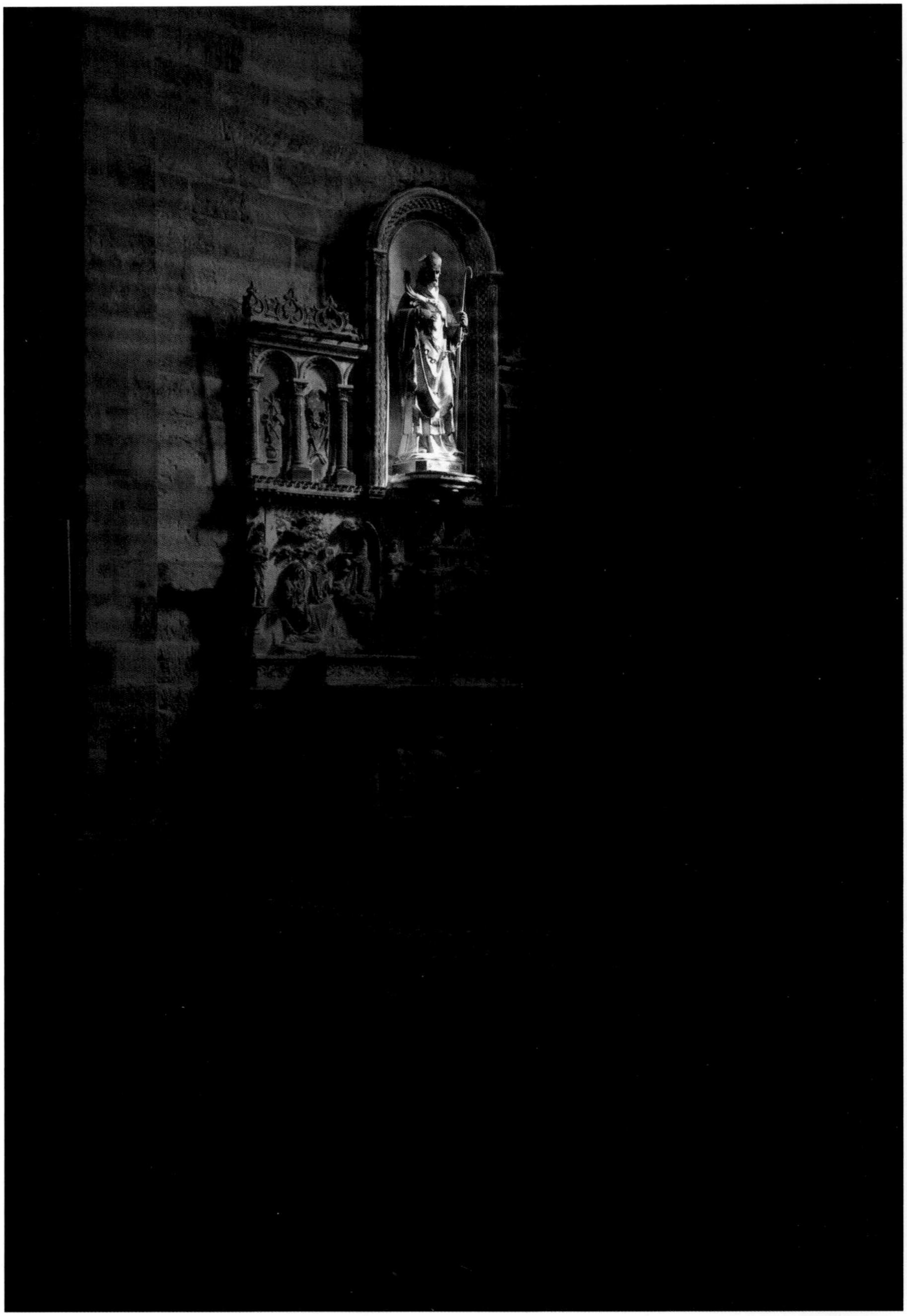

Abb. 296: Kapelle im Seitenschiff der Abbatiale Saint-Volusien, Foix, Département Ariège (2009). Zur richtigen Tageszeit findet sich die Heiligenfigur selektiv beleuchtet, sodass sich ein interessanter Chiaroscuro-Effekt herausarbeiten lässt.

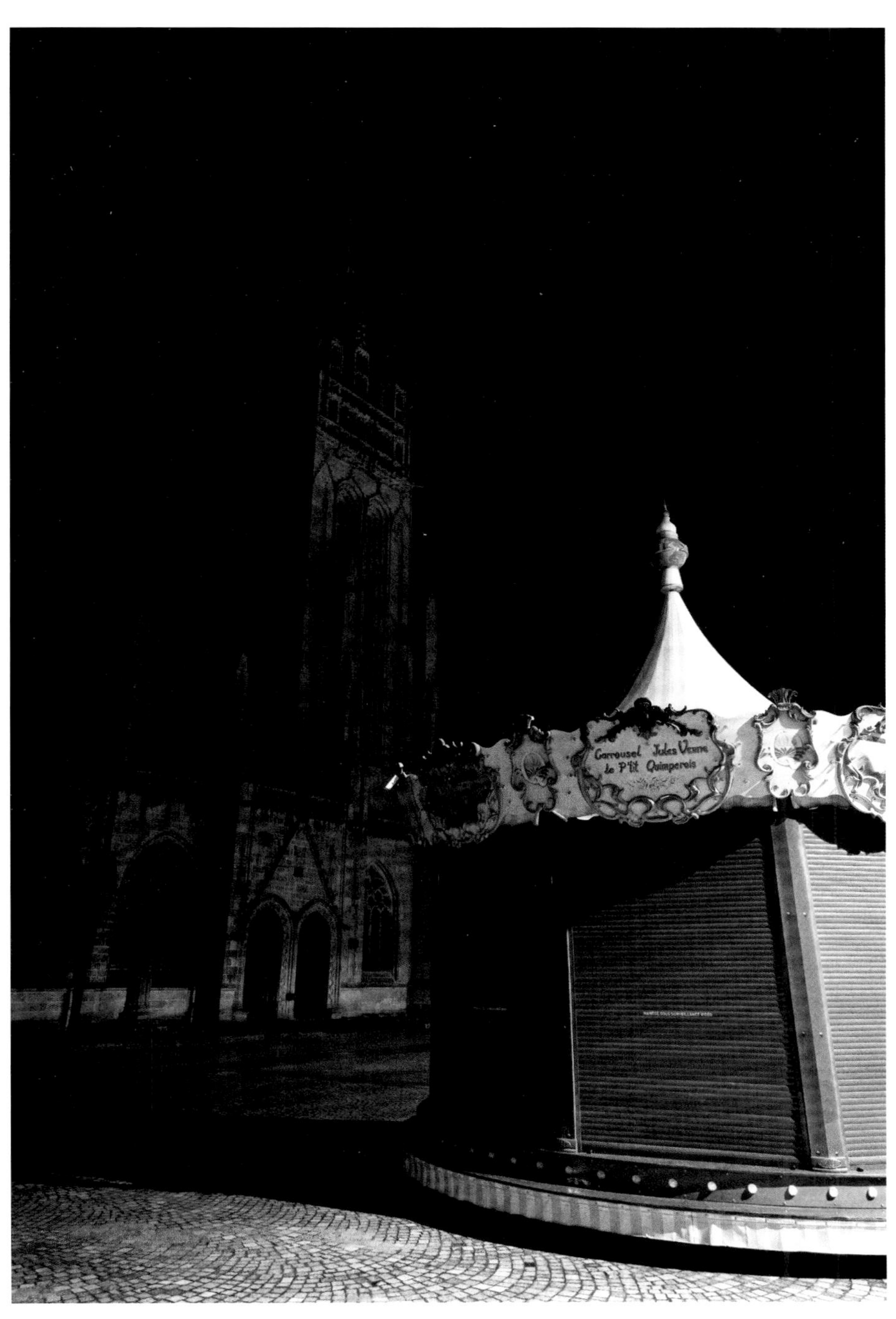

Abb. 297: Nächtlicher Tanz zwischen der Cathédrale Saint-Corentin und Karussell auf der Place Laennec, Quimper, Département Finistère (2010)

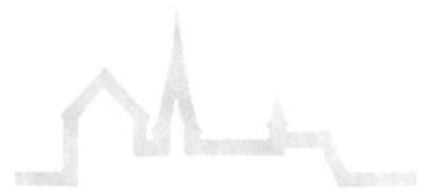

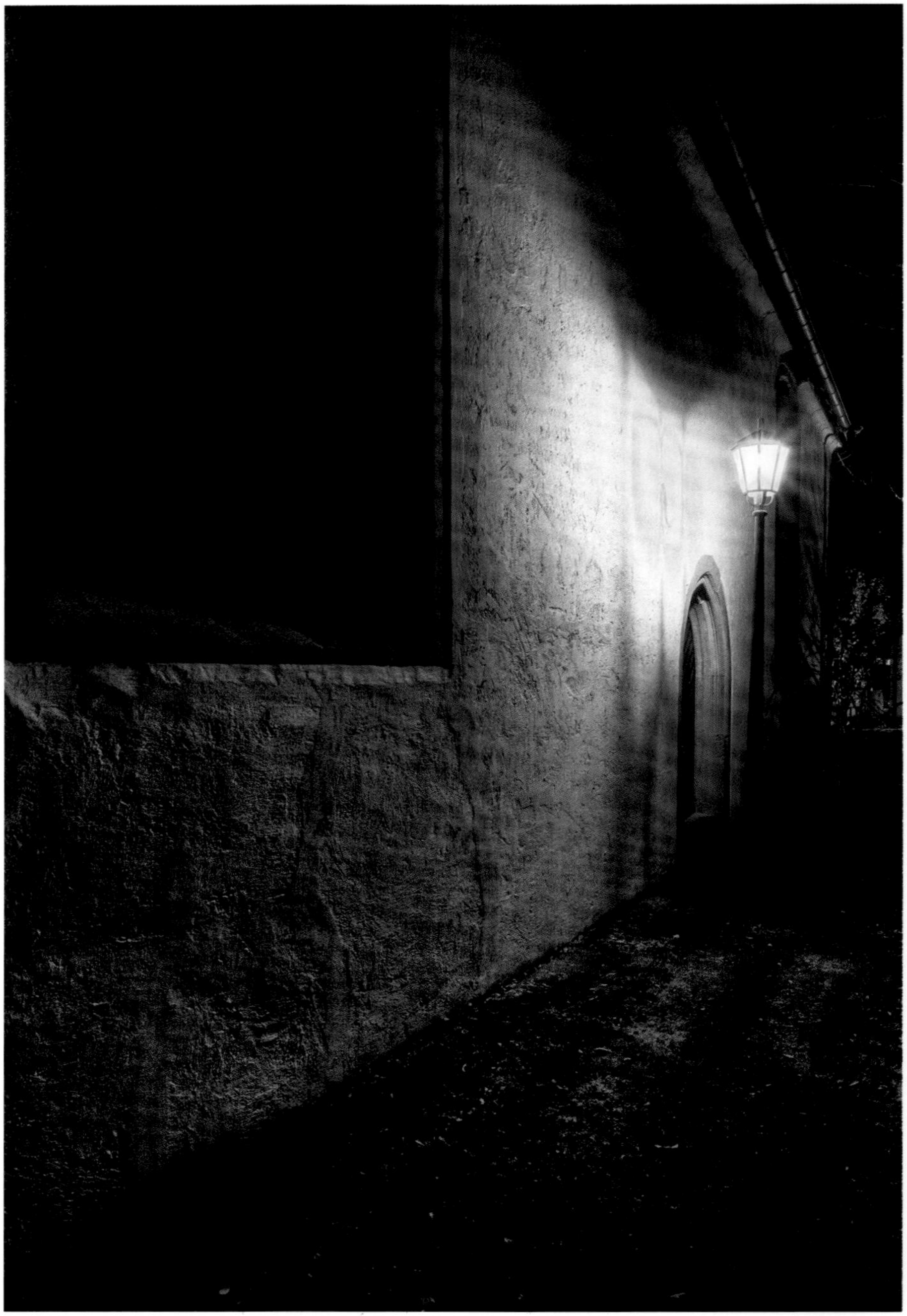

Abb. 298: Laurentius-Kirche im Amthof Oberderdingen (2013). Nächtlicher Blick entlang der evangelischen Predigtkirche. Eine stark geschlossene Blende und behutsame Nachbearbeitung sind erforderlich, um diese nächtliche, punktförmig beleuchtete Szene vom Kontrastumfang her nicht völlig aus dem Ruder laufen zu lassen.

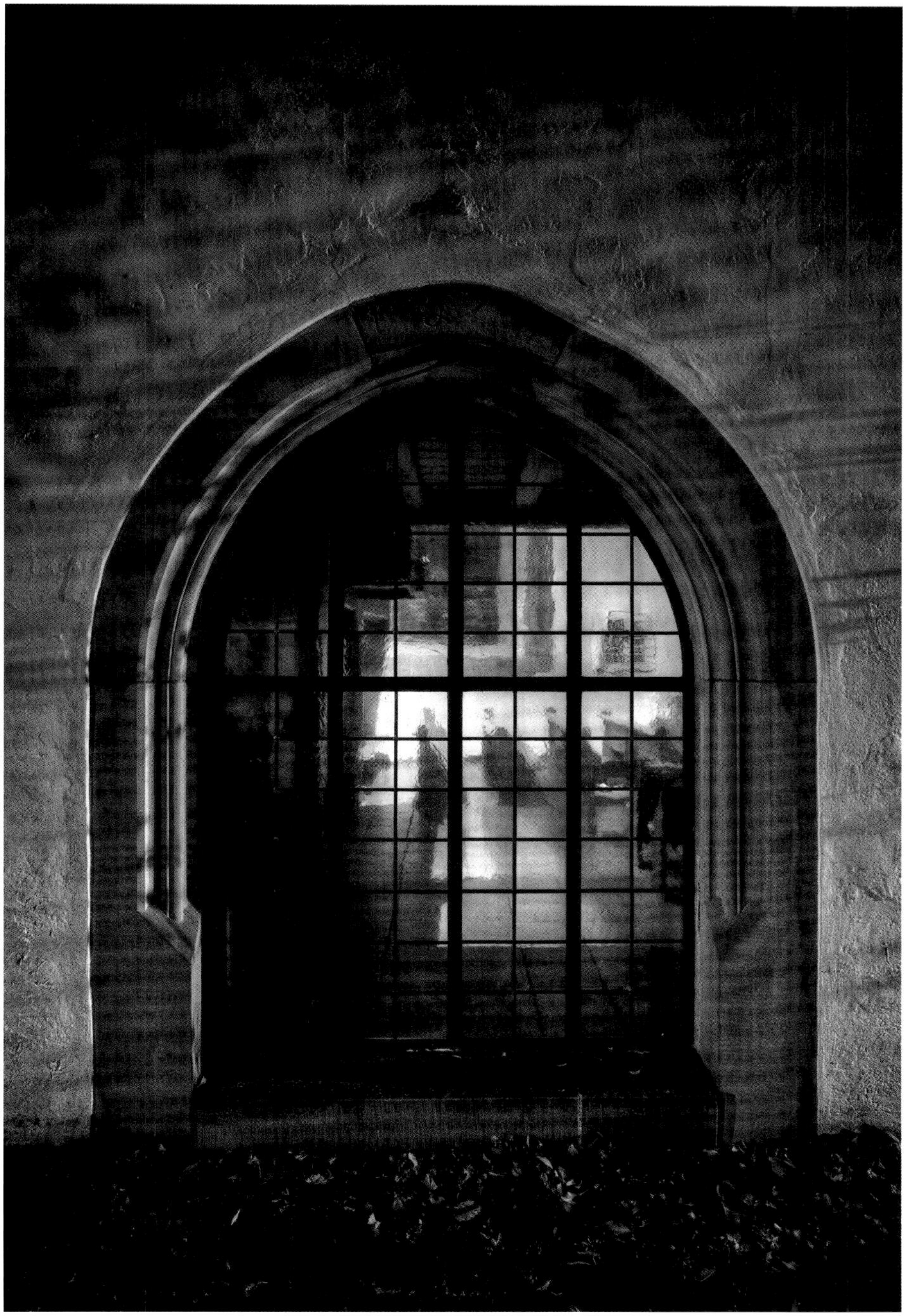

Abb. 299: Laurentius-Kirche im Amthof Oberderdingen (2013). Blick auf den schon im vorstehenden Bild angeschnittenen Seiteneingang. Die künstlichen Lichtquellen der Nacht schaffen ganz besondere, dem taghellen Blick verborgene Stimmungen.

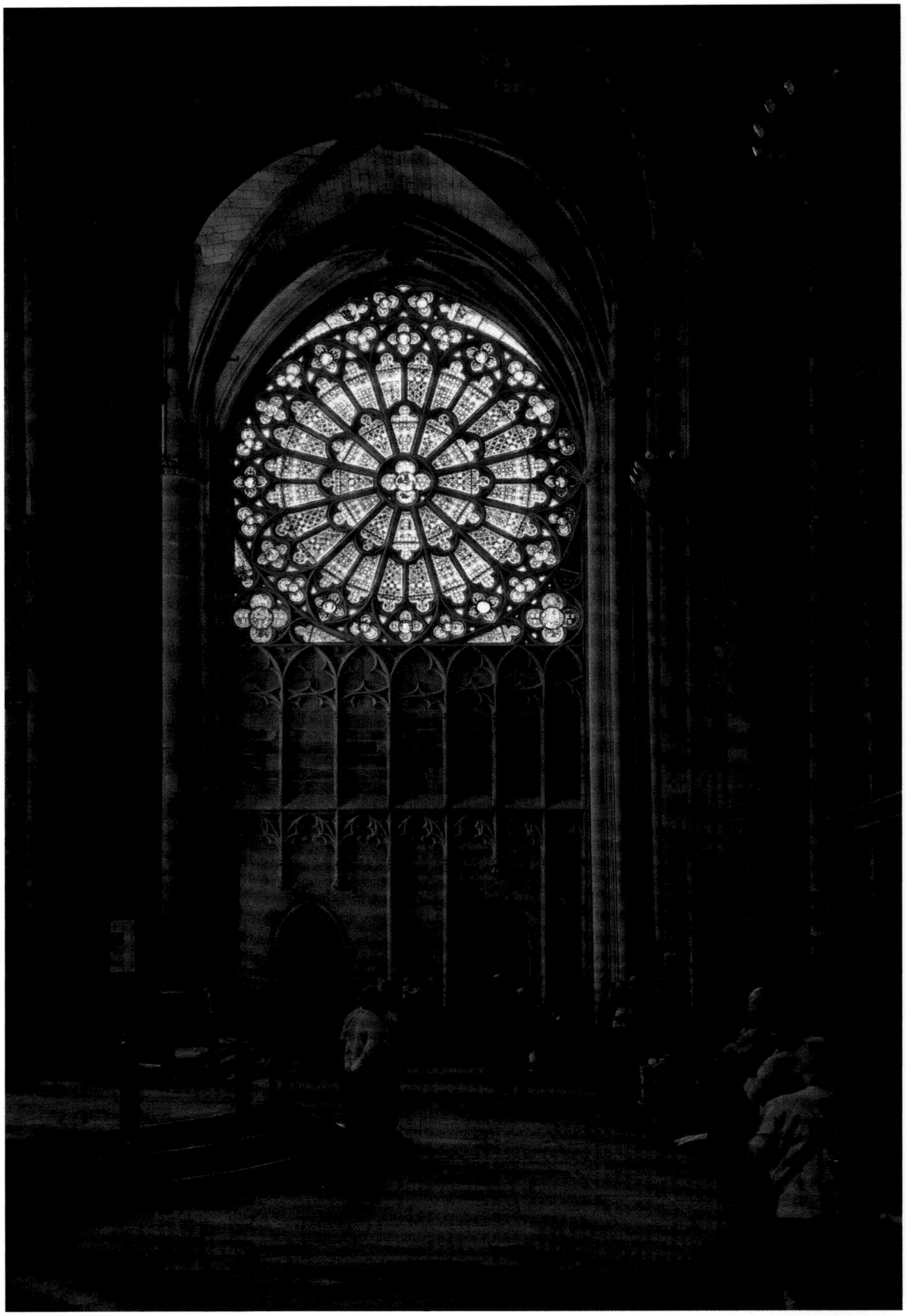

Abb. 300: Konzert in der Basilique Saint-Nazaire, Carcassonne, Département Aude (2009). Ein Spontankonzert dreier Tenöre und ein unvorbereitetes, jedoch geneigtes Publikum ließen einen Augenblick inniger Gemeinschaft und Verbundenheit entstehen.

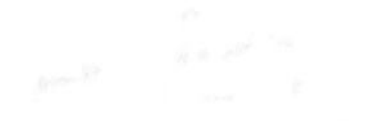

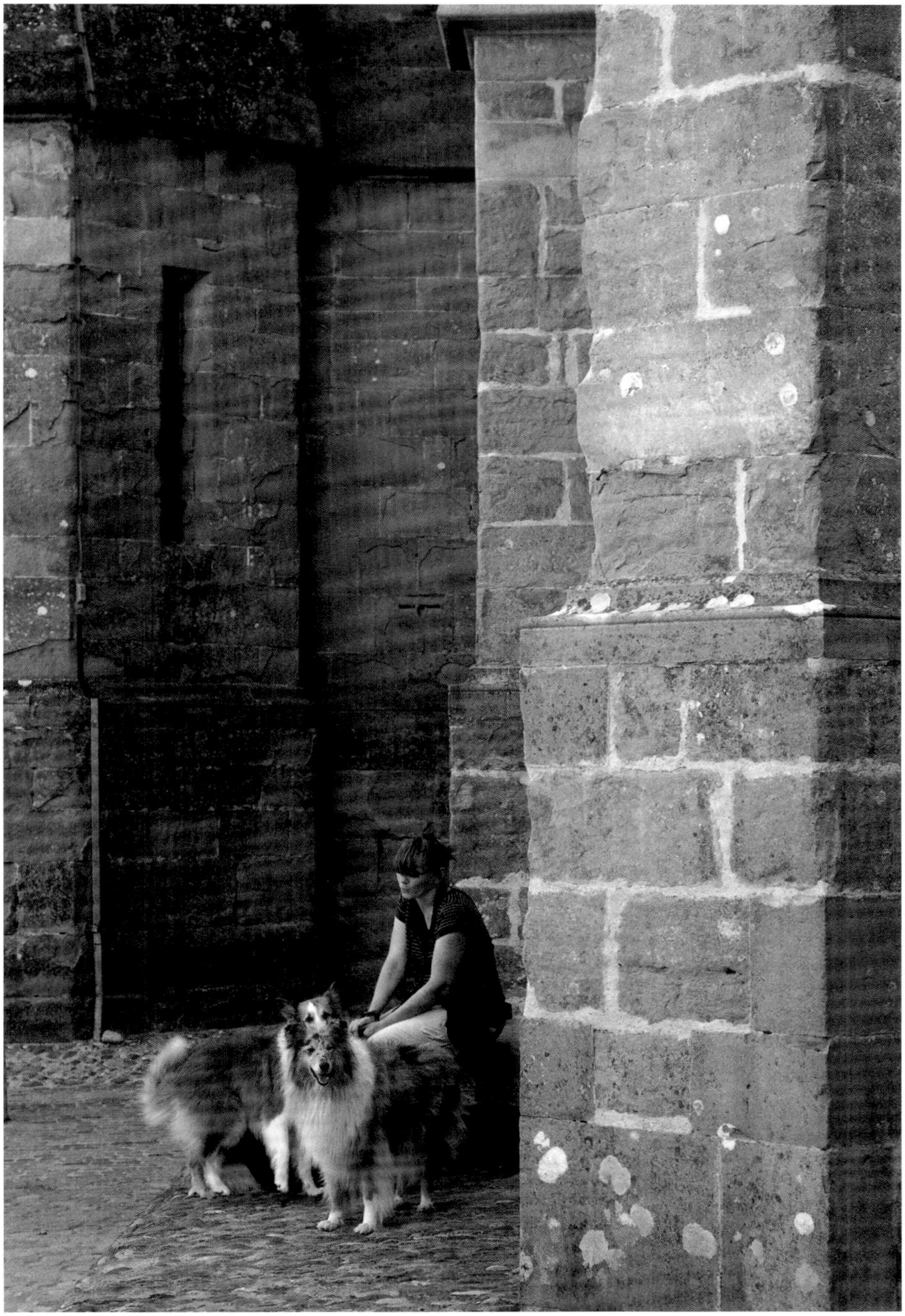

Abb. 301: Frau mit ihren beiden Collies bei der Basilique Saint-Nazaire, Carcassonne, Département Aude (2009). Wenig später nach dem vorstehenden Bild aufgenommen, zeigt sich hier der Gegenpol eines in sich gekehrten, verlassen wirkenden Menschen. Nur die beiden Hunde bilden hier noch eine Brücke zum Betrachter.

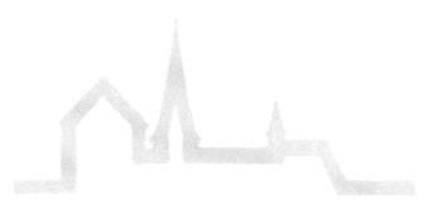

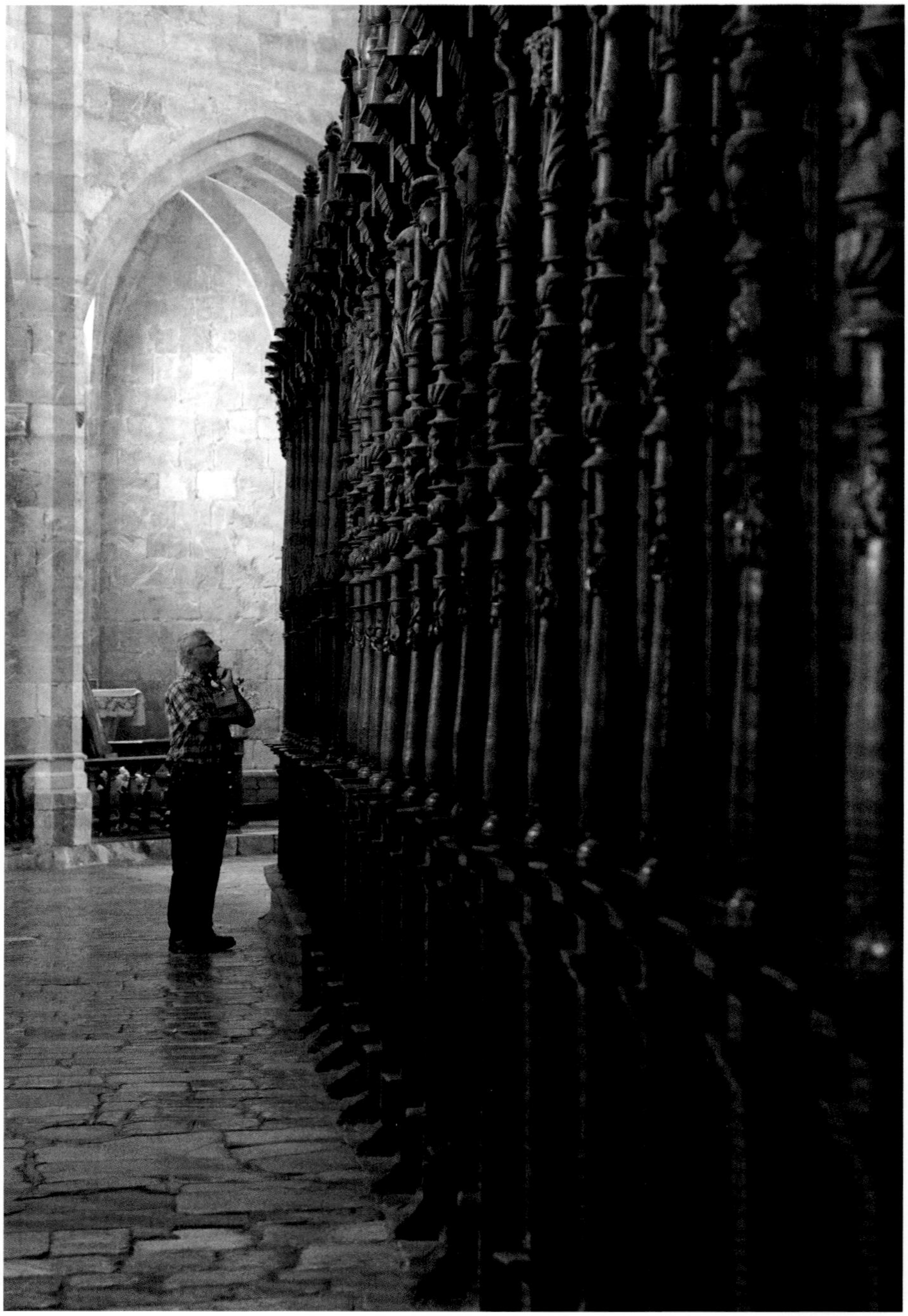

Abb. 302: Besucher in der Cathédrale Notre-Dame, Saint-Bertrand-de-Comminges, Département Haute-Garonne (2009). Ich möchte noch ein wenig beim Thema der Gemeinschaft versus Verlassenheit bleiben. Auch dieser Besucher ist alleine, aber offensichtlich gut bei sich, lebhaft am Dargestellten interessiert und insofern nicht verlassen.

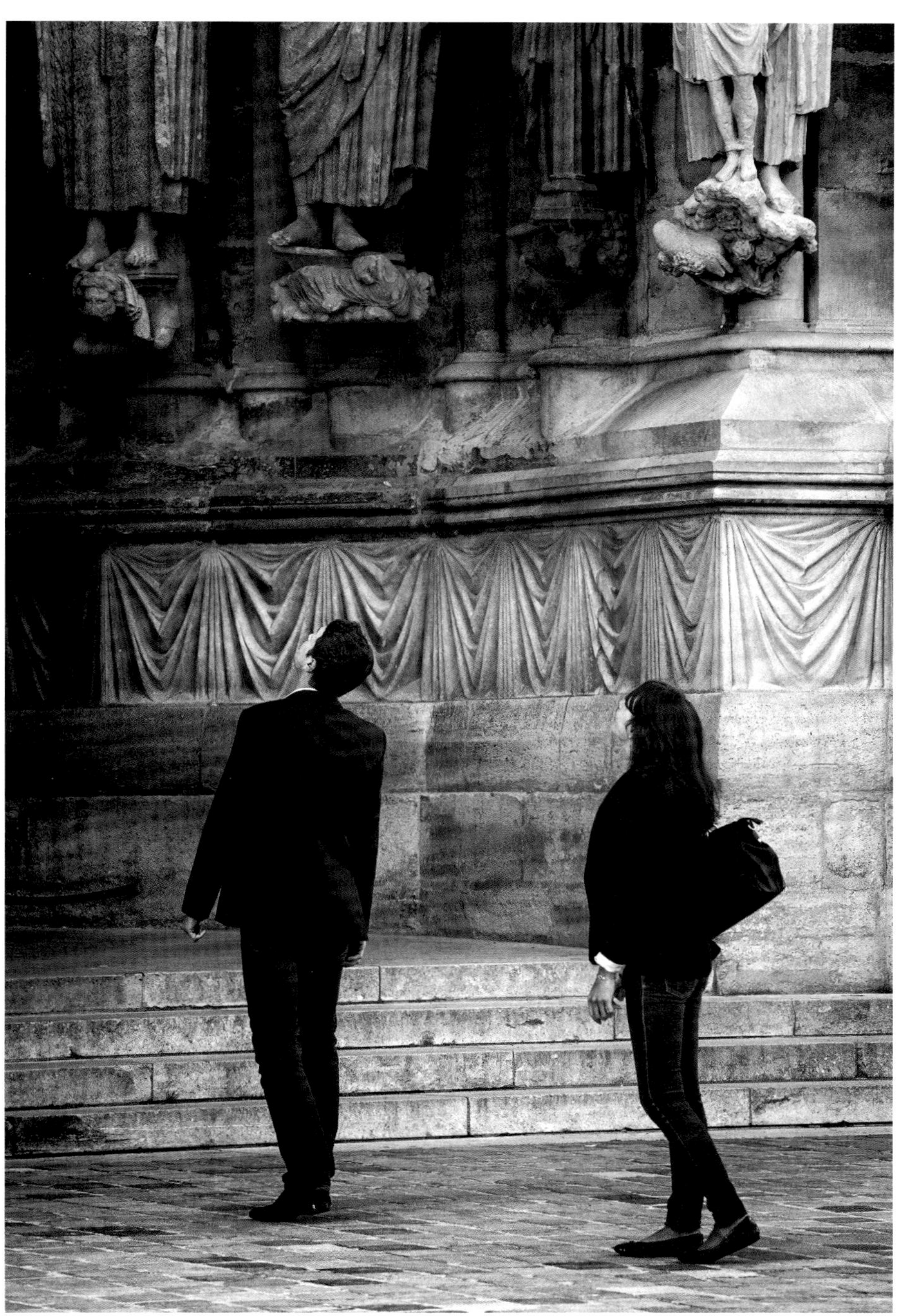

Abb. 303: Besucher in der Cathédrale Notre-Dame, Reims, Département Marne (2015). Es ist geradezu ein Markenzeichen gotischer Architektur, dass es unseren Blick nach oben zieht, die im Bau symbolisierte Überhöhung insofern nachvollziehend. In solcher Situation können Treppen und Absätze grundsätzlich nur stören.

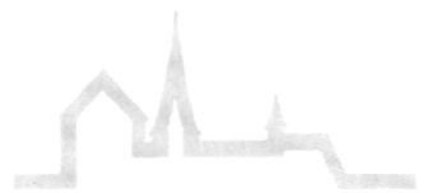

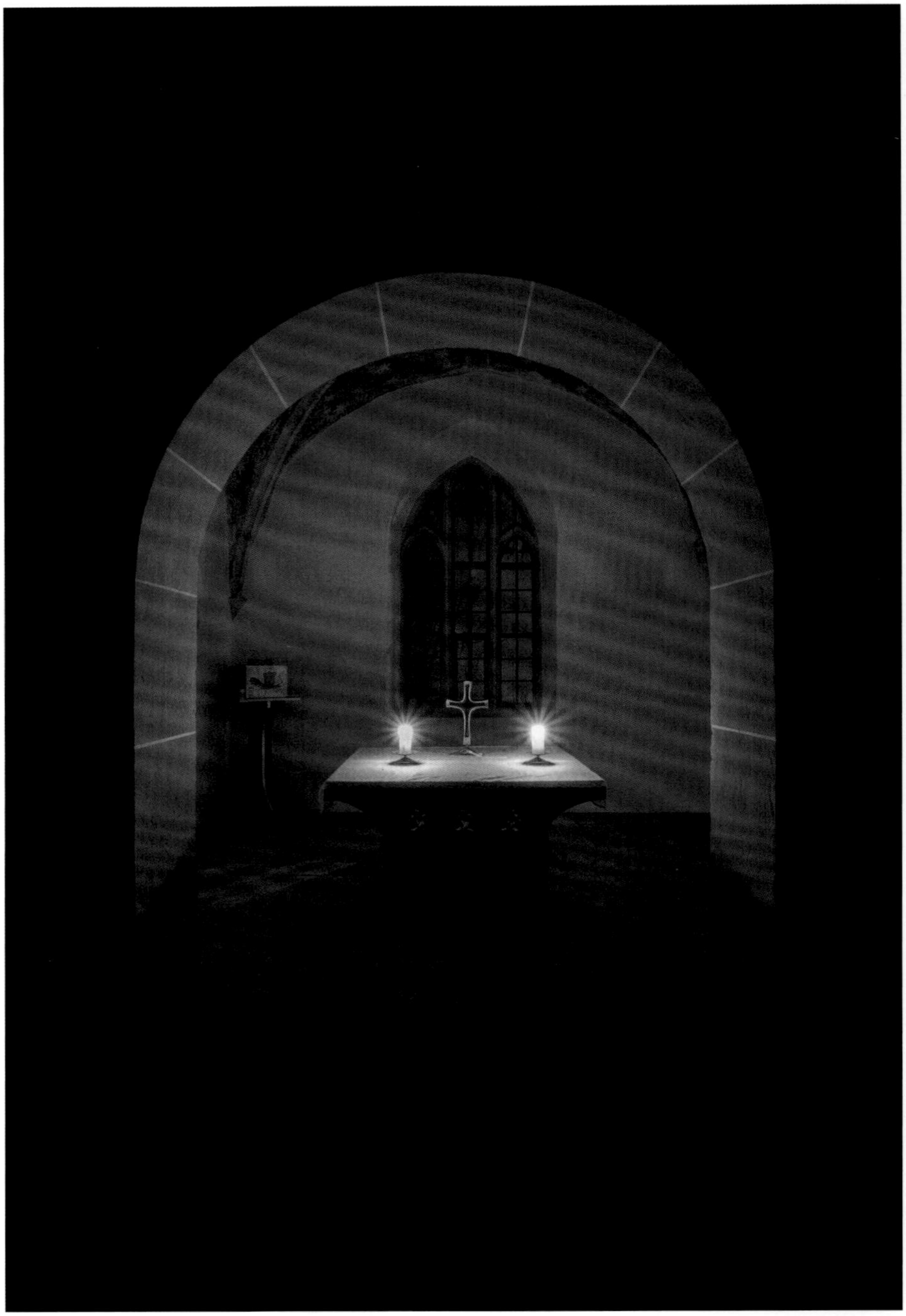

Abb. 304: Petrikirche, Großglattbach (2010). Blick in den im Ursprung romanischen, im hinteren Fenster später noch gotisierten Chor. Hätte ich ein Bild auszuwählen, welches auf den Punkt bringt, was Kirche mir im Grundsatz, unbenommen etwaiger Dogmen und Riten also, bedeutet, so wäre es (neben der Abb. 307) dieses.

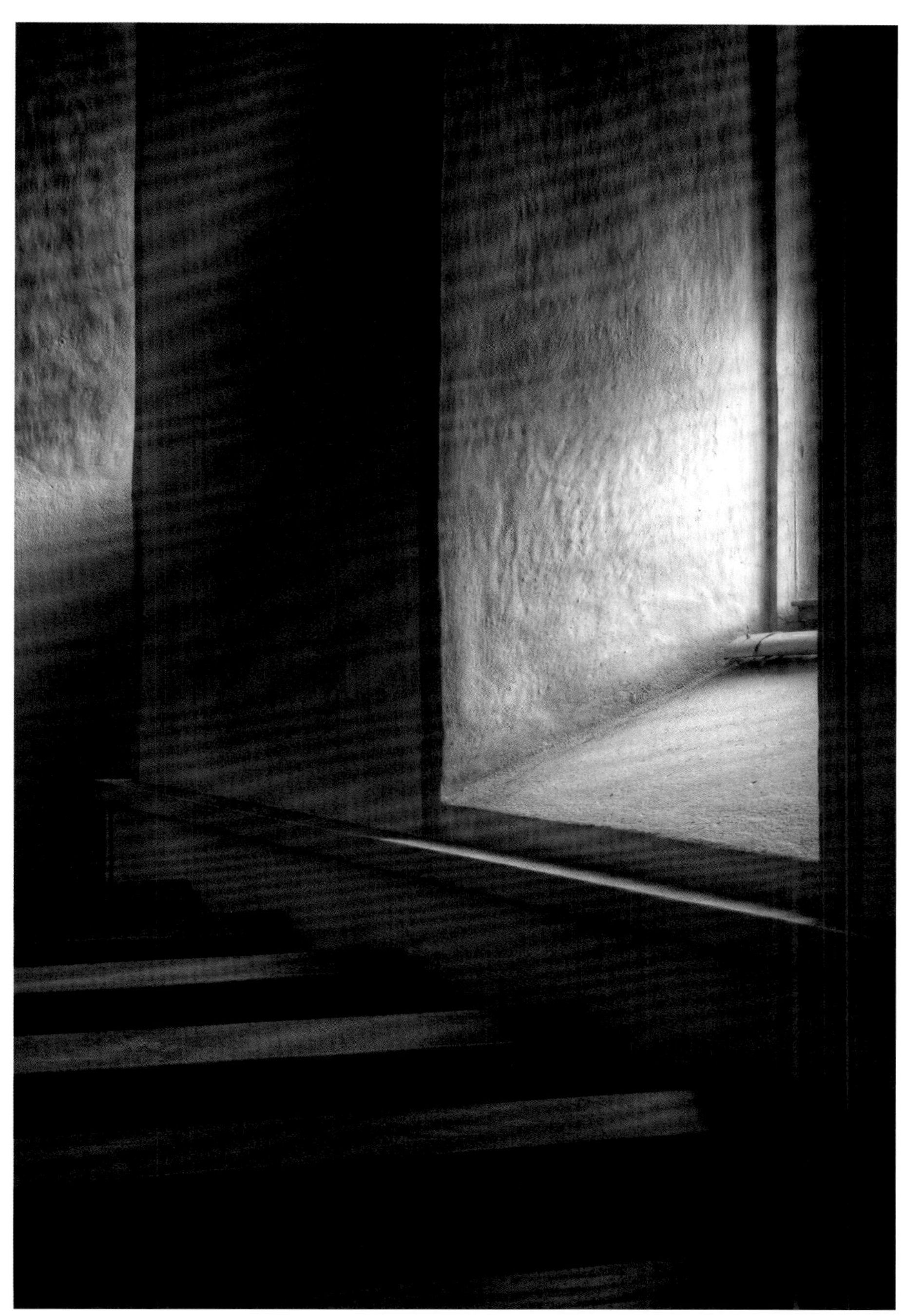

Abb. 305: Margarethenkirche, Iptingen (2011). Eine außerhalb des Blickfeldes gelegene Straßenlaterne ermöglichte mit ihrem Licht jene so zarte, feinstoffliche Darstellung der Bänke und Wände.

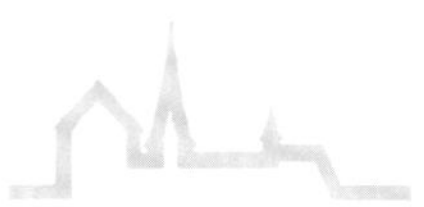

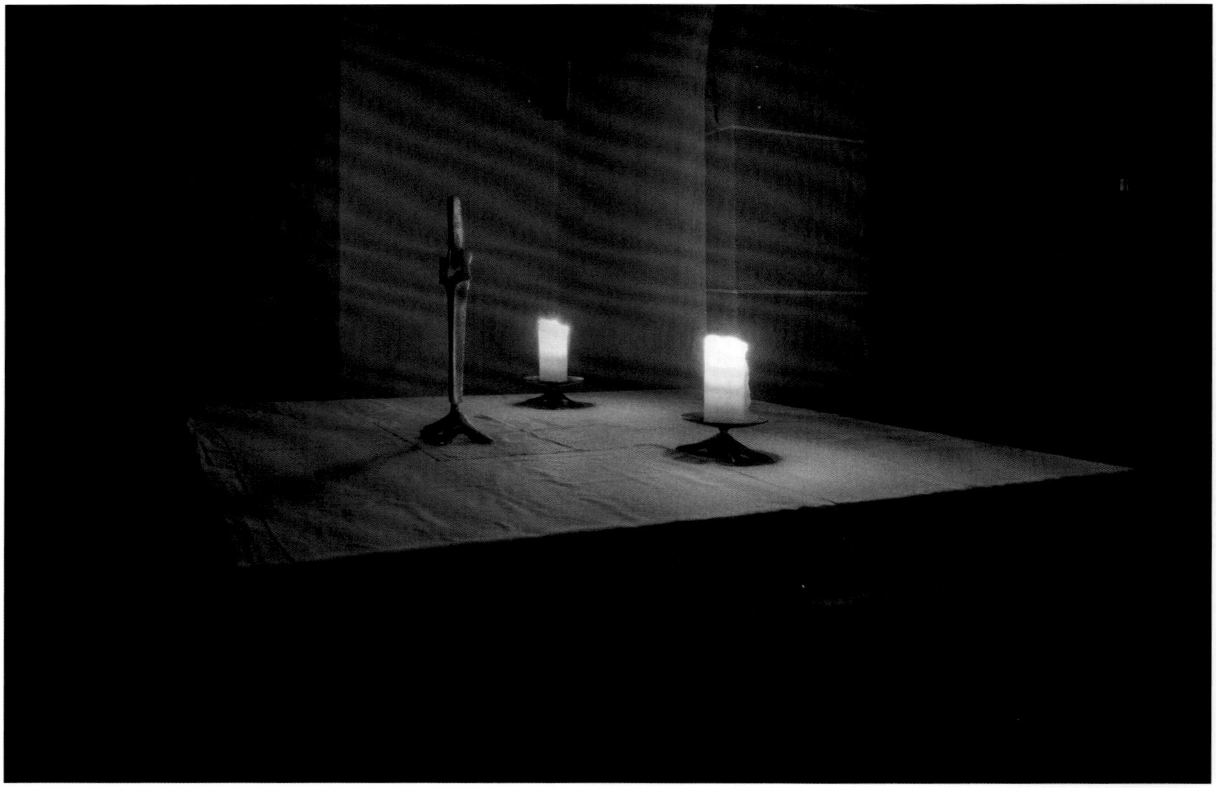

Abb. 306: Petrikirche, Großglattbach (2010). Eine Variation zu Abb. 304, welche jene beschauliche Altarszene mit Kreuz und Kerzen in einen räumlichen Kontext bringt und den im Schatten befindlichen Kirchenraum erahnen lässt.

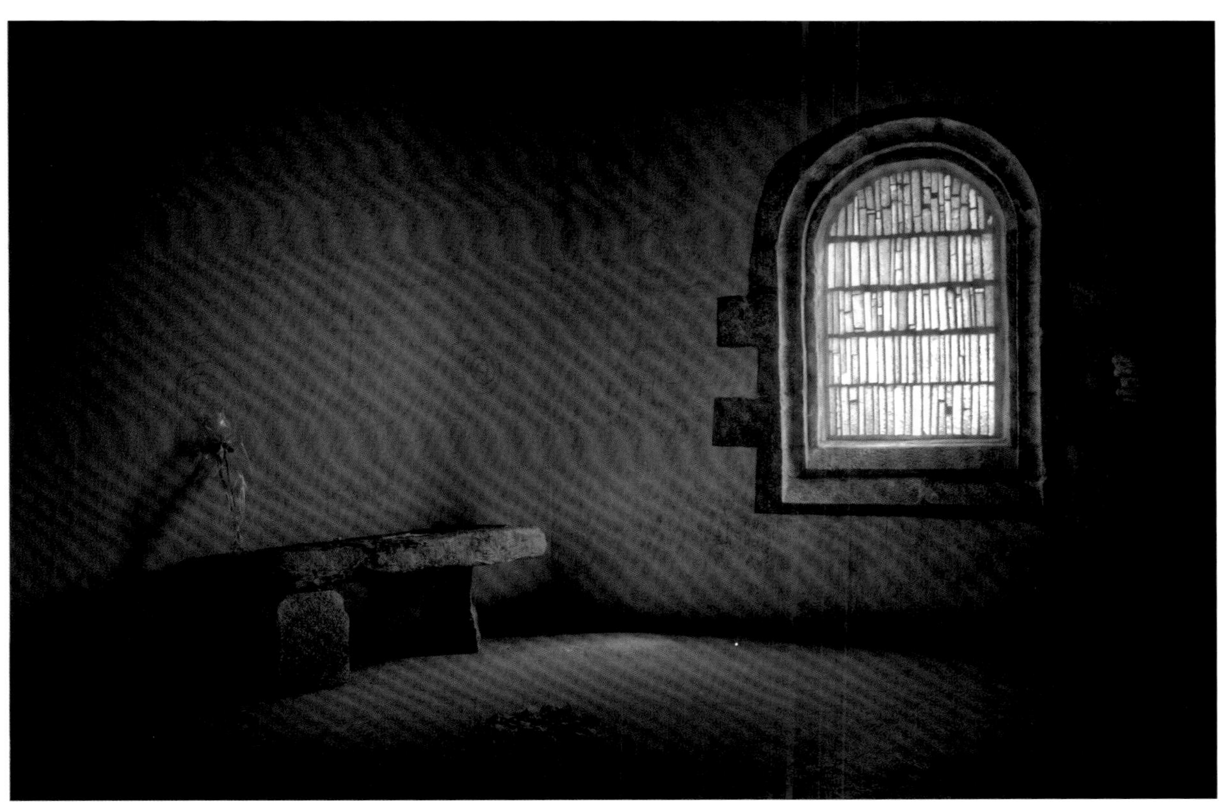

Abb. 307: Chapelle Saint-Michel, Mont Saint-Michel de Brasparts, Département Finistère (2010). In Verbindung mit Abb. 304 ist diese schlichte und reine Szene mein Bild dessen, was Kirche im besten Sinn darstellen kann.

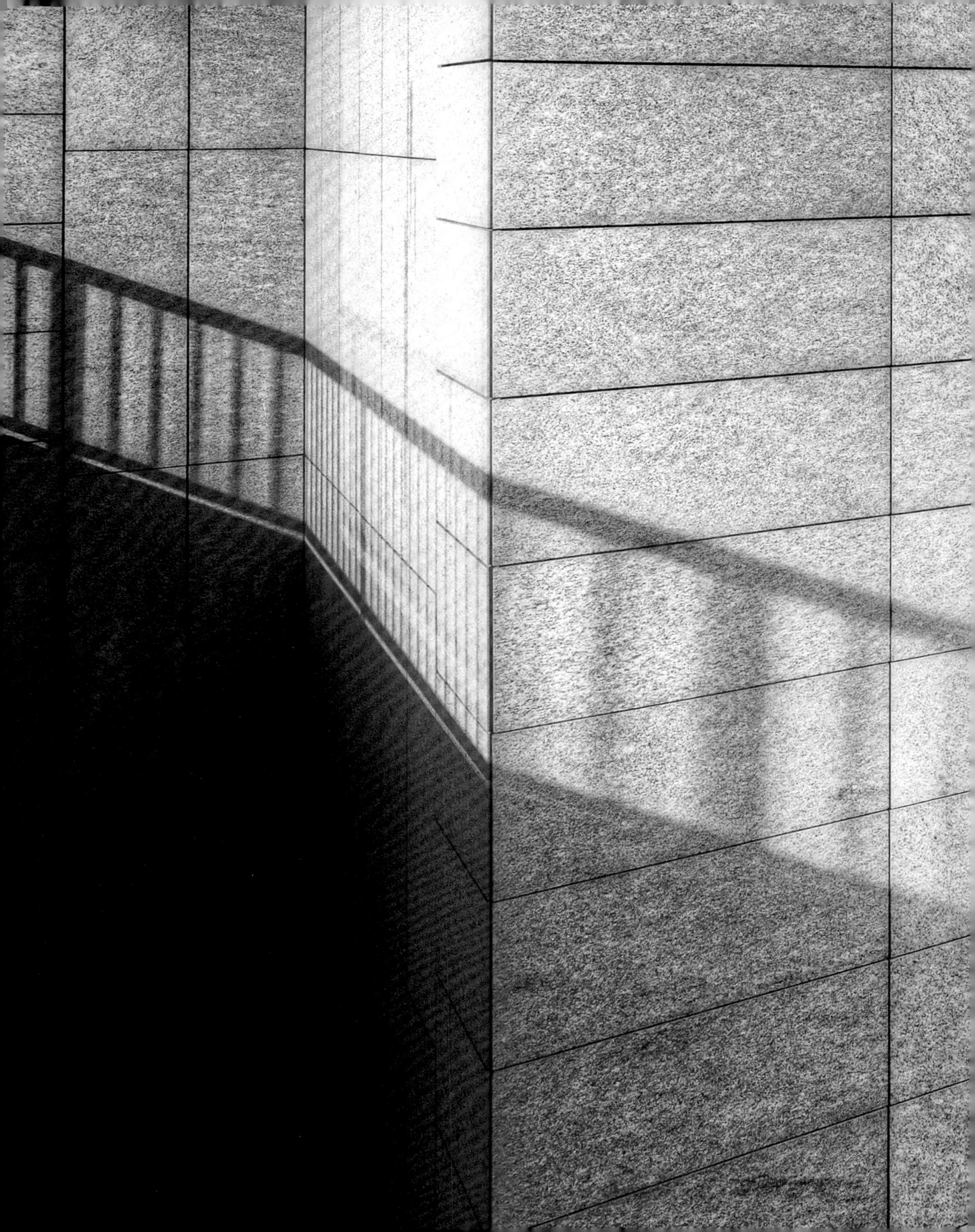

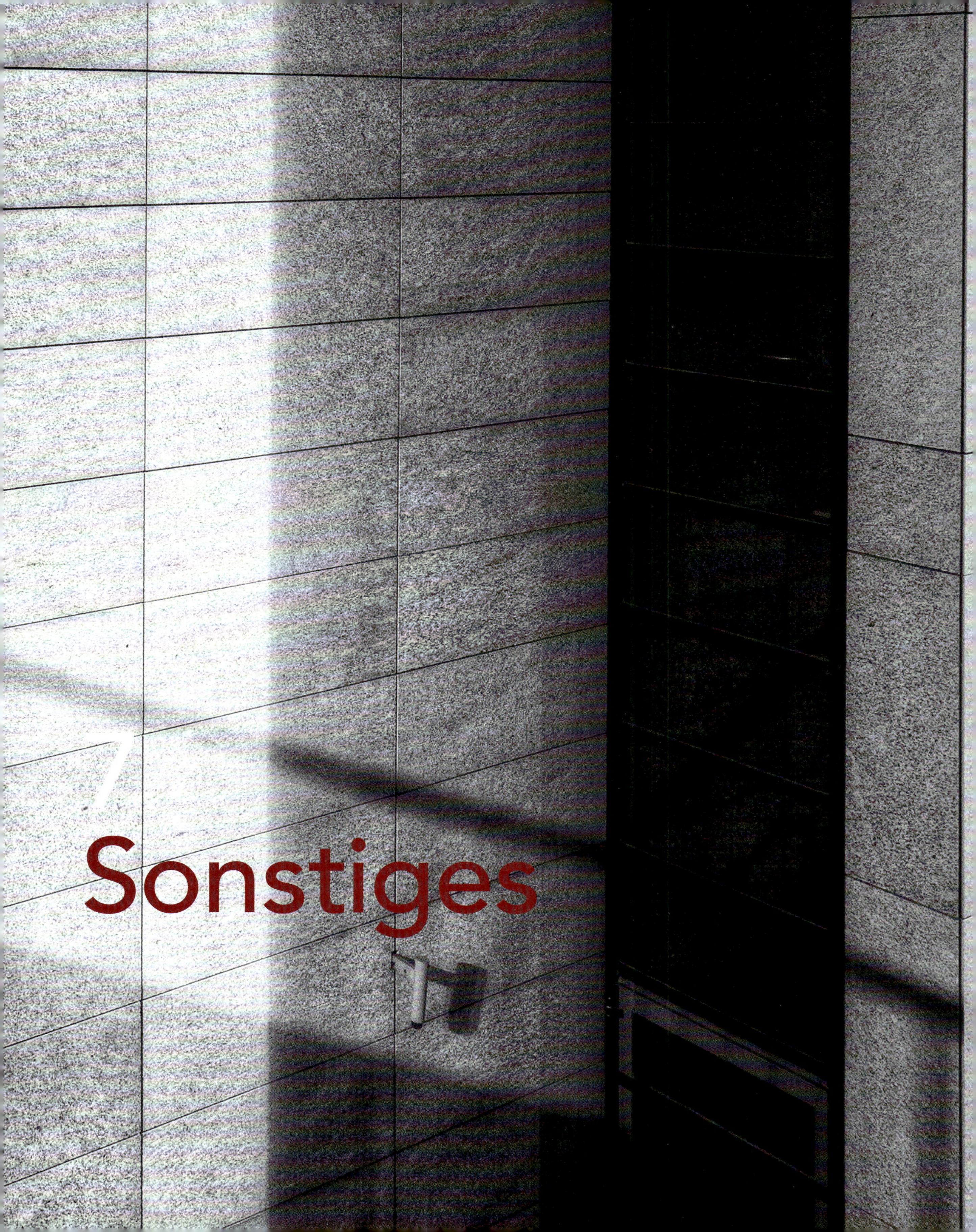

7 Sonstiges

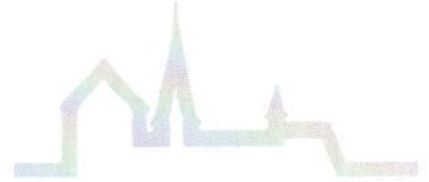

7.1 Speicherung und Archivierung

Abb. 308: (Voranstehende Doppelseite) Aus der Serie »Schtuagart at night« (2011)

In diesem Unterkapitel möchte ich Fragen der Speicherung und Archivierung unserer Datenbestände nachgehen. Es mag Einigkeit darüber herrschen, dass unsere Bilder zugleich Produkt und Begründung unserer künstlerisch-fotografischen Tätigkeit darstellen und als solche unersetzlich sind.

Bequemlichkeit und Sicherheit sind in gewisser Weise Gegenspieler – auch ich war es in den ersten Jahren meines Fotografierens locker angegangen, um dann über einen Festplattencrash und unwiderruflichen Datenverlust schmerzlich von der Notwendigkeit einer konsequenten Datensicherung überzeugt zu werden.

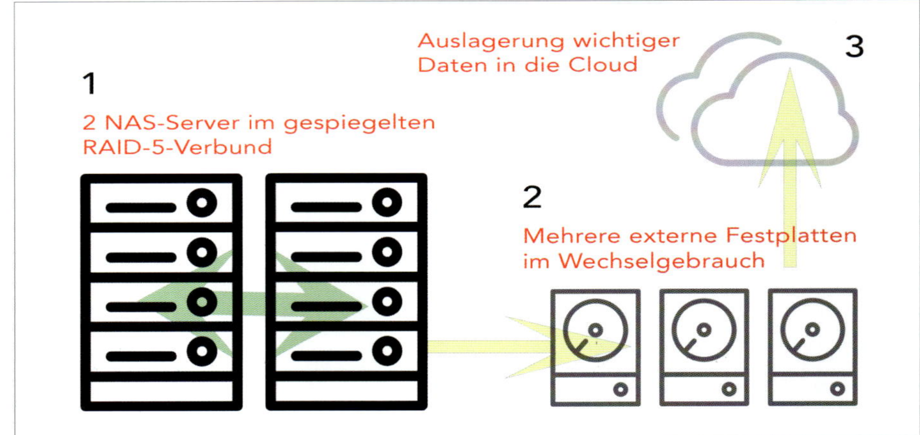

Abb. 309: Backupstrategie im heimischen Netzwerk und in der Cloud. Lizenz: Linkware, http://www.iconsmind.com

Backup- und Sicherungsstrategie

Erste Sicherungsebene

Abb. 309 zeigt die Grundzüge meiner Backup- und Sicherungsstrategie: Der aktuelle und komplette Bestand meiner Ausgangs-, Zwischen- und Endbilder befindet sich auf einem sogenannten NAS-Server (»Network Attached Storage«). Bei diesem sind vier Festplatten im RAID-5-Verbund zusammengeschaltet. Das nutzbare Speichervolumen erstreckt sich dabei auf drei Festplatten bzw. 75%

des Nominalvolumens, während die vierte Festplatte redundant ist, also beim Ausfall einer Festplatte einspringt. Bei der Auswahl der Festplatten empfiehlt es sich auch, solche zu verwenden, die für den Dauerbetrieb geeignet sind (wie etwa die rote Reihe von Western Digital) – diese sind etwas teurer, aber langlebiger und ausfallsicherer.

Zweite Sicherungsebene

All dies bietet schon einige, aber keine absolute Ausfallsicherheit, denn beim gleichzeitigen Ausfall von zwei Festplatten auf einem solchen NAS-Server wären alle Daten verloren – man könnte bei speziellen Dienstleistern zwar einen Rekonstruktionsversuch in Auftrag geben, doch ist dies aufwendig, teuer und oft nur teilweise von Erfolg gekrönt. Um insofern das Ausfallrisiko weiter zu mindern, greift bei mir als zweite Sicherungsebene die Spiegelung auf einem identischen NAS-Server.

Dritte Sicherungsebene

Als dritte Sicherungsebene des vollständigen Datenbestands verwende ich externe Festplatten, die in einem definierten Intervall gewechselt und ansonsten sicher verwahrt werden (im Atelier oder auch auswärtig).

Vierte Sicherungsebene

Als vierte und letzte Sicherungsebene kommt schließlich die »Cloud«, also ein geschütztes Verzeichnis bei einem vertrauenswürdigen Internetdienstleister oder besser noch auf dem eigenen Webserver (man ist ja seiner Paranoia auch etwas schuldig), zur Anwendung. Aufgrund der eingeschränkten Uploadgeschwindigkeit sichere ich hier allerdings nur die Endbilder.

Physikalische Verzeichnisstruktur und Ordnerbenennung

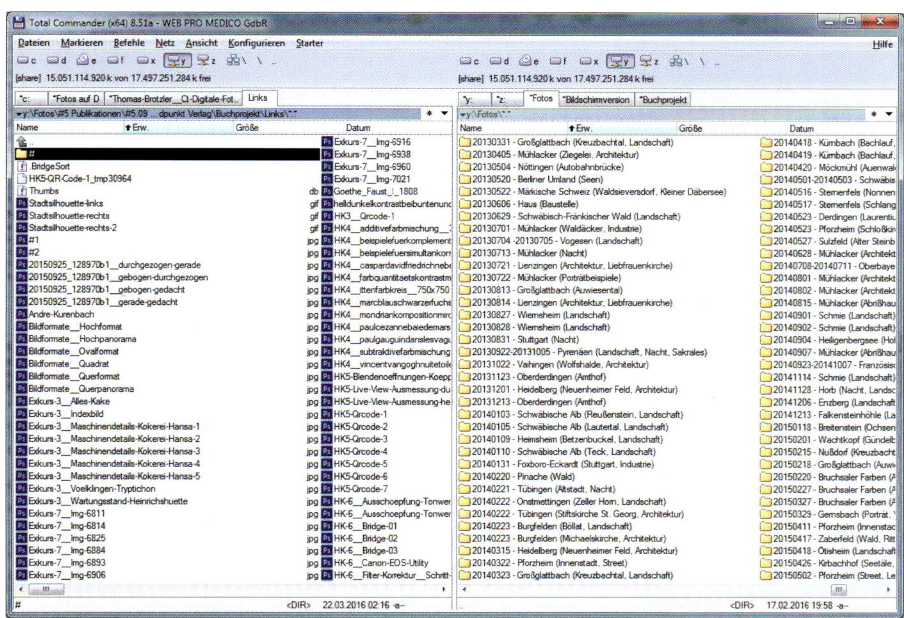

Abb. 310: Verzeichnisstruktur, Ordnerbenennung und -inhalte, hier angezeigt in den beiden Fenstern des Total Commanders

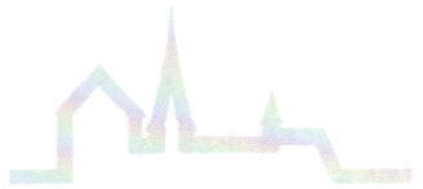

In diesem und dem folgenden Abschnitt soll es nun um die Wiederauffindbarkeit unserer Bilddaten gehen – ein umso wichtigerer Aspekt, je mehr unser Portfolio mit der Zeit anwächst.

Ein wichtiges Grundprinzip ist dabei eine geordnete Verzeichnisstruktur. Bei der Benennung der verschiedenen Ordner hat sich bei mir die Verwendung eines invertierten Datums (vierstelliges Jahr, gefolgt von zweistelligem Monat und zweistelligem Tag, ohne Leerzeichen oder Punktierung) bewährt. Ich ergänze die Namen dann zumeist noch mit Ort und Thema der inbegriffenen Aufnahmen (siehe Abb. 310 auf Seite 307).

Auf diese Weise lässt sich der chronologisch sortierte Bestand orientierend rasch durchsuchen.

Archivierung und Verschlagwortung

»Bridge« dient mir, wie schon in Hauptkapitel 6 (»Ausarbeitung«) beschrieben, zur Auswahl und Vorbewertung der Rohbilder und als Plattform einer vorbereitenden RAW-Konvertierung. Für Zwecke der Archivierung und Verschlagwortung ist dieses Programm nach meinem Dafürhalten weder ausreichend ausgestattet noch schnell genug.

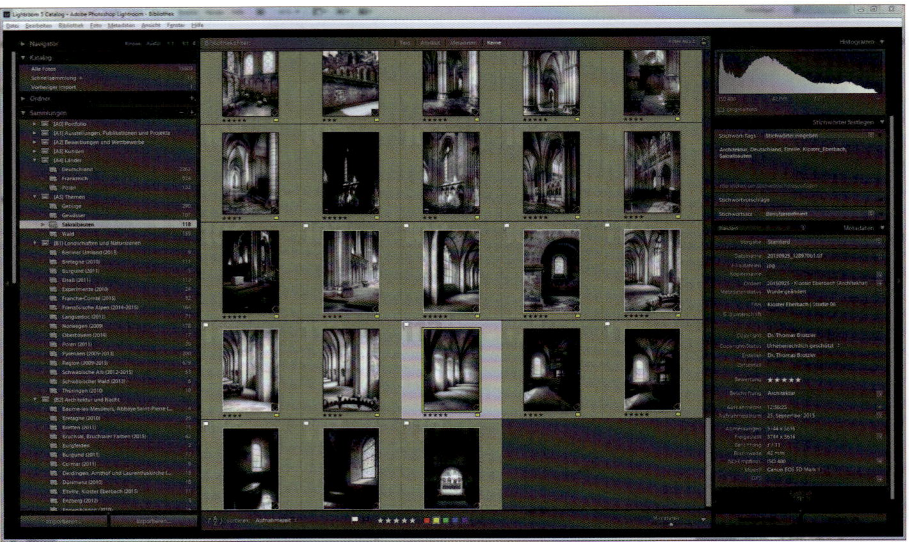

Abb. 311: Lightroom mit Modul »Bibliothek« und der eingeblendeten Smart-Sammlung »Sakralbauten«

Hier kommt »Lightroom« ins Spiel, welches mit seiner durchgreifenden Datenbankstruktur und seiner Reaktionsschnelligkeit die allerbesten Voraussetzungen bietet, um sich auch in einem größeren Bildbestand rasch zurechtzufinden.

Im Modul »Bibliothek« (siehe Abb. 311) steht in der linken Spalte ein »Navigator« zur Verfügung, mit dem sich ausgewählte Bilder im Detail betrachten lassen. Der nächste Eintrag ist der »Katalog«, und hier kann insbesondere die »Schnellsammlung« gute Dienste leisten, wenn man eine Bildgruppe aus verschiedenen Ordnern und Sammlungen zusammenstellen möchte. Es folgen dann besagte »Ordner«, die der physikalischen Verzeichnisstruktur entsprechen, sofern diese (Ordner) auch importiert wurden.

Die nachfolgenden »Sammlungen« sind ein Herzstück von Lightroom, hier kann man eine über die Verzeichnisstruktur weit hinausreichende Ordnung schaffen. So verfüge ich über ganz verschiedene – etwa kunden-, ausstellungs-, länder- oder themenbezogene – Sammlungen, die sich ihrerseits wieder untergliedern lassen.

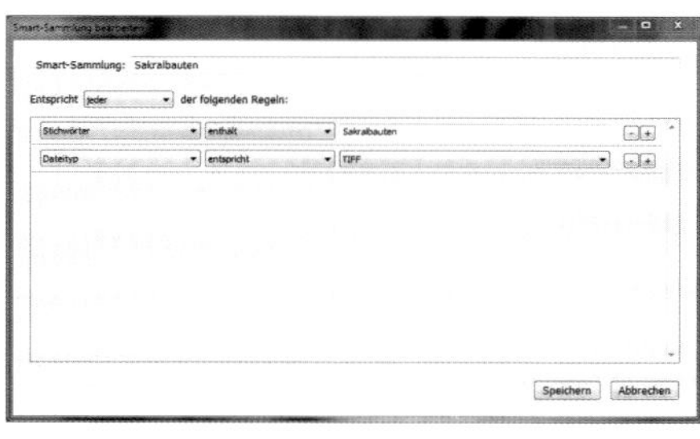

Abb. 312: Beispielhafte Definition einer Smart-Sammlung

Unverzichtbare Grundlage hierfür ist allerdings (»Kein Lohn ohne Mühe«, wie es so schön heißt), dass wir unsere Bilder vorab mit entsprechenden Schlag- bzw. Stichwörtern versehen. Anhand solcher Stichwörter und Bildformate etwa lassen sich einzelne Sammlungen definieren (siehe Abb. 312), in denen dann die zugehörigen Bilder aus dem Gesamtbestand herausgefiltert werden.

In der rechten Spalte des Moduls »Bibliothek« finden wir oben das »Histogramm«, welches eine rasche Orientierung über die Tonwertverteilung ermöglicht. Es folgt dann die Gruppe »Stichwörter festlegen«, in der die Grundlage für Smart-Sammlungen oder andere, textbasierte Bildsuche gelegt wird. Weiter unten folgt die Gruppe der Metadaten mit (teils editierbaren) Angaben zu Technik, Titel und Urheberschaft.

Die Möglichkeiten von Lightroom sind damit bei Weitem noch nicht ausgeschöpft. Das Modul »Entwickeln« erlaubt eine durchaus anspruchsvolle Schwarzweißkonvertierung, und im Modul »Karte« lassen sich Bilder geografisch zuordnen. Auch die Module »Buch«, »Diashow«, »Drucken« und »Web« dürften in ihrer grundsätzlichen Funktion selbsterklärend sein – damit dann ansprechende Ergebnisse zu erzielen, erfordert angesichts des enormen Funktionsumfangs des Programms freilich schon einige Einarbeitung.

Man könnte sagen, dass das Programm mittlerweile als »eierlegende Wollmilchsau für Fotografen« bzw. als Plattform für den vollständigen Workflow ausgelegt ist. Wie gesagt benutze ich selbst Lightroom nur zur Archivierung – für alles andere habe ich meine schon in Hauptkapitel 6 (»Ausarbeitung«) vorgestellten Instrumente, die meiner Bildsprache und Handschrift besser entsprechen und nach meinem Dafürhalten auch eine subtilere und graduiertere Bearbeitung ermöglichen.

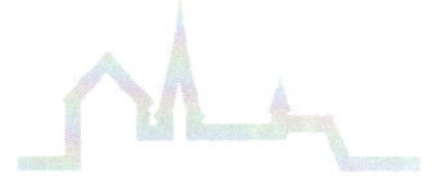

7.2 Aufbereitung für Bildschirm und Internet

Nachdem – der Reihung der bisherigen Buchkapitel folgend – das Motiv erarbeitet und aufgenommen sowie das Bild ausgearbeitet und archiviert wurde, möchte ich nun die verschiedenen Möglichkeiten der Präsentation besprechen.

Druck und Rahmung für eine Ausstellung im traditionellen Sinn sollen dabei Gegenstand der beiden nächsten Unterkapitel sein. Beginnen wir aber zunächst mit dem elektronischen Medium des heimischen Bildschirms und des Internets mit seinen zahlreichen sozialen Netzwerken.

Bei Letztgenannten macht es wenig Sinn, unsere Bilder in Originalformat und -größe einzustellen – zum Ersten werden unkomprimierte TIFF-Formate und Ähnliches in der Regel nicht akzeptiert, zum Zweiten ließe das beträchtliche Datenvolumen keine Freude beim Upload aufkommen, und zum Dritten würden unsere Bilder letztlich sowieso nach Gusto der Dienstleister herunterskaliert werden.

Die »unbeschwerte Selbstaneignung von Bildrechten« durch Internetdienstleister

Hinzu kommt, dass wir damit »alles hergeben, was wir in der Hand haben« – angesichts der Tatsache, dass viele Dienstleister (wie zum Beispiel Facebook) sich immer wieder gerne sehr großzügige, wenn nicht sogar vollständige Verwertungsrechte an den überlassenen Bildern zusprechen, ist dies ein überaus brisantes Thema ...

Wenn also klar ist, dass unsere Bilder für solche Präsentationszwecke immer zweckdienlich verkleinert und dann im gebotenen Maß wieder nachgeschärft werden müssen, dann dürfen wir (als Urheber und Rechteinhaber) wohl mit Fug und Recht beanspruchen, dies selbst, also gemäß unserer Vorstellung und Kontrolle, durchführen zu wollen.

Von vielen Dienstleistern im Bereich der sozialen Netzwerke, Onlinegalerien oder Fotowettbewerbe werden dazu klare Vorgaben gemacht – in der Regel werden verlustbehaftete JPG-Formate mit Maximallänge von soundsoviel Pixel auf der langen und ggf. kurzen Seite verlangt. Das »Soundsoviel« orientiert sich dabei an üblichen Monitorgrößen – stecken wir den Rahmen üblicher 3:2-Formate einmal von 900 Pixel auf 600 Pixel bis 1500 Pixel auf 1000 Pixel ab.

Nun ist die Einstellung der Bildgröße in Photoshop kein Hexenwerk. Das Instrument findet sich im Menü »Bild« oder kann direkt mit »Strg + Alt + I« aufgeru-

fen werden. Es öffnet sich dann das in Abb. 313 gezeigte Fenster. Hier finden sich die aktuellen Abmessungen im pixelbezogenen und metrischen Maß nebst der Auflösung in Pixel pro Zoll, und hier können die Werte auch überschrieben werden.

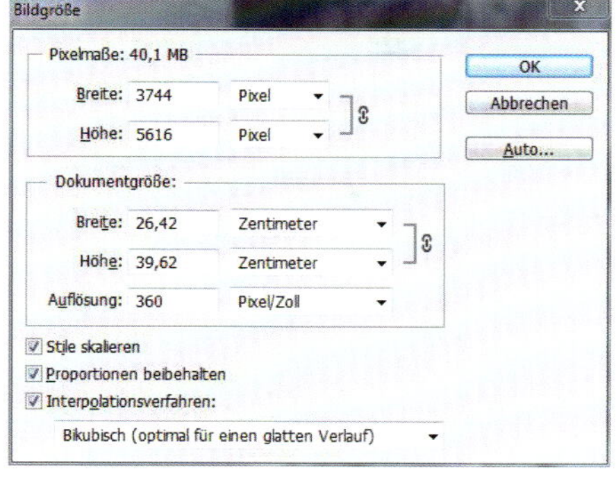

Abb. 313: Das Instrument »Bildgröße« in Photoshop

Die »Skalierung der Stile« und »Beibehaltung der Proportionen« ist dabei unbedingt zu empfehlen. Beim »Interpolationsverfahren« findet sich als Voreinstellung »Bikubisch automatisch«, was eine gewisse Schärfung bei Verkleinerungen und eine gewisse Weichzeichnung bei Vergrößerung beinhaltet. Das mag ja (vom Programm) nett gemeint und (für uns) bequem sein, aber ich mag solche Automatismen nicht, weil ich dann im konkreten Beispiel den Nachschärfungsprozess nicht ausreichend kontrollieren kann. Meine Empfehlung geht daher in die Richtung, hier »Bikubisch (optimal für einen glatten Verlauf)« zu verwenden und die nötige Nachschärfung gemäß unseren Vorstellungen und den Gegebenheiten des Motivs durchzuführen.

Welches ist dabei das richtige Maß? Nun, im Grundsatz gilt beim Schärfen immer »So viel wie nötig, so wenig wie möglich«; und eine zarte Porträtaufnahme oder duftige Landschaft benötigt gewiss weniger Schärfung wie etwa ein startender Formel-1-Wagen oder eine strukturreiche Architekturszene.

Empfehlungen im Instrument »Selektiver Scharfzeichner« für Bildschirm und Internet		
Stärke	Bildauflösung / 2 (72 bis 96 ppi / 2)	36 bis 48
Radius	Bildauflösung / 200 (72 bis 96 ppi / 200)	0,4 bis 0,5
Schwellenwert	Bemessen an der Bildgüte, also am Ausmaß des Bildrauschens	

Tab. 15: Empfehlungen im Instrument »Selektiver Scharfzeichner« für Bildschirm und Internet

Die oben stehende Tabelle schlüsselt einige Schärfungsempfehlungen für den Bildschirm und das Internet im Instrument »Selektiver Scharfzeichner« auf. Besagte Teiler (Bildauflösung durch 2 bzw. 200) fungieren dabei als Merkhilfen und Ausgangswerte für eine behutsame und motivgerechte Schärfung.

Ebenentechnik zur Simulation einer nichtdestruktiven Arbeitsweise

Ich empfehle auch, die Schärfung auf einer duplizierten Arbeitsebene (»Strg + J«) durchzuführen und das Ergebnis dann in der 100%-Darstellung zu überprüfen. Eine artefaktfreie Schärfung ist grundsätzlich nicht möglich, da diese immer mit einer künstlichen Akzentuierung der Kontrastkanten einhergeht. Sofern die Artefakte allerdings ein hinnehmbares Maß übersteigen, können wir diese mit einem weichen »Radiergummi« (30% bis 50% Deckung, 0% Härte) auch wieder punktuell eindämmen.

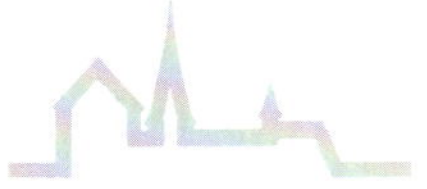

7.3 Vorbereitung und Durchführung des Drucks

Ich möchte an dieser Stelle vorwegnehmen, dass der anspruchsvolle Ausdruck digitaler Fotos auf Papier mittlerweile »eine Wissenschaft für sich« ist.

Die Verwendung eines Laserdruckers und konventionellen Papiers ist absolut indiskutabel, und auch der Einsatz normaler, bürogeeigneter Tintenstrahldrucker scheitert an der mangelnden Differenzierung der Farbwerte und Graustufen. Spezielle Tintenstrahldrucker sind für den Fotodruck also vonnöten, und diese benötigen wiederum speziell beschichtete Papiere, um hochqualitative Ergebnisse zu ermöglichen.

Im Rahmen dieses vornehmlich auf die Motiverarbeitung, Aufnahme und Ausarbeitung abzielenden Buchs möchte ich das Thema wiederum nur am Rande streifen und in der Folge noch kurz mein eigenes Equipment vorstellen.

Literaturempfehlungen für das vertiefte Selbststudium der Drucktechniken

Wer sich eingehender mit der Materie beschäftigen möchte, kann etwa auf das einschlägige Kapitel im »Handbuch Digitale Dunkelkammer – Vom Kamera-File zum perfekten Print: Arbeitsschritte und Werkzeuge in der Digitalfotografie« von *Jürgen Gulbins* und *Uwe Steinmüller (†)* zurückgreifen. Dieses liegt in der zweiten, überarbeiteten Auflage von 2011 vor, ist in der gedruckten Version vergriffen, als E-Book aber noch erhältlich. Noch einschlägiger, hier aber weniger im Sinne eines systematischen Lehrbuch als vielmehr eines umfassenden Nachschlagewerks wird der Wissensdurst bedient mit dem Buch »Fine Art Printing für Fotografen – Hochwertige Fotodrucke mit Inkjet-Druckern« von *Jürgen Gulbins* und *Uwe Steinmüller (†)* , welches 2013 in vierter, aktualisierter Auflage erschien und sowohl in gedruckter Version wie auch als E-Book erhältlich ist.

Das eigene Equipment

Meine eigenen Drucke bewerkstellige ich vornehmlich mit dem »Epson Stylus Pro 4880«, der Prints bis DIN A2+ (entsprechend 17 Zoll oder 43,2 cm Papierbreite) von Blatt- und Rollenpapier ermöglicht – was faktischen, für meine Ausstellungszwecke gewöhnlich ausreichenden Druckformaten von 60 cm auf 40 cm entspricht. Trotz seines nicht ganz geringen Gewichts kann er noch auf robusten Tischen betrieben werden. Er gilt damit als »kleiner Großformatdrucker aus dem Hause Epson«, während die noch größeren Modelle (etwa aus der Siebener-, Neuner- oder Elftausenderreihe) Stand-alone-Geräte sind und aufgrund ihrer beträchtlichen Größe ein wenig an die »Heißmangeln früherer

Tage« erinnern. All diese Geräte verwenden »Epson Micro Piezo™-Druckköpfe« und »Ultrachrome® K3 Vivid Magenta-Tinten« (beim 4880 sind es derer acht), die brillante, farb- und tonwertechte Druckergebnisse liefern.

An Papieren verwende ich für den hochqualitativen Ausdruck gerne das »Ilford Galerie Gold Fibre Silk« (bzw. dessen Nachbauten nach Insolvenz von Ilford) oder das »Hahnemühle FineArt Baryta« – beides sehr wertige Papiere mit über 300 g/qm Gewicht, hohen Dmax- bzw. Schwarzwerten und entsprechend brillant-kontrastreichen Druckergebnissen; ersteres ist günstiger und hinter Glas sehr gut verwendbar, letzteres ist teurer, hat aber einen angenehmeren Griff.

Auch beim Ausdruck auf Papier stellt sich die Frage nach dem richtigen Maß der Schärfung, die jedoch anders wie bei der Präsentation auf dem Bildschirm und im Internet zu beantworten ist.

Tab. 16: Empfehlungen im Instrument »Selektiver Scharfzeichner« für den Ausdruck

Empfehlungen im Instrument »Selektiver Scharfzeichner« für den Ausdruck		
Stärke	Bildauflösung / 2 (300 bis 360 ppi / 2)	150 bis 180
Radius	Bildauflösung / 200 (300 bis 360 ppi / 200)	1,5 bis 1,8
Schwellenwert	Bemessen an der Bildgüte, also am Ausmaß des Bildrauschens	

Die oben stehende Tabelle enthält Schärfungsempfehlungen für den Ausdruck im Instrument »Selektiver Scharfzeichner«. Auch hier dienen die Teiler (Bildauflösung durch 2 bzw. 200) wieder als Merkhilfen und Ausgangswerte für eine behutsame und motivgerechte Schärfung.

Bei so hohen Schärfewerten sollte man sich nicht vom Monitorbild täuschen lassen – in der 50%- oder 100%-Darstellung zeigen sich unweigerlich Schärfungsartefakte, die aber im Ausdruck auf Papier nicht zwingend erscheinen.

Dies macht wiederum eine verbindliche Aussage darüber schwierig, ob und inwiefern man Artefakte auch hier (entsprechend der zuvor besprochenen Schärfung für Bildschirm und Internet) im Rahmen einer duplizierten Arbeitsebene und eines weichen Ausradierens eindämmen sollte. Für nicht motivwichtige Bildteile ist dies sicher nicht von Schaden; ansonsten ist es immer ratsam, einen Probedruck auf Papier als Referenz zu nehmen und auf konkrete Zeichen der Überschärfung zu prüfen.

Das Ideal identischer Farbwerte und Graustufen im Monitor- und Druckbild

Optimale Druckergebnisse basieren auf einer Kontinuität der Farbwerte und Graustufen vom Bildschirm bis zum Drucker – der Ausdruck sollte bei Lichtverhältnissen von 400 bis 500 Lux also exakt dem Monitorbild entsprechen. Dies setzt eine Profilierung mindestens des Monitors, besser auch noch des Druckers voraus – auch dieses Thema würde hier allerdings zu weit führen.

Eine weitere Einflussgröße ergibt sich noch durch die Papiersorte – die Wiedergabe von Helligkeit und Kontrast hängt von der Materialbeschaffenheit ab. Um dies auszugleichen, bieten die verschiedenen Hersteller jeweils ICC-Profile an, ansonsten müsste man eigene, papierbezogene Profilkurven anfertigen.

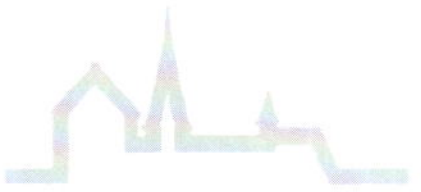

7.4 Montage und Rahmung

Die Präsentation eines gut konzipierten, ausgearbeiteten und gedruckten Bildes, montiert in einem ansprechenden Rahmen, mag vielen auch heute noch wie ein »krönender Abschluss der Fotografie« erscheinen.

Fotocommunitys und Onlinegalerien sind gut und schön, doch kann die dortige Bildwirkung, desgleichen auch die damit einhergehende (rasche) Betrachtung und (geringe) Würdigung schwerlich mit den Effekten einer Ausstellung mithalten. Ähnliches gilt auch für die »Ausstellung im Kleinen«, die Hängung an eigene Wände oder an diejenigen der Käufer unserer Bilder also.

Auf einige Aspekte guter Präsentation möchte ich daher an dieser Stelle noch eingehen.

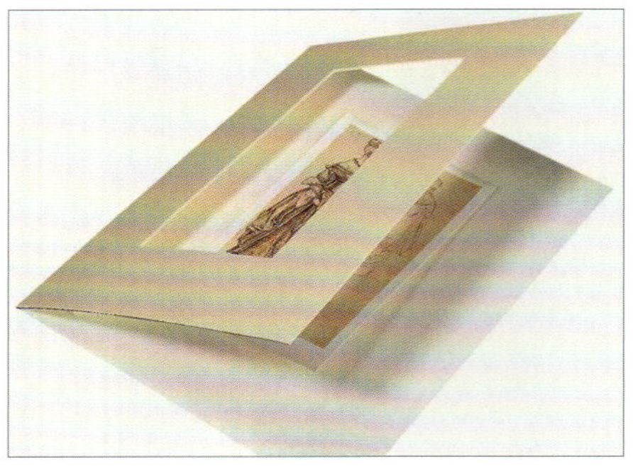

Abb. 314: Klapp-Passepartout. Abbildung mit freundlicher Genehmigung der Walter Klug GmbH & Co. KG, www.klug-conservation.com

Wie bereits angeklungen, dienen Montage und Rahmung Zwecken der ansehnlichen Zurschaustellung, darüber hinaus aber auch jenen der Konservierung und Archivierung. Die Bilder sollen insofern auch widrigen Umwelteinflüssen entzogen werden – wie etwa des mechanischen Abriebs beim In-die-Hand-Nehmen, aber auch der Vergilbung durch UV-Strahlen oder sonstiger chemischer Einflüsse.

Ein Rahmen ist immer größer wie das Bild, sein Durchmesser also durch die Bildgröße und das umlaufende Passepartout bestimmt. Jener Umlauf sollte nicht zu knapp bemessen sein, »damit das Bild atmen kann«. Für meine Ausstellungsformate von 60 cm auf 40 cm verwende ich Passepartout- bzw. Rahmengrößen von 90 cm auf 60 cm, was einem Umlauf von 15 cm oder auch 1/4 bis 3/8 der Bildfläche (auf der langen bzw. kurzen Seite) entspricht. Nicht unüblich ist es auch, den unteren Umlauf etwas großzügiger zu bemessen, den Bildausschnitt also leicht noch oben zu versetzen.

Um das kleine Bild in den großen Rahmen zu bringen, muss es zunächst montiert werden, und hier bietet sich das in Abb. 314 gezeigte Klapp-Passepartout

bestens an. Dabei wird das Bild zunächst anhand der dünneren Vorderseite ausgerichtet. Bei der Ausschnittgröße ist zu beachten, dass das Bild entweder etwas überstehen (also unter dem Passepartout verschwinden) oder zurückgesetzt werden (ich verwende meistens einen Signierrand von einem Zentimeter) sollte.

Danach wird das Bild auf der stärkeren Rückseite fixiert, was durch Montageecken bzw. Klebestreifen (für den Wechsel- und Ausstellungsbetrieb) oder auch durch »kaltes bzw. heißes Aufziehen« (z. B. für den Verbleib beim Kunden) zu bewerkstelligen ist. Hierfür sollten immer wertige, insbesondere säurefreie und damit archivfeste Materialien verwendet werden, da die Bilder sonst auf Dauer Schaden nehmen. Gute Bezugsquellen hierfür sind etwa Monochrom in Kassel und Halbe in Kirchen.

Nachdem das Bild in solcher Weise montiert wurde, ist in Hinblick auf die Ansehnlichkeit und den Schutz schon einiges gewonnen. Eine Rahmung veredelt das Bild vollends, und doch wird man diese aufgrund der Kosten nur ausgewählten Bildern angedeihen lassen können – eben besagten »großen und kleinen Ausstellungen«.

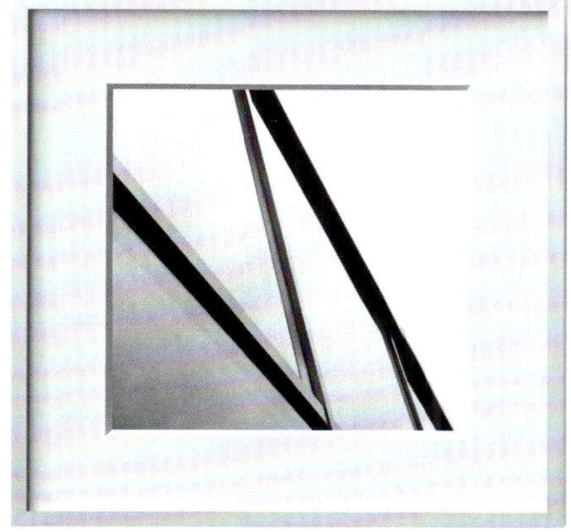

Abb. 315: Halbe Classic-Magnetrahmen Alu 8 Natur matt. Abbildung mit freundlicher Genehmigung der Halbe-Rahmen GmbH, www.halbe.de

Bei der Wahl geeigneter Rahmen sollte man dem Drang zum Sparen tunlichst widerstehen – bei Billigexemplaren ist nicht gewährleistet, dass säurefreie und damit archivfeste Materialien verwendet werden, was den Bildern alsbald schlecht bekommt; zumeist sehen sie auch billig aus und halten nicht recht.

Uneingeschränkt zu empfehlen sind etwa die »Halbe Classic-Magnetrahmen«. Ich verwende diese seit Jahren im Format »Alu 8« (siehe Abb. 315) für meine Ausstellungen – praktisch unkaputtbar, zeitlos elegant und durch den (von mir bevorzugten) schmalen weißen Rand auch derart wenig auftragend, sodass das Bild bestmöglich zur Geltung kommt.

Eine wichtige Frage ist noch die nach dem Rahmenglas. Im Grundsatz ist ein UV-sperrendes Glas immer von Vorteil, um die Vergilbungseffekte zu vermindern. Des Weiteren gilt es, die Vor- und Nachteile von mineralischem und organischem sowie von entspiegeltem und nicht entspiegeltem Glas abzuwägen: Glas verkratzt nicht, ist aber bruchanfällig; entspiegelte Gläser mindern die Lichtreflexionen etwas, beeinträchtigen aber auch Kontrast und Prägnanz des Bildes – daher bevorzuge ich persönlich nicht entspiegeltes, UV-sperrendes Plexiglas.

Exkurs 7

»L'Esprit de Venise«

Der Fotograf Jean Marc Deltombe

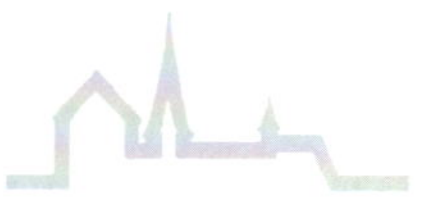

Auch bei diesem Exkurs möchte ich (also der Buchautor) die Gelegenheit nutzen, um *Jean Marc Deltombe* ein wenig vorzustellen.

Zu seinem persönlichen und fotografischen Werdegang berichtet er nachfolgend selbst. Was uns verbindet, ist die Leidenschaft für die Künste und die Medizin zugleich. Wir beide haben eine Vorgeschichte in der Malerei und Grafik, was manche Klippe fotografischer Betriebsblindheit vermeiden hilft. Und auch in Themenwahl und Handschrift ergeben sich viele Schnittmengen.

Seine Venedigserie haut mich in ihrer atmosphärischen Dichte schier um. Hier findet sich nichts von alledem, was im millionenfachen Erinnerungsbild sonst so zuverlässig ermüdet. Doch lassen wir ihn selbst zu Wort und Bild kommen …

Essay

Seit meiner Kindheit war ich immer besonders empfänglich gegenüber der Bildschöpfung und der klassischen Musik, was sicher auf den Einfluss meines Vaters und vieler anderer Familienmitglieder zurückgeht. So entwickelte sich bei mir die Fotokunst parallel zur Bildgestaltung, und beide standen wiederum unter dem Einfluss meiner musikalischen Neigung.

Ich war fasziniert von den Porträts meiner Vorfahren, von Landschaftsbildern und Straßenszenen, von denen manche bis ins späte 19. Jahrhundert zurückdatierten. Es schien mir grundsätzlich möglich, die Stimmung eines Augenblicks, den Ausdruck einer Person, eine Stimmung, einen Ort und sogar ein musikalisches Gefühl in ein Foto zu übersetzen und dort zu veranschaulichen.

Von Kindesbeinen an wurde ich von meinem Vater ermuntert, mich mit Kameraausrüstung zu beschäftigen, die heute aus der Mode gekommen ist. So unterwies er mich in einer mit Balgen ausgestatteten und mit gutem altem Rollfilm beschickten Boxkamera. Mit elf bekam ich eine erste eigene Kamera, an der ich die grundlegenden Funktionen übte, und mit 16 die erste Spiegelreflex, die legendäre und damals frisch auf den Markt gekommene Canon AE-1, die ich bis heute in Ehren halte.

Parallel zu meiner regulären Schulausbildung blühte ich in den Mal- und Zeichenkursen der Kunstschule in Valenciennes auf, derweil ich meine fotografischen Fähigkeiten vervollständigte. All dies pflegte ich bis in die ersten Jahre meines Medizinstudiums hinein, und ich zehre noch heute davon.

Zur Fotografie

Seit Anbeginn wird die Fotografie ebenso als Kunstform betrachtet wie die Malerei und Bildhauerei. Sind nicht auch die Urväter des fotografischen Ausdrucks wie *Jacques Louis Mandé Daguerre, Gustave Le Gray, Henri Le Secq, Charles Marville* oder *Charles Nègre* zunächst Kunstmaler, Grafiker und Bildhauer gewesen?

Anders ausgedrückt beschränkt sich die Fotografie nicht darauf, eine Realität abzubilden und Objekte im Sinn der Lichtreflexion zu erfassen, sondern es geht immer auch um den Gefühlsausdruck auf einer seelisch-optischen Achse, der selbst wiederum von der Empfindsamkeit des Fotografen herrührt. Fotokunst zielt darauf ab, die äußere Wirklichkeit, die fotografische Empfindsamkeit und den gefühlsmäßigen Austausch in Bezug zu setzen.

Außerhalb umschriebener Projekte lasse ich mich bei der Auswahl meiner Motive von Gefühlen leiten – solche eines besonderen Charakters, einer bestimmten Person, eines Ortes, einer einzelnen Geschichte oder der Geschichte als solches, einer Witterung oder besonderer Atmosphäre, von Schönheit oder Hässlichkeit – oder schlichtweg vom Licht.

Zu Venedig

Venedig ist für mich wie eine Liebesgeschichte. Diese Stadt ist unvergleichbar jedem anderen Ort, dank seiner Geschichte und der vielfachen Zeugnisse dortiger Kunst wie Architektur, Skulptur, Malerei, Musik und Literatur, doch gründet die Erhabenheit von Venedig insbesondere auch in der geisterhaften Welt seiner historischen Charaktere und deren Leidenschaften. *Casanova*, *Vivaldi*, *George Sand*, *Musset*, *Wagner*, *Nietzsche* und *Proust* sind in diesem Zusammenhang zu nennen, und nicht zu vergessen auch Gustav von Aschenbach, jene fiktive Hauptfigur in *Thomas Manns* Novelle »Der Tod in Venedig«.

Venedigs Seele entzieht sich einer einfachen Beschreibung und wirkt wie eine verdichtete Traumgestalt. Ich habe versucht, den geheimnisvollen Geist dieser Stadt gleichsam durch die Kamera, mein Auge und Herz zu erfassen.

Meine Wahl bei den Nachtaufnahmen fiel auf Schwarzweiß, da dies am besten widerspiegelt und ausdrückt, was ich dem Betrachter zur Interpretation anheimstellen wollte. Die Monochromizität erfordert eine sehr behutsame Ausarbeitung in jenen Gefilden, die als die reinsten und vielleicht auch schwierigsten der ganzen Fotografie gelten mögen.

Die Abwesenheit der Farbe regt die Fantasie des Betrachters an und erweist sich so als wichtiges Werkzeug zur Überhöhung und Übersetzung einer vorgegebenen Realität – als solches taugt es hervorragend dafür, Gefühle auszudrücken und Geheimnisse zu erkunden.

So wird Schwarzweiß zur Kunst – Farben werden in Graustufen verwandelt unter Berücksichtigung der fein abgestuften Tonwerte, Kontraste und Lichtstimmungen; der ursprünglichen Absicht des Fotografen wird so in reinster Form entsprochen, mittels der behutsamen Befassung von Formen, Strukturen und Texturen eine dreidimensionale Simulation einer sinnhaft übersetzten Wirklichkeit zu erschaffen.

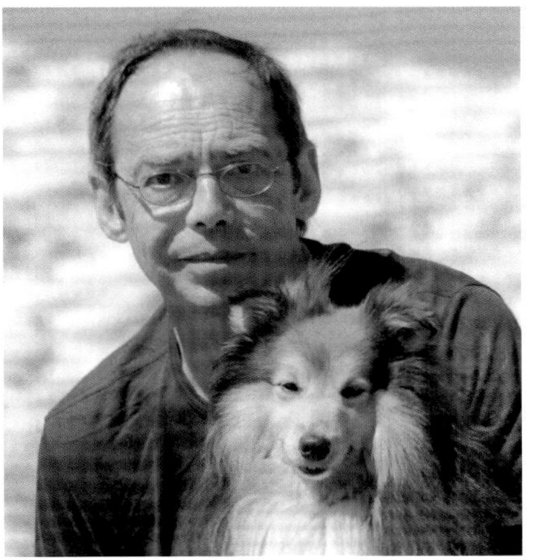

Abb. 316: Dr Jean Marc Deltombe

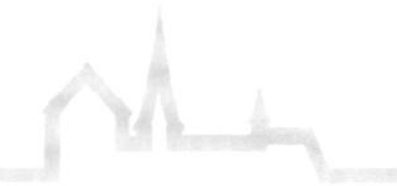

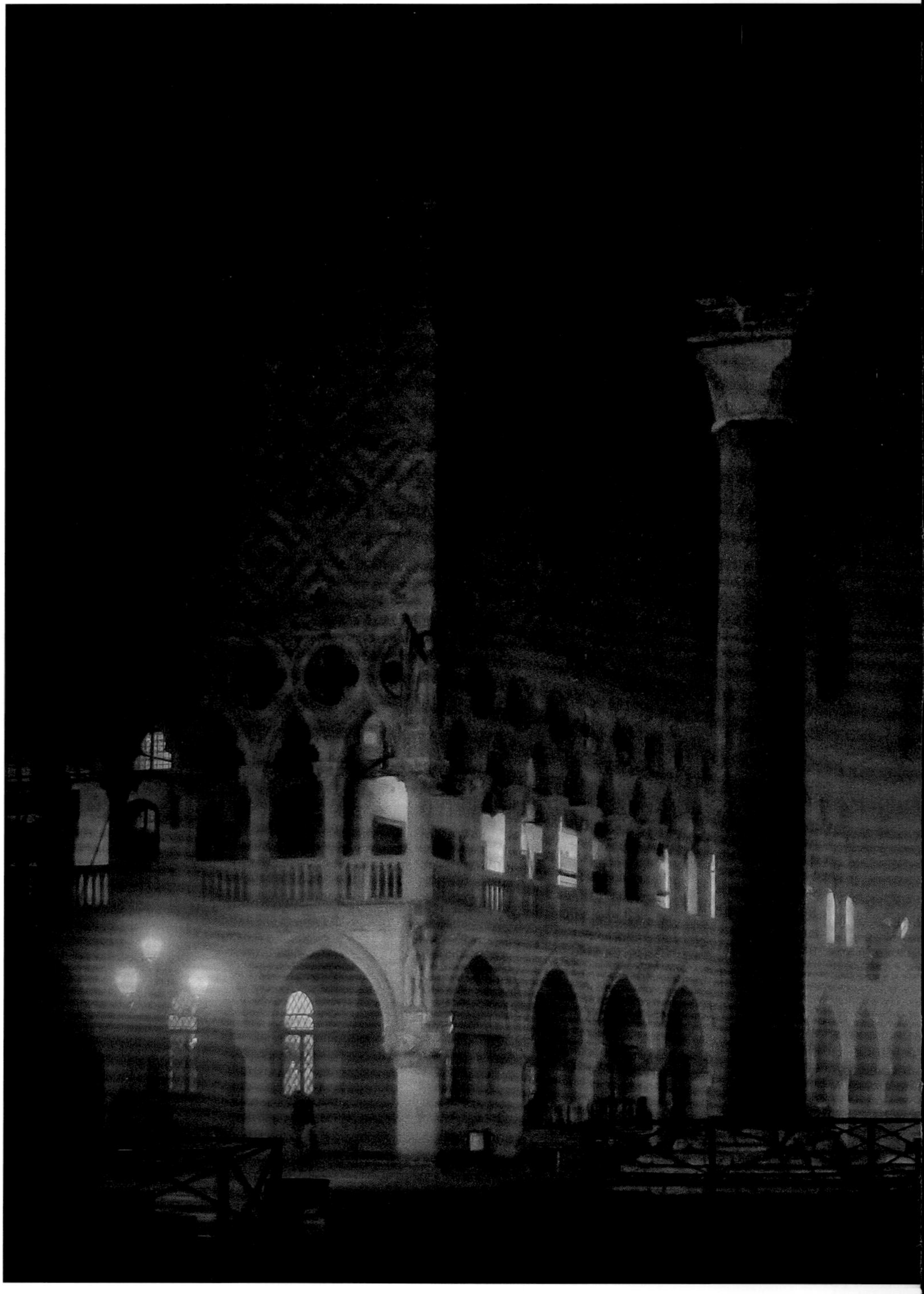

Abb. 317: L'Esprit de Venise, N° 01

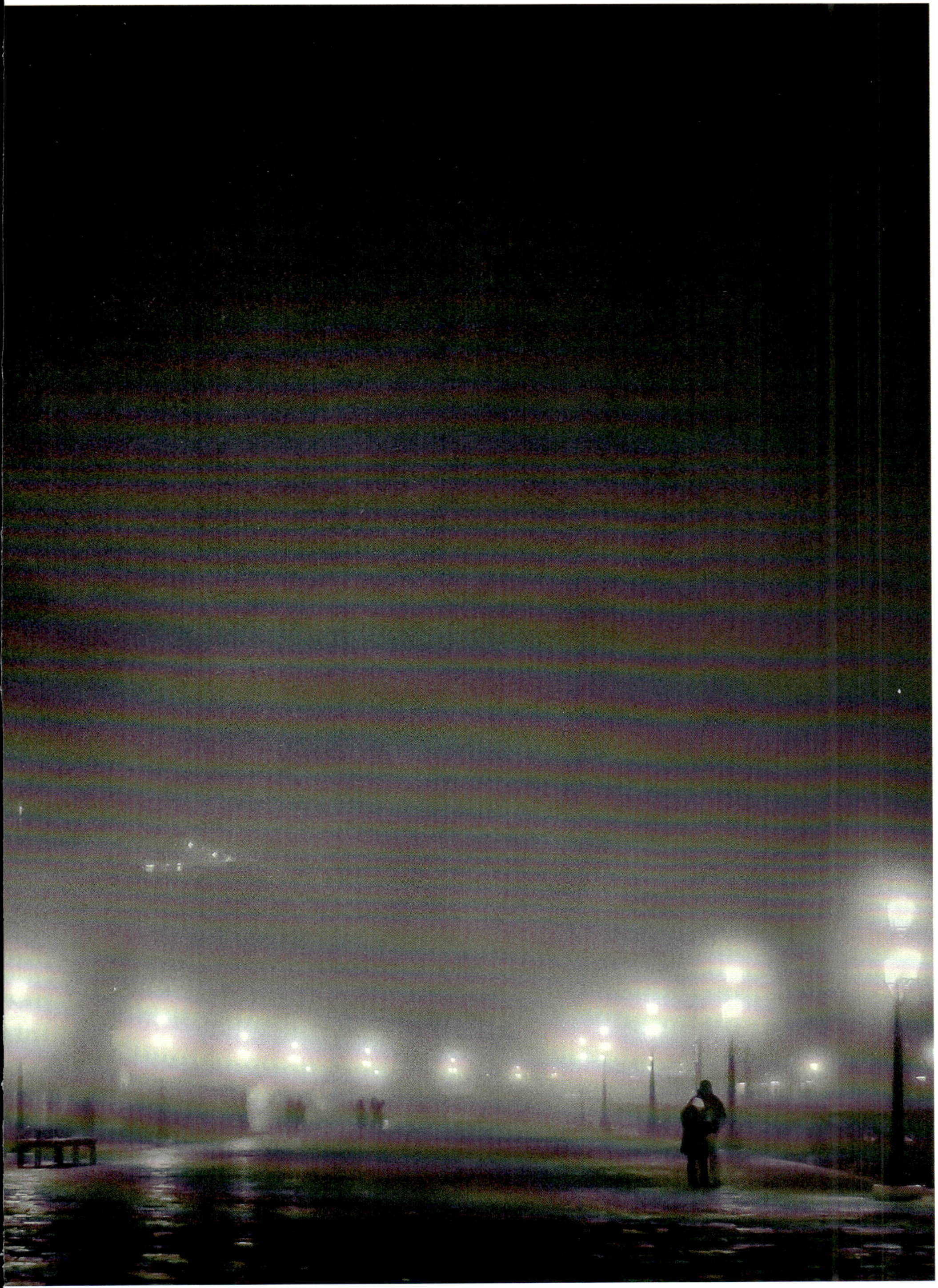

»L'Esprit de Venise«

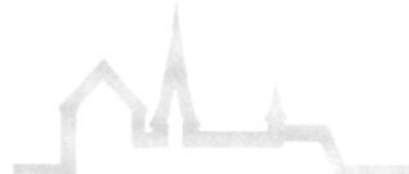

Abb. 318: L'Esprit de Venise, N° 02

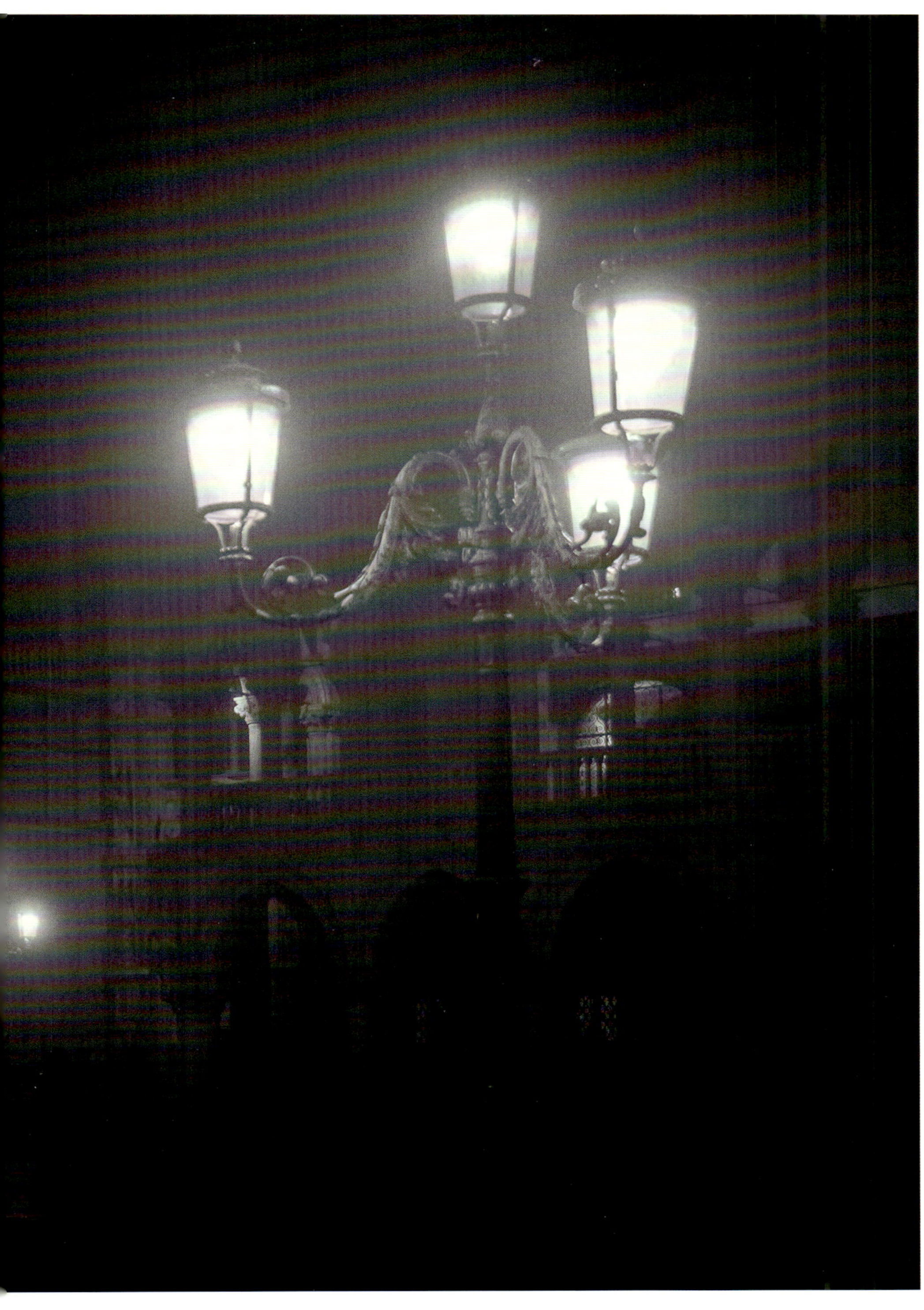

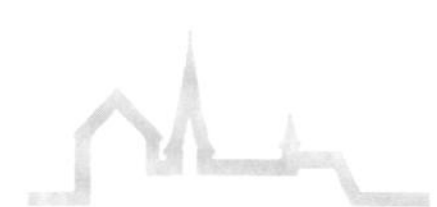

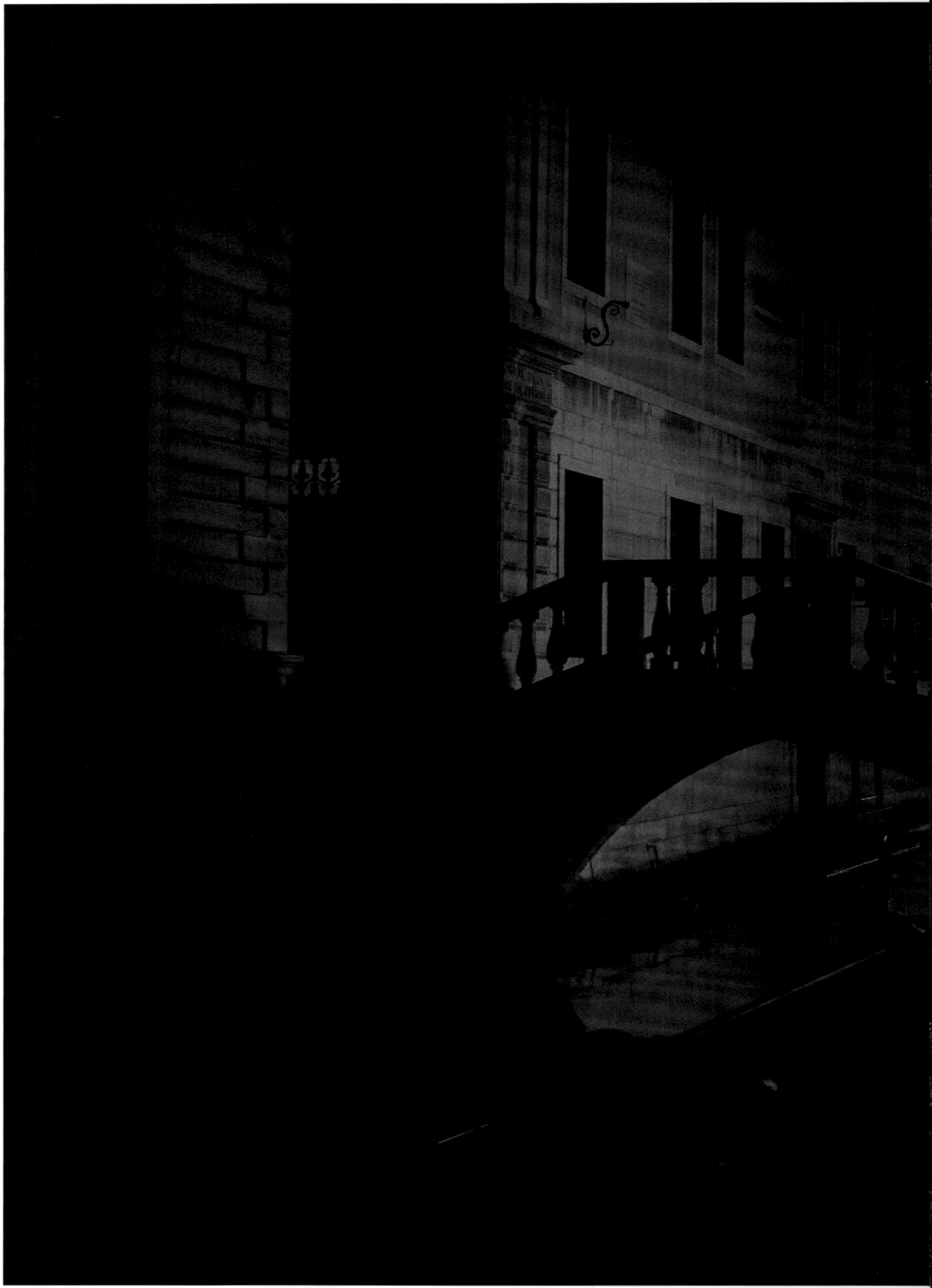

Abb. 319: L'Esprit de Venise, N° 03

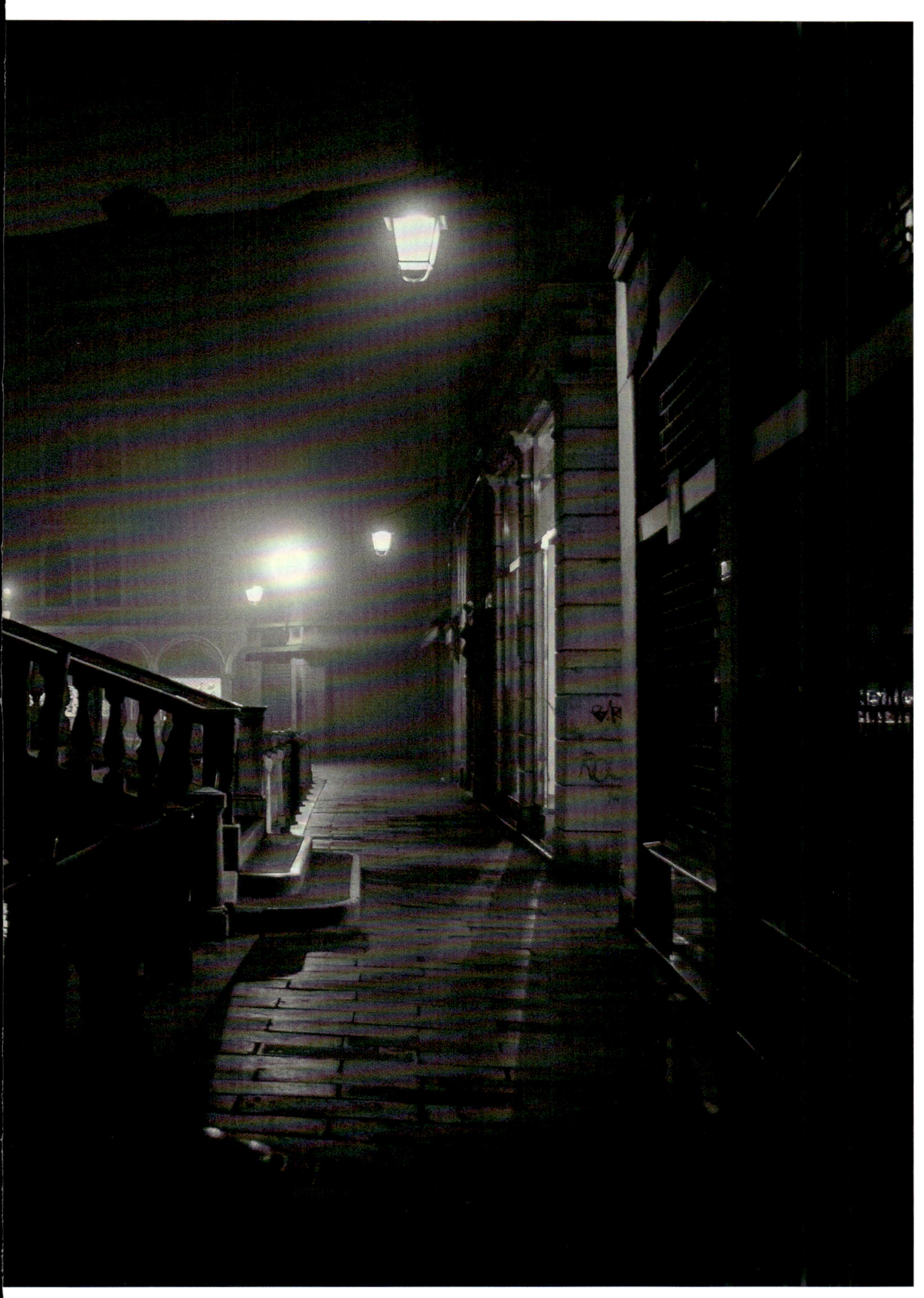

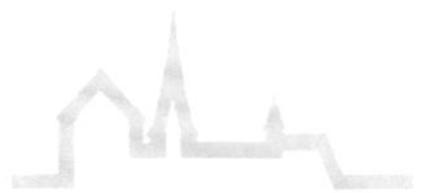

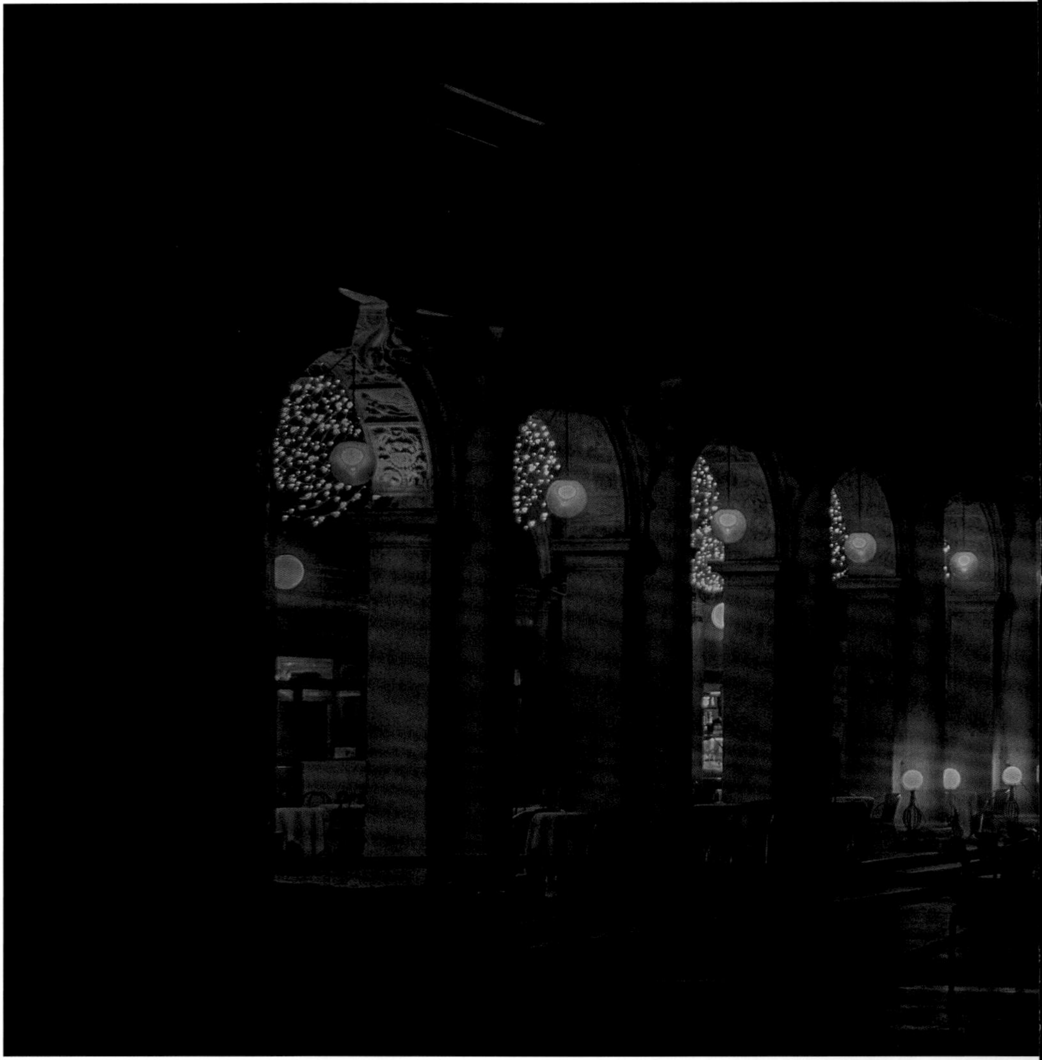

Abb. 320: L'Esprit de Venise, N° 04

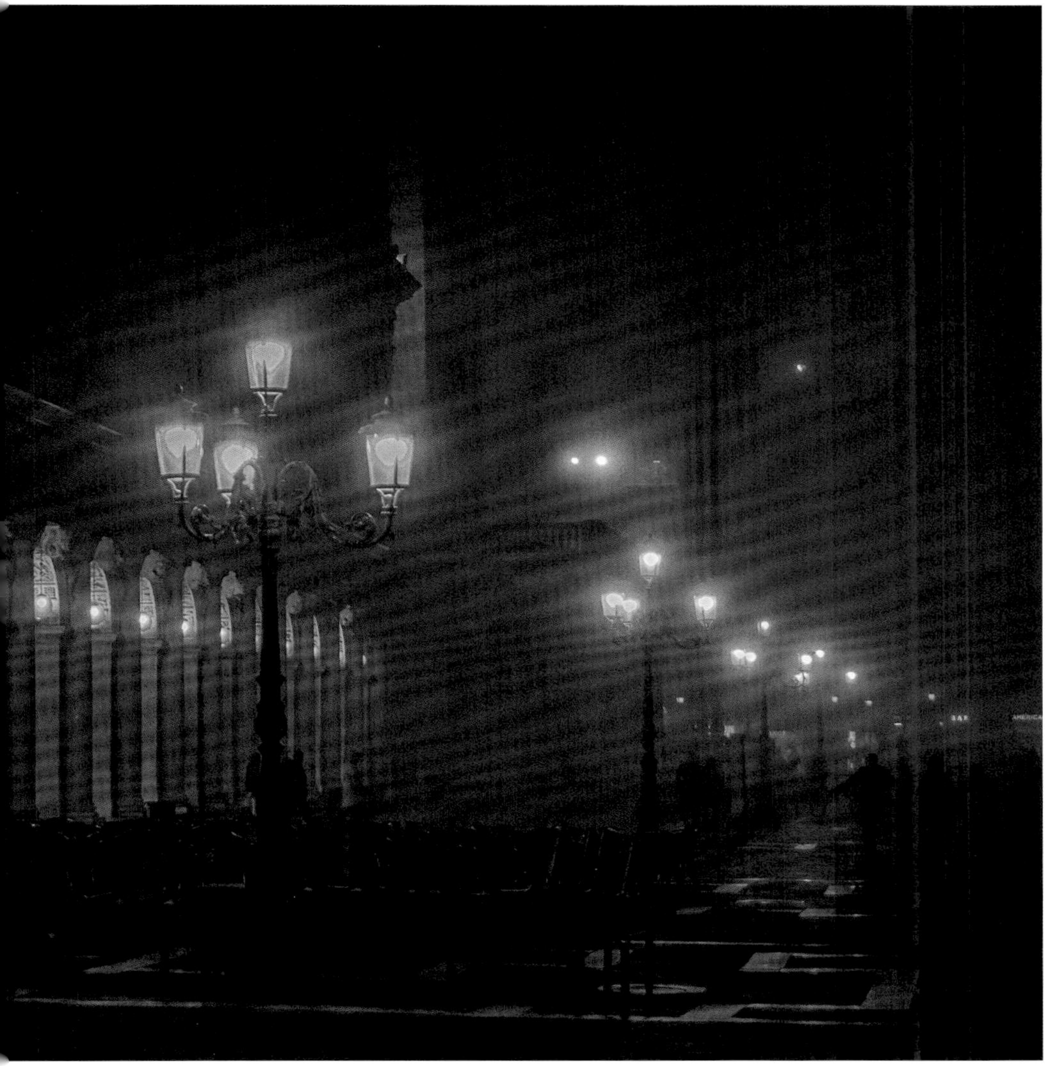

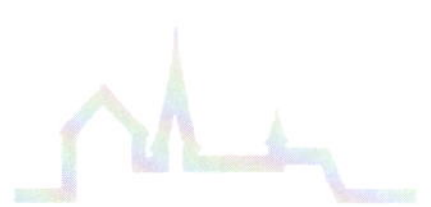

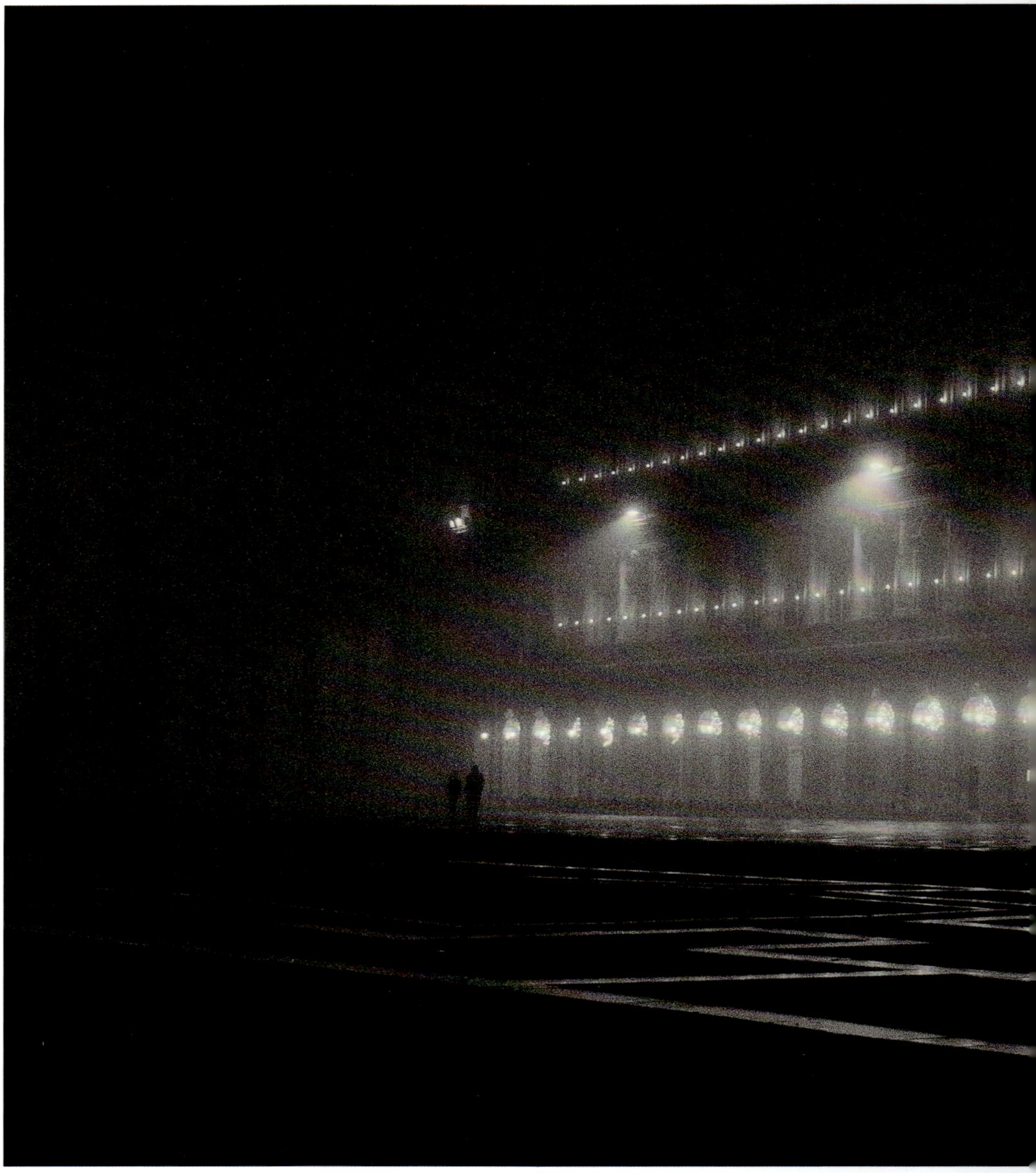

Abb. 321: L'Esprit de Venise, N° 05

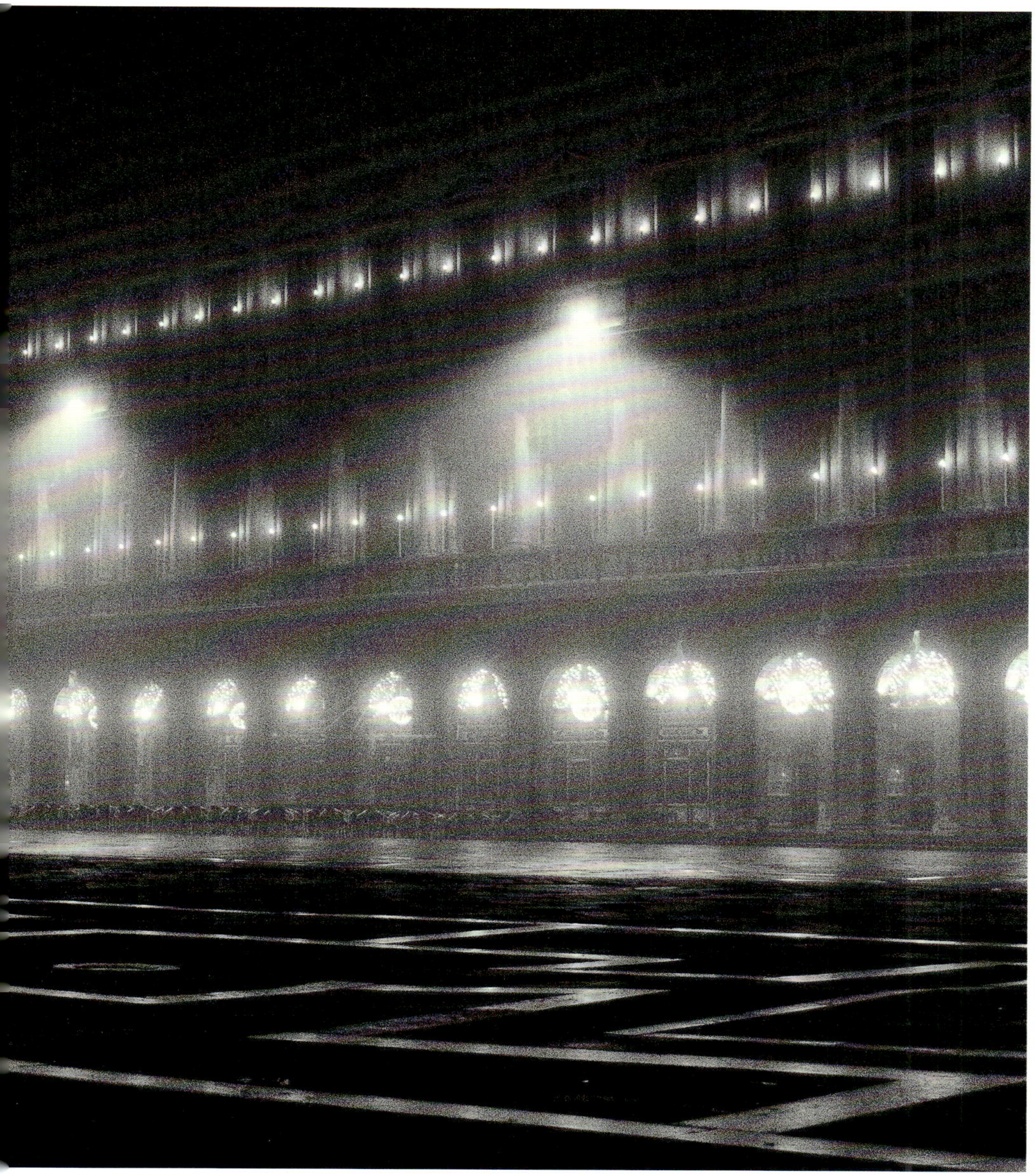

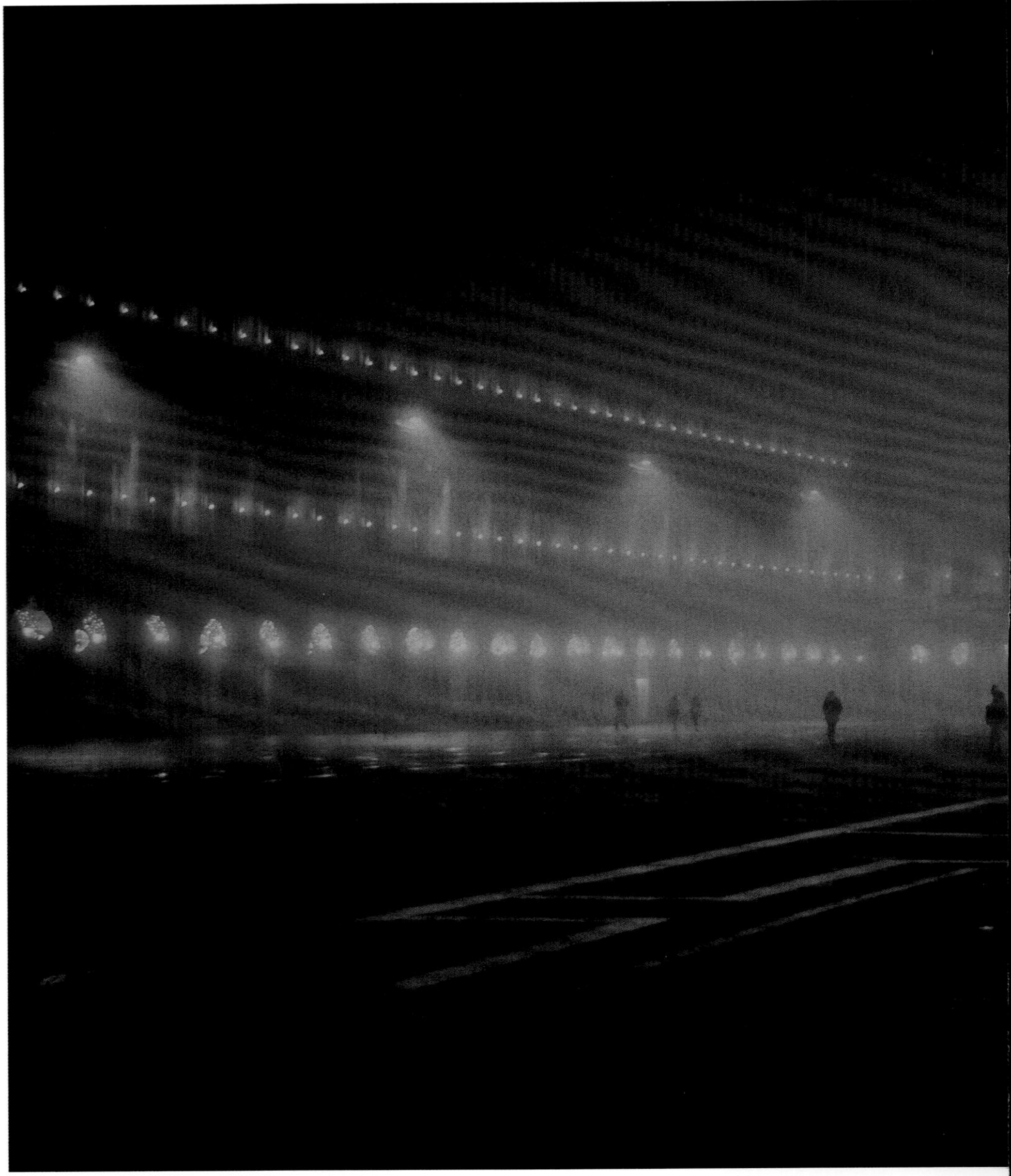

Abb. 322: L'Esprit de Venise, N° 06

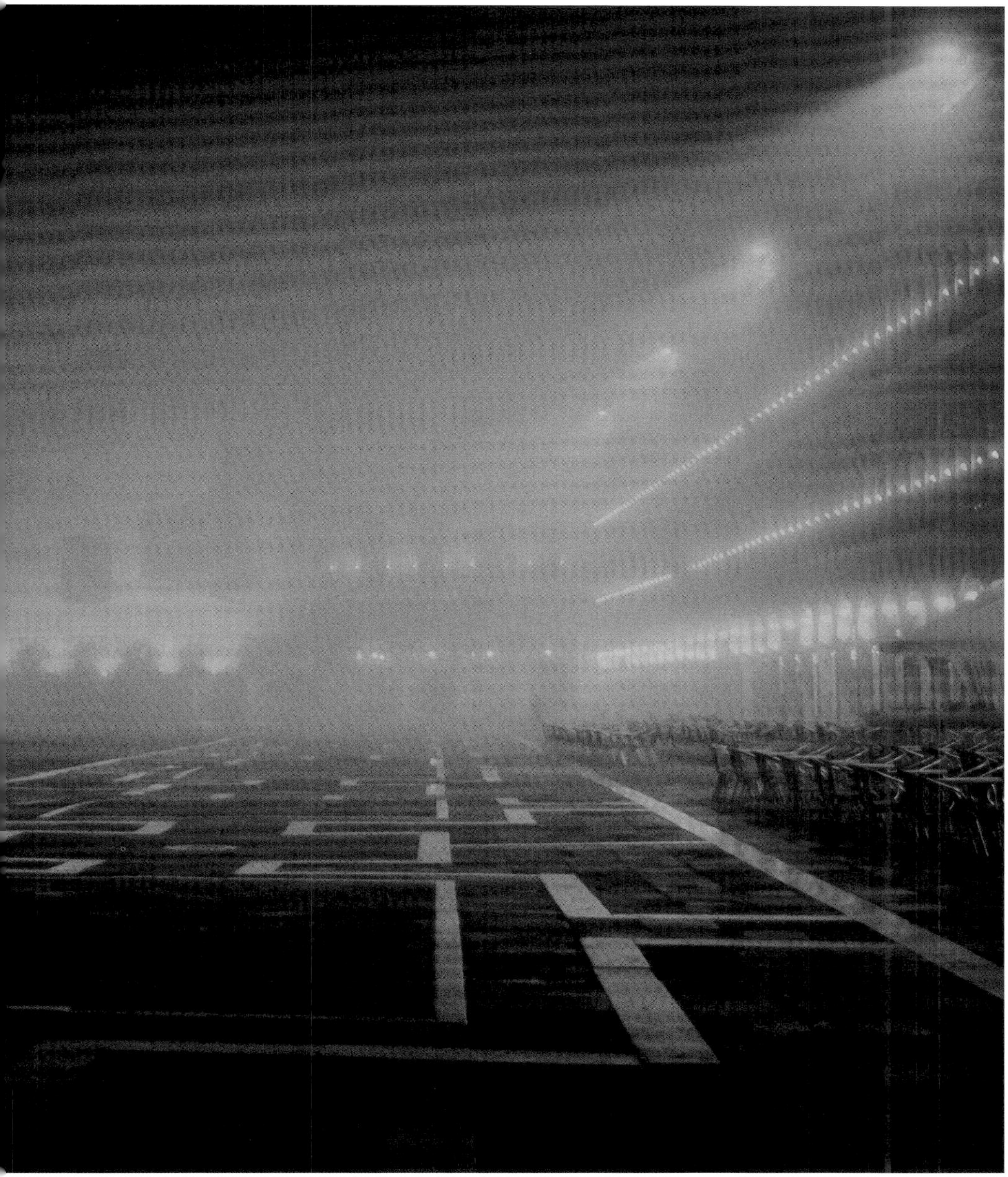

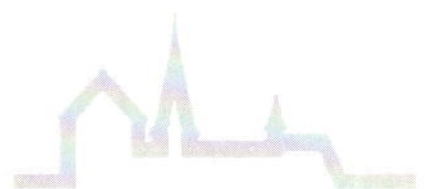

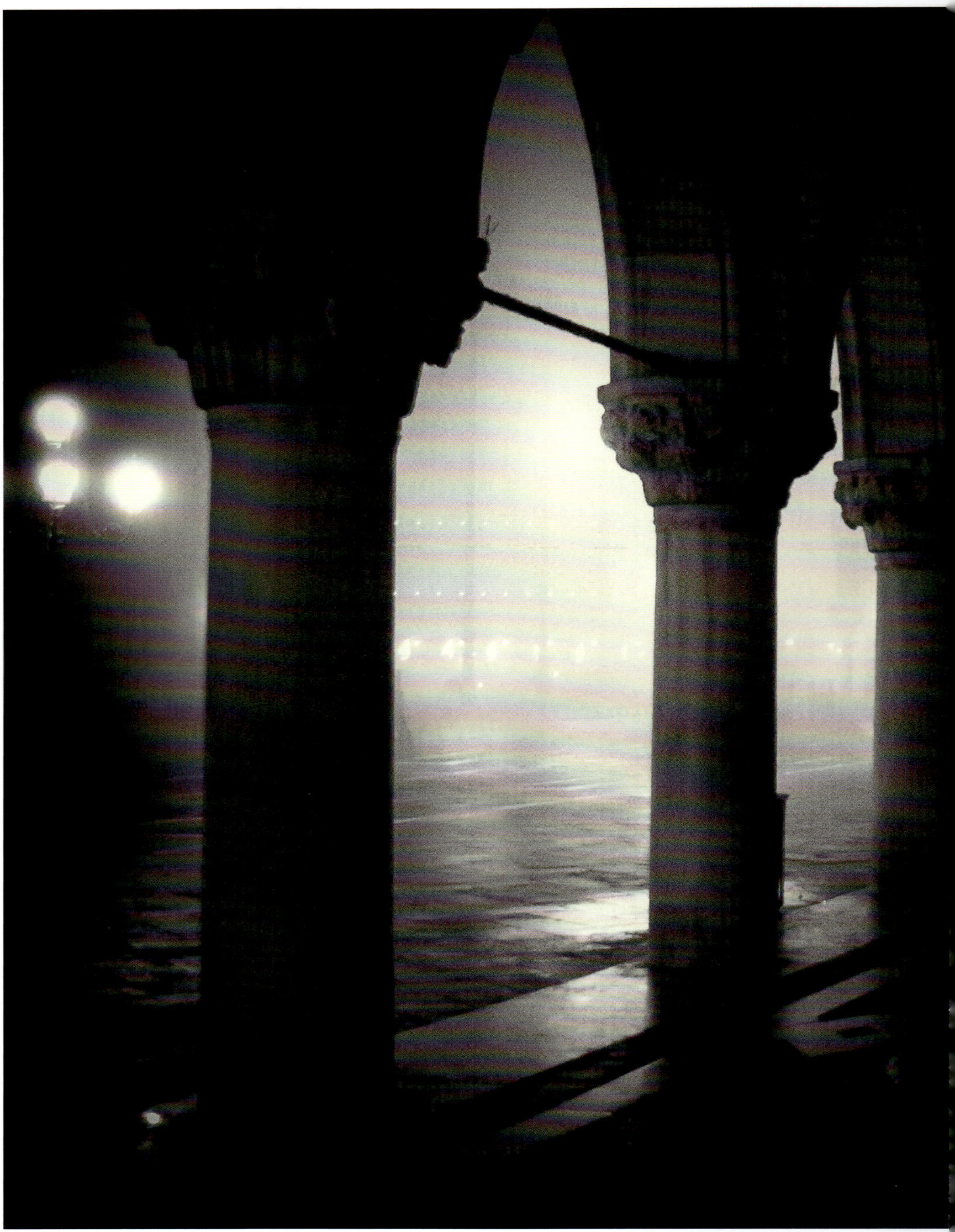

Abb. 323: L'Esprit de Venise, N° 07

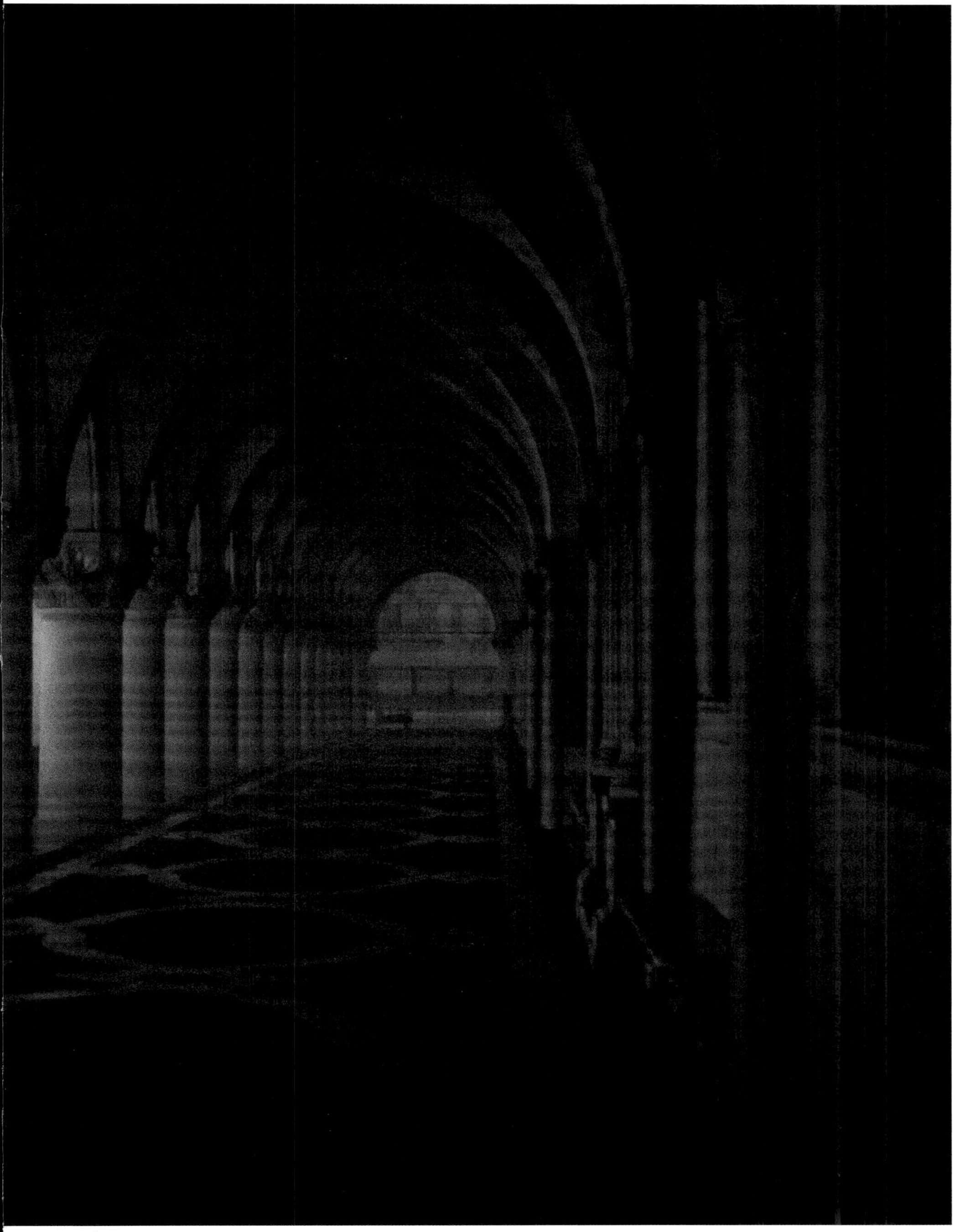

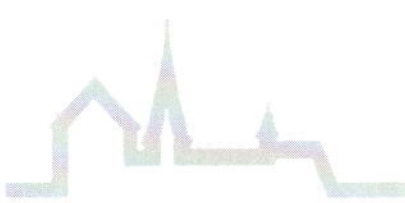

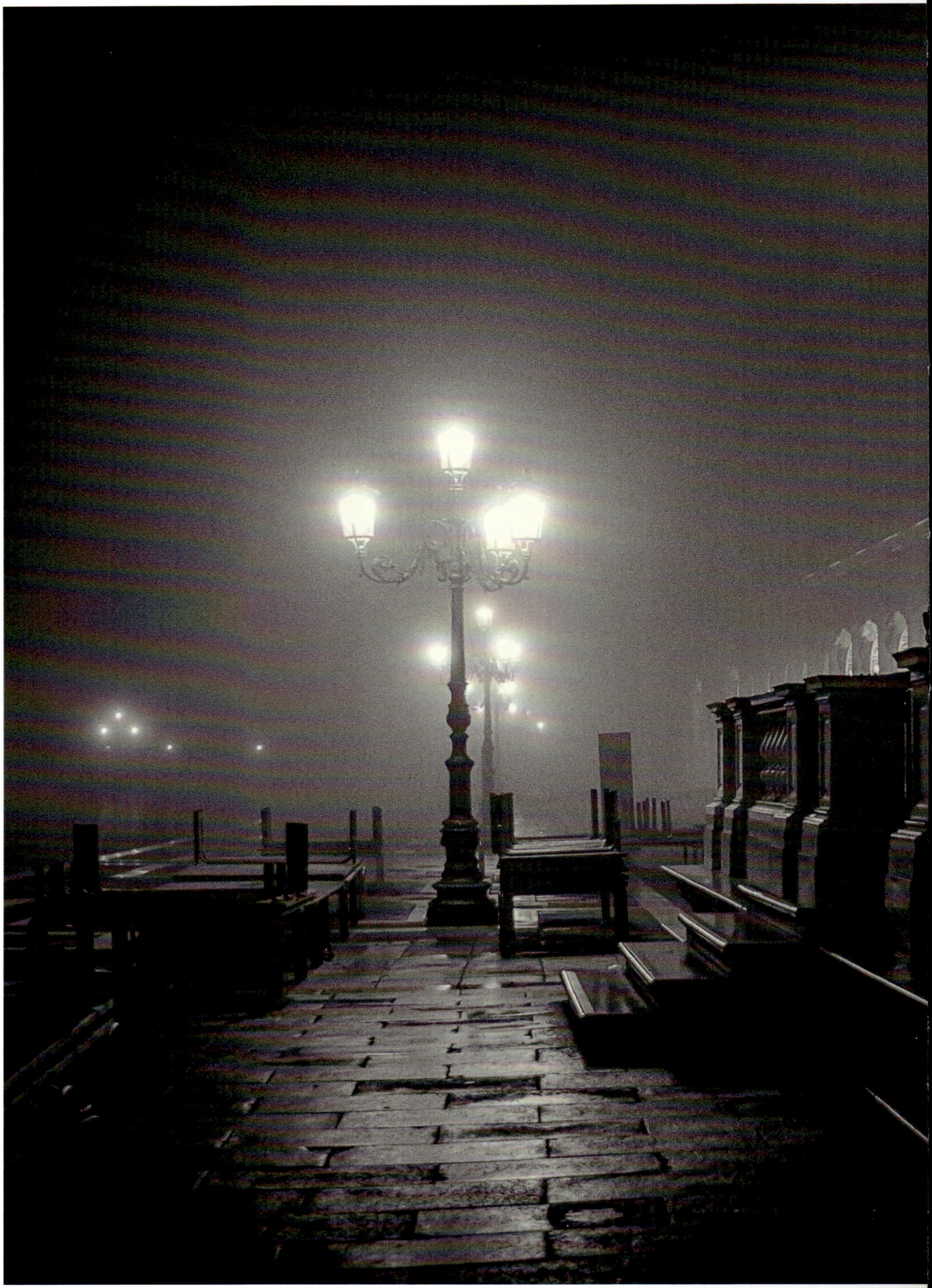

Abb. 324: L'Esprit de Venise, N° 08

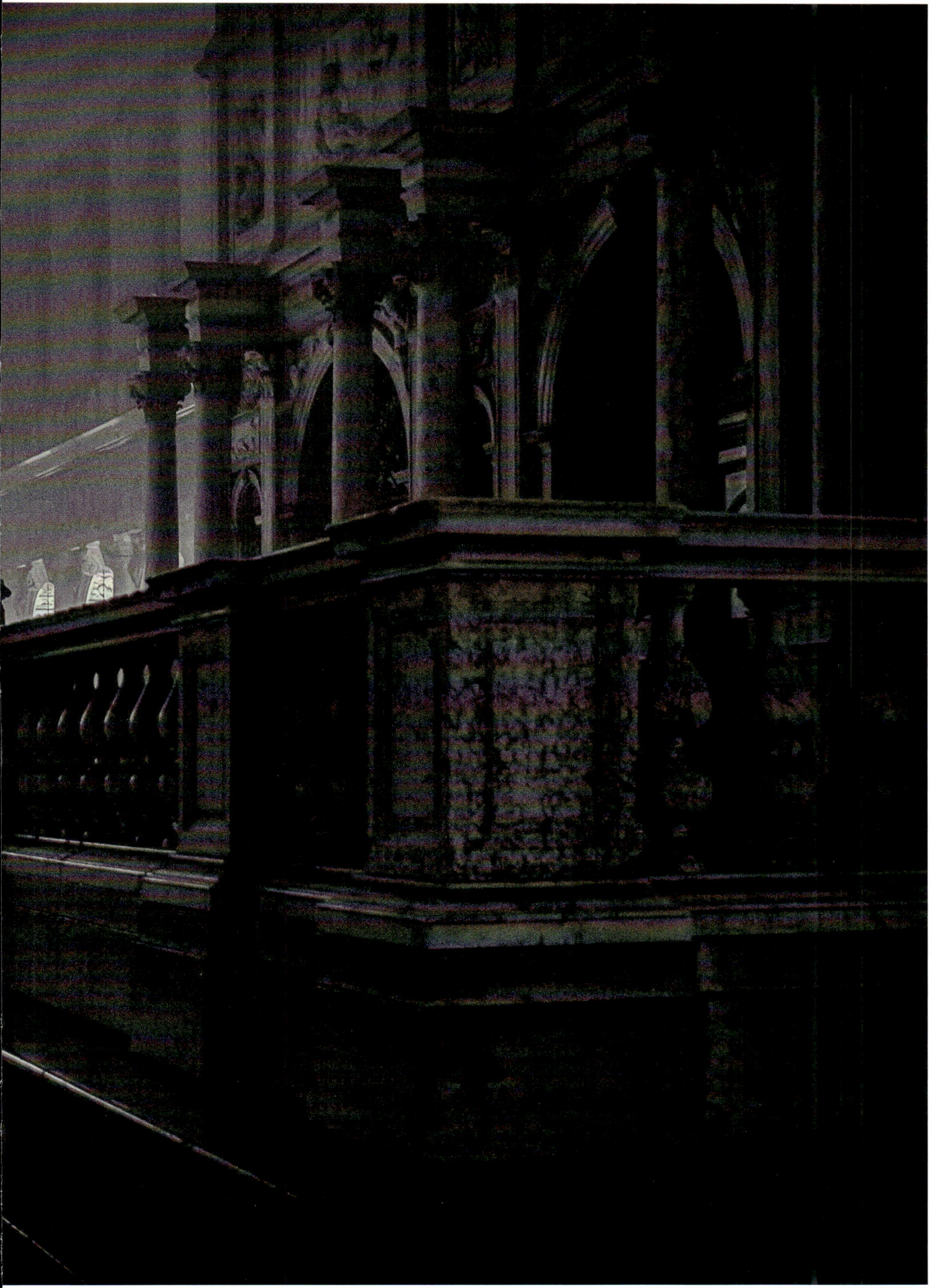

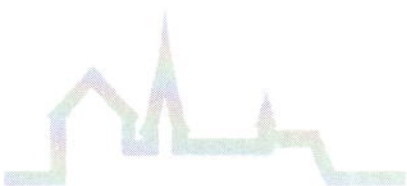

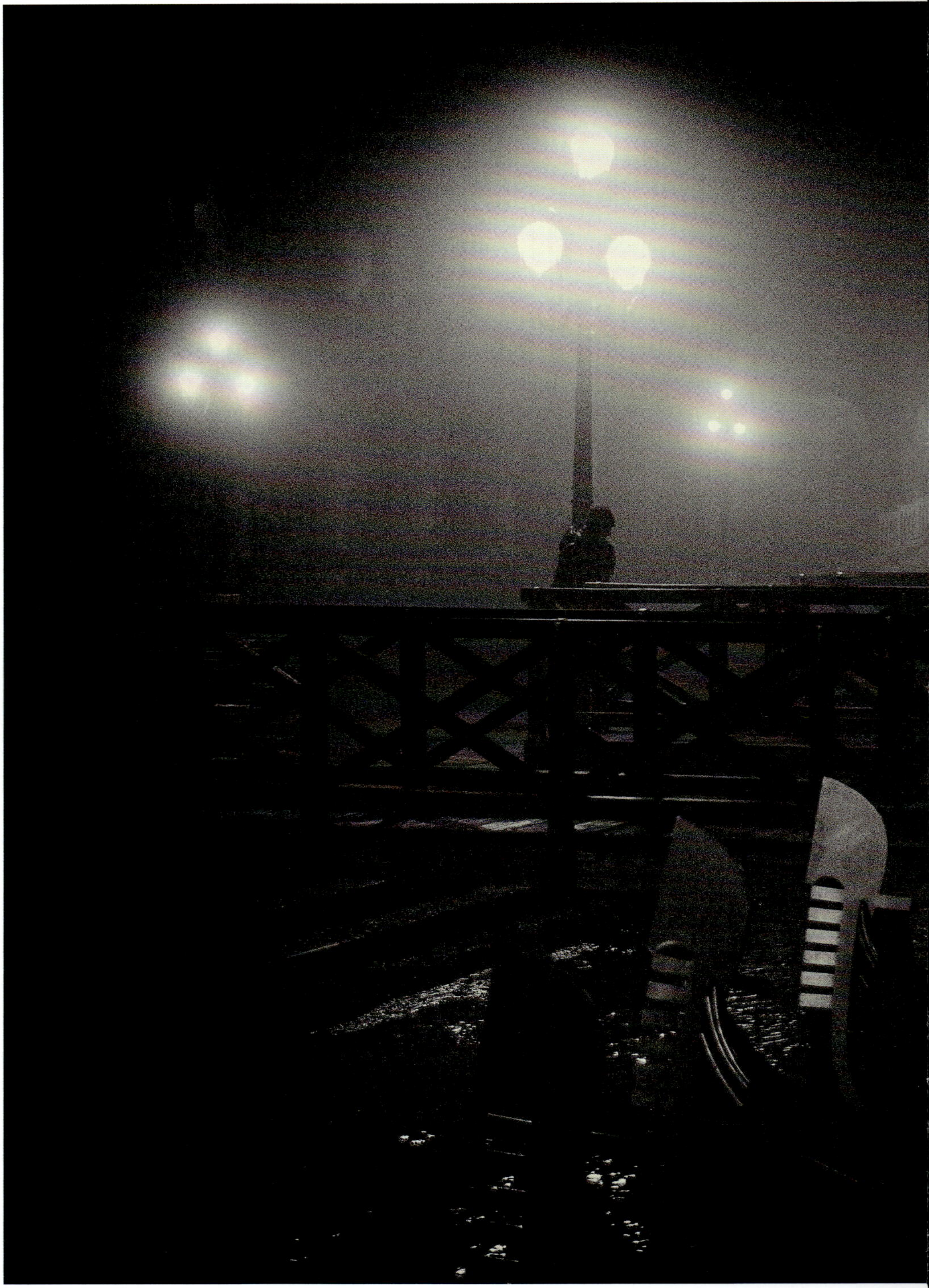

Abb. 325: L'Esprit de Venise, N° 09

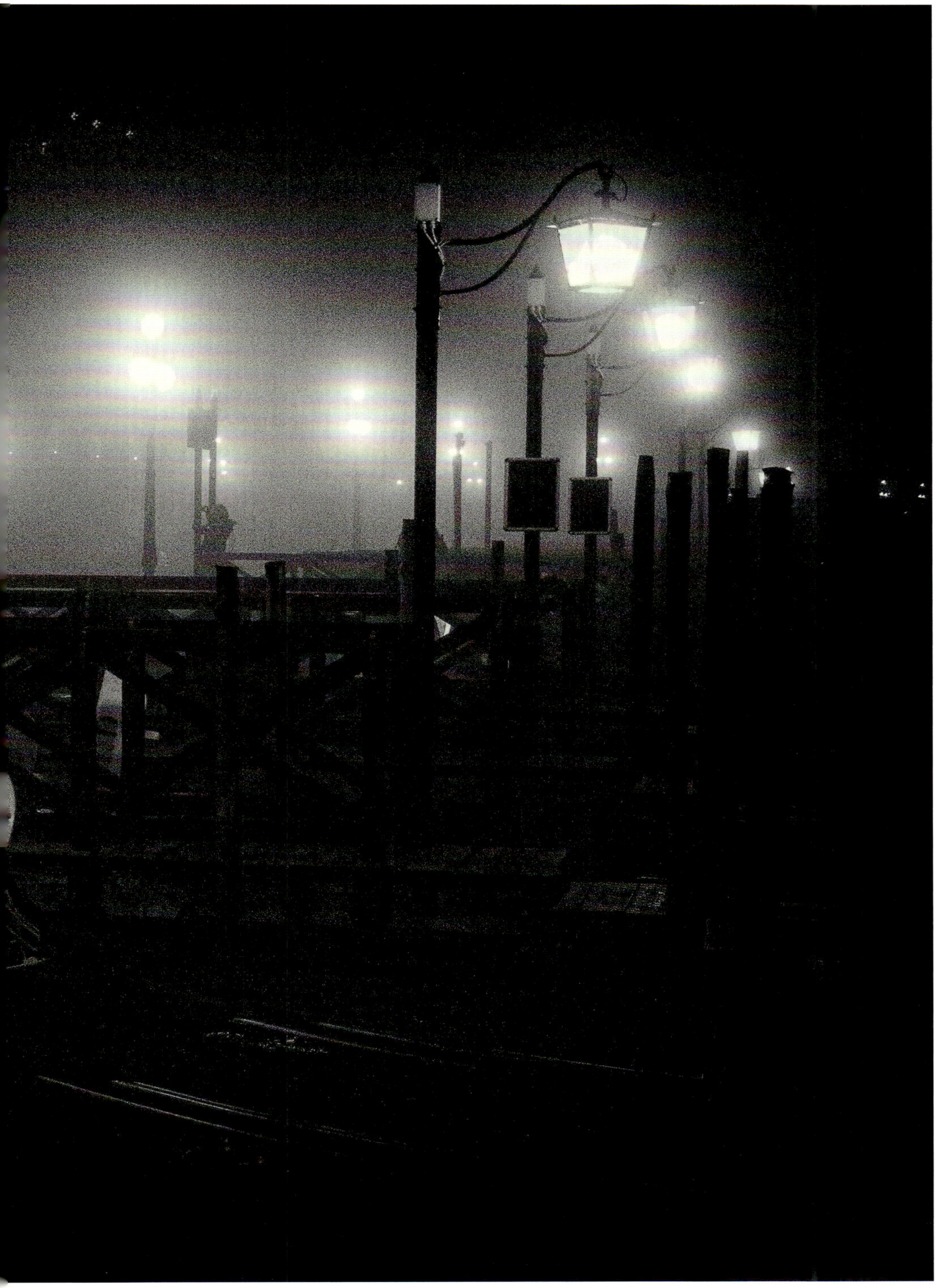

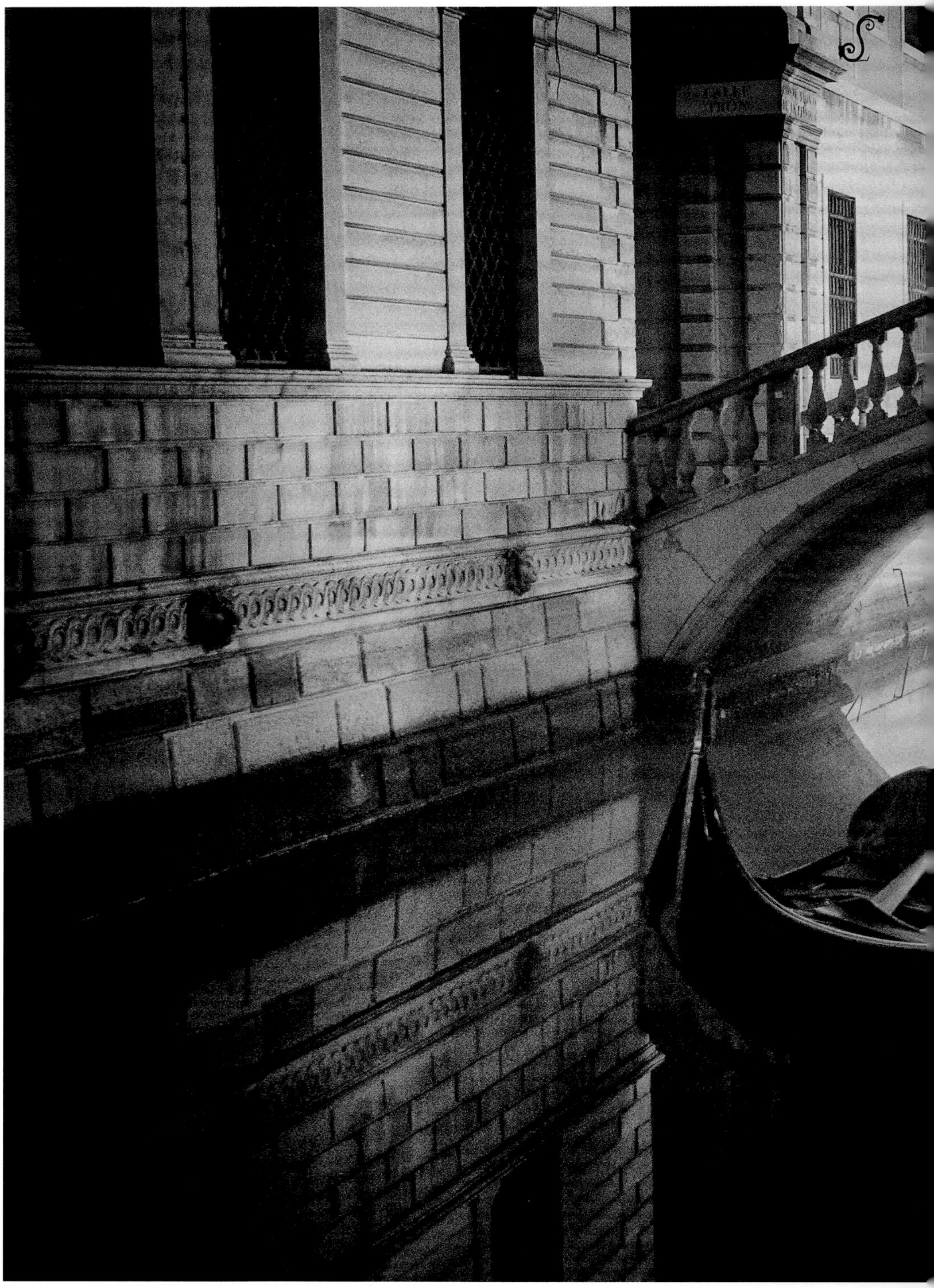

Abb. 326: L'Esprit de Venise, N° 10

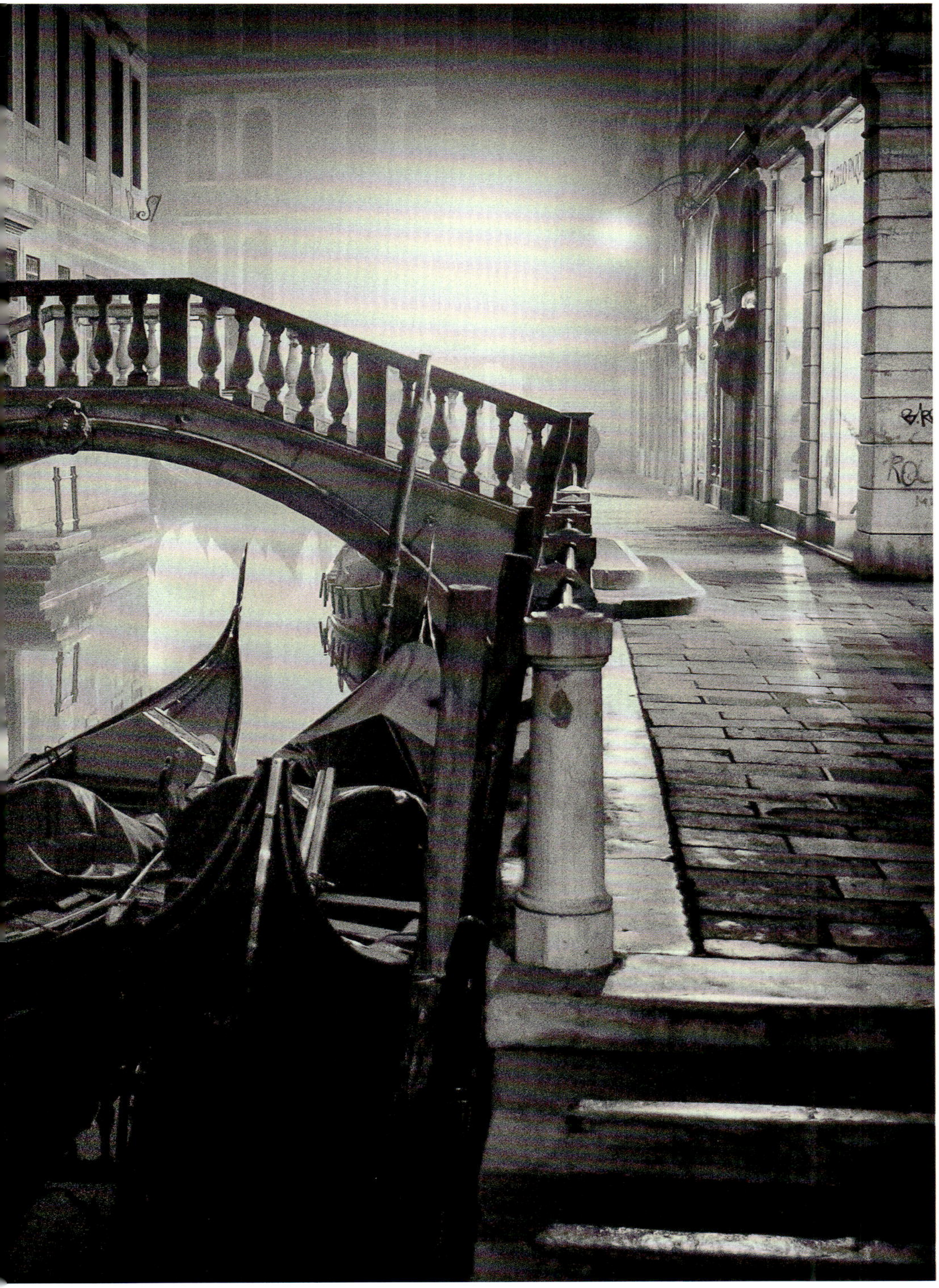

»L'Esprit de Venise«

Index

A

Absicht bzw. Botschaft des Fotografen 105. *Siehe auch* Gestaltung
Adams, Ansel Easton 27. *Siehe auch* Schwarzweißfotografie
Adobe Creative Suite / Creative Cloud. *Siehe* Software
Architektur 16. *Siehe auch* Industrieruinen; Sakralbauten; Stadtlandschaften
Architekturworkshops 179
Archivierung
  Ausfallrisiko 307
  Backupstrategie 306
  Bibliothek 308–309
  Cloud 306–307
  Datenbankstruktur 308
  Datensicherung 306
  Datenverlust 306
  Farb- und Sternchenregeln 245
  Festplattencrash 306
  Festplatten, externe 307
  Festplatten für den Dauerbetrieb 307
  Katalog 32, 309
  NAS-Server 306–307
  Reaktionsschnelligkeit 308
  Schnellsammlung 309
  Total Commander (Ghisler Software) 307
  Uploadgeschwindigkeit 307
  Verschlagwortung 308
  Verzeichnisstruktur 307–309
  Wiederauffindbarkeit 308
  »Wollmilchsau, eierlegende« (Lightroom) 309
Aristoteles 22. *Siehe auch* Entwicklung der Fotografie
Aufnahmesteuerung
  Abschätzung des Szenenkontrastes 202, 207
  Aufhellblitz 209
  Auflösung, maximale 210
  Auslöseverzögerung 210
  Auswahlrechteck 208
  Autofokus 23, 203, 207
  Belichtungsautomatik 23, 207–208
  Belichtungsmessung 23, 207
  Belichtungszeit 22, 200–201
  Bewegungsunschärfe 200, 202
  Bildstabilisator 209
  Blendenöffnung 198, 200–204
  Blendenvorwahl 207
  Blendenzahl 198–199, 202, 204–205
  Brennweite 60, 198–200, 202–205
  Durchzeichnung 199, 213–214
  Fernpunkt 204–207
  Funktionsweise von Objektiven 199
  Histogrammdarstellung 208
  Hyperfokale Distanz 202, 205
  Integralmessung, mittenbetonte 207
  Kehrwertregel 200
  Lichtwertekonzept 198
  Live-View-Darstellung 207–208, 210
  Mehrfeldmessung 207

Nahpunkt 204–205
Schärfentiefe 199, 201, 203–206
Schärfentieferechner 206–207
Scharfstellung 199, 201
Selektivmessung 207
Sensorempfindlichkeit 198, 200–202, 249
Spiegelvorauslösung 62–63
Spotmessung 207–208
Szenenkontrast 207–209, 246, 249, 266
Verwackeln, willentliches 200
Verwacklungsunschärfe 200
Vollautomatik 207
Zeitvorwahl 207
Zerstreuungskreis 204
Ausdrucksfotografie 25
Ausrüstung. *Siehe auch* Kameragehäuse; Objektive; Stative
Aufstecklibellen 62–63, 210
Billiganschaffungen 62
Blitzgeräte 62
Ersatzakkus 62–63
Fernauslöser 62
Fotorucksack 62
Hilfslicht 63
Speicherkarten 62
Autofokus. *Siehe* Aufnahmesteuerung

B

Backupstrategie. *Siehe* Archivierung
Barnbaum, Bruce 24. *Siehe auch* Schwarzweißfotografie
Barock. *Siehe* Sakralbauten (Bauepochen)
Belichtungsautomatik. *Siehe* Aufnahmesteuerung
Belichtungsmessung
Integralmessung, mittenbetonte 207
Mehrfeldmessung 207
Selektivmessung 207
Spotmessung 207–208
Belichtungszeit. *Siehe* Aufnahmesteuerung
Bewegungsunschärfe. *Siehe* Aufnahmesteuerung
Beziehung, innere 33, 64, 75
Bildbearbeitung
Akzentuierung der Kontrastkanten 311
Arbeitsebene 262, 311, 313
Artefaktüberlagerung 252
Bearbeitungsebene 263
Belichtungsreihen 61, 248
Beschneidung anzeigen 262
Bildergebnisse, naturalistische 252
Bildrauschen 201, 249–250, 252–253, 266
Bridge (Adobe) 244–246, 308
Camera Raw (Adobe) 246–247, 266
Canon EOS Utility 245
Contrast Optimizer (Photomatix) 254–255
Deckkraft 263
Detailkontrast 251–252
Details Enhancer (Photomatix) 255
Dfine (Nik) 247, 258
Dynamische Helligkeit 260
Einstellungsebene 262–263
Entzerrung 257
Farbdichte 247
Farbkorrektur 258, 263, 265
Farbrauschen 247, 253, 266
Farbsättigung und -dynamik 246
Farbtemperatur 251
Farb- und Sternchenregeln 245
Feinstruktur 173, 250, 252, 262, 265
Filmkorn 250
Foto-Downloader (Bridge) 245
Gradationskurve 247, 262
Graustufenbild 263, 265
Grundschärfung 247
HDR-Artefakte 251
HDR-Ausarbeitung 250, 255
Hintergrundebene 263
Importieren (Lightroom) 245
JPG-Bilder 250
Kantenartefakte 265–266
Kompressionsartefakte 250
Kontrastanhebung 259
Korrektur stürzender Linien 256

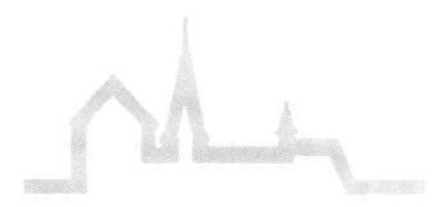

Lichterbereich 209, 248, 262–263, 266
Lightroom (Adobe) 245, 258, 266, 308–309
Luminanzrauschen 247
Menüstruktur 263
Mikrokontrast 250
Mittelton-Kontrast 265–266
Nik Collection 247, 258–259
Objektivkorrektur 247, 257
Photomatix (HDRsoft) 250, 253–254
Photoshop (Adobe) 166, 256, 262–263, 310–311
Plug-ins 244, 247, 258
Quick-and-dirty-Ausarbeitung 255
Radiergummi 263, 311
Rauschreduzierung 247
RAW-Konverter 244
RAW-Konvertierung 246, 308
Schärfeverlust 247
Schärfungsempfehlungen 311, 313
Scharfzeichner, selektiver 311, 313
Schattenbereich 246, 262
Schwarzpunkt 251–252
Schwarzweißkonvertierung 258
Silver Efex Pro (Nik) 258–262
Smartobjekt 263
Tiefen/Lichter 263–267
TIFF-Bilder 250
TIFF-Format 247
Tonwertabbrüche 246, 252, 262, 265
Tonwertbereiche 260–261, 265
Tonwertbeschnitt 252, 260
Tonwerte schützen 261
Tonwertkompression 252, 255
Tonwertumfang 262–263
Tonwertverteilung 261, 309
U-Point-Technik (Silver Efex Pro) 261
Vergrauungstendenz 252, 255
Verzeichnisstruktur 307–309
Verzeichnung 256
Voll- und Teiltonungen 23
Weicher Kontrast 260
Weißpunkt 251

Bilderdruck
Epson Stylus Pro 4880 312
Hahnemühle FineArt Baryta 313
ICC-Profile 313
Ilford Galerie Gold Fibre Silk 313
Profilkurven, eigene 313
Vorbereitung und Durchführung 312

Bilderrahmung
Aufziehen, kaltes bzw. heißes 315
Ausschnittgröße 315
Bildausschnitt 314
Materialien, säurefreie und archivfeste 315
Montage 314
Montageecken bzw. Klebestreifen 315
Passepartout 314–315
Vergilbungseffekte 315

Bildfehler. *Siehe* Objektive

Bildformate
Hochformat 140
Hochpanorama 141
Ovalformat 141
Quadrat 140
Querformat 139–140
Querpanorama 138, 141

Bildkontraste (Ausarbeitung)
Akzentuierung der Kontrastkanten 311
Beschneidung anzeigen 262
Detailkontrast 251–252
Gradationskurve 247, 262
Kontrastanhebung 259
Mikrokontrast 191, 250
Schwarzpunkt 251–252
Tiefen/Lichter 263–267
Tonwertabbrüche 246, 252, 262, 265
Tonwertbereiche 260–261, 265
Tonwertbeschnitt 252, 260
Tonwerte schützen 261
Tonwertkompression 252, 255
Tonwertumfang 262–263
Tonwertverteilung 261, 309

Weicher Kontrast 260
Weißpunkt 251
Bildkontraste (Komposition)
Abfolge und Erwartung des Sehens 165
Auflösung, kathartische 164
Begriffspaare 171, 173
CMY-Farbraum 168
CMYK-Farbmodell 168
Farbe-an-sich- oder Farbtonkontrast 165, 167
Farbmischung, additive bzw. physiologische 168
Farbmischung, subtraktive bzw. physikalische 168
Farbqualitätskontrast 165, 169
Farbquantitätskontrast 165, 169
Farbtemperaturen 168
Flächengestaltung, harmonische 169
Grundfarben 167–169
Helldunkelkontrast 165–166
Kältepol 168
Kaltwarmkontrast 165, 168–170
Komplementärkontrast 165, 170
Kontraste der Bewegung und Richtung 165, 173
Kontraste der Form und Proportion 165, 171
Kontraste der Helligkeit und Farbe 165–166
Kontraste der Intensität und Qualität 165
Kontraste der Masse und Quantität 165, 172
Lichtwerte und Flächenmaße 169
Primärfarben 167, 169
RGB-Farbraum 168
Sekundärfarben 167, 169
Simultankontrast 165, 170
Spannungsaufbau 164
Staffelung der Spannungsbögen 165
Sukzessivkontrast 165, 171
Suspense 164
Tertiärfarben 167, 169
Wärmepol 168
Wechselspiel 170
Zuspitzung, krisenhafte 164
Bildrauschen
Dfine (Nik) 247, 258
Farbrauschen 253, 266
Filmkorn (Unterscheidung) 250
Helligkeits- bzw. Luminanzrauschen 247
Bildschärfung
Grundschärfung 247
Kontrastkanten, Akzentuierung der 311
Schärfungsempfehlungen 311, 313
Zerstreuungskreis 204
Bildstabilisator. *Siehe* Aufnahmesteuerung
Bildsymbole
Abfallbehältnissse 110
Apparate und Leitungen 110, 114
Bedeutungsfalle 109
Botschaft eines Bildes 107
Container 92, 107
Eckblicke 110, 113
Einzelstücke und Überbleibsel 110
Fensterdurchblicke 110
Ikonografie 108
Kleines groß und Großes klein 110, 117
Komplexität und Freiheit, nötige 108
Leere Stühle, Tische und Büros 110
Mauern und Wände 110–111
Metapher 109
Raumfluchten 110, 112
Schlichtheit, plakative bis kitschige 108
Symbolsprache 107–109
Treppenhäuser 110
Uhren und Kalender 110, 115
Vehikel bzw. Transportgefährt der Botschaft 107
Verkrautung und Überwucherung 110, 116
Zeichen an der Wand 110–111, 117
Bildwinkel. *Siehe* Objektive
Blendenöffnung. *Siehe* Aufnahmesteuerung
Blickführung. *Siehe* Leserichtung
Blitzsynchronisation 23
Brennweite. *Siehe* Aufnahmesteuerung
Brentano, Franz Clemens 106

Bridge (Adobe). *Siehe* Software
Bruchsaler Farben 27, 175–176, 179

C
Camera obscura 22. *Siehe auch* Entwicklung der Fotografie
Camera Raw (Adobe). *Siehe* Software
Canon EOS Utility. *Siehe* Software
Cézanne, Paul 168

D
Daguerre, Louis Jacques Mandé 22. *Siehe auch* Entwicklung der Fotografie
Daguerreotypie 22, 23. *Siehe auch* Entwicklung der Fotografie
Datensicherung. *Siehe* Archivierung
Datenverlust. *Siehe* Archivierung
Deltombe, Jean Marc 317–319
Dfine (Nik). *Siehe* Software
Digitalfotografie 23, 312
Dreiwortsätze, marketing- und internetgerechte 106
Drittelregel. *Siehe* Komposition

E
Eastman, George 23. *Siehe auch* Entwicklung der Fotografie
Edison, Thomas Alva 221
Ehlers, Martin 30, 32. *Siehe auch* Maulbronner Gießerei
Eigentums- und Hausrecht. *Siehe* Rechtsfragen; Vorfeldarbeiten
Entwicklung der Fotografie 22
Eye-Tracking-Forschung. *Siehe* Leserichtung
  Javal, Emile 160
  Noton, David 160
  Stark, Lawrence 160
  Yarbus, Alfred Lukyanovich 160

F
Farbdarstellung 23
»Farbe ist zu geschwätzig« 25. *Siehe auch* Häusser, Robert
Farbmodelle. *Siehe* Bildkontraste (Komposition)
Farbqualitäten 23, 169
Festbrennweitenobjektive. *Siehe* Objektive
Filmmaterial
  35-mm-Format 23
  Bildvervielfältigung, Prinzip der 22
  Farbechtheit 24
  Farbfilm 24
  Negativbild 23
  Papiere, lichtempfindliche 22
  Positivbild 22
  Rollfilm, papier- und zelluloidbasierter 23
  Spektren bzw. Sensibilisierungen 23
  Zinnplatte, asphaltbeschichtete 22
Fleming, Don 205–206
Formatfaktor 59–60, 199–201, 205. *Siehe auch* Kameragehäuse
Fotoamateure 25
Fotodurchgänge 33, 64, 75
Fotogemeinschaften 24, 156. *Siehe auch* Präsentation
Fotografiergenehmigung. *Siehe* Rechtsfragen; Vorfeldarbeiten
Freiheiten der Interpretation und des Ausdrucks 26
Freistellung des Motivs vom Hintergrund. *Siehe* Objektive
Freud, Sigmund 18, 20, 99. *Siehe auch* Strukturmodell, psychoanalytisches
Friedrich, Caspar David 169
Frontal- bzw. Vorderlicht. *Siehe* Lichtarten

G
Gauguin, Paul 170
Gebrauchsfotografie 25
Gegenlicht. *Siehe* Lichtarten
Gestaltung

Abstraktion (des Gesehenen) 27, 142, 154–155
Achtsamkeitsübung (modifiziert für fotografische Zwecke) 103
Atemübung (einfache Yoga- bzw. Pranayama-Übung) 102
Baum- und Lichtübung (modifiziert nach Luise Redemann) 102
Flow 100–101, 104, 219
Fluss, innerer oder mentaler 100
Interpretation (des Gesehenen) 26
Konzeptfindung 98
Prozess der inneren Umschaltung 104
Samadhi 100
Überhöhung (des Gesehenen) 319
Übersetzung (des Gesehenen) 25–27, 109, 319
Umwandlung (des Gesehenen) 26–27, 272
Verdichtung (des Gesehenen) 25–27, 98, 172
Versunkenheit im Tun 101
Gestaltungsanspruch 19, 156
Gestaltungselemente (Komposition)
Diagonalen 43, 181, 192
Dreiecke 148, 150, 152, 154–155
Kreise 146, 155
Linien 143–146, 148, 150, 152, 155
Linien, durchgezogene und gedachte 144
Linien, gerade und gebogene 144
Punkt 143
Rechtecke 152, 155
Vielecke 154
Goethe, Johann Wolfgang von 109
Gogh, Vincent van 170
Goldener Schnitt. *Siehe* Komposition
Gotik. *Siehe* Sakralbauten (Bauepochen)
Grant, Ted 26
Größen-Selbst 18. *Siehe auch* Selbstpsychologie
Gulbins, Jürgen 244, 312

H

Haberbosch, Jörg 75. *Siehe auch* Mühlacker Ziegelwerke
Hall, Edward T. Jr. 19
Handkolorierungen 23. *Siehe auch* Entwicklung der Fotografie
Häusser, Robert 25. *Siehe auch* Schwarzweißfotografie
Helligkeitsrauschen. *Siehe* Bildbearbeitung, Luminanzrauschen
Henrichshütte (Hattingen). *Siehe* Kurenbach, Andre
High Dynamic Range (HDR)
Artefakte 251
Ausarbeitung 250, 255
Belichtungsreihen 61, 248
Bilder auf Knopfdruck 249
Contrast Optimizer (Photomatix) 254–255
Details Enhancer (Photomatix) 255
Kantenartefakte 265–266
»Kultur des Grauens« 250–251
Photomatix (HDRsoft) 250, 253–254
Vergrauungstendenz 252, 255
Hilfsmittel, zulässige. *Siehe* Rechtsfragen; Vorfeldarbeiten
Historismus. *Siehe* Sakralbauten (Bauepochen)
Hoffmann, Torsten Andreas 24, 66, 100, 200. *Siehe auch* Schwarzweißfotografie
Hyperfokale Distanz. *Siehe* Aufnahmesteuerung

I

Ihagee Exakta B 23. *Siehe auch* Entwicklung der Fotografie
Ikonen (fotografische) 24
Industrieruinen
Henrichshütte (Hattingen) 122, 124, 125
Kokerei Hansa (Dortmund) 122, 126–127, 130, 132–135
Maulbronner Gießerei 29–32
Mühlacker Ziegelwerke 71–73
Völklinger Hütte 122–123, 125, 128–129, 131
Internetanbindung 24
Itten, Johannes 167. *Siehe auch* Bildkontraste (Komposition)

J

Jaspers, Karl 18
Javal, Emile 160. *Siehe auch* Eye-Tracking-Forschung
Jeanneret-Gris, Charles-Édouard. *Siehe* Le Corbusier

K

Kameragehäuse 58
  APS-C 58, 199
  Bridgekamera 24
  DX 58, 199
  Großformatkamera 204
  Kompaktkamera 248
  Micro-Four-Thirds 58, 199
  Mittelformatkamera 58, 204
  Rollfilmkamera 23
  Smartphone mit Kamerafunktion 24
  Spiegelreflexkamera 58, 63, 318
  Systemkamera, spiegellose 58
  Vollformatkamera 58, 199
Kenna, Michael 24, 65, 84, 99. *Siehe auch* Schwarzweißfotografie
Klassizismus. *Siehe* Sakralbauten (Bauepochen)
Kodak Nr. 1 23. *Siehe auch* Entwicklung der Fotografie
Kohut, Heinz 18. *Siehe auch* Selbstpsychologie
Kokemohr, Nils 258
Kokerei Hansa (Dortmund) 122, 126–127, 130, 132–135. *Siehe auch* Kurenbach, Andre
Komposition
  Bildelemente, Platzierung der 61, 158
  Darstellung, exzentrische 158
  Dogmen, Gefahren von 156
  Drittelregel 156–157
  Goldener Schnitt 157
  Komfortzone, gestalterische 157
  Konstruierbarkeit 157
  Motivs, Platzierung des 156, 158
  Regeln, Sinnhaftigkeit von 156
  Spannungskomponente 158
  Zentralkomposition 156, 158
Konzept- und Stilbildung 12
Krahm, Rudolf 14
Krause, Erik 206
Kulturstiftung 17
»Kunst ist 5 Prozent Inspiration und 95 Prozent Transpiration« 221. *Siehe auch* Edison, Thomas Alva; Mottes, Wolfgang
Kurenbach, Andre 119–120, 125
Kurt-Schumacher-Brücke (Mannheim, Ludwigsburg) 13

L

Lacan, Jacques 18
Langzeitbelichtung 12
Le Corbusier 273
Leserichtung 161
  Blickdurchgang 162–163, 165
  Eye-Tracking-Forschung 160
  Fluchtlinien 162–163
  Pragmatisches Vorgehen 162
  Sehen, intentionales bzw. absichtsvolles 160
  Sehen, interpretierendes bzw. wiedererkennendes 161
  Sehen, kulturgebundenes 161
  Sehen, reflexhaftes bzw. kontrastbezogenes 160
  Spiegelungsvergleich 162
Lichtarten 212
  Edgar-Wallace-Effekt 213
  Frontal- bzw. Vorderlicht 212
  Gegenlicht 212–213, 215, 248
  Lichtanmutungen 214
  Licht, hartes bzw. punktuelles 214
  Lichtrichtungen 212–213
  Licht, weiches bzw. diffuses 214
  Marlene-Dietrich-Licht 212
  Oberlicht 213
  Rembrandt-Licht 213
  Seitenlicht 212–213, 215, 283
  Streiflicht 212–213, 215

Unterlicht 213
Verfremdungseffekte 213
Lightroom (Adobe). *Siehe* Archivierung; Bildbearbeitung; Software
Live-View-Darstellung. *Siehe* Aufnahmesteuerung
Lost-Places-Szene. *Siehe* Urbexer
Lutz, Maximilian 75. *Siehe auch* Maulbronner Gießerei; Mühlacker Ziegelwerke

M

Marc, Franz 167
Maulbronner Gießerei 29–32
Arbeitsplätze 30
Dornröschenschlaf 31–32
»Dreckschleuder, größte« 30
Rüstungsproduktion 30
Zwangsarbeiter 30
Meditations- und Therapieverfahren 101
Mindestabstand, nötiger 19. *Siehe auch* Hall, Edward T. Jr.
Moderne. *Siehe* Sakralbauten (Bauepochen)
Mondrian, Piet 167
Monopolkapitalismus, entfesselter 31
»Moonrise, Hernandez, New Mexico«. *Siehe* Adams, Ansel Easton
Mothes, Wolfgang 210, 217–218, 221
Motiverarbeitung
Innehalten 99
Schwebe- und Spannungszustand 99
Schwellensituationen 99
Motivsuche 97–98, 220
Motiv- und Bildsprache 12
Mühlacker Ziegelwerke 71–73
Abriss 73–75
Demontage der Anlage 73
Niedergang 71–73
Ziegelproduktion 72
Museum auf dem Schafhof (Maulbronn) 30. *Siehe auch* Maulbronner Gießerei

N

Negativbild 23
Niépce, Joseph Nicéphore 22. *Siehe auch* Entwicklung der Fotografie
Nik Collection. *Siehe* Software
Normalobjektive. *Siehe* Objektive
Noton, David 160. *Siehe auch* Eye-Tracking-Forschung

O

Oberlicht. *Siehe* Lichtarten
Objektive 59
Abbildungsleistung 199, 209
Bildachse 61
Bildfehler 61, 210, 250
Bildwinkel 59–60
Brennweite 59–60, 190, 198–200, 202–205, 220
Festbrennweitenobjektive 60–61, 202
Freistellung des Motivs vom Hintergrund 199
Funktionsweise 199
Normalobjektive 60
Schärfentiefe 58–59
Teleobjektive 60, 63
Tilt-Shift-Objektive 61, 211
Weitwinkelobjektive 60
Zoomobjektive 60

P

Panoramafreiheit 67. *Siehe auch* Rechtsfragen; Vorfeldarbeiten
Personal (Space) Bubble. *Siehe* Raumblase, persönliche
Persönlichkeitsrecht. *Siehe* Rechtsfragen; Vorfeldarbeiten
Photomatix (HDRsoft). *Siehe* Software
Photoshop (Adobe). *Siehe* Software
Präsentation
Aufbereitung für Bildschirm und Internet 310
Aufziehen, kaltes bzw. heißes 315
Ausschnittgröße 315

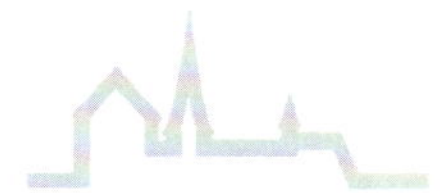

- Ausstellung 33, 310, 314
- Bildausschnitt 314
- Epson Stylus Pro 4880 312
- Fotowettbewerbe 310
- Hahnemühle FineArt Baryta 313
- ICC-Profile 313
- Ilford Galerie Gold Fibre Silk 313
- Materialien, säurefreie und archivfeste 315
- Monitorgrößen 310
- Montage 314
- Montageecken bzw. Klebestreifen 315
- Netzwerke, soziale 310
- Onlinegalerien 250, 310, 314
- Passepartout 314–315
- Profilkurven, eigene 313
- Rahmung 15, 152, 310, 314–315
- Vergilbungseffekte 315
- Vernissagen 25
- Vorbereitung und Durchführung des Drucks 312

Psychoanalyse. *Siehe* Strukturmodell, psychoanalytisches

R

Raumblase, persönliche 19. *Siehe auch* Hall, Edward T. Jr.
Raumeindruck 59, 251
Raumgliederung. *Siehe* Komposition
Raum und Struktur 14
Raumzonen 19. *Siehe auch* Hall, Edward T. Jr.
Rechtsfragen
- Besitzer und Rechteinhaber 67
- Eigentums- und Hausrecht 67
- Einwilligung 67
- Fotografiergenehmigung 68
- Panoramafreiheit 67
- Persönlichkeitsrecht 67
- Urheberrecht 67

Renaissance. *Siehe* Sakralbauten (Bauepochen)
Rokoko. *Siehe* Sakralbauten (Bauepochen)
Romanik. *Siehe* Sakralbauten (Bauepochen)

S

Sakralbauten (Aufbau)
- Apsis 272
- Basilika 272, 281–282
- Chor 272, 290–291, 300
- Deckenfresken 273
- Kreuzrippengewölbe 272
- Längsschiff 272
- Predigtkirchen 273
- Prinzip der Ostung 273
- Querschiff 272
- Rundbögen 271, 281
- Spitzbögen 272
- Stabkirchen 272
- Strebepfeiler 272
- Westfassade 272
- Westwerk 272, 277
- Würfelkapitelle 271

Sakralbauten (Bauepochen)
- Barock 271, 273
- Gotik 271–273
- Historismus 273
- Klassizismus 273
- Moderne 273
- Renaissance 272–273
- Rokoko 273
- Romanik 271–273, 275

Sakralbauten (Kirchen)
- Abbatiale Saint-Volusien (Foix) 292
- Basilique Saint-Nazaire (Carcassonne) 296–297
- Cathédrale Notre-Dame (Reims) 284–285, 299
- Cathédrale Notre-Dame (Saint-Bertrand-de-Comminges) 298
- Cathédrale Saint-Corentin (Quimper) 293
- Cathédrale Saint-Étienne (Châlons-en-Champagne) 286
- Cathédrale Saint-Pierre-et-Saint-Paul (Troyes) 287–289
- Chapelle Notre-Dame-du-Haut (Ronchamp) 273

Chapelle Saint-Michel (Mont Saint-Michel de Brasparts) 303
Église Notre-Dame (Dijon) 290–291
Kloster Eberbach (Eltville am Rhein) 280–283
Kloster Maulbronn 32, 275–279
Laurentius-Kirche (Oberderdingen) 294–295
Margarethenkirche (Iptingen) 301
Petrikirche (Großglattbach) 300–302
Sakralbauten (Sonstiges)
Baustile 270–271
Dogmatismus und Fanatismus 270
Durchmischung der verschiedenen Stile 271
Gegenreformation 273
Kunstfertigkeit 271
Möglichkeit innerer Einkehr und stiller Betrachtung 270
Orte der Geschichte 271
Orte, offene und freundliche 270
Orte voller Geschichten 271
Reformation 272
Rückbesinnung auf frühere Stilelemente 271
Selbst- und Sinnfindung 270
Stilvielfalt 273
Salgado, Sebastião 24. *Siehe auch* Schwarzweißfotografie
Schärfentiefe 58–59, 199, 201, 203–206. *Siehe auch* Aufnahmesteuerung; Hyperfokale Distanz; Objektive
Scheele, Carl Wilhelm 22. *Siehe auch* Entwicklung der Fotografie
Schenk, Wilhelm 30. *Siehe auch* Maulbronner Gießerei
Schleier, Thomas 176. *Siehe auch* Bruchsaler Farben
»Schönes Bild« 13
Schön, Walter E. 206
Schopenhauer, Arthur 16–17
Schulze, Johann Heinrich 22. *Siehe auch* Entwicklung der Fotografie
Schwarzweißfotografie 22, 24–26, 166
Schwarzweißkonvertierung. *Siehe* Bildbearbeitung
Seitenlicht. *Siehe* Lichtarten
Selbsterfahrung 19
Selbsterklärungen, freiwillige 68. *Siehe auch* Urbexer
Selbstporträt 21
Selbstpsychologie
Kohut, Heinz 18
Narzissmus 18
Objekt 18, 25–26, 106
Selbstobjekt 18, 26, 106
Selbstobjektalität 17
Selbstwertgefühl 18
Subjekt 18
Sensibilisierung (Film)
Falschfarben 24
Infrarotbereich 24
Orthochromatisch 23
Panchromatisch 23
Unsensibilisiert 23
Sensorempfindlichkeit. *Siehe* Aufnahmesteuerung
Sensorgrößen 24
Sensorrauschen. *Siehe* Bildrauschen
Shift-Technik 61. *Siehe auch* Objektive, Tilt-Shift-Objektive
Silver Efex Pro (Nik). *Siehe* Software
Anpassungen, abschließende 259–261
Anpassungen, globale 261
Anpassungen, selektive 261
Farbfilter und Filmtypen 259–261
Helligkeit, dynamische 260
Kontrast, weicher 260
Körnung 261
Lupe und Histogramm 259, 260
Tonung 261
U-Point-Technik 261
Vignette 261

Software
  Bridge (Adobe) 244–246, 308
  Camera Raw (Adobe) 246–247, 266
  Canon EOS Utility 245
  Dfine (Nik) 247, 258
  Lightroom (Adobe) 244–245, 258, 266, 308–309
  Nik Collection 247, 258–259
  Photomatix (HDRsoft) 250, 253–254
  Photoshop (Adobe) 166, 256, 262–263, 310–311
  Plug-ins 244, 247, 258
  Silver Efex Pro (Nik) 244, 252, 258–262, 266–267
  Total Commander (Ghisler Software) 307
Spannungsbögen im Bild. *Siehe* Bildkontraste (Komposition)
Spiegelvorauslösung. *Siehe* Aufnahmesteuerung
Stadtlandschaften 13–15, 66, 105, 111, 138, 146, 168, 201
Stark, Lawrence 160. *Siehe auch* Eye-Tracking-Forschung
Stative 61
  3-Wege-Neiger 61
  Dreibeinstativ 61
  Einbeinstativ 61
  Getriebeneiger 61, 63
  Kamerastabilisierung 61
  Kugelköpfe 61
  Mittelsäule 209
  Stativköpfe 61
Steinmüller, Uwe 312
Stock Photography 24
Straßenbildfreiheit. *Siehe* Panoramafreiheit
Streiflicht. *Siehe* Lichtarten
Striewisch, Tom 206
Strukturmodell, psychoanalytisches. *Siehe auch* Freud, Sigmund
  Bewusst 20
  Bewusstseinsschwelle 20
  Unbewusst 20
  Vorbewusst 20
Strukturwandel 120, 125
Subjektivität 106
Super Kodak Six-20 23. *Siehe auch* Entwicklung der Fotografie
Surrealismus 104
  Malen bzw. Schreiben, automatisiertes 104
  Peinture bzw. Écriture automatique 104
Symbolisierung 13
Szenenkontrast. *Siehe* Aufnahmesteuerung

T

Talbot, William Henry Fox 22. *Siehe auch* Entwicklung der Fotografie
Teleobjektive. *Siehe* Objektive
Tilt-Shift-Objektive. *Siehe* Objektive
Tilt-Technik 61. *Siehe auch* Objektive, Tilt-Shift-Objektive
Tonwerte (Ausarbeitung)
  Gradationskurve 247, 262
  Lichterbereich 209, 248, 262–263, 266
  Mittenbereich 255, 260, 264–265
  Schattenbereich 246, 262
  Tiefen/Lichter 263–267
  Tonwertabbrüche 246, 252, 262, 265
  Tonwertbereiche 260–261, 265
  Tonwertbeschnitt 252, 260
  Tonwertkompression 252, 255
  Tonwertschutz 261
  Tonwertumfang 262–263
  Tonwertverteilung 261, 309

U

Unterlicht. *Siehe* Lichtarten
Urbexer 67
Urheberrecht. *Siehe* Rechtsfragen; Vorfeldarbeiten
Ur-Leica 23. *Siehe auch* Entwicklung der Fotografie

V

Vasari, Giorgio 272
Verschlagwortung. *Siehe* Archivierung
Verwacklungsunschärfe.
 Siehe Aufnahmesteuerung
Vinci, Leonardo da 22. *Siehe auch* Entwicklung der Fotografie
Völklinger Hütte 122–123, 125, 128–129, 131.
 Siehe auch Kurenbach, Andre
Vorfeldarbeiten
 Besitzer und Rechteinhaber 67
 Eigentums- und Hausrecht 67
 Einwilligung 67
 Fotografiergenehmigung 68
 Gefährdung 67
 Hilfsmittel, zulässige 67
 Panoramafreiheit 67
 Persönlichkeitsrecht 67
 Prinzipien, ästhetische 65
 Projektidee 58, 66
 Überlegungen, konzeptionelle 65–66
 Urheberrecht 67
 Verfügbarkeitsfragen 65–66
 Zugänglichkeitsfragen 65, 67

W

Weitwinkelobjektive. *Siehe* Objektive
Wells, H. G. 185
Wiedererkennungswert 220
Wiedergabe, naturalistische 26
Wille und Vorstellung 16. *Siehe auch* Schopenhauer, Arthur
Workflow 15, 98, 244–247, 254, 262, 309

Y

Yarbus, Alfred Lukyanovich 160. *Siehe auch* Eye-Tracking-Forschung
»You Press the Button, We Do the Rest« 23.
 Siehe auch Eastman, George

Z

Zachmann, Andreas 244
Zen-Buddhismus 100, 104
 Kenshō 104
 Samadhi 100
 Satori 104
 Shunyata 104
Zoomobjektive. *Siehe* Objektive